카피라이터 출신 교수들이 쓴

광고 카피의 이론과 실제

나남
nanam

나남신서 1509

카피라이터 출신 교수들이 쓴
광고카피의 이론과 실제

2010년 9월 5일 초판 발행
2014년 3월 5일 초판 4쇄

저자_ 조병량 外
발행자_ 趙相浩
발행처_ (주) 나남
주소_ 413-120 경기도 파주시 회동길 193
전화_ 031) 955-4601 (代)
FAX_ 031) 955-4555
등록_ 제 1-71호(1979. 5. 12)
홈페이지_ www.nanam.net
전자우편_ post@nanam.net

ISBN 978-89-300-8509-0
ISBN 978-89-300-8001-9 (세트)

책값은 뒤표지에 있습니다.

카피라이터 출신 교수들이 쓴

광고 카피의 이론과 실제

조병량 외 지음

나남
nanam

Copywriting : Theory & Practice

by

Cho, Byung-Lyang et al.

nanam

머리말

1960년대 말, 한국에 카피라이터라는 직종이 본격적으로 등장했습니다. 물론 그 이전에도 광고문안(文案)을 작성하는 사람이 있기는 했지만, 오늘날의 카피라이터와 같은 전문직종은 아니었습니다. 대체로 제약회사 광고담당부서〔당시는 주로 선전과(宣傳課) 또는 선전실(宣傳室) 등의 명칭사용〕의 직원이나 아니면 시인, 소설가, 기자 등이 부업으로 광고문안을 작성하던 시절이었습니다. 디자인이나 카피 대신 광고도안(圖案), 광고문안이라는 용어가 사용되던 때입니다. 그러던 것이 1960년대 후반 합동통신 광고기획실(현 오리콤), 만보사 등의 종합광고대행사가 출범하고, 이어서 제일기획, 연합광고 등 체제를 갖춘 광고회사들이 설립되면서 드디어 카피라이터라는 독립된 직종이 생겨났습니다. 이인구(만보사, 합동통신 광고기획실), 이낙운(연합광고), 김태형(제일기획) 선생과 같은 1세대 원로 카피라이터가 광고회사에서 중요한 역할을 하기 시작한 시기입니다. 물론 당시는 카피 전공과정이 있거나 카피를 전문으로 배우는 시대가 아니어서 이들을 포함한 초기 선구자들은 방송작가, 시인, 소설가, 방송 PD, 기자 등 다른 직업에서 전직하거나 일시 겸직하는 상황이었습니다.

1970년대 초중반, 합동통신광고기획실, 제일기획, 연합광고 등 3개 종합광고회사에 독립된 카피부서가 생기고 새로운 카피라이터들이 입사해 업무를 시작하면서 카피라이터라는 직종이 새로운 전문직으로 자리 잡게 되었습니다. 그리고 1976년, 광고계 원로 신인섭 선생님과 연합광고의 이낙운 당시 카피부장, 제일기획의 김태형 카피실장이 중심이 되어 서울카피라이터스클럽(SCC)이 창립됩니다. 당시 창립회원은 신인섭 초대회장(패시픽미디어 상무)과 이낙운, 김태형, 조봉구(종근당), 전용규(일양약품), 조병량(합동통신광고기획실), 이강우(동아방송), 문애란(제일기획), 조계현(연합광고), 정공채(시인, 제일기획) 등 3대

광고회사와 주요 광고주에 재직중인 21명이었습니다(SCC 창립회원명단 順). 이 중에는 카피라이터가 전업이 아니라 겸업인 분도 일부 있었고, 또 얼마 안 있어 광고계를 떠난 분도 있어 현재까지 광고분야에 있는 사람은 몇 안 됩니다.

1980년대, 드디어 광고회사의 군웅할거(群雄割據)시대가 열립니다. 기존의 3개 종합광고대행사 외에 코래드, 금강기획, 대홍기획, 동방기획, 삼희기획(한컴), LG 애드 등이 주요 재벌그룹의 출자로 불과 몇 년 사이에 설립되고, 그 회사들이 앞다투어 카피라이터를 스카우트 또는 공채로 확충하면서 카피라이터의 전성기가 시작됩니다. 창립 당시 21명이던 SCC회원이 3년 후인 1979년에는 70명으로, 1989년에는 133명, 1994년에는 245명으로 급증한 것만 보아도 당시의 성장속도를 알 수 있습니다.

한국의 카피라이터는 이렇게 불과 30여 년 만에 양적으로 질적으로 크게 발전했고, 카피라이터라는 직종은 젊은이들의 선망의 대상이 되면서 동시에 각종 언론보도와 드라마, 영화에서도 자주 다루어지는 인기직종이 되었습니다. 이만재, 이인구, 고동화, 이규용, 이상우, 안준근, 신용삼, 조문형, 윤준호, 정철, 김정욱, 최병광 등 프리랜서 카피라이터가 본격적으로 개업하여 전업 카피라이터 시대를 연 것도 이 시기입니다.

그리고 1989년, 대학에 광고홍보학과가 개설되면서(중앙대는 복과, 한양대, 서울예대는 신설) 드디어 대학에서 카피라이팅이 전공과목으로 편성됩니다. 광고가 학생들에게 인기 있는 직업으로 부상하자 전국의 주요 대학들이 경쟁적으로 광고홍보학과(또는 관련학과)를 신설했고, 동시에 광고전공 학생수가 급격하게 늘어난 것도 이때부터입니다.

그동안 광고실무에서 다양한 상품, 다양한 매체의 광고카피를 담당해온 쟁쟁한 경력의 현역 카피라이터들이 대학원 석사, 박사과정에 진학하여 경험을 정리하고, 또 그 경험을 이론과 접목하는 한편, 새로운 이론무장을 하기 시작했습니다. 이미 1986년에 광주대학 교수로 옮긴 뒤 1989년에 현역 카피라이터 출신으로는 최초로 박사학위를 취득하고 같은 해에 한양대 교수로 자리를 옮긴 필자를 시작으로 현역 카피라이터들이 속속 박사학위를 받고 대학으로 자리를 옮기기 시작했습니다. 1970년대에 카피라이터로 출발한 사람으로부터 1980~1990년대 한국광고의 명 카피를 만들었던 화려한 경력의 그들이 하나둘 대학교수가 되었고, 드디어 그 숫자가 20여 명 가깝게 되었습니다.

그리고, 그들이 모여《카피라이터 출신 교수들이 쓴 광고카피의 이론과 실제》라는 긴 제목의 이 책을 내게 되었습니다. 짧게는 7, 8년에서 길게는 20년이 넘는 실무경험을 거쳐 현재 전국의 각 대학에서 광고카피를 가르치고 있는 현업출신 교수 14명이, 자신의 현역시절 경험과 석·박사 과정에서 배운 이론, 교육을 통해 발견한 통찰력을 접목하여 카피에 관한 글을 썼습니다. 그래서 이 책은 카피에 관한 이론이면서 동시에 실제이고, 교육용이면서 동시에 실무용입니다. 다만, 여러 명의 필자가 자기 나름의 구상과 문장 스타일로 쓰다 보니 일부 통일성이 결여되고, 또 일부는 내용이 중복된 부분도 있습니다. 중복된 부분은 그만큼 중요한 요소라고 생각하고, 강조의 의미로 읽어 주시기 바랍니다.

이 책은 총 14장으로 구성되어 있으며, 1장부터 7장까지 전반부는 대체로 이론에, 그리고 8장부터 14장까지 후반부는 실무에 좀더 가까운 주제와 내용으로 되어 있습니다.

현업에 근무하는 현역 카피라이터 독자들은 대학으로 자리를 옮긴 선배, 동료, 후배 카피라이터들이 나름대로 이론과 경험을 정리한 이 책을 읽고 조금이라도 업무에 참고가 되었으면 하는 것이 필자들의 바람입니다. 또 카피라이터가 되고자 하는 학생들은 이 책을 통해 광고카피의 본질에서부터 효과적인 카피라이팅 실무에 이르기까지 결코 쉽지 않은 과정을 간접 경험하고, 훌륭한 카피라이터가 되기 위한 탄탄한 기본실력을 쌓기 위한 길잡이로 삼았으면 합니다. 특히 학생독자들은 이 책을 좀더 잘 이해하기 위해 다음의 순서로 읽어가기를 권합니다. 먼저 책 말미에 수록된 필자들의 약력을 살펴, 각 필자들의 경력과 주된 관심분야를 이해하고, 다음으로 각 장의 끝부분에 소개된 '생각해 볼 문제'를 통해 그 장에서 중요하게 다루는 핵심내용이 무엇인가를 안 다음, 이어서 본문 내용을 읽는 순서입니다.

흔히 실용학문 분야에서는 '이론과 실제'(*theory and practice*)라는 말을 많이 하고, 듣게 됩니다. 그런데 광고와 유사성이 아주 많은 건축분야에서는 "이론은 실제이다"(*theory is practice*)라는 말이 거부감 없이 사용되고 있습니다. 아직 광고분야에서는 사용하지 않는 말입니다. 이론과 실제가 따로인지, 하나인지, 우리 광고분야에서도 심도 있게 생각해 볼 문제입니다. 이 책을 읽으면서 "이론은 실제이다"라는 말이 과연 광고에서도 적용될 수 있는지 생각해 보았으면 합니다. 아울러, 이 책의 독자들은 광고가 아무리 실용학문이라고 하더라도 지나치게 실용적 기법, 즉 'know-how' 위주의 공부보다는 한 차원 높은 'know-why'에 대한 고민을 해주기 바랍니다. "어떻게?"와 함께 "왜?"에 대한 진지한 성찰이 있었으면 합니다. "왜 단순해야 하는가", "왜 달라야 하는가?", "왜 낯설어야 하는가?" 등. 그래서 광고가 단순한 기술이나 기법이 아닌 '진정한 사회의 창', '인생의 코디네이터', '사회문화적 제도'라는 좀더 차원 높은 존재로 발돋움할 수 있도록 해주기를 기대합니다.

끝으로 이 책이 나오기까지 수고해 주신 분들 모두에게 깊은 감사의 말씀을 드립니다. 먼저 바쁜 시간 중에 좋은 원고를 집필한 14명 필자와, 또 더 많은 시간을 할애하여 원고를 정리하고 통일성 있게 다듬어준 편집위원 — 권혁렬, 김병희, 김운한, 이희복 교수 — 들의 수고에 깊은 감사를 드립니다. 아울러 좋은 책이 되도록 정성들여 편집하고 제작해 주신 나남출판 조상호 사장님과 방순영 부장님, 편집책임을 맡은 이자영 님, 또 출판을 지원해 준 방송문화진흥회 관계자 여러분께 필자 모두를 대신해 고마움을 전합니다.

이 책이 21세기의 급변하는 광고환경 속에서 좋은 광고를 만드는 데 도움이 되기를, 특히 좋은 카피로 한국의 광고산업과 광고문화를 한 단계 업그레이드 시키는 데 조금이나마 보탬이 되기를 바라면서, 부족한 점은 앞으로 계속 보완해 나갈 것을 약속드립니다.

2010년 8월 15일

조 병 량

나남신서 1509

카피라이터 출신 교수들이 쓴

광고카피의 이론과 실제

차 례

• 머리말 5

제 1 부 이론 편

제 1 장 카피의 본질 | 조병량 15

1. 현대 광고의 환경변화와 카피의 변화 15
2. 카피의 정의, 종류, 구성요소, 흐름 19
3. 헤드라인의 기능과 종류 23
4. 카피의 성격 25
5. 좋은 광고, 좋은 카피가 되려면 37
6. 카피라이터의 역할 42
7. 카피라이터의 책임과 윤리 48

제 2 장 카피와 카피라이터 | 오창일 55

1. 카피라이터의 세계 56
2. 카피라이터의 기본 업무 62
3. 카피라이터의 의의 80
4. 카피라이터의 자질 87

제 3 장 카피와 커뮤니케이션 | 이희복 111

1. 마케팅 커뮤니케이션과 카피 111
2. 커뮤니케이션 이론과 카피 113
3. 카피와 SMCR 모델 115
4. 송신자로서 카피라이터 119
5. 메시지로서의 카피 120
6. 카피라이팅 채널로서 광고매체 130
7. 카피의 커뮤니케이션 효과 132

제 4 장 카피와 심리학 | 김병희 139

1. 지각과 기억을 활성화시키는 카피라이팅 140
2. 동기와 가치를 유발하는 카피라이팅 149
3. 태도의 형성 변화 강화를 위한 카피라이팅 157
4. 개성과 라이프스타일을 제고하는 카피라이팅 167

제 5 장 카피와 창의성 | 이화자 177

1. 카피라이터와 상상력 178
2. 카피라이터의 태도 및 성향 181
3. 카피라이터의 지식과 인지스타일 183
4. 카피라이터의 지적 능력 187
5. 카피라이터의 인문학적 소양과 시적 감성 191
6. 카피라이터의 경험 198
7. 카피라이터의 훈련 201

제 6 장 카피와 스토리텔링 | 이현우 209

1. 이야기의 힘 209
2. 왜 스토리가 뜰까? 211
3. 스토리와 마케팅, 그리고 광고 213
4. 카피의 구조와 이야기의 구조 216
5. 이야기의 다양한 교재들 230
6. 스토리텔링 광고 카피의 성공요건 233

제 7 장 카피와 전략 | 김정우 245

1. 전략이란 무엇인가? 246
2. 카피전략을 세우기 위해 알아야 하는 것들 251
3. 카피전략, 어떻게 세울까? 264

제 2 부 실제 편

제 8 장 카피와 수사학 | 최윤식 287

1. 들어가며 288
2. 수사적 장식 291
3. 수사적 비유 295
4. 카피와 논리 298
5. 카피와 비주얼 316

제 9 장 효과적 카피기획 | 권혁렬 325

1. 전략적 플래닝은 카피라이팅의 나침반이다 326
2. 제품, 고객, 경쟁상황에 대한 정보는 카피라이팅의 출발점이다 334
3. 사실의 발견 (*fact-finding*) 은 카피라이팅의 도약대이다 336
4. 카피 방향설정과 카피플랫폼 345
5. 핵심 키워드는 카피라이팅의 생명이다 348

제 10 장 효과적인 카피를 위한 아이디어 발상 | 차유철 357

1. 카피 아이디어? 358
2. 카피 아이디어 발상 359
3. 대가들의 발상법 379

제 11 장 효과적인 방송광고 카피 | 구승회 393

1. 영상광고(TV-CM) 카피라이팅 :
잘 보이는가? 잘 들리는가? 잘 느껴지는가? 393
2. 라디오 광고(Radio-CM) 카피라이팅:
내가 말하는 게 보이는가? 잡히는가? 405

제 12 장 효과적인 인쇄광고 카피라이팅 | 김운한 425

1. 들어가며 425
2. 인쇄광고 카피의 변화 427
3. 인쇄광고 카피의 실제 441

제 13 장 효과적인 브랜드 네이밍과 슬로건 | 최은섭 463

1. 브랜드 네이밍 464
2. 슬로건 474

제 14 장 효과적인 BTL 광고 카피 | 천현숙 493

1. BTL이란? 493
2. BTL 카피 쓰기 494

• 약 력 516

1부

이론편

제1장 카피의 본질 • 조병량

제2장 카피와 카피라이터 • 오창일

제3장 카피와 커뮤니케이션 • 이희복

제4장 카피와 심리학 • 김병희

제5장 카피와 창의성 • 이화자

제6장 카피와 스토리텔링 • 이현우

제7장 카피와 전략 • 김정우

카피의 본질 1

조병량

1. 현대 광고의 환경변화와 카피의 변화

1) 광고환경의 변화

(1) 20세기 광고 : 자본주의의 꽃

1890년에서 1920년까지 약 20~30년 사이, 그러니까 19세기에서 20세기로 넘어오는 바로 그 시기에 광고에는 엄청난 변화가 일어났다. 이 시기를 기준으로 그 이전 광고를 '초기광고'(*early advertising*)로, 그 이후 광고를 '근대광고'(*modern advertising*)로 명명할 정도의 변화였다. 물론 외국의 사례이다. 그럼 이 시기에 광고에 무슨 일이 있었던 것일까? 이른바 초기광고라고 불리던 19세기의 광고는 주로 언어 중심, 정보전달 중심의 광고였던 데 비해, 근대광고로 불리던 20세기의 광고는 영상과 시각이미지가 본격적으로 활용된 설득 중심의 광고였다. 세기가 바뀌면서 광고에 패러다임 변화라고 할 만한 거대한 변화가 나타난 것이다.

이러한 거대한 변화의 배경에는 크게 3가지 요인이 있다. 첫째는 광고분야에 심리학이 본격적으로 적용되기 시작한 것이다. 20세기 초에 《광고심리학》(*Psychology of Advertising*)이라는 책이 발간된 것이 상징적 예에 속한다. 이때부터 광고는 과학이라는 새로운 영역을 포함하게 되었다. 둘째는 디자인 이론의 본격적 도입이다. 이전에는 '삽화나 미술의 변두리' 영역에 불과하던 것에서 본격 디자인 이론과 기법이 광고에 전면적으로 도입된 것이다. 셋째는 세련된 영상이미지(*visual imagery*)의 본격적 활용이다. 20세기의 광고를 특징짓는 대표적 현상 가운데 하나가 바로 이 영상이미지이며, 특히 20세기 중반 이후는 TV로 대표되는 영상매체의 영향이 극대화되면서 광고의 중심에 영상이미지가 자리 잡게 되었다.

이렇게 시작된 20세기의 근대광고는 신문, 잡지 등 인쇄매체와 라디오, TV 등 전파매체의 4대 매체가 광고매체의 중심이 되면서 자본주의의 꽃, 대중문화의 중심으로 영향력을 극대화하는 동시에 거대한 정보서비스산업으로 성장했다. 20세기에는 또한 기업과 상품의 세계화와 함께 광고의 다국적화, 초국가화라는 동반확장이 이루어지면서 광고의 국제화가 보편화되고, 그에 따라 국가간 장벽이 큰 언어보다 메시지 전달이나 의미의 공유가 상대적으로 용이한 비주얼의 역할이 증대되었다. 또 읽는 세대에서 보는 세대로 소비자들의 성향이 변한 것도 광고에서 비주얼과 영상이미지의 역할이 커지게 된 요인 중 하나로 볼 수 있다.

이렇게 20세기의 광고가 엄청난 성장과 발전, 변화를 겪는 동안 광고분야 내부에서도 크고 작은 변화들이 끊이지 않았다. 대체로 30년 주기로 나타난 이 변화들은 광고의 전략과 제작, 매체기획 등에 일정한 영향을 미치며 하나의 작은 패러다임으로 기능했는데, 1920~1930년대에 등장한 AIDMA, 1960년대의 DAGMAR(또는 단계효과모형), 1990년대의 IMC 등이 대표적인 것들이다.

그러면서 20세기의 광고는 대중매체(*mass media*) 중심의 일방향 메시지, 정보와 설득(*information and persuasion*), 영상이미지의 강화 등의 특성을 지닌 마케팅 커뮤니케이션의 중심도구로 발전했다.

(2) 21세기의 광고 : 새로운 패러다임의 모색

그리고 다시 20세기에서 21세기로 한 세기가 바뀌는 세기말, 세기초의 전환기인 현재 광고는 다시 엄청난 패러다임의 전환을 경험하고 있다. 20세기의 세계정치, 경제, 문화 등 전 분야를 평정한 자본주의는 심각한 불평등의 문제를 야기하면서 새로운 자본주의, 즉 창조적 자본주의(*creative capitalism*: 빌 게이츠가 제창) 또는 윤리적 자본주의의 필요성이 강조되고, 기업활동 역시 그 어느 때보다 기업의 사회적 책임(CSR: *Corporate Social Responsibility*)이 요구되고 있다. 단순히 큰 기업, 강한 기업이 중요한 것이 아니라 위대한 기업이 되어야 한다는 목소리가 점점 커지는 것도 그러한 변화의 한 모습이다(*good to great company*).

20세기 매체의 왕이었던 4대 매체의 위력 역시 크게 감소했고, 그 자리를 다양한 신매체들, 사회적 매체들, 개인매체들이 파고들어 새로운 역할과 영향력을 확대하고 있다. 4대 매체의 대표적 특징인 일방향성, 대량성, 익명성 대신에, 쌍방향성(*two-way*), 개별성, 참여성 등이 강조되는 시대로 변하고 있다. 20세기에 연구되고 정리된 수많은 이론들이 위기를 맞는가 하면, '기업전략 - 마케팅전략 - 촉진전략 - 광고전략'으로 이어져온 폭포수 접근방식(*cascade approach*)의 단계적, 수직적 관계도 의미가 크게 약화되었다. 그래서 20세기에는 정의(*definition*)가 분명하고 개념상 혼란이 없었던 마케팅, 촉진, 광고가 이제는 개념이나 정의나 경계가 무너져 어디에서 어디까지가 마케팅이고 어디까지가 촉진이며 어디까지가 광고인지 구분이 모호한 경우가 허다하다.

특히 21세기에는 20세기와 달리 광고와 관련된 사회, 기술, 매체환경이 쌍방향, 상호작용, 디지털, 브랜드가치 중심, 국제화라는 커다란 흐름으로 변하고 있다. 20세기의 전통적 광고 패러다임으로는 새로운 환경에 적응할 수 없게 되었으며, 그래서 일부에서는 '광고의 위기'라는 말이 제법 설득력 있게 사용된다. 광고의 정의, 역할, 종류, 기존의 전략 전술도 새로운 환경에 맞게 다시 정리되어야 할 시점이라는 것이다.

이러한 환경변화는 크게는 기업경영 전반에 영향을 미쳐 기업의 사회적 책임이 강조되는 한편, '착한 기업, 착한 상품', '공정무역'에 대한 관심이 증대하는 현상으로 나타나며, 마케팅에서도 새로운 경향이 나타나고 있다. 그 중 하나가 마케팅의 세계적 권위자인 필립 코틀러가 내놓은 《마켓 3.0》이다. 그에 따르면 1.0 시장(마켓 1.0)은 제품중심 시대로서 대량생산과 대량전달, 대량판매가 특징이었다면, 2.0 시장(마켓 2.0)은 소비자지향 시대로서 소비자의 필요와 욕구가 중심주제였고 소비자의 이성과 감성에 소구하는 시장이었다는 것이다. 이에 반해 3.0시장(마켓 3.0)은 가치주도 시대로서, 소비자를 단순한 상품구매의 대상이 아니라 완전한 인간존재로 믿으며, 그들의 드러난 요구뿐 아니라 감춰진 바람까지 염두에 두어야 한다는 것이다. 그래서 3.0 기업들은 사람들을 더 이상 단순한 소비자로 대하지 않고, 이성과 감성과 영혼을 지닌 전인적 존재로 바라보는 접근방식을 택한다. 왜냐하면 이 시대의 소비자들은 자신이 선택하는 제품이나 서비스가 기능이나 정서적 만족감을 충족시켜줄 뿐만 아니라 영적 가치까지 담아내기를 원하기 때문이다. 그들은 이제 '당신이 무엇을 만드느냐'가 아니라 '당신이 무엇에 신경을 쓰느냐'에 더 관심을 갖고, 기업으로 하여금 단기적 이익이나 매출증대를 넘어 '소비자이자 인류공동체의 이웃'이 되기를 기대한다는 것이다. 즉 3.0 시장은 소비자의 이성과 감성을 충족시키는 마케팅을 넘어서 영혼을 감동시키는 마케팅을 요구한다는 것이다.

> 물론 소비자지향의 2.0 시장과 유사하게 3.0 시장 역시 고객만족을 목표로 삼는다. 그렇지만 3.0 시장이 2.0 시장과 확연히 다른 점은, 3.0 시장을 리드하는 기업들은 단순히 고객만족과 이익실현을 넘어서, 좀더 큰 미션과 비전, 가치를 통해 세상에 기여하고자 한다는 점이다. 그들은 기업활동을 통해 '산적한 사회적 문제들'을 해결하겠다는 궁극적 목적을 안고 있다.
>
> — 코틀러, 《마켓 3.0》 중에서

그에 따르면, 1.0 시장은 제품판매가 목표이고 핵심콘셉트는 제품개발이었으며, 2.0 시장은 고객만족 및 보유를 목표로 한 차별화가 핵심콘셉트였던 데 비해, 3.0 시장은 "더 나은 세상만들기"가 목표이며 핵심콘셉트는 가치라는 것이다. 이제 3.0 시장의 기업들은 가치를 통해 스스로를 차별화해야 한다.

이렇게 광고를 둘러싸고 있는, 또는 광고의 기본전제가 되는 경제환경과 기업환경, 마케팅과 기술, 매체의 변화는 필연적으로 광고의 변화, 카피의 변화로 이어지게 된다. 말하자면 광고분야에도 마켓 3.0 시대에 필요한 새로운 광고 패러다임, 즉 광고 3.0 시대가 요구되는 것이다.

2) 광고의 위기를 넘어서 : 새로운 과제

이렇게 19세기의 초기광고와 20세기의 근대광고 시대를 거쳐 21세기의 새로운 광고시대로 접어들면서 광고는 위기와 기회 두 가지 상황에 함께 직면해 있다. 그동안 광고가 자본주의의 꽃으로 발전하고, 또 카피가 그 광고의 꽃으로 자리 잡으면서, 근대광고의 카피 역시 이제 새로운 상황을 피할 수 없게 되었다.

마케팅의 정의가 새롭게 모색되고 새로운 이념과 철학으로 시대변화에 대응하듯이 광고도 정의에서부터 역할, 종류, 전략 전술 등 모든 면에서 새로운 모색이 요구되는 시점이다. 21세기의 인류가 요구하는 시대정신과 철학, 이념, 환경변화에 부응하지 못하고 20세기의 낡은 이념과 한계에 계속 머문다면, 20세기에 광고가 누려온 자본주의의 꽃이라는 영광을 계속 유지하기는 어려울 것이다. 그래서 '광고의 위기'는 이미 눈앞에 직면한 과제라고 할 수 있다. '광고의 위기를 넘어서' 새로운 패러다임을 모색하자는 외국 광고학계의 절박한 목소리에 귀 기울여야 할 때이다.

2. 카피의 정의, 종류, 구성요소, 흐름

이 세상에 변하지 않는 것이 있다면, 그것은 "변하지 않는 것은 없다"는 말 뿐이다. 광고 역시 모든 변하는 것 중의 하나로 그 어느 분야보다 더 신속하고 첨단적으로 변화에 부응해야 하는 분야이다. 변화를 따라가는 것에서 더 나아가 변화를 만들고 이끌어가야 하는 변화의 주체(*change agent*)가 되어야 하는 분야이기도 하다. 그래서 광고 전문가들은 이 세상 모든 것들의 변화의 내용과 방향과 속도에 그 어느 분야 전문가보다 예민한 후각과 촉각을 지니고 있어야 하며, 그 변화를 선도하고 만들어내는 용기와 도전정신, 모험정신을 키워야 한다. 그러나 변하는 것과 함께 변하지 않는 것도 있다. 인간의 본성과 영혼, 가치가 바로 그것이다. 변화의 화려한 이론이나 수식어, 브랜드, 패션만을 너무 쫓다가 이 변하지 말아야 할 것들까지 변하는 어리석음을 범해서는 안 된다. 그것은 서양 속담처럼 "어린아이 목욕물 버린다고 어린아이까지 버리는" 더 큰 어리석음이 되기 때문이다.

이 책이 시대의 엄청난 변화에도 불구하고 기존의 이론과 정의, 기법들을 상당부분 그대로 소개하면서 새로운 내용을 부가하는 것 역시 변화하는 것과 변화하지 않는 것들을 함께 다루기 위한 것이다. 어떤 부분은 변해야 할 것으로, 또 어떤 부분은 여전히 지켜야 할 것으로 각자 이해하면서 받아들여주길 바란다.

1) 카피의 정의

카피의 정의는 크게 3가지로 나뉜다. 첫째는 가장 넓은 의미로 광고물 전체를 카피라고 하는 경우이다. 특정 광고물의 효과를 측정할 때 카피 테스트라고 하는데 이때 사용되는 카피가 바로 여기에 해당된다. 둘째는 중간 정도의 의미로 광고에 사용된 모든 말과 글(언어)을 카피라고 하는 경우이다. 우리가 사용하는 카피라는 용어의 대부분은 이 두 번째 의미에 해당한다. 즉 광고의 헤드라인, 부제(*subhead*), 본문, 캡션, 슬로건, 태그라인 등 광고에 포함된 모든 언어를 지칭하는 개념이다. 셋째는 가장 좁은 의미로 광고의 본문(*body copy*)만을 의미하는 경우이다. 그러나 광고의 본문만을 가리켜 카피라고 하는 이 세 번째 정의가 사용되는 예는 그리 많지 않다.

카피와 관련된 용어의 정의를 좀더 상세하게 이해하기 위해 몇 가지 학술적 참고문헌을 살펴보면 다음과 같다. 먼저 한국광고학회가 발간한 《광고용어 표기 및 정의》에는 카피 관련용어들의 정의가 다음과 같이 나와 있다.

- 카피 (*copy*) 광고물의 언어로 된 부분으로 표제, 부제, 본문, 슬로건 등을 포함. 넓은 의미로는 광고물 자체를 지칭하기도 함.
- 카피토대 (*copy platform*) 광고 캠페인을 위한 설명과 이유로서, 통상적으로 이미 수립된 제작전략을 토대로 만들어진 기록문서. 판매 아이디어들과 그것들의 중요성, 실제 제작상의 고려사항 등이 포함됨.
- 카피조사 (*copy research*) 인쇄매체와 방송매체의 광고메시지에 대한 사전 및 사후 조사.
- 카피전략 (*copy strategy*) 광고카피를 쓰기 위한 지침으로서 광고캠페인의 기본테마를 규정해 놓은 것(카피토대 참조).
- 카피조사 (*copy test*) (특정) 광고물의 효과를 측정하는 것.
- 카피라이터 (*copywriter*) 광고의 콘셉트나 카피를 만드는 사람으로 아트디렉터, 디자이너, 일러스트레이터 등과 협력하여 광고의 창작부문을 담당함.

한편 어덩(Laurence Urdang)이 편집, 발간한 《광고사전》(*The Dictionary of Advertising*)의 카피 관련용어의 정의는 다음과 같다.

- **copy** (noun)
  1. textual matter to be set in type.
  2. the written portions of an advertisement.
  3. textual and graphic material for reproduction on a printing plate.
     Cf. camera copy.
  4. loosely, advertisements.
  5. a single, assembled unit of a periodical or document, or a single facsimile, printed piece, or photographic print.
- **copy approach** the theme or major point of emphasis of a piece of advertising copy.
- **copy chief** a supervisor of the work of writers. A somewhat archaic term in advertising agencies, dating from the period when copy and art were commonly separate departments.
- **copy platform** a description and rationale for an advertising campaign, usually based on an established creative strategy; describes selling ideas, their importances, and may include executional considerations.
- **copy test** (in Research) a test of the effectiveness of an advertisement with purchasers, consumers, or an audiences obtained for the test.
- **copywriter** (noun) a person employed to write advertising or editorial copy.

2) 카피의 종류

카피의 종류를 이해하기 위해서는 먼저 광고의 종류를 살펴볼 필요가 있다. 광고의 종류는 분류기준에 따라 다음과 같이 다양하게 나누어진다.

- **광고목적에 따른 구분** 상업적 광고(상품광고, 기업광고 등), 비상업적 광고(공익광고, 의견광고, 정치광고, 정부광고 등)
- **광고매체에 따른 구분** 인쇄매체광고(신문, 잡지 등), 방송매체광고(TV, 라디오, 케이블방송 등), 옥외매체광고(빌보드, 전광광고 등), 인터넷광고(배너, 팝업 등), 기타(각종 BTL광고, 우편광고, 영화광고, 교통광고 등)
- **광고주체에 따른 구분** 제조업자광고, 판매업자광고(소매업자광고 등), 공동광고(협동광고), 정치광고(정당, 후보자, 후원자 등), 정부광고
- **광고지역에 따른 구분** 전국광고, 지방광고, 지역광고, 국제광고

따라서 카피의 종류 역시 이러한 광고의 종류와 크게 다르지 않다. 즉, 광고목적에 따라 상품광고 카피, 기업광고 카피, 정치광고 카피, 의견광고 카피, 공익광고 카피, 정부광고 카피 등으로 구분할 수 있으며, 광고매체에 따라 인쇄광고 카피, 방송광고 카피, 온라인광고 카피, 우편광고(*DM*) 카피 등으로 나눌 수 있다.

같은 콘셉트, 같은 아이디어인 경우라도 광고의 종류에 따라 카피의 포맷과 스타일, 카피의 길이, 카피의 구조, 사용되는 어휘(이성적/감성적/설명적/묘사적)가 각각 달라야 한다는 점에서 카피라이터는 광고 종류 각각의 특성과 차이점을 알아야 한다. 같은 상품, 같은 콘셉트, 같은 아이디어의 광고를 제작하는 경우라도 각각의 매체, 각각의 지역에 따라 카피의 스타일이나 길이, 형식이 다를 수밖에 없다. 즉 신문광고, 잡지광고 카피가 다르고 TV 광고 카피와 라디오광고 카피가 다르며, 우편광고, 전광광고 카피가 각각 다르게 작성되어야 하기 때문이다.

이와 같은 광고종류에 따라 카피종류를 나누는 방법 이외에 카피의 접근방법에 따라 '사실적(*factual*) 접근'과 '감성적(*emotional*) 접근'으로 나누기도 하고, '경성판매'(*hard-sell*) 방식과 '연성판매'(*soft-sell*) 방식의 카피로 나누기도 한다.

3) 카피의 구성요소

카피의 구성요소는 다른 말로 카피의 구조라고도 한다. 카피는 일반적으로 표제(헤드라인 또는 메인 헤드라인이라고도 함), 오버라인(*overline*), 부제(*subhead*), 본문(*body copy*), 캡션, 블러브(*blurbs* 또는 *balloon*), 슬로건, 로고타입, 시그니처(*signature*) 등으로 구성된다. 카피의 구성요소에 대한 자세한 설명은 뒤에 이어지는 해당 장에서 다루어질 것이다.

4) 카피의 흐름

카피의 흐름을 실제로 광고에서 사용하려면 몇 개의 타입을 알아두는 것이 좋다. 어떤 타입을 사용할 것인가는, 그 카피의 주제(테마)가 무엇인가? 카피의 길이는 어느 정도인가에 따라 결정된다. 드보(M. Devoe)는 카피의 흐름을 다음의 8가지로 제시했다(자세한 설명은 니시오 타다히사 저, 안준근 역, 《효과적인 광고카피》 참조).

- 심리적 흐름 (*psychological sequence*)
- 연역적 흐름 (*deductive sequence*)
- 묘사적 흐름 (*descriptive sequence*)
- 이야기체 흐름 (*narrative sequence*)
- 예증적 흐름 (*problem-solution sequence*)
- 귀납적 흐름 (*inductive sequence*)
- 뉴스적 흐름 (*news sequence*)
- 플롯이 있는 흐름 (*plot sequence*)

3. 헤드라인의 기능과 종류

1) 헤드라인의 기능

모든 광고에서 가장 중요한 요소는 헤드라인이다.

> 좋은 헤드라인을 쓰십시오. 그러면 틀림없이 좋은 광고가 될 것입니다. 헤드라인이 나쁘면 아무리 위대한 광고인이라도 좋은 광고를 만들 수 없습니다. — 존 케이플즈.
>
> 헤드라인은 독자들이 카피를 읽어주느냐 아니냐를 결정하게 하는 열쇠와 같은 것입니다. 평균적으로 본문보다 5배나 더 읽히는 것이 헤드라인이고, 헤드라인 하나에 광고비의 80%나 투입되는 것과 같습니다. — 데이비드 오길비

광고에 대해서 말하거나 쓰거나, 책을 내거나 강의한 모든 광고분야 전문가들이 한결같이 강조하는 것이 바로 헤드라인의 중요성이다. 전통적 인쇄매체 광고는 말할 것도 없고, 심지어 라디오 광고에서조차 헤드라인의 중요성이 강조될 정도다. 그만큼 광고는 한마디의 촌철살인, 한 줄의 강력한 방아쇠 같은 헤드라인이 있어야 소비자의 주목을 끌고, 소비자를 본문으로 유도하며, 소비자의 머릿속에 강력한 기억을 만들어낼 수 있다. 오랫동안 기억속에 남아있는 광고를 생각해 보라. 무엇이 남아있는가? 대체로 광고의 내용이나 장면은 기억에서 사라져 버리고 광고의 헤드라인이나 슬로건만이 남는 경우가 많다.

"형님 먼저, 아우 먼저", "누가 나이키를 신는가?", "순간의 선택이 10년을 좌우

합니다", "미인은 잠꾸러기", "고려페인트로 끝냅시다", "산소 같은 여자", "침대는 가구가 아닙니다", "아무나 할 수 없는 일, 그러나 누구나 할 수 있는 일", "가나와 함께라면 고독마저 감미롭다", "가슴이 따뜻한 사람과 만나고 싶다", "12시에 만나요 브라보콘", "산뜻한 그 맛 오직 그것뿐" 등이 그 예이다.

헤드라인은 이렇게 광고의 핵심 기억장치로 광고의 생명을 오래오래 연장해 준다. 그래서 카피라이터의 임무 중 가장 무겁고 가장 많은 시간을 투자하는 것이 헤드라인을 쓰는 일이다.

헤드라인의 기능은 대체적으로 다음과 같다. 첫째, 헤드라인 자체가 소비자들의 주목을 끄는 기능이고, 둘째, 목표고객을 선정하는 기능이며, 셋째, 소비자를 본문으로 유도하는 기능이고, 넷째, 소비자를 직접 행동하도록 하는 기능이다.

2) 헤드라인의 종류

그러다 보니 카피 중에서 여러 종류로 분류되는 대표적인 것도 역시 헤드라인이다. 많은 학자와 카피라이터들이 나름대로 헤드라인의 종류를 다양하게 분류해 놓았지만 크게 보아 몇 가지로 종합할 수 있다. 즉 헤드라인의 주된 내용이 무엇인지에 따른 분류(내용 중심의 분류)와 헤드라인의 문장형식이 어떠한지에 따른 분류(형식 중심의 분류)로 요약할 수 있다.

내용에 따른 분류로는 '뉴스형 헤드라인', '호기심 유발형 헤드라인', '타깃선정형 헤드라인', '이유설명형 헤드라인' 등이 있고, 형식에 따른 분류로는 '서술형 헤드라인', '의문형 헤드라인', '타이틀형 헤드라인', '유머형 헤드라인', '명령/지시형 헤드라인' 등이 있다. 대표적으로 자주 인용되는 헤드라인의 유형은 다음과 같다.

■ W.던의 분류

- 뉴스형 헤드라인 (*news headline*)
- 감성형 헤드라인 (*emotional headline*)
- 헤드라인이 없는 광고 (*no headline*)
- 호기심 유발형 헤드라인 (*curiosity headline*)
- 지시형 헤드라인 (*directive headline*)

■ A. C. 북 & C. 데니스 스틱의 분류

- 뉴스제공형 (*presents news*)
- 주장형 (*makes a claim*)
- 권장형 (*offers advice*)
- 호기심 유발형 (*inspire curiosity*)
- 명령형 (*gives a command*)
- 제품식별형 (*identifies the product*)
- 도전형 (*offers a challenge*, 권장형과 명령형의 중간형)

4. 카피의 성격

카피는 하나의 단순한 성격이 아니라 복합적이고 다면적인 성격을 지니고 있다. 카피는 콘셉트이고, 판매 메시지이고, 아이디어이고, 스토리이고, 문장이고, 언어이다. 그 중에서도 카피의 대표적인 특징으로는 판매 메시지로서의 카피, 아이디어로서의 카피, 언어로서의 카피, 문화로서의 카피(이데올로기 포함) 등을 꼽을 수 있다. 이를 구체적으로 살펴보면 다음과 같다.

1) 카피는 판매 메시지이다

데이비드 오길비는 "팔리지 않는 광고는 크리에이티브한 것이 아니다"라고 하면서 광고는 예술이 아니라 판매 메시지라는 점을 강조한 바 있다. 소비자 기억속에 오래 남고, 그래서 소비자로 하여금 지갑을 열어 상품을 구매하게 하는 광고가 좋은 광고라고도 했다. 오길비의 주장이 아니더라도, 광고의 궁극적 목적, 즉 광고주가 그 비싼 광고비를 지출하면서 광고를 하는 이유는 말할 것도 없이 광고목표를 달성하기 위한 것이다. 광고주의 광고목표는 목표 소비자들로 하여금 자기 기업이나 상품, 브랜드에 대한 인지도, 이해도, 호감도, 선호도, 확신, 구매의도 등 커뮤니케이션 효과를 얻기 위한 것이다. 또는 이러한 커뮤니케이션 효과를 넘어서 궁극적으로 판매효과를 높여 매출, 시장점유율, 이익 등 마케팅목표를 달성하기 위한 것일 수도 있다. 카피는 바로 이러한 광고주의 목표를 달성하기 위한 판매도구이며 그 자체가 판매 메시지인 것이다.

카피는 '기업의 대전략(*corporate grand strategy*) → 마케팅전략 → 촉진(*promotion*) 전략 → 광고전략 → 크리에이티브 전략 → 카피전략(*copy*)'으로 이어지는 일련의 기업활동에 속한다. 즉 카피는 크리에이티브 전략의 한 부분으로, 크리에이티브는 광고전략의 한 부분으로, 광고는 촉진전략의 한 부분으로, 다시 촉진은 마케팅전략의 한 부분으로, 그리고 마케팅은 기업전략의 한 부분으로 존재하는 상호의존적이며 선형적(線形的) 관계의 개념이다. 이렇게 볼 때 카피는 광고주의 궁극적 목표를 달성하는데 아주 중요한 출발점이며 아이디어의 핵심적 역할을 하게 된다. 기업은 광고와 그 광고의 핵심인 헤드라인이나 슬로건을 통해 소비자의 주목을 끌고, 흥미를 유발하며, 욕구를 창출하고, 그 내용을 기억시켜, 지갑을 열거나 가게로 달려가도록 하는데, 바로 카피가 말과 글로 그 핵심적 역할을 수행한다. 기업과 소비자의 커뮤니케이션에 가장 중요한 메시지, 카피는 바로 그 판매 메시지인 것이다.

마케팅믹스(*marketing mix*)의 4P 중 하나인 촉진(*promotion*)을 다른 말로 마케팅 커뮤니케이션이라고 하며, 그 촉진믹스 중 하나인 광고 역시 마케팅을 위한 커뮤니케이션에 해당한다. 즉 목적은 마케팅이지만 형식은 커뮤니케이션에 속하는 것으로, 송신자(*source*)인 광고주 또는 제작자의 의도된 의미가 기호화(*encoding*) 과정을 거쳐 메시지(광고물)로 완성되고, 이는 다양한 채널(매체)을 통해 전달되며, 이렇게 전달된 메시지는 수용자(*audience*)의 해독화(*decoding*) 과정을 거쳐 수용자의 태도(인지도, 선호도, 구매의도 등)에 영향을 미치게 된다. 바로 이 점에서 카피는 아트(*art*)와 함께 메시지를 구성하는 핵심요소로 기능하며, 그 자체가 판매 메시지의 중요한 역할을 하게 되는 것이다.

2) 카피는 아이디어이다

"광고는 인간과 함께 시작하고 인간과 함께 끝난다"(*Advertising begins and ends with people*)라는 말이 있다. 이 말은 광고가 전적으로 인간을 대상으로 만들어진다는 의미와 함께, 전적으로 인간만이 가진 창조능력에 의해 만들어진다는 뜻을 함께 담고 있다. 말하자면 인간을 위해, 인간이 만드는, 인간적 창조물이라는 뜻이다. 이렇게 볼 때 광고만큼 그것을 만드는 사람의 개성, 철학, 창조능력 등이 크게 작용하는 분야도 많지 않다. 같은 상품, 같은 시장상황, 같은 표적집단이라도 그 광고를 만드는 사람에 따라 전혀 다른 모습으로 나타나는 것이 바로 광고이기 때문이다. 광고 제작자를 단순히 제작자(*producer*)라고 하지 않고 창조자(*creator* 또는 *creatives*)라고 부르는 이유 또한 그 때문이다.

광고에서 특히 요구되는 것이 차별화이며, 그 차별화는 전략의 차별화, 콘셉트의 차별화, 크리에이티브의 차별화, 매체의 차별화 등이 있으며, 심지어는 조사마저도 차별화가 요구될 만큼 광고는 전 과정에서 차별화를 생명으로 하고 있다. 이 차별화의 정점이 바로 독창성(*originality*)이며 이 독창성의 정점 독창적인 아이디어가 자리 잡고 있다. 광고 역사의 중요한 페이지를 장식한 광고 거장들 — 데이비드 오길비, 빌 번벅, 레오버넷, 레이먼드 루비컴, 로서 리브스, 클로드 홉킨스, 제임스 웹 영, 하워드 고세이지 등 — 모두 자신들만의 독창성을 무기로 성공적 광고를 만들고 성공적 광고회사를 만들어 키워왔다. 특히 이들의 독창성은 카피에서 빛을 발해 오길비의 롤스로이스 광고, 번벅의 폭스바겐 광고와 시바스리걸 광고, 레오버넷의 말보로 광고 등 불멸의 작품으로 오늘날까지 전해진다.

이렇게 동서고금을 막론하고 아이디어가 돋보이는 카피가 성공광고의 기준이 되고 있다는 점에서 카피는 단순한 글이 아니라, 창조적 도약(*creative leap*)과정을 통해 완성되는 아이디어 그 자체인 것이다. 평범하게 "휴지를 버리지 맙시다"가 아니라 "슬그머니 버린 휴지, 슬그머니 버린 양심"이 되는 것도, "갱년기를 모르는 중년"이 아니라 "50청년이 있는가 하면 30노인이 있습니다"가 되는 것도 모두 카피가 아이디어로 한 번 더 도약한 사례들이다.

3) 카피는 언어이면서 언어 이상이다

광고는 말의 비즈니스이고, 광고는 언어의 연금술이다. 광고는 초창기부터 언어를 이용하여 소비자를 설득하는 언어의 마술이었다. 언어야말로 광고의 생명인 동시에 광고의 최대 무기이다. 그런데 이 광고언어가 때로는 세상을 아름답고 향기롭게도 하지만, 때로는 세상을 무섭고 위험하게 할 수도 있다는 점에서 '광고가 과연 언어의 마술사인가, 언어의 파괴자인가'라는 물음에 직면하게 된다.

그동안 수도 없이 다루어진 광고언어의 문제들을 보면 대체로 내용면에서의 허위, 과장, 선정적 표현, 배외적(拜外的) 표현(서울대 박갑수 교수는 이를 사대사상,

배외사상이 담긴 외래지향적 광고라고 지적함) 등이 있다. 또 언어의 형태면에서는 잘못된 표기, 문법과 어법파괴, 외국어와 외래어의 오남용, 은어, 비속어, 신조어 등의 오남용 등이 자주 지적되었다. 물론 광고란 의도적으로 문법규칙을 깨뜨리거나 시적 표현을 하는 것이 하나의 기법이기도 하지만, 그러한 의도보다 문법적 이해 부족에서 오는 잘못이 적지 않은 것이 문제라는 것이다. 그러다 보니 우리 사회에서 보는 광고언어는 언어의 마술이라기보다는 언어의 파괴라는 인식이 더 큰 편이다. 즉 우리말을 더 아름답게 하고 표현의 영역을 넓히며 시적 상상력을 키우는 데 기여하기보다는, 언어를 타락시키고 오염시키며, 더 나아가 어린이 언어교육과 정서에도 종종 해로운 경우가 많다는 것이다. 이러한 지적이 온당한 것인가를 판단하기 위해서는 광고언어의 일반적 특징을 이해하는 것이 필요하다.

(1) 광고언어의 특징에 대하여

광고언어의 첫 번째 특징은 그것이 고도로 농축된 의미의 덩어리라는 것이다. 단순한 언어가 아니라 상징기호이며, 그 자체가 복합적 의미와 색깔을 지닌 상징물이다. 광고에 사용된 프랑스어는 그 단어의 의미를 전달하는 것 외에 프랑스적 상징(또는 이미지) 그 자체가 된다. 어떤 과학적 용어나 수치는 그 자체의 내용보다 과학적, 첨단적이라는 이미지를 위한 기호로 사용된다. 이렇게 광고언어는 짧은 단어 하나, 문장 하나에 농축된 의미와 상징, 이미지를 얹어놓은 압축형 언어라는 특징을 가지고 있다. 광고언어가 종종 비문법적 표현으로 나타나는 것은 이러한 속성 때문이다. 마치 시인들이 사용하는 시어(詩語)의 특징과도 유사하다.

광고언어의 두 번째 특징은 그것이 단순한 설명적 기능만을 수행하기보다는 상황적 기능, 묘사적 기능, 지시적 기능 등 다양한 기능을 수행한다는 점이다. 광고가 정보제공에 충실해야 한다고 주장하는 사람들은 광고언어가 설명적 기능에 더욱 치중할 것을 요구하지만 실제 광고언어의 다양한 역할을 고려하면 이는 상당히 무리가 있다. 짧은 한마디로 미묘한 상황이나 심리를 묘사해야 하고, 이미지를 연상시켜야 하는 속성상 정보중심의 설명적 언어만을 사용한다는 것은 불가능한 일이다.

광고언어의 세 번째 특징은 창조성이다. 진부한 표현, 즉 너무 익숙하거나 낡은 표현으로는 소비자의 주의를 끄는 것은 고사하고 소비자 감각에 접근하기도 쉽지 않다. 그래서 광고언어는 항상 새로운 어휘, 새로운 단어의 조합, 새로운 감각어의 창조에 매달린다. 그러다 보니 때로는 생경한 언어의 사용이나 언어의 비문법적 조합, 문법의 파괴현상이 있게 되고 그것이 광고언어의 하나의 특징이다. 물론 한 나라의 언어규칙과 전통을 지키고 가꿔가는 것이 중요하다는 점에서 이러한 광고언어의 특징이 비판받기도 하지만, 반대로 끊임없이 변화하고 생성되는 언어의 보편적 성격으로 볼 때 광고언어가 기여하는 면도 인정되어야 할 것이다.

광고언어의 네 번째 특징은 첨단성이다. 광고는 한 사회의 현상을 반영하기도 하지만, 대개의 경우 한 걸음 앞서 사회를 이끌어가는 측면이 강하다. 소비자들의 기호나 감각에 접근하기 위해서는 첨단적 표현과 새로운 언어의 개발이 과제가 되기도 한다. 자주 광고언어의 문제점으로 지적되는 외국어의 남용이나 과학기술 관련 전문용어와 조어의 과용도 이와 관련이 있다. 특히 인터넷이 일반화되면서 광고언어의 첨단화와 네티즌용어의 일반화가 광고언어의 새로운 특징으로 대두되었다.

이렇게 광고언어는 그 자체가 고유한 영역과 성격을 지닌 특수언어에 속한다. 그러나 그것이 아무리 고유한 목적과 성격을 지닌다고 해도 그것이 한 나라 언어생활의 일부라는 점은 부정할 수 없고, 따라서 치외법권적 특권을 부여받지도 않는다.

(2) 카피는 행동언어이다

고대 그리스, 마케도니아 필립 2세의 통치시절, 광장에 모인 청중들을 대상으로 웅변가 이스키네스(Aeschines)와 데모스테네스(Demosthenes)가 연설을 했다. 이스키네스가 연설을 마치자, 청중들은 "야, 멋진 연설이다!", "아 얼마나 멋진 연설인가!"(*What an excellent speech*!) 하고 찬사를 보냈다. 말더듬이던 데모스테네스가 연설을 마쳤다. 청중들은 모두 일어나 광장을 나가며 외쳤다. "자, 필립왕을 치러가자!", "타도하자, 필립을 타도하자!"(*Let's march against Philip*!) 이스키네스의 웅변은 찬사를 얻었지만 데모스테네스의 연설은 청중들의 행동을 이끌어냈다.

광고카피는 바로 이러한 것이다. 멋진 말로 찬사를 얻어내는 것이 아니라 진솔하고 살아있는 언어로 소비자의 행동을 이끌어내는 것이 바로 광고카피이다. 즉 행동언어가 되어야 하는 것이다. 그러기 위해서는 멋지기만 한 카피, 생명이 없는 카피보다 멋지지는 않더라도 생생하게 살아있는 카피, 믿음이 가는 카피, 마음을 움직이는 카피가 되어야 한다. 하지만 너무나 많은 카피라이터들, 특히 초보 카피라이터들은 멋진 카피, 찬사를 받기 위한 카피를 쓰는 데만 몰두하고, 평범하지만 사람을 움직이는 카피를 쓰는 노력은 하지 않는다.

촌스러운 광고, 평범하기 그지없는 카피가 화제가 된 이러한 예도 있다. "산수유, 남자한테 참 좋은데, 어떻게 표현할 방법이 없네. 직접 말하기도 그렇고…." 물론 멋있는 카피가 나쁘다는 것은 아니다. 초보자들이 내용도 없이 멋만 부린 카피작성에 빠지는 것을 경계하자는 것이다. 서예작품에도 생서(生書)와 숙서(熟書)가 있듯이 카피에도 살아있는 카피와 죽은 카피가 있다.

원로 카피라이터 이인구 교수는 "광고표현에서 자주 사용되는 단어 중 '충격'이라는 단어가 별로 '충격적'이지 못하고, '참신'이라는 말이 '참신성'을 잃었고, '품격'이나 '품위'라는 말 역시 '품격과 품위'를 잃은 지 오래"라면서 카피의 언어 인플레이션 문제를 꼬집은 바 있다. '강력'이란 말은 강력성을 잃고 '초강력'이 되어야 하고, '대형'은 순식간에 '초대형'으로 바뀌는가 하면, 어떤 기업이 '기술의 상징'이라고 하면 다른 기업은 '첨단기술의 상징'으로, 또다른 기업은 '최첨단 기술의 상징'으로 확대, 강화하게 된다. 이처럼 광고가 '더 강한 것, 더 충격적인 단어, 더 화끈한 무엇'을 찾는 경쟁은 다시 한 번 생각해 볼 문제이다. 그러면서 광고카피는 단순한 언어의 유희, 말장난, 인플레 광고언어, 날조언어가 되어서는 안 되며, 제품과 밀착된 아이디어를 표현하는 절제된 언어, 진실한 언어, 살아있는 언어가 되어야 한다고 강조한다(이인구, 2002).

이와 관련하여 1900년 런던의 한 신문에 게재된 불과 4줄짜리 작은 광고, 작은 글씨의 카피만으로 이루어진 다음의 광고가 어떻게 사람들을 움직였는지 살펴볼 필요가 있다. 다음은 탐험가 어네스트 섀클턴의 남극탐험대 모집광고 카피이다.

> Men Wanted for Hazardous Journey. Small wages, bitter cold, long months of complete darkness, constant danger, safe return doubtful. Honor and recognition in case of success —Ernest Shackleton
>
> 위험한 여행 참가자 모집. 적은 임금, 혹한과 긴 암흑의 연속, 계속되는 위험, 보장할 수 없는 안전 귀환, 그러나 성공하고 돌아올 경우 명예와 인정이 따름 —어네스트 섀클턴

이 광고는 왓킨스(Julian Lewis Watkins)가 저술한 《세계 100개 위대한 광고》(*The 100 Greatest Advertisements*)에서 첫 번째 작품으로 선정된 광고이다. 이 광고에는 멋있는 수식어도, 화려한 과장도 없다. 너무나 간결하고 직설적이며 사실적 단어 몇 개뿐이다. 이 광고가 왜 위대한 광고인지 카피라이터라면 깊이 생각해 볼 가치가 있을 것이다.

4) 카피는 후원자가 있는 시(*sponsored poem*)이다

하야카와(S. I. Hayakawa)는 "시와 광고"(*Poetry and Advertising*)라는 주목할 만한 글에서 광고를 계관시인(桂冠詩人)의 시와 같은 "후원자가 있는 시"라고 이름붙인 바 있다. 그의 글을 중심으로 광고와 시의 관계를 살펴보자.

> 시와 광고를 같은 부류로 언급하는 사람은 없다. 시는 언어예술 중에서 가장 고상한 것으로 인정되는 반면, 광고는 예술로조차 분류되지 않는다, 광고는 상업적 목적을 위한 수단이다. 여러 가지 면에서 시와 광고는 대조적이다. 가장 훌륭한 시는 소수의 사람들만이 이해할 수 있고 다수의 사람들은 이해할 수 없다, 반면에 좋은 광고는 많은 사람들로 하여금 생각하게 하고, 웃게 하고, 또 영향을 미친다. 시는 특별한 것이고, 학교에서 연구되는 것이고, 시간적 여유가 있는 교양인들이 즐길 수 있는 것이며, 엄숙하고 심각한 경우에 읽히는 것이다.

그럼에도 불구하고, 시와 광고는 많은 공통점을 지니고 있다. 시와 광고는 모두 운(韻)과 리듬을 사용한다. 시와 광고는 모두 외연적 내용보다 정서적이고 암시적인 가치를 지닌 언어를 사용한다. 그리고 무엇보다도 시와 광고는 둘 다 일상생활의 경험으로부터 얻어진 지식에 의미를 부여한다는 점에서 유사하다. 즉 시와 광고는 둘 다 경험의 대상에 그 자체 이상의 어떤 상징성을 부여하려고 노력한다. 시인과 마찬가지로 광고 카피라이터는 한 개의 비누를 비누 자체로 남겨놓지 않고, 비누 이상의 그 무엇으로 상징화한다. 칫솔이나 비누, 자동차 타이어, 콜라 등 어떤 카피를 쓰던지 카피라이터는 소비재를 시로 읊어야 한다. 다만 차이가 있다면, 광고는 광고주가 후원하는 시(*sponsored poetry*)이고, 시는 광고주로부터 후원받지 않은 시(*unsponsored poetry*)라는 것이다.

물론 시(詩) 중에서도 과거의 왕실시인 또는 계관시인의 시는 후원받은 시의 전형적 예로서, 황제나 왕실의 후원을 받은 시인은 그를 고용한 후원자가 얼마나 위대하고 그 지배자의 자비와 통치아래에서 백성들이 얼마나 행복한가를 적절한 시기에 송시(頌詩)와 서사시로 기록하는 임무를 지녔었다. 영국의 빅토리아 여왕 시대 계관시인이었던 테니슨 경(Alfred Tennyson)은 1852년 웨스트민스터 대성당에서 거행된 웰링턴 대공(Duke of Wellington)의 영결식에 즈음하여 시를 써달라는 요청을 받았다. 그의 임무는 국민적 영웅의 서거에 대한 여왕과 국민의 슬픔을 표현하는 것이었다. 그의 시 "웰링턴 대공의 서거에 대한 송시"(이 시는 500행이 넘는다)는 후원받은 예술도 매우 인상적이고 또 영문학 강좌에서 주목받을 만큼 훌륭한 가치가 있는 예술이 될 수 있다는 것을 명백하게 보여준 사례였다.

그런데 이와 비슷한 어휘와 문장과 감동을 지닌 글이 세계 여러 나라의 광고에서도 등장한다. 미국을 비롯한 몇몇 국가의 광고들을 보면, — 중요한 국가적 행사나 국가의 이상과 감정을 표현하는 경우 — 광고가 계관시인의 역할을 얼마나 잘 수행할 수 있는지 보여준다. 1950년 제2차 세계대전 무명용사의 무덤이 워싱턴에 헌정되었을 때, 보스턴 시의 존 행콕(John Hancock) 생명보험회사가 보스턴의 신문과 전국의 잡지에 게재한 광고카피는 그 어느 계관시인의 송시보다 더 시적 감동을 안겨주었다. 이 광고의 카피와 테니슨의 송시는 많은 부분에서 닮았다. 둘 다 국가의 애도를 표현하며, 국가의 정신과 헌신에 대한 존경, 감사, 그리고 자부심을 표현하였다. 이 광고의 카피라이터는 계관시인이 없는 한 국가를 대신하여 계관시인의 역할을 훌륭하게 수행했다.

다음은 외국의 한 기업이 시리즈로 기획한 기업광고의 카피이다. 유나이티드 테크놀로지(United Technology)라는 이 회사의 기업광고는 360만 통의 리프린트 요청을 받았고 69만 1천 통의 독자편지를 받았으며, 자니카슨 토크쇼의 정규 프로그램에서 소개할 정도로 큰 반응을 불러일으켰다. 일부 학교에서는 이 광고카피를 수천 부씩 복사해 학생들에게 배부했고, 몇몇 군 지휘관은 모티베이션 훈련에 이 카피를 이용하기도 했다. 75편의 카피를 한 권의 책으로 발간한 이 광고카피 중 일부를 소개하면 다음과 같다.

(1)

헤드라인　가장 훌륭한 당신

본문　단 200년 안에 당신들의 나라는
자유와 근면으로 세계를 변화시켰습니다.
농업에서, 산업에서, 교육에서, 의료에서, 법률에서, 교통에서,
그 밖에 쉬지 않고, 어떤 나라도 미국이 만든
종교의 자유, 시민의 자유, 인간의 권리, 개인존중과 존경의
수준을 쫓아가지는 못할 것입니다.
물론 사람마다 차이는 있겠지만, 긴급상황에서
우리 모두가 힘을 합쳤을 때 우리들의 힘은 깔볼 수 없지요.
세계의 모든 나라 중에서 미국은 여전히 제일 선두에 서있습니다.
당신은 미국인이고 당신은 가장 훌륭합니다.
그것을 결코, 결코 잊지 마세요.

1980년 1월에 게재된 이 광고에는 4,101통의 독자편지가 배달되었고, 32,899장의 리프린트가 발송되었다.

(2)

헤드라인　실패를 두려워 마세요.

본문　당신은 아마도 잘 기억하지 못할 수도 있지만
이제까지 여러 번 실패를 경험했을 것입니다.
처음 걸음마를 시작했을 때 넘어지기도 했고, (중략)
강타자들, 홈런을 제일 잘 치는 타자는
스트라이크 아웃도 자주 당하지요.
메이시(R. H. Macy)는 7번이나 실패한 뒤에
겨우 뉴욕의 가게를 성공시켰습니다.
영국의 소설가 존 크리시(John Creasey)는 564권의 책을
출판하기 전에 753통의 거절편지를 받았습니다.
베이브 루스(Babe Ruth)는 1,330번의 스트라이크 아웃을
당했지만 714개의 홈런을 날렸습니다.
실패를 두려워하지 마세요.
오히려, 시도조차 못한 채 사라질
그 기회에 대해 두려워하세요.

이 광고는 다른 어떤 카피보다 리프린트 요청이 많았고, 이 광고에 대해 한 신문기사는 "유나이티드 테크놀로지사는 언어의 사용방법이 그 어느 회사보다 뛰어나다"고 보도했다.

(3)

헤드라인 이것으로 당신의 기분은 좋아질 것입니다.

본문 가끔 당신이 낙담하게 될 때는 이 사람을 생각해 보세요.
초등학교를 중퇴했다. 시골에서 구멍가게를 경영했다. 파산했다.
빚을 갚는데 15년이 걸렸다. 결혼을 했다. 불행한 결혼이었다.
하원에 입후보했다. 2회 낙선. 상원에 입후보했다. 2회 낙선.
역사에 남을 연설을 했다. 하지만, 청중들은 무관심했다.
신문들은 매일 공격했고, 반 이상의 국민들로부터 배척을 당했다.
그럼에도 불구하고, 상상해 보세요.
이 세상의 얼마나 많은 사람들이 그저 A. 링컨이라고 불리는
이 재주 없고, 서투르며, 무뚝뚝한 사람에게 감동했는가를.

1980년 2월에 게재된 이 광고에는 13,707통의 독자편지가 배달되었고, 68,594매의 리프린트가 발송되었다.

광고카피는 그것이 상업적 메시지이고 판매도구라는 수단에 불과하지만, 이렇게 때로는 훌륭한 언어의 교사이며, 계관시인이 없는 사회의 후원받는 시로서의 역할을 수행한다. 광고가 국가와 사회의 방향을 제시하거나 개인들의 삶의 지침이 되거나, 시적 감동을 주는 이러한 예는 한국의 주요 기업광고에서도 종종 나타난다.

5) 카피는 문화와 이데올로기의 통조림이다

광고는 한 사회의 쇼윈도이며, 문화의 통조림이다. 즉 광고는 그 시대, 그 사회의 가장 특징적인 모습을 최대한 가꾸어서 보여주는 거울인 동시에, 삶의 모든 것이 압축되어 담긴 통조림 같은 것이다. 그 시대 그 사회가 가장 중요하게 생각하는 것, 또는 가장 중요하게 생각해야 하는 것, 또는 그 시대의 삶의 양식과 가치관과 사회문화적 트렌드를 광고만큼 신속하고 정확하게 포착하여 극적으로 표현하는 것은 없

다. 그 과정에서 광고는 우리 사회와 문화와 인성에 긍정적으로 작용하기도 하고, 반대로 부정적 영향을 미치기도 한다.

먼저, 광고가 하나의 문화제도로서, 또는 문화상품으로서 긍정적 영향을 미치는 경우를 살펴보자. 광고는 행복이 무엇인지, 가족이 무엇인지, 이웃이 무엇인지, 너무나 중요하지만 우리가 잊고 살아온 것들에 대해 새롭게 조명하기도 한다. 삼성의 "또 하나의 가족" 시리즈나 SK의 "행복" 시리즈 등 주요기업의 기업광고들에서 자주 발견되는 이러한 카피야말로 그 어느 교육제도나 언론보다 더 큰 역할을 한다. 기업광고만큼 가족의 재발견, 아버지라는 존재와 어머니의 마음, 남편과 아내의 잔잔하면서 감동적인 스토리를 설득력 있게 전달하는 제도도 드물다. 이러한 광고의 카피는 대체로 현란한 수사법이나 말장난이 아니라 진솔하고 친근하며 정겹기까지 하면서 동시에 잘 다듬어진 글인 경우가 많다(이러한 카피를 수집하여 정리해 보자).

반면에 광고카피에는 교묘하게 지배이데올로기, 고정관념, 편견 등이 숨어 있기도 하다. 미국의 광고에는 인종편견적 고정관념이 숨어 있기도 하고, 성차별적 이데올로기가 은폐되어 있기도 하다. 흑인들의 문명화는 백인 흉내 내기로 묘사되고, 여성들의 평등을 위한 노력은 담배 한 개비로 다 이루어진 것이 된다(버지니아 슬림의 "참으로 먼 길을 걸어왔다 그대들이여" 광고를 심층 분석해 보라).

광고에는 언제나 젊고 행복한 사람들만 가득하고, 먹고 마시고 노는 화려한 장면이 주를 이룬다. 실제 우리 사회를 구성하고 있는 일정 비율의 일하는 사람, 고통받는 사람, 노인, 소수인종은 축소되거나 아예 등장하지 못한다. 고급상품 광고에는 백인이, 저급상품 광고에는 흑인이나 소수인종이 실제 인구분포 이상으로 과대하게 또는 과소하게 등장하기도 한다. 그래서 광고는 세트 뒤의 쓰레기더미나 물웅덩이를 가려놓고 세트 앞의 화려한 그림만 보여주는 할리우드 영화세트에 비유된다. 그것은 진정한 사회의 참모습이 아니며 특정 방향으로 왜곡된 거울(오목거울이거나 볼록거울과 같은)에 비친 왜곡된 사회의 모습이 된다. 말하자면, 획일화된 이데올로기의 운반체이며 한 사회의 지배 이데올로기를 강화하거나 영속화하고자 하는 이념적 장치가 된다. 그러나 그러한 심층 의미는 너무 교묘하고 자연스러워 좀처럼 드러나지 않는다.

다음은 2010년 상반기에 방송된 공익광고의 카피이다.

부모는 멀리 보라 하고 학부모는 앞만 보라 합니다.

부모는 함께 가라 하고 학부모는 앞서가라 합니다.

부모는 꿈을 꾸라 하고 학부모는 꿈꿀 시간을 주지 않습니다.

당신은 부모입니까. 학부모입니까.

부모의 모습으로 돌아가는 길, 참된 교육의 시작입니다.

이에 대한 의견은 크게 두 가지로 나누어진다. 하나는 정말 멋진 카피라는 긍정적 반응이다. 이 시대 우리사회의 가장 중요한 문제 중 하나인 교육문제를 이렇게 짧은 문장으로 이렇게 실감나게 표현할 수가 없다는 것이다. 반면에 부정적 반응도 적지 않다. 부모와 학부모의 편 가르기이고, 얼핏 보면 그럴듯하지만 조금만 깊게 생각해 보면 말장난에 불과하다는 것이다. 멀리 가기 위해서는 앞을 잘 보아야 하고, 모두가 잘 살기 위해서는 앞서가는 사람도 있어야 하며, 우리 모두는 부모이면서 학부모라는 점을 부정하는 논리의 모순이라는 지적으로, 이 카피는 내용이나 논리보다 그럴듯한 말장난으로 멋 부린 카피에 불과하다는 비판이다. 이에 대해 모 대학 교수(교육학과)는 한 신문에 기고한 글에서 "부모와 학부모의 대립개념 설정은 가상의 적을 설정하여 편 가르기 정서를 함양하는 것이며, 앞을 보고 내디뎌야 멀리 볼 수 있고, 앞서가는 사람이 있어야 온전한 공동체를 이룰 수 있다는 사실을 왜곡하여 온전한 부모를 희한한 논법으로 모욕하는 광고"라는 의견을 제시했다.

너무나 그럴듯한 카피 속에 부모와 학부모를 편 가르고, 학부모와 경쟁을 죄악시하면서 논리의 모순을 은폐했다는 지적을 받을 수 있는 사례이다.

광고카피의 문화적, 이데올로기적 기능은 이 외에도 다양한 방식으로 작동한다. 광고만 보고 있으면, "인생은 항상 무한도전"을 해야만 하는 존재이고, 항상 "새로운 게 필요"하며, "수퍼맨, 수퍼맘"이 아니면 안 되는 것처럼 강조한다. 부모님에 대한 효도는 비타민과 보일러와 선물세트로 해결되며, "부모님을 잘 모셔 자식 키운 보람을 돌려드리는 것"은 류머티스 관절염 약이 대신한다. 물론 이러한 해석이나 주장은 광고를 지나치게 이데올로기적 관점에서 접근하는 것이며, 광고를 너무 심각하게 해석하는 것이라는 비판도 받는다. 그러나 광고는 어느 쪽이든, 그것이 소비자의 인생관이나 사회관, 더 나아다 국가관, 세계관에 점진적이며 지속적으로 영향을 미친다는 점에서 단순한 판매도구(*instrument*) 이상의 사회제도적(*institution*) 중요성을 갖는다. 이는 광고카피가 결코 가볍게, 말장난 수준으로 다루어져서는 안 되는 이유이며, 보다 큰 사회적 가치와 책임을 져야 하는 당위성이다.

5. 좋은 광고, 좋은 카피가 되려면

1) 광고 평가기준

좋은 광고의 평가기준은 평가자의 입장에 따라 다를 수밖에 없다. 카피도 마찬가지이다. 특히 광고의 참여자들—광고주, 광고제작자, 소비자—이 누구냐에 따라 좋은 광고, 좋은 카피의 평가기준이 각각 달라지기 때문에 평가기준을 정하는 것이 쉽지 않다. 광고주에게 좋은 광고, 또는 좋은 카피는 지불한 광고비 이상의 효과를 가져다주는 것이다. 그것이 인지도나 호감도, 선호도, 확신과 같은 커뮤니케이션 효과이든, 매출이나 점유율, 이익과 같은 마케팅 효과이든 실제 목표로 설정한 효과를 달성할 수 있느냐 그렇지 않으냐가 가장 중요한 평가기준일 수밖에 없다. 반면에 광고기획자나 제작자 등에게 좋은 광고(또는 좋은 카피)는 자기가 기획하거나 제작한 광고가 유명해지거나 화제가 되고, 유명 광고상을 수상하고, 유행어가 되거나 다른 광고들의 모델이 되는 등 광고 자체가 주목받는 경우이다. 카피라이터가 두고두고 자기 작품이라고 자랑할 만한 광고야말로 제작자에게 있어 좋은 광고가 된다. 소비자에게 좋은 광고는 정확한 구매정보나 상품선택기준 등을 통해 구매활동에 도움을 주는 광고나 카피가 좋은 광고, 좋은 카피의 기준이 된다. 소비자를 기만하거나 오인시키지 않는 광고, 허위 과장이 아닌 사실정보 중심의 광고야말로 소비자들에게 좋은 광고가 된다. 따라서 좋은 광고를 만들거나 좋은 카피를 쓴다는 것은 대단히 어려운 일이다. 광고의 3대 주역들을 모두 만족시켜야 하는 작업이기 때문이다.

그럼에도 불구하고 일반적인 의미에서 좋은 광고가 되기 위한 기본적 기준은 있다. 다음은 좋은 광고를 만드는 데 참고할 만한 몇 가지 기준들이다. 이는 광고 전체에 대한 기준이지만, 카피에 대한 기준으로도 충분한 가치가 있다(여러 광고학자들, 광고회사들이 나름대로 좋은 광고의 평가기준을 제시하고 있으며, 다음은 그것들 중 일부를 재정리한 것이다).

(1) 하나의 기준 : 주목성(*Attention*)

"듣지 않은 사람에게는 팔 수도 없다"(*You can't sell a man who isn't listening*). 빌 번벅(Bill Bernbach)의 말이다. 광고는 무엇보다 먼저 소비자에게 보이고 들려야 한다. 즉 소비자의 눈과 귀를 광고에 멈추게 해야 한다. 바로 'stopping power'이다. 이 첫 번째 관문을 넘어서야 다음 단계인 관심이나 호감, 선호, 확신, 행동으로 발전하게 되기 때문이다. 최근에는 광고의 주목성이 주로 시각적 요소(비주얼)나 영상, 음향 등에 더 의존하는 경향이 있지만, 카피의 헤드라인 역시 여전히 중요한 요소이다. 카피라이터들이 평생을 두고 마법의 단어(*magic word*)나 기발하고 재치 있는 문장을 찾아 헤매는 것은 바로 수많은 경쟁광고들 속에서 그것이 자신의 광고에 소비자의 눈과 귀를 멈추게 하는 힘을 갖기 때문이다. 주목받고 기억에 남는 광고의 대부분이 헤드라인의 힘이라는 것은 많은 소비자들이 경험으로 알고 있는 사실이다.

(2) 2개의 기준 : 독특성 + 적합성(*Unique + Right*)

① 독특성

독특성은 다른 말로 하면 차별성, 독창성, 최초로 시작한 것을 의미하는 시원성(始源性)에 해당되는 말이다. 새로운 것(*new*), 신선한 것(*fresh*), 참신한 것(*novel*), 독특한 것을 모두 포함하는 말이기도 하다. 광고야말로 다른 광고와 비슷하거나 기존에 흔히 보아왔던 것, 또는 본 듯한 것이어서는 안 되기 때문이다.

② 적합성

좋은 광고는 독특하면서 다른 한편으로는 광고하는 상품과, 시장상황과, 목표집단과 매체에 적합한 콘셉트 또는 아이디어라야 한다. 아무리 독특한 광고라고 하더라도 적합하지 않은 광고는 결코 성공할 수 없다는 것을 많은 사례들이 보여준다. 그래서 콘셉트나 아이디어, 카피를 평가할 때는 먼저 그것이 '독특한가?'를 묻고 ('그렇다, 그렇지 않다' 중) '그렇다'고 평가된 것에 대해서는 다시 '적합한가?'를 물어 (역시 '그렇다, 그렇지 않다' 중) 두 가지 기준 모두 '그렇다'고 판단된 것을 채택해야 한다.

(3) 3개의 기준 : 적합성 + 독창성 + 임팩트 (*Relevance + Originality + Impact*)

빌 번벅이 설립하고 세계적 광고회사로 성장시킨 DDB 니드햄은 독창성과 적합성, 임팩트를 광고의 가장 중요한 요소로 규정하여 모든 전략에서부터 크리에이티브, 매체, 통합커뮤니케이션에 이르기까지 이를 강조한다(*Planning for R. O. I*).

① 적합성
"단순히 눈길만을 끌기 위해 광고에 물구나무 선 사람을 썼다면 그것은 잘못된 광고이다. 그러나 호주머니에서 물건이 쏟아져 나오지 않는다는 것을 보여주기 위해 물구나무를 세웠다면 그건 옳은 광고이다." 적합성을 설명한 말이다.

② 독창성
"하드셀이니 소프트셀이니 하는 말들은 잊어버려라. 당신에게 혼란만 주는 말들이다. 당신의 광고가 소비자들에게 어떤 실체를 말하는지, 소비자들에게 어떤 정보나 서비스를 말하는지 확인하라. 그리고 과거에 아무도 하지 않았던 방식으로 말하는지 확인하라."

③ 임팩트
"훌륭한 크리에이티브는 보다 경제적으로 판매를 크게 신장시켜준다. 훌륭한 크리에이티브는 유사성의 수렁에서 당신의 주장을 건져올려 줄 뿐 아니라, 소비자들이 그것을 수용할 수 있게 하고, 믿게 만들고, 설득되도록 하며, 당장 필요한 것으로 받아들이게 할 수 있다."

(4) 4개의 기준 : *R. O. I* (적합성 + 독창성 + 임팩트) + 주목성

"주목받지 못한다면 그 광고는 실패작이다. 단, 자연스러운 모습 그대로 주목받아야 한다. 속임수나 기교를 부려서 받는 주목은 오래가지 못한다"(번벅).

(5) 5개의 기준 : SCORE (*Simplicity* + *Credibility* + *Originality* + *Relevance* + *Empathy*) 단순성 + 신뢰성 + 독창성 + 적합성 + 감정이입

이 기준은 특정 다국적 광고회사의 평가기준이지만, 여기서는 그 본래의 내용 외에 광고계에서 일반적으로 통용되는 내용을 중심으로 소개한다.

① 단순성

'단순성'은 모든 분야에서 가장 중요하게 여겨지는 개념이다. 현대건축의 3대 거장 중 한 사람인 루드비히 미스 반 데어 로에(Ludwig Miss van der Rohe)는 그의 최소주의 설계(*minimalist design*) 개념의 행동수칙으로 "적은 것이 많은 것"(*less is more*)을 강조하면서 단순성과 명료성이 좋은 설계를 만든다고 했다. 존 케이플즈 역시 "초보자는 10가지 광고를 하나의 광고에 집어넣는다"면서 단순성의 가치를 강조하였다. 그러면서 "무언가를 더하고 싶다면 빼는 방법을 배우라"고 했다. '강력한 아이디어'가 '한 문장'으로 표현될 수 있다면 그것이 바로 단순성이다. 사치 앤 사치(Saatchi & Saatchi)사의 SMP(*Single-Minded Proposition*)야말로 이 단순성을 잘 말해주는 개념이다.

② 신뢰성

'신뢰성'은 인간관계는 물론 모든 커뮤니케이션에서 가장 중요한 가치 중 하나이다. "성서가 여전히 만고의 베스트셀러인 것은, 그것이 불변의 가치를 지니고 있다는 점과 권위의 목소리를 가지고 있다는 것"(존 케이플즈)이다. 즉 내용과 형식에서 모두 가치와 권위가 있어야 하며, 그것이 신뢰의 토대가 되고, 이 신뢰가 다시 사람을 움직이는 힘이 된다.

③ 독창성 ④ 적합성

'독창성'과 '적합성'은 앞에서 설명한 바와 같다.

⑤ 감정이입

'감정이입'은 광고가 궁극적으로 소비자의 마음을 움직여야 하는 것이라는 점에서 무엇보다 소비자 공감을 얻는 것을 의미한다. "너 자신을 움직이려거든 너의 머리를 이용하라. 그러나 다른 사람을 움직이려면 너의 가슴을 이용하라"(*To handle yourself, use your head. To handle others, Use your heart*)는 말과 같이 다른 사람을 설득해야 하는 광고카피는 감정이입 여부가 성패를 좌우한다. 소비자들이 정서적으로 공감하지 않는 광고로는 완고한 소비자의 마음을 움직일 수 없기 때문이다.

(6) 6개의 기준 : SUCCES (*Simplicity + Unexpectedness + Concrete + Credibility + Emotion + Story*) 단순성 + 의외성 + 구체성 + 신뢰성 + 감성 + 스토리

광고를 평가하는 기준 중에는 '단순성', '의외성', '구체성', '신뢰성', '감성', '스토리'의 6가지를 제안하는 경우도 있다. 앞의 기준들과 다른 점은 최근 중요도가 증가하고 있는 '스토리'가 추가된 점이다('스토리'에 대해서는 뒤의 제 6장 "카피와 스토리텔링"에서 자세하게 다룬다).

(7) 그리고 다시 3개의 기준

이상 살펴본 바와 같이 좋은 광고를 '만드는 기준'이 바로 좋은 광고를 '평가하는 기준'이 되며, 이는 다시 좋은 카피를 쓰거나 평가하는 데도 충분히 원용할 수 있는 기준이 된다. 그것이 1가지 기준이든 2가지, 또는 7가지 기준이든 제대로 이해하고 제대로 적용하기만 한다면 카피라이터나 아트디렉터, 또는 CF 감독 모두에게 큰 도움을 줄 수 있다. 이들을 다시 크게 범주화하여 정리하면 좋은 광고, 좋은 카피란 다음과 같은 힘(*power*)을 가져야 한다.

- stopping power 독자나 시청자의 눈과 귀를 광고에 즉각 멈추게 하는 힘 (주목효과)
- holding power 독자나 시청자의 눈과 귀를 광고에 오래 머물러 있게 하는 힘 (흥미, 관심효과)
- sticking power 독자나 시청자의 머릿속에 광고내용을 오래 고정시켜 두는 힘 (기억효과)

물론 모든 광고, 모든 카피가 이 3가지 힘을 동시에 갖기는 쉽지 않다. 광고목표에 따라 어떤 광고는 'stopping power'가 더 중요하고, 또 어떤 광고는 'holding power'나 'sticking power'가 우선적으로 중요한 경우가 있을 수 있기 때문이다. 따라서 여러 가지 기준을 아는 것과 함께 광고목표가 무엇인가를 기준으로 좋은 광고, 좋은 카피를 평가하는 노력이 무엇보다 중요하다. 카피라이터로서, 또는 크리에이티브 책임자로서 자신이 쓴 카피, 자신이 만든 광고가 과연 이러한 기준들을 어느 정도

만족시키는지를 습관적으로 체크하고 평가하는 일이 좋은 광고, 좋은 카피를 지향하는 하나의 방법이다.

2) 좋은 카피를 쓰기 위한 가이드라인

여기에 더해서 좋은 카피를 쓰기 위해 카피라이터들이 참고해야 할 가이드라인을 소개하면 다음과 같다(소비자와 커뮤니케이션하는 10가지 원칙).

- 말하려 하지 말고 입증하라.
- 광고처럼 보이거나 들리게 하지 말라.
- 광고를 로고로 만들어라.
- 브랜드를 사람처럼 대하라.
- 단점에 솔직해져라.
- 소비자를 관련시켜라.
- 소비자가 친밀하게 느낄 수 있도록 유머를 사용하라.
- 성적 소구는 여전히 효과적이지만 조심스럽게 사용해야 한다.
- 너무 자랑하지 말라.
- 원칙을 파괴하라.

그리고 무엇보다도 "글 쓰는 방법의 가장 좋은 트릭은 트릭을 피하는 것이다", "영리하게 보이려는 욕망은 영리해지는 데 방해가 된다"는 존 케이플즈의 말이 무엇을 의미하는지도 깊이 생각해 보아야 할 지침이다.

6. 카피라이터의 역할

1) 카피라이터의 임무

카피라이터는 광고에 쓰일 글이나 말을 만드는 사람이다. 인쇄광고의 헤드라인은 물론 부제, 본문, 슬로건, 캡션 등의 글을 쓰고, 방송광고의 멘트, 내레이션, 다이얼로그, 광고노래의 가사를 만들며, 각종 신매체광고, 옥외광고, BTL광고에 사용될 글과 문장을 만드는 사람이 바로 카피라이터이다. 그래서 우리나라에서도 1970년대 후반까지 카피라이터를 광고문안가, 광고문안담당자, 심지어는 광고문안기술자라고 말할 정도로 글과 관련된 전문가, 즉 글쟁이로 이해했었다. 카피라이터를 언어의 마술사라고 하는 것은 카피라이터가 이렇게 언어(말과 글)를 통해 광고의 목표를 달성하는 전문가이기 때문이다. 그러나 카피라이터의 실제 작업과정을 보면 이는 극히 일부에 해당할 뿐 카피라이터의 역할을 제대로 설명하지는 못한다.

카피라이터는 광고에서 무엇을 말할 것인가, 즉 광고 메시지의 기본방향과 강조할 주제를 정하는 콘셉트 메이커이다. 크리에이티브 콘셉트를 창출하고 판단하고 결정하는 아주 중요한 일이 카피라이터의 임무 중 하나이다. 또 카피라이터는 설정된 콘셉트가 소비자들의 눈길을 끌고 오랫동안 잊히지 않도록 만드는 아이디어의 창안자이다. 그리고 그 아이디어를 최적의 단어와 문장, 말과 글로 표현할 줄 아는 문장가이기도 하다. 카피라이터를 가리켜 시장과 제품과 소비자로부터 숨은 판매소구점(셀링 포인트)을 찾아내는 탐정의 능력과, 그 판매소구점을 아이디어로 도약시키는 시인의 상상력, 그리고 그 아이디어를 판매로 연결하는 상인의 판매술을 겸비한 '인간 혼의 잠수공작원'이라고 하는 이유가 바로 거기에 있다. 카피라이터는 한마디로 '전략가'인 동시에 '아이디어맨'인 동시에 '언어의 연금술사'라는 3가지 자질을 동시에 갖춘 사람이라고 할 수 있다.

《카피캡슐》의 저자 헬 스티븐스가 일찍이 "진정으로 뛰어나기 위해서는 위로는 로맨티스트이며, 아래로는 리얼리스트가 되지 않으면 안된다. 카피라이터는 휴머니스트, 리얼리스트, 매출지상주의자, 이 모든 것을 한 몸에 지니고 있지 않으면 안된다"고 한 것도 같은 맥락이다.

그래서 카피라이터에게 있어 언어는 단순한 단어가 아니다. 그것은 대중조작의 심벌이고 상징이며, 암시이고 연상인 동시에 반전(*inversion*), 풍자(*innuendo*), 느낌(*feeling*), 비유언어(*figurative language*)이다. 어원학자 에번스(Bergen Evans)가 "시(詩) 다음으로 언어가 가장 강렬하게 사용되는 것이 광고"라고 정의한 것도 바로 이런 점 때문이다. 그래서 카피라이터는 셰익스피어로부터 언어가 어떻게 효과적으로 쓰일 수 있는가를 배우고, 헤밍웨이로부터 언어가 얼마나 간결하게 쓰일 수 있는가를 읽어야 한다. 물론 그렇다고 해서 그들이 사용하는 언어가 곧 셰익스피어나 헤밍웨이의 언어가 아닌 것은 분명하다, 카피라이터가 쓰는 언어는 오히려 수용자의 감성과 행동을 촉발시키기 위한 방아쇠(*trigger*)이며, 인간의 영혼을 파고드는 잠수공작원의 언어라는 더 복합적인 의미를 지닌다.

이러한 언어의 마술, 언어의 연금술을 위해 카피라이터들은 역사상 수많은 시인과 작가, 화가, 건축가, 철학자들로부터 적지 않은 빚을 지고 있다. 문인들로부터는 언어의 선택과 사용법을, 화가들로부터는 개성과 화풍을 만들어내는 독창적 아이디어의 발상법을, 건축가들로부터는 구조와 형태의 최적화와 간결성을, 철학자들로부터는 세상과 인생과 인간을 보는 방법을 배운다.

고갱(Paul Gauguin, 1848~1903)이 일찍이 "예술가는 노예 같이 자연을 모방해서는 안되며 그 안에 내포된 의미를 밝히기 위해 경험을 왜곡하고 과장하고 강조해야 한다"고 주장한 것도 카피라이터에게는 중요한 참고가 된다. 그는 일부러 투박하게 그렸고, 형태를 단조롭게 했으며 오렌지와 녹색의 보색관계를 대비함으로써 색채를 극적으로 강조했다. 카피라이터 역시 단순히 상품을 설명하거나 상황을 묘사하는 것이 아니라, 그 안에 내포되어 있는 의미를 찾아내고, 그것을 경험과 지식을 동원하여 극적으로 표출하거나 강조할 줄 알아야 하며, 자신만의 독창성으로 발전시켜야 한다.

2) 좋은 카피를 쓰기 위한 제언

(1) 아는 것이 힘이다

카피만큼 많이 아는 것이 중요한 분야도 흔치 않다. 제임스 웹 영(James Webb Young)은 《아이디어를 만드는 법》이라는 작은 책자에서 "아이디어란 낡은 요소들의 새로운 결합"(*a new combination of old elements*)이라고 말했다. 여기서 낡은 요소들이란 기존의 지식, 상식, 경험, 자료 등을 말한다. 그리고 그것은 상품이나 시장, 소비자와 관련된 자료는 물론 그 밖의 다양한 분야의 자료를 포함한다. 이를 위해서는 무엇보다도 인문학적 소양이 중요하며, 평소의 독서량과 지식탐구가 토대가 된다. 그의 말을 인용하자면, "광고인은 소와 같다. 그리고 풀을 먹지 않는 소는 우유도 없다(*no browsing, no milk*)"는 것이다(제임스 웹 영, 《광고인이 되는 길》). 즉 많이 섭취하고 많이 아는 것이 좋은 아이디어를 만드는 유일한 길이라는 것이다.

번벅은 〈애드 에이지〉(*Ad Age*)의 편집주간 데니스 히긴스(Denis Higgins)와의 인터뷰에서 다음과 같이 말했다.

> 무언가 쓸 얘기가 있어야 좋은 글이 나온다. 나는 많이 읽는다. 철학 쪽 책을 많이 읽었고 소설도 꽤 많이 읽었다. 틀림없이 개인이 가진 것들이 카피의 재료가 된다. 더 많이 읽고, 생각하고, 더 많은 흥밋거리, 더 많은 체험을 카피에 불어넣을 수 있다면 그만큼 더 설득적이라고 생각한다.… 글은 가능한 한 단순하고 날렵하고 명징해야 한다. 그런 건 지식에서 나와야 한다. 그리고 그 지식을 소비자의 욕구와 연결시킬 수 있어야 한다.

아이디어 발상과정으로 유명한 알렉스 오스본은 "거의 모든 아이디어는 다른 아이디어에서 태어난 아들"이라고 했다. 말하자면 자료가 아이디어를 낳고, 또 그 아이디어가 다른 아이디어를 낳는다는 것이다. 어느 순간 갑자기 하늘에서 떨어지는 아이디어는 없다는 데 많은 아이디어 전문가들이 동의하고 있다. "배움을 그칠 때 사람은 정지한다"는 것도 존 케이플즈의 말이다. 이를 위해서 카피라이터 지망생이나 현역 카피라이터는 자신만의 자료노트를 만들 필요가 있다. 좋은 단어, 어휘, 문장, 느낌, 아이디어, 다른 광고의 카피 등 언제 어디서든 읽거나 듣거나 본 것들을 적어놓고 수시로 펼쳐볼 수 있는 그런 자료노트가 실제 카피작업에 적지 않은 도움이 된다는 점을 경험자들은 너무나 잘 알고 있기 때문이다.

(2) 관심을 갖고 관찰하라

모든 아이디어는 관심으로부터 출발한다. 가능한 한 많은 분야에 관심을 갖고 관찰을 하다보면 자기도 모르는 사이에 다양한 아이디어의 소재가 자료창고 가득 쌓이게 된다. 1980년대 나이키(Nike)의 국내 론칭 캠페인을 담당했을 당시 광고주의 일화가 하나의 사례다. 그 광고주의 담당 중역은 부산의 신발회사(당시는 부산의 신발산업이 전 세계의 신발생산을 거의 전담하던 시기였다)에 근무하면서, 항상 관심을 가지고 신발을 관찰한 것으로 유명하다. 많은 사람이 모이는 장소에서 흔히 여성들의 고무신이 바뀌는 것을 유심히 관찰한 결과, 여성 고무신의 바닥 안쪽에 분홍이나 연두색, 하늘색 등 색깔을 넣어 고무신의 짝이 바뀌는 빈도를 대폭 줄일 수 있었던 일도 그 중의 하나다. 또 여성들이 한복을 입고도 굽이 높은 하이힐을 신는 것을 발견하고 여성 고무신의 뒷굽을 높인 상품을 개발하여 히트한 경우도 있다. 또 모 신문사의 한 간부는 아침마다 10층이 넘는 자신의 아파트에서 1층까지 걸어 내려오면서 어느 집에서 어느 신문을 구독하는지를 살펴보는 것으로 하루를 시작한 사례도 있다. 이렇게 관찰을 통해 문제점이나 기회를 발견하고, 이를 상품이나 마케팅, 광고 아이디어에 연결하여 시장성과를 높인 사례는 매우 많다. 항상 평상시에 다양한 분야에 '관심'을 갖고 '관찰'하고 이를 과제와 '관련'시키는 훈련은 카피라이터에게 크게 도움이 된다.

(3) 배우고 익히고 즐겨라

공자는 "아는 사람은 좋아하는 사람만 못하고, 좋아하는 사람은 즐기는 사람만 못하다"(知之者 不如好之者, 好之者 不如樂之者)고 했다. 아는 것, 좋아하는 것도 중요하지만 그보다 더 중요한 것은 자기가 하는 일을 스스로 즐기는 것이다. 즐기지 않고, 억지로, 밥벌이 수단으로 카피라이터의 직무를 수행한다는 것은 너무 힘들고 때로는 비참하기까지 하다. 실제로 카피라이터들은 종종 직업적 비애와 좌절을 느끼는 경우가 허다하다. 광고주의 일방적 지시나 몰이해, 항상 시간에 쫓기는 마감시간, 그리고 무엇보다도 쉽게 떠오르지 않는 아이디어 등 카피라이터의 피를 말리는 직업적 조건은 한둘이 아니다. 그래서 카피라이터는 자신의 일, 자신의 직업을 좋아하고 즐길 줄 알아야 카피라이터의 고된 직업과 경쟁을 버텨낼 수 있다(그러나 실제로는 대부분의 카피라이터에게 좌절은 거의 일상적으로 느끼거나 경험하는 직업적 특성이기도 하다).

또 카피라이터는 항상 배우는 자세를 생활화해야 한다. 무엇이든, 어디에서든 배우고 또 배우고, 익히고 또 익혀야 하는 것이 카피라이터의 생활이다. 배우는 것(學)과 익히는 것(習)이 일상화되고 그것이 적어도 1만 시간의 집중적 기간을 거칠 때 비로소 한 분야의 전문가가 될 수 있기 때문이다(맬콤 라이어, 《1만 시간의 법칙》).

(4) 몰입하라

카피는 생각의 산물이고, 고민의 결실이다. 많이 섭취하고 많이 배우고 많이 익힌다고 해서 그것이 저절로 좋은 아이디어나 카피가 되는 것은 아니다. 단 한 번의 번뜩이는 아이디어나 헤드라인이 좋은 카피로 완성되는 경우는 극히 드물다. 그래서 카피라이터는 하나의 과제가 부여되었을 때부터 카피가 완성될 때까지 항상 그 과제에 몰입할 줄 알아야 한다. 카피란 답안을 찾는 것이 아니라 아이디어를 창출하는 것이기 때문이다. 그래서 카피라이터는 항상 "생각하고 생각하고 생각하고, 수정하고 수정하고 수정하라(*Rethink, Rethink, Rethink!!!, Revision, Revision, Revision!!!*)"는 말을 직업적 숙명으로 알고 습관화해야 한다.

한 번 더 생각하면 생각할수록, 한 번 더 수정하면 수정할수록 그 카피는 더 숙성되고 완성되어 좋은 카피로 발전할 가능성이 높아진다. "훌륭한 카피는 훌륭한 바닷가 모래밭과 같다. 비바람을 맞으면 그만큼 좋아진다"고 존 케이플즈도 말하지 않았는가?

(5) 나의 카피철학에 관하여 고민하라

〈광고정보〉 1984년 9월호에는 "특집: 카피, 카피라이터"라는 기획기사로 무려 12편(12명 집필)의 글이 실려 있다. 이제는 고인이 된 이낙운 전 SCC 회장을 비롯하여 당시 쟁쟁하던 카피라이터들의 무게 있는 글들이다. 이 중에 "나의 카피철학"이라는 제목의 글이 두 편 있는데, 그 중 하나가 이낙운, 또 하나가 김태형 원로 카피라이터의 글이다. 김태형 당시 프리랜서 카피라이터의 글 일부를 약간 길게 인용해 보면 다음과 같다.

> 홉킨스를 믿는다. 케이플즈를 믿는다. 오길비를 믿는다. 모두가 옳지 않는가? 나에게 광고철학이란 것이 있다면 모든 사람들과 이론에서 배운 '잡종철학'이다. 그것은 '무철학', 아니 '가변철학'이라고 하겠다. 이제까지의 모든 광고이론을 믿고, 때로는 그것들을 서슴없이 버린다. 때로는 리얼리스트, 때로는 로맨티스트, 때로는 차디찬 USP파, 때로는 부드러운 무드파. 광고에 관한 한 나에겐 지조가 없다. 그렇게 되도록 노력해왔다. 광고해야 할 물건도 가지가지, 광고를 받아들일 사람도 가지가지이기 때문에. (중략)
>
> 카피라이터로서의 나의 문체란 것은 생각할 수 없다. 그때그때 광고할 상품에 따라 필요에 따라 가벼운 글, 무거운 글, 소박한 글, 화려한 글…자유자재로 스타일을 달리할 수 있도록 의도적으로 노력해온 것이다. …광고수용자들은 결코 카피라이터인 나의 '독자'가 아니고, 카피는 나의 '작품'이 아니니까. …내가 쓴 카피에서 사람들이 카피라이터를 만나지 말고 하나의 상품을, 생활을 만나게 되어야 카피다운 카피일 것이다. 아직도 나는 때때로 카피라이터들이 빠지기 쉬운 함정에 빠지곤 한다. 즉 물건 팔 생각은 않고 글을 쓰려고 하는 것이다. 기교를 부리려고 하는 것이다. 진리를 말하는 문장은 기교 없이 단순해야 한다. 하지만, 기교가 없

을 수는 없다. … 다만, 기교를 최소한으로 억제할 것, 기교가 기교로서 드러나지 않도록 해야 한다. … 내용이 없을 때, 무엇인가 뚜렷이 말할 것이 없을 때, 그러니까 절망이 기교를 낳는 것이다. … 사물을 알아보면 언어는 부르지 않아도 온다. 내가 광고해야 할 제품을 얼마나 잘 알고 카피를 쓰려고 하는가? 내가 이야기해야 할 상대를 얼마나 잘 알고 카피를 쓰려는 것인가? …"

이렇게 1970~1980년대 우리의 카피라이터들은 카피에 대하여, 그리고 카피라이터로서의 자신의 철학에 대하여 고민하고, 글을 쓰고, 토론하는 데도 열정적이었다. 비록 그것이 모두에게 해당되는 것이 아니고, 또 어떤 사람은 동의할 수 없는 것일지라도 이러한 노력과 분위기는 카피라이터를 생각하는 전문가, 고민하는 직업인으로 한 단계 상승시키는 동력이 된다. 자기 직업에 대한 고민, 철학이 없는 사람은 그야말로 영혼이 없는 기능공에 지나지 않기 때문이다.

7. 카피라이터의 책임과 윤리

1) 광고의 사회적 책임

"책임은 영향력에 비례한다." 기업의 영향력이 커질수록 기업의 사회적 책임도 커지고, 마찬가지로 광고의 영향력이 커짐에 따라 광고의 책임도 그에 비례하여 커질 수밖에 없는 시대가 되었다. 광고는 광고주에 대한 책임과 함께 광고가 목표대상으로 삼는 소비자와 사회전반에 대한 책임도 지고 있다. 그것이 광고의 이중(*dual*) 책임이다. 특히 광고인, 그 중에서도 전문직 중의 전문직이라고 할 수 있는 카피라이터의 직업윤리와 책임은 카피라이터라는 직업의 긍지와 만족도 제고를 위해서도 중요한 과제 중 하나다.

이미 자본주의 경제체제도 20세기 약육강식의 정글식 시장경쟁이나 부익부 빈익빈의 양극화, 불평등 문제 등을 극복하기 위한 새로운 패러다임으로 '창조적 자본주의'가 제창되고, 기업에는 '기업의 사회책임'(*CSR*)이 점점 더 중요한 아젠다로 확산되는 것이 현실이다. 심지어는 '노동조합의 사회책임'(*Union Social Responsibility*)이라는 용어가 등장했는가 하면, 미국의 저명한 경영대학원에서 경영학 석사학위(MBA)를 받는 졸업생들이 마치 의사들의 히포크라테스 선서와 같은 MBA 선서를 할 정도로 시대정신이 바뀌고 있다. MBA라면 냉혹하고 이지적이고 계산적이며 모든 문제를 전략적 차원에서 접근하는 사람들로 알려져 있으며, 사실 20세기의 그들은 그러한 지식과 자세와 철학으로 시장에서의 성공과 승리를 거머쥘 수 있었다. 그런데 시대가 바뀌고 자본주의 자체의 개선방안이 논의되면서 그들마저 사회적 책임과 윤리에 대한 인식, 지나친 이기주의와 성과중심주의에 대한 반성, 인류공동의 번영에 기여해야 한다는 새로운 직업정신 등으로 직업 자체의 본질을 새롭게 정립하기 시작한 것이다. 그런 점에서 'MBA 선서'나 '마켓 3.0 시대'라는 새로운 시장 움직임은 바로 이러한 시대변화를 잘 보여주는 사례이다.

그렇다면 광고의 사회적 책임은 어떤가? 과연 "광고의 사회적 책임"(*Advertising Social Responsibility*)이라는 용어도 등장할 때가 되었는가? 광고산업의 규모가 엄청나게 커진 데다 광고 자체의 영향력이 그 어느 것보다 강력해진 상황에서 광고의 사회적 책임이 다른 분야보다 결코 가벼울 수는 없다. 이러한 맥락에서 광고분야에도 '광고의 사회적 책임', '윤리적 광고', '광고윤리' 등의 용어와 개념이 본격적으로 사용되고 논의될 때가 되었다. 광고인 중에서도 특히 카피라이터들로부터 이 운동(또는 각성)이 본격화될 필요가 있다. 왜냐하면, 역사적으로 광고의 철학과 개념, 각종 이론과 기법을 정리하고 발표하고 저술하는데 앞장서온 것이 카피라이터들이기 때문이다. 광고에 관한 그 유명한 책들, 특히 카피에 관한 대부분의 책들은 존 케이플즈나 제임스 웹 영, 오길비, 번벅, 레오버넷, 헬 스티븐스 등 쟁쟁한 실무 경험자들에 의해 쓰였기 때문이다.

2) 광고의 윤리적 기준

광고의 윤리적 기준을 금과옥조로 삼고 준수할 수는 없더라도, 적어도 그러한 윤리적 기준이 있다는 정도는 항상 생각하면서 작업을 할 필요가 있다. 광고의 윤리적 기준이나 쟁점은 학자들에 따라 여러 가지가 있지만, 무엇보다도 중요한 기준으로는 다음 몇 가지가 있다.

먼저 세계 각국의 광고윤리기준이나 규정의 기초로 이용되는 국제상공회의소(*International Chamber of Commerce*)의 국제광고강령 기본원칙에 나타나 있는 기준이다(1937년 제정, 1973년 개정). 이 강령에는 광고활동에서 지켜야 할 최소한의 윤리기준을 제시되어 있는데, 기본원칙은 다음과 같다.

> 광고활동은 마케팅에서 필요불가결한 것이다. 광고활동은 상업, 공업, 국가경제는 물론 소비자에 대해서도 필수적인 중요 서비스이다. 광고활동은 소비자 및 사회에 대하여 사회적 책임을 갖는다. 모든 광고활동은 어떠한 매체를 이용하든 '합법적이며'(*legal*), '품위 있고'(*decent*), '정직하여야'(*honest*) 한다. 광고활동은 사회전반의 신뢰를 목적으로 규정, 용인되고 있는 공정경쟁원칙에 합당한 것이어야 한다. 광고활동은 사회전반의 신뢰를 얻지 못하면 성공하지 못한다.

이와 함께 광고의 윤리기준에 첫째 자리를 차지하는 것으로 '진실성'이 있다. 20세기의 광고 성장과정을 거치며 우리는 '광고 = 허위, 과장'이란 등식에서 자유롭지 못한 존재가 되었다. 물론 광고야말로 얼마만큼의 과장이 허용되는 유일한 제도이긴 하지만, 진실성이 없는 기만적이거나 소비자를 오도하는 광고까지 허용되는 것은 아니다. ① 합법성, ② 품격, ③ 정직성, ④ 진실성은 그래서 광고의 4대 윤리기준이 된다. 이밖에도 광고에 커다란 관심을 가져온 교황청이 광고에 대해 요구되는 윤리적 기준으로 ① 진실성, ② 인간존엄성, ③ 사회와 환경에 대한 책임성 등 3가지를 제시하기도 했다.

따라서 21세기의 광고 제작자와 카피라이터는 진실한 광고, 인간존엄성을 해치지 않는 광고, 사회와 환경에 책임을 질 줄 아는 광고, 그리고 품격이 있는 정직한 광고를 만드는 수준 높은 전문가가 되어야 할 것이다. "꿩 잡는 게 매"라는 식의 단순한 설득 기술자에서, 광고주와 소비자, 더 나아가 인류전체에 도움이 되는 책임 있는 전문가로 한 단계 직업적 업그레이드를 해야 하는 시점이기 때문이다.

• 생각해 볼 문제 •

1 20세기 광고와 21세기 광고의 특징을 사회변화, 매체변화, 기술변화 등의 환경 변화를 중심으로 비교해 보자.

2 광고카피의 언어적 특성을 정리하고, 각각의 사례에 해당하는 광고를 수집하여 정리해 보자.

3 좋은 광고(또는 좋은 카피)의 기준을 정리하고, 각각의 사례에 해당하는 광고를 수집하여 정리해 보자.

4 카피 자료노트를 만들고, 자료를 수집하는 습관을 시작해 보자.

• 핵심정리 •

이 장에서는 21세기 환경변화와 그에 따른 광고의 변화, 카피의 변화를 살펴보고, 새로운 패러다임의 필요성을 제기했다. 또한 카피의 본질과 관련된 카피의 정의, 종류, 구성요소, 흐름 등을 요약하여 소개했으며, 카피의 성격을 다양한 각도에서 고찰했다. 즉 판매 메시지로서의 카피, 아이디어로서의 카피, 언어로서의 카피, 후원된 시로서의 카피, 문화와 이데올로기로서의 카피의 차원에서 사례와 함께 살펴보았다. 아울러 카피라이터의 역할과 좋은 카피를 쓰기 위한 조건과 기준을 제시하는 한편 광고의 사회적 책임과 윤리문제를 다루었다.

21세기는 20세기와 근본적으로 다른 이념과 철학, 환경과 기술이 지배하는 사회가 될 것이고, 이러한 변화는 광고분야에도 커다란 패러다임의 변화를 요구하고 있다. 또한 이 장에서는 20세기 말부터 대두되기 시작한 '광고의 위기'를 넘어서고, 21세기의 시대정신이 요구하는 책임 있는 사회제도로서의 광고가 되기 위한 새로운 모색이 필요함을 강조했다.

• 나의 현역시절 대표카피 •

1975년, 2년 남짓의 신문기자 생활을 접고 카피라이터라는 당시로서는 생소한 직업으로 자리를 옮겼다. 당시 합동통신사 광고기획실(현 오리콤)과 제일기획, 연합광고 등 3개사가 종합광고대행사로 활동했으며, 각 회사에는 적게는 1명, 많게는 2, 3명의 카피라이터가 근무했다. 당시 합동통신 광고기획실에는 이인구 부장(카피라이터 이전에는 방송작가였고, 후에 서울예대 광고창작과 교수로 정년퇴임)이 유일한 카피라이터였고, 내가 두 번째 카피라이터가 됐다. 이곳에서 10년간 근무하면서 코카콜라, OB맥주, 마주앙, 나이키, 피어리스, 골드륨, 대우전자, 에스콰이아, 유한킴벌리, 대한항공 등 다양한 광고를 카피라이터 또는 크리에이티브 디렉터로

〈그림 1-1〉 코카콜라 광고(1979)

〈그림 1-2〉 OB맥주 광고(1980)

제작했으며, 삼희기획 창립작업에 이어 제작본부장, 기획본부장으로 근무하면서 빙그레, 한국프라스틱, 동화약품 등의 광고제작을 지휘 감독했다. 주요 카피로는 다음의 작품들이 있다.

코카콜라 자연보호 캠페인 "아무나 할 수 없는 일, 그러나 누구나 할 수 있는 일" 시리즈 (1979, 문화방송 경향신문 광고대상 신문부문 금상 수상)
OB맥주 "거품은 맥주의 꽃" 시리즈(1979, 문화방송 경향신문 광고대상 신문부문 은상 수상, 중앙일보광고대상 우수상 수상)
OB맥주 "거품은 맥주의 꽃" 라디오 광고(1979, 문화방송 경향신문 광고대상 문안상 수상)
OB맥주 "OB가 생각나는 시간" 캠페인(1980, 문화·경향광고대상 대상수상: 라디오, TV, 신문, 잡지 광고)
마주앙 "워싱턴포스트, 마주앙을 신비의 술로 격찬"(1979, 중앙매스컴광고대상 우수상 수상)
코카콜라 "즐거움을 더해주는 코카콜라" 시리즈(1980, 중앙매스컴광고대상 TV부문 우수상 수상)
나이키 론칭 캠페인 "누가 나이키를 신는가", "왜 나이키를 신는가"(1980)
에스콰이어 TV광고 시리즈(1979, 문화방송 경향신문광고대상 TV부문 은상수상)

• 참고문헌 •

그레이 매터, 신해진 역, 1990, 《카피, 카피, 카피》, 서울: 도서출판 한겨레.

니시오 타다히사, 안준근 역, 1986, 《효과적인 광고카피》, 서울: 오리콤.

도널드 패런티, 조병량·한상필 역, 2006, 《광고 캠페인전략》, 서울: 톰슨.

서울카피라이터스 클럽(SCC), 1976, 〈카피회보〉 제1호; 1979, 〈카피회보〉 제5호; 1994, 〈카피회보〉 제12호.

______, 2002, 《한국의 카피라이터들 작품모음집》.

이인구, 2002, 《카피 한 줄의 힘》, 서울: 컴온북스.

이현우 역, 《광고제작의 예술, 거장들과의 대화》, 서울: 북코리아(비매품).

조병량, 1986, "광고의 꽃 카피라이터", 〈MBC 가이드〉, 4월호.

______, 1986, "철학있는 광고인, 철학을 지닌 광고", 〈MBC 가이드〉, 6월호.

______, 1986, "광고의 존재에 대한 물음", 〈MBC 가이드〉, 7월호.

______, 1987, "광고가 전달하는 숨은 의미들", 〈월간조선〉, 6월호.

______, 1989, "광고텍스트의 잠재적 의미와 기호론적 분석", 〈코래드 사보〉, 7월호

______, 1990, "광고와 기호학" Ⅰ·Ⅱ·Ⅲ, 〈사보 동방기획〉, 6·8·9월호.

필립 코틀러, 안진환 옮김, 2010, 《마켓 3.0》, 서울: 타임비즈.

한국광고학회, 1996, 《광고용어표기 및 정의》, 서울: 한국광고학회.

한국방송광고공사, 1984, "특집: 카피, 카피라이터", 〈광고정보〉 9월호, 서울: 한국방송광고공사.

핼 스티븐스, 이낙운 역, 1978, 《광고의 기본원리》, 서울카피라이터스클럽.

Felton, George, 1994, *Advertising Concept and Copy*, New Jersey: Prentice Hall.

Burton, Philip Ward, 1990, *Advertising Copywriting*(6th Ed.), Illinois: NTC Business Books.

Dobrow, Larry, 1984, *When Advertising Tried Harder*, NY: Friendly Press.

Evans, Robert B., 1988, *Production and Creativity in Advertising*, London: Pitman Publishing,

Hayakawa, S. I., 1968, *Poetry and Advertising*, *Language in Thought and Action*, London: George Allen & Unwin, pp. 262~277.

Urdang, Laurence, 1986, *The Dictionary of Advertising*, Illinois: NTC Business Books.

Watkins, Julian Lewis, 1959, *The 100 Greatest Advertisements*, NY: Dover.

카피와 카피라이터 2

오창일

이 장에서는 앞 장 "카피의 본질"에서 언급된 카피와 그 카피를 쓰는 주체인 카피라이터에 관해 학습하고자 한다. 광고회사의 꽃이 영업이고 광고의 꽃이 기획이라고 한다면, 창작의 꽃은 크리에이티브다. 이 크리에이티브의 백본(*backbone*)인 카피를 담당하는 사람이 카피라이터이다. 광고제작에 관한 실무를 책임지고 있는 사람들이 많은 것은 광고가 개인예술도 아니고 1인 창작도 아니고 집단창작이기 때문이다. 또한 대중을 설득시키기 위한 메시지를 개발해야 하므로 객관적일수록 좋기 때문이기도 하다. 물론 카피라이터의 근본은 크리에이터이고, 기본은 콘셉트 발견자이다. 카피는 마케팅 커뮤니케이션을 위한 메시지이지만, 크리에이티브를 떠나서 생각할 수 없다. 카피는 카피라이터의 함성이고 침묵이다. 카피라이터의 오디오이고 비디오이다. '메시지 크리에이터'에 방점을 둔다면, 카피라이터의 세계는 광고회사 내 위상과 사회적 위치 같은 외부환경과 기본업무, 역할, 의의와 자질을 위한 내부역량으로 나누어 볼 수 있다.

1. 카피라이터의 세계

"소리 없이 광고를 움직인다" – 카피라이터

광고는 우리 사회문화체계와 공동체라는 생태계의 어디에 있을까? 크게 보면 세 주체가 상호작용하고 있다고 할 수 있다. 먼저 광고주가 있어야 한다. 판매할 상품을 만들고 그 상품을 광고하는 데 필요한 비용을 대는 의뢰인(*client*)이다. 둘째, 상품 정보를 읽고 보고 듣고 나서 구매해 주는 수용자가 있어야 한다. 생활자라 부르고 소비자로 알려져 있다. 셋째, 실제로 광고 크리에이티브를 담당하는 광고회사가 있어야 한다. 광고회사에는 영업기획 담당자(*A.E*)와 전략기획 담당자(*A.P*)가 있다. 광고 표현을 맡고 있는 크리에이티브 디렉터(*C.D*)와 아트(동영상과 정사진)을 담당하는 아트디렉터(*Art Director*)와 카피 메시지를 책임지는 카피라이터(*Copywriter*)가 있다. 이렇게 광고주와 소비자와 광고회사의 삼각구조에서 서로 상호작용하면서 크리에이티브가 탄생하게 된다.

광고물로 대변되는 크리에이티브는 직접 광고주가 소비자와 만나는 접점이라고 할 수 있다. 광고가 재미있어 소비자 눈에 띄어야 하고, 적은 비용으로 효과적인 광고를 만들어야 하므로 소비자의 공감을 얻을 수 있는 표현을 만들어야 한다. 그래서 광고는 전략이 필요하고 수사학이 필요하다. 상품정보를 생활정보를 바꾸어 전달하고 소비자에게 생활 속에서 편익(*benefit*)을 얻을 수 있다고 약속해야 하므로 광고 메시지의 계발이 중요해진다. 기본적으로 이 광고 메시지를 발견하고 책임지는 사람이 바로 카피라이터이다.

이 카피라이터는 상품의 마케팅 커뮤니케이션을 위해서 표현(*creative*)을 전개해 나가는 데 관여도가 가장 높은 사람이다. 주로 언어적인 카피 메시지를 다루기 때문에 회의 텍스트 작성과 회의과정에서 결정된 콘셉트나 전략방향을 정리해야 한다. 자연스럽게 기획 담당과 표현 담당을 이어주는 연결고리 역할을 수행하게 된다. 또한 광고 크리에이티브는 카피만으로 구성되지 않고 아트라는 비주얼과 행복한 결혼을 해야 한다. 카피는 정사진과 동영상과 조화를 이루어야 한다. 카피는 광고의 백본으로서 크리에이티브의 기본을 지키는 수문장(*gatekeeper*)이기 때문이다.

〈그림 2-1〉 카피라이터의 업무영역 (3P)

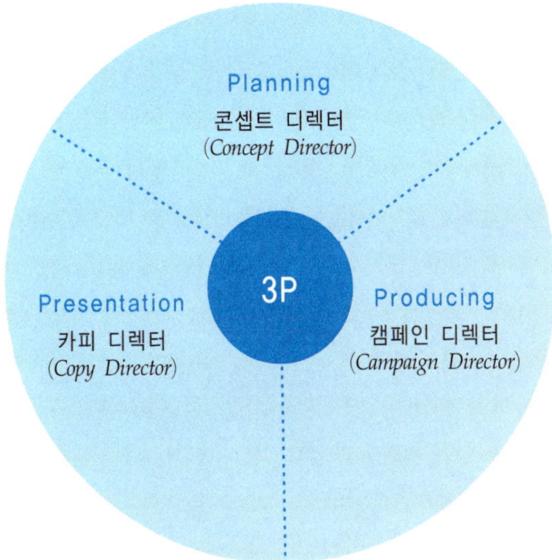

카피라이터는 전략구상부터 아이디어 전개까지 시나브로 광고업무 진반에 걸쳐 참여하고 자료와 시안을 제시하게 된다. 오리엔테이션과 제작회의와 크리에이티브 리뷰까지 일련의 광고계획에서 집행까지의 모든 단계에서 상대적으로 다른 스태프보다 업무관련도가 높기 때문이다.

마지막으로 광고계획 설명회(*presentation*)가 실시된다. 이제 카피라이터가 프리젠터가 된다. 광고안을 광고주 앞에서 설명하고, 제작 실행의 방향을 설득하고 합의하는 과정이다. 그래서 넓은 의미의 카피라이터는 언어메시지 개발이라는 고유영역을 넘어, 크리에이티브의 기획(*planning*)과 프리젠테이션과 광고 캠페인 관리(*management*)로 업무영역을 확장하고 주도하는 광고 3종 멀티플레이어가 되어야 한다. 기획 부문에서는 콘셉트 디렉터로, 프리젠테이션 부문에서는 카피 디렉터로, 프로듀싱 부문에서는 캠페인 디렉터로 임무를 넓혀야 한다는 뜻이다.

1) '다르게'에서 '혁신적'으로 생각하기

광고는 생각의 열매다. 크리에이티브는 차별화의 결실이다. 카피라이터의 사고법은 동심의 눈으로 세상을 바라보는 게임이라고 할 수 있다. 카피라이터는 더 좋은 생각이 없을까 고민하는 크리에이터이다. '생각, 생각, 생각, 생각'을 되풀이하는 사람이다. 다음은 신한카드 '고객만족' 소녀시대 편이다. 오직 '카드의 길'을 생각한다.

자막	끝없이 '고객만족'을 생각하는 카드
CM Song	생각, 생각, 생각, 생각, 어떡하면 원하는 걸 다 이뤄줄 수 있을까? 손잡고 힘을 모아 다함께 생각했다.
자막	끝없는 제휴혜택으로 더 큰 고객만족을!
NA(내레이션)	카드의 길을 생각하다.
CM Song	신한카드

무엇을 생각하느냐 하는 문제는 각 상품(기업)마다 다를 것이다. 자기만의 차이점을 발견해내고 설득해야 한다. 그 자기만의 차이를 경쟁력으로 선포해야 한다. 이런 차이(*difference*)는 기업의 존재이유기도 하다. 르노삼성차의 SM 5는 "Discover Difference"를 외치고, 렉서스는 "Lexus Difference"를 메시지로 하고 있다. 스카이폰의 "It's different"와 애플 컴퓨터의 기업광고처럼 다르게 생각하기(*think different*)는 흔한 생각의 대상이었다.

애플컴퓨터의 'Think different' 편이다. 전통적으로 고품격 광고를 집행해온 애플컴퓨터가 또 하나의 역작을 내놓고 클리오 국제광고제에서 은상을 수상했다. 미친놈, 반역자, 파괴자라고 불리는 사람들을 담담하게 내레이션으로 처리하면서 중량감 넘치는 영상을 뽑아내고 있다. 아인슈타인, 마틴 루터 킹 목사, 피카소, 존 레논, 오노 요코, 무하마드 알리 등. 이런 역사적 인물들을 강렬하게 클로즈업시켜 보여준다. 이때 이런 멘트가 나온다.

> 이런 사람들을 미친놈이라고 부르는 사람이 있지만, 나는 천재라고 생각한다.

생각을 바꾸자는 'Think different' 캠페인이다. 그래서 애플 컴퓨터는 디자이너, 과학자, 엔지니어, 교육자, 학생, 비즈니스맨과 함께 있으며 그들이 크리에이터가 되는데 응원을 보낸다는 내용이다. 사회변화와 문명사 이동의 주역이 되려면 패러다임을 바꾸어야 한다는 명제를 다루고 있다. 아주 지적이면서 큰 광고의 모범을 보이고 있다. 그러나 2000년대 즈음에는 이 정도의 '다르게 생각하기'로는 크리에이티브에서 완승할 수 없다고 본다.

크리에이터로서 카피라이터에게는 토마스 쿤처럼 패러다임을 혁신시킬 수 있는 '혁명적 사고'(*think revolution*)가 필요하다. 세상에 관련성이 없는 사물과 인간이 어디 있겠는가. 특히 네트워킹 사회요, 온 지구인이 링크(*link*)되어 있는 시대에 무관련성은 없을지도 모른다. 인터넷 시대에 경계의 파괴는 필연적이다. 사이보그의 탄생은 인간의 한계가 어디까지인지 보장하지 못한다. 의학기술은 신의 영역에 도전하고 있다. 미세 로봇이 병원균과 싸우는 시대가 열리고 있다. 디지털 기술 덕분에 꿈으로만 여겼던 세상이 현실로 펼쳐지고 있다. 광고회사는 물론 일반기업의 조직에서도 벌써 경계파괴 현상이 일상화되고 있다. 누가 먼저 혁신적 리더십을 주도하느냐가 중요하다. 누구의 아이디어가 더 혁명적인지가 가치판단의 기준이 되고 있다. 이제 눈으로 보는 세상은 의미가 없다. 어쩌면 감각의 한계로 모든 사물은 허위가 될 지도 모른다. 시지각으로 얻은 정보는 거짓이 되거나 시뮬라시옹(*simulation*: 가상현실)이 될 수 있을 뿐이다. 세상은 변화와 혁명의 시대다. 이런 시대에 고객은 어떤 크리에이티브를 기다리겠는가. KT는 유무선통합 서비스 시대를 대비하여 기업슬로건과 CI를 바꾸면서 올레(*olleh*) 캠페인을 전개하고 있다. 기존의 관행과 타성을 과감히 버리고 역발상하라고 주장한다. 와우(*wow*)에서 올레를 넘어 뒤집기 한판승부를 주장한다. 다르게 생각하기에서 혁신적 생각을 제안하는 자장면 편이다. '다 그래'를 뒤집어 기업의 혁신사고를 전달하고 있다.

남자 1	마음대로 시켜. 난 사장.
남자 2	저도 자장이요.
남자 3	자장.
남아	왜 자장면만 시켜요?
여자 1	직장생활이 다 그래~
남아	아~

여자 2　다 그래를 뒤집어라!
남자 4　난 팔보채.
남자 2　탕수육.
남자 5　잡채밥.
다함께　올레~!
NA　olleh KT!

2) 차이와 관계의 발견

카피라이터는 크리에이터로서 현대사회를 규정하는 개념 가운데 '차이와 관계'의 뜻을 되새겨 볼 일이다. 서로 다르면서 이어져 있다는 뜻이다. 개인의 차이를 존중하면서 그 사이에 존재하는 관계를 이해해야 한다고 한다. 이 사회학적 이슈는 카피라이팅에서도 똑같이 적용될 수 있다. 카피라이터는 흔히 요리사에 비유된다. 요리책은 좋은 재료와 요리법에 따라야 맛있는 음식을 만들 수 있다고 말하고 있다. 그러나 모두가 똑같은 요리법에 따르더라도 똑같은 요리를 만들 수는 없다. 요리사의 취향과 손맛이 다 다르기 때문에 천차만별이다. 맛을 내는 비법이 있고 영양을 생각하고 양념과 향신료를 뿌리는 혼자만의 특별 비방을 통해 남다른 요리사가 된다. 이때 요리사는 다른 요리사와 '차이'를 갖는 푸드 아티스트가 된다. 이때 요리사는 카피라이터이고 콘셉트 디렉터가 된다. 다만 고객은 이 '차이'를 즐기고 자기 입맛에 따라 선택한다. 비로소 '차별'이 이루어진다. 좁은 의미에서 차이는 상품과의 차이요 요리사의 차이다. 넓게는 시장의 차이, 고객의 차이, 관점의 차이 등이 있을 것이다. 잘 알려져 있는 차별화전략은 이 '차이'를 뜻한다. 무엇이 우월하고 열등하다는 '차별'이 아니다. 각각의 상품은 고유가치가 있고 서로 '차이'가 있을 뿐이다. 정상적인 상거래 교환과 커뮤니케이션이 이루어지는 사회에서는 각 기업과 상품이 서로 다른 관점에서 생활자의 문제를 해결하기 위해 최선의 품질을 공급하고 설득하기 때문이다.

또한 관계는 일상생활 속에서 소비하는 생활자와의 연결고리를 찾아야 한다는 뜻이다. 생활자가 어떤 문화배경과 어떤 가치관과 어떤 라이프스타일을 가지고 있는지 '거시적인 관계'를 파악할 필요가 있다. 그 문화 속에서 생활자가 왜 구매하고 어떻게 소비하는가에 대한 모든 정보와 의미를 관계라고 할 수 있을 것이다. 카피라이터나 크리에이터는 콘셉트를 발견하고 아이디어를 발상할 때 상품이 생활 속의 어떤 맥락에서 어떤 의미로 사용되는가를 깊이 있게 생각해야 할 것이다. 이 관계는 가능한 '최대 다수의 최대 공감'이라는 경제원칙을 따라야 한다. 객관성과 함께 독창성을 가지고 있고 꼭 존재해야 할 이유가 있어야 한다. 그것이 개념적으로 무엇인가를 분석하고 핵심어(*key word*)를 창안해내는 것이다. 바로 '콘셉트 디렉터'가 된다. 가장 중요한 기준은 '생활 속의 문제해결과 의미부여'가 되겠다. 다만 차이는 분석적이고 주관적이며 개인중심 사고인데, 관계는 종합적이고 객관적이며 상황중심 사고이다. 카피라이터나 크리에이터는 이 차이와 관계라는 재료를 가지고 고객이 맛있게 즐길 수 있는 생활요리를 만드는 라이프 디자이너이다. 신한금융투자는 금융 인프라로 투자를 디자인하고 있다. 디자인은 기획(*plan*)과 생각의 동의어로 쓰이기에 업종을 가리지 않는 필수요건이다.

자막 투자를 디자인하다
야구해설위원 허구연
남자 수천 가지 데이터를 보고 전문가들을 만나고
정확한 예측이나 임플랫이 나오거든요.
내 자산관리는 누가 좀 이렇게 안 해 주나요?
NA 신한의 금융인프라로 투자를 디자인하다
신한금융투자
자막 나의 금융브랜드, 신한
굿모닝신한증권의 새 이름
신한금융투자

이렇게 차이와 관계를 생각하는 이유는 무엇일까. 생각은 바로 크리에이티브의 원천이기 때문이다. 생각이 광고의 힘이기 때문이다. 그러나 눈에 보이는 '겉의 차이'와 '겉의 관계'만 파악해서는 크리에이티브 사고라고 할 수 없다. 드러나지 않은 '속의 차이와 관계'를 천착해서 연결시켜야 한다. 아무나 찾을 수 없는 차이를 발견해내는 관점을 달리 해야 한다. 보이지 않는 관계를 만들기 위해서는 강제결합이라는 비상수단을 쓸 수도 있다. 기대하지 않은 조합(*unexpected combination*)이 새로운 연결고리가 되기 때문이다. 아무튼 SK 에너지도 생각이 에너지라고 했다. 휘발유가 가지고 있는 물질적 가치가 정신적 가치로 승화하면서 생각이 에너지가 되었다. 웅진 씽크빅의 방송사 공동캠페인(바른 교육, '큰 교육' 편)도 목표고객에게 생각의 차이와 깊이를 전해 주고 있다. '교육은 학습'이라는 카피의 힘이 역발상의 힘임을 증명하고 있다.

NA　교육을 아이들에게 돌려줍시다.
자막　교육을 아이들에게 돌려줍시다.
NA　교실은 가르치는 곳이 아니라
　　배우는 곳이라는 진실을.
자막　(배우는 곳)
NA　마침표가 아닌 물음표가
　　역사를 바꾸었다는 진실을.
자막　(?)
NA　뼈 있는 말보다 체온이 있는 말이
　　마음을 움직인다는 진실을.
자막　(체온이 있는 말)
NA　끌려가는 것은 끌리는 것을
　　넘어설 수 없다는 진실을.
자막　(끌리는 것)
NA　교육의 주인공은 아이라는 그 평범한 진실을.
자막　(주인공)

2. 카피라이터의 기본 업무

카피라이터는 제작회의를 주도하고 회의 내용을 기록하는 서기이며, 콘셉트와 카피 리뷰를 준비하는 기본 임무를 가진다.

1) 표현전략의 매니저

표현(*creative*) 기획을 입안하는 크리에이티브 디렉터의 관제탑 기능을 보좌하고 함께 수행하는 역할이다. 광고 크리에이티브의 표현전략은 먼저 광고할 상품의 업계 환경(*circumstance*), 경쟁(*competition*), 소비자(*consumer*), 광고할 자기 상품(*corporate*)의 4C 분석으로 시작한다. 그 다음은 STP 분석이다. 시장 세분화(*segmentation*), 목표 고객의 선정(*target audience*), 전략적 위치 선정(*positioning*), 콘셉트 계발이다. 그리고 광고목표와 카피 플랫폼 작성 및 기대하는 고객 반응의 순서를 따른다. 이 전략적 분석과 종합의 핵심 흐름(*flow*)은 '경쟁상품과의 차이'는 무엇이고 '고객과의 관계'는 무엇인지가 될 것이다.

광고 아이디어의 창출에서도 콘셉트 리뷰, 카피 리뷰, 키워드 회의, 아트디렉터와 협의를 거쳐야 한다. 이런 일련의 과정이 '카피'이다. 카피는 정적인 개념(*stock*)이 아니라 동적인 개념(*flow*)이다. 카피의 개념이 동사형(動詞型)이라는 것이다. 그리고 나서 카피라이팅이 시작된다. 헤드라인 리뷰, 바디카피 작성, 아트와 조화, 슬로건 섬도 등이 이루어진다.

광고 표현기획은 무엇인가를 한마디로 말한다면, 그것은 사실을 파악하여, 그 사실을 아이디어로 전환하고, 다시 그 아이디어를 감정으로 바꾸어, 그 감정을 대중에게 옮김으로써 대중이 상품(서비스)을 구매하도록 설득하는 일이다. 이런 전략은 그대로 광고에 옮겨지는 게 아니라 '광고화'라는 과정을 거치게 된다.

(1) 광고화의 개념

참 광고답다! 어쩜 저런 아이디어를 냈을까? 정말 재미있고 기발하다!

광고를 이야깃거리로 할 때 가끔 듣는 소감이다. 이 대화 속에 광고화(*Ad. translation*)의 개념이 녹아 있다. 광고 소비자들은 광고 장르의 특성을 간파하고 있는 것이다. 15초 동안 표현된 주제와 기법에 대해 공감한다는 뜻이다. 이 광고화는 이성적 메시지를 감성으로 번역하는 기술이다. 통찰력과 경험을 융합하여 마술처럼 도약하고 수직이륙(*take-off*) 시키는 수사학이다.

광고화는 초고속 비행기 보잉 747기가 활주로를 이륙하여 창공으로 비약하는 것에 비유되기도 한다. 2차원의 지상에서 3차원의 하늘로 비상하는 것은 평면사고에서 입체사고로 바뀌는 사고과정과 비슷하기 때문이다. 이 기법은 크리에이티브 디렉터의 경험과 직관이 만들어내는 광고의 비약이요 이륙이다. 과학적이고 물질적이고 이성적인 상품정보를 예술적이고 심리적이고 감성적인 카피 메시지로 전환시켜야 하는 것을 말한다. '요리론'이나 '당의정'(糖衣錠) 론이나 '예술과 과학의 칵테일 효과론'이나 모두 이성과 감성의 가역반응이고 이심원(二心圓)의 세계를 통합하고 번역해야 한다는 관점과 비슷하다. 이 어려운 '발상의 전환' 문제를 풀기 위해서는 전혀 관계없는 사물을 연상하여 상품 콘셉트와 강제결합하고 생활자의 심리에 이어주는 색다른 차원의 수사학적 접근법이 필요하다. 광고창작에서는 경험과 인사이트(*insight*)를 중요하게 생각한다. '무엇을 말하고' '어떻게 말 할 것인가'가 동시에 진행되고 아트와 카피의 조화가 이루어져야 하기 때문이다. 오리온 초코칩 쿠키 광고다. 초코와 쿠키가 의인화되고 외로움을 이겨내기 위해 서로 친구가 되었다고 한다. 감성으로 전환되어 쉽게 공감하도록 했다.

CM Song	초코가 외로워 쿠키를 찾네
	초코 친구 쿠키 친구
	오리온 초코칩 쿠키
	쿠키가 외로워 초코를 만나네
	오리온 초코칩 쿠키
NA	달콤한 초코의 맛
	고소한 쿠키의 맛
CM Song	오리온 초코칩 쿠키 쿠키~

(2) 광고화의 과정

뭔가 설익어서 크리에이티브가 모자란다.
분명히 광고를 본 적이 있는데 무슨 말을 하는지 모르겠다.
그 광고는 재미가 없어 채널을 돌려버렸다.
어떤 광고는 눈에 띄는데도 브랜드가 생각나지 않는다.

이런 반응을 보이면 한마디로 광고화가 덜된 것이다. 광고화는 광고 콘셉트를 표현 콘셉트로 도약시키는 과정이다. 광고 콘셉트는 '무엇을 설득할 것인가?'에 관한 메시지다. 이 메시지를 '정확하게, 쉽게, 싸게' 전달하기 위한 크리에이티브 발상이 광고화다. 예를 들면, '채팅을 할 수 있는 휴대폰'은 여러 제품이 있다. 어떻게 광고화할 수 있을까? 구체적으로 이 제품을 연상할 수 있는 고유성을 줄 수 있어야 한다. '손가락 지문이 닳도록 재미있다'라고 표현한다면 더 쉽게 설득할 수 있을 것이다.

광고화의 목표는 이렇게 '구체적인 사물을 통하여 간접적으로 정서를 환기시킨다'는 것이다. 이렇게 떠오른 사물은 감정을 객관화하여 눈에 선하고 손에 잡힐 듯 연상하게 되는 매개물인 셈이다. 객관적 상관물은 글자 그대로 '객관적'이고 서로 '관련성'이 있으며 '구체적인 사물(단어)'이라야 한다. 이 객관적 상관물의 발상이야말로 카피라이터가 광고 크리에이티브에서 발휘해야 할 가장 핵심적인 역량의 하나이다. 카피라이터와 크리에이터가 길러야 할 비밀병기인 것이다. 다음은 객관적 상관물을 활용한 광고들이다.

그녀의 자전거가 내 가슴속으로 들어왔다, 빈폴
행복날개, SK그룹
휴가처럼 편안한 옷, 제이빔
입술도 선글라스가 필요하다, 마몽드 립스틱
피부필수품 식물나라, CJ 제일제당

이런 객관적 상관물은 인물의 감정을 표현하기 위한 도구이기도 하다. 그 인물과는 관계가 없는 무엇을 끌어들임으로써, 감정을 간접적으로 드러내는 것이다. 수사학의 비유법에서 본다면, 원관념이 있고 보조관념이 있으면 그 사이를 매개하는 사물(단어)이다. 원관념을 직접 말하지 않지만 타인의 입을 빌리든 어떠한 도구를 이용하든 보조관념을 통해 의미를 진달하는 수단이다. 기억에 남는 카피는 대부분 이런 장치를 갖고 있다.

산소 같은 여자, 마몽드
여성들이여 잠꾸러기가 되자, 에바스 화장품
선배는 수퍼맨, 에쓰 오일

우리는 누군가의 박카스다.
I'm your Energy, GS 칼텍스

기아차 카렌스 '론칭' 편에서는 '이제 자동차는 집이다'라는 카피를 쓰고 있다. 집은 카렌스의 객관적 상관물이 된다. 7인승 패밀리카로서 '순풍 산부인과' 출연진들의 가족을 모두 태울 수 있는 또 하나의 집인 셈이다. 승차인원과 용도와 가족사랑을 담을 수 있는 집으로 카렌스가 떠오르게 한 것이다.

박영규	출발!
NA	이제 자동차는 집이다.
	카렌스 탄생
박영규	어때?
다함께	와
NA	내 집처럼 편안한 차
LOGO song	카렌스

이 객관적 상관물은 감정이입과 정서환기의 매개체가 되거나 자극체로 사용된다. 감정이입(*empathy*)이란 사물(無生物)을 유정물(有情物)로 만들어 자신의 감정을 대상 속에 옮겨 심는 것이다. 현대 M카드의 경우 '미니'가, 현대 해상보험의 하이카 TV-CM('차태현' 편)의 경우 '초밥'과 '휴대폰'이 객관적 상관물이 될 수 있다. '미니'를 떠올리면 현대 M카드가 직접 연상되고, '초밥'과 '휴대폰'을 떠올리면 현대해상보험이 바로 링크(*link*)되기 때문이다. 물론 비달사순 샴푸 TV-CM('지하철' 편)처럼 '감쪽같이 되돌아온 사랑'도 객관적 상관물(단어)로서 역할을 수행하고 있다. '원형 복원력'이라는 물리적인 속성이 '사랑의 원상복귀'로 감정이입되면서 비달사순이라는 브랜드의 연상에 연결고리가 되고 있기 때문이다. '사랑'은 '20대 여성'의 단어(사물)이다. '원상'은 '감쪽같이'와 객관성을 갖는다. '회복력'은 '되돌아온'이라는 기능의 관련성을 갖는다.

고객들의 필요와 욕구는 아직 기획단계인 광고 콘셉트와 같다고 봐야 한다. 이 광고 콘셉트가 표현 콘셉트로 전환되고 번역되고 감성화되어야 한다. 광고화가 검토해야 할 필수 항목과 사고(思考) 뭉치는 기본적으로 5가지다.

첫째, 사회흐름(*social trend*)이다. 우리시대를 함께 살아가는 고객들과 같은 공기를 호흡하고 있다는 연대의식을 담아야 한다. 우리 사회문화의 시대정신과 공동체의 구성원이란 집단무의식 같은 것이다. 동화약품 후시딘 TV-CM 상처(네티즌) 편이다. 디지털 시대를 사는 현대 네티즌들의 생활상이다. 댓글에 따른 와전과 오해는 심리적 상처가 된다. 이를 이중적 의미로 표현하고 있다.

자막	네티즌 유현승의 상처
남자	미니홈피를 새단장했다. 여자친구 사진도 올렸으니 댓글이 줄줄이 달렸겠지? 상처다….
NA	상처엔 후~ 후시딘

둘째, 고객의 심리를 깊이 잘 파악해야 한다. 고객이 상품을 구매하려는 진정한 이유는 무엇인지', 고객이 상품을 사용하려는 이유는 '어떤 욕구를 채우기 위한 것인지'를 찾아내야만 콘셉트가 겉돌지 않고 경쟁력을 갖게 된다. 신한금융투자 TV CM의 '박진영' 편이다.

자막	투자를 디자인하다, 프로듀서 박진영
박진영	제 꿈은 건방져요. 세계최고 미친 듯이 상상하죠. 세상에 새로운 걸 보여줘야 되니까. 그런데 펀드는 누가 이렇게 안 해 주나?
NA	신한의 투자 상상력으로 투자를 디자인하다 신한금융투자
자막	나의 금융브랜드, 신한 굿모닝신한증권의 새 이름 신한금융투자

셋째, 브랜드와 연관성을 주는 고리(*link*)가 강력해야 한다. 상품 특성과 네이밍에 관한 최소한의 징글(*jingle*)이나 로고송(*logo song*)이라면 후크송(*hook song*)이 되어서 반복적으로 노출시켜 따라 부르게 만들어 각인시켜야 한다. 오동통면 TV-CM이다.

CM song　오동통
면발이 통통해서 오동통
국물이 따끈해서 오동통
너무나 맛있어서 오동통통 오동통통
화끈화끈 오동통통
NA　오동통 맛이 올랐다 오동통 면
CM song　오동통
JINGLE　오뚜기

넷째, 경쟁상품의 표현이다. 이는 표현의 차별화와 독창성을 확보하기 위한 필수사항이다. 의도하지 않은 유사광고나 모방광고가 되어서는 안 되기 때문이다. 크리에이티브 세계에서는 유사·모방광고는 범죄행위이며 브랜드 자체를 시장에서 퇴출시키는 원인이 된다. 이는 과거 두산의 아이스(ICE) 맥주가 외국광고물을 표절한 것이 발단이었다. 학계에서도 표절(*plagiarism*)이 도둑질과 정직성의 문제로 이슈가 되면서 독창성이 더욱 중요해졌다. 옥션 낭비 '3종경기' 편이다.

자막　낭비 3종경기
시간낭비
남자 1　자 고현정, 스타트 좋습니다.
열심히 달려가는데요. 해맑은 표정!
남자 2　하지만 늦었습니다.
자막　돈 낭비
남자 2　저건 무리수예요. 마트가 제일 싼 줄 알아요.
자막　힘 낭비
남자 2　시속 25km. 밥은 다했어요.
여자　옥션 두고 낭비 그만, 마트대신 옥션

다섯째, 광고목표를 늘 재확인해야 한다. 표현 콘셉트의 출발지이자 종착지가 돼야 한다. '우리는 어디로 가야 하는가?', '우리는 왜 그곳에 가야 하는가?'에 해당하는 광고목표를 잊지 말아야 한다. 아울러 이 목표에 따른 소비자 기대반응도 점검한다.

(3) 트렌드 헌터

인기 TV프로그램인 개그콘서트의 '남보원' 코너의 스크립트이다. 그 인기 비결은 트렌드를 잘 읽어 심층심리를 표현하고 있기 때문이다. 다 알고도 속는 세상살이지만 세태를 풍자하고 반전을 주면서 공감을 얻고 있다.

> 자, 우리는 떨어지는 남성들의 인권을 보장하기 위해
> 이 자리에 나온 남성인권보장위원회 즉 남보원입니다.
> 왜 우리는 여성들에 끌려다녀야만 합니까?

황현희	성탄절에 교회 가고! 신년에는 점집 가냐!
박성호·최효종	카페에서 보자더니! 사주카페 웬 말이냐!
황현희	니 관상은 안 나온다!! 성형한 거 알고 있다!
박성호·최효종	니 인생이 궁금하면! 졸업사진 가져와라!

이렇게 공감을 얻을 트렌드 발굴은 조직적으로 수행되어야 한다. 기본적으로 신문 잡지에서 자료를 수집하고, 신제품과 트렌드에 민감한 소비자들을 트렌드 헌터(*trend hunter*)로 선발하여 고객의 관심을 획득하고 상품기획의 아이디어를 파악하는 것이다. 기획중인 내부 아이디어를 사전에 검증받을 수도 있다. 태평양은 라네즈 EO(Elite Women)클럽을 통해 25세 전후의 전문직 여성을 대상으로 시장의 트렌드를 파악하고 있다고 한다. 라네즈 EO클럽은 국내외 근무를 통해 전 세계 화장품 트렌드에 민감한 스튜어디스로 구성되어 있다. 그 다음엔 파티 플래너, 웨딩 플래너, 플로리스트들로 확장되었다. 최근에는 패션업계 종사자인 디자이너, 패션 홍보 담당자들로 운영되고 있다. 이들은 온라인과 오프라인 상에서 오피니언 리더로 활동하며 화장품에 국한하지 않고 25세 전후의 세대가 선호하거나 추구하는 패션, 뷰티, 문화 등의 전 분야에 관한 의견을 제시한다. 이 클럽의 회원은 소극적으로 회사에 정보를 제공하는 전령사 역할만 하는 것이 아니다. 패션 리더로서 외부에 제품을 홍보하고 권유하는 입소문 전파까지 수행한다고 보도되고 있다. 보통사람들이 선망하는 직종의 여성들이기에, 그들의 트렌디한 생활모습을 공개함으로써 해당 브랜드의 이미지까지 젊고 신선하게 만드는 파생효과를 거두고 있다.

트렌드 헌터는 화장품 업계 이외에도 소비자와 활발한 접촉이 이루어지고 있는

통신, 식음료, 광고업계 등에서 널리 활용되고 있다. 트렌드 헌터 활동은 제품생산 과정에 관여도가 높아지고 직접 콘텐츠를 만드는 데 익숙해진 소비자들의 욕구와 맞물려 더욱더 확산될 것으로 보인다(LG경제연구원). 일생 동안 자사 브랜드의 충성고객으로 만들면서 신제품 아이디어 제안자나 콘텐츠의 프로슈머로서의 역할을 수행하도록 하는 것이다. 기획의 전략적 방법론이 숨어있다고 하겠다.

최근 유행하는 트위터(*twitter*)의 확산과 아이폰의 혁신은 단순한 매체의 확장에 머물지 않을 것이고, 인간의 사고방식과 생활방식을 근원적으로 바꿀 것이다. 나아가 산업의 패러다임을 바꾸고 광고에서도 기획과 표현의 혁명이 예상된다. 이런 현대 디지털사회에서 미래학자다운 생각의 광역화가 카피라이터에게 요구된다.

디지털 기술과 인터넷 생태계에서는 웹 2.0시대의 정신을 간파해야 한다. 이는 개방 · 참여 · 공유의 연대의식이다. 수평적 관계에서 철저한 상호작용으로 활동한다. 앱스토어라는 응용 프로그램의 시장에서는 개발자가 소비자이고 생산자이다. 수익분배도 챙기는 새로운 비즈니스모델로 자리 잡고 있다. 카피라이터는 이런 대세를 크리에이티브 정신으로 번역하는 데 주저하거나 놓쳐서는 안 된다.

2) 콘셉트 디렉터

카피라이터는 상품과 생활자의 연결고리인 콘셉트 계발자이다. 생활 속에는 매일 여러 가지 문제가 생긴다. 이 문제를 해결해 주는 상품(서비스)의 편익을 알려 판매에 연동되게 하는 설득 메시지와 마케팅 지향 콘셉트를 개발해야 한다.

콘셉트란 무엇인가? 상품의 특장점과 소비자의 편익이 일치하는 개념이다. 상품과 고객 사이에 새로운 접점을 발견해야 하므로 콘셉트 찾기는 쉬운 일이 아니다. 상품의 입장과 소비자 입장이 서로 다를 경우에는 아예 콘셉트 형성이 되지 않는다. 항상, 환경과 시장과 소비자를 먼저 생각해야 한다. 객관적 사고와 소비자 마인드에서 출발해야 한다. 자사 상품이 소비자 문제를 얼마나 잘 해결할 있는가 하는 역량과 시장에서의 우열을 잘 살펴야 한다. 특히 경쟁 우위요소(가격, 차별화 요소)는 광고주가 잘 알고 있다. 이런 점검사항을 고객의 입장에서 고객의 언어로 바꾸는 게 콘셉트다. 콘셉트는 기능이 아니라 편익과 가치임을 잊지 말아야 한다.

(1) 콘셉트 사고과정

카피라이터는 거리와 가게에서 시대를 읽고 소비자 심리를 읽어야 한다. 고감도 고객 지향 마이크를 갖고 있어야 한다. '미니스커트가 짧아질수록 경제불황은 더욱 깊어진다'는 상식이 되었다. '파는 사람이 많으면 가격은 내려간다'처럼 일반 교양지식이다. 안테나 숍(*antenna shop*)에서 근무하듯 기호와 문화코드를 잘 관찰해야 한다. 상품 콘셉트는 세상의 중심에 있어야 하기 때문이다. 잠수함의 토끼는 산소부족에 민감하게 반응하여 위기의 징후를 알려준다는 것이다. 불황기에 여성이 립스틱 컬러가 레드인 이유, 레깅스로 여성 각선미를 과시하는 이유, 전통 막걸리가 와인을 대체하는 이유, 외제차가 잘 팔리는 이유 등을 깊이 알아야 한다. LG전자 X노트 'THIN 편'이다. 얇다(*thin*)라는 제품 특성을 휴대성 강조로 연계시키고 제품 철학인 '상상초월'을 전달하여 첨단성을 부각시키고 있다.

자막 Windows
thin
Unthinkable
Slim & Light
NA Amazing!
LG X NOTE

최근의 도시 빌딩에서의 업종 변화를 눈여겨볼 일이다. 1층 로비에는 스타벅스 같은 테이크아웃 커피전문점이 들어가고 은행은 빠져나오거나 2층으로 올라가고 있다. 생활의 중심이 은행이 아니고 커피점이라는 사실을 확인할 수 있다. 은행은 자동 지급기로 대체되고 은행원은 고임금으로 고부가가치를 만드는 자리로 옮겨야 한다. 사람들이 만나서 대화하고 정보를 교류하는 곳으로 커피점이 들어온 것이다. 온라인 커뮤니티 문화가 오프라인 커뮤니티 문화로 변형되고 확장되었다는 것을 시사한다.

(2) 광고 콘셉트 계발

카피라이터는 다각적으로 4C 분석을 끝내고, 브랜드 인지도나 선호도를 올리기 위한 광고 콘셉트 대안들을 전략기획 담당자(*account planner*)와 협의한다. 전략기획 담당자(A. P)는 전략방향과 예상고객과 표현전략에 관한 자료분석과 트렌드 해석을 도와준다. 광고에서 전달해야 할 핵심단어와 소비자 편익에 관한 메시지를 문장화한 광고 콘셉트를 협의한다.

이 광고 콘셉트를 상품을 중심으로 개발하는 관점은 크게 세 가지이다.

첫째, 상품의 고유독창성이다. 고유독창성은 경쟁상품이 갖고 있지 않고 비교조차도 거부할 수 있는 자기 상품만의 절대 우위성을 갖는 상품이다. 경쟁시장에서 '오직 하나'(*only 1*)로 팔리는 특징을 갖고 있는 최첨단 기술상품이거나 혁신제품이다. 경쟁상품이 쉽게 따라올 수도 없는 특징이 있어야 한다. 특성 자체가 차별성이 되고 하이엔드 패션상품에서 'New Arrival'이 구매준거가 되는 콘셉트다. 물론 이 고유독창성이 소비자의 공감과 편익으로 전해져야 한다.

둘째, 상품의 경쟁우위성이다. 경쟁우위성은 경쟁상품과 비슷한 효능과 효과를 주지만 상대적으로 좀더 나은 차별점을 콘셉트로 만들 수 있는 관점이다. 피자헛과 도미노피자는 서로 경쟁우위점이 다르다. 포괄적인 맛의 비교보다는, 각각 품질과 배달 시간의 차이를 내세우고 있다. 삼성전자나 LG전자나 TV 상품에서 전체 기술상으로는 큰 차이가 없다고 생각할 수 있을 때, 화질과 음질의 세부 차별성을 가지고 콘셉트를 정하는 경우다. 각종 종합비타민 제제가 피로회복제냐 시력보호제냐 간장보호제냐 등으로 특정 성분을 강조하는 카피 메시지를 전하고 있는 것과 같다. 서로 경쟁보다 낫다고 생각하는 특질을 주장하는 전략이다.

셋째, 상품의 임의 차별성이다. 임의 차별성은 상품 특성이나 기술보다는 가치나 의미 문제로 이미지 포지셔닝 지도에서 가고 싶은 위치를 임의로 결정하는 관점이다. 유통의 접근성이나 상품의 희소성을 강조하거나, 주고객의 프로파일이나 라이프스타일을 제안해 차별화하려는 전략이다. 고가전략이나 디자이너의 이름값(*name value*)을 부각시키는 패션과 기호 상품의 경우에 적용하기 좋은 콘셉트 설정방법이다.

카피라이터가 사회흐름이나 소비자 심리에서 콘셉트를 찾으려고 할 때는 추가 콘셉트 설정방향을 검토해야 한다. 애니콜의 'Talk, Play, Love'는 상품 슬로건이지만 카피라이터의 관점에서 보면 카피 크리에이티브의 세 축을 요약하고 있음을 볼 수 있다. 'Talk'는 커뮤니케이션이다. 휴대폰이라는 상품의 기본 속성이다. 대화하는 기능이다. 'Play'는 사회흐름이다. 게임하듯 삶을 즐기고 판타지와 재미를 추구하는 엔터테인먼트 지향의 세태를 말한다. 'Love'는 소비자 심리다. 사랑은 20대 젊은 고객의 영원한 욕구요 테마다. 이것들을 아예 카피 크리에이티브의 구성요소로 이용했다고 생각한다. 메시지가 다용도로 탄탄해졌으니 TV-CM이 힘을 받는다.

콘셉트 발견단계에서는 콘셉트 워드와 카피 포인트를 확정해야 한다. 콘셉트 워드는 광고하려는 상품과 소비자의 새로운 관계를 발견해, '언어카피'로 정리한 것으로 '키워드'의 소스로 쓰인다. 그 상품이 갖고 있는 어떤 소비자 편익(*benefit*)을 확인시킬 것인가, 소비자 편익을 강조하는 카피가 무엇인지 재확인해야 한다.

보통 콘셉트 워드는 오리엔테이션 단계에서 전 스태프가 참여하여 발굴되며, 발굴된 콘셉트 워드는 그대로 키워드나 캐치프레이즈로 사용될 수도 있고, 카피라이터에 의해 간결하고 인상 깊게 재정리되기도 한다.

표현 콘셉트에 기초해, 이 단계에서는 광고표현에서 불어넣을 내용이나 표현방법을 결정한다. 카피 포인트는 사용매체의 특성, 인쇄의 크기, 전파의 길이와 캠페인의 전개 기간에 따라 달라진다. 샘표간장은 대형 메이커나 브랜드로 고르는 관습을 '향'으로 고르고 '뚜껑을 열어보라'는 카피를 쓰고 있다. 구매준거를 바꾼 콘셉트와 구매행동의 제시로 성공하고 있다. 샘표간장 TV-CM '이선균 편'이다.

자막 맛있는 간장이야기 3
향의 발견
여자 자기야 사기 전에 뚜껑 왜 열어?
남자 봐 봐.
맛을 아는 사람들
간장은 향으로 고릅니다.
자막 60년 발효과학이 맛있는 향을 만듭니다.
여자 향의 차이는
남자 60년 발효과학
함께 샘표 간장
남자 501
자막 샘표
60년 발효명가

3) 메시지 작성자

카피라이터는 상품정보가 아니라 생활정보를 카피 메시지로 만드는 커뮤니케이션 설득자이다.

(1) 헤드라인과 바디카피 작성가

헤드라인을 일본에서는 캐치프레이즈(*catch phrase*)라고도 한다. 카피라이터는 우선 카피를 '캐치'해야 한다. 프레이즈는 문장이고 구(句)다. 고로 기본적인 언어문법이 맞아서 내용을 알 수 있어야 한다. 정확한 어휘사용과 문장구조의 원칙을 지켜 의도된 메시지를 설득할 수 있어야 한다. 광고주와 소비자와 스태프를 사로잡고 조화롭게 리드하는 메시지 크리에이터이다. 생활언어의 마술사로서 각종 수사학적 기법으로 화제어와 유행어 창출에 기여해야 한다. 카피라이터는 콘셉트와 고객과 상품정보를 잡아야 한다. 둘째, 고객이 광고 정보를 잡아낼 수 있게 해야 한다.

카피라이터는 기본적으로 '카피 = 전략'이라는 개념을 잊어서는 안 될 것이다.

시장점유율 1위 브랜드와 그 추종자는 광고의 목표와 표현내용이 달라야 한다. 소주시장 선도 브랜드인 참이슬이 '소주가 좋다'라고 말하면 자신의 영역(*category*)을 확장하는 제품광고가 된다. 시장규모를 키우고 점유율에 비례하여 매출액을 높이겠다는 전략이다. 다만 추종자 산(山)소주는 '산이 참이슬보다 더 좋다'라고 말하면서, 일등과 비교해야 한다. 산(山)도 똑같이 '소주가 좋다'라고 말하면, 인지도나 선호도에서 일등 브랜드인 참이슬만 도와주는 광고가 된다. AVIS 렌터카는 '더 열심히 일겠다'는 2등 전략을 구사하고 있다. 오뚜기 식품의 진라면도 '이렇게 맛있는데, 언젠가 일등 할 때가 오겠죠?'라고 도전정신을 보여주고 있다. 2등을 인정하고 1등을 향한 의지를 천명하여 소비자들의 지원을 얻고자 하는 카피전략이다.

레스토닉 침대의 USP는 '매트리스가 딱딱한 침대'였다. 따라서 '나는 어떻다'보다 '나는 에이스보다 어떻다'라고 말해야 했다. 일등을 비교상대로 두면 자신은 비록 3위일지라도 2등이 되는 대립구조를 만들 수 있는 것이다. 그래서 레스토닉 침대는 이렇게 의제설정(*agenda setting*)을 한다. 앞의 침대는 레스토닉이고, 뒤의 침대는 에이스다. 세상에는 침대가 두 브랜드밖에 없는 것처럼 생각된다.

침대가 침대에게 묻습니다.
스프링만 가자고도 10년 동안 허리를 받쳐줄 수 있습니까?

레스토닉 침대는 지속적으로 메시지 공략을 한다. 결국에는 소비자가 인지조화를 이루게 된다. '딱딱해야 좋은 거구나'하고 동의하게 된다.

NA	딱딱해야 편안하다.
이계진	문제는 허리 매트리스가 딱딱해야 허리가 편안합니다.
NA	매트리스가 딱딱한 침대, 레스토닉
여자 1	매트리스가 딱딱해서
남자 1	허리를 딱 받쳐주고
남자 2	딱 받쳐주는 게
이계진	좋은 침대죠.
남자 1	이야 눌러보니까 정말 딱딱한데요.
이계진	딱딱한 레스토닉으로
모두	바꾸세요.
NA	레스토닉
여자 1	딱딱해야 좋은 거구나.

삼양라면의 브랜드 부활 캠페인에서는 '라면 먹고 싶다, 삼양라면'이라는 카피는 크리에이티브에서는 성공했지만, 마케팅에서는 그만한 성과를 올리지 못한 것 같다. 라면 먹고 싶을 때, 떠오르는(*top of mind*) 브랜드는 역시 60% 이상 농심으로 알려져 있기 때문이다. 일등브랜드인 농심의 선점효과를 쉽게 무너뜨리지 못하는 게 이유다. KB 국민은행 TV-CM이다. 아예 카피에서 대표 브랜드임을 기정사실로 만들었다.

김연아	내겐 대한민국도 세계도 $1800m^2$다. 난, 단 한 번도 대한민국을 작은 나라라고 생각해 본 적이 없다.
NA	대한민국 1등을 넘어, KB 국민은행

세계 속의 한국은 변방의 소국이었다. 아닌 그런 고정관념을 갖고 있었다. 이제 국제화 시대에 사고방식의 전환이 요구된다. 세계사의 중심으로 비약하고 있다. 국민

은행은 대한민국 1등을 넘어 패러다임의 전환을 카피전략에서 선언한다.

이런 특징을 바탕으로 한 카피는 다음과 같은 특성을 지닌다. 광고물의 총체적 순인상(*total net impression*)이 있어야 한다. 키워드와 키비주얼이 대안이다. '기억에 남는 하나의 그 무엇'이 있어야 크리에이티브라고 할 수 있다. 수많은 광고 잡음(*noise*)을 이겨내고 메시지 간섭현상을 뚫고 고객의 머릿속으로 들어갈 수 있어야 한다. 그러므로 카피의 기본 속성은 간결하고 쉬워서 한마디로 기억하게 해야 한다.

SKT가 새로운 세상을 정의내리고 싶어했다. 서로 다른 세상이 만나 '플러스알파' 되는 세상을 신조어 하나로 집약해서 풀고 있다. 새로운 가치를 만들고 진화를 이끌어내겠다는 비전은 기존 카피로 개념화하기 어렵기 때문이다. '세상의 모든 사전을 다 찾아봤다'는 카피와 '우리가 만들 미래를 가장 잘 표현해 줄 단어를 찾지 못했다'는 의미다. 스마트폰 시장의 치열한 경쟁과 유무선 통합시대의 융합전쟁에서 선두를 쟁취하려는 기업광고다, 참신성과 유일무이성을 내세우려는 카피로 유행어를 만들려는 시도라고 하겠다. 그래서 SKT '알파라이징'이다.

구매 고려 상품(*consideration set*) 가운데 하나에 포함되기 위한 단일 집약적 소구점(*Single Minded Proposition*)이 되어야 한다. 게임 세대와 만화 비디오 세대의 흥미를 유도할 수 있는 광고언어와 영상커뮤니케이션의 개발이다. 하나의 카피, 하나의 그림으로 수렴되는 광고물이 소비자 기억의 사닥다리에 안착시킬 수 있는 지름길이다.

카피라이터는 포커스 그룹 인터뷰에 참석하여 전략기획 담당자(A. P)와 함께 키워드와 키 비주얼을 검증받아야 한다. 이런 키워드와 키 비주얼이면 '누가, 무엇을, 누구에게, 어떤 효과를 기대할 수 있는가'를 규정하고 있는가. 소비자 반응이 어떨 것이며 의도대로 커뮤니케이션 될 것인가의 테스트야말로 마무리 카피 크리에이티브의 필수조건이다.

(2) 핵심 메시지의 리뷰

최고의 키워드를 선택하기 위해 리뷰를 해야 한다. 리뷰하는 이유는 광고가 개인 예술이 아니라 집단창작이기 때문이다. 소비자가 돈을 지불하고 구매할 명확한 이유가 있어야만 한다. 그것은 생활 속에서 해결해야 할 소비자 편익이고, 심리적으로는 생활자의 가치와 의미와 자부심과 명예욕 등이다.

《강력한 메시지 비법》(*Made to Stick*)에서 칩 히스(Chip Heath) 교수는 10여 년

동안 전 세계의 속담과 전설(傳說), 선거 구호 등과 성공한 슬로건, 연설, 광고, 인터뷰를 분석한 결과 6가지 공통점을 발견하고, 사람의 기억에 오랫동안 남는 메시지 '스티커 메시지'의 특성을 6개의 원칙으로 정리했다. 기업뿐 아니라 카피라이터, 마케팅 전문가, 작가 등을 대상으로 한 스티커 메시지 작법은 다음과 같다. 성공 작법 석세스(*SUCCES's*)이다.

- 간결성 (*Simplicity*) 우선순위가 앞선 핵심 하나만 남기고 가지치기를 해야 한다.
- 의외성 (*Unexpectedness*) 강제결합에서 나온다. 강제결합은 의문과 호기심을 발동시킨다. 이는 참여하고 스스로 문답하게 한다. 광고의 인지도와 이해도가 올라가게 된다.
- 구체성 (*Concreteness*) 손에 잡힐 듯 눈으로 보듯 만질 수 있듯 말하고 써야 한다. 많이 아는 사람일수록 알아듣기 힘든 '지식의 저주'(*curse of knowledge*)에 빠져 수용자를 배려하지 않고 말하게 된다. 오감으로 느낄 수 있게 쉬워야 한다.
- 신뢰성 (*Credibility*) 사회적 약속이고 기본이다. 거짓 메시지는 법적으로나 윤리적으로나 범죄행위다.
- 감성 (*Emotion*) '정체성'(*identity*)에 호소해야 한다. 마음으로 설득할 수 있는 감동과 공감이 있어야 한다.
- 스토리 (*Story*) 연상이 쉽게 이루어지고 오래 기억에 남기기 위함이며, 문화 차원으로 올리기 위한 이야기가 되어야 한다.

이렇게 핵심 메시지 개발조건을 만족시켜야 하고, 다음과 같은 리뷰를 거쳐야 커피라이터의 카피작법이 완성되고 광고물에서 실행된다고 봐야 한다.

- 키워드와 키 비주얼을 기억할 수 있는가? (광고목표의 이해)
- 콘셉트의 독창성과 수용성은 높은가?
- 제품 관련성은 높은가?
- 생활자의 문제를 해결하고 그 이유를 밝힐 수 있는가?
- 잠재고객에게 구입의향과 사용욕구가 생기겠는가?

4) 캠페인의 프리젠터

카피라이터는 표현 프리젠테이션의 주도자로서 광고주에게 제작물을 직접 설득하고 설명할 수 있고 시안을 팔 수 있어야 한다.

광고회사에서 정기 프리젠테이션이나 경쟁 프리젠테이션에서 성공하면 1년 농사를 다 지었다고 말한다. 1년 단위로 광고대행 계약이 이루어짐으로 그 대행 수수료(*commission, fee*)를 고스란히 챙기기 때문이다. 연말에 경쟁설명회에 참여요청을 받고 대행계약을 확정하면, 새해 새벽부터 이미 확정된 광고안을 제작하고 집행하면 된다. 한 달 농사지어서 1년을 수확하는 셈이니 부가가치가 높은 업종임에 틀림없다. 광고 크리에이터는 기획과 창작에 대한 열정과 자부심이 유난히 크다. 업무만족도도 크다. 업무집중도와 몰입도는 밤샘 작업으로 확인할 수 있다. 승부욕은 둘째가라면 서러울 정도다. 경쟁 프리젠테이션 결과는 금방 업계에 소문나고, 누가 가장 기여했으며, 누구의 크리에이티브 아이디어가 뛰어났다는 것을 알게 된다. 광고현장은 '프로들의 창조적 긴장'으로 술렁거리게 된다. 광고회사는 나름대로 각 책임 CD와 AE들의 승률을 공개해서 자긍심을 자극하기도 한다. 모두 개인의 근무평정과 인사고과에 반영되는 것이다. 크리에이터는 승부를 즐기는 검투사(*gladiator*)가 되어야 한다. "일을 하지 말고 즐겨라"(*Don't work, Enjoy*). 크리에이터로서 카피라이터의 좌우명이 되어야 한다.

경쟁 프리젠테이션 참여가 확정되면, 먼저 담당 팀과 일정표를 결정해야 한다. 실제 프리젠테이션을 위한 마케팅과 기획 방향을 작성하려면 시장조사를 해야 하고, 소비자 인터뷰를 해야 하며, 전략적인 광고표현안을 제작회의를 통해 짜내야 하는 시간을 충분히 확보해야 한다. 또한 광고표현안을 나중에 스토리보드로 작화하고 녹음하려면 절대적으로 필요한 시간이 있어야 한다. 담당 직종별로 책임자를 선정하고 일일점검이 가능하게 시간표를 조정해 정예 드림팀(TFT)을 구성한다. 3주 내외로 짧아진 준비기간 때문에 휴일반납은 불가피하다. 경쟁결과를 생각하면 밤잠을 설치게 되고, 자존심이 걸린 전쟁에서 참담한 전황은 개인경력에도 불명예다. 더구나 성공하면 다른 회사로 스카우트 되고 승진되는 경우가 있지만, 탈락하는 경우에는 회사를 떠나야 하는 경우가 있기에 프로들의 생존전쟁인 셈이다. 이러한 상황에서 낙오되지 않기 위해서라도 진검승부를 피할 수 없는 것이다.

광고전쟁은 정보전쟁이다. 누가 프리젠터이며 무엇을 콘셉트로 하며 어떻게 경합에 참여할 것인지 인맥을 활용하여 경쟁 광고회사에 탐문해야 한다. 예상 시나리오를 만들어 프리젠테이션 자체를 차별화하는 방안도 찾아봐야 한다. 공격적 접근이냐 수성적 접근이냐에 따라 PT의 성격이 확연히 달라진다.

광고기획은 통합마케팅(*IMC*)의 하위개념으로서 마케팅부터 시작된다. 소비자와 시장과 경쟁 그리고 경제사회 환경을 통합한 4C 분석을 한다. '우리는 어디에 있는가, 왜 거기에 있는가?'를 분석한다. 그리고 '우리는 어디로 가야 하는가, 왜 거기에 가야 하는가?'를 천착해야 한다. 소비자의 구매동기와 사회흐름(*social trend*) 파악과 경쟁상품과의 강약점(*SWOT*) 분석을 해야 한다. SP와 매체까지 감안하여 기획의 실행 가능성을 종합 검토해야 한다. 광고 브리프(*Ad. Brief*)를 써야 한다. 광고 브리프는 광고주와 합의사항이다.

여기서 전략기획 담당자와 카피라이터의 역할과 통찰력이 절실하다. 쉽게 지나칠 수 있는 소비자 심리를 심층적으로 파악하여 독특한 관점을 찾아내야 한다. 상품 콘셉트와 광고 콘셉트를 개발하고 어떤 표현과 카피 메시지(*key word*)를 남겨야 할지 광고목표와 연계해서 작성해야 하기 때문이다. 기획단계에서 설득할 메시지가 구체화되기 쉽게 표현될 수 있어야 한다. 차별화가 다시 강조되는 시점이다.

카피라이터가 표현 브리프(*creative brief*)를 써야 한다. 표현 브리프는 광고회사 내부 팀원의 합의사항이다. 카피라이터는 소비자 편익을 찾기 위해 카피 플랫폼을 작성해야 한다. 그리고 키워드와 핵심 메시지를 개발하여 리뷰를 준비해야 한다. 회의 안건을 주도하고 자기가 주장하고 싶은 방향을 위한 설득논리를 개발하고, 트렌드 및 소비자 라이프스타일 관련 자료를 요약해서 발표하고 팀원들에게 배포하는 게 좋다. 그래서 카피라이터는 멀티 플레이어가 되어야 한다.

철저히 계산된 상업예술인 광고의 최종 목표는 기업의 판매고를 올리는 것이다. 소비자를 향해 무차별적으로 쏘아대는 광고, 그 이면에는 승부사들의 불꽃 튀는 경쟁이 숨겨져 있다. 남다른 아이디어로 소비자들의 지갑을 열게 만드는 것, 그것이야말로 광고전쟁에서 최후의 승자다.

경쟁 프리젠테이션을 위한 광고주의 사전 설명회(*orientation*)는 아주 중요하다. 클라이언트가 원하거나 생각하는 바를 전달받고 확인하는 첫 회의이기 때문이다. 일반적으로 프로젝트를 수주하기 위한 공개입찰과 같다. 일반 상거래에서 입찰이라는 의미로 사용되는 비딩(*bidding*)도 '경쟁 PT'와 함께 쓰인다. 다만 기획안과 광고 크리에이티브를 중심으로 진행되어 '방향설정'이 최대과제다. 마케팅 전략과 콘셉트 및 크리에이티브를 중심으로 평가받는다. 최저가격으로 낙찰받는 일반 입찰과 다르다. 그래서 오리엔테이션이라는 말이 적합하다.

카피라이터는 팀장인 크리에이티브 디렉터(*creative director*)를 실무적으로 보좌한다. 특히 그가 캠페인 디렉터로서 원만한 임무를 수행할 수 있도록 각종 제작회의와 전략방향을 선도하고, 3P(*planning*, *presentation*, *producing*)를 수행해야 한다. 이 가운데 PT의 프리젠터로서도 책임을 다해야 한다.

커뮤니케이터로서 카피라이터는 프리젠테이션을 통해 설명하고 기획을 파는 보이지 않는 설득자이다. 원만한 대화기법으로 광고주(*client*)를 전략적 성공의 길로 인도하는 커뮤니케이터이다. 설득에는 보이지 않는 의도와 계산된 연결고리가 숨겨져 있어야 한다. 잠재의식 속에 승인획득을 자극하는 공명장(共鳴場)이 있어야 하지만, 확고한 신뢰구축이 절실할 때가 많다.

3. 카피라이터의 의의

광고인을 '크리에이터'라고 한다. 최근엔 '프로'나 '마스터'나 '매니저'로 부르기도 하지만, 고귀한 귀족취미나 예술적 특권을 지닌 사람들로도 들린다. 미국식 명예의 전당(Hall of Fame)을 연상시키고 이국정취(*exoticism*)가 담겨 있다. 다른 직업인과 무엇이 다르기에 이런 '튀는' 용어를 쓰는가? '크리에이터니까…'하면 끼 많은 행동과 사고패턴에 특별대우를 허락받은 기분까지 든다. 사회관행과 조직의 통제로부터 벗어나 도발적인 생과 창의적인 업으로 살아가는 것처럼 보인다. 타성을 파괴하고 혁신을 주도하며 창의사회(*creative society*)를 개척한다고 격려받는다. 현대카드처럼 'make-break-make'하는 면책특권을 받고 있다.

마치 문화 콘텐츠 시대의 주역으로 태어난 직업 같다. 있는 그대로의 현실을 인정하지 않고 '뭔가 남다르게', '뭔가 뜻 깊게' 보려는 의도를 가진 존재로서의 삶의 태도이다. 보통사람들이 사물을 '눈으로만' 본다면 크리에이터는 '마음으로도' 보려고 한다는 것이다. '-만'과 '-도'의 차이를 알고 다각적으로 근원에 질문하는 습성을 지니고 있다는 말이다. 카피 하나가 탄생하기까지 카피라이터는 마음을 졸이며 긴장된 삶을 산다. 물론 그 억누름의 해소 뒤에는 희열이 준비되어 있다.

이것이 바로 왜(*why*)에 대한 추구이다. 이런 질문법은 남들이 만들어 놓은 것에 그냥 만족하지 않는다. 왜 좋은가를 따질 줄 알아야 한다. 카피라이터의 침묵은 사색과 고뇌의 순간이다. 카피로 연결고리를 발견하고 시청각을 총동원하여 '뭔가 새롭게' 꾸며낼 줄 알아야 한다.

이 바탕엔 다음의 4가지 까닭이 있다고 생각한다.

1) 독창성의 창안

광고는 소비자와 공감할 수 있어야 크리에이티브로 살아남게 된다. 카피와 크리에이티브는 이 세상에 단 하나밖에 없어야 한다. 뭔가 뜻을 담고 있어야 한다. 그리고 사람의 마음을 움직여야 한다. 이 3가지 조건을 만족시켜야 하는 게 크리에이터의 작업이다. 그 무엇의 닮은꼴이나 유행에 따르지 않고도 새로운 이미지를 뿜어내는 힘이 있으며, 마지막으로 '맞다, 게보린'이든, '맥주 맛도 모르면서'이든, 나의 세상살이로 끝맺어야 하는 게 크리에이티브이다.

이런 크리에이티브의 속성은 독창성(*originality*)으로 요약할 수 있다. 희소성, 유의미성, 교환성이라는 요소를 갖고 다트게임을 즐기는 것이다. 이 '게임의 여왕'이 되기 위해서 카피라이터는 크리에이터로서 삼성전자의 진공청소기 잠잠 TV-CM('달마시안' 편)처럼 검은 점이 다 날아가 버리는 과장을 이용하기도 하고, 태양초 고추장 TV-CM('마복림 할머니' 편)의 '며느리도 몰라요'처럼 향토 유머를 도입하기도 한다. 관점의 차이를 살려 그림을 '낯설게 만들기'도 하고, 아이디어를 뒤집기도 한다.

여자 1　고추장 뭐 쓰냐구?
　　　　그거 알아서 뭐 하실려 그러세요.
　　　　떡볶이집 차리려 그래?
　　　　다른 고추장은 써본 적이 없어요.
　　　　고추장 비밀은 며느리도 몰라…. 아무도 몰라.
여자 2　태양초 고추장 맛 보셨어요?

착한 사람들이 만듭니다.
NA 해찬들 태양초 고추장

주제를 만든 뒤, 기법에 혁명을 일으키고 수사학의 모든 테크닉을 동원하여 의인화하고 상징으로 처리하여, 감성의 정곡을 찌르기도 한다. 일반 학문이 보편성의 탐구요 일반화의 추구라면, 광고 독창성은 특수화이며 이미지화다. 남과 다르게 보이기 위한 상징의 발견이다. 크리에이티브에서 요구되는 작가정신은 기본적으로 차별화이다. 이는 창작솜씨로 독창적인 아이디어나 생각을 만드는 능력이기도 하다. 이 능력은 새롭고 세련된 문제해결책을 알 수 없는 상황에서 '신기한 아이디어'를 낼 수 있는 사람의 것이라고도 한다.

여기서 키워드는 '신기한'(*Novel*)이라는 말이다. 전혀 생각해 본 적이 없거나 보이지 않는 어떤 실체에 대해서 말한다. 잊었던 옛사랑이 뜻밖에 거울 앞에 나타난 것처럼 생생하게 이미지와 메시지를 발현시키는 것이기 때문이다. 이렇게 전혀 기대하지도 않았는데 무릎을 치고 유레카를 외치는 '청천벽력 같은 빅 아이디어'를 신기성이나 독창성이라고 하고, 깊은 망각과 숙성의 발상단계를 거쳐야 하는 '아웃 오브 더 블루'(*Out of the Blue*)로 표현할 수 있을 것이다.

1993년 이래 몇 차례 칸 국제광고제의 그랑프리 수상작 니싱 컵라면의 TV-CM('원시인' 편)은 원초적 본능을 배고픔(*Hungry?*)이라는 간결한 카피로 외치고 있다. 인간 상상력의 진화가 어디까지 인가를 되물을 정도로 크리에이티브의 역사를 다시 쓰고 있다. 이런 CM은 주제를 풀어가는 관점이 동물들이기에 창의성의 정수(精髓)를 보여주고 있다. 이렇게 다양한 독창성은 시청자들에게 새로운 발견의 기쁨을 준다. 자신이 미처 깨닫지 못한 데서 오는 반향이 크고 인식의 신세계를 펼쳐주기 때문이다. 그래서 생각의 감옥을 탈출하고 남자 백조를 생각할 줄 아는 카피라이터가 필요하다. LG 기업광고 TV-CM이다.

NA 130년 동안 백조는 여자였다.
세상 처음으로 남자들만의 백조를 창조한다.
모든 것은 변화한다.
Think New, New LG

작품으로 완성된 건 하찮은 것으로 보이지만, 수면 아래에 잠긴 숨은 창작의 고통은 크리에이터가 감수할 만한 여정(旅程)이다. 간혹 표현의 윤리를 언급하면서 광고를 필요악이라고 혹평을 서슴지 않는 비평가들에게 카피라이터는 크리에이터로서 말할 수 있어야 한다. 광고 크리에이티브란 단순한 커뮤니케이션이나 잉여산업이 아니라 인간 서정(抒情)의 확장이다. 카피는 또 하나의 개념어로서 세계인식의 시점을 바꾸는 작업이다. 세상에 하나밖에 없는 신기성과 독창성을 발견하는 것은 콜럼버스가 신대륙을 발견한 환희에 버금가는 카피라이터의 매력이다.

2) 생명성의 창조

광고는 제품에 혼(魂)을 불어넣는 창작활동으로 초혼(招魂)의식을 닮았다. 자기만의 목소리를 내고 따뜻한 눈빛을 가져 숨결을 느낄 수 있게 한다. 무생물에서 유생물로의 코페르니쿠스적 대전환이 이루어지는 곳에 크리에이티브가 있다. 살아 움직여야 눈에 띄는 것이요, 생(生)의 역동성(力動性)에 대한 예찬이다. 카피는 생활 속의 손쉬운 교감이요 육감이기도 하다.

김춘수의 시 '꽃'처럼 이름을 불러주는 것도 방법이다. '화룡점정'(畵龍點睛)이나 연금술사나 미다스(Midas)의 손처럼 심호흡을 하고 살아 움직이는 생명체가 되어야 크리에이티브라 할 수 있을 것이다. 즉 목각인형 피노키오가 숨 쉬도록 만드는 게 크리에이터로서 카피라이터의 역할이다. 광고는 갓난아기처럼 태어났다는 사실만으로는 사회적 공인을 얻을 수 없다. 그 부모는 호적등록이라는 절차를 밟아야 한다. 명명(*naming*)해 주어야 실존을 인정받는다. 상품은 바로 신생아요, 브랜드는 네이밍이며, 카피라이터와 크리에이티브 디렉터는 부모라고 할 수 있다.

이때 크리에이터로서 카피라이터는 관련성(*relevance*)의 문제도 필히 따져봐야 한다. 상품과 연결고리를 만들어야 낭비 없는 광고가 되기 때문이다. 인구에 회자될 카피를 위해 카피라이터는 밤을 하얗게 새야 한다. 호적 없는 카피나 국적 없는 광고가 되어서는 안 된다. 저만치 떨어져 있는 상품을 소비자에게 밀착시키고 공감시키기 위해, 더 좋은 감동적인 아이디어가 없을까하고 고민하기 때문이다. 상품과 소비자 사이에 소격효과(疏隔效果)를 벗어나 소비자가 상품을 불러주는 호격효과(呼格效果)나 지명효과(知名效果)가 생기도록 해야 한다. 이 생명창조의 대안으로서 USP 이론의 브랜드 휠(*Brand Wheel*)을 적용할 때의 퍼스낼리티가 있다. 상품을 사람으로 본다면, 어떤 개성을 가진 인물이냐를 규명해 보는 것이다. 이 인물은 상품의 속성과 편익에서 전이된 가치에서 나오는 토털 이미지이기 때문이다. 빅모델이 갖고 있는 자산이나 캐릭터와 비슷하다고 하겠다.

롯데칠성음료의 실론티는 '너는 바다를 꿈꾸고, 나는 너를 꿈꾼다'는 홍차의 꿈을 가을동화처럼 그리고 있다. 상품에 불과한 음료가 사람처럼 꿈을 꾸는 의인화 기법이다. 고객의 꿈과 실론티의 꿈을 나란히 연결시켜 서정시를 감상하는 듯하다. 동서식품의 캔 커피 TV-CM('행글라이더' 편)에서 '무엇이 보이는가?', '자유가 보인다'가 감정이입과 공감각적 표현으로 생명력을 얻었던 사례와 비슷하다. 불가시의 세계인 꿈과 자유를 가시적인 크리에이티브로 바꿔 살아있는 정서로 느끼게 했기 때문이다. 청정원이라는 기업명은 '정원 씨'로 감성화되었다. 젊음과 사랑과 연애가 스며들어 생명성을 담고 있다.

훌륭한 작품일수록 이런 생명성(*livingness*)이 깊이 있게 전해진다. '생명화'라는 말은 교감과 감동적인 아이디어와 동의어이기 때문이다. 물론 생명이 담긴 형식으로 고양시키거나 창조하기 위한 기법과 수사학들은 다양하게 널려있다.

수잔 랭거의 예술론을 원용하여 크리에이티브를 말한다면, '가상적 시간과 가상적 공간'이 삶의 역동적 형식들을 표현한 상징적 특성이라고 할 수 있겠다. 이 가상(假想) 아래에서 생로병사, 희로애락의 삼라만상 인간사를 재구성하고 탐조해 보는 드라마 작법이 광고라고 할 수 있다. 크리에이터로서 카피라이터는 장인정신을 갖고 한 땀 한 땀 직조하듯 작품을 만들 수 있어야 한다. 피그말리온 효과처럼 새 생명을 탄생시키는 거룩한 의식의 주재자가 될 수 있어야 할 것이다.

3) 생활미학의 제안

카피라이터는 생활미학의 제안자이다. 대중문화 발전에 기여하는 광고아이디어의 미학을 전해 주기 때문이다.

> 미(美)는 감성에 의해 인식되는 완전하고 절대적인 것이다.
> 예술품은 형태, 색깔, 면, 질량, 감등으로 인간의 보편적 정서를 움직여, 생생한

긴장감과 균형미 그리고 원초적 본능을 자극시킨다.

이렇게 선험적으로 미(美)에 대한 욕구를 갖고 있는 인간에게 현대 산업사회는 다양한 상품을 미학 아이템을 개발해 보급하고 있다. 상품은 생활도구라는 기능적인 측면뿐만 아니라 미적인 변형을 가미하여 삶의 모든 장르에 도입되고 있다. 현대사회는 컬러와 레이아웃, 패션디자인에서 화장품 용기까지, 판촉물에서 인터넷 아이콘과 가상광고까지 산업예술과 시각 커뮤니케이션의 표현매체가 발달한 시대이다.

광고는 이런 시대적 요청에 부응하고 그 선봉에 선 문화양식이다. 생활 속에 꽃핀 미의 세계는 그냥 지나쳐온 사물에 대한 강렬한 인상을 스토리텔링과 감각으로 재현시킨 것이다. 상품의 구매준거가 기능과 성분에서 기호 가치와 상징성으로 바뀌었기 때문이다. 오로지 남과 다른 디자인과 컬러이기에 선택되기도 한다. 상품은 또 하나의 신분증이요 대변인이다. 그래서 광고 크리에이티브는 비주얼커뮤니케이션을 위해 형식과 톤 앤 매너에 대한 미학적 재구성이 이루어져야 한다. 마치 전위예술가들이 다양한 주제와 소재를 가지고 실험정신을 보여주듯이, 획기적 기법의 채용으로 신선한 충격을 유도한다. 다단 복제기능을 이용하여 동일모델을 멀티 캐릭터로 활용하여 눈을 의심케 하는 영상기법을 사용하기도 한다. 이것은 상품과 생활자의 미학 수용구조를 연결시켜 주는 치밀한 관찰력까지 요구한다. 그래서 생활미학의 제안이야말로 윤활유 역할을 하고, '인간에게 빵은 아니지만 적어도 포도주'라고 할 수 있는 것이 아닐까. 카피는 이런 차별화된 대의명분과 구매이유를 분명히 밝혀주어야 할 것이다.

카피라이터는 크리에이터로서 첨단 미디어 아트와 디지털 기술은 물론, 행위예술의 천재적인 기질도 응용할 수 있고 또 창조적 파괴를 할 수 있다. 국가브랜드위원회의 공익광고(전통민화 CG 합성 편)이다. 〈전우치〉 영화의 시공 초월 컴퓨터 그래픽 합성 기법을 활용한 생활미학의 하나라고 봐야 할 것이다.

자막 May I help you? 도와드릴까요?
I'm sorry. 죄송합니다.
Here you are. 여기 있습니다.
After you, Ma'am. 먼저 가세요.

NA 당신에 대한 기억이 대한민국에 대한 기억입니다.

세계인에게 사랑받는 대한민국으로
사랑해요, 코리아
이 캠페인은 국가브랜드위원회와 LG가 함께 합니다.

이렇게 보면 일반 예술이 테마에 집착해 있고 광고는 기법에 치중한다고 할 수 있다. 하지만, 광고는 카피가 어떻게 정확한 메시지로 수용되느냐하는 커뮤니케이션상의 간편성과 효과를 생각해야 한다. 결국 순수예술은 주관적 의미해석을 허락하는 자유방임주의이지만, 광고미학은 객관적 의미수용으로 한정되길 바라는 자율통제주의라고 할 수 있다. 그만큼 광고창작이 더 어렵다고 할 수 있다. 공감을 이끌어내고 판매로 이어져야 하는 이중의 장벽을 건너야 하기 때문이다.

태생적으로 예술작품이 '긴장들의 유희'들이고 '고뇌의 결실'이라고 하지만, 광고는 여기에 목표고객에게 수용되어 구매행동으로 나타나야 한다는 '마케팅 커뮤니케이션의 강박관념'을 갖고 있다. 그러므로 균형, 통일감, 컬러, 질감, 방향성, 인지조화, 형태심리학 등의 시각 커뮤니케이션 개념들이 하나의 생활미학으로 변신하고, 통합효과를 생산할 수 있게 창작해야 한다.

이 통합효과를 위해 광고는 '크리에이티브 라이센스'(*creative license*)를 가져야 한다고 생각한다. 시 창작에서 허용되는 단어의 강제결합방법과 비유법으로 쓰이는 '시적 허용'(*poetic license*)에서 따온 말이다. 마찬가지로 광고작법에서도 용인될 수 있고 엔터테인먼트 요소로서 허용되는 크리에이티브 라이센스를 광고미학으로 제안하면 생활자는 쉽게 이해할 수 있지 않을까 생각한다. 흔히 '광고니까, 그럴 수 있지 —' 하는 말이 담고 있는 광고적 재미와 유머와 관점을 말한다.

예술과 과학의 접목인 광고는 예술성이 주는 엄숙주의와 순수성을 배제하고 '비틀어 보기'를 통해 생활 속에 녹여내는 기술을 갖고 있다. 그 기술은 발상의 힘이라고 하겠다. LG그룹의 기업광고, '명화' 편이다. 첨단 디지털 기술의 총아로 만드는 기업이지만 감동을 이끌어내는 예술의 아우라(*aura*)를 함께 담으려는 의지를 강조하고 있다.

V.O 당신의 생활 속에 LG가 많아진다는 것은
생활이 예술이 된다는 것. LG

KT&G의 상상예찬은 불가능한 것까지 가능하게 만드는 크리에이티브 라이센스를 활용하여, 참신한 아이디어로 찬사를 받고 광고미학의 꽃을 만발시킨 역작이다.

광고는 복제되고 대량생산되기 때문에 예술미학의 수준에 미흡하다고 한다. 이는 예술과 과학을 넘나드는 광고만의 창작과정을 모르는 비평가의 몰이해임에 틀림없다. 광고는 집단창작의 정수를 갖고 과학과 예술의 양면성을 다 충족시키려고 고민하는 고난도 장르이기 때문이다. 끊임없이 변하는 세상에서 늘 새것을 요청하는 생활자들에게 매일 새로운 메뉴를 창작해내야 한다는 것은 크리에이터로서 카피라이터에겐 하나의 짐이지만 자부심이기도 하다. 결코 아무나 할 수 없는 전문성이라고 하겠다. 이것은 크리에이티브가 개척해낸 생활미학의 대장정(大長征)이라 하겠다.

4. 카피라이터의 자질

> 사실 광고인이라면 누구를 막론하고 광고리는 쓸모없는 일을 위해 자기 재능과 인생을 낭비하고 있지 않나 한번쯤 생각해 본 일이 없다는 것이 이상하겠습니다. 어떤 진기한 비누거품이 다른 것보다 옷을 더 희게 씻어 준다고 주장하는 노력을 통해, 우리가 인류에 봉사하는 것이 무엇인가 하는 질문을 할는지도 모릅니다.
>
> —세계적인 광고회사 BBDO의 톰 딜런(Tom Dillon) 회장이 〈애드 에이지〉(*Ad Age*)지에 기고한 고백

불경기일수록 광고는 투자임을 강조한다. 광고는 '안 먹고, 안 쓰고, 안 바르고, 안 사 입는' 불황기에도 절약과 저축하려는 고객심리를 바꾸려고 한다. '지름신'을 자극하고 몰링(*malling*)의 유혹을 권장한다. '잘 쓰고, 잘 먹고, 잘 바르고, 잘 사 입는' 소비충동과 구매를 충동하기 위해서 마케팅 광고 판촉전략은 개인화되어야 한다고 외친다. 맞춤형 마케팅과 CRM 기법으로 무장하여 소비를 통한 쾌락주의를 조장하고, 쇼핑을 통한 고객감동을 만나야 한다는 강박관념을 갖고 있다.

나아가서 사악한 광고인이 대중의 마음을 조작해서, 정신적 가치가 물질적 가치로만 대체되고, 눈에 번뜩거리는 건 경제성뿐이라는 이야기를 한다. 또한 광고에 대한 숱한 비난들—광고 공해, 무용지물, 필요악, 물신주의, 과소비의 주역, 찰나

주의자 등을 비켜가기 위한 잔잔한 설득조의 말이기도 하다.

하지만 마케팅, 기획, 제작의 광고발생과정에서 크리에이터들이 직면하는 문제, 즉 자신의 존재의의에 관한 회의를 솔직하게 드러낸 육필(肉筆) 임에 틀림없다.

우리의 경우에도 광고인에 대한 여론조사는 광고 크리에이터로서 카피라이터들을 절망케 한다. 신뢰받지 못하는 직업군 속에도 포함된다. 성적 편견과 자극, 지나친 반복, 유치한 표현, 소비조장, 위화감 조성, 여성의 상품화, 서구 콤플렉스, 신자유주의 신봉자 등 표현에 관한 불만에서부터, 물질주의를 조장한다, 허위과장 정보와 무형의 가치나 이미지를 주장하여 생활자(소비자)를 현혹시킨다는 것까지. 그리고 진정한 사용가치보다 세련미와 과시욕구라는 교환가치의 강조를 일삼아 사회적 가치와 의미를 상실해가고 있다는 공격을 받고 있다. 광고는 윤리경영과 환경경영에 역주행하고 있다는 비난도 받는다. '착한 가격, 착한 기업'의 사회적 가치도 상업적 메시지로 둔갑하여 본질적 가치를 훼손하고 있다고도 한다.

정말 광고는 인류의 건강한 삶과 생활의 질을 향상시키는데 도움이 되지 않는단 말인가. 그렇다면 얼마나 상실감이 큰가. 보기 싫으면 광고를 건너뛰고(*zipping*), 채널을 리모컨으로 돌려버린다(*zapping*)는 광고이다.

이제 광고는 시대정신의 한가운데에 설 수 있어야 한다. 여러 부정적인 광고관이 생긴 건 한국적 상황에서 사회인식이 결여된 탓이라고 변명할 수만은 없는 것이다. 더구나 진실이 그렇지 않기 때문에 카피라이터는 크리에이터로서 보다 당당해져야 하지 않을까. 우리 광고인은 무엇을 어떤 자세로 만들어야 할까 하는 한 차원 높은 착안점에서 크리에이티브로 심화시켜야 할 것이다.

1) 시대정신의 발견자

카피라이터는 시대정신의 탐험가요, 트렌드 탐구와 이슈 발견자이다. 된장녀와 엘프녀가 무엇이고, 니트(*NEET*)족이 무엇인지 왜 그런 카피가 이 시대의 개념어가 되었는지 조율해봐야 한다. 미래에셋 증권('변화를 읽는 큰 힘' 편)의 TV-CM이다.

NA　유럽도 미국도 일본도 한때는 이머징 마켓이었습니다.
세상은 늘 변하기에 누군가는 변화의 흐름을 읽어야 합니다.

자막　큰 흐름을 읽는 힘
NA　미래에셋

사회엔 물결이 있다. 시대엔 흐름이 있다. 유행이 모여 트렌드와 사조를 만든다. 아무리 사회구성원이 복잡하고 개별화되어 있다 하더라도 메가트렌드(*megatrend*)가 있기 마련이다. 현대사회에서는 소통을 중시하고 격리의 공포(*Fear of Distance*)에 빠지지 않기 위해서 인간은 시대정신에 관심을 갖고 동참하려고 한다. 2000년대 이후 '참여·개방·공유'의 웹 2.0 정신이 주류사회의 키워드가 되면서 세상의 패러다임이 바뀌게 된다. 시청자의 참여전화가 붐을 이루고, 청취자 참여 프로그램이 동시 다발적으로 방송되는 걸 보고 있다. 지식 정보 사회라는 맥락에서 보면 〈스펀지〉나 〈세바퀴〉나 〈퀴즈 대한민국〉이라는 프로그램이 만들어지고 소비되는 메커니즘을 알 수 있을 것이다. 〈1박 2일〉이나 '멀티 MC'가 나오는 프로그램이 일상화되고 있다. 커피를 들고 다니며 먹는 테이크아웃(*take out*)족, 화장품 회사의 컬러 마케팅, 에어컨의 산소마케팅, 고가 상품을 찾는 프리미엄 고객을 위한 귀족 마케팅, 롱테일(*long tail*) 마케팅이 회제를 불러일으기고 큰 호응을 얻는 이유가 어디에 있겠는가? 최근엔 기업의 전략경영의 하나로 '세계화'와 '사회적 책임감'을 강조하고 있다. 이런 측면에서 두산그룹의 기업광고는 시사하는 바가 크다. '기업의 투자', '경쟁' 편에 이어 '노하우' 편이다. 인간경영과 종업원을 소중히 하는 경영관의 변화를 전하고 있다.

V.O　글로벌 기업의 노하우는 무엇일까요?
세계시장 분석, 네트워크, 첨단기술
우리의 생각은 조금 다릅니다.
글로벌 기업의 경쟁력은 기술과 네트워크이지만
그것을 움직이는 것은 결국 사람입니다.
우리는 사람에 투자합니다.
사람이 미래다. 두산

불특정 다수를 목표고객으로 하는 광고는 그들의 의식을 관통하는 이 시대정신을 간파해낸다. 물론 하나의 징후와 풍조가 발견되었을 때 그것이 과연 일반화할 수 있는 것인지를 따져보고 선별해낸다. 카피라이터나 크리에이티브 디렉터는 이 역사적 흐름을 읽고 대중화하여 변혁의 장을 창조하는 데 직간접적으로 참여하게 된다.

예를 들면 한국사회의 386세대나 2030세대는 미국의 보보스(*BOBOS*)족의 변형이라 하겠다. 자유로운 사고, 진보주의, 개척정신, 트래디셔널 캐주얼을 입은 모습에 스타크래프트를 즐기는 억대 연봉자들이다. 디지털 세상에 익숙하면서 유행을 맹종하지도 않는다. 감성적으로는 보헤미안이고 소득에서는 부르주아이며 성향은 개인주의인 보보스족인 것이다.

이런 트렌드는 사회경제적 이유를 바탕으로 새로운 풍속도를 만들었다. 꽃미남으로 대표되는 메트로 섹슈얼(*metro sexual*)과 연하남자와 결혼하는 적극적 여성상으로 콘트라 섹슈얼(*contra sexual*)의 탄생을 가져왔다. 이렇게 급속히 다변화되는 세상의 뉴 리더로서 그들의 문화가 무엇인지 찾아내야 할 것이다. 이 변화의 속도는 여기서 멈추지 않고 반동적 트렌드도 만든다. '위버 섹슈얼'이라고 하여 강한 남성상의 부활을 꿈꾸고 있다. 인접과학의 연구결과를 빌려 추출하지만 그 내면에 깔린 욕구를 재빨리 찾아내고, 크리에이티브 속에서 감성으로 전환시켜 생활자들이 실감하게 만드는 게 카피라이터의 몫이다.

〈공부의 신〉은 대한민국 학부모의 교육열을 이용한 인기 드라마였다. 드라마 성공요인 가운데 가장 큰 요소가 공부비법이다. 혹시 유명대학교에 진학할 수 있는 비방을 배울 수 있지 않을까 하는 기대심리가 기본 시청률을 확보할 수 있게 한 셈이다. 외화 사상 첫 1,300만 관객을 동원시킨 영화 〈아바타〉의 괴력을 간파할 수 있는 혜안(慧眼)을 길러야 한다.

다큐멘터리 드라마(〈차마고도〉, 〈아마존의 눈물〉)가 공감을 얻을 수 있는 이유도 심층적으로 정리할 필요가 있다. 불신, 불안, 불만이 가득한 경쟁사회에서 신뢰할 수 있는 메시지를 찾게 된다. 이런 사회의 큰 흐름을 반영한 콘텐츠를 배경으로 광고 크리에이티브와 카피는 만들어지기 때문이다. 과장과 허세와 거짓 행복이 판치는 사회에 대한 항변이다. 가장 고귀한 가치이지만 세상의 한 귀퉁이에 숨어있던 사실(*reality*)을 끄집어낸 객관적 관찰자 시점의 성과물이다. 그래서 KB국민은행은 '희망을 찾아 떠났다' 편에서 어시장으로 떡집으로 서민들의 생활현장을 취재하듯 접근하고 있다. 떠먹는 불가리스는 '문근영' 편('남녀탐구' 편) 브랜드명까지 '진짜'(*true*)임을 강조하고 있다.

NA	이쁜 것들은 뭘 먹는지 탐구하도록 해요.
자막	떠먹는 불가리스 무첨가 트루
NA	진짜 무첨가 트루네요. 색소 향료 안정제도 없고 웬 일이니 설탕까지 없어요. 진짜 맛있어서 깜박 넘어가네요.
CM Song	떠먹는 불가리스
NA	아싸라비야 트루가 진짜네요.

'큰 대, 믿을 신'으로 커뮤니케이션 해온 대신증권은 '믿고 싶다' 편도 이 흐름에 동참하고 있다. '신뢰'는 기업의 의지이고 고객의 기대욕구이다.

NA	사람들은 믿고 싶다.
자막	악을 이기는 선을 노력한 사람의 성공을 사랑하는 사람들의 해피엔딩을
NA	오늘보다 더 나은 내일을 WE WANT TO BELIEVE 큰 대 믿을 신, 대신증권

대림산업은 오죽했으면 '진심이 짓는다'를 핵심 카피로 제안하였을까? 아파트 미분양의 어려움 속에서 기본적 신뢰를 팔려고 하는 카피라이터의 안목이 있었기 때문이다. 투기심리나 허상 이미지를 강조하는 아파트 광고에 경종을 울리고자 한 것이다.

케이블 방송 tvN의 롤러코스트 청춘심리 묘사인 〈남녀생활 탐구〉는 일상 이야기를 냉정한 무색무취의 성우 목소리로 더빙하여 객관적 사실을 관찰자 관점에서 보여준다는 리얼리티로 공감을 얻었다. 청춘남녀의 숨겨진 심리까지 직설적으로 드러내 보여줌으로써 호응이 컸다고 본다.

이런 시대정신의 조율은 대중의식에 깔린 삶의 양태를 이용해서 상품을 파는 미시적 장사치 개념이 아니다. 삶의 유형을 진보의 방향으로 선도하기 위한 인간애에서 출발한 것이다. 풀기 어려운 생활자의 인간 방정식이지만, 크리에이티브 디렉터를 지향하는 카피라이터의 입장에서 보면 답이 보이는 법이다. '유레카'라는 표현콘셉트의 추적자로서 카피라이터만이 만끽할 수 있는 두뇌플레이와 기획의 결실이다.

또한 1990년대 말에 들어와 여권(女權) 의식이 향상되고 구매력이 폭발적으로 높아짐에 따라 LG카드는 '레이디 카드'를 내놓는다. 이미연이 나와서 '지금 하고 싶은 거 지금 하세요'라고 말한다. 그렇게 '꿈을 사인하라'(*Sign your dream*) 고 한다. 비즈니스 정장을 입은 직장여성에 대한 격려와 동의를 표하는 것처럼 미화해서 표현하고 있지만 사실은 카드사용을 촉구하고 있다. 또한 여성차별이 없는 사회를 만들자고 주장하면서 삼성그룹은 기업광고로 세계일류 시리즈('마가렛 대처' 편) 를 제안하여 국민의 호응을 얻어냈다. 소득수준이 높아짐에 따라 외식 횟수가 늘어나고, 가족 행복을 중시하는 핵가족 세대를 이용한 광고도 이런 조율의 산물이라고 할 수 있겠다. 신경숙의 소설 《엄마를 부탁해》는 1백만 부 이상을 찍어내는 괴력을 발휘하여 베스트셀러가 되었다. 여권신장과 황혼이혼으로 대변되는 노년 여성의 반란에 대한 사회적 관심이라고 하겠다.

광고를 마케팅 엔지니어링의 한 부문으로 간주하고 세계 굴지의 대행사나 전문지 등이 새로운 소비자 행동분석과 21세기 뉴 밀레니엄의 대예측을 발표하는 것은 이 시대정신의 조율이 광고의 백본을 제공한다는 사실을 증명하고 있는 셈이다.

시대도 변하고 사회도 변하고 고객도 변하고 광고도 변한다. 2000년 6월 남북정상회담 이후엔 통일논쟁의 장벽이 허물어졌고, 광고 소재로서도 북한 풍물과 사람이 자유롭게 사용되고 있다. 2005년 애니콜은 한국의 스타 이효리와 북한 인민배우 이명희의 만남을 통해 통일사업을 촉진하자는 메시지를 보내고 있다. 2002년 월드컵의 붉은 악마와 함께 웰빙이 시작되었다면, 2005년에 로하스(*Lifestyle of Health and Sustainability*) 족의 트렌드를 보여주고 있다. 이런 트렌드는 오염된 환경으로부터 자신의 건강을 지키려는 욕구를 만들었다. 나아가서 이웃과 사회의 건강을 생각하면서 지속가능한 세상을 만들려는 슬로우족으로 진화한다. 광고는 '어제와 오늘과 내일의 끊임없는 대화다'라는 역사인식이 크리에이터로서 카피라이터의 수첩 속에 살아 숨쉬고 있어야 할 것이다.

미래학자는 현대사회의 경쟁력은 창의력에 있다고 말한다. 소비자의 생활창조는 어떻게 할 것이고 교육은 어떻게 할 것인가? 삼성증권이 'create'를 제안한다. 그런 카피의 내포의미를 기업에 전이시키고 있다.

자막 걷다 / create / 낙서하다 / create
입다 / create / 타다 / create
NA 금융은 누가 크리에이트 할 것인가?
create with you, 삼성증권

회사에는 캐리어우먼으로 실력을 발휘하고 가정에서는 주부로서 육아와 가사를 완벽하게 수행하는 이상적인 여성상으로 슈퍼우먼 신드롬(*Super Woman Syndrome*)이 있다. 이 증후군이 얼마나 여성을 정신적으로 학대하고 인권을 약화시키는지 해부해 봐야 할 것이다. 향후 사회적 합의가 가능한지 따져볼 카피이다. 그러나 대한민국 아줌마 정신은 나름대로 가치가 있기에 격려하는 메시지로 풀고 있다. S-OIL의 TV-CM('엄마' 편)이다.

김남주 남편 챙기랴, 애들 돌보랴, 바쁘다 바빠.
아니 뭐, 대한민국 아줌마 아무나 하나?
자막 세상의 모든 엄마는 슈퍼맨
CM Song 엄마는 슈퍼맨, 슈퍼맨
자막 좋은 기름 넣고 힘내세요!
CM Song 에쓰오일이니까.
자막 좋은 사람 ♥ 좋은 기름 S-OIL
JINGLE S-OIL

주 5일제가 거의 모든 사업장에서 시행되고 있지만 제대로 된 레저 문화산업에 대한 제도적 장치가 없어 직장인들은 거의 모든 휴일을 집에서 TV 시청으로 보낸다는 뉴스가 있었다. 카우치 포테이토 신드롬(*Couch Potato Syndrome*)이다. 이 고객들을 위해 광고 크리에이티브는 무엇을 테마로 세울 수 있을지 고민해야 될 것이다. 또한 어려운 경기여건으로 합리적인 소비를 추구하는 소비자가 늘고 있다. 적당한 소득이 있지만 미래에 대한 불확실성으로 유비무환의 정신을 갖고 생활한다는 것이다. 소비의 과학을 실천하고 가격 대비가치(*Value for Money*)가 높으냐를 구매준거로 삼는 경향을 읽어내야 할 것이다.

하나금융그룹은 사회이슈가 되고 있는 '다문화 가정과 워킹 맘'의 해결방안을 광고소재로 하여 국민적 공감대와 관심을 유도하고 있다.

2) 비판의식의 실천자

카피라이터는 방법적 회의를 통해 관점을 바꿔볼 줄 알아야 한다. 건강한 비판정신의 실천가로서 시각의 전환과 융합으로 대안을 제시하는 솔루션 파트너가 되어야 한다. 때로는 의도적인 비판자(*Devil's Advocate*)를 지정하고 체계적인(*structural*) 브레인스토밍을 할 필요가 있다.

사회변동과 성장의 엔진은 무엇인가. 사회의식의 진보는 어떻게 할 것인가. 인류문화 발전은 그 시대의 고정관념과 선입견 그리고 편견을 부정하고 새로운 가치를 제시하는 가운데 이루어진다고 한다. '공자가 죽어야 나라가 산다'는 혁명적 사고가 필요한 시점이다. 광고 카피라이터는 '일등만 생각하는 더러운 세상'이라는 풍자 개그가 공감을 얻게 되는 사회에 일침을 놓기도 한다. '생각의 감옥'을 탈출할 때 비로소 '멋진 신세계'가 나타날 것이기 때문이다. 이런 역동성을 광고에서는 카피 크리에이티브라는 말로 압축하고 사고의 틀을 다양하게 전개시킨다.

'낡은 것의 새로운 결합'을 크리에이티브의 기본으로 삼는 것도 여기서 출발하는 것이다. 새로운 관계로 엮는 데는 그 기준이 필요하고, 그것은 낡은 것을 신선한 시각으로 재조명하는데서 비롯된다. 과연 새로운 것은 무엇인지, 정말 크리에이티브는 무엇인지, 고민하고 토론할 이슈가 광고 크리에이티브 세계엔 널려있다. 누가 그 기준을 정할 것인가.

카피라이터나 크리에이티브 디렉터는 현대사회의 각종 메커니즘에 길들여진 대중의 의식을 하나하나 잘라내고, 그 빈틈과 허점을 꼬집어야 한다. 발상의 전환과 역지사지(易地思之)로 반전(反轉)의 묘미를 전해 주어야 한다. 기존의 관행을 타파하지 않으면 혁신을 이룩할 수 없다. 비판적인 사고로 바라볼 때 새로움 즉 크리에이티브가 나오는 것이다. 피카소의 큐비즘이 미술사를 바꿔놓았고, 전위음악의 무음계가 음악사를 경악케 했으며, 문예사조에서 모더니즘에 반항한 포스트모더니즘까지도 기존관념에 대한 비판과 도전에서 생성되었음을 알아야 할 것이다. SK브로드밴드처럼 못 보던 세상으로 가봐야 한다.

CM Song　못 보던 세상 이제 시작이야
SEE THE UNSEEN 브로드밴드

약간의 TV 약간의 인터넷
전화 약간 합치면 못 보던 세상
이젠 내딛자 뛰어들자 들어가 보자
SEE THE UNSEEN
SK broadband

새로운 해석과 색다른 의미창조가 필수불가결한 광고 크리에이티브는 크리에이터로서 카피라이터에게 이 비판의식의 재단사가 되길 바란다. 그래서 철저한 자기반성과 의식개혁의 고난 속에서 사물과 제품을 보는 새 관점을 제시해야 한다. 내용은 말할 것도 없고 형식의 파괴를 통한 신기법도 현상에 만족할 수 없다는 결핍의식에서 나온 것이며 창조욕구의 산물이다. 지금까지의 고정관념과 선(線)을 그어야 한다.

여자 반짝반짝 LED 빛의 TV
지금까지 TV와 선을 그을 것이다.
NA 빛의 TV 삼성 파브 LED
자막 Samsung PAVV LED

생활자에게 현실은 언제나 불만, 불평, 불안의 도가니다. 머릿속에는 유토피아가 삶의 기준(*criteria*)으로 남아있다. 그들의 잠재의식에 잠입하여 내적 욕구를 찾기 위한 방법이 바로 비판정신이라 하겠다.

항상 15초에 익숙해 있던 매체전략에서 하우젠의 5초짜리 잠재의식 광고기법은 새로운 발상이다. 그러나 5초를 3개씩 나눠 집행하는 기발함은 기아차의 카렌스에서 이미 시도했었다. 생활자는 '아, 저렇게도 풀 수 있구나'하는 찬사와 함께 자신의 무비판성과 맹목성을 확인하며 자기반성과 당혹함을 느끼기 때문이다. 이런 시선집중은 화제를 모았다는 것이고 구전효과를 보았다는 반증이다. 소재와 기법의 비판에서 우러나온 변신의 드라마이기에 생활자는 짜릿한 전율을 느끼게 된다. 이 전율은 '창조적 파괴'에 대한 공감이요, 아이디어발상의 천정효과와 정신적 대기권의 탈출에서 얻을 수 있는 해방감과 자유일 것이다. 과거에는 여성은 언제나 사회적 약자요, 보호대상이요, 피동적 인간이었다. 그러나 요즘은 기존의 성(性) 역할에 관한 고정관념을 뒤바꾸고 있다. 성 역할의 파괴는 물론 역전현상까지 나타나고 있기 때문이다. 또한 성희롱이 사회문제가 되는 상황에서 적극적인 여성 편들기를 시도하는 것이기도 하다. 여성이 구매결정권자로 우뚝 서 있기 때문이다.

SK 텔레텍의 스카이 TV-CM도 과감한 페미니즘(*feminism*)을 선보였다. 20대 후반의 캐리어우먼이 파티장에서 만난 새 남자친구를 껴안고 있다. 이 장면을 다른 남자친구에게 화상으로 보낸다는 스토리다. '잘 봐, 네 자리에 누가 있는지'라는 메시지가 함께 나타난다. 단호하게 여성의 주체적인 이별 선언이요, 주체성을 적극적으로 표현한 것이다. 이 상황은 기존 관습인 남자 중심의 권력과 계급구조(*hierarchy*)를 깨뜨리고 있다. 보수적인 입장에서라면 그 여자모델의 도발적인 행동은 금기사항이고, 댓글의 비난 대상이 될 것이다. 하지만 곧 그 '욕망(*id*)의 충격'은 의식의 반향을 일으켜 입소문 전파효과에 기여하게 된다. 그 이유는 같은 시기에 시청률 1위를 달리던 드라마가 〈여인천하〉라는 사실이다. 2004년엔 〈파리의 연인〉이 신데렐라의 꿈을 실현시켜 여성해방의 한계를 보여주었지만, 2005년엔 〈내 이름은 김삼순〉의 히트로 탈 신데렐라 신드롬을 펼쳤다. 아직 전통 가치관의 병존으로 해석될 수 있지만 자신의 야망과 성공을 위해 남자를 선택하는 여성의식의 변혁이 공감을 얻고 있다는 것이다. 바로 관습타파라는 비판의식에 대한 공명이다. 인생은 무한도전이고 새로운 것을 찾아가는 비판정신의 세계이다. 이제 새로운 시도가 필요하지 않을까? SHOW가 도전하고 있다.

('1살의 쇼' 편)

아기 1살의 쇼
아기 엄만 더 이상 나한테 관심이 없어….
이대론 안 돼. 뭔가 새로운 게 필요해.
그래 이거야 자…날 봐!
부인 어머 여보!! 얘 좀 봐 봐!
남편 섰다!
자막 '인생은 무한도전'
아기 내일은 뛰어볼까?

3) 인간심리의 탐험자

카피라이터는 생활자 심리를 꿰뚫는 혜안을 갖고 있어야 한다. 인간성을 해부하고 분석하는 심리학자가 되어야 한다.

"열 길 물속은 알아도, 사람 마음속 한 길은 모른다"는 속담이 있다. 복잡한 사회에서 대인관계가 꼬이기도 하고 기분에 따라 날씨에 따라 굴곡이 생기는 게 인간심리다. 크리에이티브 목표고객은 사람이다. 그러므로 인간성의 해부를 통한 집단무의식의 파악과 심리의 원형을 살펴야 하는 게 크리에이터로서 카피라이터의 임무다. 인간의 이중성은 '아니마와 아니무스'로 대변되기도 한다. 인간심리란 끊임없는 '선택의 연쇄사슬'에서 벗어나지 못한다. 내재해 있는 복잡성으로 말미암아 생기는 게 많다. 시장바구니의 구매 생리에서 명품 소비까지는 물론, 의사결정에서 만족했다가도 후회하고 삶과 죽음의 이분법까지 일상사의 모두가 갈등구조를 갖고 있다. 카피라이터와 크리에이티브 디렉터는 이 탐험을 통해 인간성을 따뜻하게 관찰하게 된다. 숨겨진 욕망을 없는 것처럼 감추지 않는다. 숨은 카메라가 촬영하듯이 있는 그대로의 모습을 관조하고, 거울 앞에 앉아있는 내면의 심리를 그려낸다. 맥심 커피의 카피가 시처럼 인간서정을 담고 있다.

> 천천히 살아온 날들이 아름답다.
> 그 깊고 풍부한 맛과 향, 맥심
> 가슴이 따뜻한 사람과 만나고 싶다.
> 커피의 명작, 맥심
> 동서식품

인간 내면의 심연을 유영하는 듯, 사색과 육성(肉聲)만큼 진실한 것이 있느냐는 인간성 선언이라 하겠다. '욕망이라는 이름의 전차'이고 '카인의 후예'일지언정 번민을 사랑하고, 만남과 헤어짐의 여정을 돌이켜 보는 것이 우리의 참모습임을 영상으로 보여준다. 인간의 고독과 회한을 자각하고 독백처럼 인생을 이야기한다. 그 사람 곁에 커피가 끓고 있다.

고가(高價) 자동차를 새로 구입한 고객은 계속해서 그 자동차 광고를 주목하고 긍정하며 아주 적극적으로 '지각의 예민화'를 실천한다. 경쟁광고에 대해서는 스스로

'지각방위'를 일으켜 외면하거나 부정적으로 평가하고 무시해 버린다고 한다. 그래서 고가제품이나 충성고객이 많은 상품의 광고는 신규 구매 예상자가 아니라 기존 구매자에게 더 잘 읽힌다고 한다. 이런 복잡한 생활자의 심리는 미워할 수 없는 소비자의 얼굴이요, 마음의 미로이다. 다만 중요한 것은, 그것을 사랑하고 근원을 찾는 탐험을 해야만 크리에이터로서 카피라이터는 빅 아이디어를 낳을 수 있다는 것이다.

비듬제거용 샴푸 니조랄은 '늑대의 매너'와 '여우의 자존심'이라는 이분법으로 공격적인 카피를 선보였다. 남자는 늑대, 여자는 여우라는 동물성 메시지다. 마초(*macho*)적인 남성과 교활한 여성의 원초적 본능을 직설적으로 표현함으로써 심리적 저항을 없애고자 했다. 이런 무력화는 바로 목표고객에게 핫라인으로 연결되고 공감으로 이어져 크리에이티브 효과를 제고시킬 것이다. '여자여, 색에 눈을 뜨라'의 에바스 화장품 광고는 섹스와 컬러(色)의 이중의미를 살려 여성들에게 잠복해 있는 미적 욕구와 성적 욕구를 언어유희로 포괄하고 있다. 색조 화장품의 특장점만 나열하고 시선을 잡는 인기 모델품평회 정도에 머문 경쟁화장품 광고의 관행과 상투성을 극복하고 있다. 호소력 있는 카피로 마음의 동요를 불러일으켜 차별화에 성공하고 있다. 복분자 술은 음주효과로 담벼락에 구멍을 낼 수 있고, 전봇대도 부술 수 있다는 과장법으로 남자의 성적 본능과 지배 욕구를 극화하여 표현하고 있다.

이제 성담론(性談論)은 숨길 사항이 아니다. 노출시켜 공론화하고 은폐하려는 심리를 털어버리고 있다. 이 과감함이 바로 공감이라는 것을 크리에이터로서 카피라이터는 알아야 할 것이다. 복분자의 스토리텔링인 '전설의 힘'은 바로 '크리에이티브의 힘'이 된다. 미장센의 TV-CM도 감추고 싶은 '상처 받은 머릿결'을 노래하고 있다. '사랑의 상처'를 떠올리면서 '사랑의 회복'을 갈구하는 여성심리와 닿아있다.

여자	다가오지 마.
자막	상처받은 머릿결 감추고 싶은 머릿결
남자	진한 아르간오일로 감싸줄게.
자막	진한 아르간오일이 트리트먼트보다 더 깊고 진하게
NA	상처받은 머릿결에 더 진한 케어
남자	미쟝센 레드 데미지 헤어팩

자막　미장센 레드 데미지 리페어 헤어팩

1980년대 중반에 화제작인 맥콜 TV-CM('조용필' 편)은 신데렐라 콤플렉스(*Cinderella Complex*)를 표현한 광고의 고전으로 알려져 있다. 팬과 인기 가수의 환상적인 만남을 그리고 있다. 동서고금으로 다양한 장르에서 공주병은 주요 테마로 사용되어왔지만, 무의식적인 가치판단 기준을 살짝 건드려 자기도 모르게 친화하도록 의도한 수작(秀作)임에 틀림없다.

'고향의 맛' 다시다 TV-CM에서도 '영구야', '음— 이 맛이야'하는 카피는 바로 어머니의 목소리요, 고향의 정서를 현대적인 맛으로 개발한 다시다의 맛의 승리를 구어체 카피로 전해 주고 있다. 맛이란 인간성의 기본욕구의 하나인데, 그 작은 소망마저도 도시화된 가정에서는 찾을 수가 없다. 그래서 인간의 원초적 뿌리인 고향에서 토속적이고 민족적인 정취에 담아 '우리의 맛, 자연의 맛'으로 다가오게 했다. 이런 맛도 해찬들의 태양초고추장에 오면 현대적인 아파트풍의 부부사랑으로 표현된다. '미워 죽겠어'에서 '매워 죽겠어'로 카피가 고도화된다. 남편 사랑과 맛의 공감각이지만, 비약하면 성생활의 만족과 과시를 통해 부부애를 자랑하고 있다. 숨겨진 여성심리를 당당하게 표현하고 함축적인 언어유희로 재미를 주고 있다.

카스맥주는 젊음의 비상구에서 그들만의 사랑방정식을 풀고 있다. 나이트클럽에서 유혹의 쾌락을 발산하는 현장을 생중계하듯 표현하고 있다.

이렇게 사회의 억압구조에 의해 숨길 수밖에 없었던 각양각색의 인간심리가 광고에서는 크리에이티브의 테마로 부상할 수 있다.

BC 카드 TV-CM은 '시선-행동-마음'을 사로잡는 인간성과 심리를 점층법으로 표현하고 있다. 하나의 장면에 하나의 컷(*one scene, one cut*) 촬영기법을 활용하고 소비자의 마음을 시계열적으로 읽은 과정을 카피 메시지로 연계한 영상문법이다.

V.O　콧대 높은 이 여자, 마음 돌린 이유를 알아보자.
적립금을 준다고 하니까, 눈을 살짝 돌렸다.
적립해 주는 데가 많다고 하니까, 고개를 15도로 돌렸다.
현금처럼 쓸 수 있다고 하니까, 마음까지 돌렸다.
마음까지 돌릴 만큼의 포인트, BC TOP카드

우리 사회의 소비주의의 팽배도 열등감과 소비를 통한 자기정체성 확립과 공허감을 낳는다. 부나비처럼 충동적으로 무계획적으로 구매한 결과요 과시적 소비욕구 때문이다. TOP카드 '빅모델들의 수다' 편이다.

여자 NA	TOP 여배우들 TOP을 말하다.
윤여정	근데 탑이 뭐야?
김민희	BC 카드 쓰면 저절로 쌓이잖아요.
이미숙	나도 있는데, 그건 어떻게 쓰는 건데?
고현정	쉬워요.
최지우	카드 낼 때, 탑으로 할게요 하면 돼요.
김옥빈	TOP 사이트 가도 쓸 게 많아요.
고현정	나만 TOP인 줄 알았는데 모두 TOP인 거예요?

톱스타의 최고 명성과 브랜드명의 이중의미를 살린 카피다. 톱스타들의 자연스런 일상대화를 녹화한 기법으로 사실성을 부각시키고 있다. 유명인과 졸부들의 과소비 풍조를 조장하고 모방구매를 유도하는 베블린 효과(*Veblen Effect*)를 의식한 표현이라고 할 수 있겠다. '친구 따라 강남 간다'는 밴드 웨건(*band wagon*) 효과도 그렇다. 그 이유는 첫째, 익명성 사회 때문이다. 자신의 가치를 쉽게 대변할 수 있는 매개물은 오직 유명 브랜드다. 그 브랜드의 가격과 명성과 스타일은 이미 알려져 있고 사회적 코드로 인정받고 있기 때문이다. 구찌를 메고 다니면 그 사람의 소득수준과 안목과 취향을 파악할 수 있기 때문이다. 맹목적이고 표피적이지만 가장 단순한 정체성 확인 방법이 된다. 둘째, 신흥 부자의 등장이다. 자본주의 사회에서는 사회계층 간의 과시욕과 이동수단이 화폐이기에 돈만 많으면 그 사람의 신분은 급상승할 수 있다. 각종 재테크와 사회부조리의 결과로 생긴 신흥 부유층이 많아졌다는 것도 이유의 하나가 될 수 있겠다. 셋째, 사치의 민주화이다. 브레이크 없는 물신주의(物神主義)의 팽배이다. 소득수준이 높아지고 경제의 민주화로 보통사람들도 모방과 추종심리를 발동시킨 것이다. '나는 소비한다, 고로 존재한다'는 구호다. 가처분 소득을 초과하는 소비가 나타난다. 넷째, 새로운 집단구성이다. 브랜드를 중심으로 집단 사이의 담쌓기이다. 유유상종이라고 자신들만의 브랜드 세계를 만든다. 개인

취향과 동호회로 미화되지만 할리 데이비슨 오토바이는 HOG를 만들어 차별화한다. 이는 새 브랜드 개발을 가속화시키고, 구 브랜드와 단절효과를 유도한다.

결국 소비자와 생산자가 상호 합작한 인간성의 상품화이기도 하다. 이런 풍속의 변화는 여성들에게도 스스로 욕구를 억압하지 않고 사회제약을 파괴하는 적극성으로 나타나며, 다양한 상품광고에 도입되고 있다.

또한 고가 명품은 질시와 욕망을 함께 낳는다. 르노 삼성차의 SM 7은 '함부로 쳐다보지 마십시오, 질투심이 생길지도 모릅니다'라고 한다. '함부로 쳐다보지 마십시오, 마음을 빼앗길지 모릅니다'라고 하면서 숨어있는 과시욕망을 자극하고 있다. 욕망의 삼각형 이론이다. 대상(이상 자아)과 중개자(준거인)와 주체(현실 자아)의 삼각 구도다. 전치된 의미론(*displaced meaning*)이다. 부유층(중개자)의 라이프스타일과 소비명품은 현실자아에게 잘못된 의미와 거짓 행복을 낳는다. 명품을 소비하면 다 그 명품수준의 준거인이 되고 선민의식을 갖게 된다고 생각한다. 욕구의 허위충족이다. 더(*the*) 럭셔리 그랜저 TV-CM은 직장인 남자들의 꿈을 상위가치로 놓으면서도 자존심을 건드리는 이중전략을 쓰고 있다. 스피드 시대에 거두절미하고 한마디로 신속한 의사결정을 해야 하는 업무태도를 원용하면서 그랜저를 광고하고 있다. '더'(*the*)의 함의를 알면 자신감까지 느낄 수 있을 것이다.

자막 승진 때마다 바뀌는 명함, 윗사람들의 인정, 그보다 더 기쁜 후배들의 존경
성공? 열심히 살아온 것에 대한 대가일 뿐, 삶의 목표는 아니다.
내 열정은 스무 살처럼 뜨겁다.
지기 싫어하는 승부욕, 철저한 스케줄 관리,
책임감 있게 일하되 가볍게 유쾌하게, 그것이 내가 일하는 방식이다.
일과 사랑, 어느 것도 놓치지 않겠다는 나의 원칙
늘 멋진 모습을 유지하기 위한 몇 가지 노력들, 운동은 규칙적으로
나를 움직이는 것은 꿈, 멋진 남자라면 매 순간 꿈꿔야 한다고 생각한다.
변화와 도전은 또 다른 취미다
시간이 갈수록 멋져지는 인생, 그 답은 내 안에

NA 당신에 대해 그렇게 길게 얘기해야 합니까?
당신의 오늘을 말해줍니다.
더 럭셔리 그랜저

4) 휴머니즘의 연출자

카피라이터는 생활문화를 창조할 수 있어야 한다. 소비자의 감성을 풍요롭게 하는 인간주의자요, 휴머니스트가 되어야 한다.

사회가 복잡하고 다양화됨에 따라 사회적 감시기능이 강화되고 있다. 여성의 문제와 환경문제와 사회적 소외계층에 대한 문제가 크리에이터의 과제가 될 것이다. 또한 표현 소재를 개발할 때도 유익한 돌파구가 될 수 있다. 공존과 공영의 시너지 효과가 있어야 하기 때문이다. 다행히도 기업광고형 표현이 많아지고 있는데 진동 효과를 기대하고 있다고 본다.

국제화와 지구촌 시대가 한창 진행되고 있으며 '세계는 하나'와 '지구는 평평하다'라는 말이 실감나게 느껴진다. 인위적인 전쟁과 테러에 의한 피해는 성선설(性善說)을 부정하게 만들고 있다. 지구 온난화의 영향으로 이상기후가 나타나고 태풍과 허리케인이 예년보다 더 많이 발생하고 있다고 한다. 이런 재난 속에서 나비효과(*butterfly effect*)에 의한 직간접 영향은 물론이고, 사상자들의 피해를 줄이기 위한 휴머니즘이 필요한 시대다. 전통적 가치관에 의한 휴머니즘도 이제는 디지털 기술의 진보로 로봇과 유비쿼터스(*ubiquitous*) 개념의 구현으로 위협받고 있으며 인간의 정체성에 대한 논란까지 나타나고 있다. IT와 BT의 결합으로 생명공학의 새 장이 열리면 인간세상은 어떻게 변할까? 담론의 해체와 재구성이라는 후기 포스트모던 시대에 과연 카피라이터와 크리에이티브 디렉터의 사고의 종착역은 어디일까?

르네상스 이래 신이 죽었다는 극단론까지 나왔지만 결국 인간조건의 개선을 위한 휴머니즘이 아닐까. 동양적인 자연 순응주의가 재조명받고 있다. '멀리 가려면 함께 가라'처럼 인간과 자연은 동반자로 아름다운 동행을 해야 한다. 금세기에서 볼 수 있듯이 숱한 이데올로기와 도그마(*dogma*)가 유성처럼 사라지지 않았는가. 그래도 변치 않는 가치가 있다면 그것은 무엇인가? SK 텔레콤에서 현대생활 백서를 내고 '생활의 중심'이라는 광고를 만들었지만 생활자의 소비 중심이지 '인간의 중심'은 아니지 않는가. 광고는 단순히 기업 마케팅 활동의 한 수단으로 그치는 게 아니다. 인류의 미래와 사회의 건강성 회복까지 고려해 창작될 때 그 빛은 더욱 영롱해질 것이다. 그래서 '사람을 향합니다'라는 기업광고가 필요했는지도 모른다.

각종 상을 수상했던 '사람을 향합니다'는 SKT의 매체사 연합캠페인이다. 우리 일상 속에서 혹은, 사회적 이슈 속에서 '사람'에 대한 깊이 있는 해석과 대안을 이야기하고, 기술의 지향점은 결국 사람이라는 일관된 기업철학과 주제를 전달했다. 흑백 모노톤의 진중함과 겸손한 매너의 비주얼이 메시지와 조화를 이루고 있다. 사람과의 소통에 대한 이야기와 함께 사람과 기술, 세상에 대한 SK 텔레콤의 철학과 담론을 소구함으로써 광고의 성숙함을 좀더 거시적인 관점에서 표현하고 있다. 뿐만 아니라, 기업시민으로서 사회적 책임에 대한 중요성을 강조하고 휴머니즘이라는 시대정신과 함께하고 있다.

어디 이뿐이겠는가. 크리에이터로서 카피라이터는 환경의식과 인종문제, 이문화(異文化) 극복문제, 인류의 커뮤니케이션 문제, 질병 퇴치문제, 환경보호와 삶의 질 향상 등에 관심과 해결책에 대한 사색과 성찰을 가져야 할 것이다. 또한 지구촌(*Global Village*) 시대의 모든 정치적, 경제적 인간문제를 광고와 광고기법으로 줄여 나갈 수 있다는 확신에 차 있어야 하지 않을까. 광고인의 윤리의식과 사회적 책임론을 떠올리는 부문이면서 광고인이 절망을 뿌리칠 수 있는 거점이기도 하다. 그러므로 크리에이터로서 카피라이터는 사회계층간의 갈등, 빈부격차 문제, 이념의 충돌, 광고문화 창조, 창의사회구축 등을 상호간에 상처를 입히지 않으면서 생산적으로 개선시키는 방법을 잡는 데에 숙고할 필요가 있다. 풍부한 문제해결력을 갖는 크리에이티브와 카피로 대안을 제시하는 힘을 보여줘야 할 것이다.

베네통이 글로벌 마케팅 전략으로 펼치는 'United Colors of Benetton'의 흑백대비 그림의 시리즈는, 제품의 강한 색상만큼이나 확실하게 인종차별의 부당성을 고발하고 있다. 부조리하고 불합리한 세계에 인간의 존엄성을 웅변하고 있다. 강력한 비주얼 메시지를 통해 왜곡된 인종편견에 항의하고 있다. 표면구조에서 카피가 보이지 않는다고 해서 비주얼 중심 광고가 아니다. 그림의 심층구조 속에 메시지가 녹아있는 것이다. 비주얼의 의미고정효과를 주는 카피가 선행되어야 한다는 뜻이다. '카피 발(發), 비주얼 착(着)'의 집요함과 끈기가 광고의 지속성과 시리즈를 낳은 힘이다. 똑같은 메시지를 반복해서 노출시킴으로써 누적효과를 주고 기업의 패션철학으로 함께하겠다는 결연한 의지를 담고 있어 공감이 더욱 크다고 생각한다. 일회성 비주얼 쇼크나 스캔들로 고객의 관심을 끌고 커뮤니케이션 비용을 줄이려는 교묘한 술책이라는 비난을 이기고도 남는 테마라 하겠다.

일본 국제전신전화회사(KDD) 기업광고에 나오는 오노 요코(小冶養子: 존 레논의

미망인)의 카피 멘트는 인류가 왜 서로 사랑하지 않느냐를 담담하게 항변한다.

> 역시 인간은 똑같습니다. 모르는 사람에게 이야기하는 것은 꽤 용기가 필요한 일이라고 생각합니다. 나는 그럴 때마다 이 사람은 우주에 단 한 명밖에 없다. 그러니까 두 번 다시 못 만날지도 모른다고 생각해 보죠. 그러면 왠지 말을 걸 용기가 생깁니다.

이제는 원숙해진 오노 요코 여사가 자신의 해외체험과 관점을 담담하게 증언하는 것이다. 르포(*reportage*)형식으로 한 사람의 어머니로서 한 사람의 인간으로서 느끼는 내면세계를 토로함으로써 휴머니즘의 소중함을 커뮤니케이션하는 것이다. 오늘날 '평화의 사도'요, '반전 캠페인의 기수'로 추앙받는 존 레논의 후광효과를 이용하여 커뮤니케이션의 중요성을 전달하고 있다. 상품 성격과 관련지어져야만 하겠지만, 광고 크리에이티브의 지향점이 생활(*life*)을 향해 있어야 할 이유가 명백해진다.

이러한 맥락에서 등장한 광고가 '브라보 유어 라이프'(삼성생명), '체인지 유어 라이프'(대한생명), '리프레시 유어 라이프'(GS건설) 등이다. 아무리 차별화 전략을 써야 효과가 있다고 하지만 광고는 역시 '포 더 배터 라이프'(*for the better life*)를 위한 '생활문제 해결'이어야 한다는 것을 증거하고 있다. 엄마의 무조건적 내리사랑에 대한 자식의 사랑을 잔잔히 보도자료처럼 사실적으로 보여주는 훼라민 Q 광고다.

> 엄마
> 고3이 무슨 유세라고, 대한민국 고3이라는 이유로
> 넘치는 사랑을 받았습니다.
> 이제는 우리가 엄마를 돌봐드려야 할 차례입니다.
> 엄마 사랑해.
> 사랑해. 사랑해.
> 대한민국 갱년기 엄마들의 10명 중 8명이
> 다양한 갱년기 증상으로 힘들어하고 있습니다.
> 이제 엄마의 갱년기를 도와주세요.
> 훼라민 Q
> 엄마 미안해.

사랑은 감성가치이지만 배려와 반성을 담고 있어야 감동적일 것이다. 모든 잘못을 자신의 탓으로 돌리는 희생정신이 바탕에 있어야 진정성이 담보되는 것이다. 또한 인생은 반전의 반전으로 연출되기도 한다. 캐나다의 엑스 게임(*X-game*) 선수권자인 스테이시 코헷은 잘 나가는 만능 스포츠선수였다. 그러나 사고로 하반신 마비가 왔다. 그의 참담했던 심정은 아디다스 광고의 카피로 잘 나타나고 있다.

> 내가 어렸을 때 난 불가능한 것은 없다고 믿었다.
> 못하는 게 없었으니까.
> 하지만 불가능은 전혀 다른 방식으로 내 앞에 찾아왔다.
> 크게 달라진 것은 없다.
> 난 여전히 네 개의 바퀴를 쓴다.
> 잘 보라구,
> 난 지금도 할 수 있어.
> 불가능, 그것은 아무것도 아니다.

생의 한가운데서 당당하게 맞서는 인간승리를 연출하고 있는 것이다. 아디다스의 TV-CM 캠페인이다.

> ('나디아 코마네치' 편)
> 어린 그녀에게 체조봉은 너무나 높은 곳에 있다.
> 하지만, 나디아 코마네치는 세계 최초로 10점 만점을 받았다.
> 그것도 한 번이 아니라, 7번씩이나.
> 그녀의 눈빛이 말해 준다.
> 할 수 있다고 믿으면, 할 수 있어.
> 불가능, 그것은 아무것도 아니다.

> ('무하마드 알리 & 라일라 알리' 편)
> 불가능은 사실이 아니다.
> 하나의 의견에 지나지 않는다.
> 사람들은 말했다. 여자는 권투를 할 수 없다고.
> 나는 그들의 말을 믿지 않았다.
> 나는 해냈다. 나는 링 위에 섰다.
> 내 아버지 알리의 외침이 들려온다.
> 싸워라, 내 딸아. 넌 할 수 있어.
> 불가능, 그것은 아무것도 아니다.

카피라이터 번벅은 다음과 같이 말했다.

> 인간의 쉽게 변화하는 부분에 대해 말하는 것은 아주 일시적으로만 유효하다. 커뮤니케이터들은 인간성의 변화하지 않는 부분—가령 생존에의 본성, 남으로부터 존경받고자 하는 본성, 성공하고자 하는 본성, 사랑하고자 하는 본성, 자기 것을 챙기려는 본성 등에 관심을 기울여야 한다.

카피라이터는 카피로 말한다. 광고는 인간을 향해 달린다. "인간을 위한, 인간에 의한, 인간의 크리에이티브다." 광고회사 아이어(Ayer)사도 광고에 관한 지표를 갖고 있다. "첫째, 광고는 목표고객(*target audience*)에 적절한 순수인상을 주라. 둘째, 적절한 순수인상은 휴먼 콘택트(*human contact*)와 같은 것이다."

이 부문에서 카피라이터는 '낮에 마시는 술'인 커피 한잔을 친구 삼아 생활자가 살아온 날들과 카피를 생각한다. 카피라이터는 크리에이터로서 일과시간이 끝난 뒤에도 열정을 가지고 크리에이티브에 몰입하게 된다.

• 생각해 볼 문제 •

1 카피라이터의 존재론적인 질문에 대답할 수 있어야 한다. 카피라이터의 본질은 무엇이고 핵심역량은 무엇인지를 생각해 보고 구체적으로 서술할 수 있는가?

2 카피라이터는 광고 콘셉트와 표현 콘셉트에 대해 충분히 설명할 수 있어야 한다. 이성과 감성을 넘나들며 소비자(생활자)와 세상(*trend*)과 공감하는 카피전략을 세울 수 있는가?

3 카피라이터는 크리에이티브의 주도자로서 판매 메시지를 명확히 하는 크리에이터이다. 무엇을 말할 것인가에 대한 사고방법과 '관점의 차이'를 자기 나름대로 가지고 있는가?

4 카피가 광고 크리에이티브에서 차지하는 비중과 속성을 이해하고, 구체적인 광고사례를 카피중심으로 설명할 수 있는가?

• 핵심정리 •

카피라이터는 본질과 핵심역량은 생각의 문제라 할 수 있다. 그 생각은 '다르게 생각하기'를 넘어 '혁신적으로 생각하기'가 돼야 할 것이다. 카피라이터는 제작회의를 주도하고 회의 내용을 기록하는 서기이며, 콘셉트와 카피 리뷰를 준비하는 임무를 기본으로 가진다. 카피라이터는 상품과 생활자의 연결고리인 콘셉트 계발자이다. 생활 속에서는 매일 여러 문제가 생긴다. 이 문제를 해결해 주는 상품(서비스)의 편익을 알려 판매에 연동되게 하는 설득 메시지와 마케팅 지향 콘셉트를 계발하고 창안해야 한다. 이 메시지와 콘셉트를 발견하는 카피라이터는 상품정보가 아니라 생활정보를 카피로 만드는 커뮤니케이션 설득자이다. 나아가서 카피라이터는 표현 프리젠테이션의 주도자로서 광고주에게 제작물을 직접 설득하고 설명할 수 있고 광고시안을 팔 수 있어야 한다. 크리에이터로서 카피라이터의 존재론적인 의의는 '아웃 오브 더 블루' 제시와 생명성 창조와 시·공간의 확장과 생활미학의 제안에 있다고 할 수 있다. 또한 디지털 시대에도 부응할 수 있을 카피라이터의 자질은 시대정신의 발견자요, 비판의식의 실천자요, 인간성의 탐험자요, 휴머니즘의 연출자가 되는 것이다. 이런 자리매김을 할 때 더욱 효과적인 광고 카피와 표현전략을 작성할 수 있을 것이다.

• 나의 현역시절 대표카피 •

"사랑하는 아내에게", 훼로바

부광약품 빈혈 치료체 훼로바의 광고캠페인이다. 말없이 내조하는 전통적 아내상에 대한 감사와 이해를 통해 남편의 작은 보상을 제안한 카피였다. '고생하는 아내에게'로 후속 광고를 전개하여 큰 호응을 얻었다.

"돌 하나 그대로 두면 돌일 뿐입니다", 제일합섬

일반 소비재가 아니라 산업 원자재로서의 중요성을 부각시킨 메시지였다. 요즘으로 치면 '생각의 중요성'을 강조한 것과 유사하다. 어떤 창의성을 가미하는가에 따라 결과가 달라진다는 메시지다.

"커피의 명작", 맥심

최고의 명사와 예술장인들을 시리즈로 등장시켜 맛과 향이 깊은 맥심의 최고급 이미지를 구축하려고 했던 캠페인이다. 장인정신의 탁마성과 제조기법의 우수성을 연결시킨 카피였다.

"색연필이 짧아질수록 사랑은 깊어집니다", 구몬수학

구매결정권자인 학부모를 상대로 한 감성적인 메시지 소구와 실제 사용자인 학생들에게 맞춤지도가 가능하다는 장점을 동시에 부각시키고자 했던 카피였다.

"소문 한 번 맵다", 태양초 고추장

제품의 특장점이 주는 생활 속의 편익은 '매운 맛'이고 입소문(*viral communication*)을 타고 널리 알려지고 있다는 사실을 실증적인 카피로 전환시킨 메시지였다.

"아무도 이 소녀를 시골구멍가게 둘째딸로 기억하지 않습니다", 삼성

1997년 IMF 관리체제에 들어간 한국경제는 아주 어려웠다. 대기업으로서 사명감과 새로운 의지로 재도약하자는 대국민 홍보성 캠페인으로 채택된 기업광고이다.

"이제 자동차는 집이다", 카렌스

인기 시트콤이던 〈순풍 산부인과〉 팀을 모델로 내세워 행복한 가정의 필수 가족차로 포지셔닝한 광고이다.

• 참고문헌 •

로버트 골드만, 박주하 외 역, 2006, 《광고에서 사회를 읽는다》, 커뮤니케이션북스.

스테빈스, 헬, 이낙운 편역, 1986, 《광고의 기본원리》, 나남.

______, 송도익 역, 2003, 《카피캡슐》, 서해문집.

오창일, 2002, 《아무나 크리에이티브 디렉터가 될 수 없다》, 청림출판.

Arens, William F., Weigold, Michael F. & Arens, Christian, 2008, *Contemporary Advertising*, Irwin.

Drewniany & Iewler, 2008, *Creative Strategy in Advertising*, Thomson Wadsworth.

Moriarty, Sandra E., 1986, *Creative Advertising: Theory and Practice*, Prentice-Hall.

O'Guinn, Allen & Semenik, 2009, *Advertising & Integrated Brand Promotion*, South Western.

Ogilvy, David, 1986, *Confessions of an Advertising Man*. Atheneum 260.

Reeves, Rosser, 1986, *Reality in Advertising*, Alfred A. Knopf.

카피와 커뮤니케이션 3

이희복

이것이 있으므로 저것이 있다. 저것이 있으므로 이것이 있다. 이것과 저것사이 언제나 오고 가는 나그네가 있다.

—고은, 2009, 《개념의 숲》 중 "커뮤니케이션"

1. 마케팅 커뮤니케이션과 카피

카피(*copy*)는 광고의 중요한 부분을 차지할 뿐 아니라 둘 사이의 관계는 매우 밀접하다. 따라서 광고의 배경을 살펴보면 카피에 대한 이해가 더 쉬울 것이다. 흔히 광고를 바라보는 관점을 두 가지로 설명한다. 그 하나가 광고를 돈에 대한 관심에서 출발한 것으로 보고, 다른 하나는 사람에 대한 관심에서 시작된 것으로 본다. 먼저, 전자는 돈의 흐름을 거시적으로 연구하는 경제학과 미시적으로 살피는 경영학이 있을 수 있다. 이중에서 경영은 자본과 자원, 노동의 관리를 통한 경영효율의 극대화를 꾀하는데 이 경영의 결과물을 시장에서 교환하고 이윤을 창출하기 위해 시장을 관리하는 마케팅이 등장한다. 마케팅을 촉진하기 위한 4가지 P를 판촉믹스라 하여 제품(*product*), 가격(*price*), 유통(*place*), 판촉(*promotion*)을 꼽는데 판촉은 다시 PR, SP, 인적 판매, 그리고 광고로 나뉜다.

다음으로 후자는 사람에 대한 관심으로 철학에서 출발해서 정치, 행정, 법, 사회, 심리 등 인문사회과학 전반에 해당한다. 특히 인간과 인간 사이의 의사소통에 초점을 맞춘 커뮤니케이션은 100여 년 전부터 독립분야로 분화되기 시작하였다. 광고는 커뮤니케이션의 성격상 설득 커뮤니케이션이면서 매스커뮤니케이션이고, 주제에 따라 문화나 정치, 헬스커뮤니케이션으로 다르게 부를 수 있다. 결국 광고는 마케팅과 커뮤니케이션의 만남이며 광고의 말과 글이 카피라 할 때, 카피 역시 마케팅과 커뮤니케이션의 범주에서 크게 벗어나지 않는다 하겠다. 광고를 굳이 '광고 커뮤니케이션'이라고 부를 때는 광고의 커뮤니케이션 측면을 강조한 것이라고 이해하면 된다.

광고 커뮤니케이션 과정에서 핵심적 역할을 하는 카피에 대해서 먼저 이해하고 넘어가야 할 것이다. 카피는 광고의 비시각적인 부분, 즉 언어적 또는 문자적인 부분을 맡고 있다. 카피를 더 쉽게 말하자면 '광고에 사용된 말과 글'이라고 할 수 있다. 연구자에 따라서는 '광고언어', '광고문안' 또는 말 그대로 '카피'로 서로 다르게 부르기도 하는데, 현업에서 '카피'를 더 많이 사용한다. 카피와 '광고언어'는 서로 대체할 수 있으며, 학문영역에 따라서 서로 다르게 사용하고 있다. 또한 최근에는 일반인들도 카피라는 용어에 대해 이해하고 있으며 같은 뜻으로 사용하기에 큰 어려움이 없다. 물론, 어떤 이는 카피를 '선전문구', '광고문안', '광고언어'라고 부르기도 하지만 이런 용어와 '카피'를 굳이 구분하지 않고 '카피'로 통일해서 사용해도 큰 문제는 없을 것이다.

그러나 넓은 의미의 카피와 좁은 의미의 카피의 의미는 서로 다르다. 이 두 가지 개념에 대한 구분과 이해가 필요하다. 넓은 의미의 카피는 광고물(*advertisement*)의 뜻을 갖는다. 광고효과 측정을 위한 카피테스트(*copy test*)라고 할 때는 광고물의 다양한 효과, 즉 카피뿐만 아니라 비주얼의 설득효과를 검증하는 것이므로 이때는 '카피 = 광고물'이라 보는 것이 옳다. 좁은 의미의 카피는 '카피, 카피라이터, 카피라이팅'처럼 '광고언어' 자체를 말한다. 카피라고 하면 광고의 문안, 즉 말과 글로 된 상업적 메시지를 말한다. 광고전략의 핵심을 이루는 메시지가 바로 카피인 것이다. 구체적으로 카피를 구성하는 요소로는 헤드라인, 바디카피, 캡션, 슬로건, 브랜드(*brand*) 등이 있다.

오늘날 광고와 홍보는 다른 말로 '마케팅 커뮤니케이션'이라고 부르는데 광고와 홍보의 메시지가 마케팅에 활용되고 커뮤니케이션을 통해 전달되어야 하기 때문에 이

둘의 관계는 표리(表裏)와 같다고 하겠다. 광고 또는 마케팅 커뮤니케이션에서 카피가 차지하는 의미는 단순한 말과 글 이상이라고 할 수 있다. 언어가 생각을 결정하고 메시지가 커뮤니케이션을 좌우하기 때문이다. "언어가 존재의 집이며 바로 그 집에서 인간은 머무르며 살아간다"고 했던 하이데거(Martin Heidegger)의 말을 빌려본다면, 카피가 마케팅 커뮤니케이션의 집이며 바로 그 집에서 소비자가 머무르며 살아갈 수도 있다. 마케팅 커뮤니케이션과 카피의 관계가 바로 그러하다.

2. 커뮤니케이션 이론과 카피

모든 학문에서와 같이 커뮤니케이션에서도 2,300년 전 고대 그리스의 철학자 아리스토텔레스(Aristotle)를 빼놓고는 이야기할 수 없을 것이다. 그는 수사학을 정의한 첫 번째 이론가 중 한 명으로 오늘날까지도 커다란 영향을 주고 있는데, 수사학을 "각각의 특정한 상황에서 유용한 설득의 수단을 찾는 능력"으로 설득에 초점을 맞춰 설명하였다. 특히 그의 논증모델(*Aristotle's Model of Proof*)을 살펴보면 커뮤니케이션의 기본적 구성을 이해하는 데 도움이 된다. 그는 화자의 특성으로 송신자의 자질, 의도, 감각을 에토스(*ethos*), 청자의 특성으로 수신자의 감성을 파토스(*pathos*), 메시지의 특성으로 수사적 장치를 로고스(*logos*)로 보았다. 사전적인 광고 커뮤니케이션에서와 달리 카피라이팅으로 국한한다면 카피라이터(또는 광고주)는 높은 수준의 윤리의식, 그리고 송신자로서의 자질을 갖춘 카피 에토스가 필요할 것이다. 또한 수신자인 소비자가 공명(*resonance*)[1]할 수 있는 카피 파토스가 있어야 한다. 이것을 위해서 다양한 소구기법에 대한 연구를 통해 메시지가 만들어져야 하는데, 이것은 카피 로고스라 할 수 있다. 카피라이터는 이러한 카피 수사학의 3요소를 잘 이해하고 카피라이팅에 임하는 것이 좋다. 자질측면에서 카피 에토스는 물론, 소비자와 미디어에 대한 이해를 바탕으로 카피 로고스, 카피 에토스는 효과적인 카피라이팅을 위해 반드시 필요하다.

1 광고에서 공명전략은 크게 두 가지로 나뉜다. 첫째 광고전략으로 공명은 소비자와 광고의 울림을 말한다. 둘째, 광고카피에서 공명은 카피와 비주얼의 상호작용을 말한다. 여기서는 전자 광고전략으로서 공명을 의미한다.

〈그림 3-1〉 아리스토텔레스의 논증모델

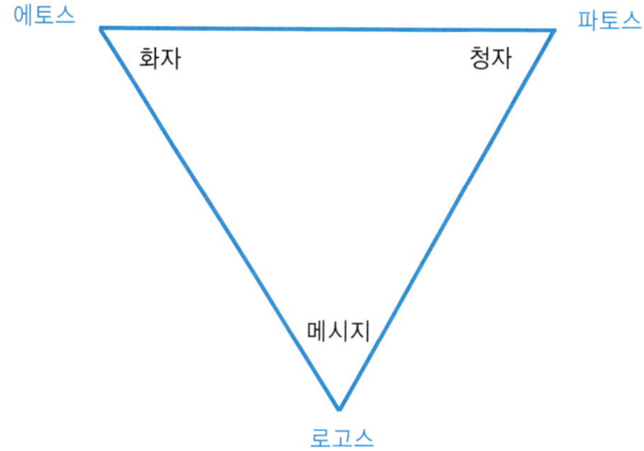

이처럼 카피는 소비자와의 커뮤니케이션이기 때문에 커뮤니케이션의 목표인 설득을 얻는 것이 중요하다. 따라서 카피작성 시에 반드시 누구에게, 어느 매체로, 어떤 목표를 갖는지 분명히 고려해야 한다. 또한 광고기획서에서 제시된 광고 콘셉트를 명확히 이해하고 카피라이팅에 임해야 효과적인 카피를 만들어낼 수 있다. 카피라이팅의 커뮤니케이션 과정을 헤롤드 라스웰(Harold Lasswell)의 언어적 모델로 설명하면 〈표 3-1〉과 같다. 다시 말해 카피라이터(*who*)가 목표공중인 소비자(*to whom*)에게, 광고매체(*which channel*)를 통해, 광고목표(*with what effect*) 달성을 위한 광고 콘셉트(*what to say*)를 카피(*how to say*)에 담아 전달하는 과정이라 할 수 있다.

라스웰은 커뮤니케이션의 기능을 환경감시, 상관관계 조정, 사회적 유산 전수로 보았다. 오늘날 광고는 경험의 한계와 장소와 시간, 사람의 한계를 넘어서며, 사회 구성원이 환경에 효과적으로 적응할 수 있게 하며, 사회의 생존을 위해 구성원의 가치, 행동, 역할에 대한 합의를 제공하기 때문에 동일한 역할을 수행한다고 볼 수 있다. 여기에 찰스 라이트(Charles Wright)의 오락기능과 알렉시스 탠(Alexis Tan, 1985) 연구를 토대로 '커뮤니케이션 역할과 카피라이팅'을 〈표 3-2〉와 같이 정리했다.

송신자와 수신자의 목적에 따라 카피라이팅은 다양하게 만들어져 전달되는데 정보제공의 경우 헤드라인 분류에서 등장하는 정보제공형 헤드라인과 정보를 담고 있는 인포머셜(*informercial*)의 카피를 사례로 볼 수 있다. 광고를 통해서 사회에 적응하고 학습할 수 있도록 돕는 "광고활용교육"(*Advertising In Education*, 이희복, 2006b)에서

〈표 3-1〉 커뮤니케이션의 언어적 모델로 본 카피라이팅

누가 (*who*)	누구에게 (*to whom*)	어느 매체로 (*which channel*)	어떤 목표를 (*with what effect*)	무엇을 (*what to say*)	어떻게 (*how to say*)
카피라이터	소비자	광고매체	광고목표	광고 콘셉트	카피라이팅

〈표 3-2〉 커뮤니케이션의 기능과 카피의 역할

송신자 목적	수신자 목적	카피라이팅의 사례
정보제공	환경의 위협과 기회를 알게 한다.	정보제공형 헤드라인, 인포머셜 카피
교육	사회생활에 필요한 지식과 기술을 익히게 한다.	카피의 사회화 기능
설득	사회적응을 위한 적절한 가치, 행위, 역할을 하게 한다.	설득 메시지로서 카피
오락	긴장이완, 여가선용, 복잡한 문제에서 벗어나게 한다.	카피 수사학(*pun*), 카피의 오락적 기능

출처: Alexis S. Tan, 1985, *Mass Communication Theory and Research*를 바탕으로 재구성하였음.

카피를 통한 사회화도 가능하다. 또 설득 커뮤니케이션 과정에서 카피는 설득 메시지의 역할을 한다. 마지막으로 카피 수사학 측면에서 '동음이의어에 의한 익살'을 펀(*pun*)이라고 하는데 이것은 최근의 카피들이 갖는 오락적 특성을 잘 보여준다.

3. 카피와 SMCR 모델

벌로(David K. Berlo)의 SMCR 모델은 의사소통의 요인을 송신자(*Source*), 메시지(*Message*), 채널(*Channel*), 수신자(*Receiver*), 넷으로 구분하고 각 요인을 구성하는 요소들을 제시하였다. 송신자 요인을 구성하는 요소에는 발신자의 의사소통 기능, 태도, 지식, 사회 시스템, 문화 등이 있으며, 메시지 요인은 내용, 요소, 처리 방식, 구조, 부호 등이 포함된다. 그리고 의사소통 통로를 구성하는 채널 요인에는 시각, 청각, 촉각, 후각, 미각의 5감각이 있다. 수신자 요인을 구성하는 요소에는 수용자의 의사소통 기능, 태도, 지식, 사회 시스템, 문화 등이 있다. SMCR 모델에서 송신자와 수신자가 메시지를 지각할 수 있는 모든 감각 기제를 의사소통의 채널 속에 포함시키고 있으며, 의사소통을 구성하는 각 요인들의 상호작용적 특성을 강조하고 있

〈그림 3-2〉 데이비드 K. 벌로

다. 벌로의 SMCR 모델에 대해 에닌저, 그론벡과 먼로(Ehninger, Gronbeck & Monroe)는 "매우 단순하고 가장 영향력 있는 메시지 중심의 모델"이라고 하였다. 기본적으로 섀넌과 위버(Shannon & Weaver, 1949)의 모델을 수정한 것이며 2차 세계대전 이후에 의미를 갖게 되었다. '송신자'가 구두, 서면, 전자, 그리고 다른 종류의 '상징' 메시지의 발전을 탄력적으로 포함한다. '메시지'는 생각의 전달을 강조하는, 중앙에 있는 요소다. 이 모델은 수신자가 타깃으로 커뮤니케이션에 중요한 위치를 차지한다는 것을 강조한다. 좀더 이해가 쉽도록 카피라이터에서 소비자에 이르는 커뮤니케이션 과정을 벌로의 SMCR 이론으로 옮겨보면 〈그림 3-3〉과 같다.

의사소통이 제대로 이루어지기 위해서는 송신자와 수신자가 있어야 하고, 메시지가 있어야 하고, 송신자와 수신자 사이의 의사소통 채널이 있어야 한다. 이러한 4가지 요인 외에도 의사소통 현상을 구성하는 요인에는 공통의 생활공간(*field of experience*), 의사소통 효과, 의사소통 맥락 등이 있다(Whitman & Boase, 1983). 발신자와 수신자는 의사소통의 과정에서 상호작용을 통한 양면적 역할을 한다. 즉, 의사소통의 과정에서 발신자는 수신자의 역할을 해야 하고 수신자는 발신자의 역할을 해야 한다. 의사소통은 빈 공간에서 이루어지는 것이 아니고 공통적인 생활공간에서의 의사소통 채널을 통하여 이루어진다. 생활공간은 한 개인의 경험의 총화라고 할 수 있다. 송신자와 수신자가 공유하는 경험이 많으면 많을수록 의사소통의 충실도는 더욱 높아진다. 일정한 효과를 수반하지 않는 의사소통은 진정한 의미에서 의사소통이라고 할 수 없다.

SMCR 모델과 광고 수사학, 다시 말해 카피라이팅 사이에 다리를 놓은 사람은 맥과이어(McGuire, 2000)다. 그는 광고 수사학의 이론적 배경을 제시하면서 오늘날을 그리스 시대, 로마공화정, 르네상스 수사학에 이은 '소비자와 광고'의 세기로 '소비자 중심시대'로 규정하였다. 연구주제로 소비자연구, 설득, 그리고 수사적 언어관점으로 접근하였다. 또한 설득 커뮤니케이션과 관련된 주제로 유머광고, 논쟁광고, 수사적 언어로 보았으며, 더 많은 연구가 필요한 주제가 바로 수사적 언어의 설득효과라고 주장하였다.

맥과이어(2000)는 벌로(1960)의 SMCR 모델을 수정하여 효과측면을 강조하였다. 기존의 SMCR에 효과(*E: effect*)를 추가하여 〈그림 3-4〉와 같이 수사적 표현을 SMCRE 모델로 설명하면서 송신자, 메시지, 채널, 수신자, 그리고 목표(*who says it, what is said, via which medium, to whom, aimed at changing what*)와 대응시켰다. 수사적 표현은 설득 커뮤니케이션 과정에서 전달 메시지의 효과를 높이기 위해 사용되는데, 맥과이어는 SMCRE 과정에서 주의, 이해, 태도 등의 광고효과가 발생한다고 설명하였다. 수사적 표현은 메시지에 해당하고 메시지의 형식에 따라 주장, 함축/생략, 명령, 극단, 스타일 등 5가지로 나누며 세부항목으로는 강도, 복잡성, 유머, 문채(文彩) 등 4가지로 구분하였다. 그의 수사언어와 SMCRE 모델은 광고 커뮤니케이션, 특히 카피라이팅 과정을 설명하기에 적합한 제안이었다.

〈그림 3-3〉 벌로의 SMCR 모델

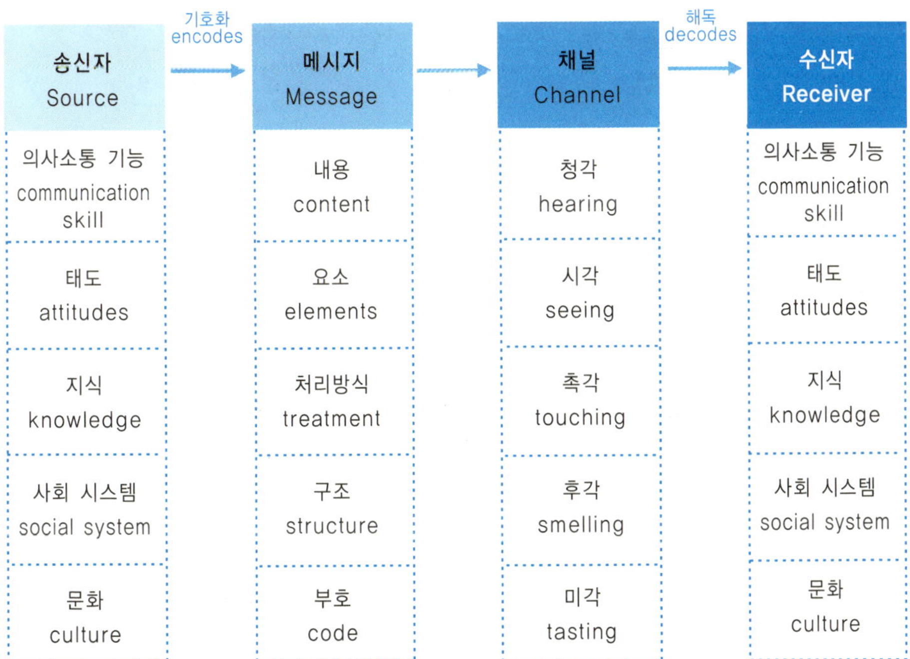

출처: David K. Berlo, 1960, *The Process of Communication*, New York: Holt, Rinehart, and Winston.

이를 카피라이팅에 세부적으로 적용한 것이 〈그림 3-5〉다. 여기서는 송신자를 카피라이터로 보고 메시지는 카피, 채널을 광고매체, 수신자를 광고소비자, 효과를 소비자 행동과정으로 한 차원을 추가하였다. 결국 카피라이터가 송신자(*Source*)로서 다양한 정보를 설득 메시지로 작성하는 카피라이팅(기호화, *encoding*)을 하면 그것이 메시지(*Message*)가 되어 신문, 또는 TV 등 가용 매체(*Channel*)에 실리게 된다. 소비자인 수신자(*Receiver*)는 이 카피를 접한(해독, *decoding*) 후에 인지, 또는 구매 등의 소비자 행동이라는 효과(*Effect*)를 거두게 되고, 반복해서 다양한 피드백(*Feed back*)을 카피라이터에게 전달하게 된다(이희복, 2005a).

〈그림 3-4〉 McGuire의 수사언어와 SMCRE 모델

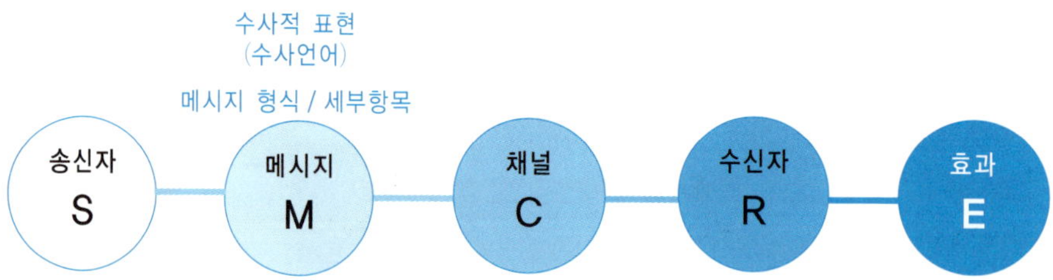

출처: McGuire. W. J., 2000. "Standing on the Shoulders of Ancients: Consumer Research, Persuasion, and Figure Language", *Journal of Consumer Research*, 27(June)을 참고하여 연구자가 구성하였음.

〈그림 3-5〉 SMCRE 이론으로 본 카피의 흐름

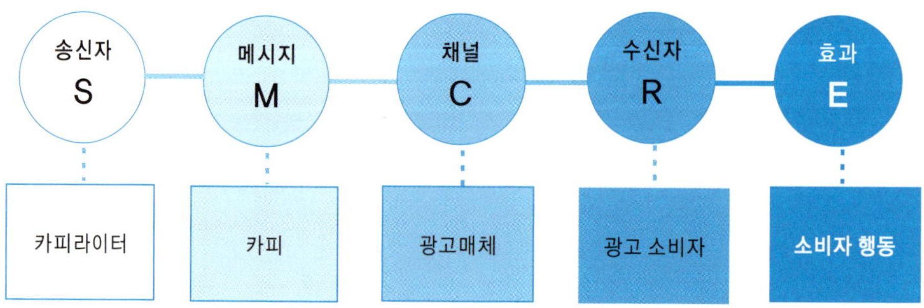

4. 송신자로서 카피라이터

송신자로서 카피라이터는 매우 불완전한 위치에 있다. 전략의 핵심을 담당하고 광고의 메시지를 구성하는 콘셉추얼리스트(*conceptualist*)이자 스토리텔러(*storyteller*)지만 광고제작 프로세스와 관련하여 제작물을 완성할 능력이 없다. 카피라이터는 기본적으로 누구보다 독립적으로 일을 할 수 있다. 그러나 혼자서는 절대 광고물을 완성할 수 없다. 아무리 좋은 카피라 하더라도 디자이너와 프로듀서의 손을 거치지 않고는 최종 광고물로 매체에 실릴 수 없다. 일반적으로 광고회사에서 카피라이터가 아트워크를 직접 담당하는 경우는 드물다. 아트워크는 크게 인쇄광고를 담당하는 그래픽 디자이너(GD)와 TV-CM 등의 전파광고를 담당하는 PD(또는 CM 플래너)가 각각의 영역을 담당하고 있어 카피라이터는 이들과 협력관계를 맺으며 팀을 이뤄 작업을 한다. 물론 크리에이티브 디렉터(CD)가 팀장의 역할을 담당할 수도 있고 팀원 중 시니어 직능이 이를 대신하기도 한다. 그렇지만 각각에 대한 이해 없이는 팀워크를 발휘할 수 없으며, 아이디어에서 최종 제작물의 완성까지 콘셉트 공유 등 의사소통은 물론, 일관성을 유지할 수 없다. 때문에 카피라이터는 각 영역에 대한 오리엔테이션이 필요하다. 따라서 인쇄광고와 TV-CM의 아트워크를 이해해야 한다. 아트에 대한 이해는 카피라이터에게 요구되는 기본적 감각이라 할 수 있다. 사례와 내용을 잘보고 실제에서 활용할 수 있도록 시각적 훈련을 거듭하여야 한다.

물론, 디자이너 역시 전문적인 일러스트레이터나 포토그래퍼, 또는 컴퓨터 그래픽디자이너의 도움을 받게 된다. 새로운 아트워크의 기법이 등장하면 세분화된 작업은 전문가에게 맡겨지게 된다. 모든 것을 디자이너가 맡지는 않는다. 섬네일(*thumb nail*)과 러프 과정을 거쳐 시안이 결정되면 원고를 만들게 되며 이 과정에서 인쇄광고를 담당하는 디자이너와 카피라이터의 협업에 의해 광고물이 탄생하게 되는데 "비주얼이 먼저냐? 카피가 먼저냐?"와 같은 갈등관계보다는 "카피와 아트의 행복한 결혼"과 같이 시너지 효과를 거둘 수 있도록 협력하는 열린 마음이 필요하다. 중요한 것은 아이디어를 발전시키는 것이지 한쪽의 우열을 결정하는 것은 아니다.

TV-CM의 경우에도 인쇄광고와 원리는 동일하다. 단, 지면이라는 공간적 한계가 방송이라는 시간적 한계로 바뀐다는 것이 다르다. PD는 섬네일과 스토리보드

단계를 거치면서 시안이 확정되면 외부 프로덕션과 함께 제작과정을 논의하게 된다. 촬영을 앞두고 사전제작회의(*PPM: Pre Production Meeting*)를 거쳐 촬영과 현상, 편집, 녹음 등 포스트 작업, 그리고 최종적으로 광고주 시사를 거치게 된다. 카피라이터는 이 과정 전반에 깊숙이 관여하여 일을 진행한다. 방송광고의 경우는 2009년 6월부터 사전심의 위헌판결로 심의는 없어졌지만 불특정 다수를 대상으로 하는 방송매체의 특성상 광고내용에 대한 자율적 책임이 더욱 커졌기 때문에 카피라이터를 비롯한 관련 광고인의 주의가 필요하다.

5. 메시지로서의 카피

커뮤니케이션 과정에서 카피는 메시지의 역할을 한다. 물론, 메시지에는 카피가 담당하는 언어적 기호(*verbal message*)와 비주얼 중심의 비언어적 기호가 함께 사용된다. 다양한 미디어 기술과 뉴미디어가 등장하면서 영상중심의 비언어적 기호의 역할이 커지고 있으나 메시지 기능은 언어적 기호인 카피의 주된 기능이다. 미디어의 발달과정을 살펴보면 알 수 있듯이 광고는 신문방송 등 미디어와 역사를 같이해왔다. 따라서 카피를 부르는 이름을 살펴보면 신문기사의 그것과 매우 유사함을 알 수 있다. 즉 헤드라인이나 바디카피는 기사작성과 편집 과정에서 쓰이는 용어이다. 이것은 광고회사의 탄생이 19세기 신문사의 광고지면 판매업에서 시작되었기 때문이다. 광고회사의 초기에는 기자들이 신문사 내부에서 카피라이팅 업무를 담당했고 기사를 쓰다가 광고의뢰가 오면 카피작성을 겸했기 때문에 신문 편집용어가 오늘날 광고회사에서 사용되고 있다. 최근에 와서는 오히려 신문사의 편집기자들이 광고회사의 카피라이터에게 신문기사의 헤드라인 쓰는 방법을 수강한다고 하니 청출어람(靑出於藍)이라 할 수 있겠다.

1) 카피와 헤드라인

카피의 종류는 헤드라인, 바디카피, 슬로건, 캡션, 브랜드 등으로 크게 나눠볼 수 있다. 이밖에도 역할에 따라서 캐치프레이즈, 아이캐치, 스토퍼, 발룬 등이 있다. 위치에 따라서 헤드라인의 아래에서 헤드라인을 설명하는 서브헤드, 위에서 수식하는 오버헤드, 바디카피를 이끄는 리드 등 카피의 형태와 역할에 따라 다양한 이름이 붙여진다. 물론, 이런 구분은 인쇄광고 중심이지만 TV나 라디오 등 방송광고에서도 헤드라인을 키워드(키 센텐스)로, 바디카피를 내레이션으로 바꿔보면 크게 다르지 않다. 단, 인쇄광고는 지면이라는 공간적 한계가, 방송광고의 경우는 15초 내외 길이의 시간적 한계가 있으므로 매체에 따른 차이가 존재한다(〈표 3-3〉 참고). 최근의 뉴미디어의 경우에도 기본적인 원리는 같지만 적용되는 기술이 시간, 공간, 시공간을 어떻게 활용하는가에 따라 다르게 적용된다.

헤드라인은 말 그대로 머리가 되는 가장 중요한 카피로 '표제어, 머리글'이라고도 불린다. 잘 만든 광고는 대부분이 헤드라인에서 결정된다. 좋은 헤드라인은 사람들의 눈과 귀를 집중하게 하고, 바디카피를 읽도록 유도한다. 신문기사의 헤드라인의 차이점은 신문기사의 목표가 객관적 보도라면 광고의 헤드라인은 의도된 설득이라고 할 수 있다. 또한, 광고에서는 비주얼과의 상호작용을 통한 상승효과를, 신문에서는 기사와 관련된 설명 자료로서 보도사진이 제시된다. 보다 자세한 비교는 〈표 3-4〉와 같다.

이처럼 광고 헤드라인은 신문기사의 헤드라인과 다르며 더 많은 역할을 수행한다. 85%의 소비자가 헤드라인만 읽는다는 연구결과와 카피라이터의 노력의 80% 이상을 헤드라인 쓰는 데 쏟아야 한다는 주장은 더욱 설득적일 수밖에 없다. 더 강조하지 않아도 헤드라인의 중요성은 헤드라인의 기능에 잘 나타나 있다. 과잉 커뮤니케이션 시대에서 얼마나 차별화된 메시지로 주목하게 하고, 우리의 소비자를 구분해내고, 또 바디카피를 읽게 만들고, 소비자 행동을 유발하도록 할 것인가? 로버트 블리(Robert Bly, 2006)는 헤드라인이 광고에서 가장 중요한 요소임을 역설하고 헤드라인의 기능을 다음의 4가지로 설명하였다.

〈표 3-3〉 인쇄광고 카피와 방송광고 카피의 비교

구분 \ 매체별	인쇄광고(신문, 잡지)	방송광고(TV, 라디오)
헤드라인	헤드라인	키워드(키 센텐스)
바디카피	바디카피	내레이션
슬로건	슬로건	슬로건, 송트(*song + ment*)
캡션	캡션, 스펙, 아이캐치	아이캐치, 이어캐치
브랜드	로고마크, 캐릭터	로고멘트, 로고송, 징글
제한점	공간적 한계(지면)	시간적 한계(시간)

〈표 3-4〉 광고 헤드라인과 신문 헤드라인의 비교

비교 \ 헤드라인 종류	광고 헤드라인	신문 헤드라인
본문과 관계	눈길끌기: 바디카피 요약 안함	본문기사 요약
공간의 문제	비교적 제약 없음	제약 있음(한 줄 이내)
단어 생략	자유로움	조사나 소유격 생략
커뮤니케이션 효과	설득적	설명적
비주얼과의 관계	상호작용(아트와 상승효과)	객관성(보도사진)

(1) 소비자 주의집중

주의(*attention*)를 집중시키려면 헤드라인에서 재미를 주거나 뉴스를 제공해 주어야 한다. '새로운, 발견, 소개합니다. 선언, 이제, 여기, 마침내, 그리고 방금 도착' 등이 헤드라인에 자주 등장하는 것도 같은 이유 때문이다. '자유'라는 단어 역시 자주 선호되는 카피이다. 주의집중을 위해서 헤드라인은 당연히 가장 눈에 잘 띄는 곳에 레이아웃 되어야 하며 크기와 서체 선택에서도 한눈에 보이도록 윗부분에 위치한다.

(2) 잠재고객 선별

마케팅과 광고의 경쟁이 치열해지면서 더 이상 매스 오디언스(*Mass Audience*)를 대상으로 하는 전략은 효과적이지 않다. 따라서 세분화된 시장, 또는 파편화된 소비자를 타깃 오디언스로 한정하는 전략이 필요하게 됐다. 헤드라인은 바로 그 세분화된 시장의 잠재고객 한 사람 한 사람을 불러내는 역할을 해야 한다. 오직 한 사람, 당신을 위한 광고, 당신을 위한 상품이라는 점을 헤드라인에서 분명히 언급해야 한다.

(3) 바디카피 유도

모든 정보를 헤드라인에 담을 수 없기 때문에 바디카피를 읽게 해야 한다. 바디카피의 길이가 짧아지거나 때에 따라서는 생략되는 경우가 있지만 이 경우에도 반드시 더 많은 정보를 확인할 수 있는 경로를 알려 주어야 한다. 홈페이지 주소나 무료 전화번호를 넣는 이유도 이와 같다. 소비자의 능동적인 정보탐색을 자극하고 이에 대한 답을 바디카피에서 제시해야 한다.

(4) 완벽한 메시지 전달

헤드라인을 비롯한 광고의 궁극적인 목표는 소비자 행동이다. 그것이 인지도를 높이는 것이든, 판매를 증대하는 것이든 소비자 행동에 영향을 주어야 한다. 그렇게 하기 위해 헤드라인에 브랜드를 넣고 약속을 포함해야 한다고 오길비(Ogilvy)는 주장한다. 소비자를 움직여 목표를 달성하는 것이 헤드라인의 주된 기능이다.

2) 헤드라인의 종류

헤드라인의 종류에 대한 의견은 관점과 연구자에 따라 다양하다. 헤드라인의 내용을 살펴 정보제공, 간접적, 뉴스성, 어떻게, 질문형, 명령형, reason-why, 증언식 등의 8가지로 나눠 볼 수 있다. 각각의 내용을 살펴보면 〈표 3-5〉와 같다.

〈표 3-5〉 헤드라인의 종류와 예

종류	내용	예
정보제공	정보중심 소구	256단계 되돌리기 기능이 ᄒᆞᆫ글 속으로 (ᄒᆞᆫ글과컴퓨터 한글2002)
간접적	소비자의 궁금증 유발	TV님 죄송합니다.(KTF 매직앤)
뉴스성	뉴스로 받아들일 수 있는 내용	Hey, Mr. Action 액티언 탄생(쌍용자동차)
어떻게	해답 제공을 약속, 호기심 유발	아깝다, 청춘!(스카이라이프)
질문형	소비자 스스로 답을 찾도록	Are you gentle?(GM대우 젠트라)
명령형	지시와 명령, 경고를 사용	손발톱 무좀, 초기에 못 잡으면 어렵습니다. (한독약품 로푸록스)
reason-why	이유를 제시하는 방법	내가 에쓰-오일에 가는 까닭!(에쓰-오일)
증언식	증언을 통해 신뢰를 얻음	대한민국 주부님께 '의성마늘햄'을 적극 추천합니다!(롯데햄)

(1) 정보제공 헤드라인

판매정보를 직접 헤드라인에 올리는 것으로 말장난이나 중의법, 동음이의어 등을 사용하지 않고 핵심적인 정보내용만 전달한다. 세일광고나 소매점 광고로 고객을 모으기 위한 광고에서 찾아 볼 수 있다. 특히 혜택을 중심으로 가격이나 특장점을 제시하는 경우에 해당한다.

(2) 간접적 헤드라인

소비자의 궁금증을 유발하게 해서 적극적으로 바디카피를 읽게 하는 방법이다. 중의법을 사용으로 관심을 높일 수 있다. 주로 노출의 정도를 극대화하기 위한 전략으로 론칭광고에 많이 나타나는 티저 형식의 헤드라인도 여기에 속한다.

(3) 뉴스성 헤드라인

헤드라인의 가장 일반적인 형태로 소비자에게 뉴스를 전달하는 고지형식이다. 신제품 탄생이나 제품의 성능향상, 가격의 변동 등을 알리는 내용으로 뉴스나 정보를 알려준다.

(4) 어떻게 헤드라인

잡지의 기사나 단행본의 책이름에서 가장 많이 등장하는 호기심 유발형 헤드라인이다. 사람들로 하여금 문제점을 해결하는 답을 제공하는 약속을 담고 있으며 이어지는 바디카피에는 구체적인 효용과 이익을 담고 있다.

(5) 질문형 헤드라인

소비자가 답을 찾아가도록 질문을 통해 자극하는 헤드라인이다. 개인의 이해와 호기심, 니즈(*needs*)를 자극을 하면 소비자는 '왜?'라는 물음에 대한 반응을 하게 된다. 모순된 질문을 통해 헤드라인에 집중하게 하는 효과가 있다.

(6) 명령형 헤드라인

잠재고객이 취해야 할 행동을 지시하여 매출을 증대하는 방법이다. 헤드라인 맨앞에 행동을 요구하는 강한 명령, 또는 충고 형태를 취해야 한다. 단정이나 경고를 통한 위협소구도 여기에 속한다.

(7) reason-why 헤드라인

반드시 원인과 결과를 헤드라인에 담을 필요는 없다. 오히려 '~하는 몇 가지 방법이 여기 있다'는 식으로 논리적 제시가 필요하다. 고관여·이성적 제품의 광고에 많이 등장하는 헤드라인으로 적극적 정보탐색이 필요한 경우에 알맞다.

〈그림 3-6〉 존 케이플즈의 피아노 통신교육 광고

(8) 증언식 헤드라인

믿을 만한 모델을 통해 실증적으로 상품이 갖는 특장점을 소비자에게 소구해 설득하는 헤드라인이다. 호소력과 신뢰를 바탕으로 입증을 통해 소비자를 안심시킨다. 이때 증언하는 사람은 반드시 전문가, 또는 호감 인물, 실제 사용자 등 관련성 있는 인물이어야 설득력을 높일 수 있다.

광고 커뮤니케이션은 의도적으로 상징을 사용해 상호간에 영향을 주며 의미를 나누는 과정(이현우, 1998)이므로, 언어를 통한 설득 커뮤니케이션으로서 광고는 많은 언어적 수단을 통해 또는 비주얼과의 상호작용을 통해 의도적 상징을 만들고 목표한 의미를 나눌 수 있도록 다양한 전략을 이용하게 된다. 광고에서 송신자와 수신자, 즉 광고주와 소비자 간의 커뮤니케이션 과정에서 의미를 나누기 위해 필수적으로 사용되는 언어는 카피, 브랜드, 슬로건 등 다양한 형태로 반복해서 제시된다. 그러나 광고는 광고주의 의도대로 소비자에게 전달되지 않는 몰이해를 가져오는 경우도 있고, 반대로 의도하지 않은 것을 소비자 스스로 해석하는 오해의 경우도 있다(Jacoby, 1990).

존 케이플즈(John Caples)[2]는 저서 《광고, 이렇게 하면 성공한다》에서 헤드라인

---

2 존 케이플즈는 피아노 통신교육 광고의 명카피를 썼다. 50년 이상이나 물건을 파는 광고만을 만들어왔다. 그는 '명예의 카피라이터 전당'(Advertising Hall of Fame) 회원이었다. 그는 해군사관학교를 졸업하고 2차 대전 중에는 해군중령으로 복무했다. 그는 이제까지 나온 광고관계의 서적 중 가장 유용한 3권의 책을 썼다. *Tested Advertising Methods*, *Advertising for*

을 "광고주가 대중이 읽도록 큰 활자로 찍어 넣는 전보문"이라고 표현하고, "전체 광고 캠페인의 성패는 하나하나의 헤드라인에서 무엇을 말하는가에 달려있다"라며 광고에서 헤드라인, 즉 광고언어의 중요성을 강조하고 있다. 이처럼 광고와 언어는 따로 떼어놓고 생각할 수 없을 정도로 매우 가까운 관계이며, 실제 표현전략에서도 매우 조심스럽게 다루어야 할 부분이다.

3) 카피의 커뮤니케이션 과정

이현우의 《광고언어》(1998)에서는 언어학이론과 커뮤니케이션이론을 광고효과와 관련하여 하나의 그림으로 설명했다. 즉 소비자 정보처리 단계와 언어학의 적용 가능한 이론을 연결해 〈그림 3-7〉과 같이 정리했는데, '주의단계 - 이해단계 - 수용단계'는 호블랜드와 동료(Hovland & et al., 1953)의 설득 메시지에 대한 내부적 정보처리 단계를 인용하였고, 언어학적 이론은 '음운론 - 구조론/의미론 - 화용론'의 순서로 적용 가능한 국어학 이론을 단계별로 제시했다.

여기서 음운론은 소비자들의 주의를 끌기 위한 유용한 방법으로 정보처리 단계상 주의단계에 해당하며, 구조론과 의미론은 언어의 구조와 수사학적 지식을 활용하여 이해에 도움을 주는 역할을 한다. 마지막으로 화용론은 문화와 상황에 대한 지식을 바탕으로 행위적 차원에서 해석하고 행동하게 되는 것으로 소비자들이 광고를 받아들이는 수용단계에 적용 가능하다고 하였다(이현우, 1998).

이처럼 광고효과에 있어 언어는 정보처리의 각 단계별로 다양한 기능을 수행하는 것을 볼 수 있다. 광고언어인 카피를 광고전략의 척추(*backbone*)라고 부르는 이유는 이런 광고와 언어의 밀접한 관계 때문이며, 이미지 중심의 영상시대에서도 언어를 통한 메시지 전달이 커뮤니케이션의 효과를 높이기 위해서 주된 기능을 발휘하고 있음을 설명하고 있다.

Immediate Sales, *Marketing Ads Pay*가 있는데 이 가운데서 *Tested Advertising Methods*는 카피라이터들에게 가장 실질적인 도움을 주는 책이다. 존 케이플즈는 저술가, 웅변가, 교사연구원, 분석가 등으로 그의 다양한 재능이 알려져 있지만 '광고 역사상 가장 훌륭한 카피라이터'라는 데이비드 오길비의 말이 가장 알맞은 표현일 것이다.

〈그림 3-7〉 광고의 언어적 기법과 효과에 대한 이론적 틀

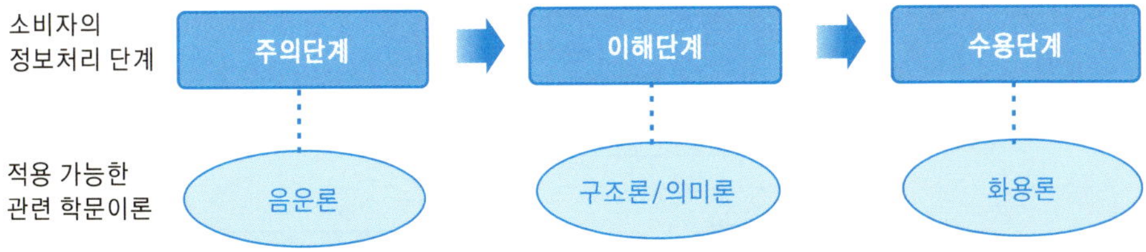

출처: 이현우, 1998, 《광고언어》, 서울: 커뮤니케이션북스.

4) 광고언어와 수사적 표현

수사적 표현(*rhetorical expression*)은 커뮤니케이션의 효과를 높이기 위해서 사용되어 온 수사적 과정의 예술적 기법으로, 의미의 획득인 언어에 영향을 주었으며(Corbett, 1990), 대표적 표현으로 수사적 장식(*rhetorical figure*, 또는 *scheme*)과 수사적 비유(*trope*)를 들 수 있다(이현우, 1998, 〈그림 3-8〉 참조). 수사적 장식과 수사적 비유는 예견된 언어의 사용을 빗나가게 하는 기법이라는 섬에서 같지만 전자는 문자적 의미를 그대로 반영하는 반면, 후자는 의미의 변화를 추구하기 때문에 문자 그대로 해석했을 경우 의미가 정확히 전달되지 않는다. 또한 수사적 장식은 표현의 구조를 바꾸는 반면, 수사적 비유는 깊은 의미적 구조를 변화시킨다는 점에서 크게 다르다고 할 수 있다(Mothersbaugh, Huhmann & Franke, 2002).

수사적 표현의 분류를 광고의 언어적 기법과 효과에 대한 이론적 틀과 연결하면 음운은 수사적 장식, 의미와 구조·화용은 수사적 비유로 볼 수 있다. 또한 음운론, 구조론과 의미론, 화용론이 소비자 정보처리단계에 따라 주의, 이해, 수용의 순서와 일치한다는 것을 알 수 있다. 수사적 표현은 운율, 두운, 은유 등 매우 다양한 종류의 표현을 포함하고 있고(Mothersbaugh, Huhmann & Franke, 2002), 소비자의 관여수준에 따라 관여도가 낮은 경우에는 두운, 모운, 각운 등 반복기법을 사용하는 과잉코딩메시지(*over-coding message*)가 효과적이며, 관여도가 높은 경우에는 수사적 비유인 부족코딩메시지(*under-coding message*)를 통한 의미전달이 효과적이다(Anand & Sternthal, 1990). 과잉코딩메시지는 수사적 장식을, 부족코딩메시지는 수사적 비유를 말한다고 할 수 있다.

〈그림 3-8〉 수사적 표현의 분류

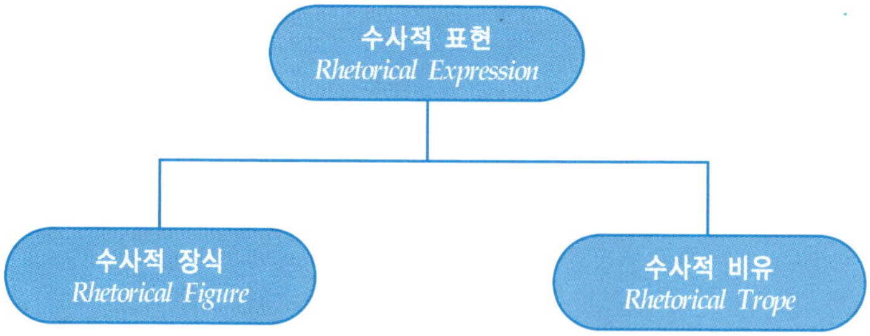

출처: Mothersbaugh, D. L., Huhmann, B. A. & Franke, G. R., 2002, "Combinatory and Separative Effects of Rhetorical Figures on Consumers' Effort and Focus in Ad Processing", *Journal of Consumer Research, 28(March)*, pp.589~602.

수사적 표현은 현대 광고에서는 매우 많은 사례(Leigh, 1994)가 발견되고 있으며, 연구자에 따라서 조금씩 차이는 있지만 수사적 표현에 대한 관심과 연구가 계속 이어지고 있다. 맥쿼리와 믹(McQuarrie & Mick, 1996)은 광고 속에서 수사적 표현이 늘어나는 이유를 다음과 같이 설명하고 있다.

첫째, 수사적 표현은 기본적으로 언어의 문자적 의미에서의 일탈을 의미하며, 수용자에게 숨겨진 의미를 찾게 하는 동기부여 역할을 하여 궁극적으로 주의를 투여하게 한다. 둘째, 수사적 표현은 수용자에게 즐거움을 주는데, 이것은 바르트(Barthes, 1985)의 '텍스트의 즐거움'(*pleasure of the text*) 개념으로 긍정적 태도를 형성하게 한다. 셋째, 수사적 표현은 의미가 불완전하기 때문에 수용자의 인지적 노력으로 인한 회상을 늘어나게 한다. 이러한 이유로 광고언어의 의미론 차원에서 수사적 표현은 늘어날 수밖에 없고 커뮤니케이션 효과를 높이기 위해 다양한 종류의 수사적 표현이 광고에 등장하게 된다는 것이다.

(1) 광고언어의 음운론

광고언어의 음운론적 특성은 소비자로 하여금 광고에 관심을 기울이도록 하여 광고에 머무는 주의투여시간을 확보하기 위해 사용된다. AIDMA이론에 의하면 대부분의 광고는 첫 번째 단계인 주의집중(*attention*)에 많은 노력을 기울이는데, 음운론은 과잉메시지 속에서 소비자의 눈과 귀를 확보하는 데 사용될 수 있으며, 따라서 광고 실무에서의 활용가치가 매우 높다. 광고에 사용된 음운론은 크게 셋으로 나눌 수 있는데, 첫째는 문장 안에서 두 단어의 자음이 반복되는 두운(*alliteration*), 둘째는 두 단어의 모음이 반복되는 모운(*assonance*), 셋째는 단어의 마지막 부분의 음이 반복되는 각운(*rhyme*)이다. 음운론은 수사적 표현의 수사적 장식과 관련이 매우 깊으며 음률이 반복되며 강조와 주목의 음운론적 효과를 거둔다.

(2) 광고언어의 구조론

구조론에서는 언어의 구성과 형식을 중요하게 생각하는데, 이현우(1998)는 구와 문장을 반복하여 사람들의 주의와 관심을 끄는 구조를 수사적 장식으로 보고 〈표 3-6〉과 같이 분류하였다. 여기서 수사적 장식은 크게 반복과 위치변경, 생략, 수사적 질문 등 4가지로 나눈다.

첫째, 반복의 종류에는 문장의 시작부분이 반복되는 수구반복과 마지막 부분이 반복되는 결구반복, 그리고 구조가 반복되는 대구가 있다.

둘째, 단어배열 위치변경은 문장 구문상의 반전과 의미상의 반전으로 크게 나뉘는데 의도적인 단어배열 조작(띄어쓰기)을 확인할 수 있다. 어린이의 치아를 위한 치약의 경우 물리적 위치 변경의 예로 볼 수 있다.

〈표 3-6〉 수사적 장식

종류		내용
반복	수구(首句)반복	문장의 시작 부분을 반복하는 기법
	결구(結句)반복	문장의 마지막을 반복하는 기법
	대구(對句)	문장구조의 반복을 이용한 기법
단어배열 위치변경	구문상 반전	동일한 단어의 물리적 위치를 변경하여 문장 구문상의 반전을 나타내는 기법
	의미상 반전	서로 대조되는 의미를 가진 단어들을 배열하여 의미상의 반전을 나타내는 기법
생략		특정요소를 의도적으로 생략함으로써, 소비자가 직접 생략된 부분을 보충하도록 동기를 제공하는 기법
수사적 질문		이미 입증된 사실을 의문 형식으로 처리(*erotema*), 자문자답(*hypophora*), 비난하는 질문(*anacenosis*), 일련의 연속된 질문(*psyma*) 등

출처: 이현우(1998)의 연구를 재구성하였음.

셋째, 생략의 경우 의도적인 생략으로 수용자가 관여도를 높여 완성하게 하는 동기를 제공한다. 메시지를 생략을 통해 바디카피로 유도하였으며, 관여에 의한 문장의 보충을 유도한다.

넷째, 수사적 질문은 의문문의 형식으로 수용자에게 질문하는 것으로 수용자는 이에 대한 답을 요구받아 반박의 여지나 공격의 가능성이 현저히 없어진다.

이상에서 이야기된 헤드라인의 종류를 암기하고 반복하는 것이 반드시 중요한 것은 아니다. 그러나 유형을 충분히 이해하고 새로운 광고카피 작업을 위한 가이드라인으로 활용하는 것이 유익할 것이다. 때로는 한 가지 유형의 광고를 보고 다른 유형으로 다시 써 볼 것을 권한다. 카피라이팅의 좋은 훈련이 될 것이다.

6. 카피라이팅 채널로서 광고매체

1) 인쇄광고 카피

신문광고와 잡지광고 등 인쇄광고는 가장 전통적인 매체이면서도 활용가치가 우수한 매체이다. 특히 신문광고의 카피는 설득효과가 가장 높다. 특정 유력 신문에 실리면 광고의 권위도 함께 올라가는 효과가 있다. 신문광고에서 헤드라인은 더욱 중요해진다. 헤드라인만 읽는 헤드라인 독자가 많기 때문에 카피라이터는 인쇄광고의 헤드라인에 심혈을 기울여야 한다. 또 방송광고 카피보다 비주얼과 조화를 이루어 시너지효과를 이룰 수 있어야 한다. 인쇄광고 카피작성에서 참고할 만한 '5 I의 룰'(*Idea - Information - Interest - Impact - Impulsion*)은 아이디어에서 출발하여, 정보를 담고 있으며, 재미있고, 힘이 있어, 소비자 행동을 자극하여야 한다. 인쇄광고는 방송광고와는 달리 시간이 아닌 공간매체이므로 카피와 아트를 적절하게 레이아웃 하는 것도 중요하다. 잡지광고의 경우는 인쇄의 품질이 좋기 때문에 카피를 더욱 돋보이게 할 수 있다. 또 구독하는 잡지가 카피를 읽는 독자를 세분화해 주기 때문에 일반 신문과는 달리 카피라이터는 광고가 게재되는 잡지의 성격에 맞춰 카피를 작성해야 한다.

2) TV 광고 카피

멀티미디어의 도입과 본격적인 영상의 시대를 맞아 오늘날 광고의 많은 부분을 TV 광고가 차지하고 있다. 타 매체와 달리 시각과 청각에 동시에 소구하기 때문에 감정이입이 빠르다. 같은 시간에 가장 많은 사람에게 가장 강력한 전달력이 가능해 광고주들이 선호하는 매체이다. TV 광고는 15, 20, 30초로 나눌 수 있으며 강한 비주얼에 의존하므로 카피는 비주얼과 상호작용을 통해 시청자에게 어필하게 된다. 일반적인 TV 카피의 구성은 도입부 카피와 슬로건, 그리고 로고로 구성되어 있으며 때로는 트레일러(*trailer*)의 형식으로 광고 뒷부분에 재인지(*remind*)를 위한 카피를 첨부하기도 한다. 특히 TV에서 카피는 크게 읽히는 카피(자막, 로고)와 들리는 카피(멘트, 송, 로고)로 나뉘는데 자막과 카피의 불일치는 시청자의 혼동을 가져올 수 있으므로 일치시키는 것이 좋다. TV와 라디오의 경우는 저속한 표현이나 근거 없는 표현, 또는 과장된 카피, 외래어나 문법에 맞지 않는 표현 등은 사후 심의과정에서 제재의 대상이 되므로 카피작성 이전에 반드시 방송이 가능한 수준인지를 확인해야 한다.

3) 라디오 광고 카피

라디오 광고는 줄여서 R-CM(*Radio Commercial Message*)이라고도 하는데 특징은 20초라는 시간적 한계 속에서 말, 또는 소리에 의존한다는 점이다. 때문에 글보다는 말이 설득적이며 인쇄광고의 아이캐치처럼 이어캐치(*ear catch*), 즉 청각을 집중하게 할 요소를 의도적으로 포함시켜야 한다. CM을 노래로 만드는 CM 송(*commercial song*), 브랜드만을 노래로 만드는 로고송(*logo song*), 슬로건을 노래로 만든 송트(*song + ment*) 등을 징글(*jingle*)이라고 하는데 징글은 라디오 광고에 귀를 기울이게 하고 장기기억으로 옮기게 하는 역할을 한다. 또 소리에만 의존하는 단점이 있지만 반대로 청취자가 상상하게 하는 장점이 있다.

이밖에도 배경음악을 활용한다거나, 시즐(*sizzle*)을 높이기 위해 사운드효과를 활용하기도 하고 외국인 성우를 활용하는 것도 다 이런 이유이다. 이미지와 비주얼이 강조되는 시대라 하지만 R-CM은 타깃 세분화가 가능하고 라이프사이클에 접근한 유효한 매체이다. 고가의 신문광고나 TV 광고만 고집할 게 아니라 광고효과에 관심

있는 광고주라면 라디오 매체에 관심을 가져볼 만하다(아래의 '후시딘' 광고 참고).

(2009 대한민국 광고대상 라디오 부문 금상 동화약품 후시딘, 상처편)

여자 상처엔 후시딘 제공 오늘의 상처정보입니다.
주부 윤수영 씨가 큰 맘 먹고 비싼 머리를 했는데요,
밥이나 달라는 남편의 얘기에 상처 받으셨구요.
네티즌 유현석씨는 미니홈피를 새 단장했는데
방문자가 한 명도 없어 완전 상처 받으셨답니다.
지금까지 상처엔 후~ 후시딘이 전해드렸습니다.

NA 동화약품

7. 카피의 커뮤니케이션 효과

송신자인 카피라이터가 만든 카피는 메시지로 기호화되어 미디어를 통해 수용자인 소비자에게 전달된다. 이때 광고목표인 커뮤니케이션 효과가 나타나게 된다. 기본적으로 소비자의 태도변용을 가져오게 되는데 여기에는 인지적, 감성적, 행동적 차원의 효과를 포함한다.

예술적 장치로서 카피는 기호학에서 말하는 "텍스트의 즐거움"(Barthes, 1985)을 수용자에게 제공한다. 적당히 애매하거나 모호하면 인지욕구를 자극하게 되고 이것을 해결하고 난 후의 보상으로 이어진다는 선행연구(McQuarrie & Mick, 1992; Peracchio & Meyers Levy, 1994)는 광고 표현방법으로서 카피와 비주얼을 활용한 공명[3]의 유용성에 대한 이론적 배경을 제공하여 준다.

언어는 확실하게 물건이나 삶의 한 영역, 사회적 내포임을 지칭하고 재현하고, 동시에 어떤 것을 직접적으로 얘기하기 때문에 이중의미(*double meaning*)를 가질 수 있다. 공명은 동음이의어에 의한 카피와 비주얼과의 상호작용을 통해 기호-대상(*sign-object*)으로 언어의 두 차원을 지칭했다. 이 과정에서 기호학에서의 기표와 기

3 공명(*resonance*)은 동음이의어의 익살에 의한 카피와 비주얼의 상호작용을 활용한 카피수사학의 한 방법이다(이희복, 2005).

의는 〈그림 3-9〉처럼 제시된 카피와 비주얼을 통해 겉으로 표현된 외의(外意)와 원래 전하고자 했던 뜻인 내의(內意)로 전환된다. 기호학에서 말하는 기표와 기의의 관계는 공명에서도 동일하게 적용할 수 있다(McQuarrie & Mick, 1993).

카피의 커뮤니케이션 효과는 일반적으로 광고가 수용자의 인지과정에 미치는 영향의 정도로 측정할 수 있다. 광고 송신자가 수용자들에게 광고 메시지를 전달하여 그 수용자들로부터 얻은 여러 가지 반응들 중에서 광고 송신자가 의도했던 반응을 주된 효과로 볼 수 있다. 광고 송신자가 광고활동을 통해 달성하고자 하는 목적으로 광고목표와 관계가 있다. 즉 광고가 본래 의도했던 목표를 얼마나 성공적으로 달성했는가를 광고효과라 할 수 있다. 일반적으로 광고 커뮤니케이션에서는 잠재 소비자인 수신자에게 〈그림 3-10〉과 같이 '인지 - 이해 - 확신 - 행동'의 과정을 거치며 일정한 수용단계를 따라간다.

먼저 광고 상품이나 서비스에 관한 정보를 얻고, 그 다음 단계에서는 그 상품이나 서비스에 대하여 소비자 호의적 태도를, 마지막 단계에서 구매행동을 유발하는 전략을 사용한다. 효과적인 커뮤니케이션 과정을 위해서 사용되는 공명의 효과는

〈그림 3-9〉 '기표-기의'와 '외의-내의' 관계

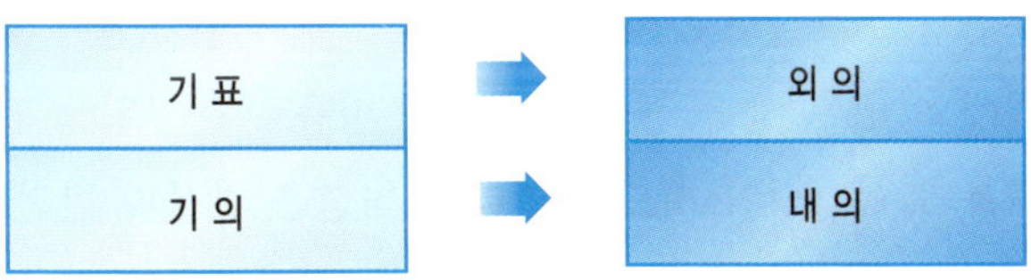

〈그림 3-10〉 광고 커뮤니케이션의 4단계

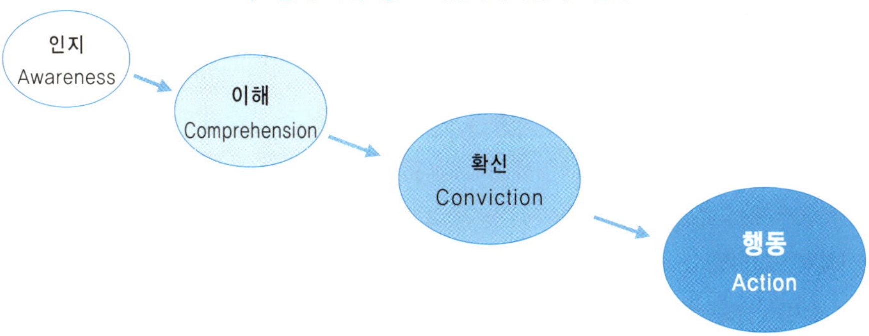

출처: Russel. H. C., 윤선길·조한웅 역, 1998, 《DAGMAR광고이론》, 서울: 커뮤니케이션북스.

〈그림 3-11〉 공명의 3단계 커뮤니케이션 효과

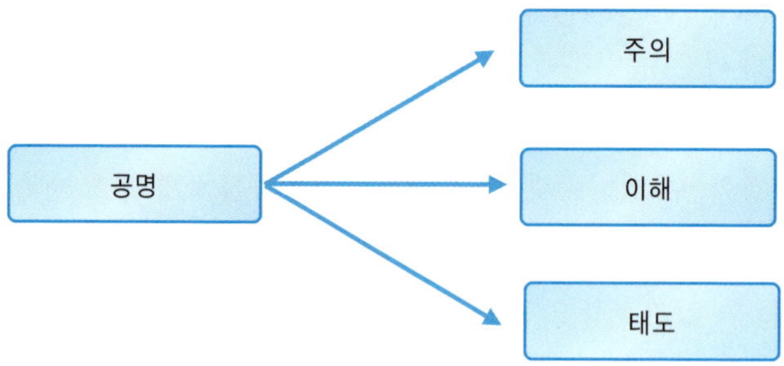

인지적, 감성적, 행동적 차원의 태도를 포함하여 무수히 많은 차원으로 생각할 수 있으나, 효과로서 측정이 가능한 최종 결과를 살펴보면 주의, 이해, 태도에 이르는 과정을 공명이 영향을 주는 커뮤니케이션 변인에 포함할 수 있다(〈그림 3-11〉).

편에 대한 연구에서 공통적으로 등장하는 동음이의의 익살은 편의 기본적인 전제 조건임을 알 수 있다. 그러나 편의 유형에는 동음이의 뿐 만 아니라, 동어이의, 일필쌍서, 공명이라는 서로 다른 분류를 제시하여 좀더 구체적으로 살펴볼 필요가 있다. 카피의 수사적 표현은 매우 다양하고 복잡해 보이지만 일정한 규칙이 있어 표현의 규칙성과 복잡성으로 살펴보면 이해가 쉽다. 수사적 표현이 표현의 형태에 따라 규칙과 불규칙에 의해 수사적 장식과 수사적 비유로 분류됨을 알 수 있다. 또한 각각의 수사적 작용과 복잡성의 정도에 따라 규칙성은 반복과 반전, 복잡성은 대체와 불안정화로 다시 분류되어 제시되었음을 볼 수 있다. 편의 경우에도 동음이의의 익살 외에도 다양한 차원이 존재하며, 이에 대한 구분의 필요성을 알 수 있다. 동음이의의 익살을 활용한 공명의 경우 광고에 대한 수용자의 태도를 호의적으로 변화시킨다. 또한 부분적으로 광고카피에 대한 이해를 어렵게 한다. 이것은 장점인 동시에 단점이 될 수 있기 때문에 카피를 쓸 때 매우 조심스럽게 적용되어야 한다. 광고목표가 정보전달인 경우, 이해가 중요하기 때문에 공명의 사용이 오히려 부담이 될 수 있다. 따라서 카피라이터와 광고 제작자는 매우 조심스럽게 판단해야 한다(이희복, 2005a). 카피 수사학이 어떤 커뮤니케이션 효과를 거두게 될지는 광고목표, 소비자, 콘셉트, 매체를 잘 살펴서 선택해야 한다. 카피는 설득을 전제로 한 광고커뮤니케이션의 핵이기 때문이다.

• 생각해 볼 문제 •

1 카피를 설명하는 커뮤니케이션 이론 한 가지를 말해 보자.

2 카피라이터가 송신자로서 수용자인 소비자에게 어떤 역할을 하는지 말해 보자.

3 카피라이팅의 채널로서의 매체에 대해 이야기해 보자.

4 카피의 주요 커뮤니케이션 효과에는 어떤 것들이 있는가?

• 핵심정리 •

이 장에서는 마케팅 커뮤니케이션과 카피로부터 시작해서, 아리스토텔레스의 논증모델과 최근에 이르기까지 카피라이팅 과정을 커뮤니케이션 모델에 비추어 설명하였다. 대표적으로 벌로의 SMCR이론을 제시하였다. 여기서 송신자로서 카피라이터, 메시지로서 카피, 카피 채널로서 미디어, 수용자로서 소비자에 대해 살펴보았다. 특히 카피수사학의 한 유형인 공명이 주의, 이해, 태도에 영향을 준다는 것을 실험을 통해 확인하였다. 앞으로 카피는 크리에이티브를 바탕으로 설득 커뮤니케이션을 계속 펼쳐갈 것이다. 카피와 커뮤니케이션에 대한 이해를 통해 카피라이팅을 좀더 명확히 이해할 수 있을 것이다.

• 나의 현역시절 대표카피 •

"사랑을 쌓고 믿음을 다졌습니다", 한진건설(1991)
"한층 더 높은 대한생명 서비스", 대한생명(1992)
"판소리", 영진약품 판(1992)
"365일 즐거움으로 가득한 곳", 엑스포과학공원(1994)
"한 달에 한 번 여자는 마법에 걸린다", 대한펄프 매직스(1994)
"돌려보세요 무엇이 보입니까", 공보처(1995)
"힘내라 엔진", 중외산업 레덱스(1996)
"여자는 언제나 걸어온 길의 길이를 잰다", 샤샤(1996)
"평생을 생각하는 큰 교육", 한국몬테소리(1997)
"고객은 우리의 가족", 대한항공(1998)
"뉴그린 뉴~스", 두산주류(1999)
"길을 아는 사람들", 대우증권(2000)

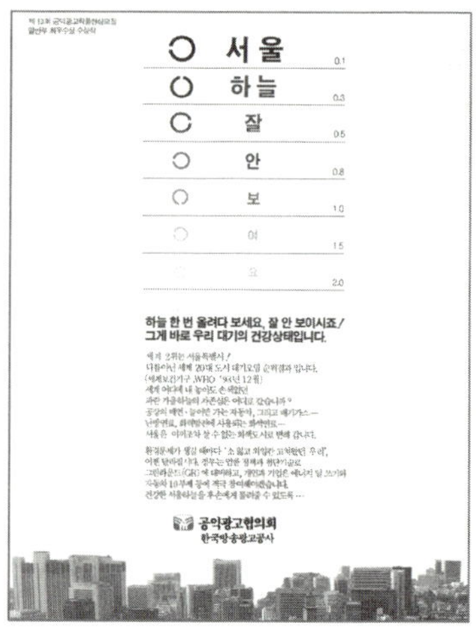

〈그림 3-12〉 대한민국 공익광고 대상(1994)

〈그림 3-13〉 대한민국 광고의 날 캠페인(2002)

〈그림 3-14〉 화재보험협회 불조심 포스터(2001)

"내가 제일인 곳", 제일은행(2000) | "한글 위의 한글", 한글과컴퓨터(2002)
"속 편한 소화제", 한독약품 훼스탈(2003) | "지퍼락이니까", 한국존슨 지퍼락(2003)
"나타나면 에프킬라", 한국존슨 에프킬라(2003)

대우증권 기업 PR TV-CM, '눈길' 편(2000)

NA: 눈 덮인 들길 걸어갈 제 아무렇게나 하지 말지니
오늘 남긴 내 발자국 마침내 뒷사람의 길이 되리니
새천년 투자의 길이 되겠습니다. /길을 아는 사람들, 대우증권

• 참고문헌 •

고은, 2009, 《개념의 숲》, 신원문화사.
오길비, 데이비드, 최경남 역, 2004, 《광고불변의 법칙》, 거름.
우에조 노리오, 맹명관 역, 1999, 《카피교실》, 들녘.
이원구, 2000, 《광고꿈틀 3》, 디자인하우스.
이현우, 1998, 《광고언어》, 커뮤니케이션북스.
이희복, 2005a, "광고의 수사적 비유에 따른 커뮤니케이션 효과", 경희대 박사학위논문.
______, 2005b, "광고를 활용한 미디어교육, 광고활용교육(AIE)", 《광고학회 발제집》.

Arens, W. F., 2002, *Essentials of Contemporary Advertising*, 리대룡 · 김봉현 · 김태용 역, 《현대광고론》, 서울: McGraw-Hill Korea.

Barth, Judith W., 1998, *Decoding Advertisements*, 박정순 역, 《광고의 기호학》, 나남.

Berlo, David K., 1960, *The Process of Communication: An Introduction to the Theory and Practice*, New York: Holt, Rinehart and Winston.

Bly, Robert W., 2006, *The Copywriter's Handbook, Third Edition: A Step-By-Step Guide To Writing Copy That Sells*, Holt Paperbacks.

C. C., Hopkins, 1997, *Scientific Advertising*, 김동완 역, 《과학적 광고》, 소담출판사.

Corbett, Edward P. J., 1990, *Classical Rhetoric for the Modern Student*, New York: Oxford University Press.

Jacob, J., 1990, "The Miscomprehension of Massmedia Advertising Claims: A Re-Analysis of Benchmark Data", *Journal of Advertising Research*, June/July.

Lasswell, Harold, 1948, "The Structure and Function of Communication in Society", In L. Bryson (Ed.), *The Communication Ideas*, N.Y.: Harper and Row.

Leigh, J. H., 1994, "The Use of Figures of Speech in Print Ad Headlines", *Journal of Advertising*, 23 (June).

McGuire, W. J., 2000, "Standing on the Shoulders of Ancients: Consumer Research, Persuasion, and Figure Language", *Journal of Consumer Research*, 127 (June).

McQuarrie, E. F. & Mick, D. G., 1992, "On Resonance: A Critical Pluralistic Inquiry into Advertising Rhetoric", *Journal of Consumer Research*, 19 (Sep.).

______, 1996, "Figures of Rhetoric in Advertising Language", *Journal of Consumer Research*, 22.

Mothersbaugh, D. L., Huhmann, B. A. & Franke, G. R., 2002, "Combinatory and Separative Effects of Rhetorical Figures on Consumers' Effort and Focus in Ad Processing", *Journal of Consumer Research*, 28 (March).

Russel, H. C., 1998, *Defining Advertising Goals for Measured Advertising Results*, 윤선길 · 조한웅 역, 《DAGMAR 광고이론》, 커뮤니케이션북스.

Shannon, C. E. & Weaver, W., 1949, *The Mathematical Theory of Communication*, Urbana: University of Illinois Press.

Tan, Alexis S., 1985, *Mass Communication Theory and Research*, New York: John Wiley & Son.

Whiteman, R. F., & Boase, P. H., 1983, *Communication Speech: Principal and Contexts*, Macmillan Publishing Co.

카피와 심리학*

4

김병희

카피를 쓰기 전에 카피라이터는 '광고 심리학'이나 '소비자 행동론' 공부를 반드시 해야 한다. 이런 공부가 불필요하다고 생각할 수도 있겠지만, 기본기를 튼튼히 하기 위해 광고 심리학 공부가 필요한 것이다. 여러 광고인들이 소비자의 마음을 읽고 소비자의 공감을 유발하는 광고를 만들어야 한다고 말하면서도 광고 심리학 공부는 게을리 하는 경우도 많은데, 이는 한마디로 '어불성설'이다.

광고 심리학이란 한마디로 사람 연구이다. 소비자(消費者)나 생활자(生活者)라는 이름으로 불리는 수많은 사람들 말이다. 광고 심리학을 공부하면 다음과 같은 점에서 카피 창작에 도움이 될 것이다. 첫째, 소비자의 관점에서 소비자가 바라는 상품에 대한 욕구를 파악할 수 있으며, 둘째, 시장 세분화에 따른 표적시장을 구체적으로 정의함으로써 소구대상에 적합한 메시지 전략을 수립할 수 있고, 셋째, 광고 심리학의 주요 개념을 이해함으로써 럭비공처럼 어디로 튈지 모르는 소비자 심리변화에 적합한 카피를 창작할 수 있으며, 넷째, 소비자 조사결과를 평가하고 그 의미를 이해함으로써 카피 창작에 유용한 현실적인 아이디어를 얻을 수 있을 것이다.

이 장에서는 카피 창작에 있어서 반드시 알아야 할 광고 심리학 이론을 소개하고

---

* 이 장의 내용은 다음 글을 바탕으로 대폭 수정 보완한 것이다. 김병희, 2007, "카피창작의 심리학적 원리", 《광고카피창작론: 기본원리 편》, 파주: 나남출판, 81~180쪽.

그 이론을 설명하기에 적합한 광고카피 사례를 제시함으로써, 카피 창작이 단순한 글쓰기가 아니라 인간심리에 호소하는 고도의 심리적 글쓰기라는 점을 강조하고자 한다. 카피를 쓰는데 광고 심리학 공부가 무슨 도움이 되겠느냐고 항변할 수도 있겠으나, 일찍이 사회심리학자 커트 르윈(Kurt Lewin)이 말했듯이 "훌륭한 이론보다 더 실용적인 것은 없다." 광고 심리학 이론은 카피 창작에 필요한 훌륭한 이론이기 때문에 카피를 쓸 때 많은 도움이 될 것이다.

1. 지각과 기억을 활성화시키는 카피라이팅

1) 지 각

지각(*perception*)이란 감각기관이 받아들인 정보를 일차적으로 처리하는 심리적 과정을 의미한다(김완석, 2000). 소비자들은 대체로 기존의 지식과 경험을 바탕으로 입력된 정보를 처리한다. 동일한 감각이라도 사람의 감각에 따라 각기 다른 방법으로 해석하기 때문에 사람마다 지각과 행동이 다르게 나타난다. 따라서 소비자 행동에 있어서 소비자의 지각 및 욕구와 동기는 서로 상호작용을 하는 경우가 많다.

상호작용을 하는 과정에서 대상(상품)에 대한 욕구와 동기도 변하게 된다. 또한, 환경의 변화에 따라서도 소비자 행동이 계속 변하게 되며, 이에 따라 소비자의 지각 과정도 변하게 되어 결국 최종적인 구매 상황은 처음과 달라질 수 있다. 카피라이터들은 상품에 대한 소비자의 지각이 고정적이지 않고 늘 변할 수 있음에 주목할 필요가 있다.

사람들은 매 순간마다 어떤 자극 앞에서 선택에 직면한다. 소비자들은 매일 다양한 자극에 접촉하지만 이 중 극히 일부의 자극만을 지각하게 되는데, 이를 '선택적 지각'(*selective perception*)이라고 한다. 자극에 대해서 소비자는 선택적으로 지각하므로 많은 비용을 들여 창작한 광고라도 소비자의 기대치에 맞지 않을 때는 받아들이지 않으며, 반면에 소비자의 기대치에 맞을 때는 간단한 아이디어만으로도 주목을 끌게 된다.

〈그림 4-1〉 엔프라니 메이프레쉬, '90일녀' 편

선택적 지각의 작동 원리는 소비자들이 지각적 균형, 다시 말해서 소비자들이 접한 브랜드 정보와 그 브랜드에 대한 이전의 신념 간에 일관성을 추구하려는 성향으로 설명할 수 있다. 수많은 자극 중 소비자의 선택적 지각은 그 자극이 어떠한 성질을 갖고 있는가 하는 '자극의 성질'과 개인의 욕구나 동기 같은 '개인의 특성'에 따라 결정된다. 자극의 성질 면에서 어떤 자극이 보다 효과적으로 작용하기 위해서는 대조(*contrast*), 새로움(*novelty*), 크기(*size*), 색깔(*color*) 같은 자극에 의해 주목을 끌어야 한다. 예를 들어, 대조는 소비자가 습관적으로 인식하던 일반적인 조건으로부터의 변화인데, 광고 창작자들은 새로운 자극을 광고에 도입하여 대조에 의한 선택적 지각을 의도할 수 있다.

〈그림 4-1〉의 엔프라니 메이프레쉬 '90일녀' 편에서는 보통의 화장품 광고에서 곱고 부드러운 피부를 강조하는 것과는 달리 "나는 90일을 삽니다"라는 카피로 소비자들에게 심리적 자극을 준다. 광고 창작자는 화장품 광고에 대한 일반적인 인식을 뒤집으며 소비자의 지각적 균형을 유도한다.

엔프라니 메이프레쉬의 온라인 광고 '90일녀' 편은 프로모션과 연계되었다. 티저 형식을 유지한 이 광고에서는 "나는 90일을 삽니다"라는 카피가 쓰인 팻말을 들고 인파 속에 서 있는 한 여성의 동영상으로 핵심 메시지를 전달했는데, 이 동영상은 각종 포털 사이트에서 실시간 검색어 순위 1위를 차지하며 세간의 화제가 됐었다. 흰색 민소매 원피스를 입은 한 여자가 신발도 신지 않고 무표정한 얼굴로 90일을 산다고 외치는 광경을 상상해 보라. 세간의 관심을 집중시켰던 90일녀의 정체는 엔프라니 메이프레쉬의 티저 광고로 밝혀졌다. '90일녀'는 90일의 짧은 유통기간을 전면에 내세운 신선한 화장품의 퍼포먼스나 다름없었다. 여기에서 "나는 90일을 삽니다"라는 카피는 오래 전 마이클럽닷컴의 "선영아 사랑해!"처럼 삽시간에 소비자의 주목을 끄는 메시지의 포탄으로 작용했다. 차이가 있다면 오프라인과 온라인이라는 매체의 차이가 있었을 뿐이다.

한편, 개인의 특성 면에서 어떤 자극이 보다 효과적으로 작용하기 위해서는 개인의 욕구와 동기 또는 가치관이나 문화적 배경에 관련된 자극을 활용할 필요가 있다. 지각은 자극물 자체의 성질에 따라 영향을 받지만, 동시에 개인의 특성에 의해서도 영향을 받기 때문이다. 따라서 광고창작에서 자극의 내용은 고통스럽거나 위협적인 내용은 가급적 피하고 소비자의 공감을 얻기 쉬운 소재로 해야 지각적 방어에 걸리지 않고 소비자들에게 선택되기 쉽다. 그러나 업종에 따라 위협적인 내용이 효과적인 경우도 있는데, 예를 들어 보험회사 광고에서는 화재로 인한 피해나 인명의 손상 등 공포심을 유발하는 자극이 선택적 지각을 유발할 가능성이 높다.

개인의 특성 면에서 공감할 수 있는 소재의 사용은 중요하다. 소비자들이 외부의 정보를 지각하기 위해서는 먼저 정보에 노출되어야 한다. 그 후, 정보에 대하여 주의를 집중한 다음 자극을 이해하는 과정을 거치는데, 이 과정에서 정보의 일부를 기억하는 선택적 지각이 이루어진다. 이러한 선택적 지각은 다음과 같은 4단계를 거쳐 이루어진다.

첫째, 선택적 노출 단계이다. 소비자들은 자신의 마음에 드는 즐겁고 긍정적인 메시지에 대해서는 주의를 기울이지만, 고통스럽고 자신의 기대에 어긋나는 자극에 대해서는 의도적으로 회피하는 경향이 있다.

둘째, 선택적 주의 단계이다. 소비자들은 자신의 욕구와 흥미에 부합하는 자극에 대해서는 많은 관심을 갖지만, 관심이 없는 주제에 대해서는 별로 주의를 기울이지 않는다.

셋째, 선택적 이해 단계이다. 소비자들은 기존의 지식과 다른 정보에 접하고 나서 이 정보를 자신의 신념과 태도에 일치하는 방향에서 이해하는 경향이 있다.

넷째, 선택적 보존 단계이다. 소비자들은 기존의 신념을 지지하는 정보만을 기억하려고 하며 이를 미래의 의사결정에 이용하려는 과정을 거친다.

2) 기 억

모든 광고는 소비자가 기억할 때 비로소 효과를 발휘한다고 볼 수 있다. 따라서 카피라이터는 기억의 개념을 정확히 이해하고 어떻게 해야 학습 효과를 보다 높일 수 있는 카피를 창작할 수 있는지를 고민해야 하고, 여러 가지 가능성을 타진한 후에 카피를 쓰면서 이를 구체화시켜야 한다. 카피라이터들이 보다 창의적인 아이디어를 찾으려고 노력하는 것은 광고를 더욱 주목받게 하여 소비자의 머릿속에 어떤 상품이나 브랜드를 기억시키기 위한 목적에서이다. 광고 심리학에서는 소비자의 머릿속에 많은 기억이 저장되어 있다가 적절한 시기에 기억의 단서들에 의해 기억이 표면화되는 것으로 가정한다.

일반적으로 기억이 이루어지는 과정을 보면, '부호화(*encoding*) → 저장(*storage*) → 인출(*retrieval*)'이라는 3단계를 거치게 된다. 부호화 단계의 정보는 인지할 수 있는 방식으로 입력되며, 저장단계에서는 이전 것들과 통합되어 기억의 창고에 보관되어 있다가 나중에 가서 필요한 시점에 인출된다. 이와 같은 기억의 유형에는 의미 기억, 삽화 기억, 과정 기억 등 3가지가 있다. 이 중에서 카피 창작에 유용한 시사점을 주는 것은 의미 기억과 삽화 기억이라고 할 것이다(김병희, 2006b). 3가지 기억의 유형을 보다 구체적으로 살펴보면 다음과 같다.

첫째, 의미 기억(*semantic memories*)이다. 이는 상품의 속성이나 세상사에 대한 개인의 일반적이고 추상적인 지식이다. 의미 기억에서는 상품의 속성 그대로를 부호화하여 저장하지 못하고 개별 정보의 의미를 일반적인 형태로 저장한다. 부자는 고급 승용차를 타고 멋쟁이는 귀고리를 한다는 식으로, 어떤 브랜드의 속성을 일반적인 관념으로 연결시키는 경우이다.

둘째, 삽화 기억(*episodic memories*)이다. 이는 일상생활에서 이전에 경험한 특정한 장면이나 사건과 관련지어 정보를 저장하는 기억이다. 이미 경험한 일련의 에피소드별로 관련 정보를 저장하며 그것들이 언제 어떻게 발생하였는지에 따라 기억된다. 예를 들어, "~할 때"라는 카피로 상황을 규정지은 다음 메시지를 전하는 SKY 벨소리 라디오 광고 '싱글남', '지출내역', '파도소리' 편의 다음과 같은 시리즈 카피를 살펴보자.

('싱글남' 편)

NA　외로움에 몸부림치는 싱글남에게
　　SKY 벨소리 쿠폰 쓸쓸할 때 들어보세요.
여자　오빠 어디야? 왜 전화 안 받아?
　　누구랑 있어? 전화 안 받아?
　　누구랑 뭔 짓을 하는 거야?
남자　들을수록 혼자인 게 좋아집니다.
　　ISKY에서 벨소리로 다운받으세요.

('지출내역' 편)

NA　홧김에 회사를 때려 치고 싶을 때
　　스카이 벨소리 쿠폰
여자　적금 연금 보험금 할부금 옷값 밥값 카드 값 기름 값
　　가스비 수도비 휴대폰비 데이트비
　　어떡할래?
남자　사표가 서랍 속으로 쏙 들어갑니다.
　　ISKY에서 벨소리로 다운받으세요.

('파도소리' 편)

NA　10초 동안 무더위를 잊게 해줄
　　스카이 벨소리 쿠폰
SE　파도소리, 음악
남자　눈 감고 들으시면 더욱 좋지만 운전중엔 큰일 납니다.
　　ISKY 스카이에서 벨소리로 다운받으세요.

라디오 광고는 흘려듣는 경우가 많지만 '싱글남', '지출내역', '파도소리' 편 모두 우리가 일상에서 한번 겪었을 법한 내용들이다. 그런 내용이 광고카피로 사용되면 그 광고 상품이 소비자의 삽화 기억을 촉발시키며 '어, 내 얘기네?'라는 메시지로 다가가는 것이다. 소비자에게 하나의 삽화나 에피소드를 제공함으로써 그냥 흘러갈 수

도 있는 상황을 중단시키고 광고에 주목하게 하는 것이 같은 경우가 삽화 기억에 해당된다. 광고를 보거나 듣고 난 소비자들이 스스로 일상의 삽화를 그릴 수도 있는데, 이것이 에피소드를 활용한 삽화 기억장치의 매력이자 강점이다.

셋째, 과정 기억(*process memories*)이다. 어떤 일을 처리하는 방법에 대한 기억이라고 할 수 있는데, 오래 전에 배웠던 내용이 나중에 어떤 문제를 해결하는데 도움이 되는 것도 과정 기억이다. 예를 들어, 10년 전에 테니스를 배운 사람이 한동안 테니스를 안 하다가 10년이 지난 시점에 다시 테니스를 할 경우 테니스를 처음 배우는 사람보다 더 빨리 적응하는 경우가 과정 기억의 사례에 해당된다.

한편, 기억의 체계는 기억되는 시간에 따라 다음과 같은 세 가지로 설명할 수 있다. 감각 기억, 단기 기억, 장기 기억이 그것인데, 최근에는 초장기 기억이 강조되기도 한다. 이 중에서 카피 창작의 맥락에서 중요한 것은 장기 기억이라고 할 수 있으며, 광고 캠페인 역시 장기 기억의 맥락에서 중요하다고 하겠다.

첫째, 감각 기억(*sensory memory*)이다. 사람의 두뇌는 감각 기관으로부터 들어온 정보의 저장고이다. 이 저장고는 매우 일시적이어서 어떤 감각을 느끼면 최대 2~3초 정도 지속되는데 이를 감각 기억이라고 한다. 예를 들어, 어떤 사람이 제과점 앞을 지나가다 순간적으로 맛있게 빵 굽는 냄새를 맡았다고 하자. 이 감각은 단지 몇 초 동안밖에 지속되지 않았는데도 그 사람으로 하여금 그 제과점 빵을 사야겠다는 의사결정을 하기에 충분하다.

둘째, 단기 기억(*short-term memory*)이다. 사람의 두뇌용량은 한계가 있어 일정한 기간밖에 정보를 저장하지 못하는데, 이러한 기억을 단기 기억이라고 한다. 이 체계는 컴퓨터와 유사하게 운용 기억의 성격을 지니며, 언어적 정보는 어떤 소리가 나느냐 하는 청각이나 어떤 의미를 가지느냐 하는 어의(語義)에 따라 저장되는 것이 일반적이다(MacGregor, 1987).

셋째, 장기 기억(*long-term memory*)이다. 소비자에게 장기간 정보를 유지하도록 해 주는 체계를 장기 기억 장치라고 한다. 단기 기억에서 장기 기억으로 옮겨지기 위해서는 자극의 의미를 생각하는 것과 그것을 이미 기억 내에 있는 다른 정보와 관련시키는 정교화 시연(*elaboration rehearsal*) 과정이 필수적이다. 이와 같이 장기 기억을 유도하기 위해서는 소비자로 하여금 광고에서 제시하는 정보를 기존의 지식들과 다양하게 관련지어 생각해 보도록 하는 카피를 써야 한다.

이해하기 쉽고 기억하기 쉬운 카피를 바탕으로 상품의 이야기를 만들어 장기 캠페인을 전개한다면 그 브랜드가 장기 기억될 가능성이 높다. 예를 들어, KTF의 쇼(SHOW) 광고는 카피 파워가 어디까지 발휘될 수 있는지를 알려주는 좋은 본보기이다. KTF는 '인생의 쇼'라는 캠페인 주제를 바탕으로 '1살의 쇼', '7살의 쇼', '20살의 쇼', '100살의 쇼' 같은 여러 시리즈를 전개하면서 인생에 대한 스토리텔링을 시도했다. 그 중에서 〈그림 4-2〉에 제시한 '7살의 쇼' 편을 살펴보자.

NA	7살의 쇼
아빠	아들~ 커서 뭐가 되고 싶어?
남아	대통령.
아빠	대통령이래~ 대통령~
동료1	이야~
아빠	대통령 되면 … 아빠 뭐 시켜줄래?
남아	어 … 탕수육!
자막	인생, 정답은 없다.
함께	하하하하하하하~
동료2	아저씨는, 아저씨는?
남아	같이 드세요~
NA	쇼하고 살자! SHOW

이 광고에서는 "대통령 되면 … 아빠 뭐 시켜줄래?"하는 아빠의 물음에 꼬마 녀석이 천진난만하게 웃으며 "어 … 탕수육!" 하고 대답하게 함으로써 소비자들을 포복절도하게 만들었다. 물론 이 광고에서 전하는 메시지는 가장 중요한 순간을 함께 공유할 수 있다는 영상통화의 혜택이다. 카피라이터는 그 혜택을 그냥 혜택으로 전달하지 않고 이야기하기의 수법으로 전달하는 재주를 발휘한 것이다. 이미 존재하는 사실을 재치 있는 이야기로 전달하는 카피의 힘이 소비자의 공감을 불러일으킨 것이다.

카피와 영상 및 음악이 조화를 이룬 이 광고를 보며, 소비자들은 자신의 기억 내에 있는 다른 정보와 관련지으며 광고에 대한 관여도를 높이게 될 것이다. 이와 같은 광고가 소비자의 장기 기억을 활성화할 가능성이 높다. 카피라이터는 쉽게 따라할 수 있는 슬로건과 캐치프레이즈 또는 징글(*jingle*)을 제시하여 소비자의 장기 기억을 촉진할 수 있다.

한편, 소비자의 정보처리 용량은 제한되어 있으므로 주어진 시간에 많은 정보가 주어진다고 해서 정보처리를 많이 할 수 있는 것은 아니다. 소비자에게 주어진 정보는 대체로 편화(*chunking*)라는 과정에 의해 작은 조각이 큰 것으로 조합되어 저장된다. 편(*chunk*)이란 어떤 사람에게 친숙한 상태에서 하나의 단위로 조작될 수 있는 기억 저장 용량의 최소단위이자 의미 있는 정보의 최소단위이다. 예를 들어, 친구의 전화번호가 01096595599라고 하자. 이 번호로 친구에게 전화를 걸 때, "0109 6595 599"나 "010 965 95599" 식으로 번호를 누르지 않고 "010 9659 5599"로 입력하는 것은 인간의 습관이 세 자리 수 위주로 편화되는 데 익숙해져 있기 때문이다. 전화번호에 국번호가 3~4자리 숫자로 먼저 나오고 그 후에 집 번호가 나오는 것은 모두 편화해서 기억하는 경향 때문이다.

〈그림 4-2〉 KTF SHOW, '7살의 쇼' 편

이러한 맥락에서 카피라이터들은 사람이 한 번에 처리할 수 있는 기억용량인 마법의 수(*magical number*) '7'을 고려할 필요가 있다(Miller, 1956). 즉, 정보의 형태가 숫자이든 단어이든 문장이든 관계없이 소비자가 한 번에 처리할 수 있는 기억용량은 5~9편(7 ± 2)에 불과하다. 더욱이 상이한 정보처리를 할 경우에는 한 번에 처리할 수 있는 기억용량은 단지 2~3개의 편으로 줄어든다. 따라서 카피라이터들은 제한된 시간에 많은 정보를 한꺼번에 제시하기보다 중요한 핵심정보만을 전달하는 것이 소비자의 기억 활성화에 효과적이라는 점을 명심할 필요가 있다.

또한, 카피라이터들은 카피 창작시에 소비자의 기억을 촉진할 수 있는 다양한 메시지 전략을 모색해야 한다. 위에서 살펴보았듯이, 기억은 시간의 흐름에 따라 감각기억, 단기기억, 장기기억 등으로 분류되는데, 최종적으로는 어떤 브랜드가 장기적으로 기억될 수 있도록 사전에 충분히 검토하여 광고카피를 창작해야 한다. 카피 창작시 고려해 볼 만한 기억의 시사점은 다음과 같다(김병희, 2007). 카피라이터들은 다음에 제시하는 8가지 사항을 고려하여 기억의 단서를 제공할 수 있는 카피를 쓰면 보다 높은 광고효과를 기대할 수 있을 것이다.

첫째, 독특한 광고 메시지는 그렇지 않은 메시지보다 기억의 단서를 제공할 가능성이 높다. 광고 메시지가 독특할수록 망각의 간섭효과를 덜 받게 되므로, 카피 창작 시 독특한 광고 메시지를 개발하는 각고의 노력이 필요하다.

둘째, 광고 메시지의 제시 순서에 따라 기억할 가능성이 달라진다. 특히, 광고의 중간 부분에 제시되는 카피는 망각될 가능성이 높기 때문에 핵심적인 광고 메시지는 광고의 맨 처음이나 끝 부분에 제시해야 한다.

셋째, 정보가 입력된 직후에 리허설이 이루어지면 기억할 가능성이 높다. 소비자는 제시된 정보가 매력적일 경우 이를 재생산하고 재구성하는 경향이 있으므로 메시지 입력 직후에 리허설할 수 있도록 메시지를 매력적으로 가공할 필요가 있다.

넷째, 장기 기억에 전송되는 정보의 양은 정보 처리가 가능한 시간에 의존하는 경향이 있다. 따라서 광고에 많은 상품정보를 담고 싶은 의욕을 억제하고 카피내용을 가급적 줄여야 한다. 소비자들이 광고에 눈길을 주는 시간에 불과 1~2초에 불과하기 때문이다.

다섯째, 개별적인 정보가 효과적인 편으로 조직된다면 보다 많은 정보가 기억된다. 소비자는 광고의 구성요소를 5~9개까지 기억하겠지만 유사한 요소를 단순화하고 통합시키면 불과 3~4개의 편이 되어 더 기억하기가 쉬워진다.

여섯째, 관련성이 높은 기억의 단서가 제시되면 기억과 회상을 촉진할 수 있다. 소비자는 광고에 등장한 카피나 비주얼이 자신에게 친숙한 내용이면 곧바로 연상작용을 할 가능성이 높다. 따라서 누구나 알 수 있는 쉬운 말로 카피를 써야 한다.

일곱째, 장기 기억에 저장된 정보는 학습과정에서 접한 정보와는 다르다. 즉, 장기 기억에 의한 정보는 일시적이 아니라 지속적이므로 소비자의 구매 행동에 영향을 미칠 가능성이 높다는 것이다. 따라서 카피에서 장기 기억을 촉진하는 기억의 단서를 제공해야 한다.

여덟째, 개인적 관련성이 높은 정보는 보다 빠르고 쉽게 기억된다. 이는 자아 관여도와 관련되는 내용으로 소비자들이 흥미를 끌만한 카피를 써야 한다는 맥락이다. 따라서 대상이 모호한 카피보다 소비자 한 사람 한 사람에게 속삭이는 카피가 효과적이다.

2. 동기와 가치를 유발하는 카피라이팅

1) 동기와 욕구

동기(*motivation*)란 행동을 강요하는 개인 내면의 추동력이며 목표 달성에 필요한 활동의 촉매제이다. 소비자에게 어떤 욕구가 생겼을 때 동기가 발생하므로, 동기는 욕구에 따라 어떤 행동을 하고자 하는 심리적 요인이라 할 수 있다. 그렇다면 욕구란 무엇일까? 욕구란 추구하는 상태와 실제 상태와의 차이를 의미하며, 동기유발의 원천으로 작용하므로 동기와 같은 의미로 쓰이기도 한다. 예를 들어, 사람의 지위가 높아질수록 고급 승용차를 선호하는 이유는 자동차가 지위를 상징하기 때문인데 이는 욕구의 발로나 다름없다.

매슬로(Maslow)가 제시한 5단계 욕구계층 이론(*need hierarchy theory*)에서는 욕구 충족의 순차적 단계를 제시하고 있다. 즉, 인간의 욕구에는 절박한 욕구와 그렇지 않은 욕구 등 5가지 계층으로 이루어져 있다는 것이다. 이 이론에서는 인간의 욕구를 다음과 같이 4가지로 가정한다. 첫째, 일단 만족된 욕구는 더 이상 동기부여 요인으로 작용하지 못하며, 둘째, 인간의 욕구체계는 매우 복잡하며, 셋째, 상위수준의 욕구가 한 개인의 행동에 영향을 미치기 위해서는 일단 하위수준의 욕구가 먼저 충족되어야 그 다음으로 중요한 욕구를 충족시킬 수 있는 동기를 유발하며, 넷째, 상위수준의 욕구충족 방법이 하위수준의 욕구충족 방법보다 많다는 것이다.

이 이론은 상이한 발달단계와 환경상황에 따라 소비자가 기대하는 상품 혜택을 간접적으로 세분화할 수 있으므로 카피 창작과정에서 다양하게 적용할 수 있다. 매슬로가 제시한 5단계의 욕구과정을 제시하면 〈그림 4-3〉과 같다.

1단계는 생리적 욕구(*physiological needs*)이다. 인간의 가장 기본적인 욕구로써 식욕, 성욕, 갈증 같은 것이다. 인간은 먹기 위해 살지는 않지만 정말로 굶주린 사람에게는 식욕이 전부인 경우가 있다. 예를 들어, 제일제당 게토레이 광고에서 "갈증 해소 음료 - 게토레이"라는 카피는 갈증 해소를 갈망하는 소비자의 생리적 욕구에 소구하는 광고이다.

〈그림 4-3〉 매슬로의 5단계 욕구과정

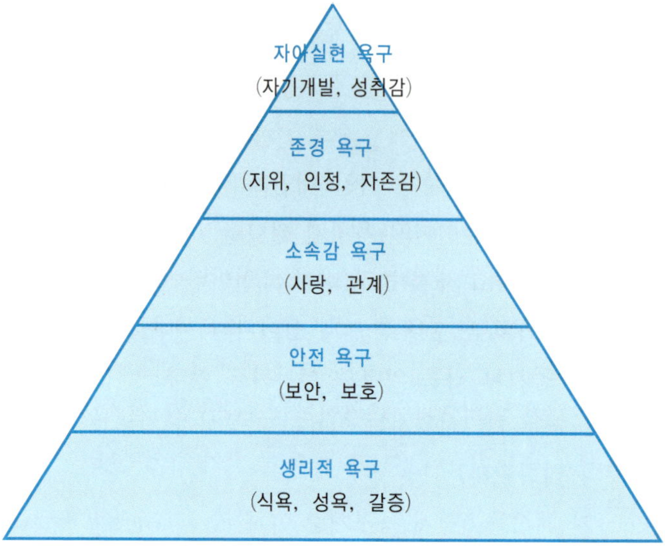

2단계는 안전 욕구(*safety needs*)이다. 생리적 욕구가 어느 정도 충족되면 안전의 욕구가 나타나며, 이는 신체적인 위협이나 불확실성에서 벗어나고자 하는 욕구로 의료 보험이나 노후대책 같은 것이 해당된다. 예를 들어, 라이나 생명보험의 누구나 OK 실버보험 광고를 보면 "곧 떠날 사람이라고 보험도 마음대로 못 들어?"라는 질문형으로 광고가 시작된다. 그리하여 "50에서 80세라면 누구나 가입할 수" 있으며 "암, 중풍처럼 큰 병이 있어도 누구나 가입할 수" 있다는 점을 모델 반효정을 통하여 전달한다.

3단계는 소속감 욕구(*belongingness needs*)이다. 일단 생리적 욕구와 안전 욕구가 어느 정도 충족되면 사람들은 다른 사람들과 관계를 맺고 소속감과 애정을 나누고 싶어 한다. 즉, 집단을 만들어 거기에 소속되어 사랑을 나누고 싶어 하는 것이다.

4단계는 존경 욕구(*esteem needs*)이다. 타인으로부터 자신의 능력에 대해 인정받고 싶어 하는 욕구이며, 이것이 충족되지 못하면 사람들은 열등감과 무력감에 빠지기도 한다. 여기에는 안으로 자존감을 성취하려는 내적인 존경 욕구와 타인으로부터 주목받고 인정을 받고 싶어 하는 외적인 존경 욕구가 있다. 예를 들어, 〈그림 4-4〉에 제시한 대우건설의 푸르지오 아파트 광고 '그런 그녀' 편을 보자. 이 광고에

〈그림 4-4〉 대우건설 푸르지오아파트, '그런 그녀' 편

서 모델 김남주는 탁월한 감각과 선견지명으로 항상 유행을 창조하는 사람이자 잘 나가는 사람으로 묘사되고 있어서 모든 사람들이 부러워하고 따라하고 싶은 선망과 존경의 대상이 되고 있다. 카피는 다음과 같다.

> 그녀가 입는 것은 … 유행이 된다.
> 그녀가 보는 것은 … 베스트셀러가 된다.
> 모두가 그녀를 따라한다.
> 그런 그녀가 푸르지오로 이사 가자고 한다.

5단계는 자아실현 욕구(*self-actualization needs*)이다. 자신의 잠재력을 최대한 발휘하고 창조적으로 실현하고자 하는 욕구를 말한다. 일단 존경의 욕구가 어느 정도 충족되기 시작하면 다음에는 자신의 능력을 발휘하고 자기계발을 계속하고 싶어 하는 자아실현 욕구가 강력하게 나타난다. 예를 들어, 자기계발에 충실하고 자신의 가능성을 실현하고자 하는 소비자를 대상으로 하는 여러 광고에서 자아실현 욕구에 소구하는 카피를 자주 발견할 수 있다.

이상에서 제시한 5단계 욕구과정에 알맞게 카피 쓰는 연습을 해 보면 많은 도움이 될 것이다. 하나의 동기는 다양한 행동에 영향을 미칠 수 있으며 하나의 행동이 여러 가지 동기로 인해 나타날 수도 있다. 여러 가지 동기가 작용하여 하나의 행동으로 나타날 경우 그 행동을 하게 하는 지배적 욕구가 있으며 동기들 사이에 어떤 서열이 존재한다. 소비자 역시 동시에 여러 가지 동기를 가질 수 있는데, 여러 가지 동기가 상호작용하는 과정에서 갈등과 조정을 거치게 된다.

2) 가 치

사람마다 삶의 목적이 다르고 중요하게 생각하는 가치관도 다르다. 가치(*value*)란 개인적이나 사회적으로 더 선호하는 이상적인 행동 양식이나 존재의 목적 상태에 관련된 하나의 지속적인 신념이며, 개인이나 집단이 독특하게 소유하고 있는 바람직한 것에 대한 명시적이며 묵시적인 개념으로, 개인이나 집단을 특징짓고 행위의 목표와 양식의 선택에 영향을 미친다. 또한, 가치란 개인이 어떤 태도를 가져야 하는지를 알려주는 기준이며, 인간의 행동을 결정하는 지속적 개념이므로 쉽게 변하지 않는다는 특징이 있다. 따라서 소비자의 가치 체계를 파악하여 시장 세분화, 신상품 개발, 그리고 광고 메시지 개발 과정에서 활용하면 보다 효과적인 광고를 창작할 수 있을 것이다.

한편, 모든 문화에는 구성원들끼리 나누는 일련의 가치가 존재하며, 광고는 사회문화적 커뮤니케이션의 한 형태로 문화적 가치를 반영하고 전수하는 중요한 기능을 담당한다(de Mooij, 김유경·이상훈·김병희 역, 2007). 일찍이 로키치(Rokeach)는 가치조사를 실시한 다음, 가치를 인간의 삶에서 궁극적 목표가 되는 궁극적 가치 18가지와 궁극적인 목표가치를 성취하기 위한 행동양식을 제시해 주는 수단적 가치 18가지로 구분하여 모두 36가지의 가치 항목을 제시했다(Rokeach, 1973). 로키치가 개발한 가치 척도는 그 유용성에도 불구하고 궁극적 가치 항목이 너무 많아 상대적 중요도 파악에 어려움이 있고 소비자의 생활과 직접적인 연관성이 떨어지는 항목들이 일부 포함되었다는 한계점이 있었다.

이후, 로키치의 가치이론 중 수단적 가치보다 궁극적 가치가 소비자 행동 연구에 더 적합하다는 주장이 제기됐다. 수단적 가치는 상황에 따라 선택적으로 사용되는 반면에 궁극적 가치는 소비자의 일관된 신념을 반영하므로 소비자 행동을 장기적인 맥락에서 안정적으로 예측하는 데 도움이 되기 때문이다. 이에 따라 칼(Kahle)은 1983년 소비자의 일상생활과 직접 관련되는 9가지 가치 항목으로 구성된 LOV(*list of value*) 척도를 개발했다. ① 소속감, ② 즐거움, ③ 타인과의 관계, ④ 자아 성취, ⑤ 자아 존중, ⑥ 타인으로부터의 존경, ⑦ 신바람, ⑧ 성취감, ⑨ 생활 안정 등 9가지이며 광고 커뮤니케이션 맥락에서 소비자의 가치를 측정하는데 자주 활용된다.

한편, 광고는 문화적 가치를 담고 있으며 미래의 문화적 가치창출에도 영향을 미친다. 홉스테드(Hofstede)는 문화의 차원을 4가지 층을 가진 양파 형태로 제시하며, 가장 바깥쪽에 상징(*symbol*)이 가장 안쪽에 가치(*value*)가 있으며, 이 둘 사이에 관습(*ritual*)과 주도층(*hero*)이 있다고 하였는데, 이때 가치는 문화형성의 바탕이 되며 사고방식, 상징체계, 언어, 규범, 커뮤니케이션 습관과 더불어 문화형성의 하부체계로 인식된다(de Mooij, 김유경·이상훈·김병희 역, 2007). 문화적 가치는 특히 동서양의 광고 장의성 개념을 구성하고 평가하는 데도 영향을 미침으로써 동양과 서양 또는 같은 동양권 내에서도 문화적 차이에 따라 다른 개념의 광고 창의성 척도가 구성되도록 한다(Kim, Han, & Yoon, 2010).

광고에 나타난 문화적 가치의 분석에는 연구자에 따라 여러 분류기준을 적용했다. 여러 기준 중에서 쳉과 슈바이처(Cheng & Schweitzer, 1996)가 제시한 〈표 4-1〉과 같은 32가지 가치 목록은 광고에 나타난 문화적 가치의 분석에 유용하다. 이 목록은 여러 선행연구들에서 나타난 서양적 가치기준에 동양적 가치를 추가함으로써 분석유목 간 상호배타성을 확보하는 동시에 동서양의 가치목록을 망라하고 있어서 동서양 비교문화연구에 자주 사용된다. 광고에 나타난 문화적 가치목록 기준을 제시하면 〈표 4-1〉과 같다.

이상의 문화적 가치목록은 한국 광고와 중국 광고에 나타난 문화적 가치의 비교연구(홍재욱, 2002), 홍콩 광고와 한국 광고에 나타난 문화적 가치의 비교연구(문영숙, 2003), 그리고 한국 광고와 중국 광고에 나타난 문화적 가치의 비교 및 한국 광고와 미국 광고에 나타난 문화적 가치의 비교연구에 사용되어(김병희, 2004a, 2006a), 그 타당성이 입증된 바 있다.

〈표 4-1〉 광고에 나타난 문화적 가치 목록

가치 유형	개념적 정의
모 험	용감, 용기, 전율을 표현한다. 예: 스카이다이빙, 험준한 산악 행군
아름다움	상품의 아름다움이나 귀여움을 강조한다.
집단주의	타인과의 관계(관련성)를 강조한다. 예: 사람을 개인이 아닌 집단(공동체) 일원으로 묘사
경 쟁	자사 상품을 경쟁사 상품과 비교한다. 예: '업계 1등', '리더' 같은 표현
편리함	다루기 쉽다거나 쓰기 편리하다는 점을 제시한다.
예 의	상냥한 말투나 행동으로 소비자에 대한 친밀감을 표현한다.
경제성	비싸지 않고 적정가격이며 원가를 줄였다는 점을 부각시킨다.
효과성	목표달성에 효과적이고 강력하다는 점을 제시한다.
즐거움	사용자에게 즐거움을 준다는 점을 제시한다. 예: 맥주나 음료를 마시며 환호하는 모습
가 족	가족과의 생활이나 가족의 소중함을 강조한다. 예: 결혼장면, 가족과 함께 지내는 모습, 집에서의 안락한 휴식 등
건 강	상품을 쓰면 신체 건강에 좋고 활기차게 한다는 점을 강조한다.
개인주의	개인의 자주성, 독립성, 자존심이나 다른 사람과의 차별성과 독특함을 강조한다.
여 가	상품을 쓰면 편안하고 안락해진다는 점을 강조한다.
경이로움	상품의 신비로운 효과나 마술 같은 효능을 강조한다.
현대성	'새로운' '현대적인' '최신의' '시대를 앞서가는' 같은 표현이다.
자 연	인간과 자연의 정신적인 조화를 제안한다.
산뜻함	깨끗함이나 산뜻함을 강조한다.
보 호	자선, 도움, 보호 및 장애자, 어린이, 노약자를 동정하는 표현이다.
애국심	국가에 대한 사랑이나 애국심 등을 강조한다.
대중성	특정 상품이 소비자에게 보편적으로 인정받고 수용됨을 강조한다. 예: '베스트셀러' '전국 또는 세계적으로 유명한' 같은 표현
품 질	정부나 공인기관이 인정한 상품의 우수성이나 내구성을 강조한다.
어른 공경	나이 많은 사람이 모델로 나오거나 그들에게 자문을 구하는 것의 중요성을 강조한다.
안 전	상품의 안전성을 강조한다.
성(*sex*)	성적 매력을 강조하거나 관능적인 모델을 출연시킨다. 예: 연인들이 손을 잡거나 포옹, 키스하는 모습
사회적 지위	상품을 사용하면 사회적 지위나 신분이 상승되며 자부심을 느낄 수 있다는 점을 강조한다.
기 술	상품이 극도로 정교한 기술에 의해 만들어졌다는 점을 강조한다.
전 통	과거의 경험을 높이 평가하고 오랜 역사와 전설적인 품질을 강조한다. 예: '80년의 제조경험', '고대 중국처방 개조' 등
독특함	경쟁상대가 없으며 비교 불가능한 상품임을 강조한다.
풍요로움	부를 장려하고 상품사용자가 부자가 될 수 있음을 제시한다.
지 혜	지식, 교육, 지성, 전문성, 경험 등에 대한 존경심을 표현한다.
장인정신	근면성, 노동, 기술에 전념하는 장인정신에 대한 존경심을 표현한다. 예: 최선을 다한 치료로 불치병 환자를 소생시키는 의사 등
젊 음	젊은 모델을 써서 젊음을 강조한다. 예: '다시, 젊음을 느껴라' 등

한편, 광고에 나타난 문화적 가치는 연구자에 따라서 세부 가치들을 보다 포괄적으로 범주화했다. 그동안 광고와 관련된 비교문화연구들을 종합하면(김병희, 2004a, 2006a; 홍재욱, 2002; Cheng & Schweitzer, 1996), 광고에 나타난 가치는 실용적 가치 대 상징적 가치, 서양적 가치 대 동양적 가치, 그리고 수평적 가치 대 수직적 가치로 구분하여 국가 간 차이를 비교한다. 상대적인 문화적 가치에 대한 보다 자세한 내용은 다음과 같다.

첫째, 실용적/상징적 가치이다. 실용적 가치는 상품을 사용함으로써 얻게 되는 실질적 혜택과 상품사용의 효과를 강조하는 가치를 의미하며 여기에는 쳉과 슈바이처(Cheng & Schweitzer, 1996)의 32가지 가치목록 중 아름다움, 편리함, 경제성, 효과성, 건강, 산뜻함, 품질, 안전, 기술, 독특함 등 10개가 포함된다. 상징적 가치는 상품사용의 구체적인 효과보다는 상품사용으로 인한 정서적 가치를 의미하며 나머지 22개가 여기에 해당된다.

둘째, 서양적/동양적 가치이다. 서양적 가치는 개인의 능력을 강조하고 자연을 정복대상으로 보는 것과 같은 도전적 가치를 의미하며 여기에는 모험, 경쟁, 즐거움, 개인주의, 여가, 현대성, 성, 젊음 등 8개가 포함된다. 반면 동양적 가치는 개인과 집단의 조화를 강조하며 도전보다는 원만한 관계를 제고하는 가치인데 여기에는 집단주의, 가족, 경이로움, 자연, 애국심, 어른 공경, 전통, 풍요로움 등 8가지이다.

셋째, 수평적/수직적 가치이다. 수평적 가치는 개인과 집단은 다르다고 보고 타인과 상호의존적이며 사회화를 강조하는 가치를 의미하며 여기에는 아름다움, 편리함, 경제성, 효과성, 즐거움, 가족, 개인주의, 여가, 현대성, 대중성, 젊음 등 11개가 포함된다. 이에 비해 수직적 가치는 개인의 목표와 집단의 목표가 같다고 보고 집단 내의 통합을 강조하며 때로는 개인을 희생하는 가치를 의미하며 여기에는 집단주의, 경쟁, 자연, 보호, 애국심, 품질, 어른 공경, 사회적 지위, 전통, 지혜, 장인정신 등 11가지이다.

예를 들어, SK 텔레콤의 '사람을 향합니다' 인쇄광고 시리즈 중에서 '남편의 문자' 편은 32가지 가치 목록 중에서 가족과의 생활이나 가족의 소중함을 강조하는 '가족 가치관'을 소구하는 광고이다(〈그림 4-5〉 참조). "나도 사라해"라는 헤드라인으로 시작되는 '남편의 문자' 편의 카피를 보면 다음과 같다. 이 카피를 읽으면 시 한 편을 읽는 이상의 즐거움을 느낄 수 있다.

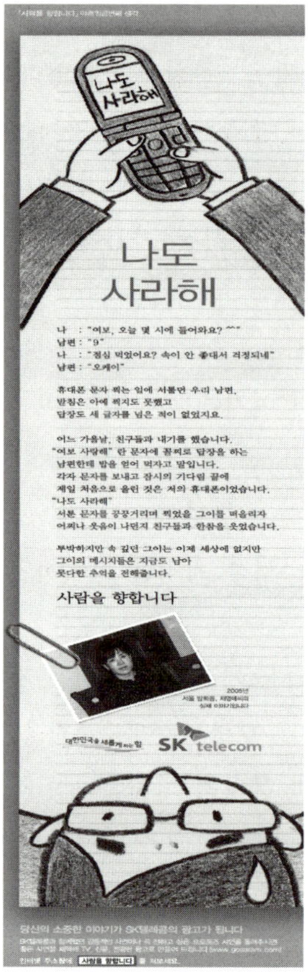

〈그림 4-5〉 SK 텔레콤, '남편의 문자' 편

나　(문자로) 여보, 오늘 몇 시에 들어와요? ^^
남편　9
나　점심 먹었어요? 속이 안 좋대서 걱정되네.
남편　오케이

휴대폰 문자 찍는 일에 서툴던 우리 남편,
받침은 아예 찍지도 못했고
답장도 세 글자를 넘은 적이 없었지요.

어느 가을날, 친구들과 내기를 했습니다.
"여보 사랑해"란 문자에 꼴찌로 답장을 하는
남편한테 밥을 얻어먹자고 말입니다.
각자 문자를 보내고 잠시의 기다림 끝에
제일 처음으로 울린 것은 저의 휴대폰이었습니다.
"나도 사라해"
서툰 문자를 끙끙거리며 찍었을 그이를 떠올리자
어찌나 웃음이 나던지 친구들과 한참을 웃었습니다.

투박하지만 속 깊던 그이는 이제 세상에 없지만
그이의 메시지들은 지금도 남아
못 다한 추억을 전해줍니다.

사람을 향합니다.

서울시 방화동에 사는 채명애 씨의 실제 이야기를 바탕으로 카피를 구성한 이 내용이 공감을 얻을 수 있는 근거는 진솔함에 있다. 나이 든 아저씨들은 대체로 문자를 보내는 데 서투른데 이와 같은 충분히 있을 수 있는 일상의 소재를 바탕으로 카피를 쓴 것이다. 베이커의 201가지 아이디어 발상법 중 '철자를 틀려 보아라'가 있는데, 비록 철자가 틀렸지만 누구나 무슨 뜻인지 알아본다는 점에서 이와 같이 철자를 일부러 잘못 쓴 헤드라인은 소비자들에게 궁금증을 유발하는 효과적인 기제로 작용할 것이다. 소비자들은 왜 틀리게 썼는지를 궁금해 하며 자연스럽게 바디카피를 읽으려할 것이기 때문이다. 특히, 그 내용에 '가족 가치관'에 호소하는 내용이라 더욱 감동을 주었을 것으로 판단된다.

3. 태도의 형성 변화 강화를 위한 카피라이팅

1) 태도의 구성요소

태도(*attitude*)는 어떤 대상에 대한 지식의 평가로부터 발생하는 느낌이나 의견에 근거해서 대상에 대해 호의적 또는 비호의적, 긍정적 또는 부정적으로 지속적이고 일관되게 행동하는 경향을 의미한다. 태도가 심리적 과정의 결과이기는 하지만 직접 관찰할 수 없으므로 개인의 말이나 행동으로부터 유추될 수밖에 없다. 따라서 연구자들은 질문이나 행동 관찰을 통하여 소비자의 태도를 측정했다. 태도를 통하여 소비자 행동을 예측할 수 있기 때문에, 태도는 상품이나 광고에 대한 소비자의 반응을 알아보기 위해서나 광고효과를 측정하기 위한 유용한 지표로서 활용될 수 있다(Solomon, 1999).

태도는 인지적 요소, 감정적 요소, 그리고 행동적 요소의 3가지 구성요소로 이루어지는 것으로 알려져 있다. 그러나 최근의 연구성과에 의하면, 이들 3가지 요소 중에서 감정적 요소만을 태도의 구성요소로 간주하며 나머지 2개는 태도와 관련된 별개의 개념으로 이해하려는 일원론적 관점이 지지되고 있다.

일원론적 관점에 따르면 신념(*beliefs*)이 인지적 요소로서 태도의 기본이 되고 태도를 바탕으로 구매의도가 형성된다는 것이다. 여기에서 신념이란 어떤 사람이 다른 사람이나 대상 또는 쟁점에 대해 가지고 있는 정보를 말한다. 이때 소비자가 가지고 있는 모든 신념이 태도에 영향을 미치는 것이 아니라 특정시점에 두드러지게 부각되는 신념만이 태도에 영향을 미친다는 점에서 설득력이 있다. 태도의 구성요소에 대해 좀더 구체적으로 살펴보자.

첫째, 인지적 요소란 대상에 대한 소비자의 신념과 지식을 의미한다. 소비자는 어떤 상품에 대해 신념을 가지고 있는데 소비자가 생각하는 브랜드 속성은 그들이 어떤 브랜드에 대해 믿고 있는 신념이라고 할 수 있으며 이런 신념들의 총체적 집합이 특정 브랜드에 대한 태도의 인지적 요소이다. 여기에서 정보 제공적 신념은 상품의 특성(음료수의 경우 열량, 비타민, 천연성분)을 말하고, 평가적 신념은 상품의 혜택(상쾌한 기분, 갈증해소)을 의미한다.

둘째, 감정적 요소란 소비자가 어떤 브랜드에 대하여 느끼는 전반적인 감정을 의미하며, 브랜드에 대한 호의적/비호의적 감정을 나타낸다. 브랜드에 대한 신념은 소비자가 상품의 속성과 같은 태도 대상물에 대한 지각과 관련되기 때문에 다차원적이다. 반면에 태도의 감정적 차원은 각 속성에 대한 평가와 감정반응이 종합되어 나타나는 결과이므로 단일 차원적 개념이다. 따라서 브랜드에 대한 소비자의 전반적인 감정은 소비자의 직접 평가를 통해 측정할 수 있다.

셋째, 행동적 요소란 소비자가 어떤 태도 대상에 대해 행동하는 경향과 관련되며 태도 대상에 대해 개인이 반응하는 성향을 의미한다. 이는 일반적으로 구매의도의 관점에서 측정되며 실제 구매 행동을 예측할 수 있다는 점에서 중요한 의미를 갖는다.

2) 태도의 형성과 강화 및 변화

광고 커뮤니케이션에서 설득의 목표는 크게 태도나 행동의 형성, 강화(유지), 그리고 변화 같은 3가지로 구분할 수 있다. 태도의 형성에 관한 설득이론은 학습이론과 단순노출 이론이 있고, 태도의 강화에 관한 설득이론은 기능주의 이론과 접종 이론이 있으며, 태도의 변화에 관련된 이론으로는 인지 일관성 이론(*consistency theory*)이 있으며 더 세부적으로는 인지부조화 이론(*cognitive dissonance theory*)과 사회적 판단이론(*social judgement theory*)을 들 수 있다. 태도나 행동의 형성과 강화 및 변화에 관련된 설득이론을 카피 창작의 맥락에서 몇 가지만 소개하면 다음과 같다.

(1) 단순노출 효과에 의한 태도의 형성

광고처럼 단순노출되는 미디어 텍스트로 그리 많지 않을 것이다. 일찍이 자이언스(Zajonc)는 대상에 대한 의식적 인지 없이도 대상에 대한 선호(태도)가 생길 수 있다고 보고, 어떤 자극에 반복적으로 노출될 때 그러한 자극에 대하여 친밀감이 생기고 그 결과 긍정적인 감정을 갖게 된다는 가설을 입증했다. 무의미한 단어를 0부터 25회까지 노출 횟수를 달리하며 제시였을 때, 매일 대학신문에 미국 대학생에게는 무의미한 한자(漢字)를 하나씩 제시하거나, 대학교 졸업앨범 사진을 익명의 대상에게 제시하여 모두 노출 빈도수와 선호도는 긍정적인 상관관계가 있음을 발견했다

(Zajonc, 1968). 이 밖에도 자이언스는 단어, 음악작품, 예술작품, 그리고 초상화에 대한 반복적 노출은 그러한 대상들에 대한 호의성을 증대시켰다는 증거를 제시했다.

이와 같이 단순노출 효과이론에서는 단순히 반복적으로 노출하는 것만으로도 대상에 대한 친숙함이 생기고, 그것이 결국 호감 또는 긍정적인 태도를 야기한다고 설명한다. 대상에 대한 인지적 분석이 없어도 자주 노출되었다는 것만으로 대상을 선호할 가능성이 있음을 설명하는 이 이론에서는 '단순노출 → 친밀감 증가 → 선호도 증가'라는 시사점을 카피라이터들에게 제공한다. 단순노출 효과를 광고효과와 관련해서 해석하면, 소비자는 광고 브랜드에 대한 인지적 정보처리와 관계없이 단순히 어떤 브랜드에 자주 노출됨으로써 그 상품에 대한 친밀감이 높아지고, 친밀감이 증가할수록 그 상표에 대해 긍정적 감정(호의적 상표태도)을 형성할 수 있으며, 이런 긍정적 감정이 그 상표에 대한 긍정적 행동(구매 선택 행동)의 가능성을 높여준다고 해석할 수 있다.

예를 들어, 19세기말 파리에 에펠탑이 건축될 당시에는 철골구조로 된 흉물이 도시 미관을 해친다는 이유로 파리 시민의 극심한 반대에 부딪쳤다. 완공 후 시민들은 아침저녁으로 그 탑을 자주 보게 되었는데 점점 그 탑이 친근해지기 시작했고 나중에는 '파리 서정의 극치'라고까지 극찬하게 되며 오늘에 이르렀다. 이와 같이 단순노출을 통해 형성된 매력을 '에펠탑 효과'라고 하는데(이현우, 2002), 이와 같은 사례를 통하여 단순노출의 위력을 실감할 수 있다. 만약 반복적 노출이 어떤 대상에 대한 호의를 유발하는 데 충분하다면 광고의 일정한 반복은 상표 인식을 가져오는 것뿐만 아니라 상표 선호에서도 효과적인 전략이 될 것이다.

(2) 기능주의 이론에 의한 태도의 강화(유지)

태도가 확실하면 개인적 욕구충족이 분명해지므로 소비자는 그들이 취하는 태도를 유지하려는 경향이 있다. 즉, 태도는 개인으로 하여금 특정한 계획을 성공적으로 실행하고 특정한 목표를 성취하도록 한다는 것이다. 어떤 태도를 나타내는 동기가 무엇인지를 알아보려는 질문이 기능주의 이론의 핵심이라 할 수 있다.

그동안 태도의 기능에 대하여 여러 가지 학설들이 제기되었으며 그 기능에 대한 명칭도 연구자에 따라 각각 다르게 명명했다. 일찍이 캐츠(Katz)는 실용적 기능, 가치표현적 기능, 자아 방어적 기능, 지식 기능 등 태도의 기능을 4가지로 요약하였으며 이는 최근까지 여러 연구자들에 의하여 지지되고 있다(Katz, 1960). 태도의 4가지 기능에 대하여 각각 살펴보면 다음과 같다.

첫째, 실용적 기능(*utilitarian function*)이다. 소비자는 혜택을 제공하는 어떤 태도 대상에 대하여 태도를 형성하게 된다. 일반적으로 어떤 상품이 소비자의 욕구를 달성하는 데 도움이 되면 호의적 태도를 가지게 되고 그렇지 못하면 그 상품을 싫어하는 경향이 있는데, 이것이 태도의 실용적 기능이다. 실용적 기능에 소구하는 카피의 예를 들면, "간편해요 - 하기스 슬림"(하기스 슬림)이나 "뾰족한 칫솔모가 당신의 프라그를 제거하고 하얀 이를 만들어드립니다"(안티프라그 칫솔) 같은 것이 있다. 많은 제품 광고에서는 상품의 기능을 설명함으로써 소비자에게 상품의 실용적 기능을 강조하고 있다.

둘째, 가치표현적 기능(*value-expressive function*)이다. 소비자는 일반적으로 자신의 가치, 개성, 라이프스타일, 심리적 특성 등을 나타내 줄 수 있는 어떤 태도대상에 대해 긍정적 태도를 형성하는 것이 보통인데, 이것이 태도의 가치표현적 기능이다. 예를 들어, "Pepsi drinkers think young"(펩시콜라), "누가 나이키를 신는가!"(나이키) 같은 카피에서는 상품의 실용성보다 상징적인 면을 강조함으로써 소비자의 가치표현적 기능에 소구한다.

예를 들어, 〈그림 4-6〉에 제시한 대한항공의 '미국 어디까지 가봤니?' 시리즈 중 '애틀랜타' 편은 소비자의 가치표현적 기능에 소구하는 카피를 썼다. '애틀랜타' 편의 카피를 보면 다음과 같다.

자막　15/50
여자　파릇파릇한 토마토에
　　　예쁜 튀김옷을 입혀 기름에 퐁당
　　　애틀랜타가 만들어준
　　　프라이드 그린 토마토
자막　travel.koreanair.com
여자　미국 어디까지 가봤니?
자막　애틀랜타
NA　Excellence in Flight KOREAN AIR

〈그림 4-6〉 대한항공, '애틀랜타' 편

이 광고카피는 발랄하고 청순한 이미지의 한효주가 모델로 등장하여 미국의 여러 주를 돌면서 그 주의 특색에 맞는 장면을 보여주면서 마지막에 이르러 "미국, 어디까지 가봤니?"라고 묻는 구성이다. 여행을 좋아하고 시간과 돈만 있다면 어디로든 떠나고 싶어 하는 사람들에게 대한항공이 좋다고 이야기하지 않고 미국 애틀랜타 주에 관한 이야기를 해주면서 그곳에 가서 느껴보고 싶다는 생각을 하게 만든다. 이렇게 되면 소비자는 자신의 가치를 표현하고 싶어 할 것이고 결국 대한항공에 대한 호감으로 연결될 것이다. 대한항공의 "미국, 어디까지 가봤니?" 캠페인은 미국 여행을 생각하고 있는 소비자들에게 깊은 인상을 남기게 될 것이 확실하다(김병희, 정상수, 2010). 특히, 이 '애틀랜타' 편은 목적지까지 고객을 안전하게 모시겠다는 투의 판에 박힌 기존의 항공사 광고 스타일과는 달리 가치표현적 기능에 소구함으로써 캠페인의 효과를 배가시켰다고 평가할 수 있다.

셋째, 자아방어적 기능(*ego-defensive function*)이다. 사람은 외적인 위협이나 내적인 감정으로부터 자신을 보호하기 위해 어떤 태도를 형성하는데, 이것이 자아 방어적 기능이다. 소비자는 싫어하거나 위협적 사실을 채택하는 데 있어 스스로를 방어하고자 하며, 투사나 반작용 형성 같은 고전적 방어기제를 통한 태도들을 계발한다. 소비자 외적 위협으로부터 자신을 보호하고 내적 갈등을 해소함으로써 스스로 자기 이미지를 보호하는 것이다. 따라서 카피라이터는 소비자에게 상품을 사용해서 얻을 수 있는 혜택을 제시하거나 그 상품을 사용하지 않을 경우의 위험 요소를 강조함으로써 태도의 자아방어적 기능에 소구할 수 있다.

〈그림 4-7〉 더블에이, '걸녀의 하루' 편

예를 들어, 〈그림 4-7〉에 제시한 더블에이(Double A)의 '걸녀의 하루' 편에서는 우리가 일상생활을 하면서 여러 가지에 '걸리는' 상황을 제시하며 복사기의 용지 걸림을 돋보이게 표현해냈다. 이 광고는 소비자 스스로 자신의 이미지를 가꾸고 보호하려는 태도의 자아 방어적 기능에 소구하고 있다. 검색광고 분야에서는 카피 파워에 따라 매출이 결정된다는 말이 나올 정도로 온라인 광고에서도 카피라이터의 설득 솜씨가 중요해졌는데, 담당 카피라이터는 이 온라인 광고에서 소비자 태도의 강화를 위해 자아 방어적 기능에 호소하며 창의성을 발휘한 것이다. 걸림 없는 복사지라는 콘셉트를 노래형(CM 송) 스타일로 풀어낸 이 광고의 카피는 다음과 같다.

자막　걸녀의 하루
여자　아아아아아악~~~
　　　머리 걸려(*hair jam*)~ 다리 걸려(*leg jam*) 오늘도 지각이네~
　　　걸려 걸려~ 굽이 걸려(*heel jam*) 나 정말 미치겠어
　　　걸려 걸려~ 교통 걸려(*traffic jam*)
　　　(허허~차 무지 막히네) 오늘도 30분째
　　　문에 걸려~ 자꾸 걸려(*door jam*) 팀장님 화내겠네(*boss jam*)
　　　No Jam No Stress, Double A
　　　No Jam No Stress, Double A

내 이름은 걸려 자꾸만 걸려
걸려 걸려 자꾸 걸려 내 하루 정말 꼬여
걸려 걸려 그만 걸려(*paper jam*) 나 이제 더블 A
나 이젠 더블 A!

남자 자막 그러게 내가 더블 A 쓰랬잖아!!
여자 자막 더블 A 누가 다 쓴 거야?
NA 걸림 없는 인생?
걸림 없는 Double A! No Jam No Stress!"

이 광고에서는 '걸녀의 하루'라는 주제를 바탕으로 소비자들이 하루 동안에 일어날 수 있는 여러 가지 불편한 상황을 종이가 프린터에 걸려서 불편함을 느끼는 문제로 비유한다. 그때마다 여성들은 자신을 방어하고 싶어 할 것이다. 따라서 카피라이터는 여러 상황(*hair jam, leg jam, heel jam, traffic jam, door jam, boss jam, paper jam*)을 제시하며 걸림 없는 인생을 위해서라면 종이가 걸리지 않아 스트레스도 없는(*No Jam No Stress*) 더블 A를 써보라고 권유한 것이다.

카피라이터는 직장인 중에서도 특히 여성이 공감할 수 있는 내용들을 찾아 재미있게 카피를 써서 노래형(CM송) 스타일의 광고를 만들었다. 계속 뭔가에 걸려 하루가 꼬이는 한 직장인 여성의 모습을 묘사하는 카피를 소비자들이 자신도 모르게 자꾸만 흥얼거리도록 유도한 셈이다. 인터넷 UCC의 특성을 고려하여 텔레비전 광고에서는 볼 수 없는 색다른 재미를 주는 광고이다. 머피의 법칙이라는 말이 있듯이, 이 광고 창작에 참여한 카피라이터는 소비자들에게 '걸녀의 법칙'을 제시하며 자아를 방어하라고 한 셈이다.

넷째, 지식기능(*knowledge function*)이다. 어떤 태도는 질서나 구조 또는 의미에 대한 욕구의 결과로 형성된다. 소비자는 모호한 상황에 있거나 새로운 상품을 접하면 그에 대한 지식을 획득하려고 하는데, 이것이 태도의 지식 기능이다. 소비자는 사회생활에서 접하는 모든 정보를 무조건 통합하기보다 태도 대상에 의미를 부여하기 위해 효율적인 방법으로 정보를 조직화하며, 이때 지식 습득에 관한 태도를 형성한다. 광고에서는 많은 지식을 제시함으로써 소비자에게 어떤 브랜드에 대해 지식기능에 의한 태도의 강화(유지)를 강조하고 있는 셈이다.

(3) 인지 일관성 이론에 의한 태도의 변화

태도와 행동이 불일치하면 사람들은 긴장과 불안을 나타낸다. 페스팅거(Leon Festinger)는 사람들이 태도 대상과의 차이가 있을 때 부조화를 느끼며, 인지 부조화 상태의 사람들은 인지 부조화를 줄이거나 제거하려고 시도하는데, 두 가지 요소가 조화를 이루도록 한 가지 요소를 변화시키고, 조화로운 인지를 추구하며, 인지의 중요성을 변화시킨다는 것이다.

이때, 개인의 인지 부조화에는 어떤 인지와 다른 인지가 아무런 의미를 가지 못하는 무관계(*irrelevant*), 조화관계(*consonant*), 부조화관계(*dissornant*)가 있다. 부조화가 어떻게 강화되는지의 문제, 그리고 개인적 차이에 따라 어떻게 달라지는지, 그리고 심리적 동인에 따라 부조화의 해소가 결정된다(Cooper & Fazio, 1984). 인지 일관성 이론은 소비자가 광고의 정보원을 신뢰할 수 있는지의 여부에 따라 불균형을 어떻게 시정하는지를 알아보거나 정보원과 소비자의 부조화 관계를 어떻게 조정하는지를 알아보는 데 적용될 수 있다.

〈그림 4-8〉 매일유업, '하얀 바나나' 편

부조화의 해소에는 개인의 신념을 공개적 행동과 일치하도록 변화시키는 방법이 있다. 인지 부조화가 크면 클수록 공개적인 행동과 일치하려고 하는 태도 변화의 기회가 많아지기 때문에 이를 줄이려는 압력이 커진다고 할 수 있다. 인지 일관성 이론은 소비자의 마음을 유도하는 원칙을 이해하는 데에 유용하다. 또한, 이 이론은 인지 부조화로 긴장이 발생하면 부조화 요소들 간에 조화를 이루도록 노력하는 소비자의 동기를 이해하는 데 유용하다.

예를 들어, 〈그림 4-8〉에 제시한 매일유업 "바나나는 원래 하얗다"의 '하얀 바나나' 편을 비롯한 시리즈 광고는 태도와 행동이 불일치하면 사람들은 긴장과 불안을 나타낸다는 인지 일관성 이론으로 설명이 가능하다. 이 제품의 콘셉트는 사람들의 건강을 생각하여 색소를 사용하지 않고 천연과즙으로 맛을 낸 하얀색의 바나나 과즙 우유인데, '바나나는 원래 노랗다'고 생각하는 사람들의 인식과 편견을 바꿔 버렸다. 카피라이터는 이렇게 함으로써 인지 부조화를 느끼는 소비자들이 부조화를 해소하기 위해 개인의 신념을 광고 메시지와 일치하도록 변화시키려고 했던 것이다. 기존의 인식을 부정하는 카피가 있었기에 이 광고는 전달력이 있었으며, 웰빙시대에 알맞게 소비자의 마음속에 매일유업 바나나 우유를 독특한 브랜드로 자리매김하도록 했다.

또한, '백 부장의 굴욕' 편은 리얼 다큐멘터리 또는 현장 고발 텔레비전 프로그램을 재현하는 형식을 취하고 있다. 이 광고에서는 '바나나는 원래 하얗다'라는 신상품을 만든 백 부장이라는 인물이 '바나나가 노랗지 어떻게 하얗지?'라고 생각하는 주변사람들에게 이해받지 못하고 곤경에 처하는 상황을 전달한다. 참신한 발상이 인상적인 이 광고는 M사 마케팅본부에서 본부장과 백 부장의 대화로 시작된다. 카메라 앵글은 몰래 카메라 각도에서 잡았다.

본부장 위대하신 백 부장님 오셨네요.
이거 지금 '바나나(우유)가 원래 하얗다'라는 게 말이 됩니까?
백 부장 원래 속 먹는 부분은 하얗거든요.
본부장 어쩌라고요~ 안 팔리는 걸 어쩌라고요.
(백 부장이 자기제품 마시자) 들어갑니까? 그게!
존경스럽습니다. 백 부장님. 예? 구두는 왜 검정구두 신고 오셨어요?
흰 구두 신고 다니셔야지~
백 부장 ….
본부장 그래야 백 부장님 아니에요?

지하철에서 찍던 사람이 백 부장 옆에서 인터뷰하는 장면으로 바뀐다.

촬영자 지금 심경은?
백 부장 사실 그렇잖아요. 바나나를 까보면 (속은) 분명히 하얀 건데.
내가 한 일에 대해서는 지금도 후회 안 해요.

광고는 여기에서 머물지 않고 '편의점' 편과 '여중학교' 편으로 이어지며 본부장, 편의점 직원, 여자중학교 교사에게 백 부장이 질타받는 내용으로 계속된다. 이 광고는 방송 당시에 호평을 받았으며 나중에는 온라인 게임광고에서 패러디되기도 했다. “내가 한 일에 대해서는 지금도 후회 안 해요”라는 마무리 카피를 보라! 주변 사람들이 이해하지 못해서 굴욕을 당해도 새 우유를 개발한 것에 후회하지 않는다는 의지를 보여주는 광고이다. 이 광고 역시 인지 부조화를 느끼는 소비자들이 부조화를 해소하기 위해 개인의 신념을 광고 메시지와 일치하도록 변화시키려고 했던 점에서 대단한 주목을 받았다.

이상의 단순노출 이론, 기능주의 이론, 인지 일관성 이론의 공통점을 알아보자. 3가지 이론 모두 태도 대상(*Ao*)에 대한 개인의 호의나 비호의가 일관성을 갖는다고 가정한다. 이 세 가지 이론을 광고 커뮤니케이션 상황에 적용해 보면, 소비자들이 어떤 브랜드가 긍정적 혜택을 가져다준다고 믿으면 그 브랜드를 좋아할 가능성이 높고(감정), 그것을 구매할 가능성이 더 크다는 것으로 해석할 수 있다. 어떤 브랜드의 광고가 자주 눈에 뜨이면(단순노출) 그 브랜드에 대한 호감도가 올라가며, 그 브랜드가 소비자의 가치를 표현하는 데 유용한 도구라고 생각하고(가치 표현 기능), 만약 혁신적인 신상품에 등장한 모델이 자신의 기대치와 다른 경우에는 자신의 부조화를 해소하려고 할 것이다(인지 부조화→인지 일관성).

반면에 이상의 3가지 이론의 차이점은 다음과 같다. 인지 부조화 이론에서는 소비자들이 부조화 상태에서는 심리적으로 불편함을 느끼기 때문에 소비자의 인지 부조화를 줄이는 동시에 부조화를 증가시키는 상황과 정보를 적극적으로 회피하도록 한다는 점을 전제하는 데 비해, 단순노출 이론에서는 그런 맥락을 고려하지 않고 서로 무관하거나, 서로 조화되거나, 서로 조화되지 않거나를 고려하지 않는다(김병희, 2007).

또한, 소비자 행동에서는 다시 돌이키기 어려운 상황이 있는데, 인지 부조화 이론에서는 소비자가 언제나 모든 것을 조화롭게 조정하려한다고 전제하는데, 이는 기능주의 이론과의 차이점이다. 마찬가지로 단순노출 이론에서는 노출 빈도나 시간의 경과에 따라 대상에 대한 태도가 달라질 수 있다고 보았는데, 이러한 관점은 기능주의 이론이나 인지 부조화 이론으로는 설명하기 어렵다.

4. 개성과 라이프스타일을 제고하는 카피라이팅

1) 개 성

개성(*personality*)이란 소비자가 주변환경에 대하여 지속적이며 일관되게 반응하는 독특한 심리적 경향이며, 어떤 자극에 대하여 소비자가 특정 양식으로 생각하거나 행동하는 경향을 의미한다. 어떤 특성이 모든 소비자에게 공통으로 존재하더라도 그 특성을 결합하는 방식은 개인마다 다르고 독특하기 때문에 소비자에 따라서 개성에 차이가 있다. 개성의 전반적인 특성은 개인차를 반영하며, 일관되고 지속적이며, 그리고 일관되게 지속된다 하더라도 사건이나 상황에 따라서 변화가 가능하다는 점이다(Solomon, 1999).

소비자 행동을 일정 기간 관찰해 보면 다양한 자극이 주어지더라도 그 행동에는 어떤 일관성이나 규칙이 존재한다. 이러한 일관성이나 규칙을 특성 또는 기질(*trait*)이라고 한다. 특성은 개인마다 공통적으로 갖고 있으나 정도의 차이가 있으므로 소비자에 따라서 개성이 달라지는 것이다. 환경요소가 변하더라도 그 특성들은 매우 안정적이므로 소비자 행동에 상당한 영향을 미친다고 하겠다. 소비자의 개성 파악은 시장 세분화 상품 포지셔닝(*positioning*)에 유용하므로 카피라이터는 소비자의 개성에 대해 세심하게 분석할 필요가 있다.

소비자의 개성에 따라 소비 패턴이 다를 수 있으므로 소비자의 개성을 몇 가지 유형으로 구분하고 유형별 소비 패턴이 어떻게 다른지 규명하면 시장 세분화에 따른 유익한 정보를 얻을 수 있다. 또한, 개성의 유형에 따라 소비자들이 선호하는 매체를 파악함으로써 세분화된 시장별로 영향을 미칠 수 있는 광고매체를 선정하고 그 매체에 적절한 카피 메시지를 개발하면 보다 높은 광고효과를 기대할 수 있을 것이다. 소비자는 개인의 선호, 자신이 처한 위치, 구매 상황에 따라 어떤 상품을 구매한다. 따라서 기업들은 시장 전체를 공략하기보다 소비자의 개성에 따라 세분 시장을 선택하는 방식을 취하게 되었다. 세분시장 마케팅은 크게 '시장 세분화→ 표적시장 선정→ 포지셔닝'의 3단계로 이루어지며, 개성은 시장 세분화를 결정하는 주요 변수의 하나로 작용하는 것이다.

또한, 개성은 어떤 상품이 세분화된 시장의 특성에 알맞게 자리매김(*positioning*)하는데 카피라이터에게 유용한 시각을 제시해 준다. 예를 들어, 순종형의 여성 시장을 대상으로 하는 화장품 광고의 카피 창작에서는 권위자에 의한 증언을 사용할 수 있고, 자아도취형의 여성 시장을 대상으로 하는 화장품 광고의 카피 창작에서는 치장하는 아름다움을 묘사하는 카피를 창작할 수 있다. 그리고 지배형의 여성 시장을 대상으로 하는 화장품 광고의 카피 창작에서는 소비자의 자존심을 살려주고 상류 사회의 캐리어우먼이라고 소비자를 묘사하는 카피를 쓸 수 있다.

이상에서 제시한 소비자의 개성을 이해하면 카피 창작에 있어서 다양하고 구체적인 아이디어를 얻을 수 있을 것이다. 카피라이터는 소비자의 개성에 대하여 보다 깊이 있게 이해함으로써 소비자의 욕구를 자극할 수 있는 카피를 창작해야 한다. 예를 들어, 상품의 상징적 의미(향수나 의류 등의 환상적 소구)를 강조하는 카피를 제시하여 소비자에게 그 상품의 상징적 가치를 강조할 수도 있으며, 이와는 달리 상품의 물리적인 혜택을 강조함으로써 상품의 물리적 속성을 강조할 수도 있는 것이다. 어쨌든 모든 것은 카피라이터의 선택과 적용에 달려 있다.

2) 라이프스타일

라이프스타일(*life style*)이란 사람들이 시간을 소비하는 방법이나 일상의 활동 양상을 말하는데, 최근에는 소비자 스스로 자신을 어떻게 인지하며 타인이 자신을 어떻게 생각하는지에 대한 자아개념(*self concept*)을 반영하는 것으로 이해된다. 따라서 동기부여, 지각과 학습, 태도, 인구 통계적 특성, 심리 묘사적 특성 같은 개인의 심리적 요인들과 문화, 가치, 사회계층, 준거집단 같은 사회문화적 요인들이 라이프스타일을 형성한다.

또한, 특정 문화나 특정 집단의 라이프스타일은 당연히 다른 문화나 다른 집단의 그것과 구별된다. 라이프스타일은 소비자가 그들의 시간을 소비하는 방법(활동), 그들의 환경에서 중요하다고 생각하는 것(관심), 그리고 주변에 대한 생각(의견)에 따라 달라지며, 앞에서 언급한 자아 및 개성의 개념과도 밀접하게 연계되는 개념이라고 하겠다. 특히, 라이프스타일은 독특한 욕구 기준과 태도를 형성하고, 강화하며,

변화하는 과정에서 소비자의 경험을 유발하기 때문에 카피라이터들이 소비자의 라이프스타일을 분석하면 소비자의 구매행동을 설명하고 세분 시장을 설정하는 데 도움이 될 것이다. 같은 맥락에서 최근 상품을 구매하고 사용하는 사람들을 소비자의 개념을 넘어서는 생활자(生活者)로 이해하자는 연구결과도 보고됐다(박기철, 2005).

소비자의 라이프스타일 연구의 강조점을 보면 다음과 같다. 첫째, 겉으로 나타나는 소비자의 생활은 비교적 쉽게 관찰할 수 있으며, 둘째, 동기 이론, 학습 이론, 개성 이론, 사회계층 이론 같은 광고 심리학 이론들이 종합적으로 망라되며, 셋째, 라이프스타일은 소비자 집단의 특성에 대하여 생동감 있게 사실적으로 묘사하기 때문에 이용 가치가 높고, 넷째, 인간을 각종 재화와 서비스를 소비하는 소비자로 이해하지 않고 개인의 가치관에 따라 행동하고 실천해나가는 생활자의 모습으로 이해한다는 점이다. 우리나라의 1세대 카피라이터인 김태형은 광고 창의성의 개념을 '생활의 제안'이라고 하였는데(김병희, 2004b), 이는 광고 심리학에서 말하는 라이프스타일의 또 다른 표현이다.

한편, 카피라이터들은 라이프스타일에 대해 사람들의 습관 정도로 맹목적으로 이해해서는 안 된다. 여러 가지 라이프스타일 측정방법 중 가장 많이 쓰이는 방법이 활동 관심사 의견(AIO) 변수에 의한 측정법인데, 여기서 제시된 라이프스타일 측정 항목에 대해 공부하면 자신이 많은 브랜드의 소비자 라이프스타일에 대해 보다 효율적으로 파악할 수 있을 것이다. 일찍이 플러머(Plummer)는 소비자가 시간을 어떻게 보내는지(활동, *activities*), 소비자는 어떤 환경 속에서 무엇을 중요하게 고려하는지(관심, *interests*), 소비자는 자신과 주변환경에 대해서 어떻게 생각하는지(의견, *opinions*)를 식별하는 생활양식으로 정의하고 라이프스타일을 식별하는 AIO 측정법을 제시했는데(Plummer, 1974), 현재 이것이 보편적 준거로 사용된다.

예를 들어, LG의 기업 PR '명화' 시리즈 광고에서는 세계적으로 유명한 명화의 한 장면 속에 LG의 상품을 배치하고서 "당신의 생활 속에 LG가 많아진다는 것은 …"이라는 카피로 프리미엄 브랜드의 가치를 제고하였다. 이 가정법 카피에 대해 대응하는 카피로 "기분 좋은 일이 많아진다는 것", "미래를 일찍 만난다는 것", "생활이 예술이 된다는 것"이라는 세 가지 메시지를 전달했다. 〈그림 4-9〉에 제시한 '휴가' 편에서는 LG 상품을 이용하면 생활이 더 좋아지고 예술적인 생활이 될 수 있다는 메시지를 전달했다. 만약 우리나라 소비자들의 라이프스타일 단순히 먹고

〈그림 4-9〉 LG 기업 PR, '휴가' 편

사는데 집중되어 있었다면 이런 광고는 절대로 나올 수 없었다. 경제적 풍요를 바탕으로 예술을 사랑하는 사람들이 늘어나고 있기 때문에 이런 광고 나올 수 있었으며, 카피라이터는 그런 소비자의 라이프스타일에 주목하여 "당신의 생활 속에 LG가 많아진다는 것은…"이라는 카피를 쓸 수 있었다고 하겠다. 이 광고는 꾸미지 않은 채 제품을 명화 속의 소품처럼 넣어서 생활과 함께 어우러진 모습으로 자연스럽게 처리했는데, 숨은그림찾기 하듯이 제품이 어디에 배치돼 있는지 살펴보는 재미가 쏠쏠하다. 최근 들어 유행하고 있는 아트 마케팅의 원리를 적용한 광고라고 할 수 있으며, 아트 마케팅을 실시할 수 있었던 원천은 소비자들의 달라진 라이프스타일에 있었다고 하겠다.

일반적 AIO는 개인의 일반적인 활동, 관심사, 의견을 말하며, 구체적 AIO는 특정 상품이나 서비스와 관련된다. 첫째, 활동이란 소비자가 주로 어떻게 행동하며 시간을 보내는지, 소비자가 선호하는 매체와 매체 이용 습관, 쇼핑 태도, 신상품이나 서비스에 대한 태도 등 외부로 표출되는 행동이다. 둘째, 관심사는 소비자가 좋아하고 중요시하는 것을 알아보고 특정한 대상이나 화제에 대하여 강력하고 지속적인 주의를 기울이는 정도이다. 셋째, 의견은 사물이나 사건에 대하여 어떻게 생각하고 있는지에 대한 소비자의 반응을 의미한다. 〈표 4-2〉에 제시한 AIO 측정 항목은 개인의 일반적인 활동과 행위와 관심사 그리고 의견을 나타내는데, 이러한 변수들을 종합적으로 반영하여 개인이나 집단의 라이프스타일을 규정하게 된다.

〈표 4-2〉 AIO 측정 항목

활동(A)	관심사(I)	의견(O)	인구통계적 특성
일	가족	사회문제	나이
취미	가정	정치	교육
사회활동	직무	기업	소득
휴가	지역사회	경제	직업
오락	유행	교육	가족규모
쇼핑	매체	상품	거주지
스포츠	성취	문화	라이프사이클 단계

국내에서도 휴대전화 시장의 팽창과 정보기술(*IT*)의 발달로 인해 한국인의 라이프스타일이 다양하게 바뀌고 있다. 주 5일제 근무가 이미 정착되어 새로운 여가문화가 등장하고 있으며, 통신기술의 발달과 생활수준의 향상 및 가치관의 변화에 따라 다양한 유형의 소비자 집단이 출현하고 있다. 이러한 상황에서 카피라이터들이 소비자의 라이프스타일에 대해 진지하게 고민하고 그에 따라 새로운 생활을 제안한다면 보다 효과적인 카피를 쓸 수 있을 것이다.

이제, 우리나라에서도 상품의 장점만을 일방적으로 강조하던 시대는 가고, 바야흐로 소비자가 아닌 생활자들이 늘고 있기 때문이다. 라이프스타일은 시장 세분화, 매체 선정, 광고 캠페인의 개발에 효과적으로 적용할 수 있다. 라이프스타일에 의한 소비자 행동 분석 결과는 마케팅 전략 수립에 있어서 표적시장을 선정을 위한 객관적이고 과학적인 시장 세분화 방안을 제시한다. 또한, 이 결과는 소비자 집단별로 라이프스타일의 특성을 정확하게 파악함으로써 표적시장의 특성에 맞는 상품이나 서비스를 개발하는 동시에 카피창작에서도 차별적 메시지를 구성하는 가이드라인을 제공할 것이다.

• 생각해 볼 문제 •

1 어떻게 하면 소비자들이 더 잘 기억할 수 있는 카피를 쓸 수 있을까? 가장 잘 기억나는 카피를 한두 개 생각해 보고 왜 그 카피가 기억에 남는지 분석해 보자.

2 자신의 일주일 동안의 라이프스타일(활동, 관심사, 의견)을 정리해 보자. 그리고 소비자의 라이프스타일에 따라 카피를 어떻게 쓸 것인지 이런저런 생각을 정리해 보자.

3 최근 텔레비전에서 방송되는 광고 20개를 자세히 살펴보고, 그 광고에 어떠한 문화적 특성이 나타나는지 분석해 보자. 그리고 카피를 어떻게 쓸 것인지 생각해 보자.

• 핵심정리 •

이 장에서는 광고 심리학에 관한 지식이 카피 창작에 있어 얼마나 유용한지 알아보았다. 본문에서 예를 들어 설명한 지각과 기억, 동기와 가치, 태도의 형성과 변화 및 강화, 그리고 개성과 라이프스타일에 관한 지식은 카피를 쓸 때마다 유용한 가이드라인을 제공할 것이다. 특히, 광고 심리학에 관한 지식을 바탕으로 소비자의 관점에서 소비자가 바라는 상품에 대한 욕구를 파악하고, 시장 세분화에 따른 표적시장을 구체적으로 정의하여 소구대상에 적합한 메시지 전략을 수립하고, 주요 개념을 이해함으로써 소비자 심리 변화에 적합한 카피를 창작함으로써 카피 창작에 유용한 현실적인 아이디어를 얻기를 바란다. 그리고 무엇보다 중요한 것은 광고 심리학에 관한 지식을 단순히 암기하기보다 카피를 쓸 때마다 적절한 심리학 이론을 적용해서 보다 효과적인 카피를 쓰는 일이다.

• 나의 현역시절 대표카피 •

> … 사람들이 다 퇴근한 다음, 혼자 남아서 (중략) 그렇게 불면의 밤을 지새우다가 대단한 아이디어 하나를 건져 올린 다음에 회사 문을 나서면 새벽의 찬바람이 상큼하게 몰려온다. 카피라이터라면 누구나 콧등을 스치는 새벽의 그 찬바람을 사랑했을 것이다.

광고회사에서 카피라이터 겸 크리에이티브 디렉터로서 한창 열심히 일하던 무렵, 나는 "다시 쓰는 '일과 후에 쓴 글'"이라는 기고문에서(김병희, 1997a, 1997b), 당시 카피라이터로서 내가 느끼던 심경을 위의 글처럼 밝힌 바 있다. 내 첫 직장이었던 신문사에서 광고회사 선연(Sonyon Communications)으로 자리를 옮긴 다음 나는 2000년 2월말까지 오로지 한 군데만 있었다. 선연은 독립광고회사였기에, 소형 광고주들이 많았다. 그렇기 때문에 장기 캠페인을 할 기회는 적었지만 자잘한 광고 만드는 재미가 제법 쏠쏠했다. 그 회사의 대표가 오리콤 사장과 국제

광고협회(IAA) 세계회장을 지낸 김석년 회장님이었기에 광고를 보는 눈높이가 가히 국제적 수준이었다. 따라서 리뷰를 받는 과정에서 초죽음을 당하는 경우가 많았다. 현역시절의 나는 많은 광고를 만들었다. 망각은 새로운 스타일을 창조하는 원천이라는 생각 때문에 특별히 광고물을 보관하지 않았다. 그 중에서 생각나는 몇 가지를 소개하면 다음과 같다.

BC 카드의 'BC 동창회' 편은 1995년 하반기에 방송되었는데 친한 친구들끼리의 술자리에서 서로 계산하려는 우리나라 남자들의 속성을 바탕으로, 각자가 동시에 계산하려고 카드를 꺼냈는데 "어? 비씨동창회네?"하며 모두 BC 카드였다는 식으로 BC 카드의 범용성을 표현했다.

그리고 1997년부터 1998년까지 2년간 대우그룹의 세계경영 캠페인을 담당했다. '세계경영 = 다음 세대와의 약속'이라는 광고 콘셉트가 개발되었고, 1차의 '내가 살고 싶은 나라' 편에 이어 '잠든 체하는 아이' 편이 집행되었다. "세계경영, 다음 세대와의 약속입니다"라는 헤드라인을 바탕으로 "우리 아이들이 세계의 중심으로 살아가는 세상을 위해" 대우가족은 더 열심히 노력하겠다는 쪽으로 정리했다.

또한, 1997년, 나는 라이코스코리아의 론칭 광고를 맡게 됐다. 래브라도 리트리버라는 맹인안내견을 등장시켜 주인이 "라이코스!"하고 부르면 스포츠카든 공룡 뼈든 못 가져오는 게 없다는 내용이었다. 카피는 "잘했어, 라이코스!"였다.

이 밖에도 "젊음만 가져오십시오. 나머지는 아주대가 책임집니다"(아주대학교), "What a Wonderful World"(대우증권 사이버 트레이딩 WWW), "때로는 구속받고 싶다. 영혼이 자유로운 남자"(워모), "맛좋은 여름 섬 르네상스로 오세요"(서울르네상스호텔 Summer Package), "더 가뿐하게"(화승상사 K·Swiss, Travel Fox 슈즈) 등 많은 카피를 썼다.

• 참고문헌 •

김병희, 1997a, "다시 쓰는 '일과 후에 쓴 글'", 〈월간 한국광고〉, 5월호.

______, 1997b, 《광고 하나가 세상을 바꾼다》, 서울: 황금가지.

______, 2004a, "한국과 중국 광고에 나타난 가치 패턴 비교", 〈광고학연구〉, 15(3).

______, 2004b, "카피 창작의 아득한 황홀경: 김태형", 《크리에이티브의 길을 묻다》, 서울: 살림출판.

______, 2006a, "가치관의 차이가 국제광고 표현에 미치는 영향: 한미 간 비교문화연

구", 〈한국광고홍보학보〉, 8(3).
______, 2006b, "기억의 단서 제시", 《광고 오디세이》, 서울: 새문사.
______, 2007, 《광고카피창작론: 기본원리 편》, 파주: 나남출판.
______ · 정상수, 2010, "광고 캠페인과 스토리텔링 전략 분석: 대한항공 '미국, 어디까지 가봤니?' 캠페인을 중심으로", 〈광고 PR 실학연구〉, 3(1).
김완석, 2000, 《광고심리학》, 서울: 학지사.
문영숙, 2003, "텔레비전 광고의 가치소구에 대한 비교문화연구", 〈광고연구〉, 59.
박기철, 2005, "소비자 조사 · 분석을 넘는 생활자 체험 · 이해", 〈한국광고홍보학보〉, 7(3).
오창일, 2009, "경쟁 프리젠테이션 사례 생방송", 《킹카교실》, 서울: 북코리아.
이현우, 2002, 《사람의 마음을 움직이는 설득심리》, 서울: 더난출판.
홍재욱, 2002, "광고와 문화적 가치: 중국과 한국의 TV 광고 비교", 〈광고학연구〉, 13(4).

Cheng, Hong & J. C. Schweitzer, 1996, "Cultural Values Reflected in Chinese and U. S. Television Commercials", *Journal of Advertising Research*, 36(3).
Cooper, Joel & Russell H. Fazio, 1984, "A New Look at Dissonance Theory", *Advances in Experimental Social Psychology*, 17.
de Mooij, Marieke, 2004, *Consumer Behavior and Culture: Consequences for Global Marketing and Advertising*, Thousand Oaks, CA: Sage, 김유경 · 이상훈 · 김병희 역, 2007, 《소비자행동과 문화》, 파주: 나남출판.
Kim, Byoung Hee, Sangpil Han, & Sukki Yoon, 2010, "Advertising Creativity in Korea: Scale Development and Validation", *Journal of Advertising*, 39(2).
MacGregor, James N., 1987, "Short-Term Memory Capacity: Limitation or Optimization", *Psychological Review*, 94.
Maslow, Abraham H., 1970, *Motivation and Personality*(2nd ed.), New York, NY: Harper & Row.
Miller, George A., 1956, "The Magical Number Seven, Plus or Minus Two: Some Limits on Our Capacity for Processing Information", *Psychological Review*, 63.
Plummer, Joseph T., 1974, "The Concept and Application of life Style Segmentation", *Journal of Marketing*, 38(1).
Rokeach, M., 1973, *The Nature of Human Values*, New York: Free Press.
Solomon, Michael R., 1999, *Consumer Behavior(4th ed.)*, Upper Saddle River, NJ: Prentice Hall.
Zajonc, R. B., 1968, "Attitudinal Effects of Mere Exposure", *Journal of Personality and Social Psychology Monography Supplement*, 9(2).

카피와 창의성 5

이화자

광고인이 되기 위해서는 광고회사에 입사시험을 치러야 하고 광고회사에 합격하기 위해서는 이른바 말하는 "광고고시"라고 불리는 시험을 치러야 한다. 그런데 광고회사의 시험문제라는 것이 정답이 없는 것이 대부분이다. 특히 카피라이터의 시험은 더욱 그렇다.

내가 입사할 때의 시험문제는 '술'을 주제로 한 작문(소설형식이든, 희곡형식이든, 시든 간에 장르는 상관없이)을 하는 것과 '그 중 한 브랜드'(당시 시험을 보던 회사가 대행하던 브랜드)를 가지고 텔레비전 광고와 인쇄광고 아이디어를 각각 한 개씩 내는 것이었다. 시험보던 책상 위에는 해당 브랜드 맥주 캔이 돌려졌고, 주어진 3시간 동안 작문과 아이디어를 내다 막히면 그 맥주를 마셔가면서 시험봤던 기억이 난다.

어떤 회사 시험문제엔 "전국에 주유소가 몇 개가 있을까요?"라든가, "물로 움직이는 자동차의 이름을 만들어 보시오", 혹은 "노래방 말고 돈을 벌 수 있는 방의 종류를 있는 대로 써보라"는 문제가 나왔다고 하고, 또 어떤 회사 시험문제엔 "하늘에서 눈 대신 설탕가루가 내린다면 어떤 일이 벌어질까?"라는 황당한 문제도 나왔다고 한다.

그럼 유명한 광고대행사들이 왜 이런 시험문제를 내는 것일까? 그것은 카피라이터가 되기 위해서는 학점이나 토익점수 이상의 눈에 보이지 않는 많은 재능이 요구되기 때문이다.

어떤 요인들이 카피라이터의 창의성에 영향을 주는가를 명쾌하게 정리하기는 쉽지 않지만 여러 학술적 연구와 실사례를 통해 알려진 대표적 항목을 살펴보면 다음과 같다.

1. 카피라이터와 상상력

창조라는 것은 지금 이 세상에는 없는 것을 만들어내는 것을 말한다. 그렇다면 지금 이 세상에 없는 것, 현실엔 없는 것은 어디 있는 걸까? 그건 인간의 상상 속에 있다. 이것이 바로 창의적인 사람에게 상상력이 필요한 이유이다.

달의 수가 늘어나서 생기는 해프닝을 묘사한 소설 〈무중력 증후군〉으로 한겨레 문학상을 받은 소설가 윤고은은 편의점에서 본 보름달 모양 빵을 보고 이 소설을 구상했다고 한다.

아인슈타인은 강의시간에 이론은 가르치지 않고 뜬구름 잡는 이야기를 많이 한 것으로 유명하다. 이에 대해 학생들이 제발 지식을 가르쳐 달라고 항의하자 아인슈타인은 이렇게 말했다고 한다. “여러분, 제가 만든 이론은 여러분들이 그렇게 원하는 지식이 아니라 끊임없는 상상력으로부터 나온 것입니다.”

어니스트 헤밍웨이 또한 상상력을 강조했다. 그는 정직성과 더불어 좋은 작가가 반드시 갖춰야 할 조건으로 상상력을 들었는데, 경험을 통해 더 많이 배울수록 더욱 참된 상상력을 가질 수 있다고 보았다. 또한 신뢰할 수 있는 상상력을 펼쳐 보임으로써 사람들로 하여금 그가 말하는 것이 실제로 일어난 일을 그대로 옮겨 적은 것이라 믿게 만들 수 있다고 했다.

공상하고 꿈꾸는 것은 창조의 기본이다. 과거의 기억에 의해서 우리 머릿속에 축적된 이미지가 자유자재로 변모하여 이질적인 이미지와 이미지가 결합했을 때 상상을 더욱 생산적, 창조적으로 작용하게 한다.

여기 덴츠 카피라이터 나카무라 데이의 발상법을 예를 들어 살펴보기로 하자.

덴츠 카피라이터 나카무라 데이의 발상법

먼저 전차를 탄다. 거기에는 피곤에 지친 샐러리맨이나 고집스런 할머니, 가엾은 노인, 혈기왕성한 여자 중학생 등이 타고 있다. 그 사람들의 얼굴을 본다. 구두를 본다. 갖고 있는 것을 본다. 그리고 상상한다. 어떤 방에 살고 있을까? 가족은 몇 명일까? 어떤 성격의 소유자일까? 일단 상상력이 발동하기 시작하면 끝이 없다. 자꾸자꾸 마음대로 결정해가면 되니까 간단하다.

예를 들어 귀엽지 않은 자녀를 데리고 쇼핑한 물건을 많이 든 엄마가 있다고 하자. 나이는 38세. 도우자이선(東西線)의 우라야스에 살고 있다. 젊었을 때는 오테마치에서 직장생활을 했고 사내결혼을 했다. 한편 나는 어떤 여성 취업정보지의 카피를 생각한다. 역의 계단을 어린이를 안고, 물건을 들고, 불도저처럼 올라간다고 생각한다.

"어머니의 마력을 어떻게든 하고 싶다"라는 카피가 완성되었다.

예를 들어, 귀가길의 통근 전동차, 오늘도 무더운 하루였다고 하자. 밖에서 지친 증권회사의 과장(41세)이 양손으로 손잡이에 매달려 있다. 이 사람에게 이 맥주를 팔기 위해서는 무엇이라고 말해야 좋을까? 여기에 많은 카피를 던져보면, 안될 카피는 즉각 알 수 있다. 그리고 좋은 것만 남는다.

"덥고 더운 세상에 맥주만이 시원하게 남아있다"라는 카피가 완성되었다.

눈을 감고 총을 쏘아 올리기보다는 가상적이라도 좋으니 공격 목표를 정확히 하여 총을 쏘는 것이 즐겁고 명중할 확률도 높을 것이다.

1) 미디어 크리에이티브 시대에 더욱 필요해진 상상력

특히 오늘날 미디어 크리에이티브 광고시대에서 카피라이터는 더욱 확장된 능력을 요구받고 있다. 스토리텔러로서의 역할이 그것이다. 오늘날 매체간 경계가 없어진 광고시대에는 카피라이터에겐 콘셉추얼리스트(*conceptualist*)로서의 역할이 다른 어느 때보다 강조되고 있다. 책의 저술작업에서부터 광고영화(*ad movie*, *movecial*)의 시나리오 작업, CM 송을 비롯한 제품 홍보용 뮤직비디오의 가사작업까지 어떤 매체에도 적용가능하고 유연성 있는 작업 능력과 만능 엔터테이너로서의 역할이 필요해지고 있는 것이다.

따라서 카피라이터는 비누 한 개라도 그냥 빨래하는 데 쓰는 지방덩어리로 보아서

〈그림 5-1〉 상상력이 낳은 광고 사례: 커티샥 인쇄광고

는 안 되며, 작은 것 하나에서도 한 편의 스토리를 짜낼 수 있는 사람이어야 한다. 그 한 개의 비누 속에서 그것을 만든 메이커의 명예로운 역사, 그 비누를 사용해온 아름다운 여성의 모습, 앞으로 그 비누를 쓸 여성의 신선하고 고운 살결을 상상할 수 있어야 한다.

"틀을 깨는 사람들"이라는 카피 아래에 비주얼은 구름 위를 가로질러 달려오는 배이다. 구름 위의 배와 같이 전혀 맞지 않는 것의 결합, 이러한 것은 자유자재의 상상력을 통해 나올 수 있는 것이며, 이로 인해 소비자는 신선함과 낯섦을 느끼게 되고 깊은 인상을 받게 되는 것이다.

2) 카피라이터의 상상력은 지식에서 나온다

카피라이터의 상상력은 예술가의 그것과 조금은 다르다. 그것은 카피라이터의 상상력과 창조력은 제품과 직, 간접적으로 연관된 지식으로부터 나온다는 점이다. 전설적인 카피라이터 빌 번벅은 카피라이터는 일을 시작하기 전에 제품에 대해 샅샅이 알아야 한다고 말한다. 카피라이터의 능력은 소비자의 욕구와 지식을 연관시킨 창조력에서 나온다고 강조하면서 이렇게 함으로써 가장 경제적이고 크리에이티브하게 소비자를 끌어들이고 제품을 팔 수 있다고 말한다. 물론 이는 어렵고도 힘든 일이지만 그것이 바로 카피라이터가 해야 할 일이라는 것이다.

그는 또한 카피라이터가 자신의 기술과 능력을 개발하기 위해서는 진부하게 들릴지라도 계속해서 연습하고, 작업하고 생각하는 방법밖에는 없다고 말한다. 그것만이 자신을 뛰어넘는 길이며, 인간이 하는 모든 일이 카피를 위한 자원이 될 수 있지만 특히 독서를 하는 것이 매우 중요하다고 말한다. 철학책이나 소설책 등 책을 읽는 것이 이러한 능력개발에 필수적이라는 것이다.

오즈번의 상상력 트레이닝 법

브레인스토밍(*Brain Storming*)의 고안자 오즈번은 상상력 트레이닝을 위한 방법으로 다음과 같은 방법을 제시하였다.

- 아이들과 같이 논다.
- 그림이나 조각을 배운다.
- 미스터리나 SF 소설을 읽는다.
- 낚시를 한다(물고기의 입장에서 생각하면서).

2. 카피라이터의 태도 및 성향

카피라이터의 창의적 특성에는 성격도 있지만, 태도 및 성향도 매우 중요하다고 알려져 있다. 창의적 인물들은 대체로 경험에 대해 개방적이며, 감정과 무의식에 대해 허심탄회하고, 높은 자율성과 규칙에 대한 의심, 자유로운 속성을 지니고 있는 것으로 밝혀져 있다. 이들은 긍정적 자아상을 가지고 있으며 실패의 두려움에 대한 초연함을 지니고 있다.

아이디어에는 정답이 없고, 따라서 '나는 창의적인 사람이다'라고 스스로 믿을수록 더 좋은 아이디어를 낼 확률이 높아진다. 심리학에서는 이를 자아영상(*self-image*) 또는 자아개념(*self-concept*)이라고 하는데, 훌륭한 카피라이터가 되기 위해서는 '나는 누구보다 창의적인 사람이다'라고 하는 긍정적 자아관을 가지고, 자신을 가치 있는 존재로 인정하며, 개성을 지닌 독립적인 인간으로서의 가능성을 깨닫는 일이 매우 중요하다.

훌륭한 카피라이터가 되기 위해서는 창의성을 방해하는 각종 장애요인들을 극복할 필요가 있다. 장애요인이라 함은 부족한 지식이나 부적절한 지식의 사용에서 오는 '지적장애', 실패에 대한 두려움, 불안감에서 오는 '정서적 장애', 자신이 소속한 집단, 팀, 혹은 국가의 영향으로 인해 가능성 있는 해결방법을 생각해 보지도 않고 미리 제외시키는 '문화적 장애' 등을 말한다.

천재들의 집중과 기분전환

창의적인 사람들은 비록 실패를 경험한다고 하더라도 그로 인해 주저앉거나 상처입지 않는다. 아인슈타인은 "나는 몇 달, 몇 년간이나 생각하고 또 생각한다. 그 결과, 99번은 옳지 않지만, 100번째는 내가 옳다"라고 말했다.

이처럼 천재들은 위대한 업적을 '집중'을 통해 탄생시켰다.

뉴턴은 페스트균으로부터 도망치기 위해 시골 고향집에 있던 18개월 동안 3대 발견(만유인력, 미분적분법, 태양광선의 분해)을 이룩해냈다. 그의 나이 23세였다. 두 번째 집중기는 40대 때였는데, 역시 18개월 동안 저서《자연철학의 수학적 원리》(통칭 "프린키피아")를 완성했다. 이 기간에는 식사도 잊을 정도로 집중했다고 한다.

수학자 가우스의 집중력도 유명하다. 그가 어떤 문제에 집중하고 있을 때 의사가 와서 2층에 있는 부인이 위독하다고 알려주었는데, 이때에도 가우스는 문제에서 눈을 떼지 않고 이렇게 말했다는 것이다. "조금만 더 기다리라고 전해 주게. 조금만 있으면 해답이 나오네."

'페르마의 최후정리'의 증명에 성공한 프린스턴대학의 앤드루 와일즈 교수는 자택의 3층에 있는 다락방 서재에 틀어박혀, 세상과 접촉을 끊고 연구했다고 한다. 전화가 없는 것은 물론이고, 자신의 목표와 관계없는 것에 대해서는 논문을 쓰거나 학회에 참석하는 일도 하지 않았으며, 책을 읽는 것도 그만두었다고 한다.

천재들은 집중도 잘했지만 반면 기분전환도 잘했다고 전해지는데, 라이프치히는 혼자서 하는 트럼프를 즐겼다고 하고, 아인슈타인은 피아노를 쳤으며, 마르크스는 쉴 때면 고등학교 문제집을 풀곤 했다고 한다.

— 노구치 유키오의 〈초학습법〉 중에서

오스틴(Austin)은 "창조성이란 투명한 실내에서 낯익은 가구를 법석대며 재배치하는 것이 아니라, 칠흑 같은 어둠 속을 한발 한발 옮기는 것과 같다"라고 말한 바 있다. 실패의 두려움 때문에 많은 사람들이 위험을 무릅쓰고 정말로 창의적인 일을 할 수 없게 되는데, 위험부담이 클 때에는 더욱 그렇다. 사람들은 일반적으로 실패의 결과에서 올 두려움으로 인해 조심성 있는 태도를 지니는 경향이 있는데, 이를 잘 극복할수록 창의성을 발휘할 가능성이 높다. 이를 위해서는 실패를 개선된 아이디어가 떠오를지도 모르는 하나의 '학습 상황'으로 간주할 필요가 있다. 널리 알려진 바대로 대부분의 혁신은 궁극적으로 성공에 이르기까지 거의 모두 실패한 역사로 점철되어 있다. 링컨(Lincoln)은 “우리는 잘된 것보다 잘못된 것에서 더 많이 배운다”라고 했고, 에디슨(Thomas Alva Edison)은 “정말로 중요한 비밀은 당신이 71번이나 실수한 것이 아니라, 72번째에 성공한 것이다”라고 했다. 간디(Gandhi)는 “바보는 완벽을 추구하고 현자는 배움을 구한다”는 말을 남겼다. 다른 모든 일이 그렇겠지만 카피라이팅에서도 가장 큰 실패는 새로운 아이디어를 전혀 생각하려 들지 않는 데 있다는 점을 명심할 필요가 있다.

창의적 인물의 또 하나의 특성은 ‘집요함과 집중’이다. 한 번 더 생각한 만큼 더 좋은 카피가 나온다. 고통을 견디는 엄청난 역량, 어려움과 좌절 및 방대한 양의 일에 직면할 때의 끈질긴 집요함 등은 창의적인 사람들의 뚜렷한 특성이다. 창의적 성취를 위해서는 어려움이나 일시적 실패에 직면해 너무 성급히 의기소침하지 않도록 막아 주는 자신감, 사기 유지, 그리고 항구적 분발이 필요하다.

3. 카피라이터의 지식과 인지스타일

창의성이란 ‘기존의 요소들로부터 새롭고 유용한 결합을 이룩해내는 능력’이다. 여기서 ‘기존의 요소’에 해당되는 것이 바로 개인이 지닌 지식과 정보일 것이다. 지식과 정보가 많으면 많을수록 창의성을 발휘할 가능성은 큰 것이다.

카피라이터에게는 평소 자신이 읽은 책은 물론 신문기사, 뉴스, 미술관에서 본 그림, 즐겨듣는 음악에 이르기까지 모든 것이 카피의 재료가 되고 아이디어의 원천이 된다. 그러나 이러한 자료들이 모든 이에게 아이디어의 소스가 되는 것은 아니며, 뛰어난 카피라이터일수록 이러한 자료를 스쳐보내지 않고 기억과 경험속에 잘 저장해 두었다가 정말 필요한 순간에 잘 조합하여 그럴듯한 아이디어로 탄생시키는 능력이 남다른 것이다. 이것을 인지스타일(*cognitive style*)이라고 한다.

창의성은 ‘무’(無)에서 ‘유’(有)를 만들어내는 것이 아니라 ‘유’(有)에서 ‘유’(有)를 만들어내는 것이다. 기존의 지식과 정보를 바탕으로 하여 그것들을 재구성하고 결합하고 변형하거나 새로운 관계를 형성하는 것이 곧 창의성이다. 그런 의미에서 카피라이터에게 요구되는 지식이라는 것은 물론 지식 그 자체도 중요하지만 이를 조합하고 평가하는 능력, 즉 지적 능력과 지식의 결합된 능력이라고 보아야 한다.

헤밍웨이는 이렇게 말한 바 있다.

> 좋은 작가는 가능한 한 거의 모든 것을 알고 있어야만 한다. 하지만 당연히 그럴 수 없다. 훌륭한 작가는 태어날 때부터 모든 것을 아는 것처럼 보인다. 하지만 사실은 그렇지 않다. 단지 의식적으로 노력하지 않더라도 다른 사람보다 적은 시간에 많은 지식을 익힐 수 있는 학습능력을 타고났을 뿐이다. 또한 지식이라고 정의된 것들을 거부할 것인지 받아들일 것인지 식별하는 지능을 가졌을 뿐이다.

창의적인 사람들은 지적 호기심이 강하며, 문제해결을 위해 좀더 많은 정보를 추구하며, 경험에 대해 보다 개방적이며 관심의 폭이 넓다. 따라서 창의성을 원한다면 한층 더 광범위한 지식을 획득해야 한다. 많은 작가들이 방대한 양의 독서를 통해 자신만의 글 쓰는 스타일을 구축하는 것을 생각해 보면 보다 쉽게 이해될 것이다.

다양한 정보의 습득은 과제 지향적이지 않을 수도 있다. 즉, 학습자에게 아무 관련이 없는 것으로 보이는 정보가 창의적인 해결을 위한 중요한 요소가 되는 경우가 흔히 있다. 지식 가운데 기억과 창의성 관계를 연구한 스타인(Stein, 1989)은 과거의 경험과 학습이 창의성에 긍정적 영향과 부정적 영향을 동시에 미친다고 파악하였다. 즉, 그 이전의 경험이나 지식이 개인의 창의적 해결책을 가로막는 기능상의 고착을 가져오기도 하지만 지식 없이 어떤 창의적 행동을 기대하기는 어렵다. 특히, 최근 들어 인터넷과 같은 정보 기술의 발달로 인해 우리는 다른 어느 때보다 필요한 정보를 손쉽게 찾을 수 있게 되었다. 이로 인해, 암기하더라도 금방 잊어버리게 되는 지식보다는 지식을 결합하는 능력, 지적 능력이나 인지 스타일이 더 강조되는 것도 사실이다. 그래서 자칫 잘못 해석하면 창의성에서의 지식과 정보의 역할을 간과하게 만드는 결과를 초래한다. 발명이란 이전에 수집되고 기억 속에 저장된 이미지들을 새롭게 조합하는 것으로, 아무것도 없는 상태에서는 아무것도 만들 수 없다는 말처럼 아무런 재료도 축적해 두지 않은 사람은 아무런 조합도 만들 수 없다.

창의성을 지식, 상상력, 판단의 함수로 보면서, 창의적 문제해결을 지식을 얻는 방법(경험, 사고)과 지식을 사용하는 방법(확산, 수렴)들 간의 역동적 긴장으로 표현한 학자들도 있다(Basadur, Grean & Wakabayashi, 1990).

창의적 문제 해결자는 문제해결을 위해 새로운 결과나 절차로 변화시킬 수 있도록 하기 위한 광범위한 지식을 필요로 하며, 좀더 많은 유추와 증거들을 사용함으로써 예측하지 못한 놀라운 결과들을 좀더 축약시켜 새로운 문제를 제기하는 탄력적인 능력을 나타낸다. 창의적인 사람들은 단지 정보라는 차원을 넘어 반직관적인 접근 방법을 사용함으로써 새로운 아이디어의 생성을 위한 자기 발견적인 지식을 필요로 한다. 창의적인 사람들은 지식을 소비적이 아니라 생산적으로 사용할 줄 안다.

이처럼 창의적인 사람들은 정보를 획득하는 동안에 지식의 영역들을 따로 구분해서 다루지 않으며, 학습될 수 있는 것은 또한 변환될 수 있다는 인식을 갖고서 학습에 접근한다. 다양한 범주의 유형으로부터 아이디어를 도출해낼 수 있는 유연한 사고가 유창함이나 독창적인 판단보다도 창의성을 더 활성화시킬 수 있다. 그러나 한 영역에 대한 너무 많은 정보는 창의성을 제약할 수도 있다. 다시 말하면, 한 영역에서의 전문가들은 때로는 그 영역에서 가장 창의적이지 못할 수도 있다. 192명의 창의적 인물들의 창의성을 연구한 시몬톤(Simonton, 1984)은 제도화된 교육을 받은 기간과 창의성과는 거꾸로 된 U자형의 관련성이 있음을 발견했다. 즉, 지식의 부족과 과함 모두 창의성의 발현에 제약이 된다는 것이다. 또한 프렌치와 스턴버그(Frensch & Sternberg, 1989)의 연구는 전문가들이 가지고 있는 지식이 새로운 변화에 대한 적응을 방해할 수 있음을 보여주었다. 전문가들의 창의성이 제약을 받는 이유는, 전문가들은 기존의 포장된 아이디어나 절차들을 반사적으로 사용하는 경우가 많아서 문제와 관련된 여건을 소홀히 하거나 잠재적인 전략을 위한 미세한 단서들을 놓칠 가능성이 있기 때문이다. 이는 전문지식이 새로운 연상을 촉진할 수 있을 만큼 광범위한 범주에 분포되어 있지 않으면 편협한 전문지식은 오히려 새로운 아이디어를 차단할 수 있음을 의미한다.

광고는 자료싸움이다. 실제적인 아이디어는 자료에서 나오는 것이다. 수많은 정보를 머리라는 믹서기 속에 넣고 한 바퀴 빙 돌리면 아이디어라는 맛있는 주스가 되어 나오는 것이다.

정보에는 우리가 직접 살아가면서 일상생활이나 주변환경으로부터 습득하는 체험적 정보와 수많은 매체와 불특정 경로를 통해서 접수되는 학습형 정보가 있다. 그중에서도 특히 광고인에게 중요한 정보는 체험적 정보이다. 살아있는 사람들의 이야기를 직접 체험하지 않고서는 소비자의 마음을 움직일 수 없다. 다른 사람의 입이나 매체보다는 튼튼한 다리와 직접 부딪쳐서 느낄 수 있는 다섯 가지 감각기관이 당신의 탁월한 정보안테나이다.

〈그림 5-2〉 대한항공, 한자성어를 활용한 광고

눈으로 직접 확인하라. 냄새를 맡고 청각을 곤두세우고 만지면서 새로운 흐름을 맛있게 느낄 때 당신이 섭취한 정보는 무궁무진한 무기가 될 수 있다. 스크랩북을 만들고 매일 쏟아져 나오는 정보 중 필요한 것을 스크랩해 두어라.

작은 수첩을 항상 소지하고 생각날 때마다 메모하는 습관을 가져라. 당신이 그것을 꼭 필요로 할 때에 돈을 주고도 살 수 없는 값진 재산이 될 것이다.

대한항공 중국여행 시리즈는 인생의 화두가 되는 질문을 던지고 '한자성어'를 통해 해답을 제시하는 독특한 형식으로 화제가 됐다. "오늘의 성공에 안주하는 그대에게"는 "영원히 강한 나라도 영원히 약한 나라도 없다"는 해답을, "늘 작은 일만 주어진다고 여기는 그대에게"는 "큰 강과 바다는 물을 가리지 않는다"는 해답을 던져준다.

"자식 일이라면 만사를 제쳐두는 그대에게"는 "낳고 기르되 소유하지 않는다"는 해답을, "친구의 부탁에 난처해하는 그대에게"는 "얼굴에 철면을 깔고 사사로움을 없애야 한다"는 해답을 준다. 아마도 카피라이터는 평소에 읽어 두었던 어느 책에서 아이디어를 착안하고, 시리즈로 이어가면서 다양한 자료를 통해 아이디어를 얻었을 것이다. 이처럼 카피라이터에겐 세상의 보고 듣는 것은 모두 자료가 된다. 이러한 자료들이 바로바로 쓰이는 것은 아니지만 메모를 하고, 기억속에 저장해 두었다가 어떤 제품과 딱 맞아떨어질 때 이 두 가지는 결합해 새로운 아이디어로 탄생하는 것이다.

4. 카피라이터의 지적 능력

지식과 정보는 매우 중요하지만 이는 창의성을 위한 필요조건일 뿐 결코 충분조건이 되지 못한다. '알고 있다'(*know*)는 것과 '생각한다'(*think*)는 다르기 때문이다. '지식'(*knowledge*)과 '지성'(*intelligence*) 혹은 '지혜'(*wisdom*)는 같지 않다.

크리에이터에게 진정 필요한 것은 지식과 정보를 가지고 얼마나 잘, 치열하게 고민하는가에 있기 때문이다. '고민하는 힘'이 크리에이티비티(*creativity*)의 차이를 낳는 것이다. 지식이 많은 것은 사고하는 과정에 도움을 줄 순 있지만, 지식이 많다고 해서 비례적으로 아이디어가 많다고는 할 수 없다.

창의력을 위해서는 기본수준의 지적 능력과 상위수준의 지적 능력이 모두 필요하다. 기본 수준의 지적 능력이란 통찰능력, 확산적 사고 능력 등을 말하며, 상위수

〈그림 5-3〉 e-편한 세상, '진심이 짓는다' 편

준의 지적 능력이란 문제를 감지하고 평가하는 능력, 문제를 정의하는 능력, 적절한 해결방안을 선택하는 능력, 효과적으로 평가하는 능력 등을 말한다.

자유와 시간을 갖고서 문제를 가장 잘 구조화시킬 수 있는 사람이 가장 독창적이고 높은 질의 해결책을 제시할 수 있는 것이다.

문제를 간파함으로써 독창적 크리에이티브를 찾은 대표적 사례로 "진심이 짓는다"는 콘셉트로 신선한 반향을 불러일으킨 e-편한세상 광고를 들 수 있다. 이 아파트 광고에서는 다른 아파트광고에서와 같은 빅모델이 만들어내는 허황한 이미지나 공허한 수사 대신 사실과 진실을 앞세워 소비자를 설득하고 있다.

"진심!" 잘못 쓰면 촌스러워지거나 바보스러워질 수도 있는 말을 이 광고는 너무나 충실히 채워내고 있다. 이 광고는 수억 원에 달하는 빅모델을 대신할 히든카드로 "진심!"이라는 핵심카피를 내세워 일시에 다른 경쟁사 광고들을 허황한 것으로 넉다운시켜버린 것이다. 이것이 바로 카피의 힘이다. 아파트란 모름지기 빅모델이 만들어내는 허황한 이미지나 공허한 수사가 아니라 진심으로 짓는 것이 중요하다는 것이다. 실제 이 아파트가 이러한 철학에 의해 다른 아파트보다 얼마나 달리 지어졌느냐의 사실성 여부를 차치하고라도, 결과적으로 이 광고는 제품(e-편한 세상)을 차별화하는데 성공했다. 마음을 보였을 뿐인데 물건이 달라보이게 한 것이다. '진심'이라는 자재, '생각과 배려'라는 자재를 아낌없이 써서 독특한 가치의 집을 만들어낸 것이다. 남다른 관심과 마음 씀씀이, 진심이 짓는다는 말은 거짓이 판치는 이 시대에 사는 사람들에게 무엇보다 강력한 약속일 수 있다는 것을, 그래서 마음을 두드릴 수 있다는 것을 꿰뚫어 봤기에 가능한 카피였을 것이다.

이처럼 카피라이터에겐 본질을 읽는 힘, 핵심을 꿰뚫어 보는 안목이 무엇보다 요구된다. 시몬(Simon, 1978)은 문제발견의 중요성을 강조하면서, 문제발견이란 문제를 명확히 형식화하는 가장 좋은 방법을 찾는 일종의 문제해결이라고 보고 이를 문제 형식화(*problem formulation*)라고 하였다. 문제발견이란 현재 지식의 결함, 새로운 산출물의 필요성 그리고 한 영역에서 현재 사용되는 절차들에서의 결함을 인식함을 의미한다. 어떤 경우에는 문제가 명확히 제시되기도 하지만 대부분의 경우에는 명확하지 않으며, 많은 사람들에 의해 중요한 문제가 무시되기도 한다. 문제가 존재하지 않는다면 창의적 해결도 가능하지 않기 때문에 문제발견은 창의성 발현의 출발점이라 하겠다.

일단 문제가 발견된 후에는 그 문제를 정의(또는 재정의)하는 능력이 중요하다. 특히, 창의적 해결의 가능성을 제공하는 많은 문제들은 불명확하게 정의된 문제들이기 때문에 그 문제를 새롭게 정의 혹은 재정의하는 능력은 매우 중요하다. 칙센미할리(Csikzentmihalyi, 1996)는, 창의적 학생들이 한 작품에 대해 어떤 접근에 도달하기 전에 여러 접근을 탐색하는 데 더 많은 시간을 보내고, 새로운 접근이 나중에 떠오를 때는 방향을 바꿀 준비가 항상 되어 있으며, 작품을 고정된 대상으로 보지 않는다는 것을 발견하였다. 이러한 행동 패턴은 문제발견, 그리고 문제를 항상 새롭게 정의해 보려는 경향을 나타낸 것이다.

적절한 문제해결 방안을 선택하는 것도 중요한 상위수준 능력 중의 하나이다. 문제해결을 위해 사용할 수 있는 다양한 방안이 있지만, 창의성 이론가들은 언제 수렴적 사고를 사용하며 언제 확산적 사고를 사용하는가를 알아차리는 것이 매우 중요하다고 지적한다. 많은 가능한 방안들을 생성해내는 확산적 사고는 여러 가지의 가능한 방안들 중 하나의 선택이 가능함을 의미한다. 반면에, 하나의 최선책에 도달하려는 수렴적 사고는 문제해결 노력이 분산되는 것을 방지하기 위해 가능한 한 선택의 범위를 좁힌다. 이러한 사고 양식을 오가며 적절하게 사용하는 것이 창의성

〈그림 5-4〉 LG 리엔, '탈모의 진실' 편

을 위한 최선의 전략이다.

상위수준의 지적 능력 중 마지막 요소는 효과적으로 평가하는 능력이다.

잠재적으로 가치가 있는 해결 방안들을 보다 완전히 발전시키기 위해서는 경쟁 관계에 있는 많은 다른 해결 방안들을 효과적으로 평가하여, 잠재적으로 가치가 있는 해결 방안들을 선택하는 능력이 요구된다.

LG생활건강의 탈모방지샴푸 리엔은 일반적인 샴푸광고처럼 일렁이는 머릿결을 보여주는 대신, 모델 수애를 "광고의 거짓말"이라는 풍선 앞에 앉히고는 "샴푸 광고들을 보면 당장이라도 머리숱이 많아질 것 같은데, 써보면 그런 일은 없더라"고 증언하게 한다. 이쯤 되면 독자들은 '무슨 얘기지? 샴푸광고니까 으레 머리숱이 많아진다고 해야 되는 거 아닌가?' 하는 의구심이 들기 시작하면서 정신을 똑바로 차리고 광고를 들여다보게 된다. 곧이어 "광고의 거짓말"이라고 쓰인 풍선이 터지고, 머리숱이 많아지진 않지만 적어도 머리카락이 안 빠지도록 잡아주기 때문에 탈모걱정은 없다는 말로 끝을 맺는다. 이 광고가 소비자에게 신선함을 불러일으킨 이유는 다름이 아닌 '진실'했기 때문이다.

오늘날 광고를 보고 그대로 믿는 소비자는 없다. 광고의 기법까지 상세히 알고 있는 소비자들은 으레 '저건 광고니까'하고 반쯤, 아니 반의반쯤 광고에서 하는 말을 믿으며, 대부분은 거품이니까 속지 말아야 한다고 스스로 다짐하기도 한다.

5. 카피라이터의 인문학적 소양과 시적 감성

광고는 오늘날의 회화이자 문학이다. 광고카피는 때로 문학보다 더 진한 감동을 주며 광고음악은 우리의 취향을 선도한다. 광고의 대상인 상품이나 기업은 사람이 사용하는 것이다. 광고인은 상품을 사용하는 사람을 먼저 생각하고 그 사람이 가질 느낌을 예측하며 아이디어를 구축해나간다. 광고가 단순히 물건을 소개하는 것 이상의 의미를 가지는 것도 바로 이 때문이다. 따라서 크리에이터는 자신이 세상을 향해 던지는 메시지에 책임감과 사명감을 갖고 세상을 위해 어떤 철학과 이데올로기를 전파할 것인지 고민하고 생각하는 깊이가 필요하다. 문학은 감정뿐 아니라 사상과 철학을 전달하는 것과 마찬가지로, 광고카피 또한 사상과 철학을 담고 있다.

〈르몽드〉(*Le Monde*)의 컬럼니스트이자 철학자인 로저 폴 드루와(Roger Pol Droit)는 "흔히 광고업계가 철학자들의 말을 응용하고 있다고들 하지만 사실 철학자들이야말로 오래전부터 광고식 문구들을 동원해 자신의 생각을 명료하게 표현해왔다"라고 지적한다. 즉 짧은 문장속에 상업전략을 표현해내는 카피라이터들이야말로 자신들의 심오한 사상을 압축 요약해 불멸의 슬로건을 만들어낸 철학자와 다를 것이 없다는 것이다.

시바스 리갈의 "주인이 보면 반이나 마셨고, 손님이 보면 반이나 남아있다"는 카피나 아디다스 광고카피 같은 것은 단순한 카피이기 이전에 인생철학에 가까운 깊은 울림을 전해 주고 있다.

(아디다스, '불가능은 아무것도 아니다' 편)

불가능, 그것은 나약한 사람들의 핑계에 불과하다.
불가능, 그것은 사실이 아니라, 하나의 의견일 뿐이다.
불가능, 그것은 영원한 것이 아니라, 일시적인 것이다.
불가능, 그것은 도전할 수 있는 가능성을 의미한다.
불가능, 그것은 사람들을 용기 있게 만들어 주는 것이다.
불가능, 그것은 아무것도 아니다.

(시바스 리갈 광고)

주인이 보면 반이나 마셨고
손님이 보면 반이나 남았다.

〈그림 5-5〉 아디다스, '불가능은 아무것도 아니다' 편

〈그림 5-6〉 시바스 리갈 광고

광고카피 혹은 슬로건은 "자본주의의 시(詩)"라고 불린다. 실제로 프랑스의 시인 블레즈 상드라르는 시와 광고에 대해 "광고는 우리 시대의 가장 아름다운 표현이고 오늘날 가장 신선한 것이며, 곧 예술이다…. 세계적인 광고의 전체적 특성은 서정적이라는 데 있다. 바로 광고가 시와 맞물리는 점이다…. 친애하는 시인들이여, 광고는 시의 영역이다. 광고는 시어로 말한다. 광고는 시를 연출한다"고 선언했다.

광고의 거장 빌 번벅(Bill Bernbach)은 "진정한 거인들은 언제나 시인들이었다. 그들은 사실을 발판으로 도약하여 상상과 아이디어의 세계로 뛰어올라간 사람들이다"고 말한 바 있다.

광고의 시는 문학에서의 시처럼 단순히 언어로만 되어 있는 것이 아니라 사진이나 그림과 같은 비주얼언어나 영상과 맞물려 전달된다는 점에서 더욱 강력하다. 디지털 시대의 미감을 반영한 영상시로서 광고는 때로는 포근한 감동을, 때로는 커다란 충격을 주는 것이다.

광고의 언어가 서정문학 양식인 시와 맞닿아 있다는 이 시인의 주장이 아니더라도, 실제로 광고는 시와 여러 양상으로 만나고 있다. 시의 언어가 모든 언어사용법의 정수를 이룬다면 광고카피는 모든 실용적 언어기법의 진수를 보여준다고 해도 과언이 아니다. 왜냐하면 광고언어는 압축, 반복, 운(韻)의 활용, 익살, 생략, 과장 등 여러 가지 면에서 시에서 쓰는 기법들을 함께 쓰고 있기 때문이다.

일본의 네스카페 광고카피는 광고에 기존의 시작품이 그대로 활용된 경우다.

> 캄차카반도의 젊은이가 기린 꿈을 꾸고 있을 때
> 멕시코의 여자아이는 새벽안개 속에서 버스를 기다리고 있다
> 뉴욕의 소녀가 잠자리에서 뒤척일 때
> 로마의 소년은 기둥을 빨갛게 물들이며 떠오르는 해에게 윙크한다
> 이 지구상에선 언제나 어디서나 아침이 시작되고 있다.
> 우리는 아침을 릴레이하고 있는 것이다
> 위도와 경계를 넘어, 그렇게 교대로 지구를 지킨다
> 자기 직전에 귀를 기울이면 어딘가 멀리서
> 잠을 깨우는 아침의 자명종 시계가 울리고 있다
> 그것은 당신이 보는 아침을 누군가 분명히 이어받았다는 증거다
> 안녕히 주무셨어요? 네스카페

〈그림 5-7〉 일본 네스카페 광고

여기서 카피라이터가 직접 쓴 건 "안녕히 주무셨어요? 네스카페" 한 줄이다. 나머지는 타니가와 순타로라는 시인의 작품인 것이다. 커피를 보여주는 것도 마지막에 한번 뿐이다. 그러나 네스카페라는 브랜드의 관점으로 모든 순간이 아침이라 말하는 순간 네스카페는 아침에 마시는 커피들 중 하나가 아닌 아침 그 자체가 되었고, 타니가와 순타로의 시를 몰랐던 수많은 사람들은 지구라는 별에서 아침이 갖는 의미를 저마다의 인생에서 처음으로 알게 되는 것이다.

굳이 시 작품을 인용하지 않더라도 절제된 언어로 잘 다듬어진 광고카피는 그 자체가 한 편의 시라고 해도 손색이 없다. 예를 들어 "가끔은 주목받는 생이고 싶다"(에스콰이어)는 오규원 시인의 시집제목이 되기도 했고, "가슴이 따뜻한 사람과 만나고 싶다"(맥심), "사랑은 언제나 목마르다"(2% 부족할 때) 등의 카피는 마치 한편의 시구처럼 사람들에게 감동을 주어 인구에 회자되기도 한다.

테오도르 레빗(Theodore Levit)은 다음과 같이 말했다.

> 시인이나 광고인들은 직선적으로 자신의 뜻을 떠들어대기만 해서는 안 된다. 그러지 말고 창의적인 수식들을 사용해서 상징적으로 표현해내어 길고도 복합적인 감동을 주어야 한다. 이런 수식이란 단순한 문자적인 기술을 넘어서는 내용들로 이루어진다. 광고나 시 또는 다른 수단을 통해 행해지는 커뮤니케이션은 이런 창의적인 개념화이다. 사람들은 이 상징적 변환을 거친 언어를 통한 간접적인 경험을 하게 되는 것이다.

광고는 적극적으로 보거나 읽는 것이 아니다. 신문을 뒤적이고 역 안의 플랫폼을 걷는 순간에 눈을 끌거나 무시당하거나 하는 일순간의 승부인 것이다. 따라서 이러한 승부는 평범하고 진부한 표현으로는 안되며, 사람들을 끌어들이는 카피를 위해 꼭 필요한 능력이 바로 시적 감성이다.

이를 위해 카피라이터에겐 높은 수준의 감성능력이 요구된다. 자기 자신을 의식하고 인식하는 '자기인식 능력', 자신의 기분과 감정을 제대로 파악하고 조절하는 '자기조절 능력', 타인이 느끼는 것을 공감하고 이해하는 '감정이입 능력'과 인생의 구경꾼으로서 다른 사람들을 바라보거나 관찰하는 것이 아니라, 그들과 함께 세상살이에 적극적으로 참여하고 더불어 살아가는 '대인관계 능력' 등이 요구된다.

〈그림 5-8〉 드비어스, "다이아모드 포에버" 광고

바닷가 조개에서 아름다움을 발견하고
어린이에게서 시를 찾아내는 여자이기에
장미보다는 들꽃을 좋아하는 여자이기에
곧 그녀의 생일이 다가오기에
그녀의 미소만큼 아름다운 것은
오직 한 가지이기에
다이아몬드는 영원히, 드비어스

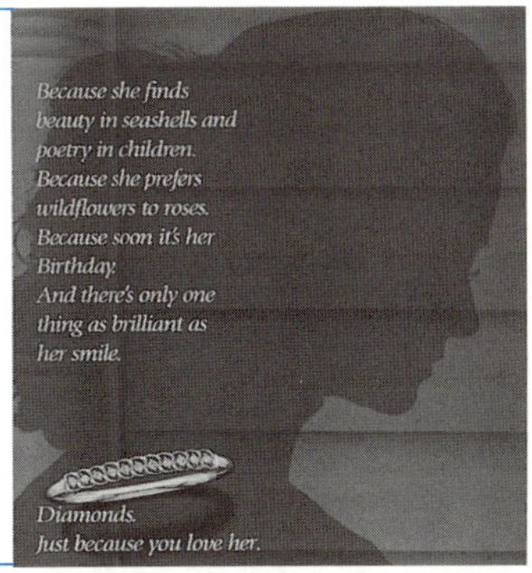

(1)

강아지에게 영혼이 있고
천사에게 날개가 있다고 믿는 여자이기에
9개월 동안이나 그녀 속에 한 생명이
자라는 것을 지켜본 여자이기에
그리고 그 생명에 내 성을 붙여준 여자이기에
다이아몬드는 영원히, 드비어스
그녀를 위해서라면 산이라도 옮겨놓을 수 있다.
오늘 특별한 돌(다이아몬드) 하나로
그 일을 시작한다.

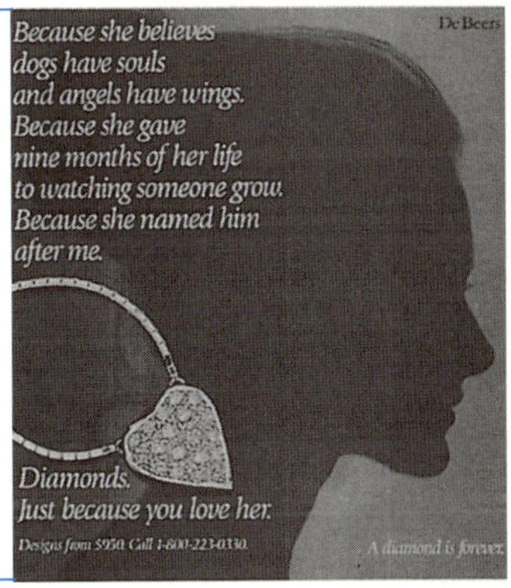

(2)

SK 텔레콤의 광고들은 좋은 메시지를 일관적으로 전달함으로써 점점 강력한 힘을 실어가고 있다. 바쁜 일상 속에서 점차 타인에 대한 사랑을 잃어가고 있는 현실 속에서 SEND의 의미는 누구나 공감할 수 있고, 나아가 마음 한편에 훈훈함뿐만 아니라 잔잔한 감동과 희망을 간직할 수 있는 느낌을 준다.

"사람을 향합니다" 광고캠페인은 예쁘고 몸매 좋은 탤런트가 아닌 일반인을 주인공으로 승화시키고 있다. 이 광고는 1위 브랜드로서 젠체하거나 소비를 부추기는 대신, 제품의 존재가, 즉 커뮤니케이션의 존재가 우리 삶에 어떤 의미가 있는지를 시적으로 표현함으로써 보는 사람들의 가슴을 따뜻하게 해줄 뿐만 아니라, 우리가 미처 잊고 있었거나 깨닫지 못하고 있었던 소중함을 깨닫게 해준다.

〈그림 5-9〉 SK 텔레콤 기업광고, 'END→SEND' 편

('END → SEND' 편)

당신의 힘으론 전쟁을 끝낼 수도 없고
지구 온난화를 끝낼 수도 없고 / 인류의 가난을 끝낼 수도 없지만
선재의 배고픈 점심시간은 끝낼 수 있습니다.
당신의 힘을 보여주세요. / 사람을 향합니다. SK 텔레콤

〈그림 5-10〉 SK 텔레콤 기업광고, '꽃' 편

('꽃' 편)

세상의 아침을 여는 나팔꽃 / 사랑의 씨앗을 나누는 민들레
씩씩하게 자라나는 들꽃 / 어두운 밤을 지키는 달맞이꽃
평생 자식만 바라보는 해바라기 / 5천만의 가슴속 무궁화
사람보다 아름다운 꽃은 없습니다. / 사람을 향합니다. SK 텔레콤

〈그림 5-11〉 SK 텔레콤 기업광고, '행복방정식' 편

('행복방정식' 편)

내가 더 사랑하고 / 내가 더 반갑고 / 내가 더 따뜻하고
내가 더 젊어지고 / 내가 더 좋아하고 / 내가 더 배부르고
내가 더 힘이 되는 / 줄수록 더 커지는 행복방정식입니다.
사람을 향합니다. SK 텔레콤

〈그림 5-12〉 SK 텔레콤 기업광고, '영웅' 편

('영웅' 편)

수퍼맨 / 원더우먼 / 배트맨 / 스파이더맨
마루치아라치 / 아톰 / 육백만 불의 사나이
우리는 모두 누군가의 영웅입니다.
사람을 향합니다.

6. 카피라이터의 경험

> 진실을 찾아 직접 경험하라 … 필요한 것이면 무엇이든 받아들여라 … 너만의 것을 덧붙여라 … 창조적인 사람은 형식이나 시스템을 뛰어넘는 사람이다.

무술의 대가 이소룡(Bruce Lee)이 한 말이다. 사람은 살아가면서 수많은 경험을 한다. 이러한 경험 중에는 잊고 싶은 경험도 있고 기억하고 싶은 경험도 있으며 자신도 모르는 사이에 잊혀진 경험도 있다. 그런데 이들 중에서 어떤 경험은 의식 중에서 빙빙 돌면서 자주 회상되기도 하고 어떤 경험은 무의식의 창고 속에 저장되기도 한다. 경험은 창의적 사고를 다양하고 생기 있게 해 주는 것으로서, 그것을 의미 있게 받아들이고 활용하는 것은 창의성에 중요한 영향을 미친다.

우리가 잘 알고 있듯이 유명한 소설가나, 화가, 음악가의 창작물 속에는 그들의 경험이 녹아 있는 경우가 많으며, 이는 광고에서도 마찬가지이다.

덴츠의 카피라이터 후카가와 히데오는 《굿 아이디어 발상》이라는 책에서 경험과 이에 대한 기억을 중요한 아이디어 발상 포인트로 들고 있다. 그가 말하는 '경험'이란 실제로 보고 싶거나 듣고 싶거나 실험해 보고 싶은 것, 또는 그런 일에 의해 실제 배우게 될 지식이나 기능, 어떤 일에 직접 부딪쳤을 때 그것이 어떤 의미에서 우리들의 생활을 향상시키는 것, 어떤 원인에 의해 감각에 일어난 주관적 상태나 의식 등을 말한다. 그는 경험도 중요하지만 이를 '기억'하는 것도 중요하다고 지적하면서, '기억'이란 선행의 경험, 운동, 작용에 의하여 조건지어진 후속의 경험, 운동, 작용을 총칭하는 것으로서, 과거에 경험했던 것을 잊지 않는 것, 우연인 것처럼 생각하는 것, 이미 경험된 자극 상태를 부분적인 반복에 대하여 감응시키는 과정, 어떤 일을 마음속에 간직하여 잊지 않는 것이라고 정의하고 있다.

전설적인 카피라이터 존 케이플즈(John Caples, 1983) 또한 아이디어 계발 12법칙에서, 자기만의 개인적 경험을 이용할 것과 경험을 체계화할 것, 남들의 경험을 통해 배울 것 등 세 가지를 중요한 요소로 꼽고 있다. 그는 광고 아이디어를 찾기 위해 광고인들이 모여 앉아서 처음으로 끄집어내게 되는 말 혹은 사건은 대부분 개인적 경험에 기초한 경우가 많다고 지적한다. 그것이 직접적 경험일 경우도 있고, 가까운 친구의 경험이거나 책에서 읽은 것일 수도 있지만, 어쨌든 아이디어를 찾아내는 첫 번째 장소는 바로 개인의 머릿속이라는 점이다.

빌 번벅(Bill Bernbach)은 《에드 에이지》(*Ad Age*)와의 인터뷰에서 "카피라이터가 스스로의 기술을 어떻게 향상시킬 수 있는가?"에 대해 철학이나 소설을 많이 읽는다고 말하면서, 개인이 가진 것들이 카피의 중요한 재료가 된다고 강조하였다. 더 많이 생각하고, 더 많은 흥밋거리와 더 많은 체험을 카피에 불어넣을 수 있다면 그 만큼 더 설득적일 수 있다는 것이다.

광고의 거장 레오 버넷(Leo Burnett)도 "최선의 정보원은 바로 자기 자신일지도 모른다"라고 말한다. 광고 크리에이터가 갖추어야 할 조건 중에 다양한 경험 및 개인의 성장 역사가 거론되는 것도 바로 이러한 점 때문일 것이다.

카피라이터의 경험을 광고에 활용한 사례: 일본 산토리 올드

일본 산토리 올드(Santory Old)의 "사랑은 먼 옛날의 불꽃놀이가 아니다" 캠페인이 나온 과정을 살펴보면 재미있는 사실을 발견할 수 있다. 시장상황을 살펴보면 산토리 올드는 1940년에 탄생한 제품으로 당시 고가의 히트상품으로서 지금 40~50대의 장년층이 청년이었을 때 누구나 한번쯤 먹어보고 싶어 하던 위스키였다. 그러나 시대가 바뀌어 지금은 독한 위스키보다는 라이트한 맥주를 더욱 선호하여 매출이 지속적으로 하락하고 있는 상황에서 전개된 캠페인이다.

커뮤니케이션 워드(*communication word*)는 "사랑은 먼 옛날의 불꽃놀이가 아니다"로, 산토리 올드의 타깃인 중년층들에게 스무 살 적 사랑과 열정은 그때만의 것이 아니라, 장년층이 된 지금도 마음속에 감추어져 있는 것이라는 것을 소구하고자 한 것이다. 이를 위해 50세 중년 샐러리맨과 젊은 여직원, 40세 독신여성과 젊은 남자를 각각 주인공으로 한 스토리를 전개하였다.

재미있는 것은 이 캠페인을 만든 사람들 전원이 50세 전후의 사람들로 구성되었다는 점이다(CD: 50대 초반, CW: 40대 후반, AD: 40대 후반, 감독: 50대 후반, 스틸 카메라맨: 50대 후반, 음악감독: 60대, 남자모델: 50대 초반, 여자 모델: 40대 초반).

따라서 이들은 무엇을 표현하고 어떤 식으로 표현하면 좋을지를 몸과 마음으로 느끼고 있는 사람들이라 하겠다. 이러한 캠페인은 젊은 사람들로서는 만들기 힘든 표현으로서, 이처럼 광고제작에서 개개인이 가지고 있는 경험은 아이디어 전개에 매우 중요한 영향을 미친다고 볼 수 있다.

〈그림 5-13〉 일본 산토리 올드 광고

임선하(1993)는 중요한 창의성 구성요소로 경험을 들고 있는데, 경험의 요소들과 이를 향상시키는 방법을 요약하면 다음과 같다.

① 자신의 경험에 대한 의미 있는 되새김
자신의 과거 경험 존중하기, 창의적 사고의 경험 되살리기, 자신의 과거 경험에 창의적 의미 부여하기, 창의적 사고에 의한 풍부한 경험하기, 스스로 긍정적인 피드백 받기

② 자신을 미래에 위치시키고 생각하기
미래의 특정한 시점에 자신을 위치시키기, 미래의 시점에서 자신의 현재 경험을 판단하기

③ 주변에서 창의적인 것 찾기
창의적인 사람과 접촉하기, 창의적인 인공물(건축물, 예술품) 만나기, 창의적인 환상을 갖게 하는 자연물(동물의 세계, 식물의 세계) 찾기

④ 다른 사람의 행동을 통해 자신의 창의성 자극하기
다른 사람의 행동 관찰하기, 자신의 행동을 개선하고 발전시키기

⑤ 매체와의 경험 속에서 창의적 아이디어 얻기
보고 듣는 것을 기록으로 남기기, 대중매체의 내용을 비판하기, 매체에 직접 참여하기, 원자료를 창의적으로 가공하기

7. 카피라이터의 훈련

광고를 배우는 가장 좋은 방법은 좋은 광고를 많이 보는 것이다. 광고의 가장 좋은 교재는 신문, TV, 라디오, 지하철이다. 매일 오는 신문에서 마음에 드는 광고를 오려 스크랩하라. 잡지 속의 광고 칼럼을 오려서 스크랩하라. 라디오에서 나오는 요즘 유행하는 음악을 유심히 들어 보라. 레게, 힙합, 삼바는 어떤 풍인지 구분하여 들어 보라. 지하철을 타면 멍하게 서 있지 말고 벽에 붙어 있는 광고를 정독해

보라. 자동차를 타고 가다가 큰 사거리에 정지했을 때는 큰 건물 옥상 위에서 쏟아져 나오는 옥외 광고에 눈을 돌려라. 서점에 가서 요즘 베스트셀러의 제목을 훑어보라. 요즘 이슈가 되고 있는 추세에 대해 생각해 보라. 극장에 가서 첨단영상을 보며 광고에 적용한다면 어떨까를 생각해 보라. 카페를 가거나 여행지에서도 늘 사람들에게 관심을 갖고 광고와 연결시켜 생각하는 버릇을 가져라.

늘 깨어 있을 때 아이디어의 보고(寶庫)도 깨어난다.

우리가 갖고 있는 천연자원 중에서 최대의 낭비는 자기 내부에 잠재된 무한한 가능성을 개발하지 않고 있는 무수히 많은 인적 자원이다. 자기 자신이 갖고 있는 무한한 가능성에 도전하며 마음껏 크리에이티브를 도출해낸다는 것은 인생을 풍부하게 살찌울 수 있을 것이다.

사람의 두뇌는 회전시키면 회전시킬수록 좋아지고 사용하지 않으면 퇴화하고 후퇴하기 마련이다. 창조적인 아이디어를 도출하기 위해서는 평소의 자기 생활방식에서 아이디어를 짜내려 하는 것보다 주위환경을 잠시 바꿔 자신의 일상적인 틀에서 벗어나보는 것도 좋은 방법이다. 예를 들면 팝송을 즐겨 듣는 사람은 클래식을 들어보는 것도 좋은 방법이며, 자신이 평소 다니던 길에서 탈피하여 처음 가는 길을 산책해 보는 것도 좋다. 또한 밤을 하얗게 한번 새워 본다거나 하여 전혀 새로운 사실로부터 전혀 새로운 생각을 떠올릴 수도 있다. 또한 대화가 잘 통하지 않는 어린 아이와 오랜 시간 이야기해봄으로써 전혀 엉뚱한 아이디어의 발상을 찾을 수도 있을 것이다.

아이디어 도출을 위해서는 모험이 필요하다. 모험을 하되 즉흥적 모험이 아닌 과학적 자료를 토대로 한 모험이어야 하며, 과학적 분석을 기초로 하되, 과학적 분석만을 과신해서도 안 된다. 왜냐하면 크리에이티브란 결국 인간의 두뇌에서 나오기 때문이다.

중요한 것은 아이디어만 있다고 해서 크리에이티브한 것은 아니고 자신이나 혹은 타인으로부터 얻은 아이디어를 연결시켜 시각화하거나 문장화, 현실화하는 것이다.

한마디로 관념의 형상화 능력이 뛰어나야 한다는 것이다.

카피라이터는 말을 무기로 해서 투쟁한다. 말에 놀아나지 않고 말을 가지고 놀지 않는다. 다만 말의 가능성을 믿고, 한계를 분별하며, 말을 소중히 다룰 자세가 되었을 때 카피라이터가 된다.

대부분의 카피라이터는 처음에는 멋모르고 미사여구를 남용하는 시기, 기성광고를 모방하는 시기를 거치게 되며, 여기서 조금 지나면 광고주의 욕심을 일방적으로 소구하는 시기, 반짝 아이디어에 심취하는 시기를 거쳐 마침내 촌철살인의 힘 있는 카피를 작성하게 된다.

이런 카피라이터의 훈련이란 결국 한마디로 요약하면 '시야를 넓히는 훈련'이라 할 수 있다. 즉 처음엔 좁고 한정된 시각에서 20개의 헤드라인을 쓰다가 나중엔 20개의 단면에서 본 20개의 헤드라인을 쓰게 되는 것이다.

헤밍웨이는 작가가 자신을 훈련하는 방법에 대해 이렇게 말하였다.

> 오늘 어떤 일이 있었는지 살펴보게. 물고기를 보면 모든 사람들이 그렇듯 정확히 그 모습을 보게. 물고기가 뛰어오르는 모습을 보고 짜릿함을 느꼈다면 어떤 움직임이 그런 감정을 일으켰는지 알아낼 때까지 계속 돌이켜보게. 물에서 솟구쳐 오르며, 만들어내는 선이었는지 아니면 바이올린 줄처럼 팽팽하게 지탱하고 있다가 떨어지는 모습이었는지 아니면 물을 박차고 뛰어오르는 모습이었는지, 또 어떤 소리가 났고 어떤 말이 들렸는지도 기억하게. 그 감정을 일으켰던 것이 무엇인지 찾아내고 자네를 흥분시켰던 것이 무엇인지 알아내라는 말일세. 그런 다음엔 독자들도 그 장면을 보고 자네가 느꼈던 것과 똑같은 감정을 느낄 수 있도록 정확하게 그 장면을 써내려 가는 거야.

이처럼 카피라이터에게는 아무리 작은 것에라도 감동하거나 놀라움을 발견해내는 섬세함(*delicacy*)이 요구된다. 일상생활 속에서 많은 사람들이 스스로 간과해 버리기 쉬운 것들에 카피라이터의 눈은 멈춘다. 그것은 문득 바라본 창밖의 풍경일 수도 있고, 전철 안 노인의 표정, 비 개인 후 나무의 싱그러움 또는 많은 사람들이 붐비는 속에 귀에 들어온 고교생들의 대화일 수도 있다. 다시 말하면 눈에 보이고 귀에 들리는 모든 것이 힌트다. 언제라도 순간적으로 반응할 수 있도록 마음의 기어(*gear*)를 중립에 넣어 두어야 한다. 받아들일 태세가 되어 있는 사람에게만 아이디어의 찬스는 찾아오는 법이다.

한 기자가 빌 번벅에게 "DDB에는 백여 명의 카피라이터가 있는데 그들에게 어떤 방식으로 일을 하도록 하느냐"라고 질문하자 빌 번벅은 다음과 같이 대답했다.

나는 지금까지 그들에게 나의 개성을 강요하지 않았습니다. 내가 발견하고자 노력하는 것은 그들의 독특한 재능과 그것을 키우는 요소입니다. 예를 들면 우리 회사에는 유머에 관해 천부적 감성을 지닌 대단히 뛰어난 사람이 있습니다. 또 신속하고, 직설적이고, 직관적이면서 문제의 핵심에 다가갈 줄 아는 사람도 있습니다. 그들은 완전히 다른 사람입니다. 그들 각각의 개성은 작업을 효과적으로 만듭니다. 모든 사람들에게 똑같은 일을 하게 하거나 지루하게 해서는 안됩니다. 통제하지 않는 것, 너무 많은 규칙을 세우지 않는 것이 우리 회사가 일하는 방식입니다. 제가 그들에게 원하는 훈련이란, 제품의 장점을 기억할 수 있게 전달하는 아이디어에 관한 것입니다. 그것이 기억될 수 있는 것이라면 반드시 신선하고 독창적이어야 합니다. 이를 위해 일반적 규칙들을 깨야 한다면 이들이 깨지길 바랍니다. 저는 우리 크리에이티브 팀에게 "머리 부분에 그림을 넣어라. 헤드라인을 넣어라. 아래에 카피를 넣어라"하고 지시하지 않습니다. 헤드라인이 있는 게 좋을 때와 없는 게 좋을 때가 있고, 로고를 사용하는 것이 좋을 때도 있고, 사용하지 않는 것이 좋을 때도 있기 때문입니다.

아트디렉터가 본 카피라이터의 조건

- 쓰기를 좋아할 것
- 생각하는 것을 좋아할 것
- 자신을 좋아할 것
- 자신의 생각이나 삶을 좋아할 것
- 쓰고 있는 기업이나 상품을 좋아할 것
- 자신의 카피에 도취될 것
- 즐겁게 하기 위해 생각할 수 있을 것
- 거짓말을 쓰지 않을 것
- 교활하지 않을 것
- 흉내 내지 않을 것
- 고쳐 쓸 때는 다시 기회가 왔다고 생각할 것(실망하지 않을 것)
- 디자인이나 사진에도 흥미를 가질 것
- 스트레스를 받지 않을 것
- 어제보다 오늘은 조금이라도 더 마음에 드는 카피를 쓸 것

• 생각해 볼 문제 •

1 광고를 보면서 아이디어의 원천이 어디서 나왔을까를 역추적하여 생각해 보자.

2 일상생활 속에서 찾을 수 있는 아이디어의 소재는 어떤 것이 있을까 생각해 보자.

3 일반 예술(문학작품, 그림)의 창의성과 광고의 창의성은 어떤 공통점과 차이점이 있는지 생각해 보자.

• 핵심정리 •

카피라이터란 자신이 세상을 향해 하고 싶은 이야기들을 자신이 맡은 제품을 통해, 혹은 기업이라는 이름을 빌려서 마음껏 할 수 있는 지면과 시간을 얻을 수 있는 기회를 가진 사람이다. "광고 창작자"가 이 시대의 진정한 혁명가이며 철학자라고 불리는 이유도 여기에 있다. 이 장에서는 창의력 있는 카피라이터가 되기 위해 필요한 요소들을 살펴보았다. 카피라이터에게는 상상력, 모험심과 같은 성격적 특성뿐만 아니라 창의적 태도와 성향이 요구되며, 다양한 분야의 지식과 이를 결합하는 지적 능력이 요구된다. 시대를 바로 읽고 소비자의 라이프스타일을 이끌어가기 위해서는 인문학적 소양이 필요하며, 소비자의 공감을 이끌어내기 위한 시적 감성도 필요하다. 풍부한 경험을 바탕으로 끊임없이 창의성을 갈고 닦을 때 창의성이 길러지는 것이다.

• 나의 현역시절 대표카피 •

문제에 대한 감수성이 낳은 '롯데 삼강 구구콘'(1990)

이 제품은 당시 100원 혹은 200원, 가장 비싼 것이 300원이던 아이스콘 시장에서 500원짜리 구구콘을 발매하게 되었을 때 가격저항이 가장 큰 문제로 우려되던 제품이었다. 제작회의 과정에서 제품에 대한 자신감을 표현하는 광고를 제작하기로 결정했고, 이래서 나온 광고가 "그래서 오백 원입니다" 광고이다. 카피란 단순히 미사여구를 나열하는 것이 아니라 문제에 대한 감수성에서 출발한다는 것을 일깨워준 사례라 하겠다.

시적 감성을 테스트당한 '롯데칠성 칠성사이다'(1990)

칠성사이다가 발매 40주년을 맞이하여 실시했던 통합 캠페인도 기억에 남는 작업 중 하나이다. 특히 13편의 라디오 시리즈 카피작업을 위해 시집이란 시집은 모두 책상위에 쌓아놓고 한 편 한 편 효과음과 조화된 시조체의 카피를 창조하기 위해 밤샘을 했던 기억은 아직도 새롭다.

이 라디오 시리즈는 국내 최초로 13편의 장기 시리즈로서 국토 최북단 고성에서 최남단 마라도까지 직접 출장을 다니면서 생생한 자연의 음을 따서 거기에 시적인 카피를 입히는 형식으로 제작되면서 라디오제작에서는 드물게 많은 노력과 시간을 들인 작품이라는 것이 오래도록 기억에 남는다.

('산골의 저녁' 편)

SE: (소쩍새 소리)
(개 짖는 소리)
(물 긷는 소리)

ME: 강원도 명주군 두메산골
소쩍새 소리에 밤은 깊어가고
밥짓는 아낙의 손끝엔 기다림이
서려있다.

SE: (불 지피는 소리)

ME: 가슴 깊은 곳에 남아있는 이 정겨움
맑고 깨끗한 칠성사이다의 맛입니다.

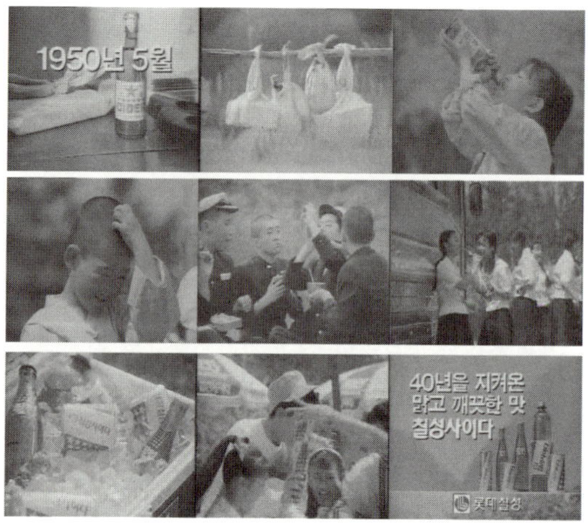

〈그림 5-14〉 롯데칠성 창립 40주년 기념 TV 광고

• 참고문헌 •

고동화, 2002, "광고사에 신화를 만든 윌리엄 번벅", 〈대홍기획 사보〉, 3·4월호.

이창훈, 2002, "광고계 강타한 일상철학의 바람", 《광고정보》, 한국방송광고공사.

임선하, 1993, 《창의성에의 초대》, 서울: 교보문고.

최인령, 2005, "광고메모리, 시적메모리, 인지적 환기시학의 접근방법에 의한 시와 광고슬로건의 관련성 연구", 〈불어불문학연구〉, 64.

헤밍웨이, 어니스트 저, 래리 W. 필립스 편, 이혜경 역, 2009, 《헤밍웨이의 글쓰기》, 스마트비즈니스출판.

MBC, 2010, 《2010 트렌드 웨이브》, 북하우스.

Basadur, M., Wakabayashi, M. & Grean, G. B., 1990, "Individual Problem-solving Styles and Attitudes toward Divergent Thinking Before and After Training", *Journal of Applied Psychology*, 1.

Caples, J., 1983, "A Dozen Ways to Develop Advertising Ideas", *How to Make Your Advertising Make Money*, Ad Age.

Csikszentmihalyi, M., 1996, *Creativity: Flow and the Psychology of Discovery and Invention*, Harper Collins Publishers.

Frensch, P. A. & Sternberg, R. J., 1989, "Expertise and Intelligent Thinking: When Is It Worse to Know Better?", In R. J. Sternberg(Ed.), *Advanced in the Psychology of Human Intelligence*, 5, Hillsdale, NY: Erlbaum.

Simon, H., 1978, "Information-Processing Theory of Human Problem Solving", In W. K. Estes(Ed.), *Handbook of Learning and Cognitive Processes: Human Information Processing*, 5, Hillsdale, N.J.: Lawrence Erlbaum Associates.

Simonton, 1984, *Genius, Creativity, and Leadership, Cambridge*, MA: Harvard University Press.

Stein, B. S., 1989, "Memory and Creativity", In J. A. Glover, R. R. Ronning & C. R. Reynolds(Eds.), *Handbook of Creativity*, New York: Plenum Press.

카피와 스토리텔링 6

이현우

소비자들의 세계관에 맞추어 스토리의 틀을 짜라.
그러면 당신의 이야기가 그들에게 들리게 될 것이다.
— 세스 고딘(Seth Godin) 1

1. 이야기의 힘

조앤 K. 롤링의 소설 《해리포터 시리즈》, 영화 〈반지의 제왕〉, 게임 〈리니지〉, 드라마 〈불멸의 이순신〉…. 세간의 관심을 끌었던 이런 소설과 영화, 게임, 드라마의 공통점은 무엇일까? 모두 탄탄한 '스토리텔링'을 기반으로 하고 있다는 점이다. 이처럼 우리 사회의 여러 분야에 걸쳐 '스토리'를 들려주는 내러티브 양식을 일컫는 스토리텔링이 큰 주목을 받고 있다. 이는 방송프로그램 중에서 인기를 모으고 있는 MBC의 〈신비한 TV 서프라이즈〉나 KBS의 〈스토리텔링 클럽 이야기 발전소〉, 인기 개그 콩트였던 〈웅이 아버지〉, 드라마 〈커피프린스 1호점〉, 〈불멸의 이순신〉 등의 공통점이 모두 탄탄한 '스토리'를 기반으로 한다는 사실이 증명한다.

1 《보랏빛 소가 온다》(*Purple Cow*), 《퍼미션 마케팅》(*Permission Marketing*), 《아이디어 바이러스》(*Unleashing the Ideavirus*) 등의 세계적 베스트셀러 작가, 변화의 전도사로 잘 알려져 있다.

스토리는 구체적일수록 힘이 강하다. 광고와 신문방송의 기사, 인터넷의 게시판에 실린 글들, 슬로건과 캐치프레이즈 등도 구체적인 이야기를 생명으로 삼는다. 광화문의 촛불집회에서도 그러한 구체성은 행동을 유발하는 동력으로 작용했다. 최근 출판가에 새바람을 일으키고 있는 몇몇 베스트셀러들의 비결도 스토리텔링에서 찾을 수 있다. 전하고자 하는 메시지를 직설적으로 강의하는 대신, 재미있는 우화의 형식으로 바꾸어서 독자에게 이야기를 걸어서 공감을 이끌어내고 있다.

《누가 내 치즈를 옮겼을까》의 메시지는 '변화를 두려워하지 말라'는 이야기이고 《마시멜로 이야기》가 전하고자 한 메시지는 '지금이 바로 실천할 때이다'라는 것이었다. 칭찬에 인색하지 말라는 이야기를 우화의 형태로 들려 준 《칭찬은 고래도 춤추게 한다》는 미국의 출판계를 넘어 세계적인 베스트셀러가 되었다.

스토리텔링은 문학 용어로 '이야기를 들려주는 것' 혹은 '구전'(口傳)을 뜻한다. 영화 〈7년만의 외출〉을 기억하는가? 지하철 통풍구에서 마릴린 먼로가 하얀 치맛자락을 날리는 매혹적 장면은 누구나 한번쯤은 보았을 것이다. 평소 페라가모 마니아였던 그녀가 영화 속에서도 자신의 각선미를 살리기 위해 페라가모 구두를 이탈리아에서 급히 공수했다고 한다. 페라가모는 이 이야기를 지금까지도 광고 메시지에 활용하고 있다. 그래서 페라가모는 할리우드 여배우들이 신는 멋스럽고 편안한 신발로 잘 알려져 있다.

문화콘텐츠의 중요요소인 스토리텔링은 문화기술이나 장르에 의해 새로운 표현기법과 서사전략의 창조로도 연결되고 있다. 문화콘텐츠의 함량을 잴 때도 '이야기'를 들먹인다. 소설이든 드라마든 게임이든 그것들이 얼마나 많은 '이야기'를 담고 있고 얼마나 '이야기'를 잘해낼 수 있는지가 하나의 보편적 척도가 되고 있다. 스토리, 즉 '이야기'를 잘하는 솜씨가 게임의 소재가 되고 방송의 소재가 된 전형적 사례가 바로 〈이야기 발전소〉이고 〈서프라이즈〉이다.

〈이야기 발전소〉는 의사, 회사원, 대학생, 중고생, 외판원, 주부 등 다양한 직업을 가진 사람들이 매주 2명씩 토너먼트 방식으로 스토리 배틀을 벌이는 프로그램이다. 공모를 통해 뽑힌 스토리텔러들은 심사인단 앞에서 15분 분량의 이야기를 들려주고, 매 라운드를 통과한 선수들은 결승전까지 진출한다. 어디서 들은 듯한 이야기나 작위적이고 틀에 박힌 이야기는 어김없이 철퇴를 맞는다. 광고나 영화, 드라마 못지않은 창의성이 독특한 이야기 게임의 승패를 가르는 기준이 되는 것이다.

2. 왜 스토리가 뜰까?

얼핏 비과학적으로 보일 수도 있는 스토리텔링이 마케팅에 효과적인 수단으로 여겨지는 이유는 무엇일까? 그것은 사람들이 논리적으로 생각할 때에는 이성을 지배하는 좌뇌가 작동하지만 최종 의사 결정을 할 때에는 감성을 지배하는 우뇌가 작동하기 때문이다. 이는 정보화 시대가 지나면 소비자에게 꿈과 감성을 제공하는 드림 소사이어티(*Dream Society*)가 도래할 것이라는 주장과도 맥을 같이 한다. 이제 소비자들은 제품 그 자체보다 자신의 꿈과 감성을 만족시키는 욕망을 구매하려 한다. 따라서 소비자들을 매혹시키는 것은 제품의 교환가치가 아니라 그 제품에 내재된 이야기와 이미지라고 할 수 있다.

스토리텔링은 개인적이고 주관적인 이야기로 이어지는 것이 보통이다. 스토리가 새로운 무기로 주목받는 것은 광고나 마케팅에서도 예외가 아니다. 브랜드에 스토리를 넣어 사람들의 관심과 흥미를 유발시키고 이를 통해 판매촉진으로 연결시키는 것이 바로 '스토리텔링 마케팅'이다. 스토리텔링 마케팅은 '스토리텔링 + 마케팅 = 감성마케팅', 즉 소비자의 마음점유율(*mind share*)을 높이는 수단이다.

스토리텔링 마케팅은 상품에 얽힌 이야기를 가공, 포장하여 광고, 판촉 등에 활용하는 브랜드 커뮤니케이션 활동이다. 상품개발 과정 등 브랜드와 관련된 실제 스토리를 여과 없이 보여줄 수도 있고 아니면 신화, 소설, 게임 등에 나오는 스토리를 원용하여 가공하거나 패러디하여 보여주기도 한다.

스토리텔링 마케팅은 상품의 기능적 특성을 설명하는 내용중심 광고나 판촉활동과는 차이가 있다. 상품 자체를 강조하기보다는 상품에 담긴 의미나 개인적 이야기를 제공하여 소비자와 브랜드의 교감을 유도하는 감성 마케팅 활동이다. 딱딱하고 상업적인 광고 메시지보다는 소비자의 입에 쉽게 오르내릴 수 있는 화젯거리를 제공한다.

스토리텔링 마케팅의 이점은 광고를 통해 제품의 특징을 '이야기해 줌'으로써, 소비자로 하여금 이야기를 즐기게 하고 자연스럽게 제품에 친근함을 느끼게 하는 것이다(양재범, 2008). 브랜드 이미지를 디자인하는 스토리(이야기)가 담긴 제품은 품질이나 디자인이 뛰어난 상품보다 소비자에게 가치 있는 것으로 평가될 수 있다. 제품 고유의 내재된 스토리를 통해 브랜드 차별화를 이룰 수 있기 때문이다.

예1 '생각대로 T'와 '쇼를 하라 쇼' 광고의 스토리텔링

2008년 5월부터 방송된 SK 텔레콤의 '생각대로 T' 광고 캠페인은 익숙한 멜로디에 쉽고 편한 노래가사로 잘 알려져 있다. 유명한 노래가사에 브랜드를 앉힌 기존의 광고와는 구별되는 스토리텔링의 요인을 텍스트에 잘 담고 있다고 할 것이다.

대표적인 사례를 들면, "부장 싫으면 피하면 되고, 못 참겠으면 그만두면 되고, 그러다 보면 또 월급날 되고 … 딴따다따 따란따다~ 생각대로 T"라는 카피로 구성되는 광고는 최근 방송된 광고 중에서 가장 활용도가 높았던 CM 송이라 할 수 있다. 벨소리 대신하는 컬러링 송도 되고, 기분풀이 추임새도 되고, 동아리 주제가도 되고, 여기저기 패러디도 되고 …. 말 그대로 생각대로 되는 노래가사였다. '되고 송'이라는 별명이 이름값을 톡톡히 하고 있다.

이에 반해 2007년 한 해 동안 무수한 화제를 만들어 냈던 KTF '쇼' 캠페인은 디지로그적 서사요소를 활용하면서 다양하고 실험적인 내러티브와 표현을 구사하였다. 첨단 소재를 흑백화면의 복고풍으로 처리한 영상이라든가, 예상을 뛰어넘는 파격적인 소재와 엉뚱한 화면전개, 인상적인 배경음악, 호들갑스럽고 작위적인 촌티 패션, 과장스런 연기 등의 디지로그적인 서사요소들 중간중간에 끼어든 "쇼를 하라", "쇼하고 있네", "세상에 없던 쇼가 시작된다", "쇼를 하면 … " 등은 광고로서의 엔터테인먼트 효과를 극적으로 살려냈다. 거기에 신파조 변사조의 내레이션도 귀와 눈을 동시에 즐겁게 하는 볼거리, 들을 거리를 산출해냈다 (KTF, 'show' 홈페이지 참조).

〈그림 6-1〉
SK 텔레콤 '생각대로 T' 광고

〈그림 6-2〉
KTF 'Show' 광고

3. 스토리와 마케팅, 그리고 광고

스토리텔링 마케팅은 이야기를 좋아하는 인간의 본성에 바탕을 두고 있다. 드라마 이야기, 연예가 소식, 정치인 이야기, 항간에 떠도는 소문 등 사람들은 흥미로운 이야기에 관심을 기울인다. 상품도 마찬가지다. 사람들은 평범한 목걸이보다는 드라마 속 주인공이 착용했던 이야기가 있는 목걸이를 더 좋아한다.

왜 스토리텔링 마케팅인가? 미래학자 롤프 옌센은 정보화 시대가 지나면 소비자에게 꿈과 감성을 제공하는 것이 차별화의 핵심이 되는 드림 소사이어티가 도래할 것이라고 말한다. 미래에는 이야기와 꿈이 부가가치를 만들며 이를 통해 새로운 시장이 형성된다는 것이다. 소비자들의 라이프스타일을 지배하면서 고유의 소비문화를 만들고 있는 브랜드들의 성공 이면에는 항상 이야기가 있다.

디즈니랜드, 나이키, 할리데이비슨, 페라리 …. 이 모든 것이 꿈과 이야기로부터 시작되었고 그 꿈이 현실을 창조하게 된 것이다. 롤프 옌센은 기업이 이야기와 꿈을 마케팅에 접목한 드림케팅(*Dreamketing*)에 주력해야 한다고 강조하고 있다. 이를 위해서는 자사 브랜드를 멋진 스토리로 포장하여 판매하는 스토리텔링 마케팅이 효과적이다. 흥미 있는 이야기가 담긴 상품은 단순히 우수한 품질이나 디자인을 가진 제품보다 더욱 매력적일 수 있기 때문이다.

상품에 대한 기능을 따분하게 늘어놓기보다 고객의 마음을 읽고 그들이 꿈꾸는 바를 흥미 있는 이야기를 통해 부드럽게 풀어가면 고객에게 다가가기 더욱 쉽다. 미국 주방용품 업체인 윌리엄 소노마는 행복한 가정 이야기를 파는 것으로 유명하다. 요리기구와 그릇 등 제품별로 장인, 역사, 캐릭터 등을 테마로 한 브랜드 스토리를 광고 및 판촉 활동에 활용하여 화제화함으로써 인기를 모으고 있다.

스토리텔링 마케팅은 상품 차별화에 매우 유용하다. 온갖 노력 끝에 개발한 상품이라 할지라도 이를 사람들의 머릿속에 각인시키기가 점점 더 어려워지고 있다. 브랜드가 범람하고 있는 상황에서 자사만의 차별화 요소를 전달하기 쉽지 않기 때문이다. 기업은 브랜드가 가지는 이야기를 통해 경쟁 브랜드와 다른 고유의 분위기를 가질 수 있다. 예컨대 스타벅스는 커피 매장을 집, 직장에 이어 이야기가 있는 제 3의 공간으로 만들고 하나의 라이프스타일로까지 승화시켜 성공을 거두고 있다.

마케팅에 스토리텔링의 개념을 접목한 사례는 다양하다. LG전자의 초콜릿폰 광고도 스토리텔링 마케팅 기법이라고 할 수 있다. "헤이 초콜릿, 다르게 생기면 외로운 거야", "어… 빨개지네. 그렇게 수줍어하면 나랑 어떻게 사귀려고 그래" 등 모델들이 제품과 나누는 대사가 차별화된 디자인, 제품의 기능을 편안하게 소비자에게 전달하고 있다. 당시 초콜릿폰 광고는 엄청난 반응을 일으키며 제품 판매에도 상당한 성공을 거두었다(양재범, 2008).

'에비앙'은 물이 아닌 약이라는 브랜드 스토리를 200년 넘게 들려주고 있고, '지포'(Zippo) 라이터는 베트남 전쟁에서 총알을 막아 준 이야기로 주목을 받았고 지포사는 이를 많은 광고에 인용했다.

캐주얼 브랜드 '쌤'(Ssam)은 남자 쌤, 여자 사만다를 브랜드 모델로 정하고 이들이 입는 옷을 다양하게 보여주고 있다. 마케팅 전략도 이에 맞춰 "쌤과 사만다를 찾습니다"라는 캠페인으로 이어져서 젊은 층에 폭넓은 호응을 얻어냈다. 레오나르도 다빈치의 휴식공간이라는 어원을 가진 잡화 브랜드 '빈치스벤치'는 영화 〈다빈치코드〉의 개봉을 앞두고 영화예매권 및 사은품 증정 등 공동 프로모션을 진행했다.

'코카콜라'의 홈페이지는 그 탄생부터 광고의 역사, 로맨스, 군대 이야기에 이르기까지 코카콜라의 수많은 이야깃거리가 있다. 또 코카콜라 박물관에는 그들의 역사를 담은 비디오, 광고, 제품 포장, 자판기 등이 전시되어 소비자로 하여금 말할 거리를 만들어 준다.

애플컴퓨터는 2002년 스위치 캠페인을 전개하며 예쁘지도 똑똑해 보이지도 않는 전형적인 미국 여고생 모습의 엘렌 파이스를 광고에 내세웠다. 그녀는 어수룩하고 평범한 모습으로 30초간 자신의 PC가 다운돼 공들인 전공숙제를 일순간에 날려버린 누구나 경험해 봤을 만한 이야기를 전달했다. 이후 엘렌 파이스는 3,000개가 넘는 링크를 쏟아내는 스타가 됐고 애플사는 저렴한 투자로 170만 명가량의 홈페이지 신규 방문자를 얻었다.

스토리텔링 마케팅은 사람들에게 회자되어야 하는 만큼 평범한 이야기들이 아니다. 이때 가장 중요한 것은 이야기의 함량이다. 마케팅의 성공 여부는 이야기의 품질에 달려 있다고 보이기 때문이다. 재미가 없으면 입에서 입으로 쉽게 전해지기를 기대하기는 힘들다. 따라서 이야기는 흥미롭고 자극적이기까지 하여야 한다. 그러나 무조건 재미있다고 성공하는 것만은 아니다. 지나치게 인상적이지만 사실이 뒷받침되지 않은 이야기는 일시적으로 관심을 모으는 데는 성공할 수 있어도 궁극적으로 신뢰를 잃게 되어 브랜드에 치명적인 상처를 입힐 수도 있다.

2006년 2월, 서울 5호선 지하철 안에서 벌어졌던 한 젊은 남녀의 결혼식 이벤트는 어느 대학 동아리의 연극연습으로 밝혀진 해프닝으로 끝났지만 그 위력은 정말 대단했다. 포털사이트에서는 한 회원이 '지하철 커플, 신혼여행 보내주자'는 청원을 발의, 하룻밤 만에 3,800여 명에 육박하는 회원들의 서명을 받는 등 높은 관심을 끌었다. 웨딩관련 업체들은 웨딩촬영, 결혼식, 신혼여행까지 약속했으며 축의금을 보내겠다는 이들도 있었다. 도시철도공사도 가짜커플을 찾기 위해 지하철 5호선 해당 구역에 공고를 붙이기까지 했다. 이러한 평범한 사람들의 범상치 않은 이야기가 스토리텔링의 소재가 되기도 하지만 기만적 행위에 대한 사회적 비난도 적지 않았다.

스토리텔링에 관한 서적도 많이 발간되었다. 《성공하는 기업에는 스토리가 있다》라는 책은 기업의 과거부터 현재까지 창업자를 비롯한 인물들, 브랜드와 관련된 사건들, 생산과정의 에피소드 등 재미있는 이야기들을 다루었다. 스토리텔링은 《경영 손자병법》과 같은 딱딱한 경영지침서도 읽기 쉬운 소설로 탈바꿈시키기도 한다.

《해리포터 시리즈》는 스토리텔링의 가장 커다란 성공작으로 꼽힌다. 이 시리즈는 6부까지만 하더라도 3억 2천5백만 부라는 경이적인 판매부수를 기록했고 7부를 더한다면 4억 부에 육박할 것이며 매출액만 3조 원에 이르며 '해리포터'가 만들어낸 부가가치는 300조에 이른다. 서양에서 오랫동안 전해내려 오던 마법사 이야기가 조앤 K. 롤링의 손을 거쳐 디지털시대 최고의 문화상품으로 재탄생한 것이다.

이제 스토리텔링은 문화기술(CT)과 결합하면서 문학, 만화, 애니메이션, 영화, 게임, 광고, 디자인, 홈쇼핑, 테마파크, 스포츠 등의 다양한 장르를 아우르는 용어가 되고 있다. 디지털 스토리텔링, 브랜드 스토리텔링, 에듀테인먼트 스토리텔링, 웹 뮤지엄 스토리텔링 등 용어도 다양하게 쓰이고 있다. 스토리텔링을 학과 명칭으로 채택한 대학교도 있을 정도다.

예 2 KTF, '0.3초의 진실' 편

0.3초 눈 깜짝할 사이의 시간
철로의 아이를 보고 몸이 먼저 뛰어든
용기의 시간

광고에서 스토리텔링이 주목되는 것은 시장의 주 소비층으로 부각된 디지털 세대의 특성 때문이다. 감성적이고 직관적이며, 디지털 영상 등 가상공간의 놀이의 세계에 익숙한 이들 세대는 전형적인 '놀이형 인간'(호모 비르투엔스 루덴스)의 특성을 지니고 있는데, 이들은 설명이 아니라 이야기를 추구하며, 이야기가 들어있는 상품에 열광하는 것이다.

4. 카피의 구조와 이야기의 구조

'이야기'의 풍부함과 빈곤함이 '좋은 광고'를 가리는 새로운 기준으로 주목되고 있다. 놀랍다, 재미있다, 특이하다, 새롭다, 강하다고 칭찬하는 대신 '이야기 된다'라고 말하는 것만 봐도 그렇다. 그래서 사람들은 메시지나 텍스트가 '좋은 이야깃거리'를 얼마나 많이 담고 있는지를 굳이 따지려고 든다.

사람들에게 끊임없는 관심과 반응을 불러일으키고 작용과 반작용을 만들어내면서 확산되는 이야기의 가능성은 보다 전문적 개념으로 말하면 '이야기 가치'(*story value*)가 된다. 이야기 가치는 사건이 전개되는 시간의 길고 짧음이 아니다. 역동성과 반전, 긴장과 갈등, 심리작용의 복잡한 화학작용의 농도에 있다고 할 수 있다.

광고카피에서 주로 발견되는 스토리텔링의 구조를 정리하면 다음과 같다.

1) 스토리의 4가지 요소

(1) 메시지

분명하게 정의된 메시지를 만들 필요가 있다. 이는 스토리 전반에 걸쳐 중심 테마가 된다. 예를 들어 토끼와 거북이 이야기에서 거북이는 느리지만 꾸준하기 때문에, 빠르지만 성급하고 부주의한 토끼를 경주에서 이기게 된다. 이 이야기의 중심 테마는 '거만한 자는 실패한다'는 것이다. 이처럼 하나의 스토리에는 하나의 메시지만 담겨야 한다. 더 많은 메시지를 담으려면 메시지의 우선순위를 정해야 하는데 그렇게 되면 스토리는 불분명해지고 혼란스러워질 수 있다(차유철 외, 2009).

(2) 갈 등

갈등은 좋은 스토리를 이끌어내는 원동력이다. 갈등이 없다면 스토리는 존재하지 않는다. 인간은 본능적으로 조화롭고 균형잡힌 삶을 추구한다. 그래서 일단 삶의 균형이 깨지면 이를 회복하기 위해 최선을 다한다. 불쾌한 상황이나 스트레스, 불안감에서 벗어나려고 하는 것이다. 갈등과 마주치면 본능적으로 해결책을 찾으려 한다. 갈등은 행동을 만들어내는 것이다.

스토리는 조화를 깨뜨리는 역동적 변화의 집합이다. 도미노피자의 광고에는 피자의 반죽이 모자라 당황하고 고객의 신뢰를 잃을까봐 두려워한 나머지 '어떻게 하면 더 늦기 전에 많은 반죽을 확보할 수 있을까?'라는 고민을 하게 되고 그러한 갈등은 조화를 복구하려는 행동으로 이어진다. 처음부터 충분한 반죽이 확보되었다면 그저 피자를 굽고 배달하는 일상적인 모습밖에 연출되지 않았을 것이다. 결국 지루하고 따분한 광고가 되고 별 스토리가 없는 CF로 끝났을 것이다. 모험을 찾아 험난한 여정을 떠난 영웅이 마지막으로 집으로 돌아와 안전하고 평안한 삶을 누리는 것처럼. 평온과 불안, 선과 악의 투쟁을 통해 스토리는 수용자에게 가치와 메시지를 전달하는 것이다(차유철 외, 2009).

재미있는 이야기는 반드시 갈등구조를 지닌다. 시청자들이 드라마에 빠져들고 눈물을 흘리고 박수를 치고 심지어 다음 회를 기다리는 것은 주인공들의 갈등을 즐기기 때문이다. 갈등이 커질수록 스토리의 드라마틱한 힘은 커진다. 그러나 갈등이 한계를 넘어 지나치게 혼란스러워지면 안 된다. 스토리가 혼돈에 빠지면 관객을 사로잡기 힘들다. 이때 불분명한 메시지를 분명하게 정의해 주는 것이 바로 카피다. 바르트(Barthes, R., 1964)가 언어의 정박기능이라고 한 대목이다.

(3) 등장인물

스토리는 주인공 또는 영웅이 어떤 목표를 추구하는 것으로 시작된다. 그러나 목표를 달성해 나가는 주인공의 과정은 순탄하지가 않다. 항상 주인공을 방해하는 적대세력이나 예기치 못한 상황이 일어나고 그로 인해 갈등이 빚어진다. 성공적인 갈등을 만들기 위해서는 서로 다른 의견을 가진 영웅과 적대세력이 필요하다. 적대세력은 주인공의 여정을 방해하는 역할을 한다. 주인공은 적대세력과 싸우면서 스토리의 갈등을 해소하기 위해 투쟁을 지속하면서 개인의 발전을 이룩한다. 목표를 달성하거나 목표달성에 실패함으로써 갈등을 해소하는데, 이것이 스토리가 전달하고자 하는 메시지를 입증하는 과정이다(차유철 외, 2009).

(4) 플롯

이제 스토리를 어떻게 전개할지 고민하는 단계다. 스토리는 한 번에 하나의 이야기만 전달 할 수밖에 없기 때문에 주어진 시간의 순서에 따라 사건을 배열해야 한다. 즉, 수용자의 흥미를 끌어올리면서 사건을 전개하도록 정밀한 구조를 취해야 한다는 것이다. 스토리는 '시작 - 중간 - 끝'의 세 부분으로 나누어진다. 먼저 스토리의 배경이 만들어지고 난 다음 변화가 일어난다. 이는 갈등으로 연결되고 나머지 변수들이 형성된다. 갈등은 점차 고조되거나 해소되고 스토리는 결말을 맺는다.

플롯은 메시지와 갈등, 등장인물이 만들어진 이후에 주어진 시간 안에 일련의 이야기가 배열되는 것이다. 배경과 갈등, 그리고 해결의 순서로 플롯은 만들어지며 스토리의 주제와 문맥을 잘 배치하여 스토리의 전개를 극대화할 수 있게 된다고 하였다(차유철 외, 2009).

〈그림 6-3〉 스토리 모형

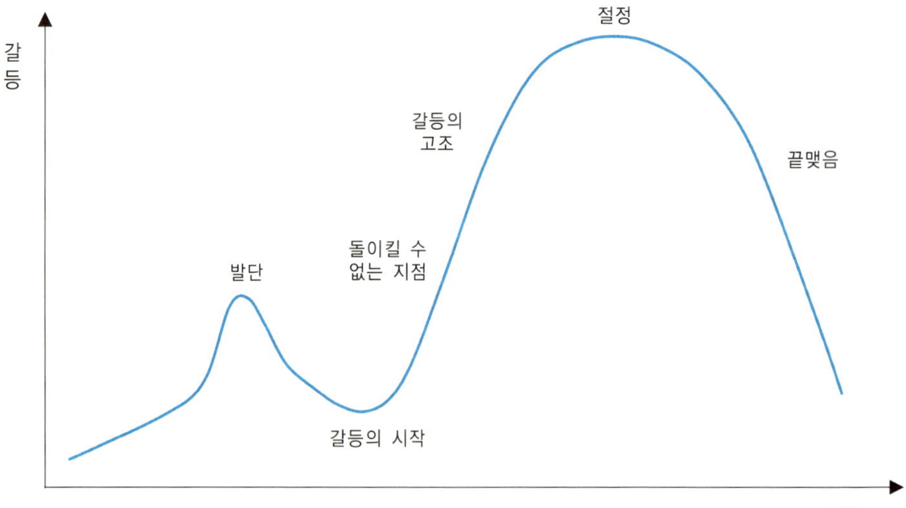

출처: 클라우스 포그 외, 2008, 《스토리텔링의 기술》, (재인용: 차유철 외, 2009)

■ 스토리 모형

Fog 외(2004)는 이야기에서의 갈등, 등장인물의 배역, 사건의 흐름을 스토리 모형(*Story Model*)로 설명하였는데, 〈그림 6-3〉에서와 같이 X축은 시간의 진행과 등장인물의 소개를, Y축은 긴장곡선과 갈등의 발전을 설명하여 각각이 스토리 전개의 어떠한 영향을 주는가를 보여주고 있다. 이를 통해 문학에서 이야기하는 발전, 전개, 절정, 결말과 같은 전개방식을 가지고 있음을 볼 수 있다.

2) 스토리의 뼈대와 속살

연예인들이 나와서 수다를 떨고 이야기 솜씨를 뽐내는 코너가 있다. 이른바 토크 배틀의 형식인데 그럴듯한 이야기를 해서 가장 반응이 좋은 사람을 그날의 토크왕으로 추대하는 형식이다. 이야기가 가식적이거나 어설프거나 유치하면 여지없이 주위에서 핀잔이 나오고 썰렁한 공기가 감돈다. 그렇다고 반응을 재는 특별한 장치도 없다. 주위에서 몇 마디 감탄사가 나오거나 야유가 터져 나오면 좌중이 함께 동조하고 그것으로 이야기의 성패는 곧장 갈라진다. 재미있는 스토리는 쾌감을 준다. “그래, 바로 내 이야기야”, “나도 저런 적 있어”라는 공감을 이끌어낸다. 아이디어를 잘 내는 사람은 말 잘하는 사람이기도 하다. 자기의 아이디어를 좌중에 전달하고 설득하는 솜씨가 없고서는 아이디어의 싹을 키워낼 수가 없는 것이다. 쑥스럽거나 기가 약한 사람은 주의의 사소한 핀잔에도 바로 주눅이 들어서 곧장 아이디어를 접어버린다. 배짱 있고 입담 좋은 사람이 늘 이야기의 주도권을 잡고 끝까지 아이디어를 살려낸다.

이야기는 드라마의 구조를 가진다. ‘기-승-전-결’이나 ‘발단-전개-위기-절정-결말’ 등의 선형구조를 가지기도 한다. 그러나 직선적인 순서로 이야기를 전개하는 것은 지루하다. 반전이 있어야 한다. 다음에 어떤 이야기가 나올까 긴장하는 순간에 예상치도 못한 변화로 허를 찔러야 한다.

스토리텔링의 기법을 가장 잘 활용하는 광고의 방식으로 드라마형 광고가 있다. 드라마형 광고는 무엇보다도 제품을 전달하는 메시지를 담고 있다. 따라서 일반적 구성요소(플롯, 인물, 갈등 등)와 더불어 광고 메시지로서 제품정보를 어떻게 전달하는지, 광고목표와 어떻게 관련되는지 등을 이해할 필요가 있다. 드라마형 광고는 사건 중심의 이야기 전개 외에도 갈등을 필요로 한다. 갈등은 '어떤 사람이 무엇을 절실히 원하지만 그것을 얻기는 힘들다'는 것을 뜻한다. 갈등은 등장인물들에게 환경의 변화를 일으키며, 이 변화는 가치의 변화라는 형태로 표현되고 경험되며, 갈등이라는 과정을 통해 얻어진다(Mckee, 1997). 이러한 갈등은 '시간적 구성을 가진 인과적 플롯에서 제품의 특성이 인물의 갈등과 논리적으로 관련되거나 혹은 제품의 특성이 인물의 갈등과 연상적으로 연결되는 광고 메시지'로 정의된다(신일기, 2010).

예 3 SK 텔레콤 기업광고

(1)

너무 가까이 보지 마라
어지럽히지 마라
군것질하지 마라
나쁜 친구 사귀지 마라
밤늦게 다니지 마라
끼니 거르지 마라
울지 마라 그리고
내 걱정은 마라
올해도 당신의 잔소리가
저희를 키웠습니다.
'사람을 향합니다' SK 텔레콤

(2)

NA 재춘이 엄마가
이 바닷가에
조개구이집을 낼 때
생각이 모자라서
그보다 더 멋진 이름이 없어서
그냥 '재춘이네'라는
간판을 단 것은 아니다.
자식의 이름으로 사는 게
그게 엄마 행복인 거다.
어머니,
당신이 행복입니다.

(3)

NA 태어난 순간부터 일곱 여덟 살까지
기억이 모두 생생하게 남아있다면
넌 아마 미안해서라도 엄마한테
함부로 못 할 거야
그래도 괜찮아 니가 내 행복인 걸.
자막 당신이 행복입니다.
OK SK

(4)

NA 외모에 자신이 없거나
카메라 울렁증이 있어서
이 땅의 아버지들이
사진 속에 없는 건 아니다.
가족을 위해
늘 사진밖에 계셨던 아버지
아버지, 당신이 행복입니다.

자식을 향한 흔하디 흔한 상투적 잔소리를 늘어놓던 엄마가 던진 마지막 잔소리는 의외다. 내 걱정 하지 말라는 잔소리까지 …. 그게 엄마가 아니면 이 세상 누구도 할 수 없는 잔소리다. 그런 잔소리를 먹고 이 세상의 아들과 딸들은 커나가는 것이다.

실화를 바탕으로 아들에 대한 아버지의 사랑을 그린 '발신자: 나의 희망' 편도 찡한 감동의 반전 드라마다. 아침 밥상에서 자신을 못마땅하게 여기는 아버지가 놓고 간 휴대전화를 찾다가 발신자명이 '나의 희망'으로 뜬 것을 보고 아버지의 사랑을 느끼게 되는 모습을 그렸다. 사춘기 청소년을 자식으로 둔 40대 남자들의 높은 공감을 끌어내었다는 반응조사가 이 광고의 작품성을 말해 준다.

예 4 매일유업, "바나나는 원래 하얗다" 광고

자막 M社 마케팅 본부
남자 1 위대하신 백부장님 오셨네요.
이거 지금 바나나 원래 하얗다는 게 말이 됩니까?
남자 2 아, 원래 속 먹는 부분은 하얗거든요.
남자 1 아 그래서 어쩌라고요. 안 팔리는 걸 어쩌라고요.
맛있습니까? 그게?
남자 2 음…
남자 1 그렇게 해서라도 매출 올리실 거면 많이 드세요.
구두도 흰색 신으시고 예?
남자 2 사실 그렇잖아요.
바나나를 까보면 분명히 하얀 건데
내가 한 일에 대해서는 사실 지금도 후회는 안 해요.
자막 Maeil 바나나는 원래 하얗다

3) 이야기와 플롯의 차이

일어난 사건을 시간의 순서대로 늘어놓으면 이야기가 되지만 그 사건을 필요에 의해 순서를 바꾸거나 재조립하면 플롯이 된다. 다시 말해, 이야기의 전후에 존재하는 인과관계가 플롯의 구조를 만드는 것이다.

예를 들어 보자. "왕이 죽었다. 왕비도 죽었다"는 이야기의 구조다. 그러나 "왕이

죽자 슬픔에 못 이겨 왕비도 죽었다"라고 하면 플롯이 드러난다. 이처럼, 플롯이 힘을 발휘하려면 반전의 묘가 있어야 한다. 반전은 그 이야기의 가장 핵심적인 부분이고 절정에 해당한다. 또한 이야기의 가장 재미(*fun*)있는 부분이다. 그런데 이때의 재미는 우습거나 즐거운 것만 말하지 않는다. 슬프거나 무서운 것도 해당한다. 몰입하게 하는 그 어떤 것, 다시 말해서 감정이입이나 공감을 주는 요소라고 할 수 있다.

광고에 있어 플롯은 인물, 연기 등의 요소에 따라 다양한 모습을 갖고 있고, 제품의 전달방식에 따라서 그 형태가 다양하다. 메시지는 시나리오 작가나 소설가와 마찬가지로 중심 메시지나 스토리 전반의 중심 테마가 된다. 가령, 토끼와 거북이 경주에서 거북이는 느리지만 열심히 달려서 경주에 이기게 되는데, 이야기의 중심 메시지는 '거만한 자의 실패'를 중심 메시지로 볼 수 있다(이학식 외, 2009; Fog 외, 2004).

일반적으로 드라마틱한 형태의 광고는 시작과 중간, 끝이라는 구성 속에서 갈등과 충돌, 긴장을 통해 수용자의 몰입과 관여를 유도한다. 그래서 재미있는 광고는 인물의 역할, 상황의 전개 속에서 제품이 일정한 갈등을 일으키는 역할을 하게 하는 경우가 많다. 이것이 '광고적인 반전'으로 불린다.

4) 내러티브와 스토리텔링

텍스트를 구성하는 다양한 코드들에 일정한 체계를 부여함으로써 의미작동을 하게 하는 개념이 바로 서사(*narrative*)이다. 내러티브 및 스토리텔링 연구의 핵심은 현실(*reality*)과 그러한 현실을 바탕으로 재구성된 이야기(*story*) 사이의 관련성을 분석하고 해석하는 일이라고 하겠다. 내러티브 연구의 계보는 1920년대 후반 프로프(Propp)를 비롯한 러시아 형식주의 비평가들로 거슬러 올라간다. 그들은 전통문학과 문학 이론을 재료로 하여 바르트, 주넷 토드로프 등과 같은 프랑스 학자들의 서사연구의 개념과 분석절차를 보다 질서정연하게 정리했다(전경란, 2004).

1960년대 이후부터는 서사학(*narratology*)으로 명명되면서 학문으로서의 이론적 면모를 구비해나가기 시작한다. 1970년대에 들어서는 영화와 TV 등의 대중영상 매체에 대한 분석에도 유용성을 인정받기 시작했다. 현재에 와서 서사학은 언어학 인류학, 민속학, 기호학, 영화학 등의 다양한 학문영역과 접합하면서 다양한 장르의 텍스트에 내포된 서사분석에 활용되고 있다. 내러티브는 사물과 세계를 인식하고 경험하는 가장 기본적인 사고체계이다. 또한 텍스트와 수용자 사이의 소통 전략이기도 하다. 서사는 '하나의 이야기를 연속된 것(*sequence*)으로 조직화시키는 장치, 전략 및 관습' 또는 '시간적 연쇄로 구성된 일련의 사건들'로 정의되기도 한다.

내러티브는 개별적 코드들로 관찰된 것들을 재구성하기 위한 수단이며 이러한 과정을 통해 수용자는 텍스트의 의미와 현실을 새로운 관점으로 구축하게 된다. 내러티브는 이야기하기(*storytelling*)의 주요한 수단이기도 하다. 스토리텔링은 일정한 시점에 일어난 사건을 일련의 코드와 내러티브, 상징, 비유 등을 통하여 재구축하는 작업이라고 할 수 있다. 여러 사건들을 '시작 - 중간 - 끝'의 순서로 이루어진 이야기로 선형적으로 조직한 것을 말하기도 한다(박동숙 · 전경란, 2002).

다시 말해서 시간과 공간 속에서 인과관계가 있는 사건들이 서로 연결되어 진행되거나 전개되고 결국 마무리되는 과정이 바로 스토리텔링인 것이다. 이야기하기는 서사물의 표현영역을 확대하고 새로운 유형의 서사물을 재창조하는 수단으로서 중요한 문화적인 의의를 발견할 수 있다(박동숙 · 전경란, 2002; 전경란, 2004).

5) 광고의 스토리텔링 유형

(1) 패러디

광고텍스트가 사람들의 삶 속에서 이야깃거리를 만들어가는 메커니즘 중에서 가장 보편적인 형태는 패러디(*parody*)이다. SK 텔레콤의 '생각대로 T' CM 송은 패러디 가지 수만 해도 셀 수 없을 만큼 인터넷 사이트를 떠돌고 있다. '군인 버전', '노처녀 버전', '재수생 버전', '백수 버전', '알바 버전' 등, ' ~하면, ~되고'라는 문장 속에 대입하기만 하면 패러디가 완성된다.

> 가수 말 나오면 웃으면 되고
> 그러다가 가수 되고 싶으면 소녀시대 멤버 보면 되고
> 연예인 보고 싶을 땐 오디션 통과해서 보면 되고…
> 생각대로 하면 되고~

돈이 없으면 알바하면 되고~
몸이 안 되면 운동하면 되고~
얼굴 안 되면 성격 좋으면 되고~
성격 아닌 건 고치면 되고~
이것저것도 아무것도 아니면 그냥 평생 혼자 살면 되고~

어떤 방송사의 한 개그 프로그램에서는 이런 패러디 가사도 인기를 끌었다.

차 싫증나면 한 대 또 사고
몸이 아프면 병원을 사고
그러다가 돈 다 떨어지면 아빠한테 손 벌리고
아빠 나 백억만. 백억이면 해결되고~ 좀 사는 티

패러디된다는 것은 그만큼 커뮤니케이션 효과를 방증하는 현상으로 볼 수 있다.

(2) 역설 (*Paradox*)

① "찬바람 불 때, 핫초코 미떼"
최근 들어 핫초코 미떼는 예능의 감각을 잘 살려 수용자들을 적극적으로 개입시키는 광고를 선보이고 있다. 광고의 줄거리는 대략 이렇다. 하얀 눈으로 덮인 아름다운 스키장. 한 소심한 청년이 생머리가 아름다운 여성의 뒷모습에 반한다. 일행과 함께 리프트 타는 것을 포기하고 심지어 친구가 들고 있던 핫초코 컵까지 낚아채어서 그녀의 리프트에 일부러 함께 앉는다. 단둘이 앉아 있는 어색한 시간이 잠시 흐른 뒤, 소심남이 용기를 내 그녀에게 작업을 거는데 …. 남자가 눈독을 들였던 그녀는 바로 … '국민할매'로 불리며 각종 오락 프로에서 정상급 스타로 자리매김한 로커 김태원이다. 황당해 하는 녀석을 향해 김태원이 한마디 한다. "혼자 왔니?" 이어서 떠듬떠듬하는 김태원의 멘트, "이런 덴 여자친구랑 와야 좋은데 말야"라는 중얼거림으로 광고는 끝난다.
그런데 이 광고가 더욱 화제를 모으는 이유는 마지막 멘트가 카피공모 이벤트를 통해 선정되었다는 데 있다. 필자도 몇 가지 카피 아이디어를 내본 경험이 있다.
"너 이런 스타일 좋아하는구나", "바람이 차지?", "녀석, 눈은 높아가지고 …", "난, 네가 싫은데?", "녀석, 바람기 하곤 …".

핫초코 미떼가 지속적인 광고 콘셉트로 밀고 잇는 '찬바람 부는 썰렁한 분위기'와 잘 어울리는 모델 선정과 상황 설정, 연기자의 어색한 동작과 말투가 광고의 완성도를 절정으로 끌어올리고 있다.

인기 있는 모델이 광고에 등장했다는 소문만으로도 네티즌들의 뜨거운 반응을 모으더니 광고가 온에어 되자마자 하루 만에 패러디가 나올 정도로 스토리텔링의 새로운 교재로 각광받았다.

② "웃어야 할지, 울어야 할지 … 그래도 하이라이프가 있어 웃는다"

남자	위암일지도 모른단다. 7년 모은 비상금을 아내에게 다 줬다. 근데 위염이란다. 아침마다 반찬이 달라진다. 웃어야 할지 울어야 할지 그래도 하이라이프가 있어 웃는다.
자막	큰 병도 작은 병도 하이라이프 보험이 있으니까
CM song	HA HA HA Hi Life
남자	현대해상
자막	Hi Life, 웃어라 인생!

〈그림 6-4〉 현대해상, 하이라이프 광고

(3) 디지로그

디지털 시대일수록 이야기의 가치는 빛이 더한다고 할 수 있다. 디지털의 이름 아래 인간의 체취를 잃어 가는 시대적 현실이 이제 아날로그의 정감을 그리워하고 있기 때문이다. 그래서 옛날 할부지, 할매가 호랑이 담배 피는 이야기를 하던 것처럼 디지털 미디어들이 구수하고 정감 있는 이야기를 담기 위해 애쓰고 있는 것이다. 아날로그 기반의 사회에서 디지털 사회로 넘어가면서 디지털과 아날로그가 융합하는 현

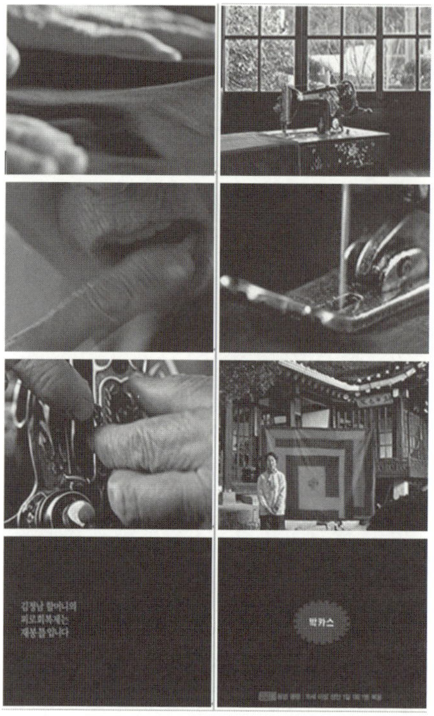

〈그림 6-5〉 박카스 광고 '재봉틀' 편

상을 이어령 교수는 디지로그(*digilog*)라는 키워드로 압축했다. 그가 "한국이 후기 정보화 사회의 파이오니어로서 앞선 것은 사실이다. 하지만 인터넷을 통해 정보의 양극화, 여론의 쏠림현상 등이 계속된다면 우리의 앞선 기술은 빛이 아니라 그늘이 될 수 있다"고 말하면서 디지로그를 선창하고 나선 것은 우리의 아날로그 문화를 디지털에 접목시켜 조화와 균형을 이루자는 의미였다. 그의 표현에 의하면 디지로그는, '디지털을 아날로그의 어금니로 씹으며 그 맛을 음미하게 하는 퓨전문화'이다(이어령, 2006).

최근 관심을 끌고 있는 광고 텍스트 중에서 SK 텔레콤의 '생각대로 T' 캠페인과 KTF의 'Show' 캠페인, 삼성전자의 '애니모션' 캠페인 등은 디지털 스토리텔링의 또 다른 가능성을 보여주었다. 스토리텔링은 일정한 시점에 일어난 사건을 일련의 코드와 내러티브, 상징, 비유 등을 통하여 재구축하는 작업이라고 할 수 있는데, 이 캠페인들은 광고 수용자를 단순한 객체로 머물지 않고 스토리 속에 적극적으로 관여하도록 한 데서 차별점을 찾을 수 있다. 그래서 사람들로 하여금 스스로 콘텐츠의 재창조 또는 조작, 변경의 기능까지 수행하는 주체적인 존재로 거듭나게 했던 것이다. 이는 멀티미디어 시대의 디지털 콘텐츠가 특정한 하나의 매체를 위해 제작되는 것이 아니라 TV는 물론 컴퓨터, DVD 플레이어, 게임콘솔, 휴대폰이나 PDA 등과 같은 다양한 플랫폼을 대상으로 한 멀티플랫폼 프로덕션(*multi-platform production*)이 가능해지고 있다는 사실과도 긴밀히 연관된다(박동숙 · 전경란, 2002).

박카스 광고의 '재봉틀' 편과 '자전거' 편도 그 사례다. "김정남 할머니의 피로회복제는 재봉틀입니다." 이런 주장을 입증하기 위해 카메라는 아주 작은 부분까지 세세하게 다가간다. 할머니의 굵은 손마디와 자잘한 주름살들, 윗실과 아랫실이 부지런히 교차하면서 한 땀 한 땀 헝겊을 누비는 바늘채, 발놀림의 강약에 따라 춤추듯이 아래위로 진동하는 노루발의 움직임을 카메라는 정확하게 기록한다. 얼마 전 타계한 박경리 선생에게도 재봉틀은 고단한 글쓰기의 노역을 위로하는 피로회복제이고 장난감이었을 것이다.

그렇다면 봄의 피로회복제는 무엇일까? 박카스 광고는 정답을 자전거라고 밝히는 대신 이런저런 형상을 한 자전거들을 오랫동안 보여주고 있다. 소설가 김훈의 비유처럼, 자전거는 삶을 굴리는 바퀴다. 온몸의 힘을 받아서 움직이는 가장 정직한 동력이다. 자동차 운전자가 자신이 도로의 중심이라는 착각에 빠져 거만해져 있을 때 자전거를 탄 사람은 세상에서 가장 겸손하고 조심스런 마음가짐으로 페달을 성실하게 밟아 간다. 그래서 바퀴를 타고 달리면서 보는 세상은 아름답다. 거리는 나와 세상을 연결시켜주는 통로가 되고 나는 자전거 위에서 세상과의 관계를 겸허히 받아들이며 앞으로 나아가게 된다.

〈그림 6-6〉 박카스 광고 '자전거' 편

재봉틀과 자전거를 통해 묘사되는 박카스는 철저히 아날로그 음료다. 마시면 피로가 바로 풀리는 마법의 에너지원이며 뇌물과 정표 사이를 살갑게 오가는 인정의 기호였다. 이처럼 재미있는 이야기가 있는 시간과 공간에는 어김없이 호기심과 관심이 모여든다. 디지털 시대에 인간이 아날로그적인 가치를 찾는 것은 이유가 충분하다. 하지만, 아날로그만으로는 대중의 눈길을 사로잡지 못한다. 왜냐하면 새롭지 못하기 때문이다. 그래서 아날로그의 감성에 디지털의 판타지가 결합해야 한다는 것이다.

(4) 언어의 동영상 (*dynamics of linguistics*)

광고에서 자막이 활용되면서 디지털의 요란함을 아날로그적으로 차분하게 가라앉히는 사례가 많다. 영화 스크린이나 인터넷에서나 통용되던 자막의 효용가치를 실용적으로 활용한 시도들을 살펴보자.

① 검색 자막광고

영화 스크린이나 인터넷에서나 통용되던 자막의 효용가치를 전통매체에 실용적으로 활용한 첫 번째 시도는 네이버 광고였다. 네이버는 2003년부터 TV 광고에 자막을 이용한 검색 마케팅을 본격적으로 도입했다.

주제에 맞는 배경음악과 시의성 있는 주제의 아이디어를 결합시켜 시선을 잡아채고 녹색의 네모난 검색창을 통해 가장 돋보이는 광고는 '생활을 발견하다'라는 슬로건의 캠페인이었다. 서가에서 책을 고르는 모습의 비주얼을 '독서의 계절을 발견하다'로 마무리하는 광고, '홍동백서'라는 키워드를 받아 '예절을 발견하다'라고 애교부리는 광고, '어느 길이 안 막힐까?'라는 멘트와 '천안-대전 간 소통원활'이라는 자막을 잘 조화시켜 '귀성길을 발견하다'라는 얘기를 하는 광고, 투박한 경상도 사투리로 '부산이 왜 이리 시끄럽노?'라고 투정을 부린 다음 '축제를 발견하다'라는 슬로건으로 정리하는 부산 국제영화제 테마광고 등은 자막광고의 진화를 확인시켜 준다.

네이버 검색광고는 군더더기가 없다. 하지만 건조하다. 그래서 감정이입이 힘들다는 단점을 남긴다. 물론, 세련미와 인간미를 동시에 충족하기는 쉽지 않다. 하지만, 감성이 거세된 지나치게 이성적 메시지는 친근감 결핍증을 낳는다. 이어령(2006)이 말한 디지로그의 균형감각이 필요한 대목이라 하겠다.

이런 관점에서 보면 네이버 광고의 단점은 개개인과의 공감대를 만드는 연결고리를 찾기 힘들다는 것이다. 궁금해 하는 지식을 찾는 것은 검색포털이라면 어디서나 다 할 수 있다. 제품 비교, 사전 검색, 인물 지식, 맛집 탐방… 다 거기서 거기다. 문제는 그렇게 검색된 지식이 '나'의 꿈, '나'의 정체성을 얼마나 충족하느냐 하는 것이다. '나'의 서포터즈로서 손색이 없는 검색 포털을 사람들은 원한다.

② 펀 자막광고

펀(*pun*)은 한마디로 뼈있는 말장난이다(엄창호, 2004). 재담, 익살, 결말, 쉰소리 또는 동음이의어 등을 재료로 하는 말의 유희도 자막광고에서 효용가치를 발휘한다. 중의적 표현, 의성어와 의태어의 적절한 구사, 브랜드의 뉘앙스와 잘 맞아 떨어지는 연상작용, 운율 등을 활용하는 자막형 광고는 앞서 말한 것처럼 영상광고보다 더 역동적인 '언어의 동영상'을 연출한다.

하지만 지나치게 단순하고 경박한 말장난에 그치는 광고는 눈살을 찌푸리게 만든다. 전달하고자 하는 뼈있는 메시지가 숨어 있어야 펀의 묘미가 산다. 콘셉트나 셀링포인트라고 해야 할 것이다. 'fun'으로 끝나고 마는 알맹이 없는 말장난은 'pun'으로서는 함량미달이다. 어정쩡한 말꼬리 잡기, 한자와 영어를 강제 결합한 국적불명의 조어, 채팅이나 핸드폰 문자에 즐겨 쓰이는 이른바 '하삼체' 류의 유치한 문체 등은 자막형 광고의 품위를 떨어뜨리는 요인이다.

KTF 'SHOW' 광고캠페인도 펀의 재미를 잘 살려내고 있다. 첨단 소재를 흑백화면의 복고풍으로 처리한 영상이라든가, 예상을 뛰어넘는 파격적 소재와 엉뚱한 화면전개, 인상적인 배경음악, 호들갑스럽고 작위적인 촌티패션, 과장스런 연기 등의 디지로그적인 서사요소들 중간중간에 끼어든 "쇼를 하라", "쇼하고 있네", "세상에 없던 쇼가 시작된나", "쇼를 하념 …" 같은 생뚱맞은 자막들은 광고의 엔터테인먼트 효과를 극적으로 살려냈다. 거기에 신파조 변사 톤의 내레이션도 귀와 눈을 동시에 즐겁게 하는 볼거리, 들을 거리를 만들어내고 있다(이현우, 2007).

③ 음향병용 자막광고

삼성화재 올라이프 광고가 연출하는 의외의 상황에도 자막이 크게 기여하고 있다. 지하철 플랫폼에 마치 애완동물처럼 능청스레 악어를 끌고 서 있는 남자, 연구에 지쳐있는 모습의 젊은 교수, 폼생폼사 젊은 아가씨의 뒷모습과 함께 등장하는 자막도 단순한 오디오 연출에 비하면 메시지의 집중력을 훨씬 높이고 있다. 하지만 이렇게 긴 자막을 보기만 해도 알 수 있는 상황, 그리고 내레이션과 중복시켜 가면서 애써 다 보여줄 필요가 있을지는 의문으로 남는다. 삼양, 교보생명 광고에도 같은 지적을 할 수 있다.

④ 카툰형 자막광고

전파광고는 영상광고, 인쇄광고는 문자광고라는 공식을 깨는 광고가 또 있다. LG

텔레콤의 기분존 광고캠페인이다. 현란한 비주얼이나 요란한 이미지가 아니더라도 얼마든지 다이내믹한 변화를 줄 수 있고 재미있게 집중할 수 있음을 보여주는 유쾌한 자막광고다. '집전화 깜짝퀴즈', '일산, 분당, 경기도=031', '역시 기분존은 다르다', '채널고정', '15초 후 정답 대공개', '기분좋은 변화' 등의 키워드를 칠판에 판서한 것처럼 써놓은 자막이 정겹기까지 하다. TV-CM은 역시 사운드와 영상, 시간의 합작품이다. 그 중에서 시간의 길고 짧음이 변수가 된 광고, 오히려 시간의 제약을 강점으로 살린 광고라 하겠다. 15초 광고이면서도 30초 광고보다 더 많은 메시지를 전달하는 광고, 오히려 45초 광고의 효과를 구가하는 이 광고의 비밀 역시 '문자의 영상화'에 있다.

(5) 버즈(*buzz*)

인구에 회자되는 광고를 만들기 위해서 매체를 잘 이용하면 카피가 꼬리에 꼬리를 문다. 그래서 한마디 툭 던지면 말꼬리를 물고 입소문을 타는 효과를 광고가 노리는 것이다. 구전 커뮤니케이션, 버즈 마케팅(*buzz marketing*), 바이럴 마케팅(*viral marketing*) 등으로 불리는 광고와 마케팅 기법들이 바로 그것이다.

5. 이야기의 다양한 교재들

'이야기' 잘하는 솜씨가 새삼스럽게 능력의 잣대가 되고 있다. 지도자의 리더십을 말할 때도 그렇고 문화콘텐츠의 함량을 잴 때도 그렇다. 게임의 재미를 이야기할 때도 '이야기'를 들먹인다. 인물이든 브랜드든, 놀이든 사건이든, 그것들이 얼마나 많은 '이야기'를 담고 있고 얼마나 '이야기'를 잘해낼 수 있는지가 진정성의 척도가 되고 있다는 이야기다.

그런데 '이야기'란 동화 구연하듯이 아기들에게 일방적으로 읽어주던 그런 소통방식이 아니다. 텍스트가 담고 있는 메시지를 수용자가 얼마나 잘 받아들이고 제대로 반응하는가 하는 쌍방향 소통이 문제의 핵심이다. 매끈하게 잘 다듬어진 메시지를 담고 있다고 해서 '이야기하기' 솜씨가 있다고 하지는 않는다. 좀 어눌하더라도 사람들에게 반응과 공감을 이끌어낼 수 있고 상상력을 자극할 수 있으면 더 좋다고 여긴다. 이야기 솜씨의 교과서는 역시 소설이다. 중국 문단을 이끌어갈 차세대 대표 작가로 주목받는 위화의 장편소설 《인생》은 광고 서사를 짜는 데도 참고할 만한 중요한 힌트를 줄 것 같다. 요약하자면, 부잣집 도련님에서 가난한 농부로 전락한 푸구이라는 인물이 국공 내전, 대약진운동, 문화대혁명으로 이어지는 파란만장한 역사 속에서 가족과 재산을 모두 잃고 혼자 남아 자신의 인생을 돌아보는 이야기다. 이야기는 농촌으로 민요를 수집하러 간 '나'에게 늙은 농부 푸구이가 자신의 과거를 들려주는 방식으로 전개된다. '나'는 민요를 수집하러 다니며 만난 많은 노인들 중 그 누구보다 자신의 이야기를 생생하게, 그리고 진실하게 털어놓는 푸구이 노인에게 인간적 연민과 호감을 느끼며 그에게 이야기를 재촉한다.

《인생》은 원래 3인칭 시점의 소설이었다. 작가는 1~2만 자쯤 쓰고 필력의 한계를 느꼈다고 고백한다. 그래서 작가의 전지적 시점이 아닌, 주인공 푸구이가 직접 말하는 방식으로 바꿨더니 이야기가 막힘없이 술술 풀려 나갔다고 한다. 푸구이 노인은 고난의 연속인 일생을 회고하는 화자가 된다. 같은 글감이라도 스토리텔러의 입을 빌려 묘사되면 그 생생함과 깊이가 훨씬 더해진다는 것을 이 소설은 증거하였다.

내친 김에 윤대녕의 단편소설집 《제비를 기르다》도 한번 읽어 볼 것을 권한다. 책 제목과 같은 이름의 단편 〈제비를 기르다〉는 과거 아버지의 연인이었던 술집 작부 '문희'가 다시 '나'의 연인으로 나타나는 것으로 이야기가 시작된다. 어쩌면 우연일 수 있고 실현의 개연성도 없는 듯한 만남이 이 소설의 스토리를 이끌어가고 있다. 이야기만 두고 보면 불편한 곳도 없지 않다. 동명이인으로 묘사된 '문희'의 캐릭터라든가, 인물들의 만남이 우연의 남발로 일관되는 것이라든가 어머니와 아버지, 술집 작부 할머니 '문희'가 다시 현실의 '나'와 만나는 '문희'로 현신하는 대목 등은 잘 꿰어 맞춘 모자이크 같은 스토리 같다.

목소리를 듣고 싶으면 바로 전화 걸어 통화를 하면 되고, 보고 싶으면 바로 화상 통화를 하면 그만인 세상. 그야말로 '생각대로' 되는 세상이고 마음에 있는 모든 생각들은 즉석에서 '쇼'를 해야 통하는 세상이다. 모든 것이 신속성과 실효성의 잣대로 측정되는 디지털의 편리한 세상에서 아날로그의 모양새를 띠는 '정'과 '회한', '이별'과 '아픔', '그리움'과 '기다림' 등은 그저 사치스럽고 미련한 감정의 찌꺼기에 지나지 않는 것들일까? 윤대녕의 소설 〈제비를 기르다〉는 디지털 시대를 살고 있는 아날로그 인간들의 또 다른 사랑 이야기로 읽힌다.

〈그림 6-7〉 인생

〈그림 6-8〉 제비를 기르다

〈그림 6-9〉 거룩한 허기

충분한 함량의 이야기를 담기에는 광고는 너무 짧은 매체라는 불평이 있을 수 있다. 짧은 것을 불평하기에는 시도 마찬가지다. 그렇다면 시는 이야기를 담기에 적당하지 않은 장르일까?

> … 요새 고기 없니더 달랑, 눈만 달린 호박씨만 나오니더 어제 시청 김계장, 와, 거, 벌초 때도 낚싯대 들고 오는 양반, 세 칸대 네 칸대 외바늘로 딱, 딱 수초 구멍에 때리넣는데 참말 기가 막힙디더 그래도 꽝쳤심더 1급수 맹동지 옛말 됐니더 4짜 붕어 인터넷에 뜬 뒤에 벌떼 같은 릴 부대 원자탄에 물이 죽었심더 … .
>
> — 전동균 시집, 《거룩한 허기》 중 "맹동에서 온 전화"에서

시에도 이야기의 장치는 힘이 세다. 시인은 전화기 건너편에서 건너온 화자의 목소리를 빌려 생생한 이야기를 전하고 있다. 그런데 이 이야기는 모든 사람이 알아듣고 공감하는 그런 이야기가 아니다. 낚시에 일가견이 있거나 명당을 찾아 헤매 본 경험이 있는 사람에게는 간절한 이야기다. 어차피 광고가 풀어내는 이야기도 말귀를 알아들을 사람에게 더 절절하게 생생하게 전하는 데 묘가 있을 것이다. 세세하게 주절주절 다 설명하지 않아도 재미있는 이야기가 있는 시간과 공간에는 어김없이 호기심과 관심이 모여든다.

〈그림 6-10〉 개그콘서트 "풀옵션"

〈그림 6-11〉 개그콘서트 "남성인권보장위원회"

예 5 〈개그콘서트〉 "풀옵션", "남성인권보장위원회"

KBS TV의 코미디 프로그램 〈개그콘서트〉도 스토리텔링의 훌륭한 교재가 될 수 있을 것이다. 미용실에서 퍼머를 해 본 경험, 연애를 해 본 경험, 여자에게 환심을 사기 위해 용을 써본 경험이 있는 사람이라면 이 코미디 포맷의 이야기에 당연히 공감을 느낄 것이다. 그런 경험이 있는 사람에게는 개그맨들의 대사 하나하나, 동작 하나하나, 상황의 전개와 반전, 웃음의 포인트를 박장대소와 함께 따라잡을 수 있을 것이다. 그래서 코믹한 이야기들은 자연스럽게 이심전심 전달되는 것이다.

6. 스토리텔링 광고 카피의 성공요건

스토리텔링에 성공한 광고들의 공통된 특징은 친근하면서도 단순한 카피와 때로는 노랫말과 운율을 반복하며 유머와 위트, 패러독스를 잘 활용하고 있다는 점이다. 그런 광고에 수용자들은 가벼우면서도 사적인 에피소드에 공감하고, 이야기의 열린 구조에 개입해 들어가면서 가공, 패러디를 통한 텍스트를 완성하게 된다. 또한 해학과 블랙유머로 사회적 이슈를 제기하는 역설적 상황묘사, 브랜드의 기억강화와 스토리에의 몰입을 유도하는 로고송과 노래가사가 재미를 더한다. 거기에 덧붙여, 캐릭터의 현실적 개연성으로 자기동일(*self identity*) 감정을 유발하는 모델의 코믹

연기, 현실비판과 대리만족을 실현하는 구체성이 담긴 독설, 온라인의 '이야기하기' 욕망을 충족하면서 무한 재생산되는 구전(*word of mouth*)의 바이럴(*viral*) 효과 등이 스토리텔링의 주요한 성공요인이다.

2008년 5월부터 방송되고 있는 SK 텔레콤의 '생각대로 T' 광고캠페인은 스토리텔링의 성공요인들을 다양하게 구비하고 있는 광고텍스트라 할 것이다. 기존의 인구에 회자되었던 노래가사에 브랜드를 얹힌 광고와는 구별되는 스토리텔링의 요인을 텍스트에 내포하고 있고, 수용자와의 상호작용 과정에서 스토리가 확산되고 재생산되는 구조를 구비하고 있는 현상도 주목된다.

이에 반해 2007년 한 해 동안 무수한 화제를 만들어냈던 KTF '쇼' 캠페인은 경쟁 브랜드인 SK 텔레콤의 'T' 광고에 비해 화제의 유발성이나 패러디의 빈도 등에서 다소 열세에 처해 있었다. 그러나 KTF '쇼' 광고캠페인은 디지로그적 서사요소를 활용하면서 다양하고 실험적인 내러티브와 표현을 구사하면서 스토리텔링의 성공사례로 꼽히고 있다. 이들 두 캠페인을 사례로 스토리텔링 광고 카피가 갖추어야 할 요건들을 생각해 보자.

1) 사적인 에피소드: 가벼움과 친근함으로 공감을 만들어라

'T'와 'Show'의 광고텍스트는 매우 개인적이라는 특성을 지녔는데, 이러한 특성은 문자와 비주얼에서 동시에 표출되었다. 이러한 개인적 에피소드를 기반으로 공감을 키워가는 전략으로 양 브랜드는 UCC를 적극적으로 활용했다. 전통적인 미디어에 대한 대응방식으로, '나의 이야기를 남에게 보여준다'라는 UCC의 특성을 잘 살려 메시지의 전달력을 증폭시켰다. 'T'는 수용자에게 일상은 개인의 것이기 때문에 다른 사람의 의사결정에 따르지 않고 생각대로 하면 된다는 문제해결방법을 제시하고 있고, 'Show'는 우리의 인생에서 벌어지는 여러 일들을 가만히 살펴보면 인생이 결국 한편의 쇼와 같다는 점과, 그 인생 안에서 개인이 소망한 바를 이루기 위해 노력할 때 'Show'가 소비자를 도울 수 있다는 것을 이야기하고 있다.

내러티브 전략의 주 스토리텔링은 '공감'이다. 톱모델 '장동건' 편은 "결혼 말 나오면~ 웃으면 되고~ 잔주름 늘면 작게 웃으면 되고~ 꽃미남 후배 점점 늘어나면 연기로 승부하면 되고"라고 노래하지만 일반인인 오디언스에 충분한 공감대를 형성하고 있다. 캠페인의 연속성에 공통점을 부여하고 앞서 말한 공감대 확장의 효과를 위해 SKT는 톱스타 광고 외에도 일상생활에서 일어날 수 있는 소재를 응용하여 스토리텔링을 만들었다. '부장 상사' 편이나 '어머니와 고등어' 편은 일상의 단면기법을 적절히 활용하여 공감대를 형성한 좋은 사례이다. 이 광고들을 본 시청자들의 반응은 다음과 같다.

> 재미있습니다. 직장인의 애환을 긍정적으로 풀어가는 스토리라인….
> 다가오는 힘이 있습니다. 생각대로 티도 썩 괜찮은 카피 같고요.
> 제품의 정보를 재미있는 에피소드로 자연스럽게 연결한 것 같네요.
> 정말 평범한 일상에서의 소재를 잘 만들어서 편해요. 그런 걸 끄집어냈다는 게…
> 장동건이라는 대형스타가 소소한 일상과 함께 보여지는 모습이 좋게 느껴졌어요.

2) 이야기의 열린 구조: 수용자가 개입하고 가공하고 참여할 수 있게 하라

오디언스의 반응은 대체로 '어리둥절→ 끄덕끄덕→ 왁자지껄→ 이구동성'의 수순을 따른 것으로 보인다. 초기에는 "저게 뭐야?"라는 반응을 보이고 좀 지나면 "훈훈하다"(장동건의 경우) 또는 "편안하고 익숙하다"(김건모의 경우)라고 하다가 마지막에는 "나도 저거 한 번 해볼까?"에서 더 나아가 "나라고 못할까!"로 진전된다. 이런 현상이 바로 패러디 붐으로 연결된다. 패러디는 변형과 가공을 넘어서서 풍자와 해학의 수준으로까지 나아간다. 이 단계에 이르면 각계각층의 다양한 의견과 목소리들은 노래라는 장치를 통해 굴절되어 나오고 있다. 단순히 비꼬고 질타만 하는 것이라면 공감대를 형성할 수 없다. 돌려서 말하기와 우회적인 표현의 내면에는 긍정의 메시지가 응축되어 숨어 있다는 것을 의미한다.

사회현실을 '되고 송'에 대입해서 풍자하거나 비판하는 패러디의 사례도 양산되고 있다. 공처가 버전, 솔로 버전, 대졸 백수 버전, 애연가 버전, 회사생활 버전, 촛불집회 버전, 대마도 우리땅 버전, 김연아 버전, 미용 버전, 여자친구 버전, 아가씨 나이트 버전, 노총각 선 버전, 노처녀 버전, 운영자 버전, 고양이 버전 등이 대표적인 사례다. 클럽에 가서 요즘 유행하는 춤을 모른다고 당황하거나 기죽을 필요없이 바로 휴대폰 인터넷 검색을 통해 습득하라는 '하면 된다!' 식의 스토리를 통해 수용자는 '필요할 때 언제든지 인터넷을 할 수 있는 T서비스'를 긍정적으로 인식하게 되기도 했다.

> 장례식장을 파티장소로 바꿀 수 있다는 쇼의 생각이 독창적! 딱 보고 "아, 이 광고 멋있다!"라는 말을 하게 되었다.
>
> 처음 접하는 쇼! 상품광고가 아닌 공감대 형성 다가가기로 잘 시작하였다는 생각이 든다.
>
> 정말 일상적인 이야기지만 재밌고 시선 끌게 잘 만들었당, 다음 편 궁금….
>
> 쇼 베이비의 연대기네요. '할아버지' 편, '아저씨' 편 계속계속 기대됩니당.

3) 역설적 상황묘사: 해학과 블랙유머로 사회적 이슈를 제기하라

'생각대로 T'의 '직장인' 편에서는 '부장 싫으면 피하면 되고~못 참겠으면 그만두면 되고~견디다 보면 또 월급날 되고~' 등의 대구법의 사용과 멜로디를 붙임으로서 오락적으로 쉽게 따라할 수 있게 만들었다. 광고 속 주인공은 힘든 직장생활에 한탄하다가도 전화가 울리면 급하게 받으면서 "예 부장님" 하면서 자기도 모르게 자세를 바로 잡는다. 광고 속 이런 동작과 상황의 반전이 소비자들의 웃음과 공감을 형성하게 만든다. 시골에 계시는 부모님께 영상통화를 하는 시리즈에서는 고장 난 TV를 보여주면서 TV가 고장이 났지만 옆집에 가서 보면 된다고 괜찮다는 식으로 역설적으로 표현했다.

SHOW의 '7살의 쇼, 장래희망' 편에서는 아버지가 아들에게 꿈이 무엇인지를 묻자, 7살 난 아들은 아버지를 향해 우렁찬 목소리로 외친다. "대통령!" 아들의 원대한 꿈에 신이 난 아버지, 곁에 있는 동료들을 향해 자랑을 하며 "대통령 되면 아빠 뭐 시켜줄래?"라고 아들에게 되묻는다. 그러자 아들은 막대사탕을 입에 문 채 한참을 고민하더니 다시 또 씩씩하게 외친다. "탕수육!" 기대를 무너뜨리는 아들의 엉뚱한 대답에 아버지는 당황하며 씁쓸한 표정을 짓고, 주위 동료들은 폭소를 터뜨린다. "시켜준다"는 말의 다의성을 활용한 언어유희, 이를 통한 의외의 반전, 그리고 서로 반대되는 사람들의 표정을 통한 비교법 등을 통해 광고 메시지를 강조하고 있다. 또, 사탕을 문 아이의 동작에서 순수함과 빅모델을 쓰지 않아 SHOW의 광고답게 신선하고 유쾌함을 표현했다. "쇼를 하라"라는 슬로건은 '쇼하고 있네' 같은 부정적인 요소를 역이용한 언어유희를 사용했다.

'인생은 쇼'라는 다소 직설적인 캠페인은 SHOW 광고만의 재미와 즐거움으로 승화되곤 했다. 광고는 엄마의 관심을 끌고픈 1살짜리 갓난아기, 여대생과의 엠티에 목마른 20살 공대 남학생, 대통령이 되겠다는 원대한 꿈을 가진 천진난만한 7살 소년 등 다양한 연령대의 사람들이 쇼를 하며 살아가는 모습을 통해 쇼가 인생에서 중요한 역할을 하고 있음을 전달하고 있다.

> 정말 재미있네요. 전혀 예상치 못한 … 사위가 토끼라 … 광고의 콘셉트와 너무 적절하게 맞아 떨어진다는 느낌이 들어요. 말 그대로 상상의 선을 넘는 광고네요. 우리 주변에서 쉽게 볼 수 있는 상황을 뒤집어 봄으로써 웃음을 제공함과 동시에 브랜드의 색을 잘 보여주는 것 같습니다.

> 현실 문제를 건드렸네요. 실질적으로 느끼는 것을 음악과 함께 광고에 담은 것 같습니다. 그래서 더 와닿았구요. 하지만 현실적으로 그리 티 로밍이 싸보이진 않네요.

> 무작정 웃기자는 건 아닙니다. 쇼의 유머에는 사실 분명한 기준이 있습니다. 작년에 히트 친 '아들아~'편도 그랬고, 올해 좋은 반응을 얻은 '몇 살의 쇼'도 마찬가지입니다. 쇼 브랜드 리더십 광고의 가장 중요한 기준은 '현실적인 유머'입니다.

4) 로고송과 노래가사: 브랜드를 기억시키고 스토리에 몰입시켜라

'SHOW' 광고는 '쇼 × 쇼 = 쇼, 쇼 × 쇼 × 쇼 = 쇼'라는 노래가사로 쇼 가입자가 기하급수적으로 늘어나는 것을 쉽게 표현했고, 쇼에 대한 브랜드를 쉽게 인식하게끔 했다. 'T'광고는 '되고송'이라는 CM 송을 통하여, 사람들이 따라 부르기 쉬운 단순한 멜로디로 시작하여 일상생활에서 겪는 어려움, 고민에 대한 에피소드를 소재로 삼아 "생각대로 하면 모두 된다"라는 식의 소비자들이 그리는 세상을 노래로 표현했다.

'T'의 '되고 송'이 고유의 리듬으로 승부를 걸었다면 'Show'는 시청자들에게 유머러스한 발상을 통해 재미와 웃음을 전달했다. T의 광고가 '~하면 되고'의 상황을 압축시키는 구체적인 스토리를 주었다면 Show는 광고 속에 나오는 캐릭터를 구체화시키면서 시청자들에게 웃음을 유발한 것이다.

두 개의 캠페인 전략을 비교해 보면 'T'는 CM 송의 반복을 통한 효과, KTF는 SHOW라는 브랜드가 가지고 있는 의미적 요소를 이용하여서 소비자들에게 접근하고 있다. '장동건' 편에서부터 '박태환', '비' 편에 이르기까지 한 개의 CM 송을 각각의 광고에 개사하여 사용했는데, 이러한 일명 '되고송'이 이번 캠페인을 대성공으로 이끈 주요 핵심 주역이라고 할 수 있다. 광고가 단순히 메시지의 전달만을 의미 하지 않듯이 이 CM 송을 통해서 SK는 T의 브랜드 이미지의 구축에 타깃층의 구체적인 행동과 참여를 유도하고자 했을 것이다.

이 CM은 우선 누구나 2~3번 정도만 부르면 쉽게 따라 부를 수 있고 특히 가사의 일부분 중 '~되고'라는 마지막 부분이 반복이 되면서 무엇이든 될 수 있다는 것을 계속 반복하면서 T의 기능에 대한 주의와 중독성을 띈 유행을 낳고 있다. 또한 춤도 두 캠페인의 스토리를 구성하는 주요한 라인으로 출현한고 있다. 스냅댄스, 막춤, 디스코, 탭댄스, 테크토닉 등의 다양한 춤이 초고속 동영상 다운로드 기술을 통해 광범위하게 유포되면서 신세대들의 문화 속에 편입되고 있음을 알 수 있었다.

> 귀에 쏙쏙 들어오는 공감 가는 가사, 현실을 반영했지만 씁쓸하지만은 않은 상황설정이 돋보이는 좋은 광고.

> 되고송요? 꽤나 다양한 장르를 통해 연출하려는 아이디어가 굉장히 쌈박하다는 느낌이 들었어요.

> 로고송 흥겹게 들려서 따라 부르면서 모델들이 추는 춤을 따라 추게 되는 것 같다.

5) 구체성이 담긴 막말: 독설을 통한 현실비판과 대리만족도 방법이다

'구체성'의 맥락에서 광고의 스토리 변화도 감지되었다. 연작이나 시리즈 등 '다음 편 계속'으로 스토리를 늘여가는 방식을 탈피해 이 광고는 한 장면에 상황을 압축적으로 전달해가는 방식으로 진화를 거듭했다. 이러한 '구체성'의 디테일은 텍스트의 다양한 측면에서 드러났다. 'T'광고의 '되고 송'에서 장동건은 '꽃미남 후배 점점 늘어나면 연기로 승부하면 되고' 등으로 또박또박 예를 들어 고민하는 모습을 보여준다. 'SHOW' 광고는 대통령 되면 탕수육 시켜준다고 말하는 아이의 심드렁한 표정과 아버지와 친구들의 들뜬 표정을 대조시키는 캐릭터의 '구체성'으로 웃음이 터져 나오게 만들었다(구둘래, 2008).

'SHOW' 광고의 초기 캐치프레이즈인 '쇼를 하라'도 구체성이 담긴 '막말'의 전형성을 보여준다. 삶과 밀착한 구체성을 브랜드의 이름으로 가져온 것이다. 노래에서도 독한 말들과 구체적인 상황 묘사가 상당수 눈에 띄었다. KTF Show 광고는 언어유희를 사용해서 이야기를 전달한다. 쇼(*show*)라는 동음이의어를 해학적으로 사용하여 다른 의미를 암시한다. 'show'라는 뜻이 '보여주다, 구경거리'라는 의미도 있지만 우리 생활에서는 '쇼하고 있네'라는 빈정거림의 말투로서 더 많이 사용됐다.
광고의 캐치프레이즈인 '쇼를 하라', '쇼하고 살자'는 언어유희를 통한 웃음을 유발했다. 브랜드네임인 'Show'를 사람들이 통상 '쇼한다'고 할 때의 '쇼'로 바꿔 생각하게 만듦으로써 시청자들에게 막말 아닌 막말을 들려주고 있는데, 그러한 카피전략은 웃음과 함께 친숙함마저 안겨주었다. '왕비의 남편은 왕, 일요일 다음은 월'이라는 스토리라인을 가진 광고에서도 개가 짖는 소리와 유사한 발음 때문에 일어난 해프닝이라고 할 수 있고, '7살의 쇼'에서 커서 대통령이 되겠다는 아들에게 "그럼 아빠 뭐 시켜줄 거야?" 하는 아버지의 물음에 심드렁한 표정으로 "탕수육" 하는 아들의 대답에서 수용자들은 언어유희에 재미있다는 반응을 보여주었다. 이 광고가 다양한 연령대에 인기가 있었던 것은 웃음을 통해 삶의 교훈을 전달하고 있기 때문으로 보인다.

> 기러기 아빠라는 소재를 이용해서 늘어나는 기러기 아빠들의 심경을 통해 쇼를 잘 어필한 광고인 것 같습니다. 현대문화를 반영한 광고네요.
>
> 재밌게 구성된 광고내용이 사회현실과 겹쳐지면서 웃기기만 한 것도 아닌 듯하군요.
>
> 현대인들의 이중성을 꼬집은 작품 같아요. 생각대로 하면 된다는 모델과의 말과는 달리 부장에 대한 이 사람의 현실의 삶과의 괴리가 풍자적으로 표현되었어요. 하지만 가치나 윤리의식 면에서는 좀 문제 있네요.

6) 온라인의 '이야기하기' 욕망 자극: 패러디와 바이럴로 이야깃거리를 이어가라

'Show'광고와 '되고송' 광고는 둘 다 재미있는 얘깃거리를 던져놓고 수용자들이 스스로 패러디를 통해 즐길 수 있도록 쉬운 소재를 쓰고 있다. '1살의 쇼', '7살의 쇼'처럼 공감되는 이야기를 던져놓고 나면 TV 광고를 본 네티즌들은 '8살의 쇼' '14살의 쇼' 식으로 패러디한 콘텐츠를 만들어 퍼뜨리는 양태를 보인다(구둘래, 2008). 스토리를 통해 재생산이 가능한 광고를 만드는 것에 중점을 둔 것이다.

실제로 두 이동통신사는 보다 적극적인 참여 유도를 위해 공식적으로 패러디 UCC를 모집하기도 했다. 특히 네티즌들이 직접 되고송을 활용해 만든 UCC, 만화, 패러디 콘텐츠 등이 눈길을 끌었다. 네티즌의 관심이 집중되는 화제의 드라마를 활용하거나 '캐로로 중사', '정글로', '데스노트' 등 1020세대가 즐겨보는 만화를 접목하는 것은 물론, 연애, 직업, 결혼 등 주요 관심사를 살린 다양한 컨텐츠를 게재했다. 가장 눈에 띄는 것은 동영상 패러디다. 생각대로 캠페인의 '장동건' 편을 소재로 노처녀의 일상을 패러디한 '노처녀 설움' 편은 네티즌 조화(paxk)가 올린 게시물로 네이버 비디오 베스트 5위로 선정, 15만 회가 넘는 조회 수를 기록했다. '노처녀 친구 점점 줄어들면 화려한 싱글 하면 되고, 노처녀라고 듣기 싫어지면 눈높이 조금 낮추면 되고' 등 노처녀들이 한번쯤 고민해 봄직한 가사로 공감대를 자극했다.

'생각대로 T' 캠페인의 주요 화두가 되고 있는 '되고송' 멜로디는 누구나 따라 부르기 쉽고 기억하기 쉬운 커뮤니케이션의 특성을 갖추기 위해 작곡가 김연정 씨가 주도한 사전 고객 모니터링 테스트를 통해 탄생되었다(임미진, 2008). 스토리텔링은 주로 디지털 매체를 기반으로 하는 표현 장르이다(최혜실, 2006). '이야기하기', 즉 이야기에 참여하는 현재성·현장성이 강조되면서 온라인의 특징으로 거론되던 '스토리텔링'은 오프라인으로 장소를 옮겨 출현하기도 한다.

> 통화품질 'SHOW군' 편 재밌어요. 춤추는 것도 쉬워서 쉽게 따라할 수 있고 노래도 중독성이 아주 강하네요. 여기저기 퍼 나르고 싶네요.

> 문제는 마음속으로 들어가서 설득이 되느냐가 관건이죠. 그렇게만 되면 이야기는 바이러스처럼 퍼져나가거든요. SHOW 광고나 '되고 송' 노래는 이미 온·오프라인의 경계를 넘어 모두가 즐기고 있잖아요?

• 생각해 볼 문제 •

1 최근의 문화콘텐츠에서 스토리텔링이 중요하게 부각되는 이유는 무엇일까?

2 카피라이터가 이야기를 잘하는 능력을 갖추기 위해서는 어떤 훈련을 해야 할까?

3 광고 외에 문학이나 예술, 방송, 일상 등에서 스토리텔링의 소재를 찾아보자.

4 카피의 아이디어를 제품 콘셉트나 소비자 라이프스타일, 경쟁상황 등에서 찾는 방법과 스토리텔링은 어떤 차이가 있을까?

• 핵심정리 •

이 장에서는 최근 다양한 문화콘텐츠에서 주목받고 있는 스토리텔링을 카피라이팅에 활용하는 방법을 살펴보았다. 스토리텔링이 부각되는 이유와 마케팅과 광고에서의 활용사례, 카피의 서사구조와 이야기의 구조의 차이 등을 설명하고 스토리텔링 카피의 성공요건을 밝혔다. 스토리텔링이 마케팅이나 광고에서 인기를 끌고 있는 이유는 우리 사회가 이성이 지배하는 정보화 시대를 지나 꿈과 감성이 통하는 드림 소사이어티로 옮아가고 있기 때문이다. 스토리에는 일반적으로 메시지, 갈등, 등장인물, 플롯 등이 중요한 원소로 작용하고 있는데 카피의 스토리텔링에도 이러한 구조를 바탕으로 패러디, 역설, 디지로그, 언어의 동영상, 버즈 현상 등이 자주 나타나고 있다. 마지막으로 스토리텔링 카피가 성공할 수 있는 요건을 최근 광고캠페인 SK 텔레콤의 '생각대로 T'와 KTF '쇼'의 사례를 들어 설명했다.

• 나의 현역시절 대표카피 •

후지필름 (1991) : NEW YORK FESTIVAL FINALIST AWARD
공익광고(1992) : 한국광고대상 금상
기아 스포티지 (1993) : 조선일보 광고대상 대상
"숨어있던 1인치를 찾았다", 삼성 TV 명품플러스원(1996) :
대한민국 광고대상 우수상
한국일보, 경향신문, 문화일보 광고대상 대상(1996)
"또 하나의 가족", 삼성전자(1998) :
대한민국 광고대상 금상
"믿고 탁", 삼성투자신탁(2000)
동아일보(2001) : NEW YORK FESTIVAL FINALIST AWARD

〈그림 6-12〉 기아 스포티지

• 참고문헌 •

구둘래, 2008, "이야기의 힘, 스토리텔링이 뜬다", 〈한겨레 21〉, 722호.

김민주, 2004, 《성공하는 기업에는 스토리가 있다》, 서울: 청림출판.

김의숙 · 이창식, 2008, 《문학콘텐츠와 스토리텔링》, 서울: 역락.

김훈철 · 장영렬 · 이상훈, 2008, 《브랜드 스토리텔링의 기술》, 서울: 멘토르.

박동숙 · 전경란, 2002, "디지털시대의 이야기하기", 〈방송연구〉, 여름호, 37~64쪽.

신일기, 2010, "드라마형 TV 광고의 특성과 효과에 관한 연구", 한양대 박사학위논문.

양재범, 2008, "마케팅환경 변화에 따른 통합커뮤니케이션디자인 전략", 〈한국콘텐츠학회논문지〉, 8(5), 113~121쪽.

윤대녕, 2007, 《제비를 기르다》, 서울: 창비.

위화, 백원담 역, 2007, 《인생》, 서울: 푸른숲.

이광수, 2008, "'당신의 쇼는 무엇입니까?', 캠페인 하이라이트", *Cheil Communications*, 10월호.

이어령, 2006, 《디지로그》, 서울: 생각의 나무.

이인화 외, 2003, 《디지털 스토리텔링》, 서울: 황금가지.

이현우, 2006, "하이브리드 텍스트로서의 무버셜과 수용자와의 커뮤니케이션", 〈광고연구〉, 73, 159~184쪽.

______, 2008, "'이야기 되는, 이야기를 만드는' 광고비평", 〈광고정보〉, 6월호.

______ · 전동균, 2008, "방송광고 텍스트의 스토리텔링 전략과 전개과정", 〈광고연구〉, 81(겨울호).

이희복, 2008, "광고나라에는 이야기가 산다", 광고나라 산책: '이야기'가 있는 광고, 〈HS애드 웹진〉, 5~6월호.

임미진, 2008, "'되고송'처럼 … 호모나란스가 제품 홍보한다: 기업들 새 화두 떠오른 '디지털 스토리텔링'", 〈중앙일보〉, 9. 25일자.

전동균, 2008, 《거룩한 허기》, 서울: 랜덤하우스코리아.

정상수, 2010, 《스매싱》, 서울: 해냄.

차유철 · 정상수 · 이희복 · 신명희, 2009, 《광고와 스토리텔링》, 서울: 한경사.

최예정 · 김성룡, 2005, 《스토리텔링과 내러티브》, 서울: 글누림.

최혜실, 2006, 《문화콘텐츠, 스토리텔링을 만나다》, 서울: 삼성경제연구소.

______, 2007, 《문화산업과 스토리텔링》, 서울: 다할미디어.

SKT 브랜드전략실, "프레인 2008", 〈생각대로 T 캠페인 PRESS KIT〉.

Barthes, R., 1964, "Rhetoric of the Image", In R. Barthes, *Image-Music-Text*, London: Fontana.

Fog, Klaus & Christian Budtz, Baris Yakaboylu, 2005, *Storytelling*, 황신웅 역, 2008, 《스토리텔링의 기술》, 서울: 멘토르.

McLuhan, Marshall 1964, *Understanding Media: The Extension of Man*, London: Routledge.

http://www.show.co.kr

http://www.tworld.co.kr

카피와 전략 7

김정우

광고를 만드는 첫 번째 단계는 무엇인가? 그것은 바로 전략을 수립하는 것이다. 광고제작을 위한 오리엔테이션이 끝나고 카피라이터가 해야 하는 일이 바로 그것이다. 물론, 훌륭한 전략이 이미 수립되어 있다면 거기에 맞는 아이디어를 생각하고 카피를 생각하면 되는 것이지만, 모름지기 카피라이터라면 자기 스스로 전략을 수립할 수 있어야 한다. 그러기 위해서는 전략에 대해 충분히 이해해야 하고, 전략을 수립하기 위해 필요한 지식과 과정에 대해 알아야 할 필요가 있다.

이 장의 내용을 좀더 상세하게 설명하면 다음과 같다. 먼저, 전략이란 무엇인가, 그리고 그에 따라 광고전략과 카피전략이란 무엇인가에 대해 설명한다. 그들이 갖고 있는 밀접한 관계에 대한 이해가 뒷받침 되어야 전략을 수립할 수 있기 때문이다. 그리고 구체적으로 전략의 수립을 위해 알아야 하는 것들을 설명한다. 전략의 핵심이 되는 제안, 전략이 활동할 무대가 될 시장, 전략을 전달할 미디어, 그리고 전략을 가치 있게 해주는 설득력에 관해 알아본다. 마지막으로 전략 수립의 과정을 밟아본다. 'Feature & Benefit' 표를 통해 제품을 분석하고, 제품의 성장주기와 FCB Grid 모델을 바탕으로 제품을 부각시키는 방법을 알아본다. 그리고 전략의 집약체인 크리에이티브 브리프에 대한 이해를 바탕으로 기존에 전통적으로 사용되어 온 전략들을 되짚어본다.

1. 전략이란 무엇인가?

1) 전략이란 이기기 위한 생각이다

전략이란 도대체 무엇인가? 그 개념을 명확히 알아야, 그리고 그것이 가져야 할 기본적 요건들을 소상하게 알아야 효과적인 전략을 수립할 수 있는 법이다. 따라서 카피를 쓰기 위해 필요한 전략에 대해 논하기 전에, 우선 전략의 개념에 대해 살펴보기로 하자.

사전적 의미로 볼 때 전략은 '① (군사용어로) 전쟁을 전반적으로 이끌어가는 방법이나 책략, ② 정치, 경제 따위의 사회적 활동을 하는 데 필요한 책략'[1]으로 뜻풀이되어 있다. 한자 역시 전쟁을 뜻하는 '전'(戰) 자를 사용하는 것을 보아도 전략이라는 말은 군사적인 용어에서 시작된 것임을 알 수 있다. 그것이 점차 널리 사용되고, 그에 따라 뜻이 확장되면서 ②의 뜻으로까지 확대되었다고 생각된다.

여기에서 우리는 한 가지 생각해 봐야 할 문제를 발견하게 된다. 사전의 뜻풀이대로, 전쟁을 전반적으로 이끌어가는 방법이나 책략이란 무엇일까. 그것은 과연 무엇을 지향하는 것일까. 전쟁을 원만히 끝내는 것을 지향하지는 않을 것이다. 선공을 한 전쟁이든, 혹은 상대방의 선공에 대해 방어의 개념에서 시작한 전쟁이든 그 전쟁이 지향하는 것은 승리이다. 그러므로 전쟁을 이끌어가는 방법이라는 뜻풀이는 매우 소극적이고 객관적인 의미이다. 오히려 전쟁에 이기기 위한 방법이 전략이 아닐까.

광고를 포함하고 있는 마케팅의 제반 활동들이 단순히 다양한 기업활동 중의 하나로만 여겨지던 시대는 이미 오래 전에 지났다. 기업이 시장의 주도권을 쥐고 있는 시대(*seller's market*)를 지나 소비자가 주도권을 쥐고 있는 시대(*buyer's market*)에 들어온 지도 한참이나 되었기 때문이다. 기업은 이제 전쟁을 방불케 하는 경쟁을 하고 있다. 그리고 그 경쟁은 날로 심화되어, 경쟁자의 층위가 다양하게 바뀌어가고 있다. 기업은 거기에 맞춰 이길 수 있는 방법을 찾아야 한다.

기업은 1차적으로 시장점유율(*market share*) 경쟁을 한다. 특정한 시장 내에서 자사의 제품이 얼마만큼의 매출을 올리는가가 중요한 것이다. 시장점유율 1위의 기업

1 국립국어원에서 발간한 《표준국어대사전》의 뜻풀이임.

이 되면 그만큼 시장에서의 지배력이 커지고, 향후 경쟁자와의 경쟁에서도 우위를 지켜낼 수 있다. 1위에 오르는 것보다 지키는 것이 더 어렵다고는 하지만, 그래도 1위에 오르는 것이 유리한 것은 사실이다.

그러나 기업은 시장점유율 경쟁만을 펼치지는 않는다. 모든 기업이 1위가 될 수는 없으며, 1위 기업이라고 해서 영구히 1위를 유지할 수는 없다. 또한, 2위나 3위, 혹은 그보다 낮은 시장점유율을 갖고 있는 기업들도 끊임없이 성장을 위한 노력을 해야 한다. 이 경우 중요한 것은 소비자들의 마음점유율(*mind share*)이다. 남들은 어떨지 몰라도, 자신은 특정한 제품이나 브랜드가 가장 좋다고 생각하는 소비자들이 늘 있다. 다시 말해, 시장점유율과는 상관없는 '내 마음속의 1등'을 인식하고 있는 것이 바로 소비자들이다. 마음점유율은 고객의 인식을 바탕으로 한 철저한 경쟁자와의 싸움이다. 동종의 제품군 속에서 소비자들의 관심과 선호도를 더 많이 확보하는 것, 그것이 이기기 위한 필수적 요건인 것이다.

그러나 경쟁은 거기에서 그치지 않는다. 매출이 높아지기 위해서는 소비자들이 그 제품을 꾸준히 구입해야 하는 것인데, 소비자들이 그 제품을 꾸준히 구입한다는 것은 그 제품이 소비자의 생활 속에서 오랜 시간 동안 중요한 의미를 갖는 뜻이다. 그런데, 여기에는 소비자의 '생활'이라는 중요한 변수가 있다. 시간에 따라, 상황에 따라 소비자들의 생활은 다양하게 변모한다. 따라서 생활의 변모는 소비의 변모를 낳게 되며, 그것은 곧 꾸준한 매출상승에 직접적으로 영향을 미치게 되는 것이다. 여기에서 등장한 것이 시간점유율(*time share*)이다. 소비자는 누구나 공평하게 하루 24시간을 부여받아 생활한다. 누구에게도 시간이 더 많이 부여되지 않았고, 또 누구에게도 그 시간이 적게 부여되지도 않았다. 따라서 소비자들의 24시간 안에서 자사의 제품이 얼마나 오랜 시간을 차지할 수 있느냐, 그것이 바로 시간점유율이다. 소비자의 생활에 관여하는 모든 기업과 제품을 상대로 소비자들의 시간을 1분 1초라도 더 확보하고자 하는 전방위 경쟁을 해야 하는 것이다.

시장점유율, 소비자의 마음점유율, 시간점유율 등 세 가지 층위의 경쟁은 오늘의 마케팅 상황에서 끊임없이 반복되고 있다. 하나의 기업도 어느 지역에서는 시장점유율을 걱정하고, 어느 지역에서는 시간점유율을 걱정하는 시대가 왔다. 그만큼 경쟁은 더욱 치열해졌으며, 그러므로 경쟁에 이기기는 점점 더 어려운 일이 되고 있다.

그러므로, 시장에서의 치열한 경쟁에서 이길 수 있는 기업활동의 방향설정이 무엇보다 중요하다. 기본적인 방향설정이 잘되어야 이길 수 있는 가능성이 높아지기 때문이다. 소비자의 마음을, 시장상황을, 시대적 트렌드를 잘 파악하고, 성장 가능성에 대한 냉정하면서도 치밀한 분석이 바탕이 된 방향설정, 그것이 바로 전략이다.

무엇보다, 이길 수 있어야 전략이다. 물론, 룰을 지키는 경쟁이라는 전제하에서.

2) 광고전략이란 소비자 이익과 문제해결의 집약체이다

그러면, 이제 좀더 구체적으로 광고전략에 대해 이야기해 보기로 한다. 앞에서 언급한 전략의 개념을 확장해서 생각해 본다면, 광고전략이란 광고를 통해 이기기 위한 생각이라고 말할 수 있다. 마케팅이라는 치열한 전쟁터에서 이기기 위한 방법은 다양하게 있을 것이다. 상식적 관점에서 마케팅의 4P라 불리는 제품(*product*), 가격(*price*), 유통(*place*), 판촉활동(*promotion*) 등을 기반으로 하여, 마케팅 활동을 펼쳐나가는 것이기 때문에 반드시 광고만이 마케팅에서 이기기 위한 절대적인 방법이라고 말할 수는 없다. 그리고 이들 4가지 요소들이 어느 하나 부족함 없이 완벽하게 자신의 몫을 다해낼 때 경쟁에게 이길 수 있는 가능성은 훨씬 높아지는 것이다. 이들 중에서 판촉활동의 일환인 광고를 통해 이기기 위해서는 어떤 조건이 필요할까.

첫 번째로 광고는 세일즈맨십(*salesmanship*)이라는 관념이 투철해야 한다. “It's not creative unless it sells”[2](판매하지 못하는 광고는 창의적인 광고가 아니다)라는 말처럼 광고가 존재하는 유일한 목적은 제품의 판매이다. 그러므로, 직간접적으로 판매에 기여하지 못한다면 그것은 이길 수 없다는 말과 같다.

두 번째로 광고는 소비자와의 심리 싸움이라는 생각이 바탕에 있어야 한다. 소비자와의 심리 싸움에서 이기기 위해서는 소비자를 끌어들일 수 있어야 한다. 소비자는 광고를 보기 위해 TV나 신문을 보는 것이 아니다. 소비자는 단지 ‘관심 있는 것’을 보기 위해서 본다. 광고도 소비자의 관심을 끌 수 있으면 그 메시지가 전달될 수 있는 것이고, 그렇지 않다면 전달되지 않는다.

결국 광고전략은 세일즈맨십이라는 측면에서 제품을 어떻게 판매할 것인가를 고민해야 하며, 소비자와의 심리 싸움이라는 측면에서 소비자들의 닫힌 마음을 어떻

2 미국의 광고회사인 Bentone & Bowles사의 슬로건.

게 열 것인가를 고민해야 한다. 이러한 고민을 해결해 주는 열쇠는 바로 '소비자의 이익과 문제해결'이다. 소비자에게 제품이 주는 이익을 제시하고, 또 소비자가 갖고 있는 문제를 제품이 해결해 줄 수 있음을 전달해야 한다는 것이다. 그것이 바로 강력한 광고전략의 시발점이기도 하고, 최종적인 지향점이어야 한다.

여기서 말하는 이익은 금전적 이익과 심리적 이익을 포괄하는 개념이다. 제품을 좀더 싸게 구매할 수 있다면, 또 절전형 제품과 같이 그 제품을 사용함으로써 불필요한 금액의 낭비를 줄일 수 있다면 소비자들은 반응한다. 또한 예를 들어 고가의 명품들과 같이 다른 제품을 구매하는 것에 비해 금전적으로는 다소 비싸다 하더라도, 그 차이를 심리적 만족으로 메울 수 있다면 역시 소비자들은 반응한다. 문제의 해결도 마찬가지이다. 소비자들이 갖고 있는 문제를 직접적으로 해결해 줄 수도 있고, 소비자들의 마음을 치유해 줌으로써 간접적으로 해결해 줄 수도 있다. 그렇게 되면 역시 소비자들은 반응한다. 이것이 광고전략이 갖춰야 할 필수적 요소들이다.

그런데 가장 당연하면서도 중요한 점 하나는, 광고전략에 포함되어야 할 소비자 이익과 문제해결이 반드시 소비자가 원하는 것이어야 한다는 점이다. 물론 오늘의 많은 기업들이 폭넓은 조사를 바탕으로 제품과 서비스를 개발하기 때문에 소비자들의 기대나 요구와 전혀 동떨어진 개선점을 내놓는 경우는 거의 없다. 그러나 점검할 것은 점검해 봐야 한다. 필요하다면 사전조사도 해보아야 한다. 그래야 오류를 줄일 수 있으며, 그럼으로써 오류를 무시하고 광고전략을 강행하였을 경우에 감당해야 할 엄청난 이미지의 손실, 그리고 금전적 손실을 사전에 막을 수 있다. 광고회사가 하나의 캠페인을 전개하려 할 때 사전조사와 사후 피드백을 중요하게 여기는 이유가 바로 여기에 있다.

3) 카피전략은 광고전략과 최측근 관계이다

카피전략은 광고전략의 구체적인 실행계획이다. 그러니까 전략보다는 보다 실질적인 전술적 차원이라고 생각하면 쉽다.

전술이란 '① (역시 군사용어로) 전쟁 또는 전투 상황에 대처하기 위한 기술과 방법, ② 일정한 목적을 달성하기 위한 수단이나 방법'[3]이라고 정의되어 있다. 그리고 ①의 뜻에 덧붙여 '장기적이고 광범위한 전망을 갖는 전략의 하위 개념이다'라고 정의되어 있다.

이 정의에도 나와 있듯이, 전술은 전략의 하위 개념이며 그것은 곧 전략이 수립된 이후에 전술이 수립될 수 있다는 것을 뜻한다. 전략에 의해 기업이 나아가야 할, 그리고 목표해야 할 전반적 방향이 설정된 후, 그것을 향해 나아가는 구체적 방법론이 전술인 것이다. 또한, '상황에 대처'한다거나, '일정한 목적을 달성'해야 한다는 면에서는 가변적인 것임을 알 수 있다. 큰 목표는 변하지 않으나, 그 목표를 달성하기 위한 방법은 상황에 따라 변할 수 있다. 그러므로 전술적 차원에 해당되는 카피전략은 광고전략의 큰 틀 안에서 상황에 따라 융통성을 발휘할 수 있는 것이다.

그런 면에서 카피전략은 일단 수립되면 큰 방향에서 흔들리지 않고 지속되어야 하는 광고전략과 대비된다. 만일 광고전략이 수시로 바뀌면 카피전략은 여러 가지의 광고전략이 극복해야 하는 더 많은 상황에 대처하기 위해 더 많이, 더 자주 바뀔 수밖에 없다. 카피전략은 광고전략에 종속되어 있기 때문이다. 그런데 소비자들은 결국 카피전략에 의거하여 만들어진 광고물과 접촉하게 되는 것이지, 그 저변을 흐르는 광고전략과 접촉하는 것은 아니다. 그러므로 광고전략이 수시로 바뀌게 되면 소비자들은 그에 대한 이해조차 하지 못하게 될 것이며, 그것은 광고전략이 없는 것과도 마찬가지의 결과를 갖는다. 하지만, 꾸준히 지속되는 광고전략하에서 카피전략은 가변적일 수 있다. 상황의 변화에 민첩하게 대응하고, 그에 따라 보다 성공 가능성이 높은 방법론을 찾아내야 하기 때문이다.

그렇게 보면, 카피전략이란 광고물의 전제가 되는 광고전략과 광고물의 기반이 되는 아이디어를 연결해 주는 것이다. 광고를 만들기 위해서는 우선 전략을 수립한다. 전략의 수립 방법에 대해서는 뒤에서 자세히 설명하겠지만, 광고의 전략은 시장점유율이 되었든, 소비자들의 마음점유율이 되었든, 또는 시간점유율이 되었든 상황에 따라 그 어떤 것을 높이는 것을 목표로 수립한다. 그러한 목표를 달성하기 위해서 광고물을 만들어야 하고, 광고물을 만들기 위해서는 다양한 아이디어를 생각하게 된다. 소비자들에게 궁극적으로 전달하고 싶은 것은 전략적으로 설계된 기업의 메시지이지만, 그것을 직접 전달하는 역할을 하는 것은 그 전략을 아이디어로 승

---

3 국립국어원에서 발간한 《표준국어대사전》의 뜻풀이임.

화시킨 광고물인 것이다. 전략은 구체적이면 구체적일수록 좋은 법이다. 그럴 경우 광고 제작자들은 그러한 구체적 전략을 이해하기 쉽도록, 또 흥미롭게 전달할 수 있도록 해주는 아이디어를 찾아내어 카피를 통해 명쾌하게 정리하면 충분한 효과를 기대할 수 있다. 때로는 그 전략이 추상적인 경우도 있다. 그럴 경우에는 소비자들이 이해하기 쉽게 구체적인 비유물을 활용해 표현하기도 한다. 그 과정에서 중요한 역할을 차지하는 것이 바로 카피이다. 추상적이어서 오해의 여지가 있을 수 있는 광고가 광고전략을 바탕으로 중심을 잡게 해주는 것은 역시 카피의 역할이기 때문이다.

광고전략은 광고를 통해 소기의 성과를 거두기 위한 생각이라고 말할 수 있다. 카피전략은 광고전략이 펴놓은 무대 위에서 상황에 따라 유연성 있게 움직이면서 광고전략을 가장 잘 전달하기 위한 전술이라고 볼 수 있겠다. 그러므로 광고전략과 카피전략은 누구보다도 가까운 최측근 관계에 있다. 광고전략에 의해서 카피전략이 결정되고, 카피전략에 의해서 소비자들에게 광고전략이 보다 명확하게 전달될 수 있기 때문이다.

2. 카피전략을 세우기 위해 알아야 하는 것들

1) 광고에서 '제안'한다는 것은 무엇인가?

광고란 무엇인가? 이러한 원론적 질문에 많은 학자와 연구자들, 그리고 광고업계 종사자들이 다양한 정의를 내린 바 있다. 그 정의들은 정의를 내린 사람이 갖고 있는 학문적, 실무적 지식의 배경을 바탕으로 각각 다르게 내려지곤 한다. 그런데 수많은 정의들 중 다음은 어떠한가.

> 일찍이 1989년에 김태형은 광고가 '생활의 제안'이 되어야 한다고 주장하였다. 소비자 입장에서 '소유'의 문제가 아니라 '생활'이 문제가 되는 시대가 올 것으로 보고 광고는 이제부터 좀더 창조적이고 재미있는 삶의 방법을 구체적으로 제안해야 한다고 주장하였다. 4

〈그림 7-1〉 쿠쿠 잡지광고(2008)

중요한 것은 기업이 소비자들에게 과연 무엇을 제안할 것인가 하는 점이다. 그 제안은 당연히 앞서 언급한 바 있는 소비자의 이익과 문제해결이 될 것이며, 그것이 바로 광고전략의 요체가 된다. 또 하나 중요한 것은 제안하고자 하는 것을 어떻게 설득할 것인가 하는 점이다. 다시 말해 제안을 입증하고, 신뢰도를 높일 수 있는 설득논리를 개발해야 한다는 것이다. 이것이 바로 카피전략이다. 제안과 그에 대한 설득논리는 절대로 별개의 것이 될 수 없다. 설득논리가 없다면 제안 자체가 성립될 수 없기 때문이다.

광고전략의 수립을 위한 제안 사항은 어떻게 찾아낼까.

우선 제품으로부터 찾아낸다. 제품은 광고의 아버지와 같다. 대부분의 광고는 제품이 선행되지 않고는 만들어질 수 없다. 이 과정에서 제품이 갖고 있는 특장점과 경쟁사 대비 장점 등을 파악하고, 그들 중에서 소비자들에게 가장 강력하게 소구할 수 있는 것이 무엇인지, 그리고 경쟁사와 확실한 차별성을 확보할 수 있는 포인트는 무엇인지를 찾아내야 한다. 그러기 위해서는 제품에 대해 면밀히 분석한 카피 플랫폼을 작성해야 한다.[5]

〈그림 7-1〉을 보자. 밥솥 제조업체인 쿠쿠홈시스의 쿠쿠 잡지광고이다. "그녀의 무기는 쿠쿠다!"라는 헤드라인을 사용하고 있는 이 광고에서는 '쿠쿠 = 주부의 무기'라는 메시지를 전달하고 있다. 이 광고는 괜한 트집을 잡는 시누이에게 쿠쿠로 맛있는 밥을 해줌으로써 주부의 자존심을 살릴 수 있다는 스토리를 기반으로 하고 있다. 시누이에게 승리할 수 있도록 해주는 결정적인 역할은 제품이 갖는 탁월한 기능인 것이다. 따라서 이 광고는 쿠쿠가 갖는 우수한 기능을 전달하고자 하는 것을 기본 전략으로 삼고 있는데, 카피는 내용적인 측면에서 그 기능을 직접적으로 전달하기보

4 김병희, 2004, 《크리에이티브의 길을 묻다》, 서울: 살림, 17쪽.
인용문 내의 '김태형' 선생은 대한민국 카피라이터의 1세대로 꼽히는 원로 카피라이터이다.

5 카피 플랫폼에 대해서는 뒤에서 자세히 설명한다.

<그림 7-2> SK그룹 신문광고(2010)

다는 시누이와 올케 사이에서 일어날 수 있는 이야기를 사용함으로써 주된 소비자들인 주부들의 공감을 이끌어낼 수 있었고, 표현적인 측면에서는 '무기'라는 단어를 사용함으로써 내용과 광고전략을 적절히 연결시켜 주었다.

반면에 소비자로부터 제안 사항을 찾아낼 수도 있다. 제품이나 서비스는, 보다 근본적으로 기업은 모두 소비자를 전제로 한다. 소비자들이 생각하는 것, 소비자들이 갖고 싶어 하는 것, 소비자들이 바라는 것들을 충족시킴으로써 소비자들에게는 만족을, 기업 자신에게는 경제적 이득을 얻고자 하는 것이 제품이나 서비스, 혹은 기업이다. 물론, 이러한 활동은 앞서 언급한 제품의 특성을 바탕으로 가능한 것이기도 하다. 그러나 그것 외에도 소비자들의 마음속에 담겨 있는 욕구들은 매우 다양하다.

<그림 7-2>를 보자. 2010년 신년을 맞아 SK그룹이 신문에 게재한 신문광고이다. 헤드라인은 "불가능의 반대말은 2010년입니다"이다. 이 광고에서 전하고자 하는 메시지 역시 매우 명확하다. SK그룹이 소비자들에게 새해에 대한 희망을 약속하는 것이다. 새해를 맞이하는 소비자들이 갖고 있는 막연한 불안심리를 치유해 주겠다는 제안을 하고 있다. 경제적으로, 사회적으로 어렵고 힘든 소비자들에게 희망의 메시지를 전달함으로써 새해를 시작하는 마음을 다잡게 하고, 그 동반자로서 SK그룹의 이미지를 전하고자 하는 것이다. 소비자들의 마음속에 있는 욕구들을 찾아내어, 그 해결점을 약속하고자 하는 것이 이 광고의 기본 전략이다.

결국 제안에 대한 지식이란 소비자에 대한 지식과 같다. 소비자는 매우 현실적이고 이기적인 특성을 갖고 있다. 자신에게 손톱만큼이라도 이익이 없으면 절대 움직이지 않는다. 금전적 이익이 없다면, 아니면 감정적 이익이 없다면 절대 자신의 지

갑을 열지 않는다. 소비자들의 마음을 가장 잘 움직일 수 있는 제품의 특성은 무엇인지, 그리고 소비자들이 가장 잘 공감할 수 있는 감정적 포인트는 무엇인지, 이것이 바로 소비자들이 거부하지 못하는 강력한 제안을 하기 위한 기반 지식들이다.

이러한 지식들을 튼실하게 갖추기 위해서는 오직 하나의 방법밖에는 없다. 끝없이 소비자에 대해 연구하는 것이다. "인류는 발전하지만, 인간은 변하지 않는다"는 말처럼, 소비자들의 생활은 끝없이 변화할지 모르지만, 소비자들에게 내재되어 있는 본성은 변하지 않는다. 그 본성을 잘 읽어내는 것만이 강력한 제안을, 강력한 광고전략을 찾아낼 수 있는 밑거름이 된다.

2) 시장이란 무엇인가?

여기에서 말하는 시장은 물리적인 시장(*market*)을 가리키는 말이 아니라 인식 속에 자리 잡고 있는 시장을 가리키는 말이다. 즉, 광고전략을 펼쳐 보이고, 그로부터 성과를 거둘 수 있는 시장이라는 뜻이다.

그렇다면 인식 속의 시장이란 무엇일까. 그것은 특정 제품에 대해 공통적 인식을 갖고 있는 복수의 소비자들이 형성하고 있는 시장을 말한다. 그 인식은 물론 호감일 수도 있고, 무관심이나 비호감일 수도 있다. 한 가지 명백한 것은 그러한 인식은 전적으로 주관적 관점에 의해 형성된 것이라는 점이다. "마케팅은 제품이 아니라 인식의 싸움이다"[6]라는 말처럼 소비자들은 제품에 대한 자신의 인식을 가장 신뢰한다. 한 번 형성된 인식은 좀체 바뀌지 않으며, 그에 대한 확신 역시 매우 강하다. 따라서 자신이 호감을 갖고 있는 제품의 구매에 대해서는 적극적이고 관대할 것이며, 그렇지 않은 제품에 대해서는 소극적이거나 부정적일 것이다. 그러므로 객관적 진실에 입각해서 보면 시장점유율 1위의 제품만이 팔려야 할 것 같지만, 그렇지 않은 제품들도 꾸준히 팔리는 이유는 시장점유율 1위와 인식상의 1위 사이에는 차이가 있을 수 있기 때문이다.

이상으로 볼 때, 강력한 광고전략이란 소비자들의 마음속에 공고한 인식의 시장을

6 Al Ries & Jack Trout, 박길부 역, 1994, 《마케팅 불변의 법칙》, 서울: 십일월출판사. 43쪽.

구축할 수 있는 것이라고 말할 수 있다. 만일 제품에 대한 소비자의 인식이 긍정적이라면 그것을 더욱 강화하여 경쟁 제품들이 틈입할 수 없도록 해야 할 수 있어야 할 것이다. 그 과정에서 제품이 갖고 있는 브랜드 파워를 최대한 활용해야 하며, 그것을 통해 브랜드 파워 및 호감도가 상대적으로 떨어지는 경쟁 제품에 대한 인식을 더욱 약화시켜야 한다.

〈그림 7-3〉 쏘나타 신문광고(2009)

〈그림 7-3〉은 현대자동차의 쏘나타 광고로, 소비자들의 인식이 긍정적인 경우에 어떤 전략을 펼치는지를 보여준다. 이 광고의 헤드라인은 “쏘나타보다 좋습니까?”이다. 그리고 헤드라인 하단에는 “함부로 비교하지 말아주십시오. 스타일도, 성능도, 디테일까지도, 대한민국 중형차의 기준, 언제나 쏘나타입니다”라는 서브헤드가 자리 잡고 있다. 이 광고가 전달하고자 하는 메시지는 명확하다. 쏘나타가 갖고 있는 품질의 우수성이며, 그에 따른 자부심을 부각하고 싶은 것이다. 만일, ‘쏘나타’의 브랜드 파워가 미약했다면, 헤드라인에 직접적으로 품질과 관련된 언급이 등장하였을 것이다. 하지만, ‘쏘나타’의 브랜드 파워가 워낙 막강하기 때문에 자신감 있게 “쏘나타보다 좋습니까?”라는 헤드라인을 사용할 수 있었던 것이다. 철저하게 소비자들의 인식 속에 쏘나타가 긍정적 위치를 차지하고 있다는 데이터 위에서 펼쳐낼 수 있는 전략이다.

〈그림 7-4〉는 일동후디스에서 생산하는 기능성 요구르트 케어 3의 광고이다. 주인공이 전화통화를 하면서 사무실로 들어온다. 주인공의 대사는 매우 공격적이다. 대사 중의 ‘위 따로, 장 따로, 지쳐서 따로’는 모두 경쟁자들이 각각 소구점으로 삼고 있는 것들이다. 그렇기 때문에, 브랜드 파워가 미약한 후발 주자로서는 소비자들의 인식 속에 들어갈 수 있는 차별점을 찾을 수밖에 없다. 이 광고에서 찾은 차별점은 ‘하나로 다 된다’는 편리함이다. 다른 제품들이 세분화된 기능을 얘기할 때 자신은 편리함을 이야기함으로써 소비자들의 인식 속에 다른 자리를 차지하고, 그럼으로써 소비자들로 하여금 긍정적 태도를 갖게 한다.

〈그림 7-4〉 일동후디스 케어 3 TV 광고(2008)

(일동후디스 케어 3, '사무실' 편)

남자	발효유를 말야, 위 따로, 장 따로, 지쳐서 따로, 어떻게 따로따로 챙겨 먹냐고. 나? 케어 3. 하나로 해결하니까 얼마나 좋으냐 말야.
CM Song	위 케어, 장 케어, 활력까지—케어 3
남자	야, 맛도 좋아라.
NA	우유도 일동후디스. 맛과 품격이 다릅니다.

시장에 대해 아는 것은 결국 소비자에 대해 아는 것이다. 시장의 동향을 아는 것은 소비자들의 마음속에 흐르고 있는 생각을 아는 것이다. 그렇게 시장에 대해, 시장의 움직임에 대해 잘 이해하고 있을 때 좀더 강력한 광고전략을 만들어낼 수 있는 법이다. 앞에서 본 〈그림 7-3〉과 〈그림 7-4〉는 시장에서 차지하고 있는 자신의 위치, 즉 공통적인 소비취향을 지닌 소비자들의 인식 속에서 차지하고 있는 자신의 위치에 따라 어떤 전략을 펼쳐야 하는지를 보여주고 있다.

3) 미디어에 어떻게 적응할 것인가?

광고는 필연적으로 미디어(*media*)에 의존한다. 대인 접촉을 통한 전달방법도 없는 것은 아니지만, 거의 대부분의 광고는 미디어를 통해 더 많은 소비자들에게 더 빠른 시간 내에 전달된다. "미디어는 인간 감각의 확장"[7]이라는 맥루한(M. Mcluhan)의 주장처럼, 미디어는 제한적일 수밖에 없는 인간의 오감을 대폭 확장시켜 더 많은 정보를 받아들일 수 있게 해준다.

7 M. Mcluhan, 박정규 역, 2001, 《미디어의 이해》, 서울: 커뮤니케이션북스.

전통적인 광고에서는 광고전략이 수립되고, 그에 따라 전달해야 하는 메시지가 결정되면 그것을 미디어에 따라 어떻게 잘 표현할까를 고민해왔다. 이 고민의 핵심은 소비자들의 생활 속에서 일반적으로 나타나는 미디어 접촉상황이다. 아무래도 TV는 편안한 상태에서 보기 때문에 집중력이 상대적으로 떨어지기 쉽다. 그러나 신문은 읽어내려 간다는 행위를 해야 하기 때문에 TV에 비해서는 상대적으로 더 많은 집중력이 발휘된다. 라디오의 경우는 아예 다른 일과 병행하는 경우가 많기 때문에 더더욱 집중력이 떨어진다. 미디어에 따라 소비자들의 접촉상황이 다르기 때문에 광고 제작자들은 정해진 전략과 메시지를 개별 미디어의 특성에 따라 어떻게 변용하여 소비자들에게 전달할 것인가를 고민해왔던 것이다. 이러한 고민은 광고에서 TV, 라디오, 신문, 잡지 등 이른바 4대 매체 광고체제가 확립되면서 지속되어 왔으며, 그것은 4대 매체가 사라지지 않는 한 앞으로도 지속될 것이다.

그런데 지금은 광고매체가 점차 다양화되어 가고 있다. 새로운 미디어의 등장은 소비자들에게 더 많은 정보를 손쉽게 받아볼 수 있는 기회를 주는 것도 사실이지만, 광고를 만드는 입장에서는 더 치열한 경쟁을 해야 한다는 의미이기도 하다. 새로운 미디어들은 첨단 기술을 바탕으로 소비자들의 시선이 닿을 수 있는 곳이면 어디에서라도 메시지를 전달한다. 이전의 4대 매체들은 상상도 하지 못하던 공간에서 소비자들은 메시지를 만나게 되는 것이다. 특히 스마트폰과 같은 개인화되고 모바일화된 미디어라든지, 각종 첨단 기술에 의해 탄생된 다양한 형태의 디스플레이들은 집이나 직장과 같은 고정된 장소에서만 광고와 접촉할 수 있었던 소비자들에게 더 많은 접촉점들을 제안해 주고 있다. 이런 상황에서 전통적인 4대 매체 광고체제의 방식으로 접근해서는 원하는 성과를 거두기가 힘들어졌다. 미디어의 상황이 바뀐 것이다.

> 3대 텔레비전 네트워크가 광고계를 지배하면서, 매체 구매가 35년 전보다 엄청나게 복잡해졌다. 뉴미디어의 확산으로 매체 세계는 계속 복잡해질 것이고, 앞으로 수년 내에 매체구매업무는 가장 중요해질 것이다.
>
> 매체 구매가 판매촉진, 다이렉트 마케팅, 상호작용 그리고 다른 비광고 영역과 연결되면서, 이 업무가 훨씬 전략적으로 이루어질 것은 분명하다. 그리고 통합 마케팅 커뮤니케이션에 대한 클라이언트들의 요구가 늘어날 것이고, **그에 대한 접근은 매체 구매자가 직접 감독하게 될 것이다.**[8]

이 지적의 요체는 지금까지는 미디어에 따라 메시지를 잘 표현하는 방법을 찾아오던 전통적 방법에서 벗어나, 소비자들과 가장 잘 접촉할 수 있는 미디어를 찾아내어 접촉의 효율성을 최대화한 미디어 믹스(*media mix*)[9]를 개발하고 그것에 따라 광고의 전략을 수립하고 메시지를 개발하게 될 것이라는 뜻이다. 미디어를 통해 메시지가 전달된다는 면에서는 차이가 없어 보인다. 하지만, 그 둘 사이에는 큰 차이가 있다. 기존의 방법은 광고를 만들고 내보내는 사람의 입장에서 진행된 프로세스라면, 새로운 방법은 소비자들에게 좀더 밀착된 방법이다. 우리 제품의 소비자가 가장 많이 접촉하는 미디어를 찾아서 거기에 맞는 광고전략을 구사할 수 있어야 하는 것이다. 미디어의 다양화와 미디어에 대한 접근성이 무한히 넓어진 상황에서 미디어를 통해 메시지를 전달하는 방법 역시 근본적으로 달라질 필요가 있다.

이러한 변화를 한마디로 요약하면 '전달의 아이디어'에 중점을 두던 시대에서 '접촉의 아이디어'에 중점을 두는 시대로의 변화라고 말할 수 있다.[10] 기존의 ATL(*above the line*) 중심의 광고에서 다양한 BTL(*below the line*) 중심의 광고로 변화해가고 있는 지금,[11] 다양한 미디어가 갖고 있는 잠재력을 빨리 찾아내고, 그것을 최대한 발휘할 수 있는 방법론을 모색하는 것, 그것이 바로 내일의 광고전략을 위해 필요한 요소인 것이다.

그렇게 보면, 지금까지의 미디어가 활용의 대상이었다면 지금의 미디어는 적응의 대상이다. 숨 돌릴 틈도 없이 빠른 기술개발로 인해 각양각색의 플랫폼을 지닌 미디어가 등장하는 지금, 훌륭한 전략적 두뇌와 함께 반드시 필요한 것은 미디어에 대한 적응력이다. 얼마나 빨리, 그리고 얼마나 정확하게 미디어에 적응하느냐가 광고전략의 경쟁력을 가늠하는 기준이 된 것이다.

---

8 Joe Cappo, 이정아 역, 2005, 《광고의 미래》, 서울: 커뮤니케이션북스, 274쪽. 고딕은 필자가 표시한 것임.

9 서로 다른 특징을 가진 미디어를 최대한의 효과를 달성할 수 있도록 조합하는 것.

10 김정우, 2009, 《광고의 경험》, 서울: 커뮤니케이션북스, 271쪽.

11 ATL은 TV, 라디오, 신문, 잡지, 인터넷, 케이블TV 등 전통적 미디어를 사용해 소비자에게 전달되는 광고를 말하며, BTL은 그 밖의 이벤트나 전시, 옥외 광고, 홍보 등의 활동을 말한다.

4) 전략의 설득력은 어떻게 높일까?

설득이란 무엇인가. 사전에 의하면 “상대편이 이쪽 편의 이야기를 따르도록 여러 가지로 깨우쳐 말함”이라고 풀이되어 있다.[12] 여기에서 중요한 것은 이쪽 편의 이야기를 ‘따르도록’ 한다는 점이다. 그렇다면 광고전략을 통해 소비자를 설득한다는 것은 무엇인가. 그것은 소비자들이 광고를 접함으로써 광고에 대한 호감을 갖게 되고, 나아가 제품을 구매하게 되는 것을 말한다. 특히나, 부정적이거나 무관심했던 소비자가 호감을 갖는 소비자로 바뀐다면 그 광고전략이 갖고 있는 설득력은 매우 뛰어나다고 말할 수 있겠다.

광고전략이 갖고 있는 설득력의 기반이 되는 것은 긍정적 태도를 형성하는 것이다. 태도란 특정 대상에 대하여 호의적 또는 비호의적으로 일관성 있게 반응하려는 후천적으로 체득된 선편향(先偏向)이라고 정의된다.[13] 여기에서 중요한 것은 일관성, 후천적 체득, 선편향이라고 생각된다. 일관성이란 한 번 형성된 태도는 좀체 변하지 않는다는 것이며, 후천적 체득은 외부의 정보에 의해 습득된 것이라는 의미이다. 그리고 선편향은 한쪽으로 치우친 성향을 이야기하는 것으로, 그러한 성향에 따라 소비자들은 행동하게 된다. 결국 이것들은 모두 광고를 통해 형성될 수 있는 것들이다. 잘 계획된 광고전략에 의해 소비자들의 마음속에 긍정적 태도를 심으면, 그 태도는 일관성 있게 유지될 것이며, 그러한 선편향에 의해 소비자들이 제품을 구매할 것임을 예측할 수 있는 것이다. 그리고 그러한 태도 형성의 결과로 실제 제품구매라는 행동까지 연결될 수 있다면 그 소비자는 설득되었다고 말할 수 있다.

따라서 설득력을 높인다는 것은 소비자들의 마음속에 빠르고 굳건하게 호의적인 태도를 형성할 수 있다는 것을 의미한다. 그렇다면 광고전략의 설득력을 높일 수 있는 방법은 어떤 것이 있을까. 기본적인 방법 몇 가지를 살펴보기로 한다.

(1) 친숙화

친숙화란 제품과 소비자를 친하게 만들어주는 것을 말한다. 여기에서 ‘친하다’는 것은 소비자로 하여금 특정 제품이 자신과 관련이 있는 것임을 알게 해준다는 뜻이

12 국립국어원의 《표준국어대사전》에 나와 있는 뜻풀이임.

13 홍성태, 1992, 《소비자 심리의 이해》, 서울: 나남, 144쪽.

〈그림 7-5〉 CJ의 햇반 TV 광고(2008)

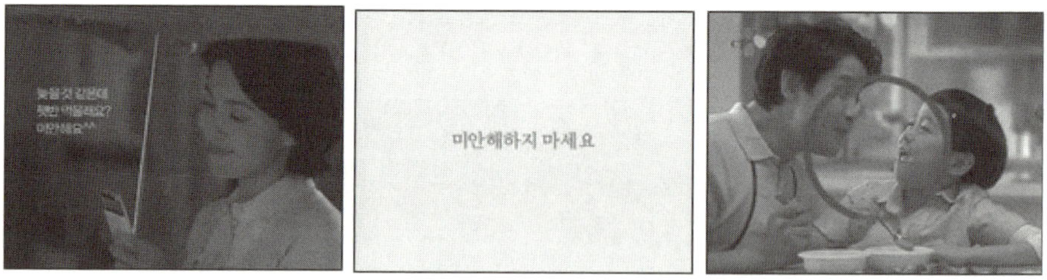

다. 소비자는 자신에게 필요한 제품을 스스로 선택하기도 하지만 때로는 수많은 대안들 때문에 어떤 것을 선택해야 할지 고민하기도 한다. 그렇기 때문에 광고를 통해 이 제품이 소비자 개인에게 왜 필요한 것이며, 어떤 가치를 지니고 있는지를 알려준다면, 소비자는 그 제품을 선택할 가능성이 높아지게 되는 것이다.

(CJ 햇반, '미안해요' 편)

여자	얘가 늦네 … 늦을 것 같은데, 햇반 먹을래요? 미안해요.
Na	미안해하지 마세요. 미안해하지 않아도 될 만큼 햇반은 잘 만들었습니다.
CM Song	햇반~!

갑자기 비가 오는 날, 학원 앞에서 우산을 든 엄마가 딸을 기다린다. 예상보다 딸의 학원수업이 늦게 끝나 밥을 할 시간이 없어진 엄마는 햇반으로 저녁밥을 대신하자는 문자를 집에 있는 남편과 아들에게 보낸다는 내용이다. 밥이란 주부들의 자존심과 같다. 그러므로 직접 밥을 하지 않고 즉석밥을 사먹는다는 것이 주부들에게는 쉽게 받아들일 수 없는 문제이기도 하다. 이 광고는 그러한 심리적 특성을 극복하는 것을 목표로 삼았다고 볼 수 있다. 주부들이 미안해하지 않아도 될 만큼 맛있는 밥이라는 메시지는 햇반이 야외뿐만 아니라 가정에서도 필요한 제품임을 소비자들에게 알려주고 있다. 즉, 주부의 무대인 가정과는 관계가 없어 보이던 제품과의 관계가 친밀해지는 것이다.

〈그림 7-6〉 해태음료의 써니텐 TV 광고(2005)

(2) 상기도 제고

소비자들의 마음속에 이미 자리 잡고 있는 스테디셀러들이 있다. 소비자들은 잘 알고 있긴 하지만 지나치게 친숙하기 때문에 때로는 잊기도 한다. 상기도 제고는 그러한 제품들을 소비자들에게 끊임없이 리마인드시켜 주는 것을 말한다.

학교 안의 자판기에서 써니텐을 산 학생이 기분 좋게 마신다. 그러나 그곳은 계단 아래였고, 공교롭게도 여교사가 계단에서 내려오다 자신의 치맛속을 훔쳐보는 걸로 오해를 한다는 내용이다. 사실, 탄산과즙음료라는 제품의 본질과는 전혀 관계가 없는 이야기이다. 그러나 이 광고에서 주안점을 둔 것은 '써니텐'이라는 브랜드를 재인식시키는 것이라고 볼 수 있다. 1976년에 출시되어 30년이 넘게 판매된 제품이기 때문에 많은 소비자들이 그 브랜드와 제품의 특징을 충분히 인지하고 있다. 다만, 새로운 음료들이 너무나 많기 때문에 때때로 그 존재가 잊혀지곤 하는 것이다. 그럴 때 브랜드명을 강조한 광고는 소비자들의 상기도를 제고하는 효과를 거둔다.

(해태음료 써니텐, '오해' 편)

학생	오, 써니텐!
교사	아악~! 너, 너, 학생이!
학생	아, 아닙니다.
CM Song	억울한 텐데~! 써니텐, 텐, 써니텐!

〈그림 7-7〉 KTF의 미러폰 TV 광고(2008)

(3) 뉴스 퍼뜨리기

뉴스, 그것도 소비자들이 좋아할, 그래서 소비자들의 마음을 움직일 수 있는 확실한 뉴스가 있다면 그것만으로도 충분한 효과를 거둔다. 따라서 제품에 뉴스가 있다면 그것을 정확하고 이해하기 쉽게 전달함으로써 광고의 설득력을 높일 수 있다.

(KTF 미러폰, '거울' 편)

남자 내가 아는 여자 중에 정말 예쁘고, 섹시하고, 마음에 쏙 드는 애가 있는데, 보여줄까?

여자 그러시든지 … 대체 누구야? 어? 나네 …

NA 비춰라, 넘어간다. Show만을 위한 미러폰!

여자 제가 아는 남자 중에 …

연인인 듯한 남녀가 앉아 이야기를 나눈다. 남자가 휴대폰을 내밀며 자신의 마음에 쏙 드는 여자를 보여주겠다고 한다. 여자는 심드렁한 듯한 대답을 하였지만, 속으로는 누군지 몹시 궁금하다. 그러다 휴대폰의 거울 기능을 통해 그 여자가 자신임을 알고 기뻐한다. 시간이 흘러, 여자는 새로 사귄 듯한 다른 남자에게 휴대폰을 내밀며 같은 말을 한다. 이 광고의 내용은 오로지 제품이 갖고 있는 거울 기능이라는 특성을 부각시키는 데 초점이 맞춰져 있다. 그것이 이 제품이 갖고 있는 가장 대표적 뉴스이며 가장 직접적 이익이기 때문에 전면에 내세운 것이다. 그리고 그 뉴스를 보다 쉽게 퍼뜨리기 위해서 젊은 남녀의 연애 이야기를 활용하고 있다.

〈그림 7-8〉 대한항공 시안·정저우 운항 TV 광고(2009)

(4) 가치 더하기

소비자들에게 꾸준히 사랑을 받는 제품이나 서비스는 그만한 가치가 있기 때문이다. 소비자들이 지갑을 열어 구매하고, 그에 상응하거나 그것을 뛰어넘는 만족을 얻을 수 있다면 그 제품이나 서비스는 가치가 있다고 말할 수 있다. 따라서 기업은 끊임없이 자사의 제품이나 서비스의 가치를 유지하거나 향상시키기 위해 노력하며, 그것을 소비자들에게 잘 전달하기 위한 광고전략을 수립하게 되는 것이다.

(대한항공, '강태공' 편)

자막　헤어진 인연을 잊지 못하는 그대에게 강태공 曰
자막　覆水不返盆
NA　중국 중원에서 답을 얻다.
　　Excellence in flight, Korean Air
자막　중국 시안·정저우 주 6회 운항

중국의 내륙도시 시안(西安)의 온천 휴양지인 화청지(華淸池)를 걷는 여행자의 모습이 보인다. 여행자는 즐겁고 활기찬 모습이 아니라 뭔가를 골똘히 생각하며 걷고 있다. 그 위로 "헤어진 연인을 잊지 못하는 그대에게 강태공 曰"이라는 자막이 뜬다. 그리고 중국어 내레이션과 함께 "覆水不返盆"이라는 자막이 이어진다. 이는 강태공(姜太公)의 말로, '엎질러진 물은 도로 담을 수 없다'는 의미이다. 그러니까 광고 속의 주인공은 새로운 것을 보고 즐기는 여행을 떠난 것이 아니라, 연인과의 이별이라는 고민을 안고 떠난 것이며, 그렇게 중국의 중원을 걸으면서 그 해답을 찾게 된다는 내용이다. 광고에서 전하고자 하는 주된 정보는 마지막의 자막처럼 시안과 정저우에

주 6회 운항한다는 것이다. 일반적으로 생각하면 그러한 운항 스케줄을 통해 그 지역의 새로운 풍물들을 볼 수 있는 즐거운 기회라는 점에 초점을 맞추었을 테지만, 이 광고에서는 그것을 넘어 여행의 치유 효과에 초점을 맞추고 있는 것을 볼 수 있다. 즉, 여행에 대해 소비자들이 일반적으로 생각하고 있는 가치보다 한 단계 앞선 가치를 부여하고 있는 것이다. 이런 과정을 통해 소비자들로 하여금 가깝기 때문에 그만큼 흔해진 중국 여행에 대해 다시 한 번 생각할 수 있는 계기를 제공함으로써 대한항공을 통한 중국 여행을 유도하는 것이다.

설득력을 높이는 방법이 지금까지 열거한 4가지밖에 없는 것은 물론 아니다. 이들 4가지 방법은 그래도 가장 기본적인 방법들이라고 말할 수 있으며, 그렇기 때문에 어쩌면 이들 4가지 방법은 이미 상투적인 것이 되었다고 말할 수도 있다. 하지만, 기본적인 방법을 알아야 그것을 응용할 수 있는 방법을 찾아낼 수 있다는 면에서 카피라이터들이 필수적으로 알아야 하는 것들임에는 틀림이 없다.

3. 카피전략, 어떻게 세울까?

1) 제품의 특징을 소비자 이익으로 변환시킨다

모든 제품에는 소비자들에게 전달해야 할 특징들이 있다. 광고는 기본적으로 소비자들에게 정보를 전달하는 역할을 해야 하므로 광고를 통해 그 특징들을 잘 전달할 수 있어야 한다. 그러나 단순히 전달만 해서는 소비자를 설득할 수 없다. 오늘의 소비자는 제품을 구매하는 것이 아니기 때문이다. 제품 그 자체를 구매하는 것이 아니라 그 제품이 내게 주는 이익을 구매한다. 그 이익은 아주 실용적인 것이기도 하고, 때때로는 거창한 명분 같은 것이기도 하다. 그러므로 카피전략을 포함한 광고를 만드는 모든 과정에서 가장 기본이 되는 것은 제품의 특징을 파악하는 것, 그리고 그것을 소비자의 이익으로 변환시켜 생각하는 것이라고 할 수 있다.

그렇다면, 제품의 특징을 어떻게 소비자 이익으로 변환시킬까. 로버트 블라이(Robert W. Bly)는 'Feature(특징) & Benefit(이익)' 표를 활용할 것을 제안하고 있다.[14] 이는 카피라이팅 관련 서적에서 흔히 나오는 카피 플랫폼(*copy platform*)과 같은 것으로, 제품의 특징과 소비자의 이익을 대조하여 표로 만든 것이다.

두 개의 분면으로 이루어져 있는 이 표의 좌측에는 제품의 특징이 나열된다. 제품이 갖고 있는 특징들을 분류할 수 있을 만큼 세세하게 분류하여 나열한다. 그러기 위해서는 우선 제품에 대한 면밀한 관찰이 중요하다. 심지어 제품을 생산한 사람조차 발견하지 못하는 특징까지 찾아낼 수 있다면 더더욱 좋다. 또한 제품과 관련된 각종 자료들, 제품의 판매형태 등등 주변 지식들도 상세하게 수집한다. 이들을 나열하여 특징의 리스트를 만든다. 나열한 특징들을 바라보며, 이들이 소비자들에게 어떤 이익을 줄 것인가를 생각해 본다. 앞서 말했던 것처럼 가격이나 무게와 같은 실질적인 이익을 줄 수도 있고, 자부심이나 존재감과 같은 명분을 줄 수도 있다. 그러한 이익들은 제품을 더욱 가치 있게 만들고, 소비자들이 그 제품에 대해 매력을 느끼게 해주는 중요한 포인트들이다.

로버트 블라이는 일상생활 속에서 흔히 볼 수 있는 제품도 표로 만들 수 있다고 하면서 연필에 대한 Feature & Benefit 표를 〈표 7-1〉과 같이 보여주었다.

〈표 7-1〉 연필에 관한 feature & benefit 표

Feature(특징)	Benefit(이익)
• 나무 재질인 원통형 모양이다.	• 필요할 때마다 깎아 쓸 수 있다.
• 한쪽 끝에는 지우개가 달려 있다.	• 빠르고 깨끗하게 고치거나 지울 수 있다.
• 지우개는 금속띠로 고정되어 있다.	• 지우개를 잃어버릴 염려가 없다.
• 길이가 7 $^1/_2$ 인치이다.	• 심이 길어 오랫동안 사용할 수 있다.
• 지름은 $^1/_4$ 인치이다.	• 가늘기 때문에 잡기 편하고 오래 써도 손이 피곤하지 않다.
• 연필의 심경도는 # 2이다.[15]	• 적절한 경도를 갖고 있어 부드럽게 써진다.
• 외관은 노란색이다.	• 밝고 매력적인 느낌을 주며, 서랍이나 연필꽂이에서도 쉽게 눈에 띈다.
• 다스(12개 한 묶음) 단위로 판다.	• 몇 달 동안 쓸 수 있는 연필들을 한 번에 살 수 있다.
• 그로스(144개) 단위로 상자에 넣어 판다.	• 그로스 단위로 살 수 있으므로 회사나 학교의 비용을 절감할 수 있다.
• 미국산이다.	• 믿을 수 있는 품질이다.

14 Robert W. Bly, 1986, *The copywriter's handbook*, New York: Owl Books, pp. 57~60.

〈표 7-1〉을 살펴보면 매우 세세한 부분까지 연필의 특징으로 내세운 것을 알 수 있다. 때로는 이런 것이 무슨 특징일까 싶은 것이 있을 정도로 사소한 것도 있다. 그것은 위에서 대상으로 한 연필이라는 제품이 그만큼 우리에게 일상화되어 있기 때문이다. 중요한 것은 제품이 갖고 있는 특징을 세세하게 분석하고, 그것을 소비자의 이익으로 전환시켜 생각해 본다는 점이다.

일단 이렇게 표를 만들고 나면, 제품이 갖고 있는 특징과 그 이익이 한눈에 들어온다. 그렇기 때문에 위와 같은 표를 '제품의 대차대조표'라고 부른다. 한 기업의 대차대조표를 보면 그 기업의 재정상태가 한눈에 들어와 기업의 운영상태를 명확하게 알 수 있듯이, feature & benefit 표를 만들면 제품에 대해, 그리고 제품이 제공하는 소비자의 이익에 대해 명확하게 알 수 있게 된다.

2) 제품을 부각할 수 있는 방법을 찾아라

광고에서 제품을 부각하는 것은 매우 당연한 일이다. 광고는 제품 판매를 위해 하는 것이기 때문이다. 그러나 당연하면서도 매우 어려운 것도 사실이다. 제품을 부각하는 것이 단순히 부각만 한다고 해서 되는 일이 아니기 때문이다. 중요한 것은 광고를 만드는 사람이 제품을 부각했다는 것이 아니라, 소비자들이 부각된 것으로 느낄 수 있어야 한다는 점이다. 그렇다면 제품을 부각하기 위해 어떠한 면을 고려해야 할까. 다양한 방법론들 중 제품의 성장단계(*product life cycle*)와 FCB Grid Model을 소개하기로 한다.

(1) 제품의 성장단계

하나의 제품이 개발되면, 그 제품의 일생도 시작된다. 제품은 시장이라는 무대 위에서 그 일생을 살아간다. 일반적으로 제품의 성장단계는 도입기, 성장기, 성숙기, 쇠퇴기 등으로 나뉜다. 그러나 모든 제품이 그 성장단계를 끝까지 밟아나갈 수 있는 것은 아니다. 오히려 대부분의 제품이 성숙기는커녕 도입기나 성장기도 넘지 못하고 시장에서 사라진다.

---

15 심경도란 연필의 진한 정도를 말한다. 미국에서는 심경도를 숫자로 표현하는 경우가 있는데, #2는 우리나라에서 일반적으로 사용되는 HB 연필을 말한다.

〈그림 7-9〉 닌텐도 Wii TV 광고(2008)

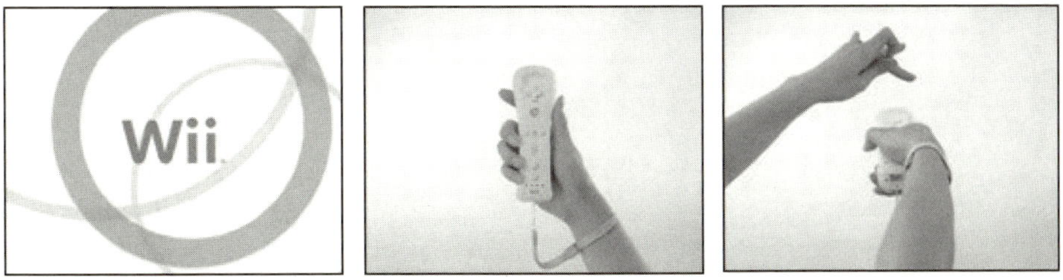

지금 우리가 광고하고자 하는 제품이 어느 단계에 있는가를 정확히 파악해야 하는 이유는 그 단계에 따라 카피전략이 달라지기 때문이다. 따라서 앞에서 언급한 'feature & benefit' 표처럼 제품 그 자체에 대해서도 명확히 파악하고 있어야 하지만, 시장에서의 위치 역시 정확히 파악하고 있어야 한다.

도입기는 시장에 제품이 진입하는 단계이다. 전혀 새로운 제품일 수도 있고, 기존의 제품들이 있는 가운데 뒤늦은 경쟁자로 진입할 수도 있다. 어쨌든 이 시기에는 소비자들에게 인지도가 낮을 수밖에 없다. 아무런 커뮤니케이션 활동이 없는 상태이기 때문이다. 그러므로 판매 증가율도 미미하다. 도입기에 있는 제품의 경우, 무엇보다 그 제품이 어떤 제품인지, 또 브랜드는 무엇인지 등의 인지도 증대에 초점을 둔다. 우선, 소비자들에게 알려야 팔 수 있기 때문이다.

(닌텐도, Wii)
NA　이것은 닌텐도 Wii 리모콘입니다.
SE　딱! (야구공 치는 소리)
SE　딱! (당구공 치는 소리)
SE　쉬익! (낚싯대 채는 소리)
SE　톡! (골프 퍼팅 소리)
SE　짝! (박수소리)
NA　Wii!

제시된 광고는 닌텐도의 게임기인 Wii 광고이다. 이 제품은 지금까지 나왔던 게임기와는 전혀 다른 메커니즘을 갖고 있다. 게임을 즐기는 방법 자체가 근본적으로 다른 것이다. 따라서 소비자들에게 이 제품이 과연 무엇인가를 정확히 알려주지 못

〈그림 7-10〉 해찬들 태양초고추장 TV 광고(2004)

하면 이 제품은 시장에 진입할 수 없다. 광고의 영상은 단순하다. 리모콘을 보여주고, 리모콘을 통해 여러 가지 스포츠 동작을 하는 모습을 보여준다. 그것을 길게 카피로 설명할 필요도 없다. 잘 보여주는 것으로, 그리고 그 소리를 들려주는 것으로 그것이 갖고 있는 특성을 잘 설명할 수 있기 때문이다. 이런 과정을 거쳐 제품은 소비자들에게 자신의 정체성을 알리게 되고, 그것이 소비자들에게 받아들여지면 안정적으로 시장에 진입하게 되는 것이다.

성장기는 도입기를 거친 제품들이 확산된 소비자 인지도를 바탕으로 빠른 매출의 증가를 이루는 단계를 말한다. 도입기를 통해 제품을 소비자들에게 충분히 알려주고, 그것이 소비자들로부터 시장성이 있는 것으로 인정받으면 많은 소비자들이 그 제품을 찾게 된다. 그러므로 광고를 포함한 마케팅 활동들도 좀더 적극적으로 해야 하는 시기이다. 그런데 문제는, 이 시기에 수많은 경쟁자들이 생겨난다는 것이다. 새로운 제품을 만들기는 어려워도, 그것이 형성시킨 시장에 유사한 제품으로 얹혀 가는 것은 얼마든지 가능하기 때문이다. 따라서 이 시기에는 경쟁에서의 승리가 광고활동의 목표이다. 그 과정에서 자신의 우월성을 강조하기도 하고, 경쟁 제품과의 차별성을 부각시키기도 한다.

(해찬들 태양초고추장, '유사품' 편)

여자 1 해찬들, 해찬들~ 어, 해찬들! 어? 해찬들이 아니네?
와~ 진짜 비슷하게 생겼다. 어머머, 구분을 못하겠네.

SE 보글보글~ 끓는 소리

여자 1 역시 달라!

여자 2 그럼, 맛있게 매워야 태양초지.

여자 1　맞아, 맞아~
Na　해찬들 태양초 고추장
CM Song　해찬들!

두 명의 주부가 마트에 들러 장을 본다. 고추장을 사기 위해 두 주부는 고추장이 진열되어 있는 코너로 간다. 해찬들 태양초 고추장을 사려고 했던 주부는 많은 고추장들 가운데서 하나를 집어 든다. 하지만, 집어 들고 보니 원하는 제품이 아니었다. 그리고는 고추장의 포장 디자인이 다 비슷비슷하게 생겼다는 것을 알고 아쉬워한다는 내용이다. 실제로 마트에 가보면 고추장 코너에 진열된 고추장들은 브랜드를 막론하고 대체로 빨간 용기에 들어 있다. 고추장이 빨갛기 때문이기도 하겠지만, 그렇게 빨간 용기를 일제히 사용함으로써 브랜드 파워가 약한 제품의 경우 반사적 이익을 볼 수도 있기 때문이다. 이 광고에서는 그러한 상황에 포인트를 맞추고 있다. 빨간 용기에 들어 있다고 해서 모두가 다 맛있는 고추장이 아니라는 것, 자사의 고추장이 가장 맛있다는 것을 부각하고 있는 것이다. 치열한 경쟁상황에서, 그것도 외형적으로 다 비슷비슷한 상황에서 상대방과의 차별화를 위해 공격적 메시지를 담아 표현하는 것이다.

성장기의 치열한 경쟁에서 승리하면 제품은 성숙기에 접어든다. 성숙기에 접어든 제품들은 모두 소비자의 인지도가 매우 높고 매출도 꾸준히 유지된다. 이미 성장기에서 경쟁이 끝났기 때문에, 경쟁자와의 시장점유율도 큰 변화 없이 유지된다. 이 시기에는 광고가 소비자로 하여금 제품을 끊임없이 기억하도록 해야 한다. 어떤 제품인지, 어떤 회사인지 이미 소비자들은 잘 알고 있다. 하지만, 알아야 할 것이 많은 소비자들은 간혹 그것을 잊기도 하는데, 광고를 통해 그 제품을 기억해내게 되고, 그것을 구매하게 되는 것이다.

(농심 짜파게티, '요리사' 편)
여자　얼마나 늦으시려나….
아빠　자넨 누군가?
남자　전, 짜, 짜파게티 요리산데, 요.
CM Song　짜랏랏짜 짜짜짜 짜파게티!
여자　오늘 늦게 온다며?
CM Song　농심 짜파게티

〈그림 7-11〉 농심 짜파게티 TV 광고(2008)

어느 날, 아버지가 늦게 오신다는 이야기를 들은 딸은 남자친구를 집으로 초대한다. 남자친구와 입맞춤을 하려는 순간, 뜻밖에 아버지가 집에 들어온다. 아버지는 딸의 남자친구에게 누구냐고 묻고, 당황한 남자친구는 자신이 짜파게티 요리사라고 대답을 한다. 그리고는 아버지와 함께 짜파게티를 먹게 된다. 짜파게티가 어떤 제품인지, 어떤 맛을 갖고 있는지, 어떻게 먹는 제품인지 등등의 제품에 관한 정보는 전혀 드러나 있지 않다. 다만 오랜 기간 사용된 로고송과 짜파게티 요리사라는 카피를 통해 짜파게티의 브랜드만이 인상적으로 드러날 뿐이다. 굳이 이 광고가 담고 있는 메시지를 찾아보자면, 짜파게티는 누구나 좋아하는 식품이라는 것이 될 수 있을 것이다. 그렇기 때문에 이 어색하고 당황스러운 순간도 짜파게티를 통해 해결할 수 있었다. 이미 모든 소비자들은 짜파게티가 어떤 제품인지 잘 알고 있다. 단지 간혹 잊을 뿐이다. 그런 제품을 이렇게 재미있는 상황을 통해 다시금 기억하게 하는 것이다.

성숙기를 거친 제품은 언젠가는 쇠퇴기를 맞이하게 된다. 더 이상 그 제품이 갖고 있는 가치를 소비자들이 받아들이지 않는 시기가 오게 되는 것이다. 예를 들어 LP판을 들을 수 있게 해주던 턴테이블은 CD가 나오면서 거의 사라지게 되었다. CD 플레이어의 등장은 음악을 감상하는 방법을 새롭게 바꿔 놓았는데, 최근에는 MP3 플레이어의 등장에 따라 CD 플레이어 역시 쇠퇴기에 들어서고 말았다. 물론, 일부 애호가들은 턴테이블이나 CD 플레이어를 사용하겠지만, 대중적으로는 이제 더 이상 커뮤니케이션 할 필요가 없어진 제품이 되고 말았다. 이러한 쇠퇴기에는 광고에 대한 투자도 상대적으로 줄어들다가 궁극적으로는 중단되게 될 수밖에 없다. 소비자들로부터 그 가치를 더 이상 인정받지 못하는 제품은 더 이상 소비자로부터 관심을 받을 수 없기 때문이다.

〈표 7-2〉 FCB Grid 모델에 의한 제품 분류 예

	이성	감성
고관여	(A) 냉장고, TV, 보험, 아파트, 가구, 자동차 등 *(Learn - Feel - Do)*	(C) 보석, 안경, 향수, 패션의류, 오토바이, 스포츠카 *(Feel - Do - Learn)*
저관여	(B) 세제, 비누, 샴푸, 화장품, 치약, 상비약 *(Do - Learn - Feel)*	(D) 사탕, 담배, 맥주, 껌, 과자, 라면 *(Do - Feel - Learn)*

모든 기업들은 도입기와 성장기가 짧고, 성숙기가 오래도록 유지되기를 바란다. 그리고 쇠퇴기에 돌입하는 순간을 가능한 한 늦출 수 있어야 한다. 그러기 위해서는 지금 현재 우리 제품이 놓여 있는 위치를 명확히 파악할 수 있어야 하고, 그것을 잘 반영한 카피전략을 수립할 필요가 있다.

(2) FCB Grid Model

FCB Grid Model은 Foote, Cone & Belding 사에서 개발한 제품 분류 모델이다. 이 모델은 소비자들이 제품을 구매할 때 어떤 심리적 과정을 거치는가에 초점을 맞추고 있다. 그 과정을 이성적-감성적 선택과 고관여-저관여 선택으로 나누고, 이들을 교차시켜 총 4개의 분면을 만들어 각각의 분면마다 제품을 배치하는 것이다.

이성적-감성적 선택은 소비자들이 제품을 선택할 때 중점을 두는 가치의 정도에 따라 나눈 개념이다. 이성적 선택은 같은 금액으로 최대의 효용을 얻기 위해 다양한 정보를 수집하고 합리적으로 구매하는 것을 말한다. 따라서 금액 대비 최대 효용을 최우선적 가치로 여긴다. 반대로 감성적 선택은 제품이 갖고 있는 물질적 속성보다는 상징적인 가치가 선택을 좌우하는 경우를 말한다. 비슷한 품질의 제품을 놓고 볼 때, 가격이 더 싼 것을 구입하는 것이 이성적 선택이라면, 가격이 훨씬 비싸더라도 예를 들어 명품 브랜드와 같이 감성적인 만족을 주는 제품을 구매하는 것이 감성적 선택이다.

고관여-저관여 선택은 하나의 제품을 선택하는 과정에서 소비자가 얼마나 많은 관심과 노력을 쏟는가에 따른 구분이다. 고관여의 경우에는 제품에 대한 지식과 흥미가 높을 경우에 일어난다. 또한 가격이 비싸서 잘못 선택했을 경우 위험이 따르는 경우도 함께 해당된다. 이때 소비자들은 하나의 제품을 선택하기 위해 다양한 검색

〈그림 7-12〉 대림산업 e 편한세상 TV 광고(2009)

과 비교 과정을 거친다. 그래야 자신이 관심이 있는 제품을 확실하게 구입할 수 있기 때문이다. 반면에 저관여의 경우는 제품을 구매하는 과정에서 큰 관심을 쏟지 않는 것을 말한다. 일상적으로 많이 사용하는 제품들 중에서 한번 마음에 들면 습관적으로 계속 구매하게 되는 경우, 혹은 잘못 구매하더라도 별다른 문제가 없는 경우에 소비자들은 저관여 성향을 보인다. 이를 정리하면 〈표 7-2〉와 같다.

(A)는 고관여-이성 분면이다. 가장 적극적인 정보탐색과 이성적인 판단이 작용하는 제품들이다. 그것은 대체로 고가의 제품들이기 때문에 잘못 선택했을 경우 큰 손해를 보게 되기 때문이다. 이 경우에는 소비자들에게 제품의 명확한 정보를 전달하는 광고가 효과적이다. 소비자는 제품이 갖고 있는 정보, 그리고 그 정보의 가치에 민감하기 때문이다.

(대림산업 e 편한세상, '베이크 아웃' 편)

NA 베이크 아웃 구워서 내보낸다. 새집 증후군을 없애기 위해
입주 전 난방을 가동해 나쁜 냄새, 나쁜 공기를 밖으로 내보낸다.
새집 냄새가 새집의 설렘을 방해하지 않도록. 진심은 집도 굽는다.

두말할 것도 없이, 아파트는 고가의 제품이다. 어쩌면, 대부분의 소비자들에게는 평생 구입하는 제품 중에 가장 비싼 제품일 수도 있다. 그만큼 장만하기도 쉽지 않고, 그렇기 때문에 가치가 있는 아파트를 장만하고 싶어 한다. 그런데 아파트에서 가장 많이 지적되는 것이 획일성이다. 비슷비슷한 공간 설계, 별다른 차이가 없는 조경이나 편의시설 등은 아파트가 아파트 그 자체로 평가받기보다는 입지와 같은 제품외적인 요소로 평가받게 한다. 그러나 이 광고는 자신만의 차별점을 명확하

〈그림 7-13〉 피죤 TV 광고(2010)

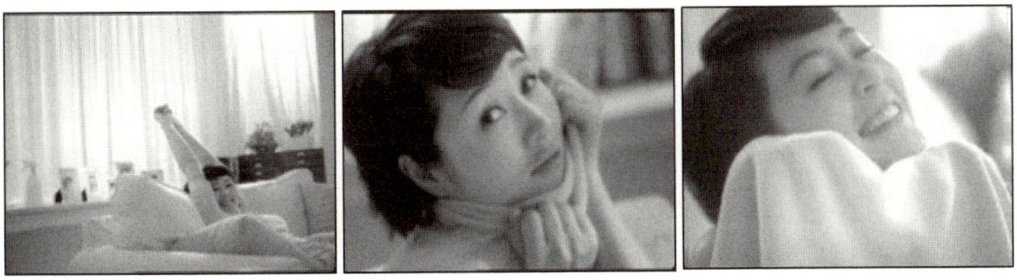

게 부각시키고 있다. 공간 활용이나 단지에 대한 차별점을 보여주기 힘든 상황에서 '베이크 아웃'이라는 포인트를 명확하게 짚어내고 있다. 아파트라는 제품에서 보면 '베이크 아웃'은 작은 서비스 중의 하나일지도 모른다. 하지만, 소비자에게는 중요한 정보가 된다. 새집 증후군에 대한 불안감이 소비자들 사이에서 팽배해 있고, 그것을 극복하는 방법으로 '베이크 아웃'을 제안하는 것이다.

(B)는 저관여-이성 분면이다. 이 분면에 속하는 제품들은 실용적인 이유로 습관적 구매가 이루어진다. 물론, 이성적 선택을 하기 때문에, 새로운 브랜드에 쉽게 도전해 보기도 한다. 따라서 이 경우에는 소비자들의 습관성을 강화하는 광고가 효과적이다. 제품의 특성을 보여준다는 면에서는 (A)와 다를 바가 없지만, 저관여 제품이라는 면에서 감성적 만족을 주기 위해 가볍고 재미있는 톤의 광고가 많이 사용된다.

(피죤, '싫어요' 편)

여자	싫어요! 싫어요, 싫어, 싫어! 싫어, 싫어, 싫어! 벗기 싫어요. 아직도 이렇게 부드러운데.
NA	부드러움도 향도 오래오래 고농축 피죤
CM Song	빨래엔 피죤

광고엔 유명 모델이 등장한다. 그녀가 매력적으로 웃으며 여러 가지 포즈로 카메라를 향해 싫다고 말한다. 무엇이 싫다는 것일까 궁금해질 즈음에, 그녀는 말한다. 아직도 이렇게 부드럽기 때문에 옷을 벗기 싫다는 것이다. 그 이유는 섬유유연제라는 제품이 갖고 있는 특성 때문이다. 그러나 그 특성이 어떤 성분에서 오는 것인지, 어떤 기술을 통해 만들어내는 것인지는 전혀 소개되지 않는다. 단지, 부드러움이라

〈그림 7-14〉 현대자동차 투싼IX TV 광고(2010)

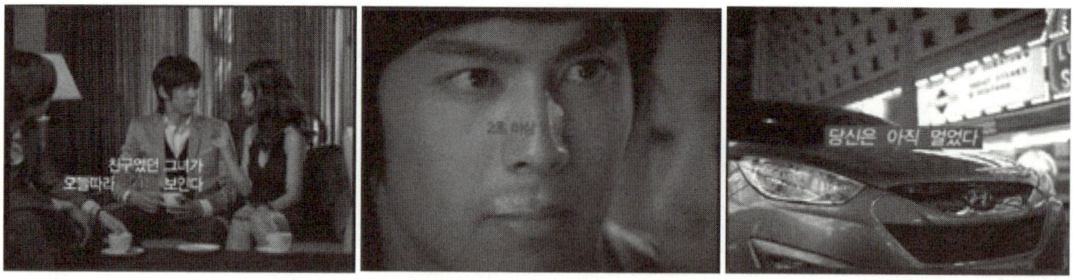

는 감성적인 가치만을 강조한다. 그리고 마지막에 오랜 시간 동안 사용한 로고송을 다시 한 번 들려줌으로써 제품을 기억하게 한다. 이 제품은 많은 소비자들에게 섬유유연제의 대표적인 브랜드 중 하나로 자리 잡고 있다. 따라서 소비자들은 특별한 의심 없이 습관적으로 이 제품을 구매하게 된다. 광고는 그것을 강화할 수 있도록 '부드러움'과 브랜드만을 지속적으로 알려주고 있는 것이다.

(C)는 고관여-감성 분면이다. 실용성보다는 감정과 느낌을 바탕으로 구매하는 경향이 많은 제품들이다. 제품 그 자체에 대한 가치보다는 그 제품을 갖고 있는 '나의 모습'을 상상하는 경향이 많다. 따라서 광고에서는 제품을 통해 누릴 수 있는 라이프스타일이나, 소비자들의 내면세계를 감성적으로 자극함으로써 소비자들의 거부감을 최소화하여 구매동기를 부여할 수 있어야 한다.

(현대자동차 투싼IX, '거품' 편)

자막 IX가 묻겠다. 친구였던 그녀가 오늘따라 여자로 보인다.
어떻게 하겠는가? 2초 이상 망설였다면 당신은 아직 멀었다.

NA Sexy Utility Vehicle, 투싼 IX

현대자동차 투싼IX 광고의 도입부는 매우 도발적인 음악과 함께 내레이션 없이 자막만이 나온다. 화면 안에서는 남녀 친구들이 이야기를 나누고 있다. 그러다 한 남자의 입술에 크림이 든 커피의 거품이 묻는다. 옆 자리에 앉아 있던 여자는 그 거품을 손가락으로 닦아준다. 남자는 순간, 여자의 의도를 몰라 순간 당황한다. 그 위로 공격적인 톤의 자막이 흐른다. "2초 이상 망설였다면 당신은 아직 멀었다." 자동차는 고가의 제품이기 때문에 많은 것을 고민해야 한다. 그러나 이 광고에서는

〈그림 7-15〉 삼양라면 TV 광고(2005)

제품에 대해서는 아무런 정보도 주지 않는다. 다만 젊은 소비자들의 연애감정을 미묘하게 자극한다. 그리고 마치 이 제품이 연애의 성공을 가져다주는 것과 같은 인상을 주며 광고가 마무리된다. 제품을 제품 그 자체로 설명하는 것이 아니라, '여자에게 과감한 남자에게 어울리는 자동차'라는 이미지를 더해 그런 감정에 충실한 소비자에게 구매동기를 부여하는 것이다.

(D)는 저관여-감성 분면이다. 이 분면에 속하는 제품들은 소비자들이 제품간의 차이를 거의 느끼지 못하거나, 신경 쓰지 않는 것들이 대부분이다. 따라서 구매과정에서 고민을 하기보다는 즉흥적인 기분에 의해 구입하곤 한다. 그러므로 광고 역시 정보전달보다는 감각적이고 반복적인 것이 효과적이며, 그것을 통해 소비자들이 끊임없이 브랜드를 기억할 수 있도록 해야 한다.

(삼양라면, '자취방·미용실' 편)

남자	캬~! 야, 이거 무슨 라면이야?
CM Song	삼양라면!
여자 1	괜찮은데?
여자 2	음, 맛있다. 언니, 이 라면 이름이 뭐예요?
CM Song	삼양라면!

이 광고는 두 개의 상황을 하나의 광고 안에 연결시켜 놓은 것이다. 첫 번째 상황은 대학생 정도로 보이는 남학생 둘이 라면을 먹고 있는 자취방이다. 서로 얼굴도 마주보지 않고 한 사람은 방바닥에 엎드려서, 한 사람은 컴퓨터 모니터 앞에 앉아 라면을 먹는다. 그러다 불쑥 컴퓨터 앞에 앉은 남학생이 묻는다. "야, 이거 무슨 라면

이야?" 두 번째 상황은 미용실이다. 두 여자가 퍼머를 하고 기다리는 동안 라면을 먹는다. 서로 맛있다고 말을 주고받다가 미용실 직원에게 묻는다. "언니, 이 라면 이름이 뭐예요?"

광고 안의 내용은 단순하다. 맛있게 먹는 모습과 라면 이름을 묻는 것뿐이다. 그런데 삼양라면의 경우 소비자들에게 잘 알려진 브랜드라는 면에서, 그러나 시장에 강력한 경쟁자가 있어 상대적으로 브랜드 파워가 약했다는 면에서 브랜드를 다시 한 번 인식하게 해주는 역할을 하는 광고이다.

FCB Grid 모델은 소비자가 제품을 선택할 때 어떤 과정을 거치는가를 설명해 줄 수 있다는 면에서 소비자를 설득할 수 있는 유용한 정보를 제공해 준다. 그래서 앞서 설명하였던 제품의 성장단계와 맞물려 생각하면, 제품을 명확하게 부각할 수 있는 방법을 찾아낼 수 있을 것이다. 단, FCB Grid 모델이 갖는 단점 중의 하나는 제품이 하나의 분면에 속해 있다고 하더라도 늘 그 분면에만 있는 것은 아니라는 점이다. 같은 제품군임에도 다른 분면에 있을 수 있고, 하나의 제품군이 통째로 다른 분면으로 옮겨 갈 수도 있다. 그것은 다양한 요인이 있는데, 시장에서의 확산, 소비자들의 인식 변화, 차별화를 위한 전략적 변화 등을 대표적인 것으로 들 수 있다. 따라서 FCB Grid 모델은 절대적 구분이라기보다는 가변적 구분이다. 분명 유용한 모델이기는 하지만, 그 구분의 정합성에 대해서는 끊임없이 점검해 봐야 한다.

3) 전략을 공유하되, 크리에이티브의 에너지는 하나로 모아라

광고제작에 참여하는 모든 사람들이(광고주, 기획팀, 제작팀) 전략을 공유하기 위해 작성하는 것이 바로 〈표 7-3〉의 크리에이티브 브리프(*Creative Brief*)이다. 이 표는 다국적 광고회사인 사치 앤 사치(Saatchi & Saatchi)사의 크리에이티브 브리프인데, 다른 광고회사의 브리프도 기본적으로 크게 다르지 않다.

크리에이티브 브리프는 이와 같은 항목들을 필수적으로 갖추고 있다. 여기에 때로는 시장상황, 문제점 및 기회, 그리고 광고 집행을 위한 미디어 계획이 추가되기도 한다. 어쨌든, 이 크리에이티브 브리프를 봄으로써 이번 광고가 어떤 방향으로 어떻게 제작되어야 하는지를 명확히 이해할 수 있게 된다. 더 정확히 말하면, 모두가 명확히 이해할 수 있도록 작성되어야 한다.

〈표 7-3〉 사치 앤 사치의 크리에이티브 브리프

광고주 (*Client*)	브랜드 (*Brand*)	작업번호 (*SWO No.*)
		작업일자 (*Date*)

캠페인 요청사항 (*Campaign Requirement*) 캠페인, 단발성 광고, 광고번호
목표 수용자 (*The Target Audience*) 인구통계적 특성, 라이프스타일, 상품사용법, 태도
광고목표 (*What is this advertising intended to archive?*)
단일집약적 제안 (*The single minded proposition*)
제안의 근거 (*Substantiation for the proposition*)
필수 삽입요소 (*Mandatory inclusions*) 상품소유자, 로고, 전화번호 등
원하는 브랜드 이미지 (*Desired brand image*) 친근한, 섬세한, 현대적인 등

작업일정 (*Timing of creative work*) 기획팀에게: 광고주에게:	창작팀장 서명 기획팀장 서명

김병희, 2007, 《광고카피창작론》, 나남출판, 254쪽에서 인용.

캠페인 요청사항은 이번에 만드는 광고가 짧은 기간 잠깐 집행되고 마는 단발성 광고인지, 장기간 동안 계획에 따라 집행되는 캠페인인지가 표시되며, 그 이유와 기본적 방향을 적는다. 목표 수용자는 앞서 이야기한 바 있는 시장(*market*)이라는 개념에서, 이번에 제작되는 광고가 그 성과를 발휘하게 될 소비자들의 인식 범주를 명확히 적는다. 광고목표는 말 그대로 광고가 추구하는 목표를 말하는데, 인지도나 매출 상승과 같은 계량적 목표가 제시되기도 하지만 이미지의 개선이나 향상을 목표로 하는 경우에는 수치로 표시할 수 없는 정성적 목표가 제시되기도 한다.

크리에이티브 브리프에서 가장 중요한 것은 단일집약적 제안이다. 앞서 설명한 바 있는 'Feature & Benefit' 표에 나열된 것들 중, 제품 성장주기나 FCB Grid 모델 등 다양한 방법론을 통해 추출해낸 가장 효과적이라고 생각되는 제안점이 바로 단일집약적 제안이다. 카피라이터는 브리프에서 말하는 단일집약적 제안에 대하여, 소비자가 상품이나 서비스에서 얻을 수 있는 여러 혜택 중 하나의 제안점을 선택하여 이를 단일집약적으로 표현해야 한다는 개념으로 이해할 필요가 있다.[16]

로서 리브스(Rosser Reeves)는 다음과 같이 말했다.

> 침투의 사다리를 가장 빠른 속도로 올라가는 실체적 캠페인(*reality campaign*)은 소비자를 이러한 혼란에 빠뜨리지 않는다. 이러한 광고들은 모든 에너지를 한곳에 모은다.[17]

이렇게 모든 에너지를 한곳에 모아 가장 빛나는 섬광을 발사할 수 있도록 하는 밑거름이 바로 크리에이티브 브리프이다. 전략을 완벽하게 공유함으로써, 크리에이티브의 에너지를 하나로 모을 수 있는 계기를 마련해 주기 때문이다.

오늘날, 한 사람의 소비자가 선택할 수 있는 제품들은 수도 없이 많다. 그 많은 제품들 가운데서 고심하던 소비자는 결국 하나의 제품을 선택한다. 그 제품을 선택

16 김병희, 앞의 책, p. 255.

17 Rosser Reeves, 권오휴 역, 1988, 《광고의 실체》, 서울: 오리콤마케팅 커뮤니케이션연구소, 46쪽.

하는 이유는 무엇일까. 또한 수많은 제품군을 놓고 소비자들은 고민한다. 누구나 자신 앞에 놓여 있는 모든 제품군의 제품들을 구매할 수는 없다. 그렇다면 자신이 구매할 수 있는 한도 내에서 어떤 제품군은 선택하고, 어떤 제품군은 포기해야 한다. 그 기준은 무엇일까. 그것은 바로 자신과의 관계를 생각하는 것이다. 어떤 제품이냐가 중요한 것이 아니라 내 생활, 내 삶과 어떤 관계가 있느냐 하는 것이다. 나와 깊은 관계를 맺을 수 있는 것이라면 빨리 구매할 것이고, 그렇지 않다면 구매가 늦어지거나 결국은 포기하게 된다.

이런 경우, 어떤 전략이 가장 적합할 것인가. 그 답은 아무 곳에도 없다. 다만 이 장에서 논의했던 전략의 개념, 전략을 세우기 전에 알아야 하는 것들, 전략을 세우는 과정 등을 숙지하고, 그것을 다양하게 적용해 보는 수밖에 없다. 그리고 그러한 적용의 결과는 아무도 성공을 담보하지 않는다. 오직 시장에서의 성과가 그 성패를 말해 줄 것이다.

만일, 성공적 광고를 만들기 위한 카피전략에 정답이 있다면, 누구나 그것을 찾으려 할 것이다. 그러나 유일한 답인 정답은 누군가에게 먼저 선점당하는 순간 다른 이들은 아무런 효과도 거둘 수 없게 된다. 그렇게 되면, 선점하지 못한 자들은 더 이상의 광고활동이 불가능해질 것이다. 하지만 다행스럽게도, 광고에는 정답이 없다. 다만, 정답에 끊임없이 수렴하려는 무수한 해답들이 있다. 그것이 잘 짜인 전략이 될 수도 있고, 때로는 전략의 단초가 되는 카피 한 줄이 될 수도 있다. 그들 중에서 정답에 더욱 가까워 보이는 것을 찾아내는 것이 바로 크리에이터들이, 카피라이터가 해야 할 일이다. 그리고 그들 중에 소비자들이 가장 정답에 가깝다고 느끼는 해답을 찾아낸 사람, 그가 바로 시대를 이끌어갈 카피라이터가 될 수 있는 것이다.

• 생각해 볼 문제 •

1 최근의 광고 캠페인 중 성공적이라고 생각되는 것을 선택하여, 그것이 왜 성공적일 수 있었는지 분석해 보자.

2 최근의 광고 캠페인 중 설득력이 있었다고 생각되는 것을 선택하여, 어떤 점 때문에 설득력이 높아질 수 있었는지 분석해 보자.

3 최근 개인적으로 관심이 있는 제품을 선택하여, 그것이 갖고 있는 속성이나 특징이 내게 어떤 이익을 주는지 생각해 보자.

4 최근의 광고 캠페인 중 차별성이 높다고 느끼는 것을 선택하여, 메시지의 흐름과 그것을 뒷받침하는 전략을 생각해 보자.

5 최근의 광고 캠페인들 중 비슷한 유형이라고 생각되는 것을 골라 분류하고, 각 유형의 특징을 생각해 보자.

• 핵심정리 •

- 전략이란 치열한 경쟁에서 이기기 위한 생각이다. 광고에서는 승리를 위해 소비자의 이익과 문제해결을 가장 강력한 무기로 내세운다.

- 카피전략은 광고전략과 밀접한 관계에 있다. 카피전략을 명확하고 이해하기 쉽게 전달해 주는 것은 광고의 여러 가지 요소들 중에 카피의 역할이 가장 크기 때문이다.

- 강력한 전략을 수립하기 위해서는 제안에 대한 지식, 시장(*market*)에 대한 지식, 미디어에 대한 적응력, 설득력을 높이는 방법론 등을 명확하게 알고 있어야 한다.

- 전략 수립을 위한 첫 번째 단계는 'feature & benefit'표를 만들어, 제품이 갖고 있는 특성이 소비자들에게 어떻게 전달되는지를 파악해야 한다.

- 파악된 소비자의 이익이나 문제해결의 포인트를 바탕으로 제품의 성장단계, FCB Grid 모델 등의 방법론을 적용하여 가장 차별성 높은 하나를 찾아내어 전략의 핵심으로 삼는다.

- 이를 바탕으로 광고제작에 참여하는 모든 이들이 생각을 공유하고, 같은 방향으로 생각을 발전시켜나갈 수 있도록 하는 애드 브리프를 작성한다.

- 전통적으로 많이 사용되어 온 USP 전략, 브랜드 이미지 전략, 포지셔닝 전략 등의 개념을 파악하고, 이들이 최선의 성과를 거두기 위해 어떻게 협업할 수 있는지 이해한다.

• 나의 현역시절 대표카피 •

내가 쓴 카피 중 가장 오랫동안 사용된 재능교육 '스스로송'(1992)

1992년에 처음 사용되기 시작하여 2007년도까지 사용된 재능교육의 '스스로송'. 당시의 CM송은 발라드풍이 대세였었는데, 어린이들의 씩씩한 성장을 표현하고자 하는 마음에서 행진곡풍으로 가사를 썼다. 내가 쓴 카피 중에 가장 오랫동안 사용된 카피이다.

〈그림 7-16〉 재능교육 홈페이지의 '스스로송' 악보

아직도 가끔은 흥얼거리는 그 노래, "하늘 가득히 사랑을"(2000)

(대한항공, '우리의 미소' 편)

Song: 하늘 가득히 사랑을~ 얼굴 가득히 미소를~ 하늘 가득히 사랑을, 사랑을, 사랑을,
　　　사랑을 얼굴 가득히 미소를, 미소를, 미소를, 미소를 하늘 가득히 사랑을~

NA: 하늘과 당신 사이에 대한항공이 있습니다.

Song: 대한항공

이 광고를 만들 당시, 누구는 이런 말을 하기로 했다. 각종 위기로 어려웠던 대한항공이 이런 광고를 하고 있을 때냐고. 그러나 각종 위기로 어렵기 때문에 이런 광고가 필요하다고 생각했다. 고객을 위해 일하는 대한항공의 직원들을 골고루 보여주고, 그들이 한마음으로 뭉친다는 의미에서 합창을 하도록 하였다. 또한 '하늘 가득히 사랑을'이라는 메인 메시지에, '사랑'과 '미소'를 3회씩 반복하여 고객을 위해 최선을 다하는 대한항공의 마음을 밝은 톤으로 보여주고자 했다.

생각해 보니, 나의 카피라이터 생활을 되돌아볼 때 마음속에 짙게 남아 있는 카피 세 가지 중의 두 가지가 노래이다. 그렇다고 작사 전문 카피라이터도 아니었는데. 어쨌든 유달리 기억이 난다는 것은, 그 광고들이 내게 의미가 있었기 때문이리라. 지금은 비록 현장을 떠나 학생들을 가르치고 있지만, 카피라이터로서, 그리고 CD로서 일했던 17년간은 내 인생에 소중하고 값진 경험이 아닐 수 없다.

• 참고문헌 •

국립국어원, 1999, 《표준국어대사전》, 서울: 두산동아.
김병희, 2004, 《크리에이티브의 길을 묻다》, 서울: 살림.
김정우, 2009, 《광고의 경험》, 서울: 커뮤니케이션북스.
우에조 노리오, 맹명관 역, 1999, 《카피교실》, 들녘.
이화자, 2009, 《크리에이티브 네비게이터》, 서울: 한경사.
홍성태, 1992, 《소비자 심리의 이해》, 서울: 나남.

Bly, Robert W., 1986, *The Copywriter's Handbook*, New York: Owl Books.
Cappo, Joe, 2005, *The Future of Advertising*, 이정아 역, 2005, 《광고의 미래》, 서울: 커뮤니케이션북스.
Mcluhan, M., 1986, *Understanding Media: The Extensions of Man*, 박정규 역, 2001, 《미디어의 이해》, 서울: 커뮤니케이션북스.
Reeves, Rosser, *Reality in Advertising*, 권오휴 역, 1988, 《광고의 실체》, 서울: 오리콤마케팅 커뮤니케이션연구소.
Ries, Al & Jack Trout, *Positioning*, 김충기 역, 1989, 《광고 포지셔닝》, 서울: 나남.
______, *The 22 Immutable Laws of Branding*, 박길부 역, 1994, 《마케팅 불변의 법칙》, 서울: 십일월출판사.

2부

실제 편

제8장 카피와 수사학 • 최윤식

제9장 효과적 카피기획 • 권혁렬

제10장 효과적인 카피를 위한 아이디어 발상 • 차유철

제11장 효과적인 방송광고 카피 • 구승회

제12장 효과적인 인쇄광고 카피라이팅 • 김운한

제13장 효과적인 브랜드 네이밍과 슬로건 • 최은섭

제14장 효과적인 BTL광고카피 • 천현숙

카피와 수사학 8

최윤식

티시아스는 코락스[1]를 찾아가 남을 설득하는 기술이라는 수사학을 배웠다. 이제 더 이상 스승으로부터 배울 게 없다는 생각이 들자 스승에게 약속한 보수가 아까웠다. 그래서 재판을 신청했다. 법정에 선 두 사람. 먼저 티시아스가 이렇게 말했다.

"코락스, 당신은 나에게 사람을 설득하는 기술을 가르쳐 주기로 했소. 그렇지요?"

"그랬지."

"그렇다면 내가 당신에게 약속한 보수를 받지 말라고 설득하면 이를 받아들여야 하오. 만약 받아들이지 않는다면 나는 아직도 설득하는 기술을 배우지 못했다는 증거이니 그 돈을 지불할 필요가 없소."

그러자 코락스가 반격에 나섰다.

"만약에 자네가 나에게 그 돈을 받지 말라고 설득한다면 자네는 나에게 약속한 돈을 지불해야겠지?"(설득술을 제대로 배웠다는 증거니)

"그렇소."

"반대로 자네가 나를 설득하지 못하는 경우에도 당연히 그 돈을 지불해야겠지?"(돈을 주기로 약속했었는데 그 돈을 받지 말라고 설득하지 못했으니)

"???? …"

코락스의 말을 듣고 재판관은 한마디로 재판을 대신했다.

"영악한 까마귀에 영악한 그 새끼로다."

— Navarre, 1990, "두 수사학자의 한판 승부"

1 그리스어로 코락스는 까마귀라는 뜻이다.

1. 들어가며

1) 수사학이란 무엇인가?

수사학은 '담화를 통하여 남을 설득하는 기술'(Navarre, 1990). 이다. 여기서 설득한다는 말은 상대방에게서 감정적 수단과 합리적인 수단을 통해 혹은 파스칼의 표현을 빌리면 '진실과 즐거움'을 통해 상대방에게서 믿음을 불러일으키는 행위를 의미한다(Navarre, 1990). 길런 다이어(G. Dyer)가 수사학을 언어를 통해 다른 사람을 설득시키거나 마음을 감동시키기 위해 쓰이는 테크닉이라고 정의한 것도 같은 의미다(김동규, 2003). 기예(*art*)이라는 말은 테크닉이라는 의미를 내포하기도 하고 아름다움(예술)이라는 의미를 내포하기도 한다. 이러한 모호성은 수사학의 본질 자체에 속하는 것이다.

2) 광고와 수사학의 만남

오늘날 광고환경에서 소비자들은 광고를 무시하거나 혹은 최소한의 주목만 할 뿐인데 이때 수사학이 메시지 설득을 위해 잠재고객들에게 주목과 관심을 유도하는 핵심역할을 한다(McQurrie & Mick, 1996). 현대 광고는 단순한 공지가 아니다. 그 수많은 광고들 가운데서 눈에 띄고 그 수많은 제품들 가운데서 내 상표가 선택되기 위해서는 내 광고 메시지가 설득되어야 한다. 현대 광고는 대표적인 설득 커뮤니케이션이다. 광고란 한마디로 설득의 과학이요 설득의 예술이다. 그런 의미에서 광고는 수사학의 보고이자 가장 치열한 현장이다. 그리고 광고는 카피와 비주얼로 구성되어 있다. 광고에서 언어를 통한 설득작업을 맡고 있는 사람이 카피라이터(*Copy Writer*)라면 비주얼을 통한 설득작업을 맡고 있는 것이 아트디렉터(*Art Director*)라고 할 수 있다. 특히 광고에서 언어를 통한 설득 커뮤니케이터인 카피라이터에게 수사학적 실행능력은 필수적 요구사항이라 할 것이다.

3) 설득의 3가지 수단(아리스토텔레스)

- 에토스 송신자(변론가)의 성격 (감성적 방향)
- 파토스 수신자(청중)의 심리적 경향·욕구·정서 등 (감성적 방향)
- 로고스 담론(텍스트)의 논증, 논거의 방식들 (이성적 방향)

믿을 수 있는 화자 + 믿을 수 있는 메시지 → 수신자의 공감

아리스토텔레스는 설득의 3가지 요소로 에토스(*ethos*), 파토스(*pathos*), 로고스(*logos*)를 주장했다. 에토스는 송신자(변론가)의 성격을 말하는 것이며 파토스는 수신자(청중)의 심리적 경향이나 욕구, 정서 등을 말한다. 그리고 로고스는 담론(텍스트)의 논증, 논거의 방식들을 말하는데 에토스와 파토스가 송신자와 수신자의 감성적 측변이라년 로고스는 메시지의 이성적 측면이라고 할 수 있다.

에토스는 듣는 이의 신뢰성을 자각하는 것, 즉 정보원의 신뢰도를 말한다. 같은 말이라도 누가 했느냐에 따라서 신뢰도는 판이하게 달라진다. 갓 개업한 젊은 변호사보다는 관록 있는 유명 변호사가 훨씬 설득력이 있고, 같은 약이라도 무명의 신참 의사가 주었을 때보다는 백발을 날리는 저명한 의사가 주었을 때 환자는 훨씬 믿음이 간다. 파토스는 듣는 사람이 그 말에 공감할 수 있으려면 수신자의 욕구나 심리상태를 고려하여야 한다는 것이다. 상대방의 감성에 호소할 줄 아는 것 그것이 파토스다. 예컨대 라면광고라면 식사 직후보다는 몹시 배가 고플 때가 훨씬 효과적일 것이다. 이렇듯 에토스와 파토스가 화자와 청자의 심리적 측면이라면 로고스는 메시지의 논리적 측면을 말한다. 메시지가 논리적이어야 그 말을 믿을 수 있다. 아무리 그 사람을 믿을 수 있다고 하더라도 그의 말이 논리적이지 않다면 믿기 어려운 것이다.

아리스토텔레스가 말한 설득의 메커니즘을 요약하면 우선은 ① 말하는 사람을 믿을 수 있어야 하고(에토스), ② 그 사람이 말하는 메시지가 논리적이어야 하고(로고스), ③ 듣는 이의 욕구나 정서에 맞아서 공감할 수 있어야 한다(파토스)는 것이다.

4) 광고언어의 수사학적 표현효과에 대한 이론적 고찰

정보처리 과정에서 이해(*comprehension*)는 주의를 통하여 지각된 정보에 의미를 부여하여 해석하는 단계이다. 만일 지각된 정보가 지각의 스키마나 스크립트 같은 영구 기억구조에 부합된다면 이해의 과정은 매우 순조롭게 진행된다. 그러나 수사학적 기교로 인하여 기존의 틀로써 이해되지 않는 광고언어를 이해하기 위해서는 필수적으로 소비자의 관여가 전제조건으로 요구된다. 즉, 수사학적 표현을 사용하고 있는 광고언어는 주어진 문자적 의미만으로는 정확한 커뮤니케이션이 불가능하기 때문에 소비자에게 숨겨진 의미를 찾도록 하는 동기를 부여할 수 있어야만 한다. 그러한 동기부여에 실패한 수사학적 표현들은 오히려 수사학적 표현을 사용하지 않고 직설적으로 표현하는 광고보다 못할 수도 있다. 그러나 만일 소비자가 동기를 부여받고 실제적으로 광고에 숨겨진 의미를 발견하게 된다면(동기부여가 꼭 의미의 발견이라고 말할 수는 없지마는) 수사학적 표현은 광고에 대한 기쁨을 소비자에게 주는 동시에 광고주에게는 광고효과를 높여주는 쌍방적 혜택을 제공할 수 있다. 광고를 이해하기 위하여 증가된 소비자의 인지적 노력은 광고내용의 기억 및 수용에 긍정적 역할을 담당하기 때문이다(Mitchell, 1983).

종합적으로 말해서, 광고에 있어 수사학적 표현기법 사용에 대한 결정은 아난드와 스턴달(Anand & Sternthal, 1990)에 의해 주장된 자원배합 관점(*a resource-matching perspective*)을 참고할 필요가 있다. 이들은 소비자에게 너무 많은 인지적 노력을 요구하는 광고 메시지는 물론, 너무 적은 인지적 노력을 요구하는 광고 메시지도 소비자에게 영향력을 행사는 데 실패할 것이라고 주장한다. 즉, 광고 메시지는 소비자의 관여수준에 적합하게 구성되어 한다는 것이다. 보다 구체적으로 소비자의 관여수준이 매우 낮은 경우에는 두운, 모운, 각운 등의 반복기법을 사용하고 있는 광고 메시지(이러한 메시지를 그들은 '*overcoding message*'라고 부른다)가 더욱 효과적이며, 반면에 소비자의 관여수준이 매우 높은 경우에는 수사학적 표현을 통해 의미의 전이가 발생하는 광고 메시지(이러한 메시지는 '*undercoding message*'라고 불린다)가 더욱 효과적이라는 것이 그들의 주장이다(이현우, 1998).

5) 문체와 문채

수사학의 역사에서 고증하였듯이 16세기 중반의 영국 수사학자들은 창안(*invention*), 배열(*arrangement*), 문체(*style*), 전달(*delivery*), 기억(*memory*)의 고대 수사학의 5대 영역 중 특히 말이나 글의 장식에 관한 문체영역에 커다란 관심을 보여 수사학적 표현의 분류체계 확립에 노력하였다. 학자마다 다양한 접근방식에도 불구하고 대체로 수사학적 표현은 크게 두 가지로 대별된다(Leigh, 1994). 그 첫 번째 유형은 수사적 장식(*rhetorical figure*)이며 수사적 비유(*troupe*)가 그 두 번째 유형이다. 수사적 장식은 단어의 의미변화를 동반하지 않고 배열을 달리하거나 단어반복 등의 방법을 통하여 전체 문장의 효과를 높이는 기법인데 반하여, 수사적 비유는 필요성이나 장식을 위하여 고유의 의미에서 단어나 문장을 이탈시켜, 그것과 비슷하지마는 원래의 의미와는 다른 의미로 전이시키는 기법을 말한다.

2. 수사적 장식 2

1) 반복에 의한 기법

소리의 반복을 통하여 표현의 의미를 강조하는 기법이다. 두운에서는 단어의 첫 번째 자음이 모운에서는 모음이 그리고 각운에서는 마지막 음절이 반복되고 있다. 한편 다음의 기법들은 구의 반복과 문장구조의 반복을 이용하여 사람들의 주의와 관심을 끌고 있다.

(1) 수구 반복(*anaphora*)

> 누가 깨끗한 시대를 말하는가!
> 누가 깨끗한 소주를 말하는가!

2 이현우, 1998, 《광고와 언어》, 커뮤니케이션북스, 63~86쪽을 참고하여 정리하였음.

이 광고는 "누가 깨끗한"이라는 수구를 반복하여 '청색시대'라는 브랜드 네임의 깨끗한 이미지를 강조하고 있다. 카피의 본문에서도 깨끗함에 대한 내용들이 다음과 같이 계속 반복되고 있다.

시원스레 넘어가는 한잔 한잔의 깨끗함!
다음날 아침에도 끝이 좋은 깨끗함!
깨끗한 시대, 깨끗한 소주, 청색시대. (청색시대)

(2) 결구 반복 (*epistrophe*)

내 사랑만큼 큰 것이 있다.
내 꿈만큼 큰 것이 있다. (개벽 TV)

"큰 것이 있다"라는 결구의 반복은 결국 개벽 TV의 대형화면을 연상하게 한다. 다시 말해서 화면이 큰 것을 사랑과 꿈이 크다는 것에 비유하여 표현하고 있다.

(3) 대구법 (*parallelism*)

대구법은 문장구조의 반복을 이용한 기법이다. 아래의 광고카피를 보면 "~위에 ~"라는 문장의 구조가 세 번 반복되고 있는 대구법 형식의 광고카피를 이용하여 PCS가 전화 중에서는 최첨단의 위치에 있다는 것을 강력하게 표현하고 있다.

전화 위에 무선전화
무선전화 위에 이동전화
이동전화 위에 PCS (한솔 PCS)

칠성사이다에는 카페인이 없습니다.
칠성사이다에는 색소도 없습니다.
칠성사이다는 단 한 푼의 로열티도 지불하지 않습니다.
맑고 깨끗한 칠성사이다
우리나라에는 칠성사이다가 있습니다. (롯데 칠성사이다)

2) 단어 배열이나 위치 변경에 관한 기법

수사적 장식의 두 번째 유형은 단어의 배열이나 위치에 대한 의사결정과 매우 밀접한 관계가 있다. 동일한 단어의 물리적 위치를 변경하여 문장 구문상의 반전을 나타내는 기법은 'antimetabole', 반면에 서로 대조되는 의미를 가진 단어들을 배열하여 의미상의 반전을 나타내는 기법은 'antithesis'로 불린다.

(1) 구문상의 반전(*antimetabole*)

건설 외길 50년
조국 건설 50년 (삼환기업)

이 광고는 삼환기업 창립 50주년을 알리는 기업광고다. 여기에서 건설이라는 단어가 위치를 변경하는 구문상의 반전을 보여주고 있다. 이러한 기법을 통하여, 건설이라는 외길을 50년 동안 한눈팔지 않고 달려온 삼환기업의 역사가 결국 우리나라를 건설했다는 뜻을 강하게 전달하고 있다.

꿈을 꾸면 현실이 된다.
도전을 하면 실현이 된다.(한화)

이 광고는 단어의 음절 배열을 달리하여 현실이 실현되는 음절상의 반전을 시도하고 있다.

(2) 의미상의 반전 (*antithesis*)

큰 사전의 작은 소망 (한솔제지)

이 광고는 우리말 사전을 완성하겠다는 작지만 위대한 소망을 가진 한글학자 정인승 선생이 22년 만에 《큰사전》 전 6권을 완성한 사실을 소개하면서 책의 재료가 되는 종이의 중요성을 강조하고 있다. 헤드라인으로 제시된 "큰 사전의 작은 소망"에서

'큰'이라는 단어와 '작은'이라는 단어가 서로 대조되는 위치에 사용되면서 의미상으로 반전되어 독자들의 관심을 끌고 있다.

입엔 시고 몸엔 달다. (산내들 감식초)

3) 생략법 (ellipsis)

생략법은 광고에서 특정 요소를 의도적으로 생략함으로써 소비자가 직접 생략된 부분을 보충하도록 촉구하는 기법이다. 광고에서 사용되는 생략법은 크게 3가지 유형으로 분류할 수 있다. 그 첫 번째 유형은 조건절이나 동사 등의 특정 부분이 생략된 미완성형의 문장구조를 사용하여 소비자의 참여를 촉구하는 생략법이다. 이러한 생략의 목적은 소비자로 하여금 문장을 완성하게 만드는 것이라고 볼 수 있다.

따져보니!(한국이동통신)

한국이동통신 광고에서는 "따져보니"라는 광고 헤드라인이 붉은색 잉크로 다른 카피보다 훨씬 커다란 크기로 제시되고 있다. 바디카피에서는 왜 한국이동통신이 다른 회사에 비해 제대로 된 선택인가를 조목조목 따지고 있다. 이 광고가 원하는 것은 "따져보니"라는 미완성 문장을 통해서 "역시 한국이동통신이 최고다!"라는 문장으로 완성시키는 것이라고 말할 수 있다.

생략법의 두 번째 유형은 비록 문장은 완성된 형태를 띠고 있지만, 문장의 주어나 목적어 등이 생략된 경우이다. 이 경우 역시 소비자의 적극적 참여를 요구한다.

조금 다릅니다. (현대백화점 상품권)

이 광고에서도 비록 문장의 주어가 생략되었지만 생략된 주어는 너무나도 명백하다. 현대백화점 상품권이라는 주어를 의도적으로 생략함으로써 조금 다른, 즉 소비자에게 조금 더 큰 혜택을 주는 주체를 더욱 강조하고 있다. 뿐만 아니라 강력한 평서문 구조를 통하여 조금 다르다는 사실을 기정사실화하고 있다.

생략법의 마지막 유형은 의도적으로 언어적 표현의 일정 부분을 생략하고 비주얼 표현으로 대체한 경우이다. 만일 대체된 표현이 적절하다면 이러한 기법은 소비자의 관심을 끌게 된다.

라미실 광고는 '인기폭발'이라는 표현에서 '발' 자(字)를 의도적으로 생략하고 그 대신 사람의 발을 그려 놓았다. 이 광고가 무좀 치료제, 즉 발과 관련된 제품광고라는 점을 상기하면 비록 '인기폭발'에서의 '발'(發)이 신체의 '발'(足)과는 전혀 관련성이 없다고 하여도 매우 흥미로운 생략기법이라고 볼 수 있다.

4) 수사적 질문법

외형적으로 의문문의 형식을 빌리지만 특정한 답을 요구하는 수사적 질문(*rhetorical question*)은 다양한 형태로 전개될 수 있다. 이미 입증된 사실을 의문형식으로 처리한 문장(*erotema*), 자문자답(*psyma*), 비난하는 질문(*hypophora*) 등은 모두 수사적 질문에 속한다. 이들의 공통점은 모두 어떤 특정의 논점을 강조하거나 상대방의 이의 제기나 반박을 사전에 봉쇄하는 공격과 방어의 무기 효과를 동시에 갖는다는 점이다.

> 관광수입 세계 1위, 미국엔 디즈니랜드가 있습니다.
> 관광수입 세계 2위, 프랑스엔 유로 디즈니가 있습니다.
> 우리에겐 무엇이 있습니까? (롯데월드)

3. 수사적 비유

1) 어휘상 의미의 전이기법

어휘와 관련된 수사적 비유는 크게 유사성에 의한 의미 전환과 인접성에 의한 의미의 전환으로 나눌 수 있다.

(1) 은유

은유(*metaphor*)란 말은 원래 라틴어의 'carry over'라는 말에 근원을 두고 있는데 이는 하나의 단어의 의미가 다른 단어의 의미로 전이됨을 뜻한다. 다시 말해서 은유는 두 개 단어 사이의 개념적 유사성에 기초한 의미의 전환기법을 뜻한다.

맛은 도미 부담은 꽁치 (삼성팩시밀리, 오피스 마스터)

이 광고는 저가의 팩시밀리로 성능은 높아지고 가격은 낮아졌다는 의미를 맛은 도미, 부담은 꽁치라는 생선을 비유한 은유법으로 표현하고 있다. 이러한 은유적 표현은 성능은 높아지고 가격은 낮아졌다는 직설적 표현보다 훨씬 부드럽게 소비자에게 다가가고 있다. 한편 광고의 비주얼도 '어두육미'라는 고사성어를 염두에 두고 머리는 도미의 모습으로 그리고 꼬리는 꽁치의 모습으로 묘사하고 있다. 언어적 표현과 비주얼 표현이 수준 높은 조화를 이루고 있는 광고 메시지이다.

(2) 동음이의의 익살(*pun*)

은유가 두 단어 사이의 개념의 유사성에 기초하는 반면에 펀(*pun*)은 소리는 같지만 뜻은 다른 동음이의어의 우연한 유사성을 이용한 수사기법을 뜻한다. 펀에 이용된 단어는 대체적으로 두 개 이상의 서로 다른 의미를 갖고 있는데 주어진 문장에서 단어의 의미를 어떻게 해석하느냐에 따라 문장 전체의 뜻이 확연히 달라지게 된다. 동음이의의 익살인 펀을 이용한 광고는 자주 발견되는데 그 이유는 정보의 홍수에 지친 소비자들의 주의를 끌 수 있을 뿐만 아니라 본질적으로 심각한 내용이 아니기에 소비자의 경계심을 늦출 수 있기 때문이다. 펀은 광고에서 다양한 형태로 사용되는데 많이 쓰이는 유형 중 하나는 일반명사의 의미가 특정 브랜드를 연상시키도록 의도적으로 브랜드 네임을 일반명사와 동일하게 설정하는 방법이다(일반명사의 고유명사화).

전국을 하나로 연결하는 교차로 전국 광고 (교차로)

(3) 환유

환유(*metonymy*)의 희랍어 뜻은 이름 바꾸기이다. 은유와 펀이 유사성의 원리에 기초하고 있는 데 반하여 환유는 두 개 단어 사이의 개념적 인접성에 의한 의미의 전환기법을 지칭한다. 예를 들어 배를 뜻하는 돛이나 임금을 뜻하는 왕관 등은 모두

인접성의 원리에 의한 전이라고 할 수 있다

광고에서 환유기법은 주로 광고카피보다는 비주얼 측면에서 활용되고 있다. 예를 들어 우리가 조금만 주의를 집중하여 살펴본다면 일반 승용차나 경차 광고의 배경은 주로 중산층의 삶의 모습을 보여주고 있는 반면에 고급 자동차의 광고는 매우 호화로운 상류층의 삶을 배경으로 하고 있다.

2) 문장상 의미의 전이기법

어휘상의 수사적 비유를 문장에 적용시킨 것이 문장의 수사적 비유다.

(1) 과장법

사실보다 크게 확대하거나 혹은 작게 축소하는 기법이 과장법(*hyperbole*)이다.

> 3199 항목의 검사를 마친 후 교체가 필요한 것은 단 한 가지뿐입니다. (폭스바겐)

(2) 반어법

반어법(*irony*)은 본뜻과는 정반대되는 말로 표현하여 문장의 변화 효과를 기대하는 기법을 말한다. 반어법의 효과는 언어적 표현과 비주얼 표현의 상반관계를 통하여 더욱 극적으로 전달될 수도 있다.

> 너무 귀한 클럽을 선보이게 되어 대단히 죄송합니다. (지아크 골프)

(3) 역설법

역설법(*paradox*)은 있을 수 없는 일, 혹은 앞뒤가 안 맞는 일을 표현하는 기법을 말한다. 그러나 그 역설의 세계는 광고에서의 부연설명에 의해 보다 강한 진실의 세계로 전환된다. 만일 이러한 반전이 없다면 역설법은 오히려 역효과를 낼 수 있다.

> 우리는 남녀가 평등하다는 생각을 결코 믿지 않습니다. (메르세데스 벤츠)

4. 카피와 논리[3]

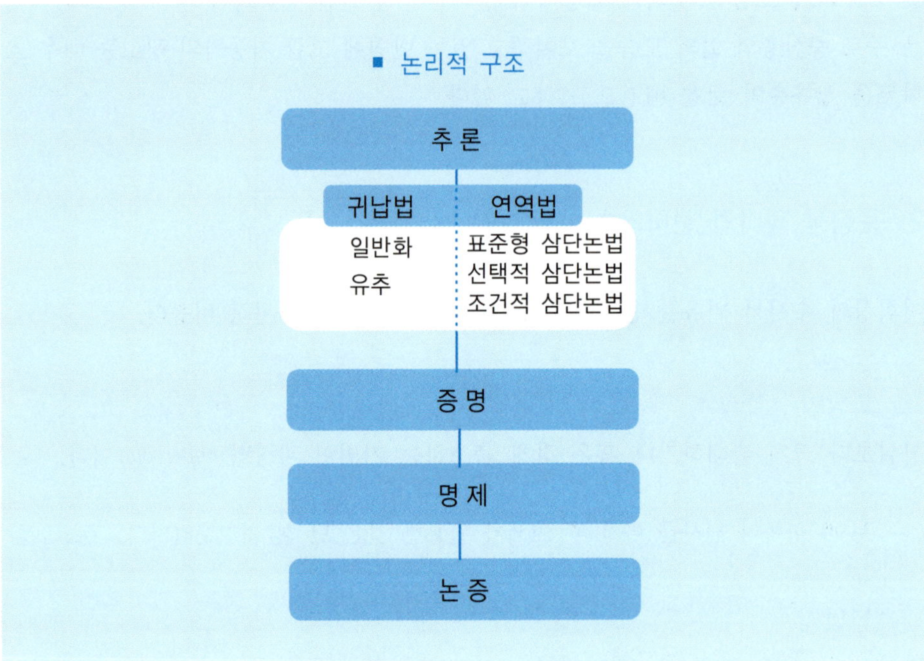

1) 추 론

다음의 (가) 와 (나) 는 무엇을 말하는 것인가?

(가)

사람에게만 있는 하얀 길이다.
아무도 다니지 않는다.
주변에 숲이 무성하다.
이따금 장소를 이동하기도 한다.
없는 사람도 있다.

(나)

곡식이다. 작다. 동화 주인공 이름에도 있다.
단일한 색깔이다.
겨울에는 중요하게 사용하는 날이 있다.
귀신이 싫어한다는 속설이 있다.
떡에 쓰일 때는 겉에 붙어 있고
빵에 쓰일 때는 속에 들어 있다. (이외수, 2006)

3 강승구 · 신용삼, 1999, 《광고카피론》, 참미디어, 35~55쪽을 참고하였음.

정답은 '가르마'와 '팥'이다. 방금 '답이 무엇일까?'를 골똘히 생각했을 것이다. 그 사고과정이 추론이다. 추론이란 일정한 자료나 증거로부터 출발하여 결론에 다다르는 과정을 의미한다. 우리가 사는 동안 많은 경험을 하게 되는데 이런 경험 속에서 어떤 규칙성을 발견하고 추론(*inference/reasoning*)을 하게 되는 것이다. 그러므로 인생은 추론의 방법을 배우는 오랜 교육기간이라고 할 수 있다.

(1) 귀납법

귀납(*induction*, 歸納)은 특수한 증거를 가지고 일반적 진리를 증명하는 것이다. 다시 말해 구체적 실례나 사례에서 출발하여 일반적 결론을 유도하는 논(증)법이다. 증거는 특수 진술로 표현되고 진리는 일반 진술로 표현된다. 귀납에서는 증명된 진리를 결론이라고 한다. 이 결론은 흔히 작품의 끝부분을 뜻하는 결론과 구별하기 위해 '귀납적 결론'이라고 부른다. 귀납은 일반화와 특수화와 짜임과 형식이 같다.

소크라테스도 죽었다.
플라톤도 죽었다.
고로 모든 인간은 죽는다.

■ 귀납의 검토

- 증거가 왜곡되지 않고 정직하게 제시되었는가?
- 결론이 진리라는 것을 확신할 만큼 증거가 충분한가?
- 결론을 부정할 수 있는 증거(예외)는 없는가?

① 일반화

자연계에서는 동일한 조건하에서는 동일한 현상(사건)이 발생한다. 이러한 자연현상의 획일성은 인간사회에서도 일어난다. 이 때문에 어떤 현상을 통한 일반화(*generalization*)가 가능하게 되는 것이다.

소수 사례 ——→ 전체 사례

■ 바람직한 일반화의 조건

- 연구사례(표본)와 전체사례(모집단)의 차가 작을수록 좋다.
- 연구사례가 전형적, 즉 대표적 사례가 되어야 한다.
- 부정적 또는 예외적 사례가 나타나면 반드시 해명되어야 한다.

■ 일반화의 사례

서울은 인구가 많고 대기는 오염되었다.
동경은 인구가 많고 대기는 오염되었다.
뉴욕은 인구가 많고 대기는 오염되었다.
LA는 인구가 많고 대기는 오염되었다.
그러므로 인구가 많은 대도시는 오염되었다.

예1 선경그룹 기업광고(인쇄)

우리의 21세기, 목표는 세계 속에 있지마는 방법은 사람 속에 있습니다.

세계화란 이제 더 이상 목표가 아닙니다. 우리의 현실입니다.
구호가 아니라 당장 실천해야 하는 생존조건입니다.
그런데 세계화를 이루기 위해 세계에 눈을 돌리는 것은 목표를 정해 주기는 하지만 그 방법을 제시하지는 못합니다.
세계화를 이루기 위해 결국 그 방법은 우리 속, 즉 사람 속에 있습니다.

선경은 이렇듯 가장 소중한 자원인 사람 계발을 통해 세계화를 준비해왔습니다.
가장 먼저 신입사원 해외 연수를 시작한 일
예멘 등 세계 곳곳에서 우리 기술로 석유를 개발해온 일
중국과 동남아에서 '석유에서 섬유까지' 수직계열화를 추진하는 일
세계 최초로 CDMA 통신 서비스를 상용화한 일
선경이 키운 사람이 있었기에 가능한 일들이었습니다.

사람을 자원으로 새로운 자원 개념을 만들어 가고 있는 선경.
선경 그룹은 에너지, 화학과 정보통신을 중심으로
우리의 21세기 목표를 실현해 가겠습니다.
사람이 자원인 나라, 대한민국
그 사람을 키우는 기업, 선경

POINT

결　론 선경은 사람을 키웠기 때문에 세계화할 수 있었다.

뒷받침 가장 먼저 신입사원 해외연수를 시작했다.
예멘 등 세계 곳곳에서 석유를 개발했다.
중국과 동남아에서 수직계열화를 추진했다.
세계최초로 CDMA 통신 서비스를 상용화했다.

② 유추

유추(*analogy*)는 지식을 명료하게 전달하여 쉽게 이해시키는 데 사용되는 심상이다. 연역법에서도 쓰일 수 있는데 주로 귀납법에서는 두 개의 사례를 비교할 때 쓰인다. 이를 성립시키는 원칙으로는 첫째, 두 사례가 중요한 점에서 유사해야 하고, 둘째, 두 사례의 상이점은 중요하지 않거나 관련성이 없는 것으로 간주되어야 한다.

예 2 이어령, 〈벌의 언어와 나비의 언어〉

…벌은 꽃을 향해서 곧바로 날아간다. 그것들은 가능만 하다면 최단거리를 일직선을 택해 날아갈 것이다. 그러나 나비는 그렇지가 않다. 나비는 곧장 꽃을 향해서 나는 법이 없다. 그것들은 위로 아래로 혹은 좌우로 변화무쌍한 곡선을 그린다. 언어도 마찬가지다. 의미를 전달한다는 같은 목적이라 할지라도 '벌의 언어'와 '나비의 언어'는 서로 다르다. 꽃 그리고 꿀. 언어에 있어서 그것은 하나의 메시지다. 일상적인 자연언어나 과학적인 메타언어들은 벌처럼 일직선으로 날아가고 시인의 언어는 나비처럼 복잡한 곡선을 긋고 움직인다.…

위의 사실을 도식화하면 다음과 같다.

POINT

벌의 비행법 : 나비의 비행법
→ 벌의 언어 : 나비의 언어
→ 일반인의 언어 : 시인의 언어

예 3 도종환, 〈담쟁이〉

저것은 벽—
어쩔 수 없는 벽이라고 우리가 느낄 때
그때
담쟁이는 말없이 그 벽을 오른다.

물 한 방울 없고 씨앗 한 톨 살아남을 수 없는
저것은 절망의 벽이라고 말할 때
담쟁이는 서두르지 않고 앞으로 나아간다.
한 뼘이라도 꼭 여럿이 함께 손을 잡고 올라간다.
푸르게 절망을 다 덮을 때까지
바로 그 절망을 잡고 놓지 않는다.

저것은 넘을 수 없는 벽이라고
고개를 떨구고 있을 때
담쟁이 잎 하나는 담쟁이 잎 수천 개를 이끌고
결국 그 벽을 넘는다.

도종환의 〈담쟁이〉라는 시(詩)다. 한때 중학교 국어 선생님이었던 시인은 학생들에게 담쟁이가 어떤 풀인가를 알려주기 위해 이 시를 쓰지 않았을 것이다. 우리는 유추적 사고를 통해서 어렵지 않게 물 한 방울 없고 씨앗 한 톨 살아남을 수 없는 그 절망의 벽을 기어오르고 마침내는 그 담을 넘어서고야 마는 담쟁이를 통해 역경에서도 굴복하지 않는 의지의 인간상과 그 아름다움을 말하고 싶어 했던 시인의 마음을 생생하게 읽을 수 있다.

예 4 대교, 프로스펙스 광고

어린이의 눈에는 저마다의 꿈이 있습니다.
그 꿈을 키워주는 나라마다의 교육 철학
우리나라에는 눈높이가 있습니다.
철학이 있는 가르침 눈높이 교육, 대교

대나무는 괴로움을 모르지만
발도 수박과 마찬가지

〈그림 8-1〉 프로스펙스, 대나무 편

〈그림 8-2〉 프로스펙스, 수박 편

■ 실습과제

※ 다음 글의 논리적 오류를 지적하라.

(가)

지하자원이 부족한 나라는 빈곤하다.
일본은 지하자원이 부족하다.
(고로) 일본은 빈곤한 나라다.

(나)

정부정책을 비판하는 단체는 북한 지원을 받는다.
소비자 보호단체는 정부의 정책을 비판한다.
(고로) 소비자 보호단체는 북한의 지원을 받는다.

(2) 연역법

연역(*deduction*)은 일반진술 하나와 특수진술 하나를 증거로 하여 또 다른 특수진술 하나가 진리라는 것을 긍정하거나 부정하는 것이다. 증거가 되는 일반진술 하나를 대전제, 또 다른 증거가 되는 특수진술 하나를 소전제, 증명된 진리를 연역적 결론이라고 말한다. 연역은 3단계를 거치기 때문에 3단 논법이라고 한다.

일반적인 진리에서 출발하여 특수한 진리를 이끌어내는 것으로서 이미 알고 있는 어떤 진리에 근거하여 바르고 참된 논리적 인식에 도달하는 방법이다.

대전제 모든 인간은 죽는다.
소전제 소크라테스는 인간이다.
결 론 고로 소크라테스도 죽는다.

■ 연역의 검토

대전제와 소전제가 모두 참인가?

- 결론이 주장하는 것을 두 전제(대/소전제)가 모두 포함하고 있는가?
- 3단 논법 전체가 연역적 논증의 규칙에 맞는가?

■ 실습과제

※ 다음의 글에서 논리적 오류를 증명하라.

㉠ 주어가 자주 생략되는 언어는 서술어 중심의 언어다.
㉡ 한국어는 주어가 자주 생략된다.
㉢ 한하운의 시 '보리피리'에는 주어가 생략되어 있다.
㉣ 조병화의 시 '하루만의 위안'에는 주어가 생략되어 있다.
㉤ 김소월의 시 '진달래꽃'에는 주어가 생략되어 있다.
㉥ 우리들의 대화에서는 주어가 생략된다.
㉦ '88' 담배는 맛이 좋다.
㉧ '하나로' 담배는 맛이 좋다.
㉨ '한라산' 담배는 맛이 좋다.
㉩ 그러므로 모든 담배는 맛이 좋다.

① 표준형 삼단논법

표준형 삼단논법은 카테고리에 의해 추론하는 방법이다.

대전제 침엽수는 상록수이다.
상위개념

소전제 소나무는 침엽수이다.
중간개념

결 론 그러므로 소나무는 상록수이다.
하위개념

예 5 쌍용그룹 기업광고(인쇄)

김씨 아줌마네 거니까

올해로 20년째, 김씨 아줌마는 요즘도 새벽 3시면 수산시장에서
가장 신선한 생선을 가져다 놓습니다.
그날 팔다 남은 생선은 다음날 팔지 않는다는 자신과의 약속도 굳게 지키고 있습니다.
장모님은 이 동네에서 몇십 년째 사십니다만 다른 생선가게에 가본 적이 없답니다.
김씨 아줌마네 생선은 신선하다는 믿음, 바로 그것이 20년 단골의 이유입니다.
작은 약속을 지키는 것에서부터 큰 믿음은 시작됩니다.
쌍용은 그동안 쌓아온 믿음을 소중히 가꿔 자신과의 약속, 고객과의 약속,
사회와의 약속을 지키는 신뢰의 기업이 되겠습니다.
믿음이 최고를 만듭니다.

POINT

대전제 약속을 지키는 기업(상인)은 믿을 수 있다.
개념 B 개념 A

소전제 쌍용은 약속을 지키는 기업(상인)이다.
개념 C 개념 B

결 론 쌍용은 믿을 수 있는 기업(상인)이다.
개념 C 개념 A

② 선택적 3단 논법

'~ 아니면'에 의한 추론으로 전개되는 3단 논법이다. 이 논법은 첫째로 두 개의 가능성을 확정한다. 둘째로 어느 조건에 의해 그 중 하나를 제외한다. 그리고 나서 나머지 하나를 결론적으로 선택하게 하는 3단 논법이다.

A가 아니면 B다. B는 아니다. 그러므로 A다.	→ 또는 逆으로 →	A가 아니면 B다. B다. 그러므로 A는 아니다.

예 6 매일유업, 썬업 광고(인쇄)

어느 오렌지 주스를 드시겠습니까?

▹ 유통기한 10개월, 상온에서 10개월 이상 유통되는 병 주스
▹ 유통기한 15일, 냉장상태에서 15일간 유통되는 썬업

매일 썬업은 정말 Fresh합니다.

썬업은 75℃에서 살균처리 제조하여 급속 냉각시킨 후 특수 포장된 베리어 팩에 담아 냉장상태에서 15일간 유통되는 주스입니다.
그래서 썬업은 정말 신선합니다.

③ 조건적 3단 논법

'~이라면'에 의한 추론으로 전개되는 삼단논법인데, 조건이 충족되면 결론이 필연적으로 뒤따른다는 원리를 기반으로 한다. 예컨대, '만약에'란 말로 시작되는 논법이다.

만약에 A라면 B다. → A 다. → 그러므로 B다.

예 7 롯데칠성, 콜드 광고(인쇄)

여러분 만약에 이런 주스가 있다면?

세계 명문의 오렌지 농장에서 갓 따낸 싱싱한 오렌지로
현장에서 바로 생과즙을 짜서 생과즙 맛을 유지하는
최적온도의 냉장수송선으로 우리나라에 실어온다고 합시다.
이 생과즙을 함께 넣어 만든 주스를
6겹의 냉장보호포장에 담아 가정에 직접 배달하거나
전용 냉장차로 소매점에 배달하여
소매점에서는 최적 온도가 유지되는 냉장고에 보관하였다가
소비자 여러분들께 드린다고 합시다.
과연 이 맛이 어떨까요?

드디어 우리나라에도 콜드 주스 시대가 열렸습니다.
생과즙 오렌지의 맛을 델몬트 콜드 주스로 즐기십시오.
냉장유통 주스 - 콜드.

POINT

만약에 이런 주스(A)가 있다면, 맛이 신선한 주스(B)다.
이런 주스(A)의 조건은 이렇다.
㉠ 해외 오렌지 농장산, ㉡ 생과즙
㉢ 냉장 수송선으로 운반, ㉣ 6겹의 냉장 보호 포장
㉤ 가정에 직접 배달 혹은 전용 냉장차, 최적온도 냉장고 보관
그러므로 A 주스는 맛이 신선하다(B).

유추 그런데 델몬트 콜드 주스는 A 조건을 만족시키는 주스이므로
당연히 맛이 신선하다.

2) 증 명

사람이 특정 이슈에 대해 어떤 주장을 하게 될 때, 객관적 사실을 토대로 증거하면 그 주장에 대해 논리적 타당성을 인정받게 된다. 객관적 사실이나 통계자료 및 과학적 실험자료 등을 통한 증명(*demonstration*)은 사람의 논리를 세워주는 중요한 방법이다. 증명은 객관적 데이터나 실험자료에 근거하기 때문에 설득력이 매우 높다. 광고에서는 객관적 데이터에 근거한 비교광고 같은 것이 이에 해당된다고 하겠다.

예 8 브록시던트 전동칫솔 광고('실증' 편)

앞으로 60초 동안 손으로 양치질하는 속도로
약 200여 번 아래위로 칫솔질을 하겠습니다.

자, 그러면 이 브록시던트 전동칫솔을 한번 볼까요?
이것이 브록시던트 전동칫솔이 200번을
오르락내리락하는데 걸리는 시간입니다.
4초가 채 걸리지 않습니다.

그러니까 선생님(사모님)이 보통 칫솔로
1분 동안 200번 정도 양치질을 하신다면,
우리 브록시던트 전동 칫솔을 쓰시면
그 1분 동안에 3,600번을 양치질을 하시는 셈입니다.
단순하게 따져도 그렇죠?

제 할 말은 다 끝났지만 처음에 약속한 대로
200번을 다 채울 때까지는
이 광고를 끝낼 수가 없네요.

예 9 버링턴 양말 광고('광란의 춤' 편)

우리는 이분에게 한쪽 발에는 보통 양말을 그리고 다른 한쪽 발에는
저희 버링턴 양말을 신도록 했습니다.
우리 양말은 특수 라이크라를 사용했기 때문에 양말이 정강이를 덮어줍니다.
그리고 흘러내리지 않습니다. 흘러내린 꼴(?)을 볼 수가 없다니까요.
그리고 절대로 흘러내리게 할 수도 없습니다. 글쎄 안된다니까요.
당신은 절대로 버링턴 양말을 흘러내리게 할 수 없습니다.
그래서 부끄러운 당신의 정강이가 결코 남에게 보이지 않습니다.
양말은 우리 제품의 극히 일부에 지나지 않습니다.
천이란 게 별거 아니라면, 저희 버링턴에서 천은 결코 그렇지 않습니다.
우리는 세계 어떤 회사보다 더 좋은 천을 만듭니다.
버링턴 양말.

예 10 칼톤 100 담배 광고

칼톤 100은 다른 경쟁 담배들에 비해서 타르 함유량이 현저하게 적다는 것을 객관적 수치를 통해 증명해 보이는 직접적 비교 광고 사례이다.

〈그림 8-3〉 칼톤 100

예 11 볼보자동차 광고('트럭' 편)

볼보자동차가 7과 $^{3}/_{4}$톤 트럭의 무게를 완전히 견뎌낼 수 있다는 것을 실증을 통해 보여주는 광고이다. 카피는 중의법을 활용하고 있는데 읽어보면 재미도 있고 카피라이터의 재치도 돋보인다.

당신의 자동차는 심각한 교통문제에 잘 견디고 있는가?
(당신의 자동차는 무거운 차 무게를 잘 견딜 수 있는가?)

지금 눈앞에서 보고 계신 그대로 입니다. 볼보는 7과 $^{3}/_{4}$톤 트럭의 무게를 완전하게 견뎌낼 수 있습니다. 저희는 당신이 길에서 이런 개(?)같은 경우(당신의 승용차가 큰 트럭 밑에 깔리는)를 당하지 않기를 간절히 바랍니다. 혹시 이런 개 같은 경우를 당하셨다면 제발 볼보 안에 계셨기를 진심으로 바랍니다.

〈그림 8-4〉 볼보자동차

3) 명제

명제(*thesis*)는 '논리적으로 진술된 의견'으로 정의되며 어떤 판단에 대한 언급(언명)으로 부연 설명될 수 있다. 그러나 "나는 B보다 A라는 영화배우를 좋아한다"와 같은 명제는 취향과 감정의 문제로 명제라고 할 수 없다. 반면에 "A는 B보다 훌륭한 화가다"는 판단의 문제로 명제라 할 수 있다. 명제는 논증하는 사람 개인의 판단에 의해 손쉽게 확인될 수 없으므로, 신임, 의심, 또는 불신을 받을 수 있다.

명제에는 사실명제와 당위명제, 그리고 대립명제와 동의명제로 구분된다. 사실명제는 '사실이 ~하다'는 형태로 문장이 구성된 명제이다. 이에 반해 당위명제는 '~해야 한다' 또는 '~해서는 안된다'라는 형태의 명제다.

한편 대립명제와 동의명제는 결론에 도달하는 과정에서 처음에 제시된 명제를 뒷받침해 주기 위해 사용되는 목적의 명제들이다. 대립명제는 처음 명제와 상반되는 내용을 지닌 명제로 그 다음에 나올 동의명제에 의해 논리적으로 지게 되며 파묻혀 소멸되도록 구성되는 명제다. 동의명제는 처음 명제를 뒷받침할 뿐만 아니라 앞에 나온 대립명제를 소멸시킬 정도로 강력하고 논리적이어서 커뮤니케이터가 의도한 결론에 도달하도록 만드는 기능을 갖는 명제이다.

명제에 의한 논리방법의 원리는 변증법으로부터 그 기원을 찾을 수 있는데 이 변증법의 원리로부터 대립명제와 동의명제의 개념이 시작되었다고 보아야 할 것이다.

■ 명제의 종류

- 사실명제(사실 ~하다)
- 당위명제(당연히 ~해야 한다 / 해서는 안된다)
- 대립명제(劣) < 동의명제(優)

■ 변증법의 원리

명제(*Thesis*) ──────▶ 대립명제(*Antithesis*)

합명제(*Synthesis*)

명제 → 대립명제 → 동의명제 → 결론

한 여성단체가 사회 속에 존재하는 여성 차별 현상을 깨뜨리기 위해 여성이 차별을 받고 있다는 주장을 하려고 할 때, 그 주장을 증명하기 위해 명제의 논리방법을 이용한다고 한다면 다음과 같이 그 명제가 구성될 수 있다.

명 제
한국에서 고용에 있어 여성은 차별대우를 받고 있다.

대립명제
우리 사회엔 여성 국회의원, 여성 장관이 있다.
교육의 기회가 평등하다.
맞벌이 여성의 경우, 남편의 경제력을 의존할 수 있다.
주거 환경이 여성 중심이다.
헌법 제 10조 1항은 누구든지 성별에 의하여 경제적 사회적 차별을 받지 않는다.
동의명제
대졸사원 모집 공고에 응시자격을 남자만으로 한정한다.
취업에 있어 많은 회사가 20대의 미혼 여성만을 선호한다.
취업 후에는 남녀 간의 봉급과 승신상의 차별이 있다.
여성은 직업에 대한 집중력과 사명감이 모자란다고 주장한다.
명예퇴직의 경우, 여성은 1순위로 퇴직된다.

결 론
여성은 한국사회에서 차별대우를 받고 있다.

예 12 숙명여자대학교의 이미지 광고(인쇄)

울어라! 암탉아

암탉이 울어야 세상이 바뀐다.
세상을 바꾸자. 부드럽게 바꾸자.
여자들이 하면 얼마나 하겠느냐.
이런 소리는 귓등으로 흘려도 좋습니다.
이 땅의 절반, 여자들이 바뀌면
세상도 바뀝니다.

〈그림 8-5〉 숙명여대 광고('암탉' 편)

더 부드럽고 더 살맛 나는 세상을 만드는 일.
그 고요한 혁명, 숙명여대가 이끌고 있습니다.
현대 무용계의 살아있는 신화, 홍신자.
디자인 불모지와도 같았던 시대에 CI의 개념을 도입한 구정순.
민항기 최초 여성 조종사 신수진….
여성 1호의 이름을 단 수많은 숙명의 딸들이
국내는 물론 세계 곳곳에서 올차게 움직이고 있습니다.

지금 교정에서는 세계화를 겨냥한 교육 프로그램에 따라
21세기를 이끌어갈 여성 지도자가 크고 있습니다.
세상 곳곳에서 숙명이 움직이고 있습니다.
세상이 부드럽게 바뀌고 있습니다.

4) 논증

논증(*argument*)은 주장 자체가 다소 획기적이거나 역설적인 것들을 논리적으로 증명할 때 이용하는 방법으로 일반적인 논리적 방법들이 객관적 자료와 과학적 데이터들에 의해 뒷받침되는 데 비해 이 논증 방법은 다소 주관적인 주장들에 의해 뒷받침된다. 결론의 객관성은 없으나 논리성으로 공감이나 동의는 얻어낼 수 있다.

즉, 증명(*demonstration*)은 과학적이고 객관적 사실들에 의해 증명된 진리지만 논증은 객관적 혹은 주관적 사실들에 의해 동의 또는 공감을 얻어내는 행위이다.

카피라이팅에서 모든 논리가 다 중요하지마는 광고 카피라이터에게 가장 핵심적으로 요구되는 논리전개 능력은 바로 이 논증이다. 우선 그 주장이나 메시지 자체가 다소 의외이기 때문에 사람들의 관심과 눈길을 끌기에도 매우 효과적이다. 그리고 결론의 객관성은 없으나 주관적 논리성 때문에 독자(소비자)의 공감을 얻어낼 수 있어 매우 설득적이다. 잘 만든 광고, 잘 쓴 광고카피의 대부분이 바로 이 논증이라고 해도 과언이 아닐 것이다.

예 13 빙그레 아이스크림 광고(인쇄)

아이스크림은 차가운 것이 아니라
사랑처럼 따뜻한 것입니다.

아이스크림을 함께 먹으면 사이가 가까워지지요?
어색했던 분위기와 미웠던 감정이
사르르 녹아 없어지지요?
퇴근길 아빠의 손에 들린 아이스크림에
온 가족의 웃음소리가 커지고
달콤한 사랑을 전하는 아이스크림에
연인들이 행복해지는 시간….
빙그레는 작은 아이스크림 하나에도
따뜻한 마음과 사랑이 담겨있다고 믿습니다.
아이스크림 하나가 보다 아름답고 따뜻한 세상을
만들 수 있다고 믿습니다.
그래서 더욱 신선하고 좋은 원료만을 사용하여
아이스크림의 품질을 높여가고 있습니다.
그래서 앞으로도 꼭 듣고 싶은 한마디 —

"그래, 빙그레!"

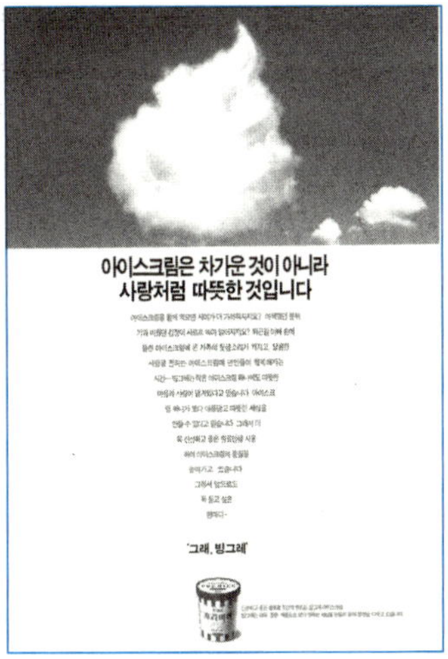

〈그림 8-6〉
빙그레 아이스크림 광고
('그래 빙그레' 편)

이 광고에서는 아이스크림은 '찬 것'이라는 상식을 넘어서 아이스크림은 '따뜻한 것'이라는 엉뚱한 주장을 하고 있다. 물리적으로 따뜻한 아이스크림은 없기 때문에 이는 객관적 데이터에 의해 증명할 수는 없다. 그러나 아이스크림을 함께 먹으면 사이가 가까워지고 어색했던 분위기와 미웠던 감정이 사르르 녹아 없어지지 않느냐, 퇴근길 아빠의 손에 들린 아이스크림에온 가족의 웃음소리가 커지고 달콤한 사랑을 전하는 아이스크림에 연인들이 행복해지지 않던가, 그러므로 아이스크림은 따뜻한 것이라고도 말할 수 있지 않겠느냐는 이 광고의 주장에 동의하여 줄 수는 있을 것이다.

예 14 맥심 광고(가장 향기로운 커피 1, 2편)

이 세상 가장 향기로운 커피는 당신과 함께 마시는 커피입니다.

그리움엔 저마다의 향기가 있는 모양입니다.
당신을 생각할 때면 나는 늘 어떤 향기가 그립습니다.
만나도 늘 그리운 당신처럼 마셔도 늘 그리운 향기 —
이 세상 가장 향기로운 커피는 당신과 마시는 커피입니다.
커피를 아는 사람의 커피 — 맥심

〈그림 8-7〉 맥심(가장 향기로운 커피 1편)

〈그림 8-8〉 맥심(가장 향기로운 커피 2편)

예 15 가나초콜릿 광고 ('고독' 편)

가나와 함께라면 고독마저도 감미롭다.

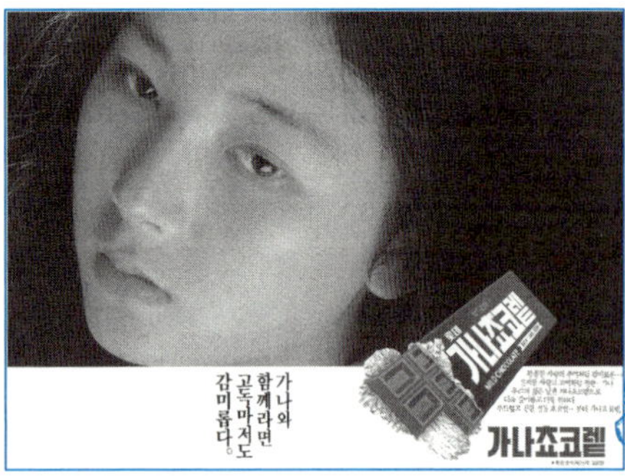

〈그림 8-9〉 가나초콜릿 광고

예 16 로얄셔츠 광고('깨끗한 선물' 편)

깨끗한 선물

〈그림 8-10〉 로얄셔츠 광고

예 17 에이스 침대 광고

당신이 잠들 때 에이스는 깨어납니다.

당신의 편안한 밤을 위하여 —
잠들지 않는 침대, 에이스 침대
잠든 사이에도 사람의 움직임은 그치지 않습니다.
잠든 당신의 움직임에 따라 민감하게 반응하는 에이스 침대
인간공학이 낳은 첨단기능의 트리플 옵셋 스프링,
숨 쉬는 매트리스, 미라클 매쉬 —
이 모든 것들이 당신의 편안한 잠을 위해 살아 움직입니다.

최적 쿠션, 쾌적 수면! 당신의 밤을 지키는 에이스 침대

예 18 기타 사례

그리움은 사랑입니다. (크리넥스 티슈)
아내는 여자보다 아름답다! (동서식품 프리마)
목마름에는 계절이 없습니다. (코카콜라)
그날 밤 우리는 별이 되었다. (용평리조트)
여자들은 간혹 넥타이라는 창을 통해 남자를 들여다본다. (클리포드 찰스 쥬르당)

■ 실습과제

※ 다음의 주제를 논증하라.

(가)
책을 읽지 말자

책을 읽지 맙시다!
"책 속에 진리가 있다."
언제나 옳은 말은 아닙니다.
책밖에도 우리가 배울 것은 너무나 많습니다.
교실 밖 세상도 거대한 교실입니다.

그래서 "귀한 자식일수록 여행을 시키라"는
서양 격언이 있는지도 모르겠습니다.
꽃비가 내리는 강가를 걸어보면
시집 백 권보다 더 큰 감동을 우리에게 안겨주기도 합니다.
뿐만이 아닙니다.
삼인행(三人行)이면 필유아사(必有我師)라는 말이 있듯이
사람을 통해서도 우리는 많은 것을 배울 수 있습니다.
교실, 학원, 학원, 학원….
회색의 도시, 그 답답한 실내에 갇혀 사는 아이들.
봄이 오는 뜰은 공부밖에 모르는 우리의 아이들.
텔레비전과 공부밖에 모르는 우리의 아이들.
봄이 오는 뜰은 생물도감보다 더 생생하게
살아있는 것들의 아름다움을 생명의 경외감을 일깨워 줍니다.
어머니, 오늘 아이의 책장을 덮게 하십시오.
그리고 아이의 손을 잡고 뜰로 한번 나가보시죠.

(나)
남자들이여, 여자를 울리자

5. 카피와 비주얼

광고는 카피와 비주얼로 구성되어 있다. 그래서 흔히 광고를 '카피와 비주얼의 행복한 결혼'이라고 말한다. 광고의 언어, 말과 글을 창안하는 카피라이터와 광고의 비주얼(영상)을 창안하는 아트디렉터 또한 행복한 짝꿍이어야 한다. 카피와 비주얼의 결합은 단순히 '1+1=2'의 수학공식이 아니다. '1+1=∞(무한대)'가 되는 시너지 효과를 내야 한다(김동규, 2003). 카피가 비주얼의 설명이 아니 듯 비주얼 또한 카피의 시각화 작업이 아니다. 카피와 비주얼의 행복한 결혼을 위해, 그리고 광고가 눈길을 끌기(*attracting attention*) 위해 어떤 시각적 수사법이 활용되는지 살펴보자.

1) 현실성 위반 *(reality violation)*

달(Henrik Dahl, 1993)은 광고와 같은 설득 커뮤니케이션의 가장 핵심적인 특징이 '원하지 않는' 커뮤니케이션이라고 주장했다. 따라서 광고에 대한 주목이야말로 모든 광고(인)들이 풀어야 할 숙제다. 시각적 이미지의 도상성은 이 문제를 해결할 수 있는 다양한 기법들을 제공한다. 일상적 현실의 모습을 재생하는 것이 본질적 능력으로 간주되는 이미지가 보는 이들의 눈길을 끌 수 있는 가장 확실한 방법은 거꾸로 이러한 이미지의 현실성을 위반하는 것이다.

시적인 표현과 같은 수사적 언어는 반문법적 언어다. 그런 의미에서 현실성 위반은 반문법적 이미지, 비정상적 이미지라고 할 수 있을 것이다. 이상한 말이 귀에 걸리듯이 이상한 비주얼은 보는 이의 눈길을 끄는 것이다.

2) 시각적 은유

은유는 구상적 보조관념과의 비유를 통하여 추상적 원관념을 이해시키는 것이다. 난해한 추상적 개념을 구체적 사물을 통해 쉽게 이해시키기 위해 언어적 은유가 사용되듯이 시각적 영역에서의 은유 또한 마찬가지이다(Gillian, 1982). 폴 메사리(Messaris, 1997)는 시각적 은유를 그 개념을 유추할 수 있는 보다 구체적인 시각적 이미지를 통해 추상적 개념을 표현하는 것으로, 울프(Wolf, 1988)는 따로따로 독립적으로 존재하던 두 개 이상의 이미지가 하나의 이미지로 결합해 새로운 이미지, 새로운 의미를 얻게 되는 것이라고 말한다.

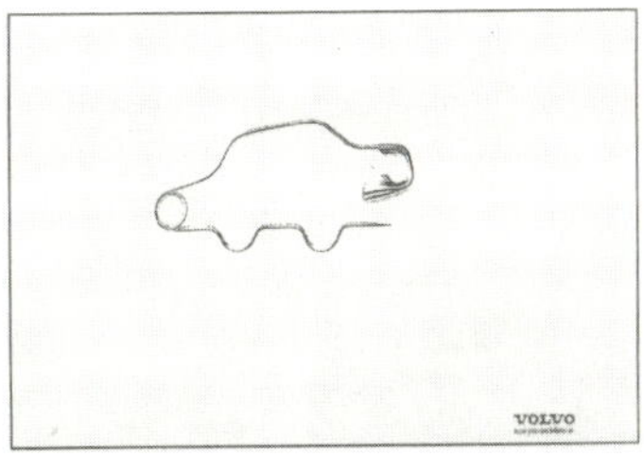

〈그림 8-11〉 볼보 광고('안전핀' 편)

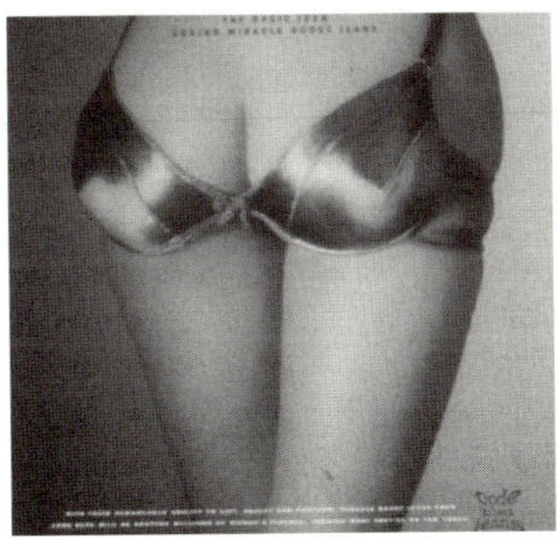

〈그림 8-12〉 여성용 청바지 코드블루진 광고

시각적 은유는 시각적 이미지의 뜻밖의 결합, 즉 익숙한 이미지와 익숙하지 않은 이미지 간의 결합이다. 광고에서는 실체를 볼 수 없는 서비스

상품이나 실체가 없는 소비자 편익을 소비자에게 이해시키고 설득하는 데 매우 효과적인 방법이다. 시각적 은유는 효과적인 광고 크리에이티브 개발도구로 활용될 수 있다는 점에서 눈여겨 살펴볼 필요가 있다.

시각적 은유에서의 이미지는 ① 하나의 이미지에 다른 이미지가 더해지는 융합(*addition*), ② 이미지의 일부가 통상적으로 속해있지 않는 다른 이미지로 대체되는 대체(*substitution*), 그리고 ③ 두 개의 이미지가 나란히 제시되는 병렬(병치) 등 3가지 방식으로 뜻밖의 결합을 한다. 시각적 은유는 이미지의 현실성 위반이라는 측면에서 광고의 주의집중 효과에 그리고 은유적 수사라는 측면에서 감정유발에 효과적인 기법이라고 할 수 있다.

3) 시각적 패러디

〈그림 8-13〉 DHL 광고('모나리자' 편)

패러디란 시, 소설, 드라마, 영화, 그림 등 유명한 기성 작품의 뛰어난 내용을 절묘하게 흉내 내어 원작과는 전혀 다른 내용을 표현하고 웃음이나 과장 혹은 풍자의 효과를 창출하는 것이다. 패러디는 원작의 일부를 과감하게 해체해서 재구성한다는 점에서 제 2의 창작으로 인정받고 있지만, 유명한 기성 작품에 상당 부분을 그대로 쓴다는 점에서 항상 표절의 위험을 안고 있다. 표절이 아니라 창작으로 인정받기 위한 패러디의 조건에 대해서 간단하게 알아보자.

■ 패러디의 조건

① 원작의 공개의지

패러디는 서로 상반되는 두 가지 메시지를 전달해야 한다. 하나는 그것이 원작이라는 사실, 그리고 다른 하나는 그것이 원작이 아니고 패러디란 사실이다. 전자만이 드러나면 그것은 저급의 패러디로 전락할 뿐만 아니라 저작권 침해가 될 수도 있다.

패러디는 우선 그 원작을 알아볼 수 있어야 한다. 독자나 시청자가 원작을 알아차리지 못하면 패러디의 효과는 전혀 기대할 수 없기 때문이다. 원작을 알아보는 것은 패러디의 필요조건이다. 그리고 그 원작의 공개 노력은 패러디의 첫째 조건이다. 따라서 흔히 광고계에서 제기하는 "패러디"라는 항변은 그 설득력을 잃는다. 표절 혹은 패러디의 대상이 된 원전이 일반 대중에게는 전혀 알려지지 않은 점이라는 측면에서 패러디라고 볼 수 없고, 표절이라고 정의가 된다.

② 원작의 해체 및 창조적 재구성

패러디는 단순한 모방 차원이 아니고, 패러디의 대상이 된 작품과 패러디를 한 작품이 모두 새로운 의미를 가지게 된다는 점에서 표절과 구분된다. 표절 광고가 원본을 있는 그대로 베낀 것이라면 패러디 광고는 원본을 베끼기는 하되 그것의 구조를 해체시켜 다른 각도에서 접근하는 것이다. 즉 패러디는 모방의 개념을 창조적으로 극복하려는 노력이다. 원작을 창조적으로 배신하는 자세만이 뛰어난 패러디 광고를 만드는 지름길이다. 영화의 미장센을 훔쳐보기는 하되 상품의 드라마가 느껴질 수 있도록 과감히 해체시켜 광고 텍스트로 전환해야 한다. 원작의 내용을 극복할 수 있는 창조적인 아이디어를 가미하지 않고 그저 영화 장면의 대중적 친숙도에만 의존하겠다는 생각은 위험하기 짝이 없다. 로취큐 광고처럼 원작을 창조적으로 배반하는 아이디어의 독창성이 두드러질 때나 광고효과는 배가되는 것이다. 그 원본의 창조적 해체 및 재구성의 여부가 표절과 패러디를 가르는 분수령이 된다.

③ 풍자를 통한 카타르시스

단순한 원작의 모방이어서는 패러디가 될 수 없다. 그 원작이 가진 개성을 완전히 새로운 것으로 바꾸어 놓음으로써 웃음을 자아낼 수 있어야 한다. 패러디는 기존의 유명한 원작의 일부를 의도적으로 비판적으로 변형, 왜곡시킴으로써 독자의 건강한 웃음을 유도하는 일종의 수사법이다. 즉 아이러니를 통한 풍자에 이르는 과정이라고 말할 수 있다. 그러기 때문에 패러디는 원작과는 또 다른 의미를 재생산해내게 되며 독자의 건강한 웃음이라는 풍자효과가 그 기본적인 충족요건이라 할 것이다.

4) 시각적 환유

환유는 "하나를 보면 열을 안다"는 속담처럼 어떤 한 부분을 통해 전체를 지칭하는 방법을 말한다. 환유법은 나타내고자 하는 관념이나 사물의 특징으로 전체를 나타내는 표현법이다. 예를 들어 "요람에서 무덤까지"에서 '요람'은 '탄생'을, '무덤'은 '죽음'을 의미한다거나, "한잔 마셨다"에서 '잔'이 '음료수'나 '술'을 대신하는 것을 말한다.

한편 제유법은 부분으로 전체를 나타내는 표현법이다. 예를 들어 "빵이 아니면 죽음을 달라"에서 '빵'은 식량의 일부로 '식량' 전체를 의미하며, "빼앗긴 들에도 봄은 오는가"에서 '들'은 국토의 일부로 '국토' 전체를 의미한다(두산백과사전).

주민등록증의 얼굴 사진은 그 사람의 환유다. 그 사람의 부분인 얼굴로 그 사람 전체를 지칭하고 있기 때문이다. 환유에서는 선택이 중요하다. 환유에는 필연적으로 전체 중에서 어떤 부분을 선택할 것이냐 하는 선택의 문제가 개입된다. 도상기호에 의존하는 시각적 환유는 지표적 특징을 갖는다. 보도사진은 사건의 지표인 것이다. 그러나 이것이 '연기'와 '불'과 같은 자연적 지표와 다른 것은 고도의 자의적 선택이 개입된다는 점이다. 시각적 환유에서 선택의 자의성은 흔히 감춰지고 최소한 간과됨으로써 자연적 지표처럼 나타난다. 환유의 선택은 지칭대상의 의미를 규정하는 데 결정적인 역할을 수행한다. 그리고 이 자의적 선택에는 문화적 가치 또는 사회의 지배적 통념이 개입된다. 선택된 환유를 통해 선택되지 않은 나머지 현실마저 구성된다는 점에서 환유적 선택은 중요하다.

〈그림 8-14〉 싱가포르 에어라인 광고

• 생각해 볼 문제 •

1 광고카피와 수사학은 어떤 관련성을 가지고 있는가?

2 우리는 어떨 때 설득되는가?

3 설득의 논리적 측면과 감성적 측면은 무엇인가?

4 설득을 위한 논리에는 어떤 것들이 있는가?

5 논증이 카피라이팅에 왜 효과적인가?

• 핵심정리 •

수사학이란 '설득의 기술'이자 '설득을 연구하는 학문'이다. 그리고 광고는 현대 수사학의 보고다. 그래서 광고는 '설득의 과학, 설득의 예술'로 일컬어진다. 아트디렉터가 비주얼을 통해 소비자에게 세일즈 메시지를 설득하는 전문가라면 카피라이터는 말이나 글을 통해 소비자를 설득하는 전문가다. 그러므로 카피라이터는 설득의 기술인 수사학을 이해할 필요가 있다. 설득의 감성적 측면, 논리적 측면을 함께 이해해야 한다. 카피라이터는 카피의 구체적 표현을 위한 다양한 수사법 같은 수사적 장식에 대한 이해도 중요하지만 설득의 기반이자 카피라이팅의 뼈대가 될 논리에 대한 이해와 훈련의 중요성은 아무리 강조해도 지나치지 않다고 하겠다. 이를 위해 이 장에서는 추론, 증명, 명제, 논증과 같은 논리의 기본 구조에 대해 살펴보았다. 논리 중에서도 특히 광고의 창의성과 설득성을 높이는 데 매우 효과적인 논증에 대한 특별한 관심과 훈련이 요구된다. 그리고 광고 제작물은 카피와 비주얼(동영상, 정지영상) 이미지로 이루어진다. 카피와 비주얼은 서로가 조화를 이루는 '행복한 결혼'이어야 한다. 광고에서 카피와 비주얼의 균형과 조화를 위해 그리고 아트디렉터와의 아름다운 협업을 위해 카피라이터는 광고 비주얼, 특히 비주얼의 설득성에 대해서도 이해하고 공부해야 한다. 이를 위해서 이 장에서는 시각적 수사학의 기초개념과 수사법에 대해서도 살펴보았다.

• 나의 현역시절 대표카피 •

하이트 맥주 TV-CM ('론칭' 편)
"기분을 1%만 억제해 주십시오", 롯데 양주 조우커 인쇄광고
공익광고 TV-CM ('금연영정' 편)
공익광고, 장애자 보호 ('장난' 편)

〈그림 8-15〉 조우커 인쇄광고

〈그림 8-16〉 공익광고 장애자 보호
('장난' 편)

• 참고문헌 •

강승구 · 신용삼, 1999, 《광고카피론》, 참미디어.

김동규, 2003, 《카피라이팅론》, 나남출판.

르불, 올리비에, 박인철 역, 1999, 《수사학》, 한길사.

메사리, 폴, 강태완 역, 2004, 《설득 이미지》, 커뮤니케이션북스.

박성창, 2000, 《수사학》, 문학과지성사.

보셔스, 티모시, 이희복 · 차유철 · 안주아 · 신명희 역, 2007, 《수사학이론》, 커뮤니케이션북스.

이외수, 1999, 《글쓰기의 공중부양》, 해냄.

이현우, 1998, 《광고와 언어》, 커뮤니케이션북스.

이희복, 2008, 《이교수의 카피교실》, 한울.

Artstotle, Hachettee, Reboul, O., 1990, *La Rgetiruqyem*, 박인철 역, 1990, 《수사학》, 서울: 한길사.

E. F. & D. G. Mick, 1996, "Figures of Rhetoric in Advertising Language", *Journal of Consumer Research*, 22(March).

Forceville, Charles, 1996, *Pictorial Metaphor in Advertising*, London: Routledge.

Navarre, O., 1990, *Essai Sur la Rhetoricque grecque avant McQurrie*.

효과적 카피기획 9

권혁렬

광고의 출발점은 제품, 소비자, 그리고 경쟁환경에서 비롯된다. 이 3가지 측면은 광고기획의 전략적 측면뿐만이 아니라 크리에이티브 영역에도 적용된다. 광고기획과 광고 크리에이티브의 근본 목적이 같기 때문이다. 광고의 근본 목적은 목표고객의 욕구에 합치되는 제품의 경쟁적 특성이나 개념을 발견하여 이것을 고객들에게 분명하게 전달함으로써 제품에 대한 그들의 호의적인 의식구조와 적극적인 구매의욕을 창출함에 있다. 카피라이팅도 바로 이러한 광고의 근본 목적을 달성하기 위한 작업이다. 즉, 목표고객을 어떻게 효과적으로 설득해서 전략적으로 설정해 놓은 목표를 달성하느냐 하는 것이다.

카피기획은 카피라이팅을 하기 전에 전략적 핵심 항목들을 정리하고 효과적인 카피라이팅을 위해 방향을 설정하는 과정이다. 본격적인 카피라이팅에 앞서 광고전략상에 드러난 이슈를 어떻게 카피라이팅을 통해 완성하며 그러기 위해서 어떤 방법론들을 가지고 접근해야 하는가 하는 것이다. 효과적인 카피라이팅을 위해 무엇을 어떻게 생각하고 준비해야 하는지에 대한 과정이다.

1. 전략적 플래닝은 카피라이팅의 나침반이다

광고는 목적이 있는 설득 커뮤니케이션이다. 광고는 과학적 분석자료를 바탕으로 목표고객을 설득하기 위한 계획된 도구이다. 따라서 카피의 기획은 전략적 플래닝에 의해 분석되고 정리된 각 항목들의 내용을 분명하게 알고 있어야 하며 카피작성을 통해 의도된 설득의 힘이 나타나야 한다.

1) 성취하려는 목표(*achieved objective*)가 무엇인가?

카피라이터가 카피를 작성할 때 가장 먼저 정확하게 인식하고 이해해야 할 것은 광고목표에 대한 정확한 파악이다. 메시지 또는 아이디어를 어떤 목표를 달성하기 위해 만들 것인가 하는 것이다. 광고목표란 '특정 청중(*audience*)에게 특정 기간에 달성해야 할 구체적 커뮤니케이션 과제'라고 할 수 있다. 즉, 어느 시장에서 어느 경쟁상대와 시장경쟁을 전개시켜 나갈 것인가에 대한 광고의 전략이며 광고표현의 방향을 결정하는 기본적인 설계도라고 할 수 있다.

광고목표는 전략차원에서 결정되는 것이지만 작성한 카피는 항상 광고목표와 맞아야 한다. 카피의 궁극적 목적이 전략상 설정해 놓은 광고목표를 달성하는 데 있기 때문이다. 광고목표가 기업의 마케팅 목표를 수행하기 위한 것이라면 광고카피는 이러한 광고목표를 달성하기 위한 수단이라고 할 수 있다.

던(W. S. Dunn)은 저서(*Advertising Copy and Communication*)에서 광고의 마케팅 목적에 대하여 다음과 같이 분류하고 있다.

① 광고의 심리적 목적

- 제품이나 서비스의 새로운 사용법이나 아이디어를 소비자에게 가르치는 것
- 제품을 구입함으로써 구입자에게 어떤 이익이 돌아오는가를 알려주는 것
- 제품을 구입함으로써 지금까지 불편했던 생활이 어떻게 편리해지며 생활이 어떻게 달라지는지 알려줌으로써 구매 당위성을 형성하는 것
- 일반인들이 선망하는 저명인사의 계층이 이 제품을 사용함을 고지하는 것

- 현시적 소비자 또는 잠재적 소비자들이 이 제품류에 대해 갖고 있는 공통된 욕구와 제품을 일치시켜 주는 것
- 평소 자사광고를 통해 심어온 유리한 이미지나 성공적 슬로건을 리마인드하는 것
- 소비자의 무의식적 잠재욕구를 개발하는 것
- 소비자의 기존 소비관행과 맞서 대결하거나 바꾸는 것

② 광고의 행동적 목적

- 사용횟수를 늘리도록 하는 것
- 쓰던 제품을 새것으로 교체시키는 것
- 비수기에도 소비를 계속하도록 하는 것
- 이웃에게 권유하도록 유도하는 것
- 시험구매(*trial*)를 유도하는 것
- 브랜드 지명도를 증가시키는 것
- 즉각적 구매행동을 유도하는 것

③ 기업광고 이미지 목적

- 기업양심과 사회적 공공의식이 많은 회사임을 고지하는 것
- 노사관계가 양호, 원만함을 고지하는 것
- 회사에 대한 주주의 신임도를 높이는 것
- 업계의 선두주자임을 고지하는 것
- 종업원의 애사심과 긍지를 향상시키는 것
- 회사의 제품, 서비스의 질과 양의 우세함을 고지하는 것

④ 광고의 시장관리 목적

- 제품의 전체적 기본수요를 확대시키거나 촉진시키는 것
- 이 제품만을 선택적으로 사용하도록 하는 것
- 시장의 일선 판매원의 사기를 앙양시키는 것
- 시장의 일선 소매점의 자신감을 향상시키는 것
- 대리점 망을 확장하는 것

우에조 노리오는 광고목표를 다음과 같이 분류하고 있다.

- 브랜드 이미지의 상승
- 상품 지명도의 상승
- 상품 지명률(충성도)의 상승
- 상품에 대한 지식 보급
- 상품 개념의 전환
- 상품 및 기업활동의 고지
- 일시적 매출의 상승
- 유행의 창조
- 기업 이미지의 상승 및 이미지 변화
- 여론의 창조
- 저항감 제거
- 새로운 라이프스타일 제시

이러한 광고목표들은 카피라이터가 카피작성에 들어가기에 앞서 필히 염두에 두어야 할 항목이자 카피를 통해서 달성해야 할 카피의 목표인 것이다.

요약해 보면, 카피라이터는 광고를 통해 다음과 같은 사항을 먼저 생각해야 한다.

① 어떤 문제를 해결하려는가?
② 무엇을 성취하려는가?
③ 어떤 반응을 얻고자 하는가?

2) 목표고객, 예상 소비자 프로필(*prospect profile*)은 무엇인가?

목표고객(*target audience*)의 파악은 누구에게 메시지를 전달할 것인가를 명확히 아는 것이다. 그러기 위해서는 그들은 어떤 사람들인지 분명하고 정확하게 알아야 한다. 목표고객을 정확하게 알기 위해서는 ① 심리학적 묘사(개인의 가치관이나 개성 등 내면적인 요인), ② 라이프스타일 묘사(제품구매 및 소비에 관련된 행동패턴), ③ 인구통계학적 묘사(사람을 객관적으로 평가할 수 있는 분류. 성별, 나이, 직업, 교육수준, 소득수준 등)의 방법이 많이 쓰인다.

또한 목표고객을 정확하게 이해하기 위해서 목표고객 가운데 전형적인 한 사람을 가정해 기술해 보는 것이 필요하다. 예컨대 가장 핵심적인 타깃이 될 만한 한 사람을 설정하여 그를 정밀하게 묘사해 보는 타깃 프로파일(*target profile*)을 작성해 보는 것이다. 광고는 일대일 커뮤니케이션이란 말이 있는데 이는 소비자 입장에서 볼 때 광고의 메시지가 바로 나를 위한 말이구나 하고 느껴져야 한다는 것이다. 그러기 위해서는 고객을 바로 앞에 둔 것처럼 고객에게 편지를 쓰듯이 해야 한다.

목표고객을 명확히 안다는 것은 매우 중요하다. 설득하기 위해서는 설득의 대상에 대하여 정확하게 알고 있어야 하기 때문이다. 또한 과거와 달리 제품 간의 뚜렷한 차별점은 없어진 반면 소비자의 취향은 개성화되고 다양해졌기 때문이다. 따라서 목표고객이 우리 상표에 대해 어떤 감정과 태도와 신념을 가지고 있는가? 전형적인 목표고객의 개인 매체망(*personal media network*)은 어떠한가? 우리의 목표고객은 주로 어떤 활동에 참여하는가? 그리고 경쟁사의 제품 서비스에 관련된 행동과 그러한 행동에 영향을 주는 태도, 가치 등을 규명할 필요가 있다. 목표고객을 이해하여야 그들이 원하는 것을 말할 수 있고 그들과 공감대 형성을 통하여 마음을 움직일 수 있다.

3) 소비자 약속과 근거(*promise & substantiation*)는 무엇인가?

소비자 약속(*promise, proposition, what to say*)과 근거(*support, substantiation*)는 기본적으로 제품, 서비스의 속성에서 제품 편익을 발견하는 것에서 출발한다.

즉, 제품 서비스가 제공하는 적절성, 독특성은 무엇인가? 그것을 기능적, 사실적으로 표현하면 무엇인가? 이에 따른 소비자 편익, 목표고객에게 제공하는 물리적, 심리적 이익은 무엇인가? 이러한 주장을 무엇으로 지원할 수 있는가 하는 것이다.

(1) 속성과 편익 (*attribute & benefits*)

제품 연구를 통해 제품의 기능적으로 유리한 독특성을 발견해내고 이것을 소비자 편익으로 전환시키는 것이 중요하다. 이 말을 좀더 자세히 설명하면 다음과 같다.

① 제품에는 속성이 있고 상표에는 소비자 편익이 있다.
② 소비자는 제품의 속성을 사는 것이 아니고 사용의 편익을 산다.
③ 편익은 제품 속에 있는 것이 아니고 소비자들의 마음속에 있다.
④ 따라서 제품을 팔지 마라. 제품이 주는 이익, 즐거움, 느낌, 자부심, 꿈, 생활의 행복을 팔아야 한다.

(2) 뒷받침, 근거 (*support/substantiation*)

소비자 약속은 근거에서 나온다고 볼 수 있다. 근거를 통해 신뢰와 확신을 심어줄 수 있다. 뒷받침 근거를 보여주는 방법은 다음과 같다.

① 사람을 이용함으로써 보여줄 수 있다. 예를 들어 프리젠터(*presenter*)의 활용이나 제품을 사용해 본 소비자가 직접 등장하는 증언식 광고를 이용할 수 있다.
② 생활의 단면, 실제 생활의 스토리, 라이프스타일의 새로운 제안, 문제해결 등의 방법으로 보여줄 수 있다.
③ 경쟁제품과의 비교, 제품의 사용 전후에 대한 결과 등을 통한 제품의 사실을 설명함으로써 보여줄 수 있다.
④ 제품이 사용되는 모습을 직접 보여줌으로써 제시할 수 있다.
⑤ 축적된 브랜드 자산(*brand equity*), 기업의 명성, 소비자 평판, 심벌(*symbol*) 등을 활용할 수 있다.

(3) 요 약

이상을 요약하면 "목표고객이 이 상표를 쓰면 ~한 이익(만족, 편익, 가치, 이미지 등)을 얻게 될 것이다. 왜냐하면 이 상표에는 목표고객에게 약속한 이익에 대하여 ~한 근거가 있기 때문이다"라고 말할 수 있다.

따라서 목표고객의 인정을 받을 수 있는 우리 상표의 경쟁적 강점과 가치는 어떤 것들이 있는가? 목표고객이 우리 광고를 보고 어떤 행동을 해 주기를 바라는가를 명확히 정의하고 그러한 것들이 카피를 통해 충분히 전달되어야 한다.

4) 상표개성(*brand personality*)은 무엇인가?

요즘의 소비자들은 제품을 구매하는 것이 아니라 브랜드를 구매한다고 한다. 제품이라는 단어 대신에 브랜드라는 단어가 소비자들의 마음속에 강력하게 자리잡게 된 것이다. 이제 소비자들은 제품보다는 이미지를 구매함으로써 자신을 표현하고 자신의 감정을 이입하는 브랜드 소비시대를 살고 있으며 제품 자체의 정량적인 '물적 가치'보다는 자신이나 사회에서의 존재의의를 중시하는 '정보가치'를 판단기준으로 삼고 있는 것을 볼 수 있다. 그래서 브랜드는 고객의 감성적 욕구충족을 돕는 정서적 고리이자 마케팅의 핵심이며 브랜드 이미지 관리를 통해 브랜드를 기업의 중요한 자산으로 만드는 데 목표를 두고 있는 것이다. 여기에서 브랜드 퍼스낼리티(*brand personality*)의 중요성이 대두된다.

브랜드 퍼스낼리티란 브랜드를 사람처럼 숨 쉬게 만드는 것이다. 즉 브랜드에 사람과 같은 퍼스낼리티를 불어넣는 것이며, 브랜드에서 소비자에게 의미 있는 퍼스낼리티를 찾아 주는 것이다. 어떤 브랜드이든 다른 브랜드와 확실히 구분되는 브랜드 퍼스낼리티를 가지는 것이 중요하다. 브랜드 퍼스낼리티는 제품 간의 물리적 차이가 점점 사라져가는 마케팅 상황에서 우리 브랜드와 경쟁브랜드를 확실히 구분해 주며, 차별적 경쟁력을 갖게 하기 때문이다. 일관된 브랜드 퍼스낼리티는 브랜드 자체뿐만 아니라 그 브랜드의 광고까지도 경쟁사와 확실히 구분되는 것으로 만들어 준다. 수많은 경쟁 브랜드 그리고 수많은 메시지들 중에 소비자의 인식상에 자리 잡게 하는 것이 브랜드 퍼스낼리티이고 이렇게 형성되고 축적된 브랜드 퍼스낼리티는 훗날 브랜드 자산(*brand equity*)의 기초가 되는 것이다.

브랜드 퍼스낼리티를 작성할 때 유의할 점은, 광고의 분위기(*tone & manner*)와 브랜드 퍼스낼리티를 착각해서는 안 되며 확실한 약속도 없이 퍼스낼리티만으로 광고를 만들어서도 안 된다는 것이다. 브랜드 퍼스낼리티는 이 브랜드를 사람으로 말하자면 어떤 사람처럼 보이게 만들 것인가를 생각하는 것이다. 즉, 흰 가운을 입은 연구원/ 야구 모자를 쓴 스포츠맨/ 정장의 비즈니스맨/ 편안한 캐주얼 차림/ 섹시한 드레스를 입은 스타일 등 어떤 사람으로 말할 수 있는가 하는 것이다.

브랜드 퍼스낼리티를 작성하기 위한 방법은 다음과 같다.

① 우선 우리 브랜드가 추구하는 이미지를 몇 개의 형용사로 표현한다.

과학적인 / 재미있는 / 깔끔한 / 세련된 / 믿음직스러운 / 귀여운 / 섹시한 / 정이 많은 / 고집스러운 / 매혹적인 등등

② 그 단어들이 서로에게 어떤 영향을 주며 어떻게 도와주는지 생각해 본다. 그리고 에센스가 될 만한 2~3개의 단어로 압축하고 이것을 사람으로 표현해 본다.

예를 들어, 지적이고 심각하며 신중한 성격을 지닌 친구에게서 까불까불하고 재

미있는 것을 기대하지는 않을 것이다. 마찬가지로 어느 브랜드에서 따뜻하고 사려 깊은 이미지의 퍼스낼리티를 만들려고 하면서 동시에 성공의 이미지를 부여한다면 원래 얻고자 했던 퍼스낼리티는 만들어지지 않을 것이다.

③ 퍼스낼리티의 아이디어는 3가지 요소에서 찾을 수 있다.

㉠ 경쟁 브랜드의 퍼스낼리티에서 찾는다.

- 경쟁 브랜드를 생각할 때 떠오르는 형용사를 적어 본다.
- 그 다음 우리 브랜드가 그들과 달라 보이고 더 좋아 보일 수 있는 퍼스낼리티를 찾아낸다.

㉡ 제품 안에 숨어있는 퀼리티나 기존의 퍼스낼리티에서 찾는다.

우리 브랜드가 시장에 첫선을 보이는 신제품이 아니라면 기존에 지니고 있던 퍼스낼리티나 숨겨져 있는 제품상의 퀄러티(*quality*) 요소(좋든 나쁘든)가 있다. 그것을 형용사로 기술해 본다.

- 현재 우리 상표의 개성은 어떤 것과 연상되는가?
  (친구 / 연구원 / 스포츠맨 / 섹시한 여자 / 안개꽃 / 첨단적 / 야성적 …)
- 우리 상표를 특징짓는 형용사는? 사람으로 표현하면 어떤 사람인가?

㉢ 타깃 오디언스(*target audience*)의 특성에서 찾는다.

- 타깃의 퍼스낼리티를 그대로 모방하는 것으로 부족하며 그들에게 꿈을 줄 수 있고 그들의 퍼스낼리티와 충돌되지 않는 것을 만들어내야 한다.
- 우리 제품이 타깃의 생활에 어떻게 기여할 수 있으며 어떤 감성을 채워줄 수 있는지 생각해 보아야 한다.

5) 매체 특성별 고려사항은 무엇인가?

광고는 보다 효과적인 전달을 위해 다양한 매체들을 활용하게 된다. 따라서 카피라이터는 다양한 매체의 성격에 맞는 카피라이팅을 할 수 있어야 한다.

즉, ① 언제, 어디서 그리고 어떤 상황에서 타깃은 우리의 특성 보상과 뒷받침에 가장 귀를 기울일 것이며 또한 그 보상과 뒷받침을 갖고 싶어 할 것인가, ② 어떤 매체(*media*)를 활용해 목표고객을 설득할 것인가, ③ 각 매체별 특성은 무엇인가 등을 고려해야 한다. 주의할 것은 매체별로 카피의 변화를 주라는 것은 매체의 특성을 살린 카피를 작성하라는 것이지 광고의 주제가 매체별로 달라지는 것을 의미하는 것은 아니라는 것이다. 무엇을 말할 것인가에 해당하는 광고의 주제는 매체가 달라지더라도 일관되게 같아야 한다. 한 주제 아래 매체별 성격에 맞는 카피를 통해 목표고객을 효과적으로 설득할 수 있어야 한다.

예를 들어 신문은 이성적 정보매체이므로 신문 광고는 신문의 성격에 맞는 것이 좋다. 따라서 광고카피는 정보가 담긴 이성적 설득을 하는 것이 매체의 성격에 맞는다. 또한 신문은 매체 수명이 짧아(일회성) 쉽게 지나치기 쉬우므로 헤드라인이 강력한 주목을 끌어 바디카피로 유도하는 것이 필요하다. 잡지는 감성매체이므로 보고 느끼는 데 중점을 둔다. 카피는 가능한 짧게 작성하며 감성에 소구하는 카피가 좋다.

TV는 시청각매체이나 시각(비주얼)을 살리는 것이 중요하다. 또한 짧은 전달 시간(15~30초)과 일회성이라는 한계를 갖는다. 따라서 카피는 길지 않은 것이 좋고 핵심 키워드, 캠페인 슬로건 중심으로 전달하는 것이 효과적이다.

라디오는 청각매체로서 소리로만 듣기 때문에 라디오 광고는 자칫 그냥 흘러지나가기 쉬운 점에 유의해야 하고, 20초라는 짧은 전달 시간을 잘 활용해야 한다. 따라서 광고 도입부에 청취자의 귀를 잡을 수 있는 것이 중요하다. 예를 들어 도입부에 소비자의 주목(*attention*)을 끌 수 있는 목표고객의 이익, 잘 알려진 음악, 귀에 익숙한 유명 탤런트 및 성우의 목소리를 활용하는 것이 필요하다. 도입부에 소비자의 주목을 끌었으면 광고의 끝까지 주의 깊게 듣도록 지속적인 흥미를 주는 것이 중요하다. 또한 청각매체인 만큼 상상력을 불러일으킬 수 있으면 좋다.

온라인은 타깃의 선별성이 높고 시간적, 공간적 한계를 극복할 수 있으며 멀티미디어의 이용이 가능하므로 온라인 광고는 이런 장점을 적극 활용하는 것이 필요하다.

2. 제품, 고객, 경쟁상황에 대한 정보는 카피라이팅의 출발점이다

제품, 고객, 경쟁상황에 대한 이해와 분석은 광고기획뿐만 아니라 카피라이팅에 서도 필수적으로 염두에 두어야 할 사항이다. 카피라이팅의 출발은 많은 정보를 수집하는 것이고 그 정보를 통해서 고객을 설득할 수 있는 매력 있는 소구점, 또는 경쟁우위점을 발견해내는 것이다.

1) 많은 정보를 수집하자

(1) 제품에 관한 지식

① 누가 이 제품을 만드는가?

② 어떻게 만드는가?

③ 어떻게 팔리는가?

④ 제품은 어떻게 성(효)능을 발휘하는가?

⑤ 고객에게 가장 큰 장점(이점)은 무엇인가?

(2) 목표고객에 관한 지식

① 제품에 대한 고객의 인상은 무엇인가?

② 제품 특성에 대해 누가 관심을 가질 것인가?

③ 이러한 특성들이 소비자에게 얼마나 중요한가?

④ 이러한 특성들이 소비자에게 줄 수 있는 이익은 무엇인가?

⑤ 그들의 욕구와 필요성은 무엇인가?

⑥ 그들의 일, 여가, 취미, 라이프스타일은 어떠한가?

(3) 경쟁사(제품)에 관한 지식

① 경쟁사(제품)에 대한 고객의 인식은 어떠한가?

② 그들 광고의 핵심 메시지는 무엇인가?

③ 우리 제품과 경쟁 제품과는 무엇이 어떻게 다른가?

④ 그것이 고객의 인식과는 어떤 차이가 있는가?

2) 중요 소구점을 찾자

낡은 것, 새로운 것, 중요한 것, 덜 중요한 것 등을 가려내서 지금 이 시점에서 고객에게 가장 중요한 것이 무엇인가? 또 경쟁 브랜드와의 관계에서 우리 브랜드만의 차별화된 독특성은 무엇인가를 찾아낸다.

(1) 셀링 포인트(*selling point*) 9개 항목

① 적합성(어떤 용도에 적합한가?)
② 융통성(다른 목적, 방법에도 이용할 수 있는가?)
③ 내구성(얼마나 오래 사용할 수 있는가?)
④ 쾌적성(그 상품을 사용하면 얼마나 쾌적한가?)
⑤ 사용 편리성(손쉽게 아무나 이용할 수 있는가?)
⑥ 스타일(이용자의 스타일에 들어맞는가?)
⑦ 매력성(목표고객의 마음을 잡을 수 있는 매력이 있는가?)
⑧ 가격(적당한 가격인가?)
⑨ 감정상의 특성(목표고객의 심리적 욕구를 충족시켜 줄 수 있는 것은 무엇인가?)

(2) 경쟁우위점의 발견

제품, 목표고객, 경쟁사에 대한 정보를 수집하고 분석해서 차별화된 독특성을 발견하는 것은 매우 중요하다. 그것은 바로 카피라이팅의 중요한 사실(*fact*)이 되기 때문이다. 이것을 경쟁우위점이라 하는데 경쟁우위점의 조건은 다음과 같다.

① 그것이 소비자에게 중요한 사실이어야 한다.
② 경쟁사도 쉽사리 추종할 수 없는 것이어야 한다.
③ 소비자도 인정할 수 있는 것이어야 한다.

발견한 사실이 나만의 주관적인 생각으로 중요하다고 판단해서는 물론 안된다. 당연히 소비자에게 중요한 사실이어야 하고 경쟁사가 쉽게 따라올 수 없는 것이어야 한다. 아울러 우리가 제시한 우위점을 소비자도 인정할 수 있어야 한다. 소비자도 인정할 수 있어야 한다는 것은 예를 들어 획기적인 기술적 차이를 소구점으로 얘기했는데 소비자 입장에서 저 회사가 그 기술을 이루어냈다는 것을 인정하기 어렵다고 하면 경쟁우위점이 되기 어렵다는 것이다.

3. 사실의 발견(*fact-finding*)은 카피라이팅의 도약대이다

카피라이팅을 위한 발상 원점은 제품, 소비자, 시장(경쟁환경) 속에서 어떤 사실을 발견해내는가로부터 시작된다고 앞서 말한바 있다. 이는 광고의 커뮤니케이션이 궁극적으로 제품과 소비자와의 원활한 대화를 이루기 위한 것이라는 본질적 사실에 근거하고 있으며 그러기 위해서 무엇이 커뮤니케이션의 주제가 되어야 하는가에 핵심 관점이 있다. 사실의 발견은 다음 3가지 관점에서 찾아낼 수 있다.

1) 첫째, 제품에서 발견할 수 있다

카피라이팅을 하기 위해서 제품 연구는 필수적인데 제품을 통해 사실을 발견할 수 있는 경우의 수는 다음의 세 가지로 볼 수 있다.

(1) 통합적인 독특한 속성(*totally unique attributes*)

경쟁적 측면에서 볼 때 제품의 속성 그 자체에서 기능적으로 유리한 독특성으로서 경쟁사보다 명확하게 성취 가능한 우위점을 줄 수 있는 제품 특성 속에서 마케팅 실체가 발견될 수 있다는 것이다.

〈그림 9-1〉 롯데 자일리톨껌 광고는 자일리톨 성분이 들어있어 치아 건강에 좋은 껌, 자기 전에 씹는 껌으로 소구하였고, 〈그림 9-2〉 테팔 매직핸즈 광고는 손잡이를 붙였다 떼었다 할 수 있으므로 주방을 넓게 활용할 수 있다는 것을 말하고 있다. 〈그림 9-3〉 시몬스 침대 광고는 세계 특허 시몬스 포켓스프링으로 바로 옆 충격에도 흔들리지 않는 편안함을 볼링핀과 볼링공을 이용하여 일반침대 스프링과 비교해 소구했다.

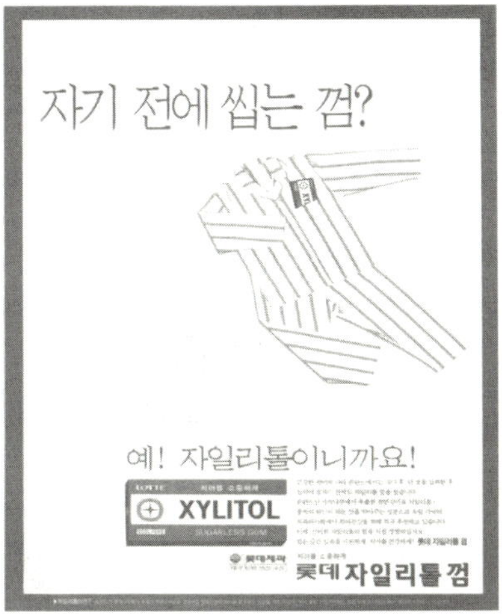

〈그림 9-1〉 롯데 자일리톨껌

〈그림 9-2〉 테팔 매직핸즈 광고

〈그림 9-3〉 시몬스 침대 광고

바로 옆 충격에도 흔들리지 않는
시몬스 침대의 편안함
세계특허 시몬스 포켓스프링의 자랑입니다.
흔들리지 않는 편안함 시몬스 침대

(2) 제품 디자인이나 형태의 변이(*product design or formative variation*)

제품의 속성 그 자체에서 기능적으로 유리한 독특성은 없으나 제품의 디자인이나 제품 형태의 일부 변이가 있는 경우이다. 이러한 경우는 소비자의 필요와 욕구가 파악된 세분화 시장에서 어필할 수 있다.

〈그림 9-4〉 오뚜기 씻어나온 쌀 광고는 쌀의 본질 속성의 차이는 없으나 씻어 나왔기 때문에 손에 물 한 방울 묻히지 않고 밥을 할 수 있다는 편리성을 보여주고 있고, 〈그림 9-5〉 남양 아인슈타인 우유 광고는 우유 자체의 속성의 차이는 없으나 천연 DHA가 일반우유보다 더 들어있어 두뇌발육이 왕성한 어린아이에게 좋다는 것을 소구하고 있다.

〈그림 9-5〉 아인슈타인 우유 광고

여자 정말 안 씻어도 된다 이거지? 쌀을 안 씻어?
쌀 붓고 물 부으면 끝이라구? 야, 손에 물 물방울 안 묻혔네.
오뚜기 씻어 나온 맛있는 쌀. 당신도 바꿔보세요.

〈그림 9-4〉 오뚜기 씻어나온 쌀 광고

(3) 기능이나 디자인, 형태 속에서 변이가 약간 있거나 없는 일반적 종류

제품 그 자체의 속성에서 우위적 차별점을 거의 발견할 수 없거나 전략상 그럴 필요가 없는 경우로 카피라이팅에 필요한 차별적 실체를 제품에서 발견하기 어려운 경우이다. 이러한 경우는 인간조건 속에 존재하는 통찰력에서 찾는 것이 도움이 되며 한편으로는 시장의 경쟁관계에서도 찾을 수 있다. 즉, ① 소비자의 애착이나 감동을 일으키거나, ② 독특한 포지셔닝을 이루어 경쟁사를 공격하거나 경쟁사와 분리하는 방안을 생각해 볼 수 있다.

소비자의 애착이나 감동을 일으키기 위해서는 사람들이 갖고 있는 다음의 기본적인 욕구들을 잘 이해할 필요가 있다.

- 건강의 욕구
- 부의 욕구
- 인정의 욕구
- 존경의 욕구
- 성의 욕구
- 안락의 욕구
- 아름다움의 욕구
- 사랑(소속)의 욕구
- 즐거움의 욕구
- 새로운 경험에 대한 욕구
- 생명, 안전의 욕구
- 개성, 차별화의 욕구
- 가치의 욕구
- 공익, 정의의 욕구

〈그림 9-6〉 LG 휘센 광고는 "감각 있는 남자라면 안다. 그래서 여자들이 휘센을 사랑한다는 것을"이란 메시지를 통해 휘센을 '감각'으로 소구하고 있고, 〈그림 9-7〉 박카스 광고는 "대한민국엔 4,800만 가지 피로회복제가 있다"는 일반적인 내용을 전제하고 당신의 피로회복제는 무엇이냐고 묻고 있다. 결국 피로회복제하면 박카스가 생각나도록 유도하고 있는 광고이다.

독특한 포지셔닝을 이루어 경쟁사를 공격하거나 경쟁사와 분리하는 방안의 광고사례로서는 "침대는 가구가 아닙니다" 캠페인을 통해 에이스 침대를 '과학'으로 포지셔닝한 에이스 침대 광고사례를 들 수 있다.

〈그림 9-8〉 다음(Daum)의 초기 론칭 광고는 "이순신 장군님, 야후는 다음이 물리치겠습니다", "광개토대왕님, 야후는 다음이 꺾겠습니다"라는 메시지를 통해 다음이 세계적 포털사이트인 야후와 당당히 겨룰 수 있다는 것을 보여주고 있는데, 론칭 초기, 기업 규모가 상대적으로 열세인 약점을 가짐에도 불구하고 세계적인 야후를 걸고 들어감으로써 소비자 인식상에 야후와 대등한 포털사이트로서 포지셔닝하였다.

〈그림 9-6〉 LG 휘센 광고

〈그림 9-7〉 박카스 광고

〈그림 9-8〉 다음(초기 론칭광고)

(1)

(2)

2) 둘째, 목표고객에게서 찾을 수 있다

나의 브랜드가 소비자에게 제공할 수 있는 물적, 심리적 가치는 무엇인가? 소비자가 나의 브랜드에서 얻고 싶은 심리적 우위점은 무엇인가를 찾아내는 것이다. 그러기 위해서는 다음과 같은 노력이 필요하다.

첫째, 제품이 아니라 사람을 보여주는 것이 필요하다. 제품에 대하여 사람이 갖고 있는 마음과 제품을 통해서 얻을 수 있는 가치, 보상을 보여주는 것이 중요하다. 사람이 갖고 있는 보편적 정서는 늘 관심을 끈다.

둘째, 제품의 이점을 사람으로부터 끄집어내는 것이다. 즉, 주어진 제품을 사용하는 사람을 상정하고 '그 사람은 이 제품을 사용하면서 이런 느낌을 가지고 있을 거야'라고 생각해 본다. '보는 사람들이 이런 기분이 들었으면 좋겠다, 이렇게 돼주었으면 좋겠다'라고 보는 사람의 반응을 상정하고 자극을 고안하고 그 사람의 관점으로 감정을 그려나가는 것이다. 중요한 것은 사람을 잊지 말고 사람냄새를 담는 것이다.

셋째, 제품에 숨어 있는 드라마를 찾는 것이다. 모든 제품에는 그 제품의 가치를 소비자에게 전달할 수 있는 드라마의 거리(*seeds*)가 있다.

기본적인 소비자 편익에 드라마 요소를 덧붙여 단순하지만 강력한 '내재된 드라마'(*inherent drama*)를 만들어내는 것인데, 이 경우는 제품자체의 USP(*Unique Selling Proposition*, 독특한 판매 제안)를 찾는 것이 더 이상 무의미하거나 그럴 필요가 없는 경우에 효과적이다.

레오버넷(Leo Burnett)은 "내재된 드라마를 찾는 것이야말로 광고의 성공요건이다. 내재된 드라마란 난폭하고 미친 듯이 눈에 띄는 아이디어가 아니다. 오히려 그것은 가장 기본적인 인간의 감정을 건드리는 고전적 시각을 더욱 중요시한다. 인간에 대한 사랑과 존경을 보여주어라"고 말한 바 있다. 결국 내재된 드라마도 사람을 보여주는 것을 말한다. 우리 브랜드가 갖고 있는 이점이 사람들 생활의 어느 곳에 부합하는지, 사람들의 생각, 가치, 마음 등 어느 것과 연결할 때 사람들에게 공감성이 있는 보편타당한 이야기가 될 것인지를 탐색하고 적용하는 것이다.

〈그림 9-9〉, 〈그림 9-10〉은 웅진코웨이 광고 '임신' 편과 '출산' 편은 생명이 마시기 때문에 깐깐하다는 제품에 대한 메시지를 부부가 첫 아이를 임신해서 출산하기까지의 과정에서 나타나는 기쁨, 설렘, 생명의 소중함 등을 통해서 보여준다.

〈그림 9-9〉 웅진코웨이('임신' 편)

NA/자막 2008년 4월 30일 우리에게 천사가 오다.
남자 진짜? 진짜?
자막 엄마가 마신 물 태아에게 가는 시간 5분.
NA 생명이 마십니다. 그래서 깐깐합니다. 웅진코웨이

〈그림 9-10〉 웅진코웨이('출산' 편)

NA/자막 2008년 12월 27일 시후야, 반가워!
엄마 어떡해….
자막 아기가 태어날 때 몸속의 수분 80%.
NA 생명이 마십니다. 그래서 깐깐합니다. 웅진코웨이

〈그림 9-11〉 래미안 광고("윤재 씨 집은 래미안입니다")는 오랜만에 직장 다니는 친구를 만나 부러워하지만 오히려 그 친구는 래미안에 사는 친구를 부러워한다는 내용을 담고 있다.

〈그림 9-12〉 후("여자의 것이 아니다. 왕후의 것이다")는 범상한 여자에게 머물 수 없는 이름이기에 왕후로 살고 있는, 왕후로 살아야 할 당신께 바친다는 내용을 담고 있다.

〈그림 9-11〉 래미안 광고

〈그림 9-12〉 후 광고

3) 셋째, 시장(경쟁관계)에서 찾을 수 있다

경쟁군 내에서 우리의 브랜드를 어디에 위치시킬 것인지, 그러기 위해서 누구와 경쟁해야 하는 것이며 어떤 방법으로 경쟁자와 대등하게 또는 경쟁자보다 낫게 인식되게 하느냐 하는 관점에서 찾는 것이다. 그러기 위해서는 다음의 사항을 주지할 필요가 있다.

① 우리 제품(광고)이 여러 경쟁 제품들 사이에 들어갈 수 있는 방법은 무엇인가?
② 누가 경쟁 상대인가? 어떤 제품군과 경쟁해야 하는가?
③ 경쟁군 내에서 어떤 위치를 차지할 것인가?
④ 경쟁자를 공격할 것인가? 경쟁자들과 분리할 것인가?

〈그림 9-13〉 다음 광고("Daum 검색으로 바꾸다")는 다음엔 좋은 UCC가 많으니까 이제 검색도 다음으로 바꾸라는 메시지를 담고 있는데 네이버의 녹색을 다음의 파란색이 덧칠해 들어가는 비주얼로 UCC 검색에 있어서는 네이버를 능가하고 있다는 것을 보여준다. 〈그림 9-14〉 엠파스 광고는 '지식인은 모른다. 엠파스에 물어보자'는 메시지로 네이버를 공격하고 있다.

〈그림 9-13〉 다음(검색) 광고

〈그림 9-14〉 엠파스 광고

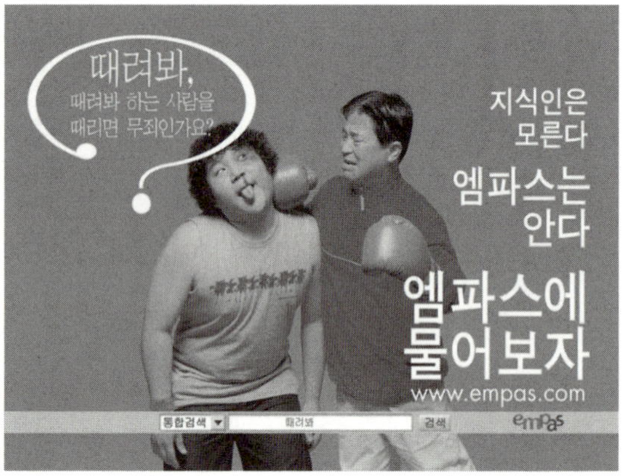

〈그림 9-15〉 그랜저 광고는 일본 최고의 차들과 당당히 견줄 수 있다는 자신감을 보여주고 있다.

자막 일본 최고의 세단은 조용하다고 합니다.
편안하다고 합니다. 부드럽다고 합니다.
그런데, 그랜저는 타보셨습니까?

NA 비교할수록, 그랜저 뉴 럭셔리

〈그림 9-15〉 그랜저 광고

4. 카피 방향설정과 카피플랫폼

1) 방향설정(*copy policy*)

찾아낸 사실들(*facts*)을 토대로 실제의 카피라이팅을 하기 위해서 목표를 구체화하고 방향을 설정하는 과정이다. 카피 폴리시의 항목은 다음과 같으며 구체적이고 명확하게 기술해야 한다.

① 이 카피는 누구를 대상으로 하는가?
② 이 카피는 어떤 매체를 이용할 것인가?
③ 이 카피는 어떤 목적을 가지고 있는가?
④ 이 카피의 콘셉트는 무엇인가?
⑤ 이 카피는 어떤 점을 강조할 것인가?
⑥ 이 카피는 목표고객의 어떤 반응을 기대하는가?

2) 카피 플랫폼

카피 플랫폼(*copy platform*)은 광고의 목적이나 기획에 따라서 카피라이터가 작성하는데 제품의 이점 또는 특성을 소비자 이익으로 전환해서 하나의 표로 작성해 보는 것이다. 이러한 작업은 카피작성의 핵심 포인트를 찾아내는 데 유용하게 쓰인다.

(1) 일반적인 카피 플랫폼의 예

좌측에 제품의 특징을 세로로 열거하고 각 특징에서 찾을 수 있는 물리적, 심리적, 사회적 이점을 각각 가로에 써나간다.

예를 들어 음식물 쓰레기를 간편하게 처리할 수 있는 제품이라면 버릴 쓰레기가 없다, 원터치 버튼으로 작동한다, 쓰레기봉투를 사용하지 않는다 등의 특징을 세로에 쓰고 그 특징에서 나오는 물리적, 심리적, 사회적 이점을 오른쪽에 가로로 써나가는 것이다. '버릴 쓰레기가 없다'의 항목이라면 물리적 이점은 '위생적이다'로 말할 수 있고 그에 따른 심리적 이점은 '가장 앞선 음식물 쓰레기 처리기(방법)' '위생 또는 환경을 생각하는 사람'으로, 사회적 이점은 '깨끗한 환경 만들기' '환경 보호에 기여' 등으로 정리해 볼 수 있는데 각 이점에 대한 기술은 카피라이터 개개인의 생각이나 주관에 따라 달라질 수 있고 모든 항목을 세 가지 이점으로 반드시 분류할 필요는 없고 상황에 맞게 활용하면 된다.

(2) FAB의 활용

FAB란 'Feature'(특성), 'Advantage'(장점), 'Benefit'(편익)의 앞머리 글자를 딴 것으로 어떤 제품이 가지고 있는 특성과 그 특성이 제공하는 장점이 어떤 특정 소비자에게 어떤 편익을 제공할 수 있는지 살피는 것이다.

제품의 특성과 장점, 소비자 편익은 크리에이티브 콘셉트(*creative concept*) 설정과 아이디어를 만들 때도 활용할 수 있는데 제품의 특성과 특성이 제공하는 장점의 발견, 그리고 이러한 것들이 구체적으로 누구에게 어떤 편익을 제공할 것인지는 카피라이팅에 있어 가장 기본이 되기 때문이다.

이를 정리해 보면 다음과 같이 말할 수 있다.

- 이것은 ○○○이다.
- 이것은 ○○하는 장점이 있다.
- 따라서 이것은 ○○하는 ○○○에게 ○○해서 좋다.

SHOW의 영상로밍서비스를 예로 들어보면 다음과 같다.

- SHOW에 가입하면 영상로밍서비스를 받을 수 있다.
- 영상로밍서비스는 세계 100여 개 나라에서 영상으로 송수신이 가능하다.
- 따라서 해외출장이 많은 비즈니스맨이 세계 어디서나 업무 관련 영상통화를 나눌 수 있다.

〈표 9-1〉 FAB 사례(예: SHOW)

Feature	Advantage	Benefit
영상로밍서비스	세계 주요국가에서 영상 송수신 가능	• 해외유학생의 가족통화 • 해외 출장이 많은 비즈니스맨의 업무통화 • 젊은 배낭여행족, 연인간의 통화 • 해외거주 가족, 친지간의 통화
같은 요금으로 1,000자 문자서비스	요금과 길이에 구애받지 않고 자유로운 메시지 송신	• 할 말이 많은 연인들 • 외근이 많은 영업사원 • 요금 제한을 받는 중고등학생들
영상통화 10초에 30원	요금부담 없이 자유롭게 영상통화를 즐긴다.	• 젊은 연인들의 긴 통화 • 화상이 필요한 전문직 종사자의 업무통화 • 가족/친지 간 안부통화

SHOW 광고('영상로밍-음식주문' 편)는 프랑스에 여행 온 여성이 레스토랑에서 한국에 있는 남자친구와 영상통화를 통해 까다로운 프랑스 요리를 주문하는 내용이다.

웨이터	안녕하세요? 고르셨나요?
남자	달팽이 요리로 시작할게요.
웨이터	네, 주요리는 무엇으로 하시겠습니까?
남자	거위요리 주세요.
웨이터	잘 알겠습니다.
남자	꼬뛰드 혼느산 있습니까? 그럼 그걸로 하죠.
휴대폰 속 남자 영상	됐지? 맛있게 먹어.
NA/자막	영상로밍, 국경을 넘어라. 세상에 없던 세상이 기다리는 SHOW를 하라. SHOW

〈그림 9-16〉 SHOW('영상로밍-음식주문' 편)

5. 핵심 키워드는 카피라이팅의 생명이다

지금까지 설명한 카피의 기획과정은 카피작성을 하기 위한 준비작업들이라고 할 수 있다. 이러한 준비작업들을 거쳐 카피를 작성할 때 잊지 말아야 할 것은 카피를 통해서 소비자에게 무엇을 남겨주어야 할 것인지를 생각하고 그것을 카피로 작성해내는 일이다. 소비자에게 무엇인가 남겨준다는 것은 광고를 통해서 차별화된 경쟁적 인식을 목표고객에게 심어 준다는 것이고 광고의 주제를 잘 나타낼 수 있는 핵심 언어로 소비자의 인식상에 자리 잡게 하는 것을 말한다.

1) 브랜드와 연관된 하나의 단어를 심어라

효과적인 광고 제작물의 평가기준은 브랜드의 경쟁구도와 소비자 인식의 정도에 따라 여러 관점일 수 있겠지만 기본적 평가기준은 다음의 몇 가지로 말할 수 있다.

① 광고 제작물에 광고의 주제가 분명히 살아있는가?
② 광고의 표현요소들이 일관성 있게 광고의 주제를 표현하고 있는가?
③ 광고의 주제를 분명하게 전달할 수 있는 핵심 비주얼과 핵심 메시지가 있으며 그것이 목표고객의 기억 속에 심어질 만한 것인가? 즉, 궁극적으로 소비자에게 우리 브랜드와 연관된 하나의 단어를 갖게 할 수 있는가?

여기에서 광고의 주제란 광고에서 무엇을 말할 것인가(*what to say*)에 해당하는 것으로 고객의 욕구에 일치하는 제품의 경쟁적 특성이나 개념이라고 말할 수 있다. 광고는 광고의 주제를 목표고객에게 정확하게 전달하고 설득하기 위한 커뮤니케이션 도구라고 할 수 있는데, 효과적인 커뮤니케이션을 위해서 무엇보다도 광고의 주제를 분명하게 전달할 수 있는 핵심 메시지를 찾는 것이 중요하게 된다.

"광고물의 전체적인 순인상(*total net impression*)이 무엇인가?" 하고 물었을 때 명쾌하게 하나로 남는 인상이 있느냐 하는 것은 대단히 중요한데 이것이 바로 핵심 비주얼과 핵심 메시지이다. 목표고객의 기억 속에 뚜렷이 심어질 수 있는 핵심 비주얼과 핵심 메시지는 경쟁브랜드와 차별화를 이루게 하며 경쟁우위점을 확실하게 인식시켜 경쟁력을 갖게 한다.

당연한 얘기지만 아무리 광고가 보기 좋아도 기억에 남을 만한 요소가 없으면 그 광고의 효과는 기대하기 어렵다. 그러나 기억을 해도 광고에서 말하려고 하는 광고의 주제와 긴밀한 연결성이 없으면 의도한 광고목표와는 관계없는 결과가 나올 수 있다. 결국 효과적 광고란 앞서 말한 바와 같이 목표고객의 기억에 뚜렷하게 인식될 수 있는 핵심 비주얼과 핵심 메시지가 있으며 그것이 의도한 광고의 주제를 분명하게 전달하고 있는가로 말할 수 있다.

광고의 주제를 잘 전달할 수 있는 핵심 비주얼과 핵심 메시지는 소비자에게 브랜드와 연관된 하나의 단어를 갖게 하는 힘을 가지고 있다. 이 브랜드와 연관된 하나의 단어가 바로 수많은 브랜드, 계속 쏟아져 나오는 광고의 홍수 속에 소비자가 우리 브랜드를 왜 선택해야 하는지에 대한 이유를 아주 쉽게 이해하게 해 주는 근거가 되며 소비자 인식상에 긍정적으로 자리 잡게 하는 무기가 될 수 있다. 광고의 주제를 하나의 통일된 연상으로 귀결시키는 치밀한 연결고리라고 할 수 있다.

브랜드와 연관된 하나의 단어가 광고의 주제를 하나의 통일된 연상으로 귀결시키는 치밀한 연결고리가 되기 위해서 우리가 잊지 말아야 할 것이 있는데 바로 단순성이다. 광고에서 단순성은 매우 중요한데 그것은 단순해야 목표고객의 인식상에 쉽게 자리 잡을 수 있기 때문이며 목표고객과 효율적인 커뮤니케이션을 이룰 수 있기 때문이기도 하다.

레오버넷은 좋은 카피와 기막힌 아이디어는 거짓말 같지만 매우 단순하다고 했다.

단순한 것은 군더더기가 없어 기억하기 쉽고 오래 기억에 남는다. 우리가 흔히 비유하는 여러 개의 공이 동시에 날아오면 어느 것도 잡을 수 없다는 말과 같다. 그래서 여러 가지 이점 중에서 가장 강력하고 경쟁적이며 기억에 남을 만한 한 가지를 찾는 것이 중요하며 복잡하게 하지 말고 심플해야 한다. 여러 가지 이점, 소구 점을 소비자가 먹기 좋은 한 알의 당의정으로 만드는 것이 중요하다.

잭 트라우트와 알 리스가 쓴 책(*Positioning*)을 보면 이런 말이 나온다.

> 커뮤니케이션 과잉사회에서 취해야 할 최선책은 메시지를 극도로 단순화하는 것이다. 메시지 가운데 극히 일부만이 전달되므로 발신자보다는 수신자의 측면에 집중

해야 한다는 것이다. 요컨대 잠재고객의 인식에 집중해야지, 상품이라는 실체에 집중해서는 안 된다는 얘기다. 극도로 단순화한 메시지에 대한 포지셔닝 콘셉트는 이후 우리의 '한 단어 주입' 이론으로 발전했다. 그에 따라 볼보는 'safety'(안전성)를, BMW는 'driving'(주행감)을, 페덱스는 'overnight'(하룻밤에)를, 크레스트는 'cavities '(구강)를 주입했다.

우리의 경우도 에이스 침대는 '과학', 초코파이는 '정', 박카스는 '피로회복'으로 기억되고 있다. 이렇게 목표고객이 기억해낼 수 있는 브랜드와 연관된 하나의 단어가 있다는 것은 목표고객의 인식상에 뚜렷하게 자리 잡고 있다는 것을 의미한다. 또 시장에서 차별화된 경쟁력을 갖고 있다는 것을 의미하며 효율적으로 커뮤니케이션이 되었다는 것을 의미하기도 한다.

브랜드와 연관된 하나의 단어를 갖고 있으면 쉽게 제품 이름(*product name*)을 기억하게 할 수 있다. 광고의 목적 중 하나가 소비자 머릿속에 우리 브랜드를 차별화시켜 기억하도록 하는 것이라고 볼 수 있다. 만약 광고는 기억에 남는데 제품이 생각 안 난다면 당연히 그 광고는 실패한 광고라고 볼 수밖에 없다.

브랜드와 연관된 하나의 단어를 갖기 위해서는 목표를 설정하는 것이 중요하다. 인지도 몇 퍼센트 상승 같은 광고기획상의 목표가 아니라 크리에이티브의 구심점이 될 수 있는 목표를 말하는 것이다. '우리 브랜드에 대해서 목표고객이 무엇을 떠올리게 할 것인가', 그리고 '그것을 하나의 단어로 표현한다면 무엇이 될까'를 생각하고 집중할 필요가 있다. 그러기 위해서 중요한 것이 'relevance'(연관성, 적합성)이다. 즉, 찾아낸 핵심단어와 브랜드의 속성과는 강력한 연관성을 갖고 있어야 한다. 또한 핵심단어는 평범한 것을 거부하고 독창성과 고유성을 갖고 있어야 한다. 남들과는 분명하게 차별화되어서 주목률을 높이고 호의적 반응을 불러올 수 있어야 한다. 그리고 심리적 가치를 포함한 고객에 대한 분명한 약속이 담겨 있어야 한다.

2) 사람들의 관심사로 차별화된 경쟁적 인식을 만들어라

광고하는 목적 중의 하나는 우리 브랜드에 대한 차별적인 소비자 인식과 반응을 이끌어내는 것이라고 할 수 있다. 차별적 소비자 반응은 고객의 입장에서 보았을 때 특정 브랜드에 대한 긍정적 브랜드 자산(*positive customer-based brand equity*)을 갖고 있을 때 나온다. 이 긍정적 브랜드 자산은 브랜드 인지도와 브랜드 이미지를 인식상에 어떻게 저장하고 있느냐에 따라 크기가 달라지게 된다. 그러니까 소비자가 특정 브랜드에 대해 얼마나 친숙하며 긍정적인 브랜드 이미지를 갖고 있느냐에 달려있다고 볼 수 있다. 이러한 브랜드의 친숙도와 긍정적 브랜드 이미지는 소비자의 기억 속에 호의적이고, 강력하면서, 독특한 브랜드 연상을 갖고 있을 때 형성되며 이러한 브랜드 연상이 있을 때 소비자의 차별적 반응을 불러일으킬 수 있는 이유가 되는 것이다.

그러면 이러한 브랜드 친숙도와 긍정적 브랜드 이미지를 통해 차별적 반응을 가져올 수 있는 브랜드 연상은 어떻게 이루어질 수 있는 것일까?

그것은 우선 새로움에서 찾을 수 있다. 새로움은 소비자의 주의를 끌고 소비자를 잡는 힘이 있다. 광고에 표현된 새로움이 소비자 이익과 강력한 연결고리를 가질 때 그 새로움은 또한 설득력을 배가시킨다.

두 번째, 차별화에서 찾을 수 있다. 광고에서 차별화란 경쟁브랜드와의 관계에서 표현상의 다른 점만을 말하는 것이 아니라 결국 'better'의 의미이고, 타 브랜드 대비 경쟁우위점을 갖는 것을 말한다. 그래서 소비자가 자신의 인식상에 선택적으로 브랜드를 지각하고 호의적으로 저장하는 것을 말한다.

세 번째, 임팩트(*impact*)를 얘기할 수 있는데 임팩트가 강한 광고는 충동과 자극을 유발하고 광고에 대한 관심과 흥미를 갖게 한다. 또 소비자를 특정 브랜드에 묶어두는 힘이 있고 브랜드에 대한 기억을 오래가게 한다.

이 새로움, 차별화, 임팩트의 3가지 요소는 카피를 작성하는데 훌륭한 인자가 될 수 있는데, 여기에 공감(*sympathy*)의 요소를 더해줌으로써 광고 크리에이티브의 효율적 완성을 기할 수 있다. 공감이란 무엇인가? 그것은 제품과 소비자가 하나 됨을 의미한다. 즉 제품에 대해 애정을 갖기 시작했다는 뜻이다. 제품은 인간이다. 왜냐하면 어느 제품이나 탄생할 때에는 인간을 위해, 인간에게 필요하니까 탄생한다. 제품을 알리는 광고라는 공간은 바로 인간과의 공감을 위해 마련된 장이다. 이 공감의 폭을 얼마나 최대화시킬 수 있느냐가 카피의 목표점이며 새로움, 차별화, 임팩트는 이 공감을 위한 수단이다. 그러면 공감은 어떻게 얻는가? 카피에 공감을 극대화한 요소가 담겨 있어야 하는데 그것은 바로 상품과 인간의 연결이고 사람의 관심사와 이익에 브랜드를 연결하는 것을 말한다.

사람들의 관심사와 이익을 광고에 접목시키려면 소비자의 태도 형성에 대해서 생각할 필요가 있게 된다. 일반적으로 사람들은 일상생활 중 매일매일 다양하고 수많은 자극에 접하게 되지만, 이 중 극히 일부의 자극만 받아들여 인식하기 때문에 수많은 자극 중에서 소비자로 하여금 선택하여 지각하도록 하는 결정요인을 찾아내는 것이 필요하게 된다. 물론 여기에는 자극물 자체의 특성과 개인적 특성(개인의 욕구와 동기, 라이프스타일, 가치관) 등에 따라 다르게 반응하기 때문에 일률적으로 말할 수는 없지만 어떤 자극이 소비자에게 선택받으려면 소비자 개인의 욕구와 동기 또는 가치관과 관련성이 높아야 한다는 것은 분명한 사실이다.

그래서 소비자들의 선택적 지각(인식)에 광고물이 제대로 된 자극의 역할을 하려면 소비자들은 어떤 점에 주목(*attention*)할까 하는 것에서 출발하는 것이 중요하다. 소비자들은 어떠한 자극에 주의를 기울이고 있으며 그러한 자극에 어떠한 태도를 형성하는가를 규명해 보는 것 역시 중요하다. 그리고 사람들이 자극을 어떻게 느끼고 지각하는가, 그리고 지각된 정보가 사람들에게 어떠한 영향을 미치게 하는가 하는 것을 이해할 필요가 있다. 또 한편으로는 변화하는 소비자들이 공통으로 공감할 수 있는 알맹이를 찾아내서 이른바 소비자들이 거부할 수 없는 독특한 제안을 하는 것이 필요하게 된다. 소비자들이 거부할 수 없는 독특한 제안이란 경쟁 브랜드들 사이에서 차별화되는 독특성이 있으면서 그것을 소비자가 인정해 줄 수 있는 것을 말한다. 그러기 위해서는 철저하게 소비자의 관점으로 메시지를 그려 나가는 것이 중요하다.

치열한 브랜드 경쟁 시대에 효과적인 커뮤니케이션을 위해 지금 소비자의 관심사는 어디에 있는지 주목해 보자. 그 관심사에 우리 브랜드가 밀접하게 연결될 수 있는지 살펴보고 경쟁사와 차별화되면서 소비자에게 더 좋게 인식될 수 있는 핵심 키워드를 만들어 보자. 그 핵심 키워드가 사람들이 갖고 있는 관심사와 우리 브랜드의 경쟁우위점을 연결할 때 소비자에게 확고한 인식을 심어줄 수 있고 아울러 차별적 반응을 불러올 수 있을 것이다.

• 생각해 볼 문제 •

1 카피를 작성하기 전에 염두에 두어야 할 전략적 플래닝의 항목들은 어떤 것들이 있을까? 그러한 항목들은 왜 필요하며 어떻게 적용해야 하는가?

2 효과적인 카피작성을 위해 카피라이터가 사전에 알아야 할 정보는 무엇인가?

3 목표고객을 설득할 수 있는 효과적 카피작성을 위해 어떤 접근방법들이 있을까?

4 기억 속에 인상 깊게 남아 있는 카피가 있다면 어떤 이유 때문인지 분석해 보자.

• 핵심정리 •

광고는 목적이 있는 설득 커뮤니케이션이다. 광고는 과학적 분석자료를 바탕으로 목표고객을 설득하기 위한 계획된 도구이다. 따라서 카피의 기획은 전략적 플래닝에 의해 분석되고 정리된 각 항목들의 내용을 분명하게 알고 있어야 하며 카피작성을 통해 의도된 설득의 힘이 나타나야 한다. 카피의 기획을 위해서는 제품, 고객, 시장(경쟁환경)에 대한 이해와 분석이 필요하다. 카피라이팅의 출발은 많은 정보를 수집하는 것이고 그 정보를 통해서 고객을 설득할 수 있는 매력있는 소구점, 또는 경쟁우위점을 발견해내는 것이다.

카피라이팅을 위한 발상 원점은 제품, 고객, 시장(경쟁환경) 속에서 매력적인 사실을 발견해내는 것에서 시작된다. 이는 광고의 커뮤니케이션이 궁극적으로 제품과 고객과의 원활한 대화를 이루기 위해 무엇이 커뮤니케이션의 주제가 되어야 하는가에 핵심 관점이 있다.

이러한 작업들을 거쳐 카피를 작성할 때 잊지 말아야 할 것은 카피를 통해서 소비자에게 무엇을 남겨 주어야 할 것인지를 생각하고 그것을 카피로 작성해내는 일이다. 소비자에게 무엇인가 남겨준다는 것은 광고를 통해서 차별화된 경쟁적 인식을 목표고객에게 심어 준다는 것이고 광고의 주제를 잘 나타낼 수 있는 핵심 언어로 소비자의 인식상에 자리 잡게 하는 것을 말한다.

• 나의 현역시절 대표카피 •

1978년 현재 오리콤의 전신인 합동통신사 광고기획실 카피라이터로 광고를 시작했다. 오랫동안 광고대행사 오리콤에 있었기 때문에(2001년 6월까지 재직) 내가 담당했던 광고주는 100여 개사 가까이 되는 것 같다. 그 중 주요 광고주들을 열거하면 서울우유, 대한항공, 신도리코, 대림산업, 엘칸토, 피어리스, 유한킴벌리, 유한양행, 코카콜라, OB맥주, 그린소주, 청하, 두산건설, 두산동아, 두타, 한국바이엘, 선경제약, 삼익피아노, 한독시계, 데이콤, 나이키, 르까프, FILA, 비비안, 웅진씽크빅, 에이스 침대 등이 있다.

1984년부터 카피대장(디렉터)으로 있었기 때문에(그때부터 오리콤 퇴직 때까지 내 위로는 카피의 선배님이 안 계셨다) 수하의 카피라이터 담당 광고에 직간접적으로 많이 참여해왔는데 내가 직접 썼거나 아니면 디렉터로서 관여해온 광고 중에서 기억에 남는 카피들은 다음과 같다.

"피부에 스미는 자연의 숨결", 피어리스(1980)
"천년 전, 그리고 다시 천년 후를 생각합니다", 대림산업(1979)
"두뇌 한국얼, 대림은 두뇌 한국의 얼을 빛낼 인재의 숲입니다", 대림산업(1979)
"엄마, touch touch 002", 데이콤(1995)
"우리는 오랜 부부, 우리는 오랜 친구", OB맥주(1992)
"침대는 가구가 아닙니다", 에이스 침대(1992)
"디자인 파워", 두타(2000)
"현이 길어 깊고 부드러운 소리", 삼익피아노(1990)
"결혼하니까 참 좋다", 한독시계(1998)
"Sports Dream", FILA(1999)
"창의력이 경쟁력이다", 웅진씽크빅(2000)
중앙광고대상, 한국광고대상, 대한민국광고대상 등 광고상을 10여 회 수상

• 참고문헌 •

김병희, 2007, 《광고카피창작론: 기본원리 편》, 파주: 나남.
김훈철, 1988, 《성공적인 광고캠페인을 위한 전략적 사고법》, 서울: 김영사.
니시오 타다히사, 안준근 역, 1986, 《효과적인 광고카피》, 서울: 오리콤.
우에조 노리오, 맹명관 역, 1991, 《카피교실》, 들녘.
이화자, 2009, 《크리에이티브 네비게이터》, 서울: 한경사.

Bly, Robert W., 1986, *The Copywriter's Handbook*, New York: Owl Books.
Frederick, George, 1985, *Masters of Advertising Copy*, N.Y.; Frank-Maurice, Inc.
Reeves, Rosser, *Reality in Advertising*, 권오휴 역, 1988, 《광고의 실체》, 서울: 오리콤.
Ries, Al & Jack Trout, *Positioning*, 김충기 역, 1989, 《광고 포지셔닝》, 서울: 나남.
______, *The 22 Immutable Laws of Branding*, 박길부 역, 1994, 《마케팅 불변의 법칙》, 서울: 십일월출판사.
Solomon, Michael R., 1999, *Consumer Behavior (4th ed.)*, Upper Saddle River, NJ: Prentice Hall.

효과적인 카피를 위한 아이디어 발상 10

차유철

아이디어를 내고 나서 그 아이디어를 표현할 카피를 쓰는가? 혹은 카피를 생각하는 순간부터 아이디어를 발상하게 되는가?

카피라이팅은 모든 과정이 서로 얽혀 있어서 시작과 끝을 구분하기 어렵다. 따라서 아이디어 발상을 따로 말하는 것이 적당하지 않을 수도 있지만, 카피를 쓰기 시작할 때 혹은 쓰다가 어려움에 부딪혔을 때 참고할 만한 방법들을 소개하고자 한다.

아이디어 발상이 단순히 기발한 생각을 말하는 것이 아니라 문제를 해결하는 방법을 찾는 것이므로, 이 장에서는 효과적 문제해결에 초점을 맞춘 아이디어 발상법들을 다룰 것이다. 또한 카피라이터 대가, 카피라이터 선배들의 발상법은 아이디어 발상에 더욱 도움이 될 것이다.

이 장에서는 효과적인 카피를 위한 아이디어 발상에 대하여 이야기하지만, 실제로는 효과적으로 카피를 발상하기 위한 방법이라고 할 수 있다. 효과적인 카피를 쓰기 위한 전초적 단계라고 할 수 있다.

1. 카피 아이디어?

카피 아이디어를 낼 때 그저 아이디어를 위한 아이디어를 만들어내는 경우를 종종 보게 된다. 카피라이터 김태형 선생은 저서 《카피라이터 가라사대》 중 '꽃'이라는 글에서 다음과 같이 말했다.

> 가리키는 손이 아니라
> 꽃에 머물게 해야지
> 광고가 아니라
> 제품에 머물게 해야지

능엄경에 나오는 견지망월(見指忘月)이나 송고승전(宋高僧傳)에 나오는 인지망월(認指忘月)이라는 구절을 광고에 적용한 것으로 보이는 말이다. 손가락으로 달을 가리켰더니, 보라는 달은 보지 않고 가리키는 손가락만 보더라는 뜻이다.

가리키는 손가락에 시선을 머물게 하는 것이 본말이 전도된 것처럼, 광고에만 머물게 하는 아이디어는 아이디어를 위한 아이디어, 즉 애초부터 광고의 기능을 상실한 광고이다. 따라서 광고에서는 이런 것들을 아이디어라고 부를 이유가 없다.

어떤 아이디어가 그런 것인지 USP 전략을 정립한 로서 리브스(Rosser Reeves)가 《카피라이팅의 기술》(*The Art of Writing Advertising*)에서 인터뷰어(*Ad Age*의 시니어 편집자인 Denis Higgins)에게 한 말을 들어 보자.

> 나는 불변의 카피원리를 말하고 있는 겁니다. 3분 전쯤, 당신을 만나려고 바로크 레스토랑에서 오는데 마침 5번가행 버스가 내 앞을 지나갔습니다. 그때 나는 내가 지금 말하려고 하는 정말 섬뜩한 광고를 봤습니다. 바로 5번가행 버스 옆면에 붙은 대형 포스터였습니다. 그 버스는 내 앞에서 1분 30초 정도 멈춰 섰습니다. 거기에는 아주 매혹적인 여자 사진이 있었습니다. 내 기억에 헤드라인은 "스웨덴에서 온 가장 놀라운 혁신, 여자가 생긴 이래 … 금발이 생긴 이래"였습니다. 금발의 미녀를 보고 감탄하고 있는데 버스가 지나갔고, 나는 길을 건너왔습니다. 그런데 무슨 제품 광고인지 도무지 모르겠더라고요.

말하자면 그 버스 외부 광고는 어떤 제품의 광고가 아니라 어떤 버스의 외부 디자인이 되어 버린 셈이다.

광고에서의 아이디어, 효과적인 카피를 위한 아이디어란 문제를 해결할 수 있는 아이디어를 말하는 것이다. 또 다른 예를 하나 더 들어보자.

우리가 알고 있는 광고의 고전적 정의인 '인쇄된 세일즈맨십'(*salesmanship on print*: John E. Kenedy가 '*salesmanship on paper*'라고 한 것을 후에 Albert Lasker가 변형한 것이다)이라는 말을 만든 존 E. 케네디는 FCB의 전신인 로드 & 토마스(Lord & Thomas)의 기초를 다진 카피라이터였다. 또한 클로드 홉킨스(Claude Hopkins)를 비롯해서 로서 리브스, 데이비드 오길비(David Ogilvy)로 이어지는 하드셀 광고를 정착시킨 대표적인 카피라이터이기도 하다.

로드 & 토마스에 입성하기 10여 년 전, 그는 대단한 상상력을 발휘해서 마치 눈으로 보는 듯한 생생한 언어들로 카피를 썼다. 그 중 하나가 "도원경은 실재한다. 구름 같은 레이스와 일렁이는 비단이 펼쳐진 길을 보라…"하는 것이다. 이 카피를 당시에 가장 유명한 카피라이터이자 하드셀 광고의 원조인 찰스 오스틴 베이츠(Charles Austin Bates: 현재의 Bates사와는 아무 관계가 없다)에게 보냈다. 베이츠는 그 카피가 구체적으로 어떤 문제를 해결하지 못한다고 혹평했다. 케네디는 수긍하기 어려웠다. 그러나 10여 년 이상의 세월이 흐른 후 광고가 무엇인지 깨닫게 되었을 때 비로소 베이츠의 말을 인용하게 되었다('*salesmanship on paper*'는 베이츠가 광고는 '*printed salesman*'이라고 한 말을 변형한 것이다).

당시의 광고는 카피와 동일시되었다는 점을 생각한다면, 이는 광고의 정의이자 카피의 정의이고, 카피 아이디어 발상의 기준이 되는 것이다.

2. 카피 아이디어 발상

지금까지 어느 정도 체계화되고 알려진 아이디어 발상법은 적게 잡아도 300여 가지는 넘을 것이다. 그렇다고 모든 발상법이 카피 아이디어 발상에 유용한 것은 아니다.

카피 아이디어 발상이나 다른 아이디어 발상이나 새로운 접근방법을 찾는다는 점에서는 기본적으로 큰 차이가 있는 것은 아니다. 그러나 아이디어가 뛰어난 발명가나 예술가가 좋은 카피라이터가 되는 것이 아니고, 그 역의 경우도 별로 성립되는 경우가 없음을 생각해 보면, 분명히 카피 아이디어 발상과 일반적 아이디어 발상에는 차이가 있다고 할 수 있다. 따라서 카피 아이디어 발상에 유용하다고 판단되는 방법들은 주로 광고계에서 시작된 것들에 초점을 맞추는 것이 효율적일 것이다. 비록 일반화되거나 체계화되지는 않았다고 하더라도, 카피라이팅의 대가들이나 나름대로의 방법론을 가진 선배들의 발상을 알아보는 것도 많은 참고가 될 것이다.

이 단원에서는 아이디어 발상에서 일반적으로 다루는 발상의 과정 모델이나 광고 밖의 사례는 생략하고, 실제 응용이 가능한 방법론을 광고 현장에 초점을 맞추어 설명하도록 한다.

1) 브레인스토밍 계열의 발상법

(1) 브레인스토밍

광고회사에서 아이디어회의를 할 때 가장 널리 쓰이는, 혹은 쓰인다고 생각하는 발상법이 브레인스토밍일 것이다. '쓰인다고 생각하는'이라고 표현한 것은 실제로는 브레인스토밍을 하는 것이 아님에도 불구하고, "우리 브레인스토밍해 보자"라고 말하는 경우가 많기 때문이다. 대개는 그냥 모여서 "좋은 아이디어 있으면 얘기해 봐" 하는 것이거나 "어제 아이디어 생각해 오라고 한 것, 꺼내 봐" 하는 정도일 수도 있다.

왜 그럴까? 이유는 여러 가지이다. 브레인스토밍의 목적을 잘 모르거나 규칙을 잘 모르기 때문일 수도 있고, 읽어보거나 들어봐서 알기는 하지만 참여자들이 그 방법에 익숙하지 않기 때문일 수도 있다. 브레인스토밍은 확산적 사고기법으로 자유로운 발상을 유도하기는 하지만 분명한 규칙과 절차가 있다.

① 규칙

브레인스토밍의 규칙은 4가지[1]밖에 안 되므로 매우 간단하다. 회의중에 흥분하지만 않는다면 충분히 지킬 수 있을 만한 것들이다.

1 '이젤과 화이트보드가 여럿 있는 방에 사람들을 모은다'를 하나의 규칙으로 간주해서 5가지 규칙이라고 하기도 한다.

• 브레인스토밍의 규칙 •

- 비판엄금 다른 사람의 아이디어를 비판해서는 안된다.
- 질보다 양 좋은 아이디어를 내는 것보다 많은 아이디어를 내는 것이 중요하다.
- 자유로운 발표 아이디어의 좋고 나쁨이 중요하지 않기 때문에 하찮은 아이디어라도 자유롭게 말할 수 있는 분위기가 조성되어야 한다.
- 아이디어 편승 남의 아이디어를 비판하는 것은 금지하지만 남의 아이디어를 활용해서 새로운 아이디어로 발전시키는 것은 얼마든지 환영받는다.

이와 같은 규칙은 '더 많은 아이디어를 낸다'는 브레인스토밍의 목적을 중심으로 서로 연관되어 있다. 더 많은 아이디어를 얻기 위해, 발표된 아이디어에 대한 비판을 금지함으로써 하찮은 아이디어라도 자유롭게 발표할 수 있는 분위기를 조성하는 한편, 발표된 아이디어의 적극적 활용을 권장하는 것이다.

브레인스토밍을 위한 준비과정은 다음과 같다.

■ 브레인스토밍의 준비

- 주제 설정 크리에이티브 단계에서의 브레인스토밍이라면 주제는 콘셉트일 것이다. 콘셉트가 구체적이고 명확하면 그만큼 아이디어도 구체적이고 실질적일 가능성이 높다.
- 참여자 구성 오스본이 제안한 참여자 구성은 각기 다른 영역, 다른 직급의 사람들 5~8명 정도였다. 이는 다양한 관점에서 많은 아이디어를 내기 위한 것인데, 크리에이티브 단계에서는 크리에이티브 부서 외의 여러 영역의 사람들이 참여하기는 어렵다. 그러나 가급적 타 직종 사람들을 참여시키는 것이 바람직하다.
- 역할 분담 진행자와 서기를 선정한다. 진행자는 회의를 소집한 사람일 수도 있으나 그보다는 여러 사람들이 아이디어를 자유롭게 발표할 수 있도록 잘 이끌어내는 사람이 적합하다. 서기는 모든 발표내용을 기록해야 한다. 발표한 내용을 가급적 그대로 기록하는 것이 아이디어의 행간을 읽는 데 도움이 된다. 그러나 쓰는 데 걸리는 시간 등을 감안해서 키워드 중심으로 기록할 수도 있다. 녹음을 하는 것도 방법이지만 이것은 발표한 아이디어에 대한 해석이 엇갈릴

때 활용하는 보조수단이다.

- 회의실 오스본은 회의실 분위기를 중요하게 여겨서 회의실 집기의 색상이나 형태 등까지 예시했다. 그러나 현실적으로는 가급적 차분한 분위기의 회의실, 상하관계가 드러나지 않는 자리배치, 서로 얼굴을 볼 수 있는 구조, 아이디어를 기록할 수 있는 보드 정도면 적당하다.

회의절차 역시 상식적 범위이다. 그러나 브레인스토밍이 확산적 사고기법이기는 하지만 최종적으로는 수렴적 사고를 적용하게 된다.

■ 브레인스토밍의 절차

- 오리엔테이션 주제와 관련된 내용을 참여자들에게 설명한다.
- 개별 발상 회의에 참석하기 전에 각자 아이디어를 생각한다.
- 브레인스토밍 회의 시간이 길어지면 지루해 하고 아이디어가 잘 나오지 않는다. 따라서 1시간이 넘도록 진행된다면 휴식을 취한 후 다시 하거나 다음 날 다시 시작한다.
- 평가 브레인스토밍에서 발표된 아이디어들을 질적으로 판단하는 과정이다. 아이디어들은 그대로 활용 가능한 것도 있지만 대개는 선별한 후 가공하거나 발전시켜야만 할 것들이다. 평가는 참여자 모두가 참여해서 진행할 수도 있지만 다수결과 같은 민주적인 방식을 빙자해서 질적 판단이 제대로 이루어지지 않을 수 있다. 따라서 일을 주도하는 2~3명이 결정을 하는 것이 더 효과적이다.

오스본은 '브레인스토밍 - 개인 발상 - 브레인스토밍'과 같이 집단 발상과 개인 발상을 반복하는 것을 샌드위치 기법이라고 불렀는데, 더 좋고 많은 아이디어를 내는데 효과적이라고 한다.

'비판엄금, 질보다 양, 자유로운 발표, 아이디어 편승'이라는 규칙은 간단하지만 지키기는 쉽지 않다. 회의에서는 누구나 평등해야 하는데, 조직의 속성상 상하관계가 은연중에 영향을 미친다. 가급적 이질적인 사람들이 참여해야 하지만 조직의 형편이나 관례상 대개 늘 같이 일하던 사람들이 참여한다. 모든 사람이 다 창의적이지도 않을 뿐더러, 별 준비 없이 참여하는 경우도 있다. 사안에 따라서는 아이디어가 쉽게 떠오르지 않을 수도 있다. 그래서 남의 입만 바라보거나 내 아이디어를 밀거나 남의 아이디어를 무시하는 일들이 비일비재하다.

BBDO 설립자 중 한 명인 알렉스 오스본(Alex Osborn)이 처음 이 기법을 정리한 이후 원칙과 절차와 전개방식에 약간의 변화를 준 버전들이 나왔다. 기본적 4가지 원칙을 9원칙(카피라이터이자 마케팅 컨설턴트인 J. Gabay)으로 늘린 것도 있다. 절차는 '오리엔테이션 - 개별 발상 - 집단 토론 - 평가'의 4단계가 기본이지만, '문제제기와 토론 - 문제의 재언급 - 기본적 논의 - 예열 - 브레인스토밍 - 아이디어 평가'의 6단계로 변형되기도 했다.

앨런 로젠스팬(Alan Rosenspan)은 보다 효과적인 브레인스토밍을 위해 9가지 가이드라인을 제시하고 있다(alanrosenspan. com).

■ 앨런 로젠스팬의 브레인스토밍을 위한 9가지 가이드라인

① 제대로 된 사람들을 참여시켜라 잠재고객이나 고객에 대해서 실질적 내용을 말해줄 수 있는 사람들(예를 들면 텔레마케터나 영업사원)을 참석시키는 것이 좋다.

② 잘 먹여야 잘 거둔다 좋은 간식(이를테면 스니커즈나 M&M 초컬릿)은 참여자들을 자극하고 집단의 에너지를 높여준다. 참여의지도 높여준다.

③ 높은 사람은 배제시켜라 브레인스토밍은 모든 참여자가 대등할 때 잘 이루어진다.

④ 문제를 명확히 정의하라 브레인스토밍은 구체적 문제를 해결할 때 가장 효과적이다. 발상을 시작하기 전에 문제를 써서 보여주거나 시각적으로 보여줘야 한다.

⑤ 낙원에 포장도로를 깔아라(주차장을 만들어라)[2] 브레인스토밍에서 나온 대부분의 아이디어들은 곧바로 문제와 연결되지 않는 부수적인 것들이다. 그러나 그것들을 무시해서는 안된다. 잘 가공하면 좋은 아이디어로 발전할 수 있다.

⑥ 즉시 아이디어를 평가하지 마라 크리에이터로서의 역할과 비판자로서의 역할은 다르다. 쓸모없는 아이디어를 걸러내고 싶더라도 브레인스토밍 회의 자리에서

---

2 원문은 'pave paradise'(*put up a parking lot*)이다. 이는 1970년 조니 미첼(Joni Mitchell)이 작사한 'Big Yellow Taxi'의 가사 중 'They paved paradise and put up a parking lot'이라는 부분에서 힌트를 얻은 것이다. 하와이를 처음 방문했을 때 한편으로는 아름다운 산과 태평양이 보이지만 눈 아래는 끝없이 아스팔트로 덮인 주차장을 보면서 느낀 참담한 마음을 노래로 썼다. 그러나 여기서는 개척되지 않은 것을 제대로 개발하자는 의미이다.

해서는 안 된다.

⑦ 집단의 역동성을 잘 조정하라 한 사람이 브레인스토밍을 주도하게 되면 집단의 창의성은 죽고 만다. 이를 방지하기 위해서 회사 외부의 사람을 브레인스토밍의 진행자로 쓰는 경우가 많다.

⑧ 정보를 공유하라 모든 참여자가 문제에 대해 똑같이 아는 것은 아니다. 따라서 각자가 문제에 대해 아는 것이 무엇인지 간략히 이야기하고 시작하는 것이 좋다.

⑨ 후속 회의는 필수적이다 정말 좋은 아이디어는 브레인스토밍 후에 나오는 경우가 많다. 따라서 브레인스토밍 참여자 중 일부를 선별하여 소집단 회의를 잡는 것이 좋다. 그들이 아이디어를 평가하고 발전시킬 수 있다. 원래의 브레인스토밍보다 더 생산적인 회의가 될 가능성이 매우 높다.

브레인스토밍이 어떻게 변형되었느냐보다 중요한 것은 브레인스토밍의 기본적 목적이다. 즉 가급적 많은 아이디어를 가급적 다양한 관점에서 발상하는 것에 초점을 맞춘다면 얼마든지 광고회사 또는 사용자 집단의 특성에 맞게 응용을 할 수 있다.

브레인스토밍이 이상적 아이디어 발상법인 것으로 오해하는 이들도 있다. 경우에 따라서 좋은 결과를 얻을 수도 있지만, 크리에이티브가 뛰어난 사람들 중에는 브레인스토밍을 부정적으로 보는 경향도 있다. 데이비드 오길비 같은 이들은 게으른 사람들의 책임회피 수단이라고 혹평했다.

브레인스토밍 결과로 탄생한 캠벨의 '수프 온 더 락' 광고

〈그림 10-1〉 수프 온 더 락

BBDO에서 캠벨 수프 광고에 대한 브레인스토밍을 하고 있었다. 알 워드(Al Ward)가 "이걸 얼음 위에 붓는다면 어떨까?" 이 말을 들은 캠벨의 컨설턴트인 레이 휘티어(Ray Whittier)가 "그렇게 해보는 것도 재미있겠는데"하고 맞장구를 쳤다. 이어서 누군가가 "얼음 위의 수프(*Soup over Ice*)가 어때?"라고 했고, 다른 이는 "수프 온 더 락(*Soup on the Rocks*)이 어때?"라는 의견을 냈다. 별 관계가 없어 보였던 수프와 얼음을 연결시킨 자유로운 발상과 그에 편승한 브레인스토밍의 원칙이 만든 광고이다.

(2) 카드 브레인스토밍

브레인스토밍의 다른 유형들이 몇 가지 있는데, 그 중에서 실제로 광고회사에서 거의 유사하게 사용되면서도 이름을 제대로 얻지 못한 것이 '카드 브레인스토밍'(*Card Brainstorming*) 이다. 브레인스토밍이 말로 발표하고 누군가 그것을 기록하는 것이라면, 카드 브레인스토밍은 모든 아이디어 제시를 카드로 한다는 점이 다르다.

실제로 대부분의 광고회사에서 아이디어 회의를 할 때 각자 자신의 아이디어를 적당한 크기의 종이에 쓰거나 모니터에서 볼 수 있도록 작업을 해서 제안한다. 물론 단순히 보여주는 것에서 그치지 않고 이해와 설득을 할 정도의 설명도 하게 된다.

카드 브레인스토밍 역시 아이디어를 종이에 써서 제안하는 방식이므로 방법론에서는 대동소이하다. 다만 카드 브레인스토밍은 참여자들이 돌아가면서 순차적으로 하나씩 아이디어를 발표한다는 점이 다를 뿐이다. 카드 브레인스토밍의 방법은 다음과 같다.

■ 카드 브레인스토밍 절차

- 회의중에는 평가나 수렴을 하지 않는다.
- 자유롭게 가능한 한 많이 쓴다.
- 여러 각도에서 생각한다.
- 다른 사람의 발언을 힌트로 발상한다.

■ 카드 브레인스토밍에서 진행자의 역할

- 참여자 모두의 아이디어를 이끌어낸다.
- 자유롭고 활기찬 분위기를 만든다.
- 자기도 참여자의 하나로서 발상을 한다.
- 시간을 잘 관리한다.

■ 카드 브레인스토밍의 절차

- 개별 발상 아이디어는 1장의 카드에 하나씩 쓴다. 언어든 그림이든 관계없다.
- 집단 발상 각자 카드를 1장씩 순서대로 읽는다. 읽은 카드는 순서대로 늘어놓는다. 차례대로 돌아가면서 발표하다가 아이디어가 떨어진 사람은 패스한다. 패스

하는 사람이 전체의 $^1/_3$ 정도가 되면 다시 '개별 발상 - 집단 발상'을 반복한다.

- **자유 발표** 순서를 지킬 필요 없이 자유롭게 카드를 읽고 늘어놓는다.
- **평가** 브레인스토밍과 마찬가지로 2~3명이 평가에 참여한다. 카드 형태로 되어 있으므로 정리와 평가가 간단하다.

카드 브레인스토밍은 아이디어를 하나씩 써서 늘어놓고 볼 수 있다는 점에서 브레인스토밍보다 판단하기 쉽다는 장점이 있다. 또한 말로는 표현하기 어렵거나 구어적 표현력이 다소 부족한 사람도 자신의 아이디어를 제시할 수 있다. 현재 대부분의 광고회사에 하는 아이디어 회의에 카드 브레인스토밍의 규칙과 절차를 조금 더 보완하기만 하면 된다는 점에서, 현실적으로 가장 적용가능성이 높은 아이디어 발상법이라고 할 수 있다.

(3) 브레인라이팅

브레인라이팅(*Brainwriting*)은 브레인스토밍에서 힌트를 얻어서 독일의 형태분석기법 전문가 헤르만 홀리겔(Hermann Holliger)이 개발한 기법이다. 많은 아이디어를 내도록 독려한다는 점에서는 브레인스토밍의 목적과 같지만 실제적인 방법에서는 상당한 차이가 있다. 아이디어 발표를 말로 하는 대신 브레인라이팅 시트에 쓰기 때문에 여러 사람 앞에서 말로 표현하는 것을 꺼리는 사람들에게 적합하다. 6명이 3개의 아이디어를 5분 동안 내기 때문에 635법이라고도 한다.

〈표 10-1〉 브레인라이팅 시트

주제 :			
	A	B	C
1			
2			
3			
4			
5			
6			

■ 브레인라이팅의 전개

- 주제 설정

- 진행자와 참여자 진행자는 시간을 체크하고 시트를 돌리도록 지시한다. 참여자는 6명이 기본이지만 인원수는 회의를 진행하는 데 무리만 없으면 상관없다. 다만 참여자의 수가 지나치게 많을 때는 6명 정도의 소집단으로 나누어 실시하고 발표하게 한 후 다시 브레인라이팅을 진행하면 된다.

- 집단 발상 참여자들은 브레인라이팅 시트를 한 장씩 배정받는다. 시트 상단에는 주제를 기입하고, 각자 받은 시트의 1번 행의 3개 칸에 각각 1개씩의 아이디어를 5분 동안 써 넣는다. 5분 후 진행자의 지시에 따라 옆 사람(왼쪽이든 오른쪽이든 사전에 정한다)에게 넘겨준다. 옆 사람의 시트를 받은 사람은 그 다음 행의 3개 칸에 아이디어를 써 넣는다. 이때의 아이디어는 새로운 것일 수도 있고, 옆 사람이 쓴 것을 발전시킨 것일 수도 있다. 이런 방식으로 매 5분마다 시트에 3개씩의 아이디어를 쓰고 계속 옆 사람에게 넘긴다. 5분씩 6번에 걸쳐 아이디어를 내면 아이디어의 개수는 108개가 되고, 시간은 30분이 소요된다.

- 평가 평가는 참여자 전원이 한다.

브레인라이팅은 '침묵의 브레인스토밍'이라고도 한다. 좋은 아이디어를 가지고 있어도 남들 앞에서 발표하기를 꺼리는 사람들에게 매우 유용한 방법이다. 그러나 실제로 광고계에서는 거의 사용되지 않고 있는 것으로 보인다. 이유는 대부분의 광고인들은 프리젠테이션을 하거나 혹은 남들에게 자신의 아이디어를 팔기 위해 설득하는 능력을 가지고 있거나 길러야 하기 때문일 것이다. 따라서 브레인라이팅은 개인적인 발상에 더 유용할 것이다. 혼자 브레인라이팅 시트를 가지고 자신의 아이디어를 발전시켜 나가거나 정리하는 방식으로 활용할 수 있다.

2) 체크리스트 계열

(1) 스캠퍼(SCAMPER)

스캠퍼는 체크리스트법의 일종이다. 체크리스트법 역시 알렉스 오스본이 체계화시켰다. 처음 정리한 오스본의 체크리스트는 다음과 같다.

■ 오스본의 체크리스트

- 다른 용도로 쓸 수 없을까?
- 이것과 비슷한 것은 무엇이 있을까?
- 이것의 ~을 바꿀 수 없을까
- 확대하거나 강화하거나 길게 하거나…
- 대체하거나 다른 소재로 하거나…
- 축소하거나 농축하거나 짧게 하거나 분할하거나…
- 순서나 레이아웃을 바꾸면…
- 뒤바꾸면…
- 결합시키면…

S	C	A	M	P	E	R
Substitute	Combine	Adapt	Magnify	Put to other uses	Eliminate (or Minify)	Rearrange (or Reverse)
대체	결합	적용	확대	다른 용도	삭제/축소	재배열/역순

스캠퍼(www. mycoted. com)는 밥 이벌(Bob Eberle)이 오스본의 체크리스트를 발전시킨 것을 마이클 미찰코(Michael Michalko)가 정리한 것이다. 비단 광고에서뿐 아니라 어느 분야에서나 활용할 수 있는 보편적인 아이디어 발상법이다. 스캠퍼(*SCAMPER*)는 모든 새로운 것은 이미 존재하던 것을 변형시킨 것이라는 전제를 갖고 있다. 이는 크리에이티브란 이전에는 보지 않았던 방식으로 보는 것, 혹은 이전에는 관계가 없던 것의 관계를 설정하는 것이라는 관점과 매우 유사하다. 스캠퍼는 관점의 변형 또는 수정과 관련된 키워드 7개의 머리글자다.

스캠퍼 기법을 사용하려면 먼저 해결하려는 문제가 무엇인지 명확하게 정리해야 한다. 보편적 발상법이기 때문에 문제는 비단 광고나 카피가 아니라도 상관이 없다. 어떤 문제든 아이디어를 발전시키고자 하는 문제를 정한 후에는 스캠퍼 체크리스트에 따라 질문을 하면서 답을 찾아가면 된다. 예를 들어 '전화'에 대한 아이디어가 필요하다면 다음과 같은 질문을 던지면 될 것이다.

• 스캠퍼 체크리스트 ('전화'의 예) •

S (대체) 가정용 전화를 무엇으로 대체할 수 있을까?
C (결합) 가정용 전화를 다른 활동과 어떻게 결합시킬 수 있을까?
A (적용) 다른 회사의 가정용 전화 과정 중 무엇을 참조하거나 적용할 수 있을까?
M (확대) 가정용 전화에서 무엇을 확대하거나 더 강조할 수 있을까?
P (다른 용도) 어떻게 가정용 전화를 다른 용도로 할 수 있을까?
E (삭제) 가정용 전화의 과정 중 무엇을 없애거나 단순화할 수 있을까?
R (재배열) 가정용 전화 사용방식을 어떻게 바꾸거나 재배열하거나 도치할 수 있을까?

스캠퍼는 일종의 강제 연상법이다. 따라서 이러한 질문들에 대해 답을 하다 보면 상당히 혁신적인 해결책을 찾을 수 있다. 맥도널드의 창업자 레이 크록(Raymond Albert Kroc)이 이러한 기법을 활용했다고 한다. 일부의 예를 들어보면, P(다른 용도)에서는 단순히 햄버거만 판매하는 것이 아니라 점포와 부동산을 동시에 판매하는 방식을 채택했고, R(재배열)에서는 먹기 전에 돈을 먼저 지불하는 순서로 바꾸었으며, E(삭제)에서는 서빙하는 종업원을 없애고 손님이 직접 가져다 먹는 방식으로 전환하는 아이디어를 얻었다고 한다.

(2) 베이커의 체크리스트

스테판 베이커(Stephen Baker)는 아트디렉터 출신으로 카피라이터로도 활동했는데, 양쪽 모두에서 탁월한 역량을 발휘했다. 커닝햄 & 월시(Cunningham & Walsh)에서 일하다가 자신의 회사(Baker & Byrne와 Baker & Hartel)를 세우기도 했다. 그는 하드 셀의 전통을 지키는 카피라이터답게 《광고 크리에이티비티의 체계적 접근》, 《광고 레이아웃과 아트 디렉션》 등 광고효과를 입증할 수 있는 방법을 모색하는 저서들을 남겼다(legacy. signonsandiego. com).

그는 거의 모든 전환적 관점들을 망라한 엄청난 양의 체크리스트를 만들었다. 실제로 이 모든 것을 하나의 광고 또는 카피에 적용하는 것보다는 상황에 따라 적절한 체크리스트를 편집해서 사용하는 것이 효과적일 것이다.

베이커의 체크리스트

1 뒤집어 보라(*Turn upside down*).
2 늘려 보라(*Stretch it*).
3 줄여 보라(*Shrink it*).
4 색상을 바꿔 보라(*Change its color*).
5 크게 해보라(*Make it bigger*).
6 작게 해보라(*Make it smaller*).
7 둥글게 해보라(*Make it round*).
8 모나게 해보라(*Make it square*).
9 길게 해보라(*Make it longer*).
10 짧게 해보라(*Make it shorter*).
11 시각화하라(*Make it visual*).
12 상황을 벗어나 보라(*Make the most out of a circumstances*).
13 말로 해보라(*Put it into the words*).
14 음악으로 해보라(*Put it to music*).
15 말과 음악을 결합해 보라(*Combine words and music*).
16 말과 음악과 그림을 결합해 보라(*Combine words, music, picture*).
17 그림과 음악을 결합해 보라(*Combine picture and music*).
18 말을 삭제해 보라(*Eliminate the words*).
19 그림을 삭제해 보라(*Eliminate the picture*).
20 소리를 없애 보라(*Silence it*).
21 반복을 활용해 보라(*Use repetition*).
22 3차원적으로 만들어 보라(*Make it three dimension*).
23 평면적으로 만들어 보라(*Make it two dimension*).
24 형태를 바꿔 보라(*Change the shape*).
25 일부분을 바꿔 보라(*Change a part*).
26 세트로 만들어 보라(*Change it into set*).
27 수집품으로 만들어 보라(*Make it a collector's item*).
28 가입자 대상으로 판매해 보라(*Sell it by subscription*).
29 가입자만을 대상으로 판매해 보라(*Sell it by subscription only*).
30 생명을 불어넣어 보라(*Animate it*).

31 기계화해 보라(*Mechanize it*).
32 깜짝 놀라게 해보라(*Electrify it*).
33 움직임을 주어라(*Make it move*).
34 거꾸로 해보라(*Reverse it*).
35 다른 것처럼 보이게 해보라(*Make it look like something else*).
36 질감을 주어 보라(*Give it texture*).
37 낭만적으로 만들어 보라(*Make it romantic*).
38 향수 소구를 더해 보라(*Add nostalgic appeal*).
39 옛날 방식으로 해보라(*Make it old fashioned*).
40 미래적으로 보이게 해보라(*Make it look futuristic*).
41 다른 것의 일부로 만들어 보라(*Make it a part of something else*).
42 강하게 해보라(*Make it stronger*).
43 내구성을 더해 보라(*Make it more durable*).
44 상징을 활용해 보라(*Use symbolism*).
45 현실적으로 해보라(*Be realistic*).
46 새로운 예술방식을 활용해 보라(*Use a new art style*).
47 사진으로 바꿔 보라(*Change to photography*).
48 일러스트로 바꿔 보라(*Change to illustration*).
49 타이포를 바꿔 보라(*Change the typefaces*).
50 캡션으로 이야기를 전해 보라(*Tell your story by a picture caption*).
51 광고를 기사처럼 만들어 보라(*Make the ad look like an editorial*).
52 기사를 광고처럼 만들어 보라(*Make the editorial look like an ad*).
53 새로운 광고매체를 활용하라(*Use a new advertising medium*).
54 새로운 광고매체를 개발하라(*Invent a new advertising medium*).
55 더 강렬하게 만들어라(*Make it hotter*).
56 더 차분하게 만들어라(*Make it cooler*).
57 힌트를 추가해 보라(*Add scent*).
58 힌트를 바꿔 보라(*Change the scent*).
59 보기 좋게 꾸며라(*Deodorize it*).
60 어린이에게 어필하게 해보라(*Make it appeal to children*).

61 여성에게 어필하게 해보라(*Make it appeal to women*).
62 남성에게 어필하게 해보라(*Make it appeal to men*).
63 가격을 낮춰 보라(*Lower the price*).
64 가격을 올려 보라(*Raise the price*).
65 성분을 바꿔 보라(*Change the ingredients*).
66 새로운 성분을 추가해 보라(*Add new ingredients*).
67 비틀어 보라(*Twist it*).
68 투명하게 만들어 보라(*Make it transparent*).
69 불투명하게 만들어 보라(*Make it opaque*).
70 다른 배경을 활용해 보라(*Use a different background*).
71 다른 환경을 활용해 보라(*Use a different environment*).
72 미화해 보라(*Glamorize it*).
73 광학적 효과를 활용해 보라(*Use optical effects*).
74 다른 소재를 활용해 보라(*Use another material*).
75 인간적 관심사를 추가해 보라(*Add human interest*).
76 일관성을 변화시켜 보라(*Change consistency*).
77 다른 용기에 담아 보라(*Put in a different container*).
78 포장을 바꿔 보라(*Change the package*).
79 콤팩트하게 만들어 보라(*Make it compact*).
80 소형화해 보라(*Miniaturize*).
81 대형화해 보라(*Maximize*).
82 제거해 보라(*Eliminate*).
83 휴대용으로 만들어 보라(*Make it portable*).
84 접이식으로 만들어 보라(*Make it collapsible*).
85 끝까지 가보라(*Go to the extremes*).
86 요약해 보라(*Summarize it*).
87 방한용으로 해보라(*Winterize it*).
88 개성을 부여해 보라(*Personalize it*).
89 어둡게 해보라(*Make it darker*).
90 조명을 해보라(*Illuminate it*).

91 타오르게 해보라(*Make it glow*).
92 깜빡이게 해보라(*Make it flicker*).
93 톡톡 튀게 해보라(*Make it sparkle*).
94 밝게 해보라(*Make it light up*).
95 화려하게 해보라(*Make it fluorescent*).
96 무겁게 해보라(*Make it heavier*).
97 가볍게 해보라(*Make it lighter*).
98 프로모션과 연계해 보라(*Tie it in with a promotion*).
99 콘테스트를 열어 보라(*Run a contest*).
100 복권을 실행해 보라(*Run a sweepstake*).
101 작은 사이즈로 만들어 보라(*Make it junior size*).
102 자라게 해보라(*Make it grow*).
103 나눠 보라(*Split it*).
104 말을 적게 해보라(*Understate*).
105 과장해 보라(*Exaggerate*).
106 대용품으로 팔아 보라(*Sell it as a substitute*).
107 다른 용도를 찾아보라(*Find a new use for it*).
108 빼 보라(*Subtract*).
109 나눠 보라(*Divide*).
110 합해 보라(*Combine*).
111 뻔한 것을 활용해 보라(*Use the obvious*).
112 요소들을 재배치해 보라(*Rearrange the elements*).
113 낮춰 보라(*Lower it*).
114 높여 보라(*Raise it*).
115 분리해 보라(*divide it*).
116 섞어 보라(*Mix it*).
117 해석해 보라(*Translate it*).
118 속도를 높여 보라(*Speed it up*).
119 속도를 낮춰 보라(*Slow it down*).
120 날게 해보라(*Make it fly*).

121 뜨게 해보라(*Make it float*).
122 구르게 해보라(*Make it roll*).
123 가루로 만들어 보라(*Pulverize it*).
124 조각을 내보라(*Cut it into pieces*).
125 성적 소구를 해보라(*Put sex appeal it*)
126 응축해 보라(*Condense it*).
127 구부려 보라(*Bend it*).
128 짝을 맞춰 보라(*Match it*).
129 기울게 해보라(*Tilt it*).
130 공중에 매달아 보라(*Suspend it*).
131 똑바로 세워 보라(*Make it stand upright*).
132 안팎을 뒤집어 보라(*Turn it inside out*).
133 옆으로 돌려 보라(*Turn it sideways*).
134 엮어 보라(*Weave it*).
135 가면을 씌어 보라(*Mask it*).
136 대칭으로 만들어 보라(*Make it symmetrical*).
137 비대칭으로 만들어 보라(*Make it asymmetrical*).
138 칸을 막아 보라(*Partition it*).
139 서로 겨루게 해보라(*Pit one against another*).
140 날카롭게 해보라(*Sharpen it*).
141 윤곽을 바꿔 보라(*Change the contour*).
142 일주해 보라(*Encircle it*).
143 틀에 넣어 보라(*Frame it*).
144 똘똘 감아 보라(*Coil it*).
145 가득 채워 보라(*Fill it up*).
146 비워 보라(*Empty it*).
147 열어 보라(*Open it*).
148 철자를 잘못 써 보라(*Misspell it*).
149 별명을 붙여 보라(*Nickname it*).
150 봉인해 보라(*Seal it*).

151 옮겨 보라(*Transfer it*).
152 포장해 보라(*Pack it*).
153 집중해 보라(*Concentrate on it*).
154 펼쳐 보라(*Spread it out*).
155 교체해 보라(*Alternate it*).
156 고체화해 보라(*Solidify it*).
157 액체화해 보라(*Liquefy it*).
158 젤리화해 보라(*Jelly it*).
159 부드럽게 해보라(*Soften it*).
160 딱딱하게 해보라(*Harden it*).
161 기화시켜 보라(*Vaporize it*).
162 박자에 맞춰 읽어 보라(*Intonate it*).
163 좁게 만들어 보라(*Make it narrow*).
164 넓게 만들어 보라(*Make it wider*).
165 즐겁게 만들어 보라(*Make it funny*).
166 풍자해 보라(*Make it satirical*).
167 짧은 카피를 써보라(*Use short copy*).
168 긴 카피를 써보라(*Use long copy*).
169 설명서를 붙여 보라(*Attach an instruction sheet*).
170 두 번째 용도를 찾아보라(*Find a second use*).
171 조립해 보라(*Prefabricate it*).
172 한 세트로 판매해 보라(*Sell it as a kit*).
173 정화해 보라(*Purify it*).
174 위생적으로 해보라(*Sanitize it*).
175 영양을 더 풍부하게 해보라(*Make it more nourishing*).
176 병에 담아 보라(*Put it in a bottle*).
177 캔에 담아 보라(*Put it in a can*).
178 상자에 담아 보라(*Put in a box*).
179 단지에 담아 보라(*Put in a jar*).
180 둘러싸 보라(*Wrap it*).

181 접어 보라(*Fold it*).
182 펼쳐 보라(*Unfold it*).
183 신용판매를 확장해 보라(*Extend credit*).
184 무료로 제공해 보라(*Offer it free*).
185 원가로 제공해 보라(*Offer it at cost*).
186 특가로 제공해 보라(*Offer it a special cost*).
187 편안함을 더해 보라(*Add comfort*).
188 보호장치를 제공해 보라(*Offer protection*).
189 다른 질감을 활용해 보라(*Use a different texture*).
190 달콤하게 해보라(*Sweeten it*).
191 시게 해보라(*Sour it*).
192 촉촉하게 해보라(*Moisten it*).
193 건조하게 해보라(*Dry it*).
194 탈수시켜 보라(*Dehydrate it*).
195 얼려 보라(*Freeze it*).
196 비춰 보라(*Project it*).
197 부드럽게 만들어 보라(*Make it blander*).
198 자극적으로 만들어 보라(*Make it more pungent*).
199 단순화해 보라(*Simplify it*).
200 이상의 것들을 결합해 보라(*Combine any of the above*).

3) 카탈로그법

카탈로그법은 매우 간단하지만 정말 많은 연상력이 필요한 기법이다. 카탈로그법은 잡지, 카탈로그, 스크랩, 자료화면 등을 보면서 주어진 주제의 해결책을 생각해내는 것이다. 실제로 광고회사에서 많이 사용되고 있지만 잘못 사용하면 표절이나 모방에 그칠 수도 있다. 따라서 가능한 한 광고자료를 보는 것을 지양하고 광고가 아닌 자료들을 참고하는 것이 바람직하다. 특히 같은 업종의 광고자료는 모방을 통해 손쉽게 아이디어를 얻으려는 유혹이 되기 쉽다.

카탈로그법의 핵심은 해결하려는 문제와 카탈로그 속의 자료(혹은 문장) 사이에 관계를 맺어주는 것이다. 주제의식이 너무 강하게 머릿속에 자리 잡고 있기 때문에 종종 해결하려는 문제와 유사한 자료를 찾는 경향이 있다. 그러나 둘 사이의 연관성이 적을수록 아이디어의 임팩트는 커질 가능성이 높다.

사람마다 연상능력과 자료의 선택 안목이 다르기 때문에 얻을 수 있는 해결책의 수준은 크게 다르다. 평소에 아무 연관이 없는 사물들 사이의 관계를 설정해 보는 연습을 하는 것은 카탈로그법을 효율적으로 활용할 수 있는 능력을 기르는데 도움이 되는 것은 물론 그 자체로 탁월한 아이디어 발상법이다.

4) 페어법

실제로 페어법이라고 하는 발상법이 정립되어 있지는 않다. 두 사람이 서로 이야기를 주고받으면서 아이디어를 내는 방법은 광고회사에서 많이 사용되고 있으면서도 아이디어 발상법으로 인식되는 경우는 드물다.

그러나 철학에서 많이 이용되는 산파술(産婆術)[3]처럼, 두 사람이 서로 문답을 주

3 산파술에는 두 가지가 있다. 하나는 내가 모르는 척하면서 상대에게 계속 질문을 함으로써 상대의 무지를 자각하게 하거나 아포리아(난관)에 이르게 하는 소크라테스적인 반어법이다. 다른 하나는 상대가 제시한 질문을 거듭함으로써 개념을 음미하고 상대방이 의식하지 못했던 새로운 사상을 찾아내는 문답법이다. 소크라테스의 어머니가 산파로서 아기를 낳는 것을 도운 것처럼, 자신이 새로운 지혜를 낳을 수는 없으나 다른 사람들이 새로운 지혜를 낳도록 도와준다는 의미를 비유적으로 표현한 것이 산파술이다.

고받거나 떠오르는 생각들을 주고받다 보면 생각의 갈래가 여러 개 생기고, 생각에 생각을 더해서 좋은 아이디어로 발전할 가능성이 높아진다. 말 그대로 '1 + 1 = 2'가 아니라 '1 + 1 = 3, 4, 5 …'가 될 수 있다. 두 사람 사이의 문답을 철학에서 산파술이라고 이름을 붙였다면, 광고 아이디어 발상법에서 '페어법'이라고 이름 붙이지 못할 이유가 없다.

대개 페어법은 광고회사의 업무구조상 카피라이터와 아트디렉터가 한 조가 되기 쉽다. 그것이 효과적일 가능성도 높다. 카피와 비주얼이 별개가 아니기 때문에 향후 광고의 표현에서 유리한 측면이 있다. 그러나 반드시 그럴 필요는 없다. '카피라이터와 AE', '카피라이터와 카피라이터', 'CD와 카피라이터', 'CD와 CD' 등 다양한 조합이 가능하다. 어떤 직종의 사람들이 페어를 이루는가보다 중요한 것은 서로 말이 통하는 파트너를 만나는 것이다.

마음이 통하는 좋은 파트너를 만났다면 조만간에 독립해 볼 수도 있는 일이다. 수많은 광고회사들이 그렇게 해서 시작되었다.

5) 스토리텔링

스토리텔링을 브랜드관리에 어떻게 적용하는가 하는 것은 차치하고, 단순히 아이디어 발상법의 하나로만 생각해 보자.

오길비는 카피를 쓸 때 아주 쉽게 아이디어가 떠오를 때도 있지만, 그렇지 않을 때는 아주 마음이 편한 상태로 만든 후 어떤 상상을 한다고 했다. 예를 들면, 어느 디너파티에서 어떤 제품에 대해 질문을 하는 지적인 여성에게 조언하는 상황 같은 것이다. 바로 앞에 내가 이야기를 하는 대상이 있다고 상상을 하면, 그 상대방의 반응도 상상할 수 있다.

다른 방법은 정말로 이야기를 만드는 것이다. 사람들은 이야기를 좋아한다. 어릴 때 '옛날 옛날에~'하는 이야기를 좋아했고, 동화를 즐겨 읽었던 것이 다 이유가 있다. 이야기를 만드는 것은 어떤 단서와 개인의 경험과 상상력에 의존한다. 핼 스티빈스(Hal Stebbins)는 "머릿속에 열정을 가진 사람은 아무리 재미없는 제품이라도 그 제품의 비련가를 만들 수 있다"고 했다(이낙운, 1986).

또 다른 방법은 이야기를 찾아내는 것이다. 이는 제품에 대한 연구, 광고주에 대한 연구, 주변 지식에 대한 연구가 필요한 일이다. 예를 들면 레바논 내전 당시에 있었던 사실을 찾아내어 푸조라는 자동차의 광고를 이렇게 만들 수도 있을 것이다.

총알을 이기는 사자

1980년대 레바논 내전
전쟁을 피해 각국의 외교관들은 자기 나라 차를 몰고 피난을 갔습니다.
그러나 대부분 얼마 가지 못해서 여기저기서 터지는 폭탄과 총알을 맞고
차들이 폭발하거나 뒤집어졌습니다.
그 가운데 프랑스 외교관이 탄 차만은 총알을 맞고도 끄떡없이 달렸습니다.
그 차가 바로 '아스팔트 위를 달리는 사자'라고 불리는 푸조였습니다.
이제 푸조가 우리나라에 새로운 모습으로 옵니다.
우리나라 아스팔트 위를 달리게 됩니다.

스토리텔링은 경우에 따라서는 아이디어 발상법이라기보다 아이디어를 전개하는 방법에 가깝다고 할 수도 있다. 그러나 어떤 경우든지 아이디어 발상자의 상상력이 가장 많이 요구되는 발상법이다. 스토리텔링 상상력 연습은 의외로 간단하다. 계속 머릿속에서 이야기를 만들어 보는 연습을 하는 것이다. 오길비처럼 누군가에게 이야기하는 형식으로 할 수도 있고, 이미 있는 이야기(예를 들면 백설 공주나 콩쥐팥쥐 같은) 들에 대입해 볼 수도 있고, 전혀 새로운 이야기를 만들어 볼 수도 있다. 가급적 기승전결이 있는 것이 바람직하지만, 카피처럼 길지 않은 글에서는 하나의 상황이나 관계를 묘사하는 것만으로도 충분할 수 있다. 스토리텔링 발상은 특히 전파광고나 인터액티브 광고에서 더욱 유용하다.

3. 대가들의 발상법

카피라이터이거나 카피라이터 지망생이 아니더라도 광고를 어느 정도 아는 사람이라면 누구나 이름을 들어봤음직한 카피의 대가들은 어떤 비장의 아이디어 발상법을 가지고 있을까? 물론 그들의 비법을 안다고 해서 아이디어 발상 능력이 갑자기 좋

아지거나 훌륭한 카피를 쓸 수 있게 되는 것은 아니다. 또한 그들에게 정말 누구나 사용해 보면 획기적인 아이디어를 낼 수 있는 비법이 있는 것도 아니다. 그러나 그들이 시장을 움직이는 카피를 쓰기 위해 고심했던 방법은 그것이 독특하든 평범하든 모든 카피라이터에게 교훈이 될 것이다.

1) 클로드 홉킨스

클로드 홉킨스(Claude Hopkins)는 '광고 역사상 가장 뛰어난 카피라이터'라고 불러도 전혀 어색할 것이 없는 탁월한 카피라이터이다. 오늘날 수많은 광고서적들이 그가 1923년에 출판한 《과학적 광고》(*Scientific Advertising*)에 뿌리를 두고 있을 만큼 광고의 기초를 다진 위대한 광고인이다. 홉킨스를 역사상 최고의 카피라이터로 손꼽은 오길비는 《과학적 광고》를 일곱 번 읽기 전에는 광고계에 발을 디뎠다는 말조차 하지 말라고 했다.

어찌 보면 홉킨스의 발상법은 매우 간단하다. 카피를 과학적으로 실험해서 더욱 효과적인 방법을 찾아내는 것이 그의 발상법이다.

예를 들어 보자. "1주일 동안 써보세요. 만일 마음에 들지 않는다면 환불해 드리겠습니다"라는 카피와 "만일 마음에 드신다면 1주일 후에 지불하세요"라는 카피 중 어느 것이 더 효과적일까?

많은 광고들이 '불만족 시 환불'이라는 조건을 내걸었다. 오늘날에도 그런 광고를 종종 볼 수 있다. 그러나 답은 후자이다. 일단 돈을 내지 않아도 된다는 것이 구매자의 부담감을 줄여 주기 때문이다.

이렇게 실험하기 위해서는 많은 시간이 필요한데, 이는 그가 일 중독자였기 때문에 가능했다. 아침 6시에는 사무실에 도착해서 일을 시작하고, 모두 퇴근한 한 밤이 되어서야 집으로 갔다. 일요일은 사람들이 나오지 않기 때문에 조용해서 일하기 좋다며 혼자 출근했다. 그의 업무시간은 적어도 남들의 두 배 정도 되었다.

실제 홉킨스는 나름대로의 아이디어 발상의 가이드라인을 가지고 있었다. 15장의 메모지에 각각 하나씩 모두 15가지 포인트를 적어 놓고 낮에는 책상 앞 벽에 붙여놓았다가 매일 밤에는 떼어서 책상 서랍에 두었다고 한다. 15가지 포인트가 무엇인지는 80년 이상 알려지지 않았다. 그가 일했던 로드 & 토마스의 후신인 FCB에서는 물론 그의 가족들조차 모른다고 한다.

그러나 15가지 포인트를 찾아낼 세 가지 단서가 있다. 첫 번째 단서는 1938년 10월에 발행된 〈애드 에이지〉(*Ad Age*)에 홉킨스의 인터뷰 기사가 실렸는데, 거기에 15가지 포인트가 언급되어 있다는 것이다. 두 번째 단서는 칼 갤러티(Carl Galletti)라는 전직 카피라이터이자 인터넷 마케팅 전문가가 15가지 포인트를 알아내기 위해 오랫동안 고생한 끝에 마침내 찾아내서 제9회 인터넷 마케팅 슈퍼 컨퍼런스(Internet Marketing Super Conference)에서 발표했다는 것이다.

세 번째 단서는 그의 저서 《과학적 광고》이다. 그는 15가지 포인트를 '법칙'(*law*)라고 불렀었다. 《과학적 광고》 1장의 제목이 '광고의 법칙들은 어떻게 만들어지는가'이다. 바꿔 말해서, 이 책을 읽는 사람이라면 누구나 오길비의 권고대로 홉킨스의 책을 꼭 읽어보기를 권하는 것이다.

2) 데이비드 오길비

2004년 〈애드위크〉(*Adweek*)지가 광고인들과 광고를 공부하는 대학생들에게 과거와 현재를 막론하고 가장 따라가고 싶은 광고인이 누구인지 조사를 한 적이 있었다. 1위는 양쪽 모두 데이비드 오길비(David Ogilvy)가 차지했다. 그는 광고계에서 가장 잘 알려진 인물이라고 할 수 있다. 카피라이터로서 훨씬 더 뛰어난 업적을 이룬 이들도 여럿 있고, 그보다 성공한 광고회사 경영자들이 있음에도 불구하고 그가 광고인의 대명사가 된 것은 몇 가지 이유가 있을 것이다.

그 중의 가장 대표적인 이유는 그의 저서들이다. 《어느 광고인의 고백》(*Confession of an Advertising Man*)과 《광고 불변의 법칙》(*Ogilvy on Advertising*)은 광고인들이라면 누구나 알고 있고, 대부분 읽어 본 적이 있을 것이다. 특히 《어느 광고인의 고백》은 광고계 밖에서도 상당한 인지도를 가지고 있다. 그가 이 책을 쓰게 된 동기는 그의 스승이자 친구이며 한때 동서이자 라이벌이자 앙숙이었던 로서 리브스가 《광고의 실체》(*Reality in Advertising*)를 출판하자 경쟁의식이 발동되었기 때문이다. 내용에 썩 자신이 없었기 때문에 오길비 자신은 몇천 부 정도 팔릴 거라고 예상했는데 뜻밖에도 엄청난 인기를 얻었다. 《광고의 실체》의 내용이 아무리 좋아도 설득하고 가르치려는 인상이 강한데 비해, 《어느 광고인의 고백》은 그런 냄새가 덜 났을 뿐 아니라 광고계의 일면을 볼 수 있었기 때문이 아닐까 한다. 어쨌든 그의 저서는 그를 가장 유명한 광고인으로 만들었다.

저서에서 밝혔듯이 그는 빅 아이디어에 대해 대단한 집착을 보이고 있다. 빅 아이디어가 없으면 유명해지거나 성공할 수 없다고 했다. 빅 아이디어는 어떻게 생각해낼 수(또는 찾아낼 수) 있을까? 오길비는 "빅 아이디어는 무의식에서 나온다"(*Big ideas come from unconscious*)고 했다. 무의식에서 빅 아이디어가 나오는 것은 광고뿐 아니라 예술과 과학 분야에서도 마찬가지라고 했다. 그러나 중요한 것은 무의식 속에 충분한 정보가 들어있지 않다면 아이디어는 별로 쓸모없는 것이 된다는 것이다. 즉 의식 속에 정보를 집어넣고 이성적 사고과정을 열어 놓으라는 것이다. 무의식에서 빅 아이디어가 나온다는 것은 광고와 무관한 일을 하거나 편안하게 휴식을 취할 때 문득 아이디어가 떠오른다는 의미이다. 오길비는 "나는 존 발리콘[4]을 좋아합니다. 뜨거운 물에서 오랫동안 목욕도 합니다. 매일 스툴에 한 시간씩 앉아있기도 하고요. 정원을 돌보기도 하고, 아미쉬에 은둔하기도 합니다. 새를 보거나 시골길을 오랫동안 거닐어 봅니다."(Stephen Fox, 1997)라고 했다.

그러니까 빅 아이디어는 충분한 '정보'에 바탕을 두고 있다. 그것을 무의식이 결합시켜 아이디어로 재탄생시키는 것이다. 정보를 강조한 것은 오길비가 갤럽에서 3년간 조사업무를 한 경험이 있다는 것과 무관하지 않을 것이다. 대부분의 탁월한 크리에이터들이 조사를 멸시하는 데 비해 오길비는 조사를 매우 중시했다.

오길비의 아이디어 발상에서 주목할 만한 것을 한두 가지 더 들어보자.

그의 대표적인 캠페인은 3가지이다. 그 밖에도 얼마나 더 많은 성공 캠페인을 만들었는지는 모르지만(오길비는 자신이 평생 낸 빅 아이디어가 20개 정도라고 했다) 널리 알려진 것은 해서웨이 셔츠, 스웹스, 롤스로이스 캠페인이다.

각 캠페인의 카피를 살펴보면 "해서웨이를 입은 사나이"(*The Man in the Hathaway*), "스웹스에서 온 사나이가 여기 있습니다"(*The Man from Sweppes is here*), "60마일로 달리는 신형 롤스로이스에서 들리는 가장 시끄러운 것은 전자시계 소

4 John Barleycorn. 보리로 만든 술(맥주, 위스키)을 의인화해서 부른 것이다.

리"(*At 60 miles an hour the loudest noise in this new Rolls-Royce comes from the electric clock*)이다.

'~을 입은 사나이'와 '~에서 온 사나이'라는 두 캠페인의 카피가 비슷하지 않은가? 심지어는 비주얼조차 해서웨이 셔츠의 사나이와 스웹스의 사나이가 모두 독특한 외모(한 사람은 안대, 한 사람은 턱수염)를 하고 있다는 점에서도 닮았다. 이것은 중요한 점을 일깨워준다.

뿐만 아니다. 롤스로이스 광고의 카피는 오길비의 독창적 생각이라고 하기 어렵다. 그는 이 카피를 어느 잡지에서 찾아냈다고 했다. 1933년 BBDO의 찰스 브라우어(Charles Brower)가 피어스 애로우(Pierce-Arrow)라는 자동차 광고에서 쓴 "신형 피어스 애로우에서 들리는 유일한 소리는 전자시계의 째깍거리는 소리입니다"(*The only sound one can hear in the new Pierce-Arrow is the ticking of the electric clock*)라는 카피와 비교해 보라.

〈그림 10-2〉 피어스 애로우 광고
(http://robertrosenthal.typepad.com)

흔히 크리에이티브는 어떤 면에서든 새로운 것이어야 한다고 생각한다. 비슷한 것(또는 모방한 것)은 어필하지 못한다고들 한다. 그러나 분명히 같은 방식으로 접근한 두 광고 캠페인이 모두 20세기의 대표적인 성공 캠페인으로 꼽히고 있다. 더구나 같은 제품군에서 집행된 광고의 카피와 같은 맥락의 카피가 세계에서 가장 유명한 카피의 하나가 되었다.

모티브, 모방, 참고, 힌트… 무엇이라고 해도 큰 상관은 없다. 다른 광고에서 좋은 아이디어를 발견했다면 자신의 스타일로 소화하는 것을 두려워할 필요는 없을 것이다.

웹 카피라이터인 제프 섹스턴(Jeff Sexton)은 왜 오리지널리티가 있는 피어스 애로우의 카피보다 뒤를 따른 롤스로이스 광고가 더 효과적인지를 비교했는데, 요약해서 소개하면 다음과 같다(www. grokdotcom. com).

① 구체성 오길비는 시속 60마일이라는 속도를 제시함으로써 마치 실제 테스트 결과인 것처럼 생각하도록 했다.
② 인용부호 롤스로이스 헤드라인에 삽입한 인용부호는 마치 실험자나 엔지니어가 증언한 것처럼 보여서 신뢰감을 준다.
③ 주장 자체의 신뢰성 '유일한 소리'와 '가장 시끄러운 소리'에 주목하라. 차에서 여러 가지 소리가 나는 것은 누구나 아는 일인데 '유일한 소리'라고 하면 정말 다른 소리는 안 나는 것인가 하는 의심이 들 것이다.
④ 정서적 연상을 일으키는 단어 'sound'와 'noise'의 차이는 미세하지만 정서적 함의는 천양지차다.

이런 분석이 옳은 것인지는 알 수 없다. 자동차의 대중화 정도, 광고의 노출 빈도, 광고물의 완성도 등이 더 큰 영향을 미쳤을 가능성이 높다. 어쨌든 기존 광고에서 어떤 아이디어를 얻어서 사용할 경우에는 타이밍과 응용 기술이 중요하다고 할 수 있다.

3) 드레이튼 버드

드레이튼 버드(Drayton Bird)는 오길비 & 매더의 인터내셔널 CD이자 부회장이었다. 그는 자신이 아이디어를 내는 방법을 7가지로 정리했다(advertising. suite101. com).

① 대상을 완전히 파악하라 광고할 제품이나 서비스를 처음부터 끝까지, 안팎으로 철저히 알아야 한다.
② 소비자를 이해하라 소비자가 무엇을 생각하고, 무엇을 염려하고, 무엇에 반응하는지 알아야 한다.
③ 어떻게 설득할지 이해하라 나의 견해로는, 사람들에게 쉽게 수용할 수 있는 제

안을 해서 동의를 얻어낸 다음, 점차 보다 진전된 제안들을 해나가는 것이 좋다. 비록 나중의 제안들의 신뢰도가 떨어진다고 하더라도 사람들은 이미 처음의 제안을 수용했기 때문에 그것들을 수용하려고 한다. 마지막 제안은 당신은 이 제품이나 서비스를 정말로 필요로 하고 있으며 지금 당장 행동에 옮겨야 한다는 내용을 담게 된다. 앞서의 제안들을 수용했기 때문에 마지막 제안도 수용할 가능성이 높다.

④ 당신의 잠재의식을 가동하라 수집한 정보들이 마음속에서 어떤 작용을 할 수 있는 시간을 주어야 한다.

⑤ 기법에 대한 지식 많은 사람들이 천부적 재능 덕분에 자신이 잘한다고 생각한다. 그러나 천부적 재능에 의존하지 말기 바란다. 정말 광고를 잘하기 원한다면 업계에서 사용되는 모든 기법들을 아는 것이 필수적이다. 왜냐하면 훌륭한 아이디어를 가졌다는 것만으로는 충분치 않기 때문이다. 그것을 잘 표현해낼 줄 알아야 한다. 유명한 피아니스트인 파데레브스키(Paderewski)는 "기법은 예술에 선행한다"(*Technique comes before art*)라고 했다.

⑥ 준비된 마음가짐 빅터 로스(Victor Ross)는 반전은 겉보기에 분명히 연관성이 없는 두 개의 아이디어가 결합될 때 나온다고 했다. 따라서 기막힌 아이디어를 생각해내려면 풍성한 아이디어의 자산을 가지고 있어야 한다. 이것은 개발해야 할 문제이다. 우리들이 흔히 하듯이 그저 우리의 편협한 전문가로서의 입장이나 우리와 같은 배경을 가진 사람들에게 집중한다고 해서 되는 문제가 아니다. 더 멀찍이서 봐야 한다. 다른 크리에이티브의 세계에서는 어떤 일이 일어나고 있는지 보라. 연극이나 뮤지컬, 영화, 오페라 등을 보고, 다양한 주제의 책들을 읽어 보라. 버스나 지하철을 타보고, 슈퍼마켓에서 장을 보고, 나돌아 다녀보라.

⑦ 전환 중단. 이것을 무엇이라고 정의하기는 어렵지만 부가적 요소임에는 틀림이 없다. 로스(Ross)와 매닝(Manning)이 나에게 일깨워준 것인데, 그들에게 감사를 표한다.

드레이튼 버드는 일곱 번째인 "전환"이 훌륭한 아이디어를 창출하는데 가장 중요한 부분이라고 했다. 예기치 못한 것이 독자의 주의를 끄는 것과 비슷하다고 할까.

데이비드 오길비는 따뜻한 물로 목욕하거나 산책하는 것이 아이디어를 얻는데 도움이 된다고 했다.

4) 존 케이플즈

존 케이플즈(John Caples)는 광고에 입문할 때, 혹은 카피라이팅을 시작할 때 누구나 읽어야 하는 책 《효과가 입증된 광고》(*Tested Advertising Methods*) 5의 저자이자, 1973년에는 카피라이터 명예의 전당에, 1977년에는 광고 명예의 전당에 추대된 광고의 대가이다. 그의 저서들로는 《성공하는 광고》(Making Ads Pay), 《돈 되는 광고를 만드는 법》(How to Make Your Advertising Make Money) 등이 있다. 가장 널리 알려진 책은 《효과가 입증된 광고》이지만 존 케이플즈의 아이디어 발상법은 뒤의 두 책에서 어느 정도 찾아볼 수 있다.

그는 아이디어를 내기 위해서 해야 할 일 12가지를 제시했는데, 이는 특별한 발상법이 아니라 일종의 아이디어 소스의 체크리스트라고 할 수 있다. 6

① 자신의 개인적 경험을 활용해 보라.
② 자신의 경험을 체계화해 보라.
③ 마음에서 떠오르는 것을 써 보라.
④ 다른 사람들의 경험에서 배우라.
⑤ 광고주(제조회사)와 이야기해 보라.
⑥ 상품에 대해 연구해 보라.
⑦ 상품의 지난 광고들을 연구해 보라.
⑧ 경쟁자의 광고를 연구해 보라.
⑨ 고객의 이야기에 대해 연구해 보라.

---

5 *Tested Advertising Methods*는 1932년에 초판이 나온 이래 70년 가까이 계속 인쇄되고 있다. 우리나라에는 몇 가지 번역본이 있는데, 그 중 대표적인 것이 《광고, 이렇게 하면 성공한다》(송도익 역, 서해문집)이다.

6 1983년 *Ad Age*에 "A dozen ways to develope advertising ideas"라는 글을 썼다.

⑩ 잠재고객의 문제를 해결하라.
⑪ 자신의 잠재의식을 일에 투입하라.
⑫ 성공한 광고를 여러 가지로 변화시켜 반복해서 사용해 보라.

이런 것들은 누구나 다 하고 있는 일이라고 생각할 수도 있으나 실제로는 극히 일부분만을 실행하고 있는 경우가 많다. 따라서 다양한 관점에서 새로운 아이디어를 찾기 위해서는 체크리스트를 따라서 사고하는 습관을 들일 필요가 있다.

존 케이플즈의 아이디어 발상법은 일종의 연상기법이자 아이디어 발상의 기본 과정을 촉진하는 방법이라고 할 수 있다.

① 우선 상품과 해결하려는 주제에 대한 자료를 모아서 숙지하고 충분히 소화시킨다.
② 큰 종이를 준비하고 쓸 준비를 한다.
③ 상품이나 주제에 관해서 가장 먼저 머릿속에 떠오르는 단어를 쓴다.
④ 계속해서 연상되는 단어 또는 문장을 쓴다. 중요한 것은, 연상되는 단어나 문장들이 서로 논리적으로 연결되는지 의식적으로 판단하지 않고 떠오르는 대로 쓰는 것이다.
⑤ 계속 쓰다 보면 머릿속이 점점 뜨거워지면서 연상의 속도도 빨라지다가 나중에는 느려지면서 결국 아무 생각도 나지 않게 된다.
⑥ 더 이상 아이디어가 떠오르지 않으면 추진기법(*booster technic*)을 사용한다. 추진기법이란 주제에 관한 자료들을 다시 보거나 과거의 광고들을 검토하는 것이다. 그런 과정에서 아이디어가 충전되면 다시 계속해서 쓰는 작업에 돌입한다.
⑦ 아이디어들을 충분히 낸 다음에는 휴식을 취한 후 그것들을 추려 내거나 결합시켜보면서 정리한다. 큰 종이에 쓰여 있는 많은 단어와 문장들 중 어떤 것은 헤드라인이 되기도 하고, 서브헤드가 되기도 하며, 나머지는 바디카피의 재료가 되기도 한다.

5) 그 밖의 힌트

오길비는 사무실에 아이디어가 생각날 때마다 그것을 모아두는 서랍을 가지고 있었다. 침대 옆에는 한밤중에라도 아이디어가 생각나면 쓸 수 있도록 패드를 비치해 두었다. 오길비는 업무시간에 사무실에서 카피를 쓰기 어렵다고 했다. 대개 집에 가지고 갔다. 한밤중이나 이른 아침이나 일요일에 주로 썼다고 한다.

클로드 홉킨스 역시 아침 일찍 출근해서 카피를 썼고, 조용한 일요일에 집중해서 썼고, 저녁에는 모임에 갔다가도 몰래 빠져 나와서 조용한 사무실에서 일을 했다.

영과 루비캄(Young & Rubicam)의 대표적 카피라이터이자 광고 명예의 전당에 추대된 조지 그리빈(George Gribbin)은 카피 아이디어를 얻는 어떤 공식이 있는 것은 아니지만 일종의 습관이 있다고 했다. 제품에 대해 엄청나게 많은 지식을 가져야 한다는 것이다. 이는 단순히 제품의 물리적 특성만을 의미하는 것이 아니다. 누가 구매하는지, 어떤 동기에서 구매하는지 등 예상고객에 대해서도 철저히 알아야 한다. 제품과 고객을 파악하는 것을 습관화하는 것이 그의 아이디어 발상법이었다. 또한 좋은 아트디렉터와의 파트너십을 강조했다. 카피와 비주얼이 분리된 것이 아니기 때문에 카피 아이디어는 비주얼에서도 얼마든지 찾아낼 수 있다는 것이다.

레오 버넷(Leo Burnett)은 책상 왼쪽에 커다란 폴더를 마련해 두고, 대화중에 들은 말이나 어떤 아이디어를 표현하는데 적합할 것 같은 장소 등 온갖 아이디어거리가 될 만한 것들은 모두 종이에 써서 거기에 두었다. 그 폴더에 '진부한 언어'(*Corny Language*)라는 이름까지 붙였는데, 그가 광고회사를 처음 시작했을 때부터 가지고 있었다고 한다. 1년에 서너 차례쯤 폴더를 정리하면서 어딘가 써먹을 만한 것들을 골라내어 거기에 메모를 첨부하고, 쓸모없는 것들은 버렸다. 폴더 외에도 'Ads Worth Saving'이라는 또 다른 파일을 1940년 무렵부터 가지고 있었다. 그는 자신의 귀는 언제나 일상적인 것들을 비일상적 관계로 전환하도록 조정되어 있다고 했다.

그 외에도 윌리엄 번벅(William Bernbach)이나 로서 리브스, 레이몬드 루비캄(Raymond Rubicam) 등 광고 역사가 기억하고 따라야 할 훌륭한 카피라이터들은 한결같이 책 읽기를 강조했다. 광고와 관련된 서적이 아니라 철학, 인문학, 잡지 등 다양한 분야의 책들이 결국은 아이디어를 발상할 때 큰 도움이 된다는 것이다.

몇 가지 체계화된 아이디어 발상법들과 소개했지만, 카피 아이디어 발상의 핵심은 자신에게 가장 적합한 방법을 선택하거나 만들어내는 것이다. 남들의 발상법은 그렇게 될 때까지 배우고 응용하고 발전시키는 데 결정적인 역할을 하게 될 것이다. 예측컨대, 대개 여기에서 소개한 범위 내에서 자신의 방법을 선택하게 될 가능성이 높다. 그러나 새로운 방법을 찾는 것은 또 다른 신세계를 개척하는 것이므로 충분히 도전해 볼 만하다.

• 생각해 볼 문제 •

1 아이디어 발상의 목적은 무엇인가? (목적이 분명하면 길을 찾는 것은 더욱 쉬워진다)

2 아이디어 발상법은 어떤 것들이 있는가? (남들이 만들어 놓은 길을 가는 것은 훨씬 쉽다)

3 나에게, 혹은 우리 조직에 적용할 수 있는 방법은 무엇인가?
(모든 방법을 알 필요는 없다. 발상의 목적을 다시 생각해 보면 된다)

4 나만의 발상법을 생각하고 정리해 보자. (내가 만든 길만큼 나에게 잘 맞는 것도 없다)

• 핵심정리 •

이 장에서는 실제로 적용 가능한 아이디어 발상법들을 다루었다. 가장 중요한 것은 아이디어를 위한 아이디어가 아니라 문제를 해결하기 위한 아이디어, 즉 광고의 목적에 부합되는 아이디어를 발상해야 한다는 마음가짐이다. 브레인스토밍 계열, 체크리스트 계열을 비롯해서 카탈로그, 페어, 스토리텔링의 방법들은 카피라이팅에서 실질적 활용이 가능한 방법들이다. 카피라이터 대가들이나 선배들의 발상법이 절대적 방법은 아니겠지만, 관련된 자료들을 모으고 분석하는 습관과 브랜드와 소비자에 대해 철저히 연구하는 자세들은 본받을 필요가 있다. 또한 일에 자신을 몰입시키는 태도 역시 아이디어 발상의 기본기가 될 것이다. 좋은 카피라이터가 되기 위해서는 남의 발상법을 잘 이해하고 활용하는 한편, 자신의 발상법을 찾아내는 것 역시 중요한 과제이다.

• 나의 현역시절 대표카피 •

대학교 3학년 겨울방학 때인 1982년 말, 10년 내에 광고가 미국에서 제2금융과 함께 가장 각광받는 직종의 하나가 될 것이라는 두어 해 전 *Fortune* 지 기사를 읽고 광고계 입문을 생각했다. 뭔가 남들과는 다른 길을 가거나 좀 앞서 간다는 평가를 받고 싶은 교만이 원동력이었을 것이다.

나의 현역시절을 요약하면, 1983년 광고사관학교 오리콤에서 카피라이터 생활을 시작했고, 1991년부터 2000년까지는 MBC애드컴에서, 2002년 초까지는 금강기획에서 CD, ECD로 일했다. 담당했던 광고주로는 대우전자, 대우자동차, 대우증권, 농협, 코카콜라, 기아자동차, 서울우유, 청구, 한국통신, 동아제약, 동아오츠카, 재능교육, 몬테소리, 현대자동차, 현대건설, 현대해상, 현대증권, 온세통신, 크라운제과 등이 있다. 자동차, 건설, 통신, 식품, 교육 광고를 주로 한 셈인데, 국내외 대부분의 주요 자동차 브랜드들을 경험한 것이 특이한 이력이라고 할 수 있다.

기억에 남는 카피로는 대우전자의 "한 번 판매한 제품은 끝까지 책임집니다", 농협의 "신토불이", 한국통신의 "귀가전화, 가족사랑의 시작입니다"와 "바쁠 땐 전화가 효녀지", 청구그룹의 "Think Big" 등이 있다. 한때는 홍보영화 시나리오 작가와 조연출로 적어도 150여 편 이상의 작품에 참여하기도 했고, 여러 이벤트를 기획하기도 했다.

크리스찬으로서 세상을 보다 살 만한 곳으로 만드는 데 기여하는 광고를 만들겠다는 생각을 늘 잊지 않았고, '광고는 뉴스보다 정직하다'는 신념을 현업 내내, 그리고 지금까지 갖고 있다.

• 참고문헌 •

김태형, 1995, 《카피라이터 가라사대》, 디자인하우스.

다카하시 마코토, 손혜민 역, 1994, 《창조력 사전》, MBC애드컴.

이낙운, 1986, 《광고의 기본원리》, 나남출판.

최병광·최현주, 2005, 《최카피의 워딩의 법칙》, 두앤비컨텐츠.

Baker, Stephen, 1979, *Systematic Approach to Advertising Creativity*, NY: McGrawhill.

Fox, Stephen, 1997, *The Mirror Makers*, 리대룡·차유철 역, 2005, 《광고 크리에이티브사》, 한경사.

Higgins, Denis, 2003, *The Art of Writing Advertising*, McGraw-Hill.

Osborn, Alex F, 1957, *Applied Imagination: Principles and Procedures of Creative Problem-solving*, NY: Scribner.

http://www. advertising. suite101. com

http://www. alanrosenspan. com

http://www. blog. naver. com/jmjung21

http://www. grokdotcom. com

http://www. legacy. signonsandiego. com/uniontrib

http://www. mycoted. com

http://www. robertrosenthal. typepad. com

효과적인 방송광고 카피 11

구승회

1. 영상광고(TV-CM) 카피라이팅
잘 보이는가? 잘 들리는가? 잘 느껴지는가?

브랜드는 TV에서 탄생한다는 이야기가 있다. TV 광고의 힘을 이야기하는 것이다. 인터넷을 중심으로 한 뉴미디어가 세상을 흔들고, 광고시장을 뒤흔들어도 TV는 절대적 힘을 가진 주요 매체이다. 절대 그 능력을 과소평가해서는 안 된다.

TV가 우리 일상의 삶을 어떻게 얼마나 깊고 넓게 파고드는지 생각한다면, 긴장해야 하며 또한 진지해야 한다. 또한 카피라이터의 재능만으론, 카피의 기능만으로는 그 소임을 다할 수 없는 매체가 바로 TV-CM이라는 표현장르이다. 이는 카피라이터가 감수해야 하는 하나의 숙명이라 여겨지기도 하지만, 그럴수록 카피라이터들은 영상의 무한한 표현 영역에 한발짝이라도 더 접근해서 그 변화무쌍, 무소불능한 무한대의 가능성을 자기 것으로 만들기 위해 노력해야 할 것이다.

또한 TV 광고는 카피라이터의 실수를 적나라하게 드러낼 뿐 아니라 반복을 통해 자꾸 괴롭히기도 한다. 그러므로 스크립트 작업에 많은 시간을 투여해야 할 것이다. PC 모니터 앞이든, 아이디어 스케치북이든 간에 각자의 취향 나름이겠지만, 몰입의 고통과 발상 그리고 그 다음에 오는 즐거움을 같이 느껴 보아야 할 것이다.

아이디어는 단순한지, 대사와 자막들은 자연스러운지, 덧붙여지거나 중복된 것은 없는지 등등에 대해 고민하고 또 고민해야 한다.

1) 영상 카피라이팅의 시작, 기존 광고 비틀어 보기

TV-CM 카피라이팅을 위해 가장 먼저 해봐야 할 것이 있다. 신입 카피라이터나 아직 배움의 현장에 있는 광고학도들이라면 특히 주의를 기울이기 바란다. 지금 이 순간 TV 광고를 떠올려 보라. 자신의 뇌리 속에 몇 편 정도의 광고가 떠오르는가? 혹, 아주 없거나 아주 오래 전의 광고물들은 아닌가? 오늘 하루에도 수많은 광고들이 쏟아져 나오는데 무엇이 광고를 잊게 하며, 또 무엇이 광고를 기억하게 하는가?

지금 당장 TV 앞에 앉아서 광고를 보자. 최소 10편은 보라 그리고 각각의 광고를 보면서 다음의 질문에 답을 적어보라. 영상 카피라이팅의 시작임을 기억하자.

① 중심이 되는 하나의 메시지나 아이디어는 무엇이었나?
② 그 아이디어와 관련해 오프닝의 중요도 또는 주의집중력은 괜찮았는가?
③ 혹, 혼란스러웠는가? 만약 그렇다면, 그 광고의 어떤 점이 그러했나?
④ 이야기 전개를 위한 카피와 비주얼은 적절하게 조화와 대조를 이루고 있는가?
⑤ 말이 너무 중복되진 않았나? 덧붙여지진 않았는가? 무엇을 덧붙였는가?
⑥ 복잡하게 교차되는 멋진 영상들이 이해되거나 감상될 만큼 충분한 시간 동안 보이는가? 아님, 지루하거나 도표 자료 같은 것이 너무 자주 또는 오랫동안 보이진 않는가? 내가 손을 본다면 어떻게 좀더 낫게 만들 수 있겠는가?
⑦ 브랜드가 이야기의 중심에 있는가? 혹, 브랜드와는 상관없는 유행어나 개그성 이야기로 전개되진 않는가?
⑧ 내용을, 스토리를 즐겼는가? 믿을 만한가? 이야기에서 다른 가치가 발견되진 않는가? 브랜드나 상품과는 상관없이 단지 광고만 즐겁도록 만들어지진 않았는가?
⑨ 광고를 다 본 후, 스스로에게 물어 보라. 왜 그 상품이나 서비스에 관심을 가져야 하는지, 한 문장으로 말할 수 있는가?

광고주의 요구가, 이번 광고는 비즈니스맨을 위한 것이고 그들에게 항공사의 광범위한 노선범위를 알려달라는 부탁을 받았다고 가정하자.

머릿속에 무엇이 흐르는가? 깔끔한 정장차림에 비즈니스 가방을 든 수많은 비즈니스맨들. 바쁘게 교차되는 그들의 빠른 발 움직임과 한반도에서 마구잡이식 화살표로 외국으로 뻗어나가는 비주얼, 그리고 비즈니스맨들이 각각 뒤섞이며 각국의 도시를 활보하는, 악수하고, 서류사인에 웃음 짓는 영상들 … 뭐, 이 정도가 떠오르지 않는가? 만약 이 정도가 떠오른다면 … 반성하자. 아직 우린, 주목받을 만큼 크리에이티브하지 못한 것이다.

〈그림 11-1〉 유나이티드 항공 TV 광고

1 사무실 장면. 한 그룹의 실무자들이 비즈니스 미팅을 하는 모습이 나온다.

2 팀장인 듯한 친구가 침통한 얼굴로 "오늘 아침, 오랜 고객한테 전화가 왔어… "하며 이야기를 시작한다.

3 팀장 얼굴 클로즈업(심각한 인상) 되며, "한 20년 넘는 단골이지 아마 … 거래를 그만하겠다는 거야. 뭐가 불만인지 … 참 …

4 요즘 들어 우릴 잘 모르겠다네 … . 뭐, 요즘은 전화, 팩스, 이메일로 다하니까 재미가 없다나 봐. 서로 파트너란 느낌이 안 든다는 게지 … 아마 다른 곳에서 치고 들어간 것 같아 … ."

5 카메라는 우거지상을 하고 있는 동료들 얼굴과 표정을 스치며 지나간다.

6 팀장, 정색을 하며 다시 옛날 방식인 면대면 비즈니스를 위해 전 영업사원을 밖으로 내보내겠다고 선언한다.

7 여기저기서 "뭐? 도시만 200개가 넘어 … ", "어떻게 다 가?"하며 투덜거린다.

8 그때 팀장은 특정 항공사 티켓을 모두에게 건네며, 그날 아침 사업 중단을 선언한 사람에게는 자신이 찾아갈 것이라고 말한다.

9 카메라는 건네지는 티켓의 항공사 로고를 교묘히 클로즈업하며 마무리한다.

〈그림 11-1〉과 같은 접근은 어떨까? 천천히 머릿속에 그림을 그리며 상상해 보자. 이 광고는 비행기도 없고 예쁜 스튜어디스나, 비행기 내부나 외부도 보이지 않는 항공사 광고다. 하지만 이 TV 광고는 항공사에게 큰 성공을 가져다주었고, 비즈니스 여행객들에게 파워풀한 항공사 노선의 실체를 제대로 보여준 사례로 평가된다.

이유가 뭘까? 별것도 아닌 것 같은데 … 항공사 광고치고 좀 색다르긴 해도 실제 매출에까지 큰 영향을 미친 성공광고라니 … 내가 보지 못한 뭐가 있는 걸까? 광고의 흐름이나 카피들을 다시 한 번 보자. 뭔가 있는 것 같지 않은가?

이 이야기는 실제 2005년 미국에서 성공광고를 통해 매출향상에 크게 성공한 유나이티드 항공(United Airlines)사의 TV 광고 이야기다. 광고제작을 담당했던 크리에이티브 디렉터 버드 와트(Bud Watts)의 이야기에서 그 성공의 팩트(*fact*)를 유추해 볼 수 있을 것 같다.

> 광고주가 원한 건 비즈니스맨들이야. 광고 타깃이 좁혀진 것이지. 그들에게 유나이티드의 사업범위를 유용하게 보여주란 것이었어. 우리는 물론 유나이티드가 좋다고 말하지만 사람들에게 단지 유나이티드가 많은 장소로 비행한다는 설명만 해서는 아무것도 건질 게 없지.
>
> 우리는 팩트를 꿰뚫어 봐야 했지. 어떻게 주의를 끌지 많은 고민을 했지. 이런저런 토론 끝에, 오늘날 비즈니스 방법이란 주제를 통해 한 아이디어를 건졌지. 즉, 난무하는 전자 비즈니스의 증가, 그리고 그것이 어떻게 사업을 실패로 이끄는지에 관한 아이디어였어. 전자 비즈니스는 결코 고객을 직접 대면하는 방식을 대체할 수가 없지.
>
> 바로 이게 아이디어야. 비즈니스도 사람이 하는 거고 사람은 만날 때 정이 오간다는 것이지. 그리고 효과가 있었지. 이 이야기는 약간의 충격을 주는 것으로부터 시작해서 공감할 수 있는 방법으로 아이디어를 가져왔어. 카리스마 넘치는 명석한 팀장의 모습을 빌려서 말이야 … .[1]

곱씹어 봄직한 그 무언가가 있지 않은가? 우리가 앞서 일감으로 떠올렸던 것과 좀

1 Jewler & Drewniany, 2005, *Creative Strategy in Advertising*, Wadsworth Thomson, pp. 194~195.

다르지 않은가? 발상한다는 것, 카피를 쓴다는 것, 전략적이라는 것, 또 그것을 실천한다는 것. 영상광고는 마음먹기에 따라서는 어느 매체도 따라올 수 없는 전달력을 지니고 있다는 것을 유념토록 하자.

2) TV-CM의 구성

전파광고물 제작에 있어 구성이란 한마디로, 어떻게 하면 보다 빨리, 알기 쉽게 효과적으로 메시지의 내용을 시청 대중에게 전달하느냐 하는, 상황전개의 테크닉이라 할 수 있다. 일반적으로 구성(*construction*)이라 불리는 이 구성론의 세계에서는 "CM은 압축이 아니라 생략의 예술이다"라는 말이 정설로 통한다.

다만 생략은 하되 나름대로의 기승전결식 흐름에 대한 원칙을 갖고 시청 소비자의 감정유입 단계를 계산하면서 작품을 전개해야지만, 짧은 시간 안에 목표한 전달효과를 거둘 수 있게 된다는 것이다.

우리 광고계의 카피라이터 대선배이신 이만재 선생님의 말을 빌러, "한 편의 CM은 결코 '아이디어에 의한 단판승부'가 아니라 '목적과 계산에 의한 미니 드라마'라고" 그 개념을 인식하면 옳겠다. 특히 요즘처럼 단발성 광고가 주가 아닌, 시리즈물의 캠페인성 광고라면 특히 더하다.

동계올림픽의 쇼트트랙 스피드 스케이팅 경기를 떠올려 보자. 눈 깜짝할 사이에 트랙을 몇 바퀴 돌다 파이널 라인을 통과하는 듯 보이지만, 슬로우 비디오를 통해 볼 양이면, 그 좁은 틈새 틈새로 파고드는 숨 막히는 한 동작 한 동작 속에 촌철살인의 기막힌 작전 드라마가 숨어있음을 깨닫게 되는 것과 같은 이치이다.

그러나 CM의 경우는 워낙 짧은 시간 안에 승부를 봐야 하기 때문에, 교과서적 기승전결을 곧이곧대로 구사하는 데는 당연히 무리가 따른다. 그래서 적용되는 것이 TV-CM용 광고구성법인 것이다.

다음은 필자가 현업 카피라이터 시절, 학습했던 이만재 선생님의 《영상광고의 구성 방법》에 관한 내용을 재정리하였다. 그때나 지금이나 원론(原論)은 변하지 않는다. 곱씹어 두길 권한다.

① 도입부 상품을 여하한 방식으로 등장시켜 고지를 하면서 아이캐치(*eye-catch*) 도 하느냐 하는 것을 생각해야 하는 단계이다. 아이디어의 30%가 이 단계에서 투입된다고 생각하면 대과(大過)가 없다.

② 전개부 상품의 본격적인 소개가 이루어지는 단계이다. 상품이 가지는 장점과 사용법의 설명, 또는 상품력의 데몬스트레이션이 이 과정에서 이루어진다. 통상적으로 말할 때 아이디어 비중의 20%가 사용되는 과정이다.

③ 종결부 아이디어 비중의 50%가 이 종결부에 집약되어야 한다. 웃지 않고는 못 배길 정도의 유머로 눈과 뇌를 잡든, 앞의 상황을 팍 뒤집는 반전의 드라마가 되든, 미지의 악센트로 폭발해 주어야 사람들의 뇌리 속에 기억되는 맛난 CM이 될 수 있다. 상품을 재등장시키는 멋진 기술, 브랜드명이나 특성을 기억시키는 기술, 회사의 이름을 기억시키는 기술, 그리고 무엇보다도 중요한 '이 광고작품의 감각수준'에 대한 유감없는 평점을 받아내기 위해서 이 종결부는 제작자나 광고주에게 큰 의미를 지닌다.

간혹 작품에 따라서는 위의 3단계 정석을 따르지 않고도 얼마든지 독자적인 전개 방식을 구사할 수도 있지 않나하는 생각을 혹자는 가지게 될 것이다. 틀린 말이 아니다. 그러나 나름대로 독자적 이미지를 전달하는 데 성공한 모든 작품들의 전개과정을 풀어서 찬찬히 한번 살펴보라. 다이렉트한 상품의 등장 대신 감성적인 분위기를 택하고 있다는 데 차이가 있을 뿐, 구조적으로는 오히려 더 교묘하게 위의 정석 구성법에 충실해 있음을 발견하게 될 것이다. 자, 그러면 실제로 도입, 전개, 종결의 구성법을 요소별로 세분화해서 정리해 보기로 하자. 가장 일반적인 상품광고라 가정하고 말이다.

① 오프닝 시청자의 주목을 끌어야 하는 것이 일차적 목표이다. 95%는 보통 이 오프닝에서 승부가 난다. 영화는 초반 5분, CF는 도입 5초가 승부처라는 말이 있다. 흥미 요소는 무엇으로 설정하고 참신요소는 어떻게 가미하여야 할까를 집중적으로 생각하게 된다. 영상, 또는 음향을 통한 임팩트가 필요하다고 생각한다면 그렇게 해야 할 것이다.

② 상품등장 상품의 외양을 가급적 멋있게 보여주어야 하고 상품의 브랜드네임을 가급적 인상적으로 인지시켜 주는 단계이다. 브랜드네임은 상품의 패키지 클로즈업을 통하여 보이는 수도 있고, 상황이 합당치 않은 상품의 경우에는 다양한 방법의 타이틀 자막으로 보여주는 수도 있다. 이 과정에서 장황한 카피는 절제하는 것이 좋고, 가능한 한 브랜드네임을 명확하게 전달하는 데 주력해야 할 것이다.

③ 기능특성 상품의 기능적 특성, 상품의 제조법상의 특성 등을 소개하는 단계이다. 이 단계를 성공적으로 만드는 비결은 이른바 상품의 장점(흔히 USP라 부르는)이라고 하는 것을 가급적 간략하게 한두 가지만 강조하는 것이 좋다. 더 좋은 것은 한 가지만 이야기하는 것이다.

④ 사용반응 모델을 동원하여 이 상품을 사용한 결과가 얼마나 좋은가를, 직접 또는 간접적으로 알게 하는 과정이다. 등장 모델이 지닌 캐릭터나 이미지가 상품에 부합하는지 충분히 고려해야 할 것이다.

⑤ 상품 재등장 외양만 보여주었던 상품을 조금 더 구체적으로 소개할 필요가 있다면 바로 이 과정에서 그것을 해야 한다. 타 상품과의 우월성 비교도 시도하고 왜 이 상품을 구매해야 하는가 하는 당위성도 강조하자면 상품의 재등장은 필수적이다. 상품의 상세한 설명을 위해 분해된 상태나 컴퓨터그래픽 등의 특수기법을 동원하기도 한다.

⑥ 엔딩 작품을 산뜻하고 세련되게 끝맺는 고도의 감각적 테크닉이 요구되는 과정이다. 스토리상의 반전(反戰)이 요구되기도 하고, 오디오나 비디오를 통한 발군의 아이디어가 요구되기도 하는 어려운 과정이다.

그러나 무엇보다도 전파광고 카피를 쓸 때 주의해야 할 점은 그 안에 너무 많은 말을 담으려 하거나 지나치게 큰 효과, 한방 욕심에 사로잡혀 난센스와 같은 자기만족의 함정에 스스로 빠지는 것이다. 그리고 하나의 단편적이고 편리적인 영상 이미지 자체만 갖고 어떻게 작품을 만들어 보겠다는 치기, 혹은 객기를 스스로 극복하는 것이 진정한 프로 카피라이터로 가는 첫 번째 관문임을 명심하자.

3) 시놉시스에서 스크립트, 스토리보드, 그리고 콘티

카피라이터가 행해야 할 영상광고 제작의 첫 번째 소임은 무엇일까? 답을 하기가 쉽지 않다. 소비자 조사에서부터 콘셉트 개발, 전략의 프레임 짜기 … 어디서부터라고 말하기가 매우 힘들다. 작업 전체로 본다면, 카피라이터는 광고의 출발에서부터 마무리단계까지 대부분의 광고 진행 프로세스에 관여해야하기 때문이다.

광고의 기획단계인 What to say?의 방향도 정해졌고, 제작의 방향 콘셉트도 거의 어느 정도 가닥이 잡혔고, 실제 TV-CM을 위한 영상작업이 시작된다고 가정하자. 이즈음 카피라이터는 혼자의 시간을 갖게 된다. 작품을 구상하는 시간이다. 이 단계는 광고회사마다 제작환경과 제작 프로세스의 문화에 따라 다르기도 하지만 대부분의 카피라이터와 PD 혹은 CM 플래너는 영상전개에 대한 각자의 아이디어를 준비한다. 이 작업이 마무리되면, 제작과정 전체를 총괄 드라이브할 크리에이티브 디렉터(*Creative Director*)와 같이 제작회의를 하며 작품의 방향을 정한다.

이 제작팀과의 미팅을 앞두고 카피라이터가 해야 할 첫 번째 작업이 아이디어 시놉시스를 정리하는 것이다.

시놉시스(*synopsis*)란, '요약' 내지는 '간단한 줄거리 또는 드라마의 개요를 이르는 말'로 정의될 수 있다. 말 그대로 카피라이터가가 생각하는 아이디어의 방향을 다른 스태프들에게 또한 스스로에게 알리고 재정리하기 위해, 알기 쉽게 간단히 스토리를 적은 것을 말한다. 좀더 쉽게 정리하면, 처음부터 끝까지의 대략적인 줄거리, 주제 등을 적는 것을 말한다. 또한 시놉시스는 작품의 의도가 무엇이고, 생각의 방향은 어떤 것이며, 전달하고자 하는 메시지는 무엇인지, 분명하고도 확실한 내용을 전달할 수 있도록 명료하게 작성해야 한다. 시놉시스에는 주제, 기획 및 집필의도, 등장인물, 전체 줄거리의 4가지 기본요소가 구체적으로 포함되어야 한다.

1차적으로 시놉시스가 정리되면 좀더 간결한 의미전달을 위해 CM용 스크립트를 작성한다. 이 단계는 카피라이터가 하기도 하고 CM 플래너가 작성하기도 하는데, 이상적인 것은 시놉시스를 정리한 사람이 일차적으로 스크립트를 작성하고 그것을 기초로 하여 팀원들과 협의해 조정해가는 것이 바람직하다. 스크립트라 함은 전체 줄거리인 시놉시스를 영상적 흐름에 따라 단위별로 옮겨놓은, 글로 정리한 영상대본 같은 것이라 할 수 있다. 비주얼 영상으로 보일 비디오와 소리음향으로 들릴 오디오가 좌우로 구분 정리되어 흐름에 대한 이해가 한결 쉽다.

스크립트는 비록 그림은 그려지지 않았지만, '#1, #2, #3…'로 이어지며 비디오 부분과 오디오 부분의 설명들은 서로 연결되어 하나의 영상이미지로 이해할 수 있게 해준다. 카피라이터는 아이디어를 뽑아내는 과정에서 이 스크립트를 작성을 많이 작성해 봐야 한다. 조사하고 모은 자료들을 모두 뇌에 집어넣은 다음, 천천히 스토리를 음미하며 영상을 구성해가는 작업이다. 고통스럽지만 즐거운 작업이다. 이 작업을 즐겨야 한다.

앞서 언급한 것처럼, 광고회사마다 제작의 프로세스가 조금씩 다르긴 하지만, 보통 이 스크립트 단계에서 여러 번의 제작회의를 거치며 광고회사 내부의 제작방향이 정해진다. 방향이 정해지면 그 다음 단계는 광고주와의 미팅을 위한 스토리보드를 작성한다. 한때는 이 '스토리보드'라는 말과 '콘티'라는 말이 개념 구분 없이 같이 쓰이기도 하였다. 짐작컨대, 요즘도 많이 혼용되어 쓰이는 것으로 안다. 이 글을 보며 바로잡기 바란다. 스토리보드와 콘티는 엄연히 다른 것이다.

스토리보드(*storyboard*)란 스크립트 단계에서 정리된, 작품의 전체적인 흐름을 일목요연하게 순서대로 그려놓은 일종의 비주얼 차트라고 보는 것이 옳다. 보통 정교한 펜화로 등장인물이나 소품, 광고할 상품을 연속된 네모 칸 안에 그린 다음에 예쁘게 색칠한다.

통상적으로 스토리보드는 오른편에는 영상과 음향에 관한 지시사항이 있으며 영상 아래쪽에 음향에 관한 지시사항을 정리한다. 그리고 영상과 음향을 구분하기 위해 약간의 간격을 둔다. 또한 영상 컷을 중앙에 두고 좌측 또는 우측에 그 그림에 대한 오디오와 비주얼적 설명을 대충 간략하게 써 넣기도 한다. 이러한 과정은 광고주에게 작품의 제작방향을 설명하고 OK 사인을 받아 CM을 제작 진행하기 위한 매우 중요한 과정이다. 그러기에 펜화는 정교해야 할 것이고 색칠은 예쁠수록, 즉 보기 좋고 이해가 쉬울수록 좋다는 평가를 받는 것이다.

요즈음은 광고물의 수주경쟁이 치열해지며 이 스토리보드 단계에서 온갖 기량들을 발휘하기도 한다. 스토리보드 상의 비주얼 영상을 한 컷 한 컷 카메라로 촬영하고 오디오적 음향을 실제 성우들로 녹음하거나, 또는 스토리보드를 대체할 — 내용이 비슷한 — 실제 영상자료를 비디오로 편집해서 광고주의 이해를 돕기도 한다. 경쟁 때문이라고는 하지만, 필자의 관점에서는 별로 권하고 싶지 않은 방법들이다.

크리에이티브의 빈곤을 테크닉이 덮을 수는 없는 것이다. 그래서 카피라이터는 발상뿐 아니라 프레젠테이션 능력도 많이 연습해야 한다. 또한 광고주의 요구가 없었는데도 광고회사끼리의 경쟁심리에 의해 이렇게 지나치게 준비한다면 제작비용이 너무 많이 드는 문제가 생긴다.

이에 비해 일명 콘티(*continuity*의 약칭)는 그 쓰임새의 목적과 형태에서 스토리보드와 다르다. 정교한 펜화도 필요가 없고 예쁜 색칠도 필요가 없다. 사실 콘티는 외부의 그 누군가에게 보이기 위해 존재하는 것이 아니라 연출자와 그 스태프들을 위해 존재하는, 기술적이고 전문적인 '연출 대본', 또는 '연출 세부계획표'이기 때문이다. 이런 면에서 스토리보드는 콘티의 원재료(*source*)에 해당하는 셈인데, 콘티의 이전 단계가 스토리보드 과정이고, 스토리보드의 이후 단계가 콘티 과정이라고 보면 틀림이 없다. 콘티에는 스토리가 전개되는 줄거리뿐만이 아니라 출연자의 세부적인 동작, 대사, 음향효과, 카메라의 앵글 및 위치, 렌즈의 종류, 조명의 위치 및 종류, 소품, 매 컷의 길이 등 기술적인 사항들이 모두 메모된다.

또한 콘티는 경우에 따라 스토리보드와 많은 부분 다를 수 있다는 것을 기억하자. 전파광고 제작의 실제과정을 보면 장소, 배경, 인물, 소품, 촬영 여건 등에 따라 당초의 스토리보드와는 일치되지 않는 여러 변수 요인들이 수시로 발생한다. 그런 변수들을 피해 나가면서 당초의 스토리보드보다 더 나은 효과를 얻기 위해 연출 스태프들은 비상한 순발력과 '현장 콘티'의 기지를 발휘하게 된다. 건축물과 같은 고형적 특성을 지닌 대상들은 변함이 없을지 몰라도 실제 촬영에 임하면 많은 것들이 상황적으로 수시로 변한다. 야외나 오픈 로케 시에는 배경 자체가 움직이기도 하며 모델도 움직이고, 풍경의 색깔, 바람, 파도, 태양, 구름, 엑스트라, 꽃, 잎사귀, 갈대, 새, 나비 등 어느 것 하나 움직이지 않는 것이 없다. 이러한 예상하기 힘든 변수들에 영향을 받는 것이 콘티이다.

4) 영상 카피라이팅 발상을 돕는 TV 광고의 형식

멋진 CF 제작을 위해, 맘에 드는 영상 카피를 잘 써내기 위해 가장 좋은 방법은 그 상품에 관한 온갖 정보와 아이디어에 푹 빠지는 일이다. 그런 다음에야 시놉시스든, 스크립트든 작성해야 할 것이다. 다음은 TV-CM의 형식에 관한 이야기다. 아이디어가 잘 떠오르지 않을 땐, 틀에 들어가 발상을 해 볼 필요가 있다. 특히 광고를 배우는 학생들은 말이다.

CM의 형식은 광고 관련서적 어디에서든 쉽게 찾아 볼 수가 있다. 아래의 형식들은 대중적인 즉, 가장 많이 활용되는 CM의 형식을 정리해 본 것이다. 잊지 말 것은 TV-CM의 형식이나 종류는 지금 매일 방영되고 있는 광고의 수만큼이나 많다는 것을 기억하길 바란다.

(1) 장점 보여주기(*demonstration*)

TV란 매체의 가장 큰 장점은 그 상품이 무엇을 잘할 수 있는지 매우 명확히 보여줄 수 있는 것이다. 특히 이런 기법은 신제품 시장에 처음 내놓는 론칭 CM이나 우리만의 USP가 분명할 때 유용하다. 다음의 예를 보자.

- 사용법 손수건을 꺼내 구두에 광을 낸다. 왜 저러지? 하는 순간에, 그 손수건을 얼음이 든 칵테일 셰이커에 넣고 특정 브랜드의 빨래 세제를 한두 방울 혹은 아주 조금 넣어 흔든다. 케이블 TV 광고에서 많이 보던 수법 아닌가?
- 사용 전과 후 백발이 성성한 할아버지가 염색을 하며 머리를 감는다. 어머! 돌아서는 그 아저씨 갑자기 30대다.
- 옆에 놓고 비교 건전지로 작동되는 두 개의 똑같은 장난감이 시청자들을 즐겁게 해주고 있다. 한 개의 장난감은 작동을 멈췄지만, ○○브랜드의 배터리를 넣은 장난감은 계속해서 움직이고 있다.

(2) 긍정의 이미지메이킹

제품의 수명주기(*PLC: product life cycle*) 상에, 성장기 후반이나 성숙기 시장에 들어선 상품이나 브랜드들은 딱히 할 말이 별로 없다는 것이 카피라이터들을 괴롭힌다. 이미 알려질 대로 알려졌지만 광고를 중지하려니 불안하고… 차곡차곡, 긍정적이고 재밌는 이미지를 쌓아 브랜드의 호감도를 높이는 방법밖에는 없다.

폭스바겐 뉴비틀의 대항마로 나온 BMW의 'MINI' 자동차 광고를 예로 보자. 불독이 MINI 자동차의 크기를 이리저리 재본다. 째려보는 듯하다가 차 뒷면으로 돌아가서 머플러를 킁킁거린다. 그래픽 자막으로 "한번 친해져 볼까?", 엔딩카피〔*Tag-line*〕로 "MINI!, 자동차 출발!"

(3) 비네트

특정 브랜드의 이미지 파워를 배가시키는 여러 방법 중 하나가 비네트(*Vignette*) 방식이다. 여러 가지 간단한 에피소드들은 서로 연결되어, 계속 같은 하나의 중심이 되는 이야기를 반복한다. 각 에피소드는 대개 다른 장소에 있는 다른 사람들을 보여준다. 하지만, 그들은 모두 그 상품과 관련된 이야기를 한다. 예를 들어 미국 ESPN 스파트 광고를 보면, 사람들이 TV를 보며 내용을 코칭하는 장면들을 보여준다. "거기서 뭐해? 나와!" 한 여자가 소리치고, 거리 전파상 앞의 한 남자는 "지금이야 빨리!"를 외친다. 경기장 안의 코치인 듯한 남자, "8번을 맡으란 말야, 태클이라도 해" 이때 로고자막과 함께 아나운서 멘트가 나온다. "스포츠가 없다면 코치할 사람도 없을 것이다. ESPN."

(4) 인생의 한 단면(*Slice of Life*)

2010년 밴쿠버의 영웅 김연아의 10년 이후가 TV 광고를 통해 안방에 흐른다고 가정하자. 어느덧 아이의 엄마가 된 그녀, 어린 딸아이에게 외발다리로 오래 서 있기 연습을 시키는 중이다. 이런저런 연습장면 반복되며 연습중, 아이가 넘어지며 다치는 장면, 뒤이어 상처난 곳에 예쁜 손으로 연고를 바르고 다시 반복되는 훈련장면들. 이어 성공, 박수…. 엔딩카피로 "피는 못 속입니다. 상처는 멋게 해야죠", "상처에 엄마마음, ○○○"

우리의 일상에서 흔히 있음직한 이야기들을 광고로 연결시키는, 이왕이면 어느 정도 사회적 인식력이 있는 유명인의 일상 이야기를 광고의 소재로 활용한다면 거부감 없는 친숙한 광고 한편이 탄생한다. 이는 많이 활용되는 광고기법이다.

(5) 프레젠터(*presenter*)를 활용

어떤 사람이 카메라를 보면서 당신이 왜 이 제품을 사야 되는지 말해 준다. 그 분야의 전문가나 상품과 관련한 연구개발 책임자 혹은 CEO가 등장하기도 하며 사회적으로 사랑받는 유명인이 될 수도 있다. 신뢰할 수 있는 모습으로 차근차근 광고할 브랜드에 관한 이야기를 풀어가는 방법이다.

(6) 사용자 추천(*testimonials*)

"전 이 제품을 사용해요. 그러니깐 당신도 사용해 보세요"라는 식의 표현기법이다. 유의할 점은 추천은 진실되어야 하고, 반드시 실제로 사용한 사람이 겪은 경험담을 근거로 해야 한다. 즉, 화자의 진정성이 표현되어야 한다는 것이다. 요즘처럼 인터넷문화가 발달한 시점에 거짓된 사용정보나 경험담은 엄청난 후유증을 초래할 뿐 아니라, 결국 그 브랜드를 실패로 이끈다. 운동선수가 관련 스포츠 용품에 대해 사용담을 이야기한다든가, 일반 시청자와 다르지 않은 평범해 보이는 개인 소비자가 나와서 세탁 세제의 경험담을 이야기한다면 … 어떨까? 믿음이 가지 않을까?

(7) 스토리텔링(*storytelling*)

최근 광고들은 일회성의 단발성 광고가 아닌 시리즈 형식의 캠페인 광고 형태로 자리를 잡아가고 있다. 이러한 흐름과 궤를 같이 하는 광고기법이 광고할 브랜드에 스토리를 입혀 이야깃거리를 만드는 것이다. 15초, 20초 또는 30초 동안 TV에서 보여줄 수 있는 것들을 생각해 보자. 무언가 단발성으로 그치기에는 아쉬운 게 많은 것이 세작사의 입장이다. 광고할 브랜드가 매체 집행력, 즉 광고예산이 어느 정도 받쳐줄 수 있다면 시리즈 형식의 광고물을 통해 스토리를 만들어가는 형식은 소비자에게 매우 친숙하게 다가갈 수 있는 표현기법이다. 하지만 꼭 시리즈 형식이 아니더라도 스토리를 만들고 입히는 것이 어렵다는 생각은 버려야 한다. 광고물은 그 단편만으로도 브랜드의 매력을 충분히 이야기하고 있어야 하며 또한 뒤이어지는 시리즈물과도 한데 어울려 소비시청자의 눈과 귀를 잡아끌 수 있어야 한다.

2. 라디오 광고(Radio-CM) 카피라이팅

내가 말하는 게 보이는가? 잡히는가?

카피라이터가 가장 좋아하는 매체가 뭘까? 카피 좀 썼다하는 분들이 가장 애정이 가는 놀이터는 어디일까? … 답은 라디오다.

이유는 간단하다. 카피라이터의 재능만으로 100% 제작이 가능한 매체이기 때문이다. TV-CM 같이 카메라 렌즈의 한계라든가 현란한 CG, 촬영 스케줄의 제한, 그리고 예산 등의 외부적 여건에 크게 영향받지 않을 뿐 아니라, PD나 감독, 디자이너의 도움 없이도 카피라이터의 능력만으로 연출이 가능하기 때문이다. 발상에서부터, 라이팅, 성우캐스팅, BGM, 음향효과, 내레이션의 톤, 편집까지 모든 단계를 컨트롤할 수 있다는 점, 그리고 무엇보다 연출 능력만 조금 갖춘다면 정말 100%를 1인작으로 마무리해 볼 수 있다는 점에서 카피라이터를 흥분케 한다. 그 매력에 발 묶여 고단한 카피질을 손 놓지 못하고 계신 분들도 많다.

1) 왜, 라디오? 라디오 광고인가?

오늘날 라디오는 어떤 존재일까? 광고 현장에서는 어느 정도 파워풀한 매체일까? 파워가 있는 매체이긴 한가? 요즘엔 흔히 영상을 비롯한 뉴미디어에 밀려 적은 예산으로 다른 매체들을 보완하는 보조적 매체수단이라고 치부하기 일쑤다. 현실적으로는 맞는 말이다. 하지만, 한편으로는 모르는 소리이기도 하다. 라디오의 매체적 특질이나 라디오 광고만이 전달할 수 있는 상상의 세계를 진지하게 고민해 보지 않고 하는 이야기들이란 말이다.

라디오는 애써 귀 기울이거나 의도하지 않아도 우리들 삶속에 늘 함께한다. 생각해 보라. 어느 때 라디오가 함께 있었는지. 택시나 버스에 오를 때도, 야외 낚시터나 고된 작업장의 나른한 오후에도 라디오는 음악을 통해 즐거움을 주기도 하며, 때론 동시대를 살아가는 서민들 삶의 애환 속으로 끌고 들어가 듣는 이들의 가슴을 뭉클하게 하기도 한다. 19세 한정이라는 시청 옵션도 없다. 10대부터 노인까지 누구나 들을 수 있으며 특정 프로그램은 열혈 마니아층을 형성할 정도로 시청률이 높다.

또한 라디오는 지극히 개인적인 매체다. 누군가가 누군가에게 공중파를 이용해 개인적 메시지 전달도 가능하고, 연애편지도, 속죄의 이야기도 전달 가능하다. 그래서 끌린다. 이준익 감독이 연출하고 안성기와 박중훈이 열연했던 〈라디오 스타〉나 〈과속 스캔들〉의 라디오를 통한 드라마틱했던 스토리를 떠올려 보라. 사람 사는 세상의 애환과 삶의 진솔함이 그대로 나타나지 않던가? 그런 매체가 라디오다. 그래서 광고적으로는 타깃 세분화에 이만한 매체가 없다. 뉴스 프로그램에 광고할 브랜드가 있을 것이고, 평범한 서민의 애환 속에 던지고픈 광고 브랜드가 있을 것이다. 또한 입시생이나 정붙일 곳 없는 10대 청춘들의 마음을 이해해 주는 일명 〈별밤〉 같은 프로그램에 광고할 브랜드가 있는 것이다.

전략을 제법 안다는 광고인들은 특히 라디오를 좋아한다. 프로그램에 따라 타깃 세분화가 분명할 뿐 아니라 제대로만 풀어간다면, 적은 예산으로 기대 이상의 성과를 가져올 수 있는 아주 훌륭한 매체이기 때문이다. 또한 라디오는 흥미롭고 독창적이고 재밌다. 소리만으로 온갖 이미지 형상화를 가능케 한다. 미국의 어떤 카피라이터는 라디오 광고를 영상을 뛰어넘는 독특한 모험이라 부르기도 하고 또 어떤 이는 "섹스보다 더 섹시하다"고 말하며 라디오의 맛을 효과적으로 살리려면 마음을 움직일 만한 감흥을 주어야 한다고 말한다. 또한 라디오는 소리로 전하는 비주얼 매체라는 것도 잊어서는 안 된다. 청각적 자극만을 통해 상상을 가능케 하기 때문에 머릿속에 그려지는 이미지의 힘은 TV 광고가 건네지 못하는 상상적 스토리텔링을 가능케 한다.

광고 집행시, 매체운용 방법에서도 라디오는 움직임의 폭이 넓다. 라디오 집행예산은 프로그램의 인기도에 따라 다르긴 하지만, 텔레비전 방송시간대에 비해 매우 저렴하다. 그래서 자본력 약한 중소기업가 또는 창업자들이나 지방에서 사업하는 기업가, 또는 순대국밥이나 김치찌개 체인점 같은 창업주들한테 특히 인기가 있다.

라디오는 여러 광고매체들 중 상상력이 뛰어나며, 다른 매체를 지원사격하기도 한다. TV 광고에서 들려준 CM 송을 엔딩음향으로 처리해 메인미디어(*Main Media*)의 연상효과를 높이기도 하며, 하루 지나면 배달 자장면 덮개가 되기도 하는 일회성 신문광고를 적은 비용으로 반복적으로 상기시켜 주기도 한다.

그러나 이런 훌륭한 특장점을 지닌 라디오는 우리 대한민국의 광고현실에서는 아쉽게도 늘 보조선수다. 대부분의 라디오 광고들이 TV 광고에 나온 오디오만을 따와서 방송되고 있다. 이유는 카피라이터를 비롯한 광고제작자들의 열정 부족 탓도 있겠지만, TV 광고의 연상효과를 높이기 위한 보조매체라는 인식이 강하게 자리하고 있기 때문이다. 또한 여기에는 라디오 CM 제작에 괜히 돈 더 들일 필요가 없다는 광고주의 얕은 수가 자리하기도 한다. 하지만 참, 안타까운 이야기들이다. 인식의 잘못된 판단이며 원론에 충실하지 못한 열정의 게으름 탓이다. 매체마다 그 나름의 효과가 있고 특성이 있음은 광고홍보학과 1학년 '광고학개론'에도 나오는 이야기다.

필자도 지금은 학교에서 후학들을 양성하고 있지만 과거 현업시절, 왜 좀더 고집스럽게 맞서지 못했을까 하는 생각이 들 때가 많다. 이 글을 읽는 후배 카피라이터들이나, 아직 배움의 현장에 있는 광고학도들은 훗날 현업에 임할 때, '라디오 광고의 재발견'에 대해 좀더 고집스럽기를 기대한다. 라디오는 라디오만이 지닌 독특한 장점을 살려야 광고가 맛이 나고 효과도 있다고. 또한 다른 매체들을 제대로 지원사격할 수가 있다고.

선탠로션 광고를 라디오용으로 제작한다고 가정해 보자. 천천히 앞뒤를 생각하며 읽어 보자. 아니, 들어 보자. 우리나라의 모든 라디오 광고가 그러하듯이 20초다.

여름해변과 관련한 인트로가 몇 소절 음향효과와 함께 나가고… 남자 1의 "자, 그럼~ 내가 제대로 한번 보여 줄까?"하는 멘트와 함께 뒤 이어지는 단추 뜯어지며 옷 벗는 소리~, 그리고 여기저기서 여성들의 "와! ~~후~"하는 탄성소리들. 엔딩으로 음향효과와 함께 강하게 마무리하는, "여름 남자의 가슴엔 '나봐라~'선탠로션!"

그려지는가? 재미를 전달할 뿐 아니라, 소리의 전개를 통한 자극적 상상으로 광고의 요점을 강화하기도 한다. 비주얼적 영상광고가 건네지 못하는 짧지만 강한 상상이 라디오에는 있다. 그것이 라디오 광고의 매력이다.

2) 라디오 광고를 위한 카피라이팅 가이드라인

(1) 눈이 아니다. 귀를 위해 쓰자

라디오 카피를 쓸 때, 특히 유념해야 할 부분은 라디오란 매체가 가진 유니크 함이다. 청각적 자극만을 통해 상상을, 이미지를 형상화한다는 것을 늘 기억해야 한다. 눈은 메시지를 볼 수 없지만 마음은 볼 수 있기 때문이다. 앞서도 언급했지만, 부디 TV 광고의 사운드 트랙을 라디오로 그대로 옮겨와 사용하지 말길 바란다. 또한 히트 친 카피라도 인쇄광고용 카피를 그대로 읽으며, 연상효과 운운하며 라디오 광고효과가 있기를 기대하지 말라. 인쇄광고일 때 제법 매력 있던 카피가 소리로 읽혀질 땐 몹시 이상하거나 느낌을 반감시키는 경우가 종종 있기 때문이다.

예를 들어 아동학대 문제에 관한 라디오 공익광고를 제작한다고 가정해 보자. 광고는 아동학대 문제에 관한 이런저런 메시지를 보내며, 학대받는 아이의 소름끼치는 비명소리로 청취자의 등골을 오싹하게 만든다. 하지만 뒤이어 명랑한 톤의 여자 아나운서 목소리로 "아이들, 사랑만이 그들을 움직입니다"라고 마무리한다면 분위기는 확 바뀐다. 그 엔딩카피 즉, 태그라인이 인쇄광고에서는 헤드라인이나 슬로건의 일부로 효과 있을지는 몰라도 소리로 읽혀졌을 땐, 뭐랄까? 그 느낌이 좀 다르다는 것이다. 즉 눈으로 보이는 카피와 소리로 들리는 카피의 차이에 주목하라는 것이다.

(2) 단순하게 하라

라디오는 브랜드 인지도를 향상할 수 있는 아주 좋은 매체다. 하지만 장점을 길게 나열하거나 두 마리 토끼를 쫓는 어리석음은 절대 금물이다. 라디오는 인쇄광고나 인터넷 광고와 달리 흥미를 끌었던 것을 다시 보거나, 듣거나, 읽을 수 없다. 모든 광고제작물에 적용되는 이야기겠지만 싱글 콘셉트 즉, 전달해야 한 가지 빅 아이디어만 생각해야 할 것이다. 단순해야 되고 단순해야 되고 또 단순해야 한다.

(3) 상상의 리얼리티를 위해 꼭 필요한 음향효과

라디오 광고 카피에서는 광고의 상황적 위치를 어떻게 '보여'줄 수 있는지, 어떻게 '전달'할 수 있을지에 대해 고민할 필요가 있다. 목소리를 통해 직접적으로 "여기 해운대 바닷가에는…"이라고 이야기할 수도 있겠지만 파도소리와 갈매기 울음소리로 그 상황을 전달할 수 있고, 또는 몇몇 택시 운전사들의 한탄 소리와 적절히 울려대는 자동차 경적 소리로 마포대로의 극심한 정체상황을 전달할 수도 있다.

이때 유의할 점은 음향효과(*SFX*)는 메시지를 그 자체로 끝내는 것이 아니라, 더욱 진전시켜야 한다는 것이다. 예상치 못한 소리는 더욱 강렬한 흥미를 유발할 수 있다. 나이 드신 어르신들의 활력유지를 위한 건강보충제 광고에서, 나이 들며 습관 붙여선 안 될 몇 가지 주의점을 이야기하는 와중에 현관 위 안락의자는 계속 '삐이~삐이~' 삐걱이는 소리를 낸다거나, 신상품 자동차의 드라이빙 쾌속성을 이야기하며 야구공이 '쉭—' 지나가며 '빡—'하며 배트에 꽂히는 소리 등은 소구점을 배가시킬 뿐 아니라, 소리를 통한 기억의 여운을 남기기도 한다.

노동절에 즈음해 '휴일엔 동물원에 놀러오라'는 미국의 라디오 광고를 통해 예상치 못한 음향효과의 힘을 음미해 보자.

앵커　세계에서 가장 빠르다는 자동차들은, 세계에서 가장 빠른 동물의
이름을 빌려 브랜드를 만들곤 합니다.
SFX　차가 속도 내는 소리

앵커	6.9초. 폭스바겐 레빗. 0에서 45.
SFX	(더 빠른) 차가 속도 내는 소리
앵커	6.4초. 재규어 XKE. 0에서 45 ….
SFX	(좀더 빠른) 차가 속도 내는 소리
앵커	와~ 4.3초. 네 … 굉장하군요. 하지만, 네 개의 바퀴로도 네 개의 발을 잡을 수는 없답니다. 아프리카 치타. 2초에 시속 1에서 45마일.
SFX	제트기 소리
앵커	할 수 있다면, 치타를 잡아 보세요. 휴일엔 미네소타 동물원에서~

찬찬히 광고의 상황을 음미하며 곱씹어 보자. 재치 넘치는 이 광고는 세상의 아버지들에게 휴일에 아이들과 함께 동물원에 가도록 설득하고 있다. 만약 이 광고가 동물들의 울음소리나 새들의 지저귀는 소리, 말 콧김 내뿜는 소리 등과 같은 동물원을 떠올릴 때 일감으로 떠오를 법한 흔한 소리들을 사용했었다면 어찌됐을까? 더 효과적이었을까?

(4) 음향효과의 신원은 꼭 밝혀라

음향효과의 신원을 밝히지 않으면 청취자들이 혼란스럽게 된다. 주의가 분산된다. 예를 들어 "스-스-스-스-스-스"는 어떤 소리처럼 들리는가? 어떤 사람에게는 프라이팬에서 지글대는 삼겹살 굽는 소리처럼 들릴지 모르고, 또 어떤 사람들에게는 열대우림에서 비가 내리는 소리로 연상될 수 있다. 또 어떤 사람들은 뱀이 내는 소리나 풍선에서 바람 빠지는 소리로 생각할지 모른다. 전후관계로 청취자들이 무엇을 듣고 있는지 이해할 수 있도록 해야 할 것이다. 또는 누군가의 목소리로 설명해 줄 수도 있다. "햇살 가득한 열대식물에 물을 주며 느끼는 '정겨움'(아파트 브랜드)에서의 어느 오후"('정겨움'아파트는 대부분 남향임을 강조하는 콘셉트에서).

(5) 지겹거나 일상적 음향효과는 피하라

흔히 할리우드 액션영화의 마지막은 사이렌 소리가 장식한다. 주인공이 악당들을 다 해치우고 나서야 등장하는 경찰 사이렌. 라디오 광고에서도 그 자극효과를 위해 흔히 사용하는 음향효과 중 하나가 사이렌 소리와 자동차 경적소리다. 하지만 큰 사이렌 소리는 청취자의 관심을 끌 수는 있지만 메시지로부터 빗나갈 수 있다. 만약 청취자들이 운전하는 중이라면 그들은 아마도 라디오의 볼륨을 낮추고 어느 곳에서 사이렌이 울리는지 보기 위해 주변을 돌아볼 수도 있을 것이다. 단지 방송광고라는 것을 알게 되면 스스로의 어리둥절함에 조금 화가 날 수도 있다. 또한 물이 떨어지고 있는 수도꼭지 소리, 윙윙거리는 파리소리, 칠판에 손톱 긁는 소리 같이 공격적인 소리는 피하는 것이 좋다. 광고가 원하는 것은 시청자들이 채널을 찾아 헤매는 것이 아니라 광고에 귀 기울이도록 하는 것이 아니던가.

아래 라디오 광고를 한번 보자. 미국에서 방송되었던 'RENT. NET'사 라디오 광고의 실제 카피 대본. 스토리와 사운드를 이용해 어떻게 아이디어를 살리는가를 보여주는 훌륭한 라디오 광고 사례로 평가된다. 특수음향 부분에 색을 다르게 해 빠른 식별이 가능케 하였으며 또한 줄거리의 흐름을 나타냈다.

(RENT.NET R-CM 60", '뱀파이어의 대화' 편)

SFX	삐걱거리며 관 열리는 소리. 음산한 음악 시작되다 이내 사라진다.
뱀파이어 1	야! 거기서 뭐해?! 우린 낮 시간엔 못나가는 거 잊었어? 뱀파이어 수칙 6조!
뱀파이어 2	알아~ 알아! 난 단지 우리가 살 새 아파트를 찾고 있어. 혹, 괜찮을지 또 알어?!
SFX	물 뚝뚝 떨어지는 소리 …
뱀파이어 1	말했잖아, 해진 뒤에 여기서 집주인 여자를 만나 물어 보자고!
뱀파이어 2	(빈정거리며) 알았어! 잘난 척 하기는~!
뱀파이어 1	(신경질적으로) 어찌됐건, 넌 지금 움직일 수도 없잖아. 이렇게 밝은데 어떻게 밖에 나가 신문을 가져 오냐? 못 나간다구 이 사람아!
뱀파이어 2	아~참! 진정하라니깐! 내겐 렌트 넷이 있잖아~!!
SFX	모뎀 다이얼링 소리
뱀파이어 1	뭐라구?!
뱀파이어 2	(약간 격분한 목소리로) 너 동굴에 살아본 적 있어? 렌트 넷! 정말 이건 굉장한 렌탈 안내 사이트라구! 온라인으로 각 도시의 아파트들을 다~검색할 수 있을 뿐 아니라, 침실 숫자까지도 고를 수 있다구.

맞춤형 가격대에 집 사진을 볼 수도 있어.
또한 그 아파트가 쾌적한가도 알아볼 수가 있어.

뱀파이어 1　오! 그래~ 야, 그럼 애완동물 키워도 괜찮은 집으로 골라 봐.
알지? 그것들은 즙이 많잖아~ 음~ 귀여운 퍼피 같은 녀석들 말야.

뱀파이어 2　어우~ 저 지겨운 인간. 넌, 정말 나쁜…

뱀파이어 1　야~ 뱀파이어, 기분이다. 함 빨어!

아나운서　렌트 넷이면 아주 쉽게 여러 도시의 새로운 아파트들을
찾아보실 수 있습니다. 살면서…(SFX 소름 끼치는 아파트의 소음)
…도 없는, 편안~한 새로운 집을.

(6) 음악을 적절히 사용하라, 단 저작권은 미리미리 체크하라

라디오 광고에서 BGM(*Back Ground Music*)이나 효과음은 매우 중요한 요소이다. 특히 음악적 요소는 분위기를 고조시키기도 하고 듣는 이의 마음을 이국적인 곳으로 이끌기도 한다.

경쟁이 치열해지고 있는 술 시장에 신상품을 내놓으며 이국적인 음악으로, 마치 아랍 어느 나라의 전설 속 신비스런 술맛을 연상시키기도 하고, 어떤 금융회사는 프로코비에프(Prokofiev)의 고전 심포니 〈피터와 늑대〉(*Peter and the Wolf*)를 이용해 점점 커지는 북소리로 재정적인 힘이 느껴지는 이미지를 만들어낼 수도 있다. 소구점을 배가시키는 기술이다.

다만 음악을 사용할 때 명심할 것은, 음악은 메시지의 부가설명 내지는 보조수단이라는 것을 기억해야 할 것이다. 그리고 절대 무언가와 쉽게 매칭되는 플러그 음악(*plug music*)은 피해야 한다. 라디오 광고에 사용되는 음악의 음조가 자신만의 생명력을 가지고 있다면 전달하고자 하는 소구점으로부터 주의를 다른 곳으로 끌고 갈 수 있기 때문이다. 또한 모든 음악이 광고용으로 사용되지 못할 수 있다는 것을 꼭 염두에 둬야 한다. 요즘은 이 저작권 부분이 시스템적으로 잘 정돈되어 있어 음반협회 등에 적절한 음원 사용료를 내면 되지만, 불과 얼마 전까지만 해도 광고에 사용된 음향 저작권료 때문에 광고회사가 곤혹을 치른 경우가 종종 있었다.

역사가 오래된 고전음악이라도 쉽게 사용해서는 안 될 것이다. 왜냐하면 오케스트라 연주는 종종 그 공연단이 연주 저작권을 갖고 있기 때문이다. 또한 어떤 경우는 쉽게 사용하지 못할 정도의 저작권료를 원하는 곡도 있다는 것을 기억해야 한

다. 미국의 사례이긴 하지만, 인터넷 회사 '익사이트'(Excite)는 '지미 헨드릭스'(Jimi Hendrix)의 노래 〈겪어 봤어〉(*Are You Experienced*)라는 노래의 저작권을 무단으로 사용해 7백만 달러의 벌금을 지불했고, 마이크로소프트사는 〈스타트 미업〉(*Start Me Up*)을 위해 약 1,200만 달러를 지불하기도 했다. 또 어떤 음악은 가격과 무관하게 광고용으로 사용이 불가한 것들도 있다. 음악가에 따라 그들의 예술작업이 상업적으로 활용되는 것을 원하지 않기 때문이다.

최근 우리나라에는 인터넷 문화를 타고 퍼스널 오디오 편집프로그램들이 많이 보급되며, 재능 있는 신세대 카피라이터나 오디오 담당 PD들은 스스로 미디편집기를 이용해 출처불명의 곡을 생산해 스스로 작품에 활용하기도 하고 또 광고 BGM용으로 팔기도 한다니 … 선배보다 탁월한 재능을 가진 그들이 존경스럽기만 할 뿐이다.

카피를 완성한 후, 녹음실로 마지막 파이널 작업을 하러 가기 전에 오디오 자료에 대해서도 미리 별도의 신경을 써야 할 것이다. 대개 녹음 스튜디오에는 여러 가지 필요한 오디오 자료들이 비치되어 있기는 하지만, 어떤 경우에는 타사의 CM과 중복 사용될 우려도 있고, 또는 그곳에 비치된 자료가 이쪽에서 원하는 최상의 수준에 미치지 못하는 수도 자주 있기 때문이다.

(7) 음악이나 음향효과가 없이, 스토리만으로도 승부가 된다

사람들은 기본적으로 스토리를 좋아한다. 재밌는 이야기 방식이라면 더욱 좋아한다. 유니크한 목소리나, 전달되는 힘이 강한 스토리는 그 자체만으로도 강렬할 수 있다. 라디오 카피를 쓸 때, 경계를 두지 말아야 한다는 것은 바로 이런 스토리텔링의 힘을 이야기한다. 미국에서 히트 친 '오르토'(Ortho)사의 '안트스탑 오르텐'(Ant-Stop Orthene) 불개미 킬러 광고를 음미해 보자. 실제 광고는 듣는 흥미를 유발하기 위해 성우의 목소리 톤을 매우 진지하게 연출한 듯하다.

앵커　불개미들이 귀엽진 않습니다.
우린 실크 천으로 만든 불개미 장난감을 원하지도 않습니다.
그것들은 멍청하며 재주도 거의 부리지 않습니다.
그것들은 단지 물기만 하고 빨갛게 물린 자국만 남겨,
울고 싶게 만들 뿐입니다.
그렇기 때문에 그것들은 죽어야 합니다. 당장 죽어야 합니다.

그것들이 길게 오래 끄는 병에 걸리길 원치도 않습니다.
죽음을 원합니다. 빠르고 고통스럽고 지옥과 같은 죽음을 원합니다.
화학약품 한 봉지를 마당 정원에 뿌리기를 원치 않습니다.
시간이 너무 많이 걸리기 때문입니다.
그리고 미끼를 두면 일주일이나 걸립니다.
여러분, 임께 필요한 것은 오르토의 안트스탑 오르텐 불개미 킬러입니다.
안트스탑을 집주변에 두 티스푼만 뿌리면 됩니다.
물을 뿌릴 필요도 없습니다.
병정개미가 그것을 개미집으로 가져갈 것이기 때문입니다.
그리고 정말 좋은 것은 모든 개미들이 죽습니다.
여왕도 죽습니다. 빠르게 죽습니다. 하루가 채 걸리지 않습니다.
오르토의 안트스탑 오르텐 불개미 킬러—
불개미를 박멸하십시오.

(8) 어떤 목소리를 선택할 것인가?

라디오 CM의 성패를 가늠하는 아주 중요한 요소 중 하나는 성우의 선택에 있음을 명심하자. 카피를 쓸 때, 그 카피를 관철시킬 때, 성우 역할을 할 사람의 타입을 설명함으로써 캐스팅을 적극 주도해야 할 것이다. 의심 많은 것 같은 젊은 여성인지, 믿음이 가는 나이든 남성인지, 천재적인 아이, 매력적인 지역색이 드러나는 사투리, 또는 조금 어수룩한 여성 같은지와 같이 타입을 구체적으로 설명해야 할 것이다. 그리고 스크립트 상에 괄호를 이용해 그 괄호 안에 반드시 지시사항을 넣어야 한다. 예를 들어 '화난', '비꼬는', '멍한', '무거운 강원도식 악센트'나 '거드름 피우는'과 같은 사항을 넣는다. 또한 지금 어느 드라마의 어떤 주인공 목소리, 또는 어떤 광고의 특정 성우라고 지정해 넣기도 한다.

또 때론, 카피라이터의 라이팅 개성에 따라 다르기도 하겠지만, 발상시점부터 특정 성우 또는 목소리를 떠올리며 그 목소리 톤에 맞추어 카피를 쓸 때도 있다. 중후한 느낌이라던가, 신제품 출시를 알릴 때는 누구누구의 목소리라는 식으로 카피를 드라이브해 갈 때도 종종 있다. 그리고 이때는 카피라이터 스스로가 그 목소리 톤으로 연습해야 한다. 우리나라 라디오 러닝타임인 20초의 시간에 맞추기 위해서라도 그 톤으로 연습하고 또 실제 녹음시 그 느낌을 주문해야 할 것이다. 경험 많은 카피라이터라면, 성우를 녹음실에 그냥 들여보내지 않고 밖에서 충분히 리허설을 시킴으로써 목표한 CM 이미지를 끌어낸다.

모든 창작의 속성은 어디서 주어지는 게 아니고 스스로, 새롭게 개발해낸다는 데에 있다. 마찬가지로 성우의 퍼스낼리티 역시 판에 박혀서 주어지는 쪽보다는, 가능만 하다면 어디선가 새 목소리를 개발해서 활용하는 편이 청취 소비자의 귀를, 마음을 잡아채는 지름길이 된다.

보통의 경우 성우 캐스팅은 여러 경로를 이용하는데, 스튜디오에 소속되거나 상주하는 CM 전문 성우들을 기용하면 일을 손쉽게 진행할 수 있다는 장점이 있으나, 타사 CM들과의 차별화를 보장할 수 없다는 아쉬움이 있다. 그래서 카피라이터나 PD들은 평소 라디오나 TV 방송을 유심히 듣고 그 가운데 개성 있는 목소리의 주인공들을 점찍어 놓는 습관이 있다. 그리고 작업중 그 목소리가 필요할 때, 여러 경로를 통해 섭외하여 진행함으로써 독특한 퍼스낼리티 효과를 획득하곤 한다.

최근 각종 예능 프로그램의 목소리들에 또 그 음색에 마음 기울여 두자. 직업 성우 대신 의외의 실험으로 기대 이상의 성공을 거두는 경우가 종종 있다. 카피라이터는 늘 관찰해야 한다.

(9) 'On-Air'될 시간대의 특정 청취자에 맞추어 카피를 작성하라

타깃 세분화에 라디오 광고만큼 탁월한 매체는 없다. 카피를 라이팅하기 전에 매체 운용계획과 또 시간대를 미리미리 파악해야 할 것이다. 만약 아침 출근 시간대에 방송한다면 대부분의 사람들이 차안에서 운전중이라는 사실에 초점을 맞추어야 할 것이다. 그들이 라디오를 들을 장소와 시간, 이러한 것들은 전략적 라디오 카피라이팅에 있어 매우 중요한 요소들이다.

방송될 프로그램의 요일에 따라, 출근 운전자들의 주의 상태는 제각각일 것이다. 하루의 시작에 불타오르는 젊은 층이 있는가 하면, 지난 밤 과음으로 속 쓰린 운전자도 있을 것이다. 라디오 카피를 쓰다 보면 카피라이터가 매체 선택에 영향을 주는 경우가 종종 있기도 한데, 이는 카피를 쓰며 그 상황들을 떠올릴 때 떠오르는 영감 때문이다. 또한 광고할 상품이 전국용 방송인지, 지방의 지역용 방송인지 등에 대해서도 세심한 관찰이 필요하다. 광고할 상품 특성에 따라, 시간대에 따라 늘 연동되는 것이 라디오 광고의 특성이기도 하다. 또한 그만큼 타깃 세분화가 가능하다는 이야기다.

(10) 브랜드명은 반복하라

라디오 광고는 한번 지나가면 그 소리를 다시 잡을 수 없다. 인쇄광고나 텔레비전 광고에서처럼 상품포장이나 상품로고를 보여줄 수 없으므로, 전체 메시지에 브랜드명을 구체적으로 넣는 것이 좋다. 일반적으로, 광고하는 브랜드명을 두 번 정도는 언급하도록 노력하라. 물론 이 방법은 흐름을 깨뜨리지 않는 범위 내에서 이루어져야 한다. 독특한 목소리, 로고송 또는 음향효과 같은 연상법도 브랜드명을 청취자의 마음에 각인시키는 좋은 방법이다.

(11) 시리즈 광고물이라면 브랜드를 수식하는 특정 멘트로 그 브랜드의 아이덴티티를 만들어라

요즘의 광고물들은 대부분 단발성으로 끝나는 것이 아니라, 시리즈 형식의 캠페인성 광고가 많다. 라디오도 마찬가지이다. 이럴 경우 브랜드뿐 아니라, 특정 멘트로 브랜드 상기를 보조하는 것도 훌륭한 방법이다. 인터넷서점 YES 24는 몇 편의 라디오 CM을 제작하며 빠른 배송을 연상케 하는 "총알~총알~총알배송~"으로 그들이 이야기하고자 하는 '아침에 주문하고 저녁에 배송받는다'라는 콘셉트를 잘 전달했다.

(인터넷서점 YES 24 R-CM 20", '클릭-퐁-띵동' 편)

클릭 … 퐁 … 띵동 클릭 … 퐁 … 삐~이
클릭, 퐁, 뽀옥뽁뽁뽁뽁 클릭퐁띵동, 예스~
아침에 클릭!하면 퐁!하고 날아와 오후에 띵동~
"책 왔습니다~"
예스 24 총알배송! 대한민국 1등 인터넷서점 예스 24!

(인터넷서점 YES 24 R-CM 20", '오전광고 – 직장인' 편)

부장 우리 김 대리님~ 아침부터 뭐하시나요?
대리 아, 예 … 저 오후에 참고해야 될 책이 있어서 주문하는데요.
부장 아이고, 그렇게 총알처럼 오는 데가 어딨~어?
대리 아침에 주문하고 오후에 받는 YES 24
총알~ 총알~ 총알배송~
총알배송이 궁금하다면 YES 24에서 확인하세요.
대한민국 대표 인터넷서점 YES 24

(인터넷서점 YES 24 R-CM 20", '오후광고 - 가족' 편)

딸　엄마~엄마 책 왔어, 책?

엄마　언제 주문했는데?

딸　오늘 아침에~

엄마　그렇게 총알처럼 오는 데가 어딨냐?

딸　아침에 주문하고 오후에 받는 YES 24

총알~ 총알~ 총알배송~

띵동 띵동~

딸　어?! 왔다! YES 24

총알배송이 궁금하다면 YES 24에서 확인하세요.

대한민국 대표 인터넷서점 YES 24

국내엔 이와 같은 라디오만을 위한 시리즈물 광고가 많지 않지만, 해외 사례에서는 종종 접해 볼 수 있다. 미국 내 유명호텔 체인인 '모텔 6'는 늘 광고 시 시작 멘트를 "안녕하세요, 탐 보데트입니다" 또는 "당신을 위해 불을 켜놓은 채 두겠습니다"라는 엔딩멘트로 브랜드명을 듣지 않더라도 그 광고가 '모텔 6'광고라는 것을 알도록 한다.

(12) 숫자와 전화번호는 피하라

지방에서 흔히 접하는 아파트 분양 라디오 광고에서는 지금도 유행처럼 광고 엔딩을 전화번호로 마무리하곤 한다. 마치 유행처럼 따라 한다. 치킨 체인이나 대형 피자회사 라디오 광고에서도 종종 듣는다. 판매성과를 향한 광고주의 다급함을 이해하지 못하는 바는 아니지만 거의 기억되지 않는다는 것을 명심해야 할 것이다. 단언컨대, 라디오 옆에 앉아 펜과 종이를 손에 들고 있을 사람은 없다.

가능하면 라디오 광고에서 숫자는 피하는 것이 좋다. 괜히 전화번호 멘트 한 번 더 하기 위해, 정작 CM의 흐름을 다급하게 몰고 가는 경우가 종종 있기 때문이다. 라디오에서 흘러나오는 전화번호는 기억되지 않는다. 그 숫자만 계속해서 반복하지 않는 이상, 아니 그렇다 하더라도 그 기억효과는 미지수다. 관심을 유도하여 인터넷 창에 무엇을 쳐 보라는 식으로 능동적 매체를 권하는 방법이 훨씬 효과적일 것이다.

그럼에도 불구하고 숫자를 반드시 포함시켜야 하는 경우에 직면한다면 — 이런 경우 대부분은 광고주의 욕심 — 능력을 최대한 발휘해 크리에이티브를 끄집어내야 한다. 기억하기 좋게, 반복할 수 있는 현명한 방법을 찾아야 할 것이다. 최근에는

1566-0000이나 1577-0000 등과 같은 짧은 대표번호가 있으니 광고주에게 건의해 보는 것도 한 방법이 될 수 있겠다.

미국 뉴욕 알바니에 있는 공영 라디오 방송은 사회 기부용 방송 전화번호(1-800-323-9292)를 유명가수 '스티븐 포스터'(Stephen Foster)의 〈캠프 타운 레이스〉(*Camp Town Races*)의 운율에 맞춰 광고를 제작하여 청취자들이 기부할 때마다 그 번호를 기억하기 쉽게 하였다.

일 팔 영 영 삼 이 삼 / 구 이 육 이 / 일 팔 영 영 삼 이 삼 / 구 이 육 이
일 팔 영 영 삼 이 삼 / 구 이 육 이이이이~/일 팔 영 영 삼 이 삼 / 구 이 육 이

(13) 카피량을 조절하라, 시간을 고려하라

카피라이터는 기본적으로 광고에 화장하기를 좋아한다. 기본화장에 덧칠을 하고도 또 칠을 하고 싶어 한다. 본능적으로 하고 싶은 말이 많기 때문이다. 그러나 흔히들 카피는 '절제'의 미학, '뺌'의 미학이라 하지 않던가? 우리나라 라디오 광고는 20초다. 이 시간 안에 카피라이터는 많은 것을 정리 정돈해 광고를 구성해야 한다.

문제는 카피의 양이다. 요즘도 라디오 광고를 듣노라면, 숨 가쁜 읽어내리기로 무엇을 말하고자 하는지 답답할 때가 있다. 대부분 입문한 지 얼마 되지 않은 후배 카피라이터의 작품일 경우이겠지만, 이 부분은 정말 쿨~하게 반성하고 생각해야 할 것이다. 광고의 합목적성을 따져, 필요하다면 광고주와의 설전도 불사해야 할 것이며 스스로의 카피 구성력도 냉정하게 돌아봐야 할 것이다.

카피량이 많으면 소구점 전달도 어려울 뿐 아니라 광고의 맛도 떨어진다. 또한 성우에게 구어체의 색감이라던가, 명료함, 그리고 깊이를 더하기 위한 멈춤과, 억양을 표현하기 위한 시간을 거의 주지 않고 광고 카피를 서둘러 읽게 만든다.

또한 반대로 너무 적은 양의 카피는 목소리를 늘어지게 하거나 의미 없는 공방시간을 만든다. 제일 좋은 방법은 아나운싱을 할 성우의 캐릭터를 생각하며 초시계로 시간을 재며 스크립트를 큰 소리로 연기해 보는 것이다. 매우 중요한 부분이다.

이때, 읽는 것이 아니라 연기해 본다는 것에 주의하라. 라디오는 카피라이터의 재능에 따라 광고가 살기도 하고 죽기도 한다. 또한 브랜드의 특성을 살리기 위해 목소리 톤도 조절되어야 함을 명심하라. 대출을 위한 금융권 광고는 긴급성을 인지시키기 위해 빠르게 읽어야 할 것이며, 반면 고급 식당을 위한 광고라면 우아한 식

사 경험을 전달하기 위해 조금 천천히 읽는 것이 좋다. 말맛을 생각하며 ….

(14) 청각언어를 써라, 라디오는 소리매체이다

입문한 지 얼마 되지 않은 카피라이터가 흔히 저지르는 실수 중 하나가 구어체와 문어체의 혼동 또는 혼합이다. 그리고 판독(判讀) 언어와 청각(聽覺) 언어의 구분이다. 흔히 카피라이터들은 상사나 광고주의 결재를 필한 원고에 대해서는 '결재필'을 이유로 하여 자칫 무신경해지기 쉬운 타성을 갖고 있다. 녹음 직전까지도 고민하고 고민하고 또 되뇌야 할 것이다.

또한 혀가 꼬이는 언어나 딱딱한 언어는 피해야 한다. 경우에 따라선, 인쇄광고에선 아주 멋진 문어체형 카피가 말로 전할 때는 프로성우조차도 조심스러울 경우가 종종 있다. 카피라이터라면 성우의 호흡으로 몇 번이고 아나운싱을 연습하고, 또 그 연습된 흐름으로 라디오 CM을 연출할 수 있어야 한다.

(15) 홈런(*ear catch*)보다는 안타(*good will*)를 노려라

라디오 CM을 결과적으로 실패하게 만든 함정요소는 대부분의 카피라이터나 제작팀들의 의욕 속에 잠재해 있기 마련인 일명, '훅'—권투용어인 'hook'에서 유래된 말로, 귀를 잡아챈다는 뜻의 광고계 속어—이라는 귀잡아 끌기(*ear catch*)에 대한 강박관념이라 할 수 있다.

라디오CM의 일차적 소명이 청각적 임팩트에 의한 이어캐치임에는 틀림이 없으나, 보다 더 중요한 것은 거듭되는 반복청취에도 불구하고 그 광고에 대한 호감도(*good will*)를 지속적으로 유지하게 하는 기술인 것이다. 임팩트만을 능사로 알고 제작된 CM은 때론 시청자에게 비호감을 주기 십상이어서 애초의 광고목적을 배신하게 되는 것이다.

라디오 광고의 호감도를 좌우하는 요소로서는 우선 메시지 내용이 얼마나 감각적으로 세련되었느냐를 들 수 있고, 음악이나 임팩트의 분위기가 얼마나 듣는 이의 정감에 어필하느냐를 꼽을 수 있다. 또한 어떤 목소리의 성우를 동원해 어떤 음색을 구사하게 하느냐에 따라 그 호감 지수가 달라지는 등 참으로 다양한 변수요인이 복합적으로 작용하는 것이어서 한마디로 잘라 말하기가 쉽지 않다. 다만, 그 어떤 상황에서 CM을 제작한다 하더라도 절대로 잊어서는 안 될 한 가지는, 청취자가 이

CM을 하루에도 여러 차례씩 반복해서 듣게 된다는 사실을 명심하는 일이다.

라디오는 재미있는 동시에 상당히 도전적인 매체다. 모든 광고카피가 그러하듯 최상의 해법을 찾는 것이 그리 쉽지가 않다. 하지만 완성된 형태의 라디오 광고를 들으면 그것이 제대로 된 것인지, 아닌지가 쉽게 판명난다. 잘 쓰인, 또한 잘 제작된 라디오 광고는 그 어떤 매체보다도 전달력이 강함을 잊지 말길 바란다.

POINT

효과적인 라디오 CM의 3대 조건

① 메시지 전달방식이 새로워서 귀가 번쩍 뜨이도록 할 것
② 거듭해서 들어도 들을 때마다 호감이 샘솟도록 할 것
③ 오래도록 그 이미지가 듣는 이의 마음속에 남아 있도록 할 것.

• 라디오 카피를 위한 체크 리스트 •

- 하나의 주요 약속을 담고 있는가?
- 전체 구조는 메시지 전달을 위해 적절한가?
- 음성, 음악 그리고 음향이 분명히 묘사되었는가?
- 만약 저작 판권이 있는 음악을 사용했다면, 그 음악이 꼭 필요하며 또한 사용 가능한 것인가?
- 음악 또는 음향효과는 셀링 메시지를 적절히 받쳐주고 있는가?
- 편안하고 또한 메시지가 신뢰할 수 있게 들릴 만큼 광고 전달시간이 충분한가?
- 모든 음향효과와 음악 브리지를 사용할 시간이 있는가?
- 광고 시간이 정확한가?
- 브랜드를 언급하거나 주의를 이끄는 음악 또는 음향을 사용하여 브랜드가 잘 인식되도록 했는가?

라디오 CM 제작 관계 용어

- AN (*announcement*): 어나운스먼트
- BG (*background*): 대사 밑에 흐르는 것
- BGM (*background music*): 대사의 배경효과로 흐르는 것
- CI (*cut in*): 급히 들어간다.
- CO (*cut out*): 급히 사라진다.
- CHORD: '쨘-'하고 들어가는 것처럼 매우 짧은 음악
- CF (*cross fade*): 두 가지 소리가 교대한다.
- FI (*fade in*): 소리가 들어간다.
- FO (*fade out*): 소리가 사라져간다.
- FD (*fade down*): 소리가 작아진다.
- FU (*fade up*): 소리가 차츰 커진다.
- FILTER: 필터 마이크로폰을 사용하라는 지정
- M (*music*): 음악
- M-UP: 음악이 커진다.
- M-DOWN: 음악이 작아진다.
- NARR (*narration*): 내레이션.
- ON (*on mike*): 마이크로폰에서 가깝다.
- OFF (*off mike*): 마이크로폰에서 멀다.
- OUT: 음악이 사라진다.
- SI (*sneak in*): 슥- 소리가 들어간다. FI보다 더 살그머니 들어가는 상태
- SO (*sneak out*): 슥- 소리가 사라진다. FO보다 더 살그머니 사라지는 상태
- SE (*sound effect*): 음향효과
- SL (*sound logo*): 노래로 하는 캠페인 슬로건이나 상품명

• 생각해 볼 문제 •

1

1) 텔레비전 vs 인터넷 vs 신문 vs 라디오 vs 옥외 광고물들… 어느 매체가 더 힘이 셀까?

2) 가공할 전달력을 지닌 TV 광고의 힘은, 왜일까?

3) TV 광고 카피는 어떻게 써야 할까? 카피라이터는 무엇부터 시작해야 할까?

4) 지금 바로, 떠오르는 CF가 있는가? 왜인가?

2

1) 베토벤이 더 유명할까? 백남준이 더 유명할까?

2) 시청각과 청각 자극 중 어느 게 더 힘이 셀까? 무엇이 더 상상력을 자극할까?

3) 소리만으로 이미지를 형상화하는 라디오 광고의 무궁무진한 힘을 다시 생각해 보자.

• 핵심정리 •

- TV 광고는 구성이라는 기본에 가장 충실해야 할 제작물이다. 영상 카피라이팅에 있어 구성이란 한마디로, 어떻게 하면 보다 빨리, 알기 쉽게, 효과적으로 메시지의 내용을 시청 대중에게 전달하느냐 하는, 상황전개의 테크닉이라 할 수 있다.
- 훌륭한 영상광고 카피라이팅은 절대 책상머리에서 이루어지지 않는다. 영상제작은 철저한 현장에서의 팀워크이며, 카피라이팅의 올바른 시작을 위해서라도 TV-CM 제작 현장의 흐름을 꼭 제대로 알아 두어야 한다.
- 영상광고 제작에 있어, 제작 방향의 키(*Key*)맨 역할을 해야 하는 카피라이터의 주역할 중 하나는 광고대본이라 할 수 있는 스크립트 작성이다.
- 늘 보조선수로만 머물던 라디오 광고의 효능에 대한 재발견이 일고 있다. 브랜드 특성을 살리는 전략적 매체로 활용되기도 하며, 저비용으로 TV 광고나 다른 대형 매체들을 적절히 보완하기도 한다. 또한 상상을 자극하는 독특한 매체 특성으로 카피라이터들이 특히 더 선호하는 매체이기도 하다. 발상에서부터 라이팅, 성우 캐스팅, BGM, 음향효과, 내레이션의 톤, 편집까지 모든 단계를 컨트롤할 수 있다는 점에서 카피라이팅을 공부하려는 이들에겐 더없이 좋은 훈련 도구이기도 하다.
- 효과적인 라디오 CM이 갖춰야 하는 3대 조건은
  ① 새로운 메시지 전달방식으로 귀가 번쩍 뜨이도록 접근할 것
  ② 반복된 청취에도 호감이 샘솟도록 할 것
  ③ 청각적 자극을 통한 이미지가 마음속에 오래 남도록 할 것 등이다.
  (이를 위한 라디오 CM 카피라이팅 가이드라인은 본문 참조할 것)

• 나의 현역시절 대표카피 •

LG애드 카피라이터, 웰콤 크리에이티브 디렉터로 활동하였으며 대표 카피는 다음과 같다.
"사랑해요 LG"

효과적인 인쇄광고 카피라이팅 12

김운한

1. 들어가며

1) 카피라이팅의 공식 또는 습관

○○의 새로운 기준
○○의 모든 것
○○란 이런 것
○○, 그 이상의 ○○

○○ 속에 제품명이나 업종과 관련한 단어 하나를 넣어보라. 흔히 볼 수 있는 카피 하나가 뚝딱 만들어진다. 위의 예시된 유형은 말하자면 카피의 공식 같은 것이다. 지금도 이러한 공식을 따르는 카피는 쉽게 볼 수 있다.

럭셔리 크로스오버의 새로운 기준을 제시하다.(캐딜락 SRX, 2010)
남성에게 꼭 필요한 안티-에이징의 모든 것.(크리니크, 2009)
당신이 배우고자 하는 금융의 모든 것.(chosunmba.com, 2010)
스타일이란 이런 것.(롯데껌 아이디, 2010)

유형이라는 공식은 이외에도 많다. "○○가 또 한 번 좋아집니다", "대한민국 ○○가 행복해집니다" 등의 유형이 나타났다 사라졌다 한다. 문제는 이러한 유형이 습관처럼 사용된다는 점이다. 특히 갓 신입을 벗어난 카피라이터가 단순히 '쳐내야' 할 일이 많아지면 습관적으로 유형에 의지하게 된다. 습관은 유행을 탄다. 소비자들에게 어필되는 유형은 많은 카피라이터들이 모방하고 각색한다. 그러다가 어느 순간 광고주나 크리에이터들이 식상해 하기 시작하고 서서히 잊혀진다. 습관이 형성되었다 소멸하는 것이다. 이런 습관 자체가 나쁜 것만은 아니다. 아마추어들은 그런 유형을 모방해 봄으로써 기본적인 카피 감각을 익힐 수 있다. '창작은 모방에서 ―' 라지 않는가. 또, 프로들은 그런 습관을 경계하고 새로운 카피를 시도하는 계기가 될 수 있다. 습관을 공부하는 것이 카피라이팅 실력을 늘리는 하나의 방법인 셈이다. 이 장에서는 최근 카피라이팅의 다양한 습관이 언급되는데, 이러한 긍정적인 관점에서 보아주면 좋겠다.

2) 인쇄광고 카피의 위상

이 장은 인쇄광고 카피에 관한 글이다. 그런데, TV도 인터넷도 모바일도 아닌 인쇄광고 카피라니! 매체의 경계가 허물어지고 신유형 매체들이 속속 생겨나고, 전통적 매체와 새로운 미디어가 융합되는 시대에, 더욱이 다양한 매체들이 하나의 전략에 따라 움직이는 통합 마케팅 커뮤니케이션(*IMC*) 시대에 과연 인쇄광고 이야기가 가치가 있을까? 그건, 인쇄광고의 힘을 모르고 하는 소리이다. 인쇄매체는 학문적으로나 실무적으로나 매우, 그리고 여전히 중요한 위상을 갖고 있다. 흔히 사각의 보더라인(*borderline*)으로 표현되는 인쇄광고 아이디어는 광고 캠페인을 발상하는 기초이자 시작이다. 하인즈(Hines, 2008)가 말했듯이, 인쇄매체는 가장 순수한(*purest*) 한 형태로서, 메시지의 타당성과 커뮤니케이션 효과를 가장 정확히 알려주는 시금석(*acid test*)의 역할을 한다. 한마디로 인쇄광고 카피는 광고 크리에이티브의 수준을 가늠하는 중요한 잣대인 것이다.

2. 인쇄광고 카피의 변화

1) 인쇄광고 카피의 특성

신문을 영어로 'newspaper'라 한다. 글자 그대로 신문은 뉴스를 제공하는 대표적인 매체로 기능해왔다. 같은 광고도 신문에 실리면 뉴스를 전달하는 힘이 세진다. 신문매체의 힘인 것이다. 그러나, 최근 들어 신문은 이러한 전통적 뉴스제공자의 성격에서 벗어나고 있다. 신문은 점차 뉴스뿐 아니라 다양한 생활정보를 제공하는 종합 정보지로 기능하게 되었고, 섹션 편집과 시각적 자료 증대 등 형식면에서 대중잡지를 닮고 있다. 신문에 실리는 광고도 따라서 달라지고 있다.

• 인쇄매체의 특징과 카피라이팅에의 시사점 •

- 글과 그림이라는 정지된 요소로 구성된다.
  → 상상과 호기심을 자극한다. 보이는 것 이상의 암시적 메시지를 전달할 수 있다.
- 독자의 정보탐색 욕구가 강하다. 이해가 어려울 때 다시 읽을 수 있다.
- 영상매체에 비해 이해에 더 많은 주의(*attention*)가 필요하다.
  → 어려운 내용이나 간접적, 우회적 표현도 이해하기 쉽다. 중의적 표현이나 펀(*pun*)과 같은 글의 묘미를 전달하기에 유리하다. 시간을 두고 음미하고 싶은 카피할 수 있다.
- 넓은 지면에 한 번에 자세한 정보를 제공할 수 있다.
- 시간이 지남에 따라 사라지거나 시간적인 제약을 받지 않는다.
  → 긴 카피를 통해 자세한 정보를 제시할 수 있다. 이성적 소구에 적합하다.
- 신문의 경우 뉴스를 전달하는 공신력 있는 매체이다.
- 제작시간이 짧다.
  → 일반적인 뉴스가 갖는 효과(주의집중, *newness* 전달)를 누릴 수 있다. 시의성 있는 소재를 다루기에 유리하다.
- 잡지의 경우 정확한 타깃, 오랜 보존성, 광고제작의 용이성 등이 있다.
  → 정보량이 많아도 애드버토리얼(*advertorial*) 등을 통해 소화할 수 있으며 가독성을 높일 수 있다. 비용대비 효율적인 캠페인 전개가 가능하다.

전파는 보고 듣는 매체이지만 인쇄는 읽는 매체이다. 소비자들은 말 그대로 '독자'가 된다. 소비자는 글과 그림이라는 기호의 의미를 해독해야 한다. 광고제작자는 한 장의 평면적 공간을 통해 소리와 움직임 없이 제품을 소개하고 설득해야 한다. 그런 점에서, 슈거맨(Joseph Sugarman, 2007)이 말했듯이 인쇄광고는 가장 어려운 마케팅 수단이다. 인쇄매체의 특징과 그것이 카피라이팅에 시사하는 바는 위와 같다.

실제 카피라이팅 시 카피라이터들은 이러한 매체 특성을 고려한다. 인쇄광고에서는 TV 광고에서 소화하지 못한 구체적이고 세부적인 상품정보, 또는 광고 자체의 스토리를 제시하고자 한다. 가장 일반적인 경우는 인쇄 카피를 축소하여 TV 카피로 사용하는 경우이다. 시간과 공간의 제약 때문이다.

아래 야쿠르트 윌의 TV 광고 카피는, 인쇄광고에서 사용된 키워드(헤드라인인 "잊으셨나요 위속 헬리코박터균"과 슬로건 "위에는 윌입니다")만을 살리고 나머지 정보 전달 카피들은 모두 생략한 예이다.

비교 1 야쿠르트 윌(2010)

(신문광고)

헤드 잊으셨나요? 위속 헬리코박터균

바디 우리나라 성인 60~70%가 끈질기고 고약한 헬리코박터균에 감염돼 있는 사실을 아십니까? 특허성분으로 인정받은 유산균 HY7201, 면역난황, 차조기농축액이 헬리코박터균의 증식을 억제해 주고 위에 좋은 탱자와 강화약쑥으로 기능을 강화한 윌! 위속까지 생각한다면 역시 윌입니다.

슬로건 위에는 윌입니다. 헬리코박터 프로젝트 윌

(TV 광고)

몸 좋다, 몸속은? 잊으셨나요? 위속 헬리코박터균
위에는 윌입니다. 헬리코박터 프로젝트 윌

일반적으로 인쇄광고 카피는 정보 중심, TV 광고 카피는 이미지 중심이라는 큰 틀에서 제작되는 경우가 많다. 다음은 삼성의 '두근두근 Tomorrow' 캠페인 카피의 일부이다. 인쇄광고에서는 카피량을 늘려 구체적 정보를 제시하고 있는 반면, TV 광고에서는 카피를 줄이는 대신 일러스트 등 시각적 표현요소를 활용함으로써 제품정보보다는 친근한 이미지를 제시하는 데 주력하고 있다.

비교 2 삼성 기업광고(2009)

(신문광고)

헤드 두근두근 Tomorrow

서브헤드 파랗게 파랗게 대한민국의 하늘이 맑아질 그날을 위해

바디 하늘색 수채물감처럼 대한민국 하늘이 늘 맑다면 얼마나 좋을까요?
리튬이온 2차 전지는 탄소를 배출하지 않아
언제나 깨끗한 하늘을 지킬 수 있습니다.
친환경 에너지로 대한민국 하늘이 맑아지는
그날을 위해 삼성이 준비합니다. (이하 리튬이온 2차 전지에 대한 설명)

(TV 광고)

NA 친환경 에너지로 대한민국 하늘이 맑아지는
그날을 위해 삼성이 준비합니다.

자막 지구를 살리는 리튬이온 2차 전지

남자 두근두근 Tomorrow SAMSUNG

스토리텔링 시, 인쇄광고는 TV 광고에 비해 훨씬 더 카피에 의존한다. 지면은 시간적, 공간적 제약이 적은 만큼 긴 분량의 카피를 통해 다양한 이야기를 풀어낼 수 있기 때문이다. 다음은 박카스 광고 카피를 신문, TV 별로 살펴보자.

비교 3 박카스(2010)

(신문광고)

퇴근 후,
어머니의 찌개는
아내의 미소는
딸의 재롱은
아들과의 레슬링은
친구와의 한잔은
마음의 피로회복제입니다.
몸이 피곤할 때
진짜 피로회복제는
약국에 있습니다.

(TV 광고)

여자 우리 그이는요,
제 뽀뽀 한방이면
하루 피로가 싹 가신대요.
우리 그이 피로에는
제 뽀뽀가 약인가 봐요.
아하하하하!

NA 진짜 피로회복제는
약국에 있습니다. [1]

이 캠페인은 스토리텔링에 근거한다. 우선, 인쇄광고에서는 주장하고자 하는 '진짜 피로회복제'에 대비된 심리적 피로회복제에 관한 이야기가 다양하게 나열되어 있다. 각 이야기들은 간결하게 언급되어 충분한 시간을 들여 곰곰이 생각하여야 이해하고 공감할 수 있다. 이 광고는 실제 집행 시 신문 좌측에 동일한 유형의 광고('이른 아침' 편)가 함께 실렸으므로 좌우면을 합치면 장편의 스토리텔링 광고라 할 수 있다. 한편, TV 광고에서는 '아내의 뽀뽀'라는 한 가지 소재만을 다룬다. 인쇄광고 카피 중 '아내의 미소' 이야기 한 편에 대응되는 소재이다. 인쇄광고 카피에서 나열한 모든 스토리를 15초로는 소화하지 못하기 때문이다.

요약하면, 인쇄매체는 본질적으로 읽는 매체로서 카피라는 글을 통해 소구하기 유리한 매체이다. 카피 분량에 제약이 적으며, 이해하기 어려운 내용이나 주의를 요하는 내용을 설명하기 좋다. 그러나, 바로 그러한 이유 때문에 이성적 소구에 의존하게 되고 표현이 딱딱해져 흥미를 주기 어려울 수 있다. 인쇄광고, 그리고 인쇄광고의 카피가 독자의 시선을 끌기 위해서는 읽어보고 싶게끔 만들어야 한다. 뉴스 고지성의 일방적 전달방식에서 벗어나, 오래 음미할 수 있는 간접적이고 우회적인 표현과 재미있고 흥미 있는 스토리의 전개 등이 방법일 것이다.

2) 현대 인쇄광고 카피의 경향

최근 인쇄광고 카피의 경향은 크게 3가지 측면에서 설명할 수 있다. 첫째는 카피의 형식적 측면으로, 카피요소 중 슬로건의 중심의 카피 구성이 이루어지고 있다. 카피요소란 카피 2의 구성요소들을 말한다. 헤드라인(헤드카피), 서브헤드, 리드카피, 바디카피, 슬로건, 스펙(*specs*: *specifications*, 세부내용의 줄임말), 캡션, 블룬 등이

1 이는 캠페인 슬로건으로서, TV 광고에서 캠페인 슬로건은 종종 인쇄광고의 '헤드라인'(*headline*)의 역할을 한다. 현업에서는 TV 광고에 등장하는 헤드라인을 주로 '키카피'(*key copy*) 또는 '키워드'(*key word*)라 부른다. 미국에서는 '엔드라인'(*end line*)으로 부른다.

2 일반적 의미의 카피란 광고에 사용된 언어적인 요소, 즉 말과 글을 말한다. 인쇄광고 카피는 헤드라인, 바디카피, 슬로건, 캡션, 스펙, 브랜드네임 등이 있으며, 전파광고 카피는 자막과 내레이션이 있다. 학계나 구미지역에서는 카피를, 광고 메시지를 표현하는 아이디어 전체라는 넓은 개념으로 파악하기도 하나 국내 실무에서 사용되는 개념은 아니다.

〈표 12-1〉 헤드라인의 효용성

	기존 헤드라인	현대 헤드라인
크리에이티브와의 관계	종속	독립
사용 빈도	1회	多회
카피요소와의 관계	다양한 요소와 상호보완	단독적 기능
위상	항상적, 독보적	가변적, 캠페인 슬로건 대비 하위

그것이다. 인쇄광고 카피는 헤드부와 바디부라는 이원적 구조로 나눌 수 있다. 헤드부는 헤드라인과 서브헤드 등의 요소들로서, 주로 아이캐처(*eye-catcher*), 즉 독자의 시선을 끄는 역할을 한다. 바디부는 바디카피, 스펙, 구체적 제품정보를 제공하는 역할을 한다. 각 요소에 대한 설명은 기존 카피라이팅 책을 참고하기 바란다.

둘째는 카피의 소구방식 측면으로, 직접 소구가 증가되고 있다.

셋째는 카피의 표현적 측면으로 카피의 시각화 현상을 들 수 있다.

(1) 형식적 측면: 슬로건 중심의 카피 구성

인쇄매체는 정보전달, 특히 뉴스 전달에 유리한 매체이다. 이러한 특성으로 인해, 전통적인 인쇄광고들은 기업 입장에서 일방적으로 고지(告知)하는 성격을 띠었다. 카피 분량도 많았고 카피요소들을 배치하는 레이아웃 방식도 전형적이었다. 반면, 오늘날 인쇄매체의 특성은 예전과 많이 달라졌다. 신문은 잡지의 내용과 형식을 닮아가고, 잡지는 움직이지만 않을 뿐 한편의 동영상처럼 화려한 편집을 자랑한다. 인쇄매체는 읽고 이해하는 매체에서 보고 느끼는 매체로 기능하고 있다. 인쇄매체 이용률은 낮아지고 있으며, 광고에 대한 관심과 흥미도 점점 떨어지고 있다. 이러한 문제를 극복하기 위해 관습적으로 해왔던 크리에이티브 작업이 변하기 시작하였다. 식상함을 탈피하고자 새롭고 실행전략들이 다양하게 시도되고 있다. 이를테면, 아래 도표처럼 전통적으로 슬로건이 수행하던 역할을 헤드라인이 대신하는 경우가 있다.

① 동일 헤드라인의 반복 사용

최근 광고들이 주로 캠페인 형식으로 전개됨에 따라, 단일한 헤드라인을 여러 광고에 똑같이 사용하는 경향이 두드러지고 있다. 캠페인의 핵심은 메시지의 반복성과 일관성이다. 아래 캠페인의 1차, 2차, 3차에서처럼 여러 광고물에 걸쳐 일관되게 등장하는 단일 헤드라인("다르지 않습니다")도 이런 점에서 해석될 수 있다. 즉, 서로 다른 시리즈물에 헤드라인 또는 비주얼 포맷(형식)을 공통되게 사용하여 하나의 동일한 캠페인으로 보이게 하는 것이다.

예 1 미국산쇠고기 (2008)

1차 다르지 않습니다.
서브 우리가 먹는 것과 소가 먹는 것이 다르지 않습니다.
2차 다르지 않습니다.
서브 우리 가족의 식탁에 오른 것과 세계인이 즐기는 쇠고기는 다르지 않습니다.
3차 다르지 않습니다.
서브 소를 키우는 정성과 손길은 어디서나 다르지 않습니다.

② 캠페인 슬로건 중심 운용
캠페인 슬로건 중심의 카피 운용도 눈에 띄는 현상이다. 캠페인 전체에 공통된 슬로건을 헤드라인처럼 사용하거나, 헤드라인을 사용하더라도 비중을 줄이고 캠페인 슬로건을 더 강조하는 형식이다(아래 KT 사례).

예 2 KT (2009)

헤드 나비처럼 날아서 벌처럼 쏘려면 작고 가벼워야 한다.
바디 거대한 헤비급 복서의 롤모델이 작고 가벼운 나비였듯이
KTF와 하나 된 KT도 작고 가벼운 기업이 되려 합니다. (중략)
고객 한 분 한 분께 더 다가가는 작은 기업이 되겠습니다.
슬로건 KT와 KTF가 만나 더 작아집니다.

슬로건 비중이 커지는 현상은 단발보다 캠페인을 선호하는 시대상황과 맞물려 있다. 캠페인 슬로건은 브랜드 슬로건처럼 브랜드 요소로 기능한다. 헤드라인을 슬로건화하는 이유는 ㉠ 단일 카피를 통해 메시지 집중도를 높이고, ㉡ 브랜드 슬로건이 브랜드 가치를 높이는 데 기여할 것으로 판단하기 때문이다. 브랜드의 가치를 높이는 '브랜딩' 전략은 현대 마케팅 커뮤니케이션의 핵심이라 할 수 있다. 그러한 맥락에서, 브랜드 자산형성에 기여하는 브랜드 심벌들, 즉 로고나 슬로건, 브랜드 캐릭터 등의 개발과 노출이 잦아지고, 광고전략도 일회성이 아닌 장기적 캠페인 형태를 지향하고 있다. 광고 커뮤니케이션에서 통일된 비주얼 아이덴티티를 구축한다거나 슬

로건을 장기적으로 노출하는 것도 이 때문이다. 브랜드 슬로건을 집중 노출함으로써 메시지의 설득효과를 높이고 장기적으로 브랜딩에 기여하는 것이다. 이때 카피는 단순히 광고 표현요소가 아니라 브랜드의 한 부분이 된다. 단일한 헤드라인은 광고 크리에이티브의 일부분이지만 캠페인 슬로건은 브랜드의 자산으로 기능할 수 있다.

③ 無헤드라인 또는 多헤드라인화

현대 광고카피는 단 두 가지 요소, '헤드라인 부분'과 '비(非) 헤드라인 부분'으로 구성되어 있다고 해도 과언이 아니다. 헤드라인의 비중이 예전에 비해 더 강조되거나, 반대로 더 약화되는 가장 큰 이유는 카피 분량 자체가 줄어들기 때문이다. 카피 분량이 적다는 것은 헤드라인이 있어야 할 이유가 줄어든다는 뜻이다. 몇 줄 안 되는 바디카피가 바디카피인지 헤드라인인지 모를 정도이다. 이를테면 아래 광고처럼 무 헤드라인 광고, 또는 바디카피가 헤드라인을 대체하는 유형이다.

예 3 SK 텔레콤(2009)

기억하겠습니다. 코트 위의 소녀시대. 4강 진출에 실패했습니다.
하지만 세계 강호들과 온몸으로 부딪치며 다시 한 번 성장했습니다.
기억하겠습니다. 대한민국을 빛낼 코트 위 소녀시대 열일곱 명의 이름을.
여자 핸드볼 국가대표 선수 여러분!
당신이 행복입니다.

한편, 무헤드라인 유형은 두 가지이다. 첫째는 헤드라인이 존재하지 않으며 바디카피 전체 혹은 일부가 헤드라인의 역할을 대신하는 경우를 말한다. 둘째는 헤드라인은 존재하지만 서브카피 등 기타 카피요소들이 모두 비슷한 비중으로 처리되어 결과적으로 헤드라인이 없는 경우를 말한다. 어느 경우든 전통적 헤드라인론에 의하면 커뮤니케이션의 효율성을 모르는 일이라고 비판받을 만하다. "헤드라인을 낭비하면 광고비의 80%를 낭비하게 된다"거나 "헤드라인 없는 광고를 내보내는 것이야말로 가장 큰 죄악"이라고 한 오길비가 보면 펄쩍 뛸 일이다.

④ 바디카피의 축소 또는 생략

헤드라인은 바디카피 운용 전략에도 영향을 주었다. 헤드라인과 바디카피 간 차이가 줄어듦에 따라, 바디카피가 없이 헤드라인만 존재하거나 바디카피를 헤드라인처럼

〈그림 12-1〉 바디카피의 생략 사례: SK 텔레콤(2008)

강조하는 경향이 늘고 있다. 이는 주로 이미지 광고에 흔하다. 〈그림 12-1〉은 헤드라인 이외의 다른 언어적 요소들은 최소화한 채 영상이나 이미지만 존재하는 경우다.

(2) 소구방식 측면: 직접 소구의 증가

직접 소구가 증가하는 이유는 앞에서 언급한 인쇄광고 카피라이팅의 뉴스라이팅화 현상과 맞물려 있다. 뉴스페이퍼에 실리는 광고인만큼 뉴스처럼 보이기 위한 소구 전략을 구사한다. 뉴스를 말하는 방식은 대부분 직접적이다. 직설법을 사용한 이유는 그동안 커뮤니케이션이 기업 중심으로 이루어졌기 때문이다. 기업은 소비자에게 정보를 전달하는 발신자이고, 소비자는 정보를 수용하는 수용자 입장이었다. 소비자는 기업과 제품이 고지(告知)하는 대로 받아들였다. 시대가 바뀌어 소비자의 역할이 정보 사용자, 정보 교환자, 나아가 정보 생산자로 바뀜에 따라 직접화법의 설득력은 약화되었다. 그럼에도 단순한 뉴스고지성 카피는 여전히 유효한 화법이다. 아래 카피 a~d를 보라. 더 이상 무슨 말이 필요하겠는가. 카피 e, f처럼 reason-why를 가미한 직접적-이성적 소구라면 훨씬 더 힘이 느껴진다.

a 1등급 100% 한우암소등심이 100g에 5,800원! (이마트, 2009.12)
b IBK 기업은행, 5년 연속 고객만족경영종합대상 수상! (IBK 기업은행, 2009.12)
c 서울우유가 제조일자 표기를 시작합니다. (서울우유, 2009)
d (주) 에델바이스 아웃도어에서 (주) 밀레로 사명이 바뀌었습니다. (Millet)
e 암보험이 40세 남자도 실속있는 가격, 월 9,900원! (AIG 손해보험, 2009)
f 유기농 도라지만 100% 농축액, 한 병에 겨우 2만 5천원(오버헤드: 찬바람 불 때 꼭 필요한 도라지) (천호식품, 2009)

① 기본형으로 말하기

기본형이란 활용하지 않은 형태로서, 시제(時制)로 보면 현재형이다. 최근 몇 년간의 카피를 보면 확실히 기본형이 대세임을 알 수 있다. 과거에는 과거형이 일반적이었을 상황인데도 유행처럼 기본형으로 표현된다. 기본형을 사용하는 의도는 무엇일까? 기본형은 현재진행형의 느낌을 줌으로써 뉴스성을 강조하며(a′), 시제의 틀에서 벗어난 느낌을 전달하여 내용을 객관적으로 느껴지게 하기도 한다(b′, c′). 기본형의 효과를 실증한 연구는 없다. 그저 유행을 따르듯 카피라이터들이 습관적으로 쓰는 경우도 많은 것 같다. 참고로, 아래 d(파브)의 경우는 과거형으로 집행되었는데, d′의 기본형과 비교해 더 쉽고 분명하게 뉴스를 전달한다. 각 사례를 보며, 과거형과 기본형 중 의미의 차이가 있는지, 어느 쪽이 더 효과적일지 생각해 보자(a, b, c, d가 과거형이고 a′, b′, c′, d′가 기본형임).

a 아반떼, 자동차의 꿈인 미국 J.D. 파워 1위에 올랐다.
a' 아반떼, 자동차의 꿈인 미국 J.D. 파워 1위에 오르다. (아반떼)
b 투자의 난세에 영웅을 만났다.
b' 투자의 난세에 영웅을 만나다. (트러스톤자산운용, 2009)
c 잘나가는 영어학원, iBT주니어에 백기를 들었다.
c' 잘나가는 영어학원, iBT주니어에 백기를 들다. (IBT, 2010)
d 세상의 TV와 선을 그었다. (PAVV, 2009)
d' 세상의 TV와 선을 긋다.

기본형은 감정을 배제하고 중립적인 자세를 취하는 어투이다. 이를테면 객관적인 자세를 보여 전달하는 내용에 신뢰성을 높이고자 함인데, 반면 메시지에 대해 심적

거리를 느끼게 하여 공감이나 친밀감 형성에는 불리할 수 있다. 기본형은 팩트(*fact*)를 중시하는 스토리텔링에 자주 사용된다.

- 뉴트라라이트, 1920년대 식물영양소 혁명을 일으키다.
- 뉴트라라이트, 73년 전부터 자체 유기농 농장을 고수하다.
  (암웨이 뉴트라라이트, 2009)
- 혜택으로 물들다. (삼성 BIG & BIG카드)
- SK 에너지, 땅위에서 미래의 에너지를 찾다. (SK 에너지, 2007)
- SUV의 새로운 리더로 급상승하다. (쏘렌토 R, 2009)
- 시들지 않는 생생한 추억을 선물하다. (삼성전자 디지털 액자, 2009)
- New를 새롭게 정의하다. (캐딜락, 2009)

현업에서 직설법은 기본형, 의문, 비교, 인용 등 다양한 형태로 표현되어 왔다. 이 장에서는 간접화법에 무게를 두고 있으므로 최근 애용되는 두 가지 유형, 기본형과 의문형만 살펴보고자 한다.

② 묻고 답하기

의문형은 관심 끌기의 대표적 기법이다. 사람은 심리적으로 질문을 받으면 대답을 해야 한다고 느낀다. 평서문을 의문형으로 바꾸는 것만으로 뉴스가 된다. ㉠ 이해하기 어려운 주제이거나, ㉡ 관심이 낮은 분야이거나, ㉢ 인지도가 낮은 상황에 더 효과적이며, 호기심을 유발하게 하여 바디카피(설득을 위한 본론)를 읽게 만든다. 당신이 쓴 카피에 아래 단어 중 하나를 넣어보라.

질문어: 누가, 언제, 어디서, 무엇을, 왜, 어떻게(5W1H)

- 도대체 콩기름은 어디서 짜는 걸까? (CJ 푸드빌 백설유콩기름, 2007)
- 당신의 혈액, 잘 돌고 있을까요? (서큐란, 2007)
- 우리아이 대학갈 때까지 몇 년 남았지? (미래에셋자산운용, 2007)
- 이 많은 전기는 다 어떻게 왔지? (LS 전선, 2007)

가. 답이 바로 제시되는 문답형

묻고 답하고의 형식으로 가장 일반적인 형식이다. 현실적으로 (빠른 정보제공을 위해) Q&A 형식을 취하기도 한다.

헤드 도대체 뭘 먹길래?
서브 통째로 갈아 넣은 한뿌리 (CJ 한뿌리, 2007)

헤드 어떻게 하면 친환경 에너지를 공급할 수 있을까요?
서브 지멘스의 효율적인 에너지 기술이 바로 정답입니다. (SIEMENS, 2007)

헤드 시장의 잦은 등락 속에서 위험은 줄이고 수익은 늘려가는 올바른 성공투자의 지혜는?
서브 '쌓아가기'다. (한국투자신탁운용, 2008)

헤드 햄은 짜다?
서브 짜지 않아 딱 좋은 리챔 (동원 F&B 리챔, 2009)

Q 요즘 안 좋은 물 쓰는 술이 있나?
A 좋은 술을 빚는 물은 근본부터 다릅니다. (백세주, 2009)

대부분 서브에 답이 있다. 잡지광고의 경우 앞면(혹은 좌수)에는 질문, 뒷면(혹은 우수)에는 대답 형태로 구성된다. 중요한 것은 질문과 답의 공간적(그리고 시간적) 간격이다. 우리 크리에이티브를 보면 이 간격이 점차 짧아지는 추세다. 이 간격이 짧아질수록 직설법에 가까워 질문형식의 장점을 살리지 못하게 되고 결과적으로 소비자가 생각해 볼 시간을 빼앗게 된다. 이래서는 좋은 크리에이티브가 나오기 어렵다.

나. 답을 포함하는 질문

의문문이 실제 질문의 목적이 아니라 강조를 위한 반어나 역설로 사용되는 경우이다. 이는 뒷장의 간접화법에서 자세히 소개된다.

세상에 이보다 더 건강한 식용유가 있을까? (CJ 백설유라이트라, 2008)
이런 웰빙아파트 상상이나 했을까? (LIG 용인구성 Liga, 2009)
더 이상 무슨 말이 필요한가? (아우디, The New Audi TTS quattro, 2009)

직설화법은 이해하기 쉽지만 카피의 차별화에 한계가 있다. 차별화를 위해 카피라이터는 다음을 명심해야 한다.

- **카피는 쉬워야 한다는 고정관념을 버린다.**
  쉬운 것은 쉽게 싫증이 난다. 기획(*AE*)이 준 콘셉트워드(*concept word*)가 쉽고 명확하다고 이를 바로 카피로 내놓지 않는다.
- 한방 카피에 너무 목매지 않는다.
- 매끄럽게 읽혀 쉽게 지나치는 표현보다 시선이 턱턱 걸려서 오래 머무는 표현을 찾는다.
- 말장난을 하지 않고 아이디어로 승부하려고 한다. 가장 잘 쓴 카피는 아이디어를 담고 있다. 카피라이터는 카피를 쓰기보다 아이디어를 쓰려고 노력해야 한다.
- 아트디렉터나 CM 플래너가 봐서 그림이 그려지도록 쓴다. 그러나 이를 너무 의식할 필요는 없다.

(3) 표현적 측면: 카피의 시각화

카피의 시각화라는 개념은 역사가 오래된 개념이다. 1986년 발간된 니시오 타다히사(西尾忠久)의 《효과적인 광고카피》(안준근 역)에도 이 개념이 등장하는데, 최근 국내 카피라이팅 책에서 언급되는 내용들도 대체로 니시오 타다히사의 내용을 따르고 있다. '비주얼과의 조화'라는 이전의 관점으로만 보면, 카피의 시각화란 카피라이팅에 있어 그리 핵심적인 개념은 아니다. 이 장에서는 이 개념을 내용과 형식이라는 두 관점에서 좀더 세분화하여 살펴보았다.

① 내용의 시각화: 시각적 내용이 담긴 카피 쓰기

가. 의태어, 의성어

니시오 타다히사 등이 전통적으로 주장해온 카피의 시각화란, 카피가 비주얼 아이디어를 얼마나 쉽게 떠오르게 하는가를 말한다. 즉, '비주얼 아이디어를 연상하게 하는 정도'를 말한다. 이는 카피내용의 시각화와 관련된 정의이다. 카피의 시각화를 위해서는 카피가 시각적 내용을 갖고 있어야 한다. 시각적 연상이 용이하거나 구체적인(물리적인) 상황이 제시되는 단어가 좋다. 이렇게 시각적 내용을 갖는 단어를 지각심리학에서는 심상어(*word picture*)라고 한다. 심상어는 그림을 보는 듯 생동하는 문장, 실황 중계하듯이 구체적 표현을 말한다. 의태어, 의성어가 대표적인 예이다. 사례 a는 의태어를 이용한 카피의 시각화로서 무언가를 강하게 움켜잡는 상황이 쉽게 연상된다. 실제 비주얼은 북극곰의 발바닥으로 구성되어 집행되었다. 아래 b는 의태어, c는 의태어를 사용함으로써 시각화가 용이해진 경우이다.

a 헤드 꽉!
리드 빙판길, 눈길에서의 안전을 잡았다.
마른 길에서의 소음, 승차감까지 잡았다. (노르딕 3000, 2002)
b 노릇노릇 뚜레쥬르
c 씽! 캐논은 반칙이다. (캐논레이저프린터, 2007)

나. 시각기호

시각적 내용을 갖는 또 다른 카피라이팅 방법으로는 비주얼 요소로써 카피를 쓰는 것을 말한다. 카피가 숫자나 기호 등의 상징이나 도식, 그래프로 구성될 경우, 글자 위주의 인쇄매체에서 시각적으로 차별화된다.

한편, 실제 현업에서는 '시각화'라는 말 대신에 '비주얼라이징'(*visualizing*)이라는 영어가 보편적으로 사용된다. 시각적 아이디어를 떠올리기 좋은, 다시 말해 "비주얼라이징 하기 좋은" 카피라이팅은 크리에이티브 작업에 중요한 조건이자, 카피라이터가 칭찬받고 사랑받기 위한 덕목이다. 크리에이티브는 카피와 아트가 조화되어야 하며, 이 중 카피는 단순히 표현요소로서만이 아니라 광고 아이디어를 제시하는 핵심 역할을 하기 때문에, 비주얼이 쉽게 연상되는 카피일수록 좋은 카피이다. 사례 a와 b를 비교하면 b가 훨씬 시각화에 용이한 카피이다.

a 열대야 절전취침으로 더위까지 즐거워진다.
b 휘센에게 열대야는 아내와 더 가까워지는 시간 (LG전자 휘센, 2007)

② 형식의 시각화: 카피를 시각적으로 처리하기

카피의 시각화란 카피의 형식을 시각적으로 처리하는 것을 말한다. 카피의 낱글자나 덩이글 등을 외형적으로 변형하여 조형미를 높이거나 의미를 강조하는 효과를 노린다. 이를테면 카피 제시방법의 시각화를 의미한다. 카피가 메시지라는 전통적인 관점에서 보면, 물론 형식적 특성보다 내용적 특성(내용의 강력함)이 더 중요할 것이다. 외형적인 요소에 치중하여 정작 중요한 카피내용을 결정하는 일을 소홀히 해서는 안 된다. 다만, 최근 들어 카피를 메시지로 보기보다 비주얼 요소로 설정하여 형식적 차별화를 시도하는 경우도 많다. 카피를 시각적으로 보여주는 현상은 이러한 관점에서 이해될 수 있다.

카피의 시각화가 중요시되는 이유는, 근본적으로 언어(카피)에 대비되는 개념으로서 시각(*visual*, 아트) 요소가 갈수록 중요시되기 때문일 것이다. 광고 미디어는 다양해지고 광고물의 혼잡도는 갈수록 증가함에 따라 시간적 소비자가 광고를 보는 양상도 점점 순간적이 되어간다. 짧은 시간 눈을 끌기 위해 광고는 더욱더 시각적 요소에 의지하게 된다. 광고제작자는 독자들을 '헤드라인 리더(*reader*)', 즉 헤드라인만 읽는 존재로 생각한다. 광고는 지극히 짧은 순간만 노출되므로, 쉽고 빠르게 이해되는 것을 최고의 가치로 여긴다. 이러한 이유로, 광고는 갈수록 포스터(*poster*)처럼 되고 아트 요소가 강조된다. 광고가 포스터를 닮는, 광고의 시각화 현상과 관련한 카피의 특징은 아래와 같다.

- 짧고 강력한 단어로 구성된다.
- 선언식, 뉴스성 카피가 선호된다.
- 쉽고 빠르게 이해된다.
- 세일지향의 직접적 소구이다.
- 전체적으로 그림 하나와 헤드라인 하나가 전부인 경우가 많다.
- 광고는 설득 도구이기보다 감상의 도구로 변모한다.
- 스토리의 비중은 점점 사라지거나 줄어든다.

3. 인쇄광고 카피의 실제

1) 걸리는 헤드라인 쓰기

(1) 헤드라인은 아이캐처

헤드라인 쓰는 법을 이해하기 위해서는 먼저 헤드라인의 기능을 생각해 봐야 한다. 광고 메시지의 핵심을 카피가 맡고 있다고 할 때, 모든 카피의 궁극적 목적은 제품을 판매하기 위한 것이다. 그래서 모든 카피는 판매를 위해 제품에 담긴 뉴스를 전하려고 한다. 특히 헤드라인은 여러 카피 중에서 가장 먼저 기능하는 카피이다. 헤드라인 스스로 뉴스를 전하는 기능을 해야 함은 물론, 나아가 헤드라인을 포함한 여러 카피들이 기능을 발휘할 수 있도록, 소비자의 눈을 끄는 역할을 해야 한다. 바로, 아이캐처(*eye-catcher*) 기능을 해야 한다. 헤드라인에 소비자의 시선을 붙잡아 두는 방법은 두 가지이다. 첫째, '제품'에 대한 흥미를 유발한다. 이를 위해 제품의 뉴스를 직접적으로 말하거나 암시를 통해 호기심을 갖게 한다. 둘째, '광고'에 대한 흥미를 유발한다. 이를 위해 광고(크리에이티브)에 담긴 '이야기'를 직접적으로 말하거나 암시를 통해 호기심을 갖게 한다. 흥미유발을 위해서는 직설화법만으로 부족하다. 감추어 암시하는 간접화법이 더 효율적인 경우가 많다.

(2) '걸리게' 쓴다는 것

"들어봐! 난 이렇게 달라졌어!" 모든 뉴스는 당당하다. 당당한 만큼 감추거나 돌려서 말할 이유도 없다. 그래서 많은 뉴스는 직설적이다. 그러나, 카피라이터의 생각은 다르다. 그건 누구나 말하는 방식이니까. 카피라이터는 신제품 탄생을 탄생이라 말하지 못하고, 할인을 할인이라 하지 못한다. 좀더 다른 말, 다른 방법을 찾는다. 다르게 쓰는 것은 곧 '걸리게' 쓰는 것이다. 수많은 광고들에 묻혀버리지 않고 귀에 걸리고 눈에 걸리게 쓰는 것이다. 귀에, 눈에 걸려야 마음에 걸릴 수 있기 때문이다. 카피라이팅이란 메시지의 차별화이고, 메시지의 차별화란 결국 눈과 귀를 붙잡는 워딩(*wording*)을 찾는 것이다.

한편, 카피라이터의 차별화는 생계형 차별화이기도 하다. 카피라이터라는 밥그릇을 뺏기지 않기 위해서이다. 회의 때만 되면 기획(*AE*)과 피디, 디자이너들은 카피라이터가 된다. 한글 쓸 줄 알고 우리말 할 줄 알기에 수시로 한마디씩 '카피라는 것'을 찔러댄다. 이들이 쓴 것과는 뭐가 달라도 달라야 한다. 어쩌면 차별화를 위한 차별화이다. 그러나, 정작 이러한 생계형 차별화에 초연해져야 강력한 카피가 나올 수 있다.

이 장에서는 차별화를 위한 유효한 방안으로 우회적, 간접화법을 제안한다. 간접화법은 모호함을 주어 독자를 메시지로 끌어들이는 힘이 있다. 때로는 양면적(*two-sided*) 메시지를 제시하는 방식도 이에 해당되는데, 제품에 대한 관여도가 높은 소비자를 설득하는 힘이 있다. 예를 들어, 현대카드의 'Believe it, or not'(현대카드V, 2007)를 생각해 보자. 우리 제품을 '믿어 달라'는 직설화법보다, 이러한 '믿거나 말거나'라는 화법에 소비자들은 경계를 풀고 더 관심을 갖는다. 이 장에서는 이러한 걸리는 카피라이팅 방법으로, 돌려쓰기, 감춰쓰기, 어겨쓰기를 제안한다.

(3) 돌려쓰기

돌려쓰기(말하기)에는 역설, 반어(수사적 의문), 부정의 부정 등이 있다.

① 역설

돌려쓰기는 역발상을 의미한다. 수사법으로는 '역설'과 '반어'가 이에 해당한다. 카피라이팅을 가르치는 말 중에 'U, ?, !' 론이 있다. 'U'는 보편적이고 상식 'U사실을 뒤집으라는 뜻이고, '?'는 제품과 소비자를 분석하기 위한 물음을 던지라는 뜻이고, '!'는 사물을 느낌으로 받아들이고 느낌으로 전달해야 한다는 뜻이다. 여기서 U가 역발상이고, 곧 돌려 말하기이다. 돌려쓰기는 왜 걸리는가? 돌려쓰기는 관점을 바꾸는 것이다. 독자의 관점과 다른 새로운 이야기를 하니 눈이 멈추고 귀가 솔깃해진다. 헬 스테빈스의 고전적 사례는 시각의 차이가 얼마나 중요한지를 잘 말해준다. 평범한 내용 a를 b처럼 돌려 말함으로써 매출이 20%나 올랐다고 한다.

a 옷 한 벌 세탁에 1달러! 무료로 방충 처리해 드립니다.
b 옷 한 벌 방충처리에 1달러! 세탁은 무료입니다.

돌려쓰기에는 유머가 느껴지는 것도 한 방법이다. 즐거운 마음이 생겨야 알고도 기꺼이 속아줄 수 있는 법이다.

세상의 모든 차들이여, 폭스바겐을 용서하라. (폭스바겐 골프, 2009)

헤드　완벽함을 용서하라.
리드　어울릴 수 없는 것들의 완벽한 조화. The new Golf (폭스바겐, 2008)

하루 30대, 더 이상 만들 수 없어 자랑스럽습니다. (폭스바겐 페이톤, 2009)

헤드　당신은 강남 세브란스를 모르셨으면 좋겠습니다.
서브　건강과 행복만 생각하십시오. (강남 세브란스병원, 2009)

주소록을 없애주세요. 사랑하는 친구의 번호쯤은 욀 수 있도록.
카메라를 없애 주세요. 사랑하는 아이의 얼굴을 두 눈에 담도록.
문자기능을 없애주세요. 사랑하는 사람들이 다시 긴 연애편지를 쓰도록.
기술은 언제나 사람에게 지고 맙니다.
사람을 향합니다. (SK 텔레콤, 2007)

② 반어

반어의 대표적 방법으로는 수사적 의문이다. 이를테면 '반문하기'이다. 반어는 답을 포함하는 질문형태로 자주 등장한다. 즉, 답이 따로 제시되지 않지만 간접적 암시되는 방식을 말하는데, 수사적 의문이 이에 해당한다. 수사적 의문법은 설의법이라고도 하는데, 의도하는 답을 유도하고 주장하는 바를 강조하기 위해 질문의 형태를 취하는 경우를 말한다(사례 a, b, c).

a 헤드　딤채가 아니라도 괜찮겠어요?
바디　디자인이 바뀌어도, 기능이 추가되어도 김치냉장고처럼 보여도
냉장고는 냉장고일 뿐
김치와 음식들을 신선하게 보관하는 기술은
15년 딤채 기술을 따라올 수 없습니다.
500만 딤채 고객이 검증한 딤채의 기술!
딤채를 원하면 딤채를 사세요. (딤채)

b 헤드 그렇게 하면 되는 것입니까?
리드 입시를 넘어 더 큰 세상을 열어줄
유통기한 없는 영어를 생각합니다. (청담어학원, 2010)

c 언제까지 바라만 볼 것인가? (기아자동차 쏘울)

답이 너무 뻔해 뉴스로 느껴지지 않을 경우에는 '뉴스'가 담긴 서브헤드를 두어 이를 보완한다. 질문이라기보다 놀람과 반문에 가까운 경우도 있다. 이때는 물음표(?) 보다 느낌표(!), 혹은 두 부호를 붙여 '?!'로 표현하기도 한다.

반어 = 반문하기 = 타깃을 불편하게 만들어 승낙받기

1단계: 반문하기 → 2단계: 소비자 끌어들이기

세계명차의 발을 본 적 있는가? (던롭타이어, 2009)
관리비를 만원이나 깎아줘? (IBK MY APT카드, 2009)
그들의 선으로 그릴 수 있을까? 이 숨 막히는 아름다움 (현대자동차 쏘나타, 2009)
보험료 납입기간이 줄어드는 종신보험? (교보 변액유니버셜 종신보험, 2009)
왜 이런 전집을 나만 몰랐을까? (기탄교육, 2009)
은행에서 차를 산다? (신한 MyCar 대출, 2010)

이외에 반어 표현으로 소비자를 끌어들이거나(d), 자기부정(e, f)을 하는 방법도 유효하다. 주장하고 싶은 내용을 완곡하게 혹은 우회적으로 표현함으로써 의미를 강조하는 경우이다.

d 헤드 당신이 변화할 차례다
서브 새로운 모습의 New Infiniti G 37 Sedan (인피니티, 2010)

e 헤드 한 번은 우연일 수 있다
서브 INFINITI FX,
기자단이 선정한 크로스오버부문 2005 서울모터쇼 Best Car
INFINITI G 37 Coupe,

기자단이 선정한 승용차부문 2007 서울모터쇼 Best Car
INFINITI G 35 Sedan,
조선닷컴 선정 자동차전문기자들이 가장 선호하는 차 1위
이어지는 인피니티의 명성을 쇼룸에서 직접 경험하십시오.
(인피니티 G 37세단, 2007)

f 처음은 아니지만 처음 뵙겠습니다. (한글과컴퓨터, 2010)

유사 사례로는 아래가 있다.

5면 충분했다. 그래서 7을 만들었다. (뉴인피니티 G 37세단, 2008)

헤드	무조건 딤채라고 하셔도 고맙지만
서브/리드	좋은 김치냉장고 고르는 방법을 알면 더 행복한 선택이 됩니다. (딤채, 2008)

하늘만 날지 못할 뿐입니다. (BMW 미니, 2009)

③ 부정의 부정

부정의 부정은 강한 긍정이다. 특히 아래 b의 경우, 특히 강한 의지와 비장함을 표명하기 위해 부정의 부정 형태를 취하고 있다. 특히, 의미적으로 부조화되는 '자격'이란 단어를 사용하여 더욱 카피가 귀에 걸린다(카피가 강하게 느껴진다).

a 흉내 낼 수 있다면, 아우디 100년이 아니다. (아우디, 2009)
b 쌍용자동차는 더 이상 흔들릴 자격이 없습니다. (쌍용자동차, 2009)

(4) 어겨쓰기

어겨쓰기(어겨말하기)에는 기대위반(비문법, 한자어쓰기), 의인과 활유, 동의반복 등이 있다.

① 문법파괴

광고카피는 타깃의 공감과 설득효과를 극대화하기 위해 메시지의 내용과 표현방법에 있어 다양한 차별을 시도한다. 그 중에서도 대표적인 사례의 하나가 의도적 문

법파괴이다. 의도적 문법파괴가 독자의 눈에 걸릴 수 있는 이유는 ㉠ 선택성의 원리와 ㉡ 기대치위반 이론에 입각하여 설명할 수 있다. 하루 수천 개의 광고물로 인해 클러터링(*cluttering*) 문제가 대두되고 있는 현대에는 일단 소비자의 선택적 주의를 확보하는 것이 무엇보다 시급하다. 선택성의 원리에서 볼 때, 광고카피의 문법파괴 현상은 광고 메시지의 자극 강도를 높임으로써 소비자의 관심을 유발하고 주의를 보다 잘 끌 수 있도록 하기 위한 것이다. 기대치위반 이론에서 설명하면, 수용자로 하여금 기존에 갖고 있던 문법체계에 어긋나는 자극을 제시함으로써 문법을 준수할 것을 당연히 생각하고 있는 수용자의 기대를 저버리고 수용자의 관심을 끌기 위한 것으로 해석할 수 있다. 문법파괴는 주로 통사적 규칙을 어기는 것이지만(사례 a~c, 후자가 통사적으로 바른 표현이다), 통사적으로는 틀리지 않더라도 의미적으로 부자연스러운 표현인 경우도 있다(d~g).

a 당신을 감탄합니다. vs. 당신에게 감탄합니다. (오피러스, 2003)
b 한강을 산다. vs. 한강에 산다. (한강신도시 e 편한세상, 2009)
c 진심이 짓는다. vs. 진심으로 짓는다. (e 편한세상, 2009)
d 보리가 열을 끈다. (하늘보리, 2000)
e 차이를 만드세요. (라끄베르, 2009)
f 걱정 끄세요. (타임쿡 가스레인지, 2009)
g 쌍용자동차는 믿음만 팔겠습니다. (쌍용자동차, 2009)

특히, 광고의 지면 및 시간 등 광고매체 물량이 한정됨에 따라 보다 적은 낱말(언어)을 사용하고, 축약어, 새로운 합성어, 유사언어 등을 사용하는 경향이 증가하였다. 여기서 유사언어란 말이나 글로 표현되는 인간 언어유형에 속하지 않으면서 보완적 의미를 전달하는 상징체계로 이모티콘(*emoticon*)이 대표적 예이다.

② 의인화

의인 및 활유도 '어겨쓰기' 관점에서 이해될 수 있다. 의인과 활유는 무생물에 생명을 불어 넣어 친근감과 유머를 부여하는 역할을 한다. 의인과 활유는 사물이 말하게 한다는 점에서 일종의 뒤틀기이며, 친근감과 동시에 생경한 느낌을 주어 표현의 차별성을 유발한다. 사례를 보자. 의인 또는 활유를 통해 사물(제품)에 대해 동질감을 느끼는가, 아니면 표현의 의외성이 먼저 느껴지는가?

a 카메라, 긴장하다. (500만 화소 카메라폰 애니콜 포토제닉, 2007)
b 철은 자연과 함께 사는 법을 알고 있습니다. (포스코, 2007)
c 컬러에 빠진 햅틱 (애니콜 햅틱, 2007)
d 자동차가 말이 통하는 친구가 될 때까지 … (현대기아자동차그룹, 2009)
e DSLR이 스스로 상상하기 시작했다. (올림푸스 E-30, 2009)
f 몸이 칭찬하는 빵. (파리바게트, 2008)
g 사람을 사랑하게 된 에어컨 (LG 휘센, 2010)

한편, 아래 카피 a(신문광고)는 완성도 높은 비주얼과 어울리며 객관적이고 신선한 느낌을 전달한다. 피동형식(~져야 했습니다), 또는 일본식 문장(생각들을 했습니다), 영어식 문장(~낡아갔지만) 등 부자연스러운 문장이 많지만 반면 능동태 중심의 일반 문장과 차별화되는 효과를 준다.

헤드 낡은 컨테이너가 될 때까지 이뤄낸 따뜻한 기록
바디 세계가 점점 더 대한민국을 필요로 했습니다.
대한항공 화물은 더 바빠져야 했습니다.
길이 없으면 하늘길을 냈습니다.
항공 화물을 위해 더 좋은 생각들을 했습니다.
컨테이너는 낡아갔지만, 바쁠수록 더 많은 일을 할 수 있었습니다.
국제 항공화물 수송실적 5년 연속 세계 1위,
대한민국에 희망이 되는 따뜻한 기록입니다. (대한항공 수상광고, 2009)

③ 주변 품사들의 기대위반

카피는 간결성을 중시한다. 부사, 접속사를 덧말처럼 자주 달거나 불완전명사 등을 사용하는 습관은 좋지 않다는 지적이 많이 나온다. 명사, 동사에 비해 부사, 불완전명사 등은 확실히 중심 품사가 아니고 주변 품사이다. 그러나, 때로 이러한 고정관념에서 벗어나, 부사(사례 a), 관형사, 형용사(사례 b), 불완전명사(사례 c)를 적절히 활용하면 문장이 더욱 맛깔나고 힘 있게 된다.

a. 부사 예
당신은 **이미** 이겼습니다. (SK 텔레콤, 2007)
옥주현, **결국** 나트라케어를 만나다. (일동제약 나트라케어)
당신은 **조금** 움직였지만 행복은 커다랗게 자랐습니다. (SK 텔레콤, 2007)

냉장고 냄새, **거침없이** 빨아들인다. (홈즈탈취탄, 2009)

b. 관형사, 형용사 예

약간의 TV, **약간의** 인터넷, 전화 **약간** 합치면 못 보던 세상 (SK broadband, 2007)

친절한 피부 트러블 솔루션 (크리니크, 2009)

c. 불완전명사 예

우리는 더 행복해질 **것**입니다. (SK 텔레콤, 2008)

더 큰 세상을 발견할 **것**이다. (SK 텔레콤, 2009)

2) 걸리는 바디카피 쓰기

적어도 표면적으로 보면, 최근 카피의 비중이 줄어들고 있는 것이 사실이다. 카피 중에서도 인쇄광고 카피, 그 중에서도 바디카피라면 말할 것도 없다. 그러나, 소비자들이 바디카피에 흥미를 잃는 이유를 대세론 때문으로 치부해서는 안 된다. 지루하게 썼기 때문에 지루해 하는 것이다. 헤드라인만 있으면 허전해서 그저 의례적으로 쓴다거나, 레이아웃 편의 때문에 써야 할 말을 줄이고 없어도 될 말을 늘리고 해서는 제대로 구성된 흥미로운 바디카피가 될 수 없다. 실무적으로 유용한 바디카피 쓰는 법은 다음과 같다.

(1) 첫 부분은 짧게, 본론으로 바로 들어가라

첫 부분을 짧게, 흥미롭게 써야 한다. 헤드라인으로 겨우 붙들어 놓은 독자를 본론 시작하자마자 긴 문장으로 질리게 해서는 안 된다. 아래 카피 a는 헤드라인의 내용을 받아 바디카피로 연결한 경우이다. 카피 b는 연결어를 따로 두지 않고 제품 설명으로 바로 들어간 경우이다. 군더더기 없는 구성방식이 헤드라인에 잡은 시선을 끝까지 붙들어 둔다.

카피 a

헤드　모든 요리가 좋아해요!

바디　뭐라고요? 타바스코를 피자에만 뿌려 드셨다고요?
양식, 한식, 퓨전요리 상관없이 어떤 요리에나

잘 어울리는 타바스코, 한 스푼만 넣어보세요.
요리의 맛이 확 살아나요. (오뚜기 타바스코, 2007)

카피 b

헤드 '아이들은 쉽게 뜨거워진다'

바디 이 말은 곧, 세계 30여 개국에서 그 효과와 안정성을 입증받았고,
아이들이 복용하기 편한 오렌지 맛과 향에 타르 색소까지 제거한
부루펜을 가정상비약으로 준비해 두라는 뜻. (삼일제약 부루펜시럽, 2009)

(2) 스토리텔링은 마무리가 중요하다

대개 마무리 부분은 스토리텔링의 본래 목적을 담고 있다. 마무리에서 글의 소재와 주제를 자연스럽게 연결시켜 광고가 주장하는 바를 전달하는 것이 중요하다. 너무 노골적이지 않게, 그렇다고 너무 모호하지 않게 주장을 마무리해야 한다. 이야기 흐름을 깰 것 같으면 캠페인 슬로건을 따로 두어 주제를 드러낸다.

(3) 바디카피는 한 문장 한 문장이 헤드라인이 되도록 쓰라

스토리를 말한다고 해서 스토리 전개에 함몰되어서는 안 된다. 무슨 이야기를 하든 원래의 커뮤니케이션 목적을 염두에 두어야 한다. 기승전결에 따라 이야기를 절절이 늘어놓을 필요는 없다. 오히려 독자들이 상상할 여지를 없앨 수 있기 때문이다. 시간적 제약이 없는 인쇄매체의 경우, 카피라이터는 아무래도 필요 없는 이야기를 늘어놓기 쉽다. 일단 이야기 전체를 충분히 쓰라. 그 다음 각 이야기를 빠르게 전개시킨다는 생각으로 문장을 줄이고 함축적으로 표현하라. 카피는 소설이 아니다. 줄거리 전달보다 주제 전달에 초점을 두어야 한다.

(4) 이미지 창출과 사실 제시 중 한 가지를 택하라

이른바 이미지 소구에서는 사실의 진위라든가 서술의 논리성이 그리 중요하지 않다. 감동을 줄 수 있어야 한다. 반면, 이성적 소구에서는 신뢰를 줄 수 있는 사실 전달이 중요하다. 어느 쪽으로 갈 것인지 미리 결정하고 써야 한다. 감성과 이성을 모두 충족시킬 수 있다면 더 좋겠지만, 그렇지 못하다면 한 가지라도 분명히 충족시켜야 한다. 어정쩡 섞어 놓으면 감동도 이해도 모두 놓칠 수 있다.

(5) 기승전결만 고집하지 말고 스펙처럼 단순히 나열해 보라

이때 리드카피에 아이디어를 넣는 것이 중요하다. 아래는 스펙식 바디카피의 모범 예이다.

헤드 이봐, 윈스톰! 이거 반칙 아니야?

바디 1. 왜 맘에 들지도 않는 옵션을 주는 대로 받는가?

한정된 옵션만 선택했던 기존 방식을 혁신적으로 개선하여 내가 원하는 옵션만 패키지로 묶어 나만의 맞춤 윈스톰으로! My Choice 프로그램

2. 왜 사고로 파손된 차를 고쳐가며 타는가?

윈스톰 구입하고 1년 안에 파손되면 화끈하게 새 윈스톰으로! 운전자보험, 실직위로금, 장기입원보험 등의 서비스까지! Smart Exchange 프로그램

3. 왜 가족이 추가구매 하는데도 할인받지 못하는가?

현재 윈스톰을 타시는 분의 가족이 윈스톰 추가 구입시 놀라운 추가할인 혜택 100만 원!

3) '날리는' 카피를 쓰는 습관

날리는 카피란, 앞에서 설명한 걸리는 카피에 반대되는 카피이다. 귀에 걸리고 소비자의 마음에 걸리지 못한 채, 그저 한눈에 날아가 사라져 버리는 카피를 말한다. 날리는 카피를 쓰는 습관을 4가지로 정리해 보았다. 수사를 쓰는 습관, 상투어를 쓰는 습관, 뻔한 스토리를 쓰는 습관, 카피를 쓰지 않으려는 습관이 그것이다.

(1) 수사를 쓰는 습관 : 수사법은 양날의 칼이다

원로 카피라이터 김태형 선생은 저서 《카피라이터 가라사대》에서 "화려한 수사로 갈채를 받는 아에스케네스(Aeschines)가 되지 말고 힘 있는 설득으로 사람을 움직이는 데모스테네스(Demosthenes)가 되라"고 말하고 있다. 수사는 재미있고 아름답지만 그 틀에 갇히면 말하고자 하는 바를 놓치기 쉽다. 이 책에서도 수사법의 유용성을 얘기한 바 있지만, 동시에 수사법의 부작용을 경계하라는 뜻에서 수사법 습관이라는 제목으로 몇 가지를 지적하고자 한다. 카피라이터는 카피발상을 수사법으로 시작하지 말고 소비자의 언어를 찾는 데서 시작해야 한다.

① 대구법 습관

대구는 강조 또는 대조를 위해 뜻이나 발음이 비슷한 단어끼리 짝지어 제시하는 기법이다. 이 중에서도 대조는 서로 반대되는 두 개념을 대비시켜 보여주므로 주로 비교 소구시 자주 사용된다. 대구는 쉽게 이해할 수 있으며 간결한 구조를 통해 조형미를 전달하기도 한다. 이는 마치 사람들이 대칭을 통해 아름다움을 느끼는 것과 유사하다. 그러나 한편으로 대구는 현업에서 습관처럼 떠올리는 흔한 형식이며 실제로도 자주 등장하여 오히려 진부하게 느껴질 수 있다. 단순한 말장난식이거나 의미적으로 동의반복일 경우 대구는 문장의 무게감을 떨어뜨린다. 대구가 효율적이기 위해 몇 가지 고려해야 할 점은 다음과 같다.

가. '대조'(but)의 대구인 경우에는 주장하고자 하는 바가 분명히 드러나야 한다

비교를 위해 도입한 개념이 자사 상품의 우위점과 비슷하여, 어느 쪽이 긍정인지 어떤 차이가 있는지 이해하기 어려워져서는 안 된다. 아래 사례의 경우, '단지'라는 제한적 의미가 있지만 '역사에 기록되는 것'도 바람직한 것으로 비칠 수 있다.

> 단지 역사에 기록되는가.
> 시대를 이끈 리더로 기억되는가. (THE NEW BMW 760Li., 2009)

나. 의미대립이 지나치게 단순하고 노골적인 이분적 구조는 거부감을 줄 수 있다

'가'와 반대로 아래 사례의 경우처럼, 의미대립이 지나치게 단순하고 노골적인 경우도 좋은 카피라고 보기 어렵다. 마치 '우리는 좋습니다. 남들은 나쁩니다'처럼 단순한 이분적 구조가 거부감을 일으킬 수 있다.

> 따라가지 않는다.
> 따라오게 만든다. (메르세데스 벤츠, 2009)

다. 대구법은 하나의 개념만 비교하는 것이 좋다

대구를 이루는 개념 안에 여러 대립되는 내용이 들어있으면 초점이 흐려져 이해가 어려울 수 있다. 아래 사례 a의 경우, 물방울과 땀방울이라는 핵심 개념을 비교하기 위한 것인데, 미터와 리터가 또한 대구를 이루어 혼란스럽다. 흔히 욕심이 생겨 이처럼 '이중대립' 형태로 하는데, 표현의 단순성이 중요시되는 측면에서 별로 바람직하지 않다. 사례 b에서도, 대립되는 개념이 '타이어와 서비스' 하나만으로 된 후자가 적절하다는 시각을 가져야 한다.

a 사람들에겐 1,500미터의 물방울
나에겐 1,500리터의 땀방울 (KB, 2008)

b 바른 타이어, 빠른 서비스
바른 타이어, 바른 서비스 (한국타이어, 2009)

라. 동의반복적 대구는 부작용을 줄 수 있다

한편, '동의반복적' 대구는 힘이 약할 뿐 아니라 단문에 비해 오히려 복잡하게 느껴져 이해에 어려움을 줄 수도 있다. 아래 사례들은 강조를 위한 대구로서, 이러한 나열은 자칫 의미를 복잡하게 만들 수 있다.

풀무원 두부니까 화학첨가물 0%다.
풀무원 두부니까 무화학첨가 100%두부다. (풀무원 콩, 2007)
오븐에서 눈을 뗄 수 없다! / 굽네치킨에서 입을 뗄 수 없다! (굽네치킨, 2009)
생각의 뚜껑이 열렸다! / 맛의 뚜껑이 열렸다! (T.G.I. 프라이데이스, 2009)

대구의 '형식성'을 극복하고 의미전달 효과를 높이기 위해서는 짝을 이루는 개념들을 소비자의 인사이트에 근거하거나, 소비자를 무장해제할 수 있는 유머가 담겨야 한다. 아래 사례는 대구형식이 단순하지만 '불경기↔성장기'라는 개념대립이 이질적이어서 오히려 유머가 느껴진다.

어른들은 불경기지만 아이들은 성장기입니다. (삼아제약 노마, 2009)

② 말장난 습관

카피라이팅을 시작하는 가장 흔한 습관이 있다면 말장난(*pun*)이 아닐까 한다. 말장난은 일종의 관성이고 편법이다. 새로운 카피를 창안하기 쉽지 않으니, 가장 먼저 애드브리프에 있는 단어들(대표적으로 브랜드네임)에 비슷한 소리를 이리저리 붙여보는 것이다. 펀 아이디어는 당장 재미있고 제품과 관련성이 많아 보여 아이디어를 팔기가 쉬울지 몰라도, '힘 있는 카피'와는 대체로 거리가 멀다. 재미있는 것은 가볍다. 가벼워서 진지함이 결여되지 않도록 제품의 성격과 상황에 적절한지를 살펴야 한다. 아래 예에서 펀('열받게')을 사용한 a보다는 구어와 비유를 적절히 결합한 a′이 더 강하게 느껴진다. b와 b′ 중에서는 아래의 b′가 실제 집행안이다. b의 경우 중의적 표현이 기발하지만, '뒤지다: 죽다의 속어'라서 부정적인 의미가 전달되므로 이를 피하기 위해 카피의 맛은 덜하지만 b′로 수정하여 집행되었다. c의 경우 펀을 사용하여 즐거움을 주고 있으나 DC라는 단어가 갖는 평범함을 극복하기에는 한계가 있으며, 이렇게 영어-한글-한자 등 국적을 달리하는 펀은 복잡하게 느껴질 수 있다.

a 올겨울 나를 열받게 하는 핫 아이템!(트라이 히트업, 2009)
a' 아랫도리에 히터를 틀다.
b 뒤지면 뒤진다.
b' 뒤적이면 뒤처진다.(샤프리얼딕 실제집행안, 2000)
c 롯데 디氏 클릭카드(롯데DC카드, 2009)

펀의 장점은 많다. 성공한 예도 셀 수 없을 정도이다. 다만 여기서 지적하고 싶은 것은 그저 소비자들이 웃고 넘겨버리는 광고가 되지 않아야 한다는 점이다. 그러려면 표현 이전에 먼저, 그 내용이 소비자가 공감하는 것인지를 살펴야 한다. 아래 a의 타이레놀 광고는 카피라이터의 고심이 느껴지는 광고이다. b의 다나한 광고 역시 재미있고 적절하다. 다만, 소비자의 관심이 오직 표현의 기발함에만 있을 경우 제품명이나 주장하는 바를 놓칠 우려가 있다.

a 헤드 아파…
바디 여기선 아파트 때문에 걱정. 저기선 아파트 때문에 한숨.
치솟는 아파트 값에 대한민국이 온통 아파합니다.
그래도 당신의 머리만은 아프지 않았으면 좋겠습니다.(타이레놀, 2007)

b 주름과 미백 욕심을 한방에 채우다.(소망화장품 다나한 효용고, 2009)

③ 은유법 습관

여기서는 앞에서 설명한 은유의 부정적 측면을 말하고자 한다. 은유는 'A=B'라는 문장구조를 통해 원래의 단어 A를 의미가 유사한 다른 단어 B로 규정하여 A의 의미를 강화, 강조하는 방법이다. 이때 A를 '원관념', B를 '보조관념'이라 한다. 실제 카피라이팅시 주의해야 할 점은 빌려온 개념 B(보조관념)가 광고하고자 하는 대상 A(원관념)와 의미적으로 적당한 거리를 유지해야 한다는 점이다. 너무 쉽거나 너무 어려워서는 안 된다. 비교를 위해 도입한 B가 너무 어려우면 이해가 어려운 법이다. 아래 a, SK 에너지 사례의 경우, '광장 = 열정의 유전'이라는 의미인데, 열정의 유전이란 말이 쉬운 개념이 아니다〔열정이라는 추상어를 사용한 데다 유전(油田, 遺傳)의 의미가 이중적이기 때문임〕. 반대로 B가 너무 쉬운 개념이어도 효과가 떨어진다. 아래 사례 b의 경우, 하늘이라는 단어가 평범한데다 너무 큰 개념이어서 비유를 사용한 효과가 떨어진다. 앞장에서 은유를 간접화법의 하나로 보고 무게감 있는 카피를 위해 필요하다고 했는데, 여기서는 은유의 남용을 경계하자는 뜻으로 추가했다.

a 우리나라는 산유국이다. / 광장은 열정의 유전이다. (SK 에너지)
b 고객의 자산은 하늘입니다. (한국투자증권)

④ 직유법 습관

직유법은 '~처럼', '~같은', '~듯', '~만큼' 등의 조사나 어미를 이용하여 원관념 A(상품속성)를 의미가 유사한 개념 B로 비유하는 것을 말한다. 직유법은 은유법만큼 선호되지는 않지만 자주 사용된다. 그러나, 비유의 표현(~듯, ~처럼)이 의미를 공허하게 하고 약화시킬 수 있다. 아래 a의 페브리즈(섬유냄새 탈취제)의 광고카피를 보자. a의 '매일 빤 듯'은 수사법(직유법)이고, '매일 빨 수 없으니까'는 소비자 언어를 그대로 가져온 것이다. 이때 a′은 소비자 인사이트를 담고 있다는 이유도 있지만 비유적인 표현이 아니어서 더 강하게 느껴진다. 반면, 직유법은 은유에 비해 의미의 지시성이 직접적이어서 이해가 쉬워 오히려 효과적일 때가 많다. 아래 사례 중 은유의 b′, b″보다 직유의 b‴이 더 강하게 느껴진다.

a 매일 빤 듯 페브리즈
a' 매일 빨 수 없으니까 페브리즈 (페브리즈, 2008)
b' 하이패스는 나무 한 그루입니다.
b" 하이패스는 나무 한 그루를 심는 것입니다.
b"' 하이패스는 나무 한 그루를 심는 것과 같습니다.
(실제집행, 한국도로공사, 2009)

⑤ **과장법 습관**

모든 광고는 과장이다. 광고는 태생적으로 과장에 뿌리를 두고 있으며, 따라서 모든 카피는 '과장'의 수사법에서 자유롭지 못하다. 중요한 문제는, 과장 자체를 부정하기보다 어떻게 과장해야 효과적인가 하는 방법론일 것이다. 카피의 과장은 '공감'이라는 토양에도 뿌리를 내리고 있어야 한다. 공감을 얻지 못하는 과장으로는, ㉠ 마음에 와 닿지 않는 최상급 표현(사례 a), ㉡ 혼자 생각에 빠져있는 자아도취형 과장(사례 b), ㉢ 추상어 남용(사례 c) 등이 있다.

a 더 이상 무슨 말이 필요한가? (아우디, 2009)
b "구름 위를 걷는 느낌? 확실히 발이 편해요."
한 시간만 걸어도 발바닥이 아프셨던 분이라면
이젠, 어닝화 대신 스포츠워킹화 (프로스펙스 W, 2009)
c 세단으로 표현할 수 있는 새로움의 끝 (New Volvo S80 D5, 2009)

카피라이터는 발상은 과장하되 카피는 새로움이 느껴지게 쓰거나(아래 사례 a), 과장에 대한 경계심을 없애기 위해 유머가 들어있는 극과장을 시도해봄 직하다(사례 b, c). 극과장은 사실 여부에 이의를 달지 않게 한다. 과장을 사용할 때는 비주얼과 카피의 역할 관계를 고려해야 한다. 비주얼에서 과장이 표현되었다면 카피는 정확한 제품정보를 달고, 비주얼이 제품이라면 카피는 과장으로 처리하는 것이 바람직하다.

a 낯선 두 여자,
그녀들의 위 속에 헬리코박터균을 심은 것은… (헬리코박터 프로젝트 윌,2007)

b 제네시스 쿠페다
가슴이 뛴다
그렇지 않다면
당신은 아직 어리거나
이미 심장이 멎었거나 (제네시스 쿠페, 2007)

c 움직이는 것 중 가장 섹시하다. (현대자동차 투싼 IX, 2009)

(2) 상투어를 쓰는 습관

도미니크 게틴스(Dominic Gettins)는 다음과 같은 단어들이 광고의 격을 떨어뜨린다고 지적했다. 우리 카피는 어떤지, 각 단어에 해당되는 표현은 무엇인지 생각해 보자.

- 전문지식(*expertise*) / 가치(*value*)
- 믿을 수 없는(*incredible*) / 와! (*Look!*) / 뛰어난 품질(*quality*)
- 대박(*bonanza*) / 어디에도 뒤지지 않는(*second to none*) / 경품(*giveaway*)
- 그 밖의 재미없는 단어들

광고카피에 자주 등장하여 식상한 표현들이 있다. 써서 나쁠 것 없고, 자주 쓰면 얼마든 키워드가 될 수 있지만 그러한 자세로 카피를 쓰는 한 카피의 발전은 힘들다. 아래 단어들은 카피라이터들의 상투어 목록에 있는 대표적 표현들이다. 상투어 카피를 쓸 바에는 차라리 카피를 없애고 비주얼이 말하게 하자. 카피에 비해 덜 명시적인 비주얼이 오히려 많은 것을 이야기하는 법이다.

- 최상급 단어 특권, 최고, 특별 등
- 추상어 첨단, 꿈, 사랑, 희망, 품격, 자유, 행복, 디자인, 만남, 힘 등
- 유행 형용사 아름다운, 남다른, 빛나는 등
- 상투적 어투 ~가 있다, ~의 모든 것
- 여성어 (보조사) 떠나보세요 vs. 떠나세요 / 떠나십시오
  경험해 보세요 vs. 경험하세요 / 경험하십시오.
  (보조사) 돈 걱정일랑 vs. 돈 걱정은
- 그리고 이 장에 등장하는 모든 습관성 카피들

아래 광고카피의 밑줄 친 부분은 흔히 사용되는 상투어들이다. 디자인이란 단어도 남용되고 있다. 아래 사례 f 신한금융투자 카피의 경우, '당신이 꿈꾸는 투자를 디자인'하겠다는 말은 맞춤투자에 대한 약속이겠지만, 일반 소비자들은 그러한 의미를 쉽게 파악하기 어렵다. 모호하면 힘이 약한 카피가 된다.

a 내 마음을 물들이는 향기가 있다. 로즈버드(로즈버드 원두커피)
b 로즈버드의 향기가 내 마음을 물들입니다.(로즈버드 원두커피)
c 디지털감동은 소리로 완성된다.(X 캔버스 시안)
d 그리고… 우리들의 거실엔 세상에서 가장 아름다운 바람이 불게 될 것이다.
(LG 전자, 2007)
e 사람 사이에 할 수 있는 가장 아름다운 약속은 사랑입니다.(LG, 2009)
f 투자를 디자인하다.(신한금융투자, 2009)
g 젊음이란 매일 새로운 열정을 입는 것이다!(세정과 미래 NII, 2007)

상투어냐, 아니냐는 상대적이다. 어떤 상황에서 어떤 의미와 조합되느냐에 따라 상투어가 되기도 하고 안 되기도 한다. 아래의 a의 경우 '힘'이라는 단어, b에서는 '최고'라는 말이 지극히 평범하지만 소비자 인사이트를 담고 있어 진부하지 않고 힘이 있다. c, d의 '행복'이란 단어도 의인화하여 제시됨으로써 신선하게 느껴진다. 참고로 'SK'의 '행복'(행복날개)이란 단어는 어떤가. 평범한 추상어가 SK 브랜드만의 슬로건이 되고 자산이 되었다. 엄청난 광고 물량이 없었다면 진부한 카피로 그쳤을 것이다.

a 늙어서는 돈이 힘입니다.(삼성생명연금보험, 2000)
b 노후대책은 월세 나오는 상가가 최고입니다.(삼익월드수입상가, 2007)
c 관절이 행복한 나라(케토톱, 2007)
d 내 돈의 행복(신한투자금융, 2004)

(3) 뻔한 스토리를 쓰는 습관

역설과 반어 등 우회적인 표현으로 스토리의 재미를 부여하고자 하지만, 의도하는 내용을 금방 알아차릴 수 있는 뻔한 광고는 매력이 없다. 사례 a의 경우 '밉다'라는 반어적 표현이 실제로는 긍정적 의미임을 말하는 것임을 누구나 알 수 있는데, 헤드라인의 '밉다'라는 표현이 이처럼 뻔한 표현이라 바디카피를 읽게 하는 힘이 약하다. 사례 b의 경우, 실제 내용은 '나라의 인재를 키우는 장학사업'임에도 헤드라인이 '건국 = 나라를 세우는'이라는 표면적 의미구조가 너무 일차적이어서 뻔한 스토리로 받아들여지기 쉽다. 사례 c의 경우 서브헤드를 헤드라인 바로 아래에 붙인 것으로 보아, 헤드라인이 호기심을 유발하기 위한 것이라기보다 뉴스를 알리기 위해 단순히 문답형태를 사용한 것에 가까운 것을 알 수 있다.

a 헤드 엄마는 고대 경영대가 밉다!
바디 고대 경영대에 입학한 후 우리 아이가 집에 가만있질 않는다.
여름방학에는 글로벌 투자은행, '골드만삭스'에서의 인턴십(중략)
세계 0.1%의 리더로 키우는 것도 좋지만
고대 경영대는 우리 아이 얼굴을 좀 보게 해달라!
(고려대 경영대학, 2008)

b 헤드 나라를 세우는 우유(건국우유, 2009)

c 헤드 와이프 눈치 보여 차 못 사던 강 차장,
갑자기 렉스턴을 샀다 무슨 일일까?
서브 선수금 0%, 3.9% 저리유예할부로 안심하고 샀으니까!
(쌍용자동차, 2009)

(4) 카피를 쓰지 않으려는 습관

카피라이터는 카피를 길게 쓸 줄 알아야 한다. 길게 쓴다는 것은 할 말을 충분히 하는 것이다. 학생들에게 카피 습작을 시켜보면 대부분 헤드라인 한 줄이 전부이거나, 그 아래 겨우 한두 줄 바디카피를 붙이는 정도이다. 카피를 짧게 쓰는 이유로는 ① 카피가 없는 비주얼 위주의 폼 나는 외국 광고를 많이 봐서, ② 광고책에서 짧게 쓰라고 하니까, ③ 길게 쓰는 것 자체가 힘들기 때문에 등이 있다. 문제는 ③의 경우이다. 뭔가 제대로 말은 해야겠는데, 말할 거리도 생각나지 않고 어떻게 말해야 할지도 모르는 경우이다. 카피라이터는 때로 길고 화려한 수사를 펼칠 수도 있어야 하고, 긴 연애편지 쓰듯 써낼 수도 있어야 한다. '카피는 짧고 강해야 한다'는 말은 잘못되었다. 카피는 강해야 하며, 강하기 위해 '때로는' 짧아야 한다. 짧은 '한방 카피'만 찾다 정작 글발이 딸려 할 말을 제대로 표현하지 못하는 것은 요즘 카피라이터들이 경계해야 할 잘못된 습관 중 하나이다.

• 생각해 볼 문제 •

1 광고매체로서 인쇄매체의 특징을 이해하고, 하나의 제품을 선정하여 인쇄광고 카피와 전파광고 카피 간에 차이가 있는지 알아보자.

2 최근 광고카피에 나타나는 특성은 무엇인가? 인쇄광고를 중심으로 기존 광고카피와 현대 광고카피를 서로 비교해 보자.

3 전통적으로 배워온 수사적 표현의 효용성과 한계점을 생각해 보자.

4 최근 소비자의 시선을 멈추게 하는 카피는 어떠한 것이 있으며, 이들 카피의 표현 특성은 무엇인지 설명해 보자.

• 핵심정리 •

- 인쇄매체는 읽는 매체이다. 동영상과 오디오에 방해받지 않는 가장 순수한 매체로서 카피를 평가할 수 있는 시금석 역할을 한다.
- 인쇄매체의 경우 카피 분량에 대한 제약이 적다. 따라서, 이해하기 어려운 내용이나 주의를 요하는 내용을 충분히 설명하기에 유리하다. 그러나 독자의 시선을 끌기 위해서는 카피의 읽어보고 싶게끔 제시해야 한다. 예를 들어 간접화법과 스토리의 전개 등이 효과적인 방법이다.
- 최근 인쇄광고 카피에 흔히 나타나는 경향으로 '카피 운용의 효율화'와 '카피의 시각화'를 들 수 있다. 카피 운용의 효율화란 커뮤니케이션 효과를 높이기 위해 카피 요소들의 사용을 간략화하는 것으로서, ① 동일 헤드라인의 반복 사용, ② 캠페인 슬로건 중심 운용, ③ 무(無) 헤드라인 또는 다(多) 헤드라인화, ④ 바디카피의 축소 또는 생략 등이 있다. 카피의 시각화란 비주얼 아이디어가 쉽게 연상되도록 카피라이팅 하는 것을 말한다. 카피의 시각화는 내용적 측면과 형식적 측면으로 구분된다. 내용적 측면이란 카피가 비주얼 아이디어를 얼마나 쉽게 떠오르게 하는가를 말하며, 형식적 측면이란 카피 제시방법과 관련된 것으로 낱글자나 덩이글 제시방법을 시각적으로 변형하여 조형미를 높이거나 의미를 강조하는 것을 말한다.
- 카피를 힘 있게 만드는 방법으로 간접화법이 유용하다. 간접화법은 반어, 역설 등을 통해 주장을 참신하게 하고 독자의 기대를 어김으로써 메시지로 끌어들이는 힘이 있다. 본 장에서는 돌려쓰기, 감춰쓰기, 어겨쓰기를 제안하였다.
- 인쇄광고 카피라이팅은 주로 뉴스를 담는 목적을 지니며, 뉴스를 말하는 대표 유형으로 ① 기본형과 ② 의문형 등이 있다.
- 힘 있는 카피를 쓰는 방법으로 간접화법이 유효하다. 간접화법으로는 돌려쓰기(반어, 수사적 의문과 역설, 부정의 부정), 어겨쓰기〔기대위반(비문법과 한자어 쓰기), 의인과 활유, 동의반복〕 등이 있다.
- 약한 카피를 쓰는 습관으로는 ① 수사적 카피, ② 상투어, ③ 뻔한 스토리, ④ 카피를 쓰지 않으려는 습관 등이 있다.

• 나의 현역시절 대표카피 •

"자연에 정성만을 더합니다", 청정원
"준비된 대통령", 1997대선
"e-편한 세상", 대림산업 네이밍 및 론칭캠페인
"나는 톡", 카스맥주 캠페인
"떠나라 열심히 일한 당신", 현대카드 론칭캠페인
"Know米, Love米", 농림부 홍보캠페인

효과적인 브랜드 네이밍과 슬로건 13

최 은 섭

세계무대에서 우리 브랜드들이 맹위를 떨치고 있는 가운데 브랜드의 중요성은 이제 이 시대의 가장 중요한 화두가 되었다. 10년 전만 해도 기업들은 자고 나면 새로운 브랜드를 만들어내기에 바빴고, 생명력이 다한 브랜드를 대체할 또 다른 브랜드를 만들어냈었다. 하지만 이렇게 '치고 빠지기'식으로 만들어진 브랜드들은 너무나 많은 경쟁자들 틈에서 쉽게 잊혀 버렸고, 기업들은 이렇듯 소모적 투자보다는 똘똘한 브랜드 하나를 오랫동안 사랑받도록 잘 다듬고 키우는 데 관심을 기울이기 시작했다. 그만큼 새로운 브랜드를 만드는 일에 이제 더 신중해졌고, 예전보다 더욱 넓은 시장에서 길이길이 사랑받는 브랜드를 만들기 위해 보다 더 치밀한 준비가 필요해졌다.

그런 의미에서 브랜드 네이밍과 슬로건의 작성은 브랜드의 생명력을 탄생부터 결정짓는 매우 중요한 작업이라 할 수 있다. 더욱이 예전과는 달리 최근에는 기업들이 제품의 개발·기획단계에서부터 브랜드 네임과 슬로건에 대한 논의를 시작하는 추세이고, 브랜드 네임은 광고커뮤니케이션 콘셉트의 추출에 결정적인 역할을 하게 되므로 카피라이터는 광고카피 작성 못지않게 브랜드 네이밍이나 슬로건의 제작에 충분한 학습을 해 둘 필요가 있다.

따라서 이 장에서는 브랜드 네이밍과 슬로건에 대한 개념적 이해와 더불어 어떻게 하면 보다 효율적인 네이밍과 슬로건을 만들 수 있는지에 대해 살펴보기로 한다.

1. 브랜드 네이밍

1) 브랜드 네이밍이란?

브랜드 네이밍의 기원이 언제부터 비롯되었는지는 정확하지 않다. 다만 영어의 '불태우다'(*burn*)를 뜻하는 고대 노르웨이의 'brandr'라는 말에서 유래되었는데, 불에 달군 인두를 가축에게 낙인으로 찍고 소유를 표시한 데서 비롯되었다고도 하고 영국에서 위스키 제조업자가 위스키 통에 인두로 낙인을 찍어 소유를 표시한데서 비롯되었다고도 한다. 산업혁명 이후 대량생산이 가능해지면서 제품의 소유를 의미하는 브랜드 네임의 기능은 더욱 커졌으며, 소비자로 하여금 판매자의 제품이나 서비스를 식별하고 경쟁자의 제품이나 서비스를 구별하도록 의도된 이름, 기호, 상징, 디자인의 조합으로 발전하게 되었다.[1]

따라서 브랜드 네임은 어떤 제품이나 서비스를 경쟁사의 것과 구별하기 위한 단어, 기호, 디자인 또는 이들의 결합체라 할 수 있으며, 넓은 의미로는 색채나 상징, 슬로건과 같은 언어 · 비언어적 요소를 모두 포함한다고 볼 수 있다. 그리고 브랜드 네이밍은 이러한 요소들을 기획하고 제작하는 모든 절차와 과정을 지칭하는 것이다.

그러나 최근엔 단지 브랜드 네임만이 아니라 브랜드의 구성요소인 심벌, 로고, 캐릭터, 각종 애플리케이션 등을 종합적으로 개발하는 넓은 의미의 브랜드 네이밍 과정을 '브랜딩'이라고도 하며, 이러한 시각 디자인 작업을 포함한 종합적 브랜딩 과정을 좀더 세분화하여 CI(*Corporate Identity*)와 BI(*Brand Identity*) 등으로 구분한다.

2) 브랜드 네이밍은 왜 중요한가?

소비자들로부터 사랑을 받는 브랜드는 대부분 제품 그 자체에 남다른 힘이 있다. 그것이 성능이든 가격이든 디자인이든…. 하지만 어떤 브랜드는 차별화되는 제품 특성을 지녔음에도 불구하고 브랜드 네임이 잘못 만들어지는 바람에 후발 브랜드에게 모든 것을 내놓는 운명에 처해지기도 한다.

1 노형남, 2006, "브랜드네이밍의 사회언어학적 분석", 《담화인지언어학회 학술대회 발표논문집》.

1990년대 중반쯤의 일이었는데, 당시엔 여성들이 피부든 치아든 하얗게 가꾸는 '화이트닝'에 대한 관심이 한창 높을 때였고 이에 착안한 A제과는 씹을수록 치아가 하얗게 유지되는 껌을 출시했다. 브랜드 네임은 '미백'(美白)이었다. 원래 미백이라는 말은 화장품 업체에서 '피부를 하얗게 회복시켜주는 기능'이라는 의미로 사용했었는데, 화이트닝이라는 용어가 등장한 이후로는 잘 사용하지 않게 된 단어였다. 당연히 껌의 주 소비층인 10대 후반~20대 초반의 여성들에겐 다소 어렵게 느껴졌고, 두 달 후 경쟁사에서 '화이트 E' 껌을 출시하자 '치아미백 기능 껌'이라는 새로운 카테고리의 대명사는 '화이트 E' 껌이 되었다.

비슷한 시기에 A음료에서는 기존의 농축오렌지주스 시장에 천연과즙의 함량을 높인 프리미엄 오렌지주스를 개발했고 '천연과즙 함유'라는 차별화된 제품특성을 브랜드 네임에 적극 반영하여 '컨추리 쥬스'를 출시하였다. 그런데 이 오렌지주스는 천연과즙의 신선도 유지를 위해 냉장유통을 해야만 했고, 우유처럼 냉장 칸에서만 판매되는 이 주스의 생명을 신선도라고 생각한 주부들은 후발 브랜드인 '콜드 주스'를 더 쉽고 친숙하게 받아들였다. 결국 '컨추리 쥬스'도 '콜드 주스'에게 1위 자리를 내주고 말았다.

그런가 하면 일찍이 빼겼던 1위 자리를 새로운 브랜드 네이밍 덕분에 다시 되찾아온 경우도 있다. 여성생리용품인 '화이트'가 그것이다. 1970~1980년대 국내 생리용품의 독보적 브랜드였던 '코텍스'는 1990년대에 들어서면서 '위스퍼'에게 1위 자리를 내준 뒤 몇 년 동안 별다른 대응을 하지 못했고, 이 상황을 타개하기 위해 유한킴벌리사는 새로운 브랜드의 개발을 서둘렀다. 그리고 제품력의 대대적 개선과 동시에 '화이트'라는 이름의 브랜드를 탄생시켰다. 당시 생리용품의 구매기준은 뛰어난 흡수력. 번지지 않는 깨끗한 사용감이 관건이었고 '화이트'라는 브랜드 네임은 브랜드 충성도가 높은 생리용품 시장의 시장점유율을 다시 탈환하는 데 결정적인 공을 세웠다.

브랜드 네이밍에 앞서 제품의 품질과 가격, 유통 등 이른바 4P는 마케팅의 성패를 결정짓는 매우 중요한 요소이다. 하지만 브랜드 네임은 제품을 가장 간단명료하게 소비자에게 전달할 수 있는 표현수단이며, 소비자와 가장 먼저 만나는 감성의 심벌이자 인지의 신호라는 점에서 그 중요성이 더욱 크다고 할 수 있다.

〈표 13-1〉 브랜드 네이밍 프레임워크 작성법(천연과즙 함유 주스의 사례)

	카테고리 특성	제품 편익	소구대상	기업 이미지
세부사항	• 천연과즙 함유 • 프리미엄 주스 • 국내 유일	• 신선하다. • 부드럽다. • 고급스럽다.	• 센스 있는 주부 • 남다른 엄마 • 까다로운 여자	• 주스 생산 50년 • 전문가의 손길 • 원산지 오렌지

3) 브랜드 네이밍 실전 5단계

(1) 프레임워크를 작성한다

브랜드 네이밍을 하기 위해서 가장 먼저 할 일은 네임에 담고자 하는 내용들을 정리하는 일이다. 이를테면 카테고리의 특성, 제품 자체의 형태나 용도 등의 편익, 소구대상, 기업 이미지 등을 항목별로 나누고 이를 다시 구체적으로 나열해 봄으로써 개념의 틀을 정리하는 것인데, 이를 '프레임워크' 작성이라 한다. 프레임워크를 작성해 두면 실제 키워드를 수집하는 과정에서 자칫 간과할 수 있는 사항들을 빠짐없이 체크할 수 있을 뿐 아니라 항목 간의 비중을 고려할 수 있어서 편리하다.

프레임워크를 작성할 때 주의해야 할 점은 항목의 수를 적절하게 조절하는 것이다. 항목을 너무 세분화시켜서 많이 만들면 세부내용이 중복될 수 있고 너무 적으면 구체적이지 못하기 때문이다. 효율적인 방법은 먼저 각자 개인별로 프레임워크에 들어갈 내용을 만들어 본 다음 여러 명이 모여서 정리해 보는 것인데, 누락되거나 중복되는 것을 체크할 수 있어 좋다.

(2) 키워드를 수집한다

프레임워크가 완성되면 항목별로 해당되는 키워드를 하나씩 적어나가기 시작한다. 이때 키워드를 오로지 카피라이터의 직감에 의존해 즉흥적으로 찾아내는 것에는 한계가 있으므로 평소에 자신만의 네이밍 단어장으로 정리해 두는 것이 도움이 된다. 이것이 어려우면 시중에 나와 있는 네이밍 사전을 이용하는 것도 좋은 방법이다.

여러 명이 함께 작업하면 좀더 효율적일 수 있는데, 항목별로 나누어서 하거나 편을 짜서 게임을 해보는 것도 좋은 방법이다.

(3) 골라내고 합치고 다듬어낸다

키워드 추출이 어느 정도 완성되면 본격적으로 말을 만들어내는 조어(造語) 작업에 돌입한다. 이 단계에서도 키워드 수집단계와 마찬가지로 카피라이터의 직감에만 의존하는 것은 효율적이지 못하므로 몇 가지의 방법을 항목화해서 기계적으로 대입해 보는 것이 좋다. 다음은 조어방법을 항목화한 것이다.

① 단순 변형

변형방법은 제품이 나타내고자 하는 의미를 고유어나 고어(古語), 외국어(영어 또는 프랑스어 등), 한자, 숫자, 기호 등으로 바꿔 보는 것이다. 예를 들면 '미래지향적이고 편안한 안식처'라는 뜻의 제품특성을 한자로 변형한 '래미안'(來美安)이나 '김치'의 고어를 사용한 '딤채', '20개의 건강한 치아를 80세까지'의 의미를 숫자로 표현한 '2080' 치약, '살림에 플러스가 된다'는 의미를 영어(*home*)와 기호(*plus*)로 합성해서 표현한 '홈플러스' 할인마트 등이 그것이다.

〈그림 13-1〉 딤채

〈그림 13-2〉 래미안

〈그림 13-3〉 2080치약

② 확장 변형

이는 단순히 의미의 표현형태를 바꾸는 것이 아니라 의미와 관련 있는 다른 대상으로 확장시켜 표현하는 방법이다. 즉 그 의미와 관련 있는 인명(人名), 지명(地名), 의성어, 의태어, 색상 등으로 바꿔 보는 것이다. 그 예로는 '두뇌에 도움을 준다'는 의미를 '두뇌가 우수한 사람'으로 확장시켜 네이밍한 '아인슈타인' 우유나 '즐거움'을 콧노래 소리로 확장시켜 의성어로 표현한 '룰루' 비데, '문제지를 채점하는 선생님의 손길'을 색연필의 색깔로 표현한 '빨간펜' 학습지 등을 들 수 있다.

〈그림 13-4〉 아인슈타인 우유

〈그림 13-5〉 빨간펜

〈그림 13-6〉 룰루 비데

③ 대체 변형

위의 두 가지 방법으로 찾아진 기존의 키워드에서 음이 같은 철자 한두 개를 다른 글자로 대체하거나 단순화해서 만드는 방법이다.

예를 들면, 썬키스트(Sunkist) 주스는 '태양의 입맞춤'이라는 뜻의 'sun kissed'라는 단어의 '~sed'를 't'로 대체해 만들었으며, 트롬(Tromm)은 '드럼식 세탁기'라는 의미를 지닌 '드럼'(*drum*)의 독일어 표현 'trommel'의 철자를 단순화해 만들어냈다.

〈그림 13-7〉 썬키스트 주스

〈그림 13-8〉 트롬세탁기

④ 합성 조합

두 개 이상의 키워드를 합치거나 반복해서 기술하는 방법이다. 이 방법은 브랜드 네이밍에서 가장 많이 사용되는 것으로, 위의 3가지 방법을 모두 동원해서 만들어진 다양한 의미나 소리들을 섞고 합쳐서 하나의 네임으로 만드는 것이다.

예를 들면, '요리하다'는 뜻의 영어 표현인 '쿡'(*cook*)에 '즐거움'의 의미를 확장 변형한 새 울음소리 '꾸꾸'를 합쳐서 압력밥솥 브랜드 '쿠쿠'가 있으며, '특별하다'는 뜻의 영어표현인 '엑스트라'(*extra*)와 '똑똑하다'의 영어표현인 '인텔리전트'(*intelligent*)에서 철자 'X'와 'I'를 한 자씩 떼어내서 조합한 아파트 브랜드 '자이'(XI)를 들 수 있다.

〈그림 13-9〉 자이

〈그림 13-10〉 쿠쿠홈시스

⑤ 트렌드 조합

이 외에도 사회적 트렌드에 따라 문장형태로 길게 만드는 방법(햇살담은 간장, 갈아만든 배 등)이 유행하거나, 알파벳을 넣어서 만드는 경우(T-머니, W 호텔, I' Park 등), 그리고 우리 고유어의 받침을 연음시켜 만든 표현(햇사레 복숭아, 부푸러 껌, 까마쿤 아이스바 등) 등이 있으며, 카테고리의 특성에 따라 패션이나 화장품 장신구 브랜드에 프랑스어나 이탈리아어, 스페인어 등을 사용하는 경우(크레송, 프랑소와즈, 마몽드, 까사미아 등)도 많다. 하지만 이렇게 트렌드를 좇다 보면 비슷비슷한 표현들이 많아져서 오히려 차별화시키기 어려워지는 수도 있으니 무조건 트렌드에 의존하는 것은 바람직하지 않다.

〈그림 13-11〉 까사미아

〈그림 13-12〉 T-머니

(4) 평가하고 선택한다

위의 여러 가지 방법으로 만들어진 브랜드 네임 후보작 들은 소비자 설문조사나 전문가 자문 등의 과정을 거쳐 3~4개 정도로 좁히는 것이 좋다. 설문조사 시에는 제품의 간단한 특징만 알려준 상태에서 그 정체성이 가장 잘 드러나도록 표현된 브랜드 네임을 골라내는 질문과 브랜드 네임에 내포된 자세한 설명을 곁들인 상태에서 선호도를 물어보는 질문을 모두 포함하여 브랜드 네임의 장단점을 여러 각도에서 파악하도록 한다.

(5) 실용화 여부를 체크한다

마지막 단계에서 선정된 3~4개의 브랜드 네임은 상표등록 여부나 유사 브랜드 확인 등의 실용화 가능성을 반드시 체크한 후 최종적으로 광고주가 선택하도록 한다. 만일 광고주의 최종 결정이 내려진 뒤에 상표등록에 문제가 생긴다든지 표절시비가 생긴다면 오랫동안의 수고가 수포로 돌아감은 물론 광고주로부터 신뢰를 잃는 치명적 결과가 야기되기 때문이다.

4) 효과적인 브랜드 네이밍의 7가지 법칙

《현대광고론》의 저자 윌리엄 아렌스는 성공적인 광고가 되기 위한 조건으로 '상품과의 관련성(*relevance*)'과 '소비자와의 공명(*resonance*)'을 꼽았다. 이는 당연히 광고인들이 광고의 크리에이티브 콘셉트를 추출할 때 항상 염두에 두어야 하는 요소들이기도 하다.

네이밍도 다르지 않다. 상품의 정체성과 차별화된 특성이 브랜드 네임에 잘 드러나도록 하는 '관련성'이 있어야 함은 물론이고, 부르기 쉽고 기억하기 쉬우며 시각적으로 눈에 잘 띄는 요소가 브랜드 네임에 들어가 있다면 그것은 '공명성'이 내포된 것이라 할 수 있기 때문이다.

하지만 이것이 다는 아니다. 요즘의 소비자들은 하루에도 수백, 수천 개의 브랜드와 만나게 되므로 남과 다른 그 무언가가 담겨 있지 않으면 기억하지도, 좋아하지도 않는다. 그래서 필요한 것이 '스토리'(*story*)이다. 그것도 그냥 스토리가 아닌, 특정 소비자들을 겨냥한 '맞춤형 스토리'가 있어야 하는 것이다.

그 외에도 브랜드 네이밍은 읽기 쉽고 발음하기 쉬우며 기억하기 쉬워야 한다는 기본적인 조건을 충족시켜야 하는데, 이런 점들은 이미 많이 언급되었기에 여기서는 좀더 세밀하게 고민해야 할 문제들을 짚어보기로 한다.

(1) 낯섦과 공감을 동시에 잡아라

크리에이터에게 '낯섦'과 '공감'은 최상의 아이디어를 만들어내는 필수조건이지만 이 두 가지 조건을 동시에, 그것도 만족할 만한 수준으로 충족시키기는 매우 어렵다.

때문에 카피라이터들은 늘 산고의 고통에 시달리곤 하는데, 브랜드 네이밍에 있어서도 이 둘은 공존시키기 어려운 작업이다. 앞서 언급한 것처럼 키워드를 뽑아서 이렇게 저렇게 붙이고 비틀고 떼어내는 등의 조어과정을 거치다 보면 새로운 느낌의 '낯섦'은 충족시킬 수 있지만 원래의 단어가 지니고 있던 의미가 삭감되거나 변질되어 소비자들의 인식체계 속에 있는 연결고리를 찾아내기가 어려워질 수 있다. 전달하고자 하는 본래 의미와의 공감이 낮아진다는 얘기다.

따라서 브랜드 네이밍을 할 땐 의미나 소리 중 어느 한쪽에 소비자가 지니고 있는 기존의 개념을 붙들어 두는 것이 좋다.

(2) 제품의 느낌과 이미지를 고려하라

일반적으로 어떤 사물에 붙여지는 이름에는 그 어휘 자체가 지니고 있는 의미나 연상되는 이미지, 소리의 느낌에 따라 사물과 이름과의 적합성 정도에 많은 차이가 나게 마련인데, 브랜드 네이밍에 있어서는 더욱 그러하다.

예를 들어 식품이나 음료수 등의 브랜드를 네이밍할 때는 그 제품의 특성을 나타내는 것도 중요하지만 네임에서 풍기는 맛의 이미지, 즉 식감을 무시해서는 안 된다는 것인데, '청정지역의 깨끗하고 맑은 생수'라는 똑같은 제품특성을 지닌 브랜드 네임이라 하더라도 'DMZ 20km'는 '삼다수'에 비해 '먹는 물'의 이미지를 살리지 못한 아쉬움이 있다. 한편 자동차의 브랜드 네이밍에서는 남성적 이미지를 표현하기 위해서나 혹은 자동차로 유명한 독일을 연상시키기 위해 독일어에 많이 쓰이는 '〔k〕, 〔t〕, 〔p〕' 등의 파열음을 많이 사용하곤 하는데, '카렌스', '에쿠스', '마티즈', '소렌토', '포르테' 등 거의 대부분의 자동차 브랜드가 그러하다.

(3) 제품특성을 최대화하라

시상이 형성되어 있지 않은 브랜드의 네이밍은 제품의 정체성을 알려야 하는 동시에 인지율도 높여야 하는 이중부담이 있다. 그러나 소비자들의 뇌리에 일단 입력이 되고 나면 그 카테고리를 장악할 수 있는 힘이 생기는 만큼, 제품의 특징을 최대한 강조하여 카테고리의 대표성을 충분히 표현하도록 한다.

새로운 카테고리를 점령했던 대표 브랜드의 네임을 살펴보면, 화학조미료의 대명사 '미원'을 필두로 주방세제 '퐁퐁', 천연조미료 '다시다', 보리 탄산음료 '맥콜', 김치 냉장고 '딤채', 인스턴트 밥 '햇반', 영상통화 서비스 '쇼', 혼합차 음료 '17차' 등 하나 같이 이전에 없던 새로운 카테고리를 여는 데 손색없이 제품의 특징을 최대화했다는 공통점이 있다. 보리 탄산음료인 '맥콜'의 경우, 이 브랜드가 인기를 끌자 경쟁사들이 그 뒤를 이어 '보리텐', '보리보리' 등을 내놓았지만 부동의 1위를 지켰고, CJ의 '햇반' 또한 '오뚜기밥', '농심 맛있는 밥', '쎈쿡' 등의 후속브랜드 들이 탄생했지만 여전히 소비자들은 이 모두를 '햇반'이라고 부르고 있다.

따라서 새로운 카테고리의 제품을 브랜드 네이밍 할 때는 제품의 특징과 카테고리의 정체성 등이 잘 드러나도록 함으로써 대표성을 인정받도록 해야 한다.

(4) 경쟁이 치열할수록 선점 브랜드와 차별화하라

위와는 반대로 이미 시장이 형성되어 있는 카테고리에 후발 브랜드로 진입하는 것이라면 카테고리의 특성을 알리는 부담은 적어지지만 선점 브랜드에 비해 얼마나 차별화되고 보다 친근하게 기억될 것인가 하는 부담은 더 커지게 된다. 따라서 이때는 카테고리를 나타내는 큰 틀은 벗어나지 않으면서도 선점 브랜드와 차별화될 수 있는 네이밍을 시도하는 것이 효과적이다.

좋은 예로서 '과육함유 과즙음료' 시장의 선점 브랜드인 '갈아만든 배'가 한창 인기를 끌 무렵 후발 브랜드로 나왔던 '사각사각 배'를 들 수 있는데, '갈아만든 배'가 제품의 제조과정에 초점을 맞춘 것이라면 '사각사각 배'는 맛을 보았을 때의 느낌에 초점을 맞춘 것으로서 카테고리의 속성을 잘 나타내면서도 선점 브랜드와의 차별화에 성공하면서 그에 못지않은 인기를 누렸다. 반면 또 다른 후발 브랜드인 '갈아부순 배'는 차별화되지 못한 채 한낱 '미투'(*me-too*) 제품으로 전락하고 말았다.

이러한 예는 최근에도 있었는데, 국내 전기압력밥솥 시장을 선도했던 '쿠쿠'에 이어 등장한 후발 브랜드들 중 '리홈'은 "가가호호, 리홈"이라는 재미있는 브랜드 슬로건과 네이밍으로 2위 브랜드로서의 자리매김을 확실히 한 데 비해, '쿠첸'은 '쿠쿠'와 차별화되지 못한 채 고전하고 있다.

(5) 제품에만 머물지 말고 인간을 지향하라

시장이 과열되고 브랜드 수가 많아져 경쟁이 치열한 카테고리일수록 브랜드 네임의 차별화는 더욱 어려워지는데, 이때 좋은 차별화 방법으로 소비자의 심리를 이용한 네이밍을 들 수 있다. 제품의 속성이나 효능을 소재로 한 네이밍이 소비자의 '인지'를 목표로 하는 것이라면, 이것은 제품을 사용하기에 앞서 갖게 되는 기대심리나 사용한 후 느끼는 만족감 등을 표현함으로써 소비자의 '감성' 충족시키는 방법이다.

예를 들어 '아이엠 마더'는 '모유 다음으로 가장 좋은 분유'라는 제품특성을 직설적으로 표현하지 않고, 아기를 최고로 키우고 싶어 하는 엄마의 감성을 표현한 사례라 할 수 있다. 한편 '맛선생'이나 '미스터 피자'는 '나를 도와주거나 위해 주는 사람'이라는 소비자의 감성을 표현한 브랜드 네임인데, '요리를 잘하지 못하는 나에게 맛내는 비법을 알려주는 선생님 같은 조미료'나 '여자들의 입맛을 잘 알고 여자들을 위한 피자를 만들어주는 전문가'라는 의미가 심리적 충족감을 주어 성공한 사례이다.

(6) 길이보다는 전달력이 중요하다

카피라이터에게 있어 카피의 길이는 매우 민감한 문제이다. 일찍이 데이비드 오길비는 카피의 길이가 그 성패에 별다른 영향을 미치지 않는다고 역설했지만, 최근 커뮤니케이션의 수단이 대부분 디지털화되면서 모든 언어메시지가 갈수록 짧아지고 있고 그 여파는 브랜드 네이밍에도 영향을 미쳐 '쇼', '후', 'T' 등 한 음절의 브랜드까지 속출하고 있기 때문이다.

결국 카피라이터는 브랜드 네이밍에서도 가능한 한 짧고 강력하면서도 콘셉트가 잘 전달될 수 있는 해법을 찾아야 하는데, 그렇다고 해서 브랜드 네임의 길이를 무조건 짧게 만들어야만 한다는 강박관념을 가져서도 안 된다. 중요한 것은 길이가 아니라 전달력이고, 브랜드 네임의 길이가 좀 길어도 전달력이 뛰어나다면 굳이 문제가 되지 않기 때문이다. '햇살담은 조림간장', '2% 부족할 때', 'e-편한 세상' 등은 그 좋은 사례라 할 수 있다.

(7) 글로벌 이미지를 염두에 두어라

1980~1990년대만 해도 우리나라의 제품이 해외에 진출할 때는 국내와는 별도의 다른 브랜드 네임을 사용하곤 했는데, 이유는 그 당시 국내 브랜드 네임들이 해외에서 그대로 쓰일 경우 상표등록이 어렵거나 전혀 다른 의미로 전달되기 때문이었다. 하지만 최근에는 우리나라 브랜드들의 해외 진출 가능성이 갈수록 높아지고 있으므로 내수용 브랜드의 네이밍이라 하더라도 해외진출을 대비해 글로벌 이미지를 반영하는 것이 좋다.

가장 대표적인 사례로는 삼성의 핸드폰 브랜드인 '애니콜'을 들 수 있다. 출시 당시 이미 국내에 진출해 있던 수입 핸드폰들의 통화품질이 안 좋았던 데 비해 '애니콜'은 산악지형이 많은 우리나라 어느 곳에서나 통화가 잘된다는 장점을 지니고 있었고, "한국지형에 강하다"라는 슬로건의 '애니콜'(Anycall)이라는 브랜드 네임은 국내 시장에서는 더할 나위 없이 좋은 이름이었다. 하지만 이 브랜드가 영어권 지역에 나가게 되자 'Anycall' 대신 'SAMSUNG'으로 이름을 바꿔달게 되었는데, 그 이유는 'any~'라는 표현이 부정문에 많이 쓰여서 현지인들의 반응이 좋지 않았던 데다, 통화품질의 기술적 문제는 더 이상 핸드폰 구매의 고려대상이 아니었기 때문이다.

2. 슬로건

1) 슬로건이란?

슬로건의 어원은 스코틀랜드 게일어(gaelic)의 'Slaugh-gaimm'으로 스코틀랜드 고원민족이나 변경민족 등이 위급할 때 지른 소리라는 말에서 비롯되었다고 한다. 따라서 원래 의미는 '함성'이라는 뜻으로 쓰였으며, 현재 백과사전에는 '대중의 행동을 조작하는 선전에 쓰이는 짧은 문구'라고 되어 있다.[2]

슬로건의 종류는 그 주체에 따라 기업 슬로건, 제품 슬로건, 정치 슬로건 등으로 나눌 수 있다. 하지만 기업이나 제품, 그리고 정당 등은 모두 하나의 브랜드라 할 수 있는 만큼, 넓은 의미에서 본다면 이들 모두 브랜드 슬로건으로 볼 수 있으며, 연속된 시리즈의 캠페인 광고로 만들어질 경우 주체에 상관없이 캠페인 슬로건이라 칭할 수 있다.

흔히 슬로건은 광고 헤드라인과 혼동하기 쉬운데, 가장 큰 차이점은 헤드라인은 광고마다 바뀌지만 슬로건은 일정기간 반복된다는 점이다. 또한 헤드라인은 단어 하나로 표현되기도 하고 문장을 이루기도 하며 의미전달의 폭이 넓은데 비해 슬로건은 그 자체로 완결적 의미를 갖는 표현이 필요하다. 따라서 헤드라인은 사진이나 일러스트 등의 비주얼과 유기적으로 결합되어 전달되지만 슬로건은 독립적으로도 충분히 전달될 수 있어야 한다.[3]

종합하여 볼 때 슬로건은 정보를 보내는 쪽에서 무엇을 호소할까 하는 콘셉트가 가장 함축적으로 드러나면서도 대표성을 지닌 메시지여야 하며, 결과적으로 브랜드 네임의 의미 전달력을 돕고 기억하기 쉽도록 하는 기능을 지닌다고 할 것이다.

---

2 이인구, 2002, 《카피 한 줄의 힘》, 서울: 컴온북스.

3 우에조 노리오, 맹명관 역, 1999, 《카피교실》, 들녘.

2) 브랜드는 죽어서 슬로건을 남긴다?

1970~1980년대에 학교를 다닌 사람들이라면 누구나 다 기억하는 광고사에 길이 남을 슬로건이 하나 있다. 현재 LG그룹 전신인 '금성'의 기업슬로건 "순간의 선택이 10년을 좌우합니다"라는 슬로건이 그것이다. 당시 이 슬로건은 꽤 오랫동안 소비자들의 입에서 입으로 유행되었으며, 심지어는 30여 년이 지난 지금도 이 슬로건을 생활에 인용하는 사람도 있다. 하지만 정작 '금성'이라는 브랜드는 그 후 '럭키금성'으로 바뀌고 다시 'LG'로 바뀌어 소비자들의 기억 속에서 멀어졌다. 또 있다. '샘플만 써봐도 알아요'라는 그 유명했던 화장품 슬로건은 바로 '참존' 화장품의 것이었고, "화장은 하는 것보다 지우는 것이 더 중요합니다"라는, 꽤 길지만 많은 여성들이 기억하고 심지어는 감명까지 받았다는 슬로건은 '폰즈'라는 화장품 브랜드의 것이었다.

슬로건은 이런 것이다. 마치 하나의 시 구절처럼, 소비자의 기억 속에 한 번 자리 잡으면 웬만해선 사라지지 않고 평생을 따라다니면서 그 시절을 추억하는 하나의 코드가 되는 것이다. 그러므로 소비자가 한 번 공감하고 기억하는 슬로건은 절대 죽지 않는다. 심지어 브랜드는 죽을지언정 말이다.

하지만 시대별로 사랑받는 슬로건의 스타일은 변화한다. 앞서 말했던 1970~80년대의 슬로건들이 다소 긴 문장형태의 것들이었다면, 1990년대와 2000년대로 들어서면서는 "스무살의 '011 TTL'", "사랑해요 'LG'", "olleh 'KT'" 등 상당히 간단해졌으며, 영어 표현이 많아졌다. 브랜드 네임과 마찬가지로 디지털매체의 영향으로 커뮤니케이션 전반에 언어메시지의 '초간단화' 현상이 일어났기 때문일 것이다.

3) 슬로건 만들기 실전 5단계

(1) 브랜드 네임을 분석한다

슬로건의 역할이 브랜드 네임을 보조하거나 보강하는 것이므로, 슬로건을 만들기 위해서 가장 먼저 할 일은 이미 결정되어 있는 브랜드 네임에서 어떤 점을 보완 또는 강화할 것인지를 정리해 보는 일이다.

이때 브랜드 네이밍에서 사용되었던 프레임워크를 재활용하면 매우 효율적이다. 즉, 브랜드 네임의 부족한 부분을 보완하고자 하는 목적으로 개발하는 슬로건이라면 프레임워크에 적힌 항목들 중에서 브랜드 네임이 전달하는 메시지를 제외한 내용들을 중점대상으로 삼아 키워드를 작성해나가면 된다. 반대로, 브랜드 네임과 동일한 콘셉트로서 이를 강조 또는 강화하고자 한다면 브랜드 네임이 내포하고 있는 항목들을 대상으로 슬로건의 키워드를 수집해나가는 것이다.

예를 들어, 앞서 〈표 13-1〉의 천연과즙함유 주스 브랜드 네이밍을 위한 프레임워크를 통해 '컨추리' 주스라는 브랜드 네임이 결정되었고, 다음으로 그 슬로건을 만든다고 가정해 보자. '컨추리'라는 브랜드 네임만으로는 '천연' 또는 '자연' 등의 느낌만 있을 뿐 '정통 프리미엄 주스'를 전달하기엔 다소 역부족이다. 따라서 이런 경우 슬로건은 제품특징 항목을 제외한 다른 항목에서 키워드를 가져다가 '프리미엄'의 이미지를 보완하는 것이 좋다. 즉, '원산지 오렌지'와 '신선한 과즙'이라는 콘셉트를 활용하여 '플로리다 오렌지', '갓 따온' 등의 키워드를 대입해 보면, "갓 따온 플로리다 오렌지 '컨추리' 주스"로 완성되어 고급스러우면서도 천연과즙이 함유되었다는 메시지가 잘 전달된다.

(2) 키워드를 수집한다

브랜드 네임의 허점을 보완하는 슬로건이든, 강점을 더 강화하는 슬로건이든 콘셉트가 정해지고 나면 키워드를 수집하는 방법은 브랜드 네이밍 과정과 동일하다. 다만 앞서 예로 든 것처럼 슬로건은 두 가지 항목 이상의 키워드를 두 개 이상 나열할 수 있으며, 반복하거나 풀어쓸 수 있으므로 명사형이외에 동사나 형용사, 부사 등 다양한 형태를 포함시켜 표현할 수 있다.

(3) 조합하고 변형한다

슬로건은 주로 하나의 어절 또는 단어로 구성되는 브랜드 네임과는 달리, 두 어절 이상의 절이나 구로 이루어진다. 따라서 선택한 키워드의 어감이나 전달력 등을 고려해 알맞은 형태로 조합하도록 한다.

① 절 형태 슬로건

절(節)은 '주어 + 서술어'로 구성되는 문장이므로 전달하고자 하는 의미를 구체적이고 쉽게 설명할 수 있으나 자칫 호흡이 길고 간결함이 덜해질 수 있다. 따라서 의미를 잘 전달하면서도 간결함을 유지하려면 주어나 서술어 중 어느 하나를 생략함으로써 호흡을 짧게 다듬어줄 필요가 있다.

예를 들어 "이가 탄탄 '이가탄'"의 경우 '탄탄하다'의 서술어미를 생략했으며, "때가 쏘옥~ '비트'"의 경우는 그 뒤에 이어지는 '빠진다'라는 서술어 자체를 아예 생략함으로써 긴장감과 간결함을 주는 데 성공한 경우라 할 수 있다.

그 밖에 절 형태의 슬로건에서 주의해야 할 것은 서술어의 종결어미 활용형태를 브랜드의 성격에 맞게 구사해야 더 효과적이라는 점이다. 우리말의 종결어미는 서술형(~이다), 명령형(~하라), 청유형(~세요), 감탄형(~구나!), 의문형(~니까?) 등으로, 이들 중 어떤 종결어미를 사용하느냐에 따라 같은 의미의 슬로건이라 하더라도 받아들이는 느낌에는 다소 차이가 있기 때문이다.

예를 들면 '흔들다'라는 의미를 담은 슬로건은 1970년대 탄산음료 브랜드와 2000년대 소주 브랜드에 각각 사용되었는데, 어미의 활용에 따라 느낌이 다른 것을 발견할 수 있다. 즉, 전자의 경우는 "흔들어 주세요~! '써니텐'"이었으나, 최근엔 "흔들어라! '처음처럼'"으로 바뀜으로써 좀더 자극적이고 역동적인 느낌을 전달하고 있다는 점이다. 다음은 종결어미의 활용형태에 따른 슬로건의 예이다.

- 서술형 바다가 좋다 '동원산업', 쇼핑을 높이다 '이마트'
- 명령형 쇼를 하라 '쇼', 흔들어라 '처음처럼'
- 청유형 캐내세요 '캐토톱', 사랑해요 'LG'
- 감탄형 맞다! '게보린', 아차! '컨디션'

② 구 형태 슬로건

구(句) 형태의 슬로건은 "대한민국 잇몸약 '인사돌'"이나 "희망 파트너 'LIG생명'", "헛개나무 프로젝트 '쿠퍼스'"처럼 두 개 이상의 단어를 대등한 관계로 나열하는 방법과 "내 가족의 첫차 '베르나'"나 "바른 먹거리 '풀무원'"처럼 구체적으로 수식관계를 형성하는 방법이 있다. 두 가지 방법을 활용하는 데 있어 특별한 기준은 없지만 전자는 후자에 비해 간단명료하며, 후자는 다소 부드러운 느낌을 주므로 콘셉트나 브랜드의 성격에 맞추어 적절히 사용하면 될 것이다.

③ 영문 슬로건

디지털 제품이 늘어나고 다국적 브랜드들이 글로벌 마케팅전략을 펼치게 됨에 따라 영문으로 된 슬로건들이 점차 늘어가는 추세이다. 하지만 영문 슬로건의 경우는 원어민의 감수를 통해 의미의 변화나 표현상의 어색함이 없는지 확인하는 과정을 반드시 거쳐야 한다.

"Digital Exiting '삼성전자'", "It's different 'SKY'", "Just Do It '나이키'", "See The Truth 'SOUL'", "Excellence in Flight '대한항공'", "'Nikon' Reality" 등은 영문 슬로건의 다양한 사례이다.

(4) 브랜드와 붙여보고 선택한다

슬로건은 대체로 브랜드와 붙여서 쓰이거나 읽혀지므로 브랜드와 붙여서 읽어본 뒤 그 느낌을 파악하는 것이 좋다. 그리고 브랜드 네이밍 과정에서와 같이 소비자 설문조사나 전문가 자문 등의 과정을 거쳐 3~4개 정도로 좁힌 뒤 광고주에게 최종 결정하도록 한다.

(5) 실용화 여부를 체크한다

브랜드 네임처럼 상표등록 등의 절차가 필수적이지는 않지만, 슬로건의 경우도 유사한 표현이 있는지 반드시 확인하도록 한다. 슬로건의 특성상 의도하지 않았다 하더라도 콘셉트가 동일한 경우엔 비슷한 표현이 만들어질 수 있기 때문이다.

4) 효과적인 슬로건 만들기 7가지 법칙

(1) 헤드라인으로 시작하라

소비자들로부터 오랫동안 사랑받고 기억되어온 슬로건들 중에는 처음에는 광고 헤드라인으로 시작되었던 것들이 많다. 특히 인쇄광고의 경우, 의도적이었든 아니든 첫 광고에서는 헤드라인으로 쓰였던 카피가 후속광고에서는 앞 광고와의 연계감을 목적으로 바디카피의 후미를 장식하거나 우측 상단에 놓임으로써 브랜드 슬로건 또는 캠페인 슬로건으로 변신하게 되었던 것이다.

'에이스 침대'의 "침대는 과학입니다"나 '삼성전자'의 "또 하나의 가족", 'SK' 기업광고의 "고객이 OK할 때까지" 등은 그 좋은 사례로, 특히 'SK' 기업광고의 경우엔 브랜드 네임과의 운율을 맞추어 "OK, SK"로 변형하여 사용되고 있기도 하다.

(2) 제품에서 출발하라

슬로건의 가장 주된 역할은 브랜드 네임이 갖추어야 할 제품 콘셉트를 보완하거나 강화하는 데 있다. 즉, 브랜드 네임이 제품의 특성을 전달하는 데 다소 미흡할 경우 슬로건은 그 미흡함을 보다 구체적으로 설명해 주는 역할을 해야 하며, 브랜드 네임에서 충분히 전달된다 하여도 한 번 더 강조하고 강화하는 역할 또한 슬로건이 하는 것이다.

예를 들어 '룰루' 비데의 경우 '룰루'라는 브랜드 네임에서 전달되는 메시지는 단지 '즐거움'일 뿐, '비데'로서의 제품 특징이나 정체성 등을 전달하기에는 다소 부족하다. 여기에 "닦지 말고 씻으세요"라는 슬로건은 그 부족함을 적절하게 채워주는 역할을 하고 있다. 이러한 예는 짧고 단순한 'T'라는 브랜드 네임을 보완해 주는 "생각대로"나, '011'의 "스피드"에서도 찾아볼 수 있다.

반면 여성 생리용품 브랜드인 '화이트'의 경우엔 브랜드 네임에서부터 '깨끗함'의 메시지가 전달되지만 경쟁제품과의 비교우위를 강조하기 위해 '깨끗함이 달라요'라는 슬로건을 통해 강조하고 있으며, 세탁표백제인 '옥시크린' 또한 '표백제'의 정체성이 브랜드 네임에 드러나 있음에도 "빨래 끝~"이라는 슬로건을 통해 '빨래를 깨끗하게 마무리한다'라는 메시지를 더욱 강화시키는데 성공하였다.

(3) 누구에게 말할지가 중요하다

앞서 브랜드 네이밍에서도 '제품' 못지않게 중요한 것이 '그 제품을 사용할 사람'이라고 말한 바 있다. 슬로건도 제품의 특징이나 성능에만 매달리지 말고 소구대상의 정체성이나 라이프스타일 등에 대해 말해 주는 것이 효과적일 수 있다는 점을 기억해야 한다. 더욱이 화장품이나 패션 등 브랜드 이미지를 중심으로 소구하는 품목이거나 젊은 층을 소구하는 제품이라면 '누구에게 말할 것인가'를 생각해 보는 것이 좋다.

예를 들면 1990년대 신세대 남성화장품 브랜드였던 '트윈엑스'는 '우리는 X세대'

라는 슬로건을 통해 '남과 다르게 생각한다'는 역발상 트렌드를 도출해냈으며, 캐리어우먼을 겨냥했던 '마몽드' 화장품 역시 '산소 같은 여자'라는 슬로건으로 '더 이상 사무실의 꽃이 아닌 능동적인 여성'의 이미지를 얻어내는 데 성공했다.

최근엔 '센스'라는 노트북 브랜드에 '디지털 유목민'이라는 슬로건으로 네티즌을 겨냥한 사례가 있으며, '최고의 자리에서 사회를 이끌어가는 중년남성'의 이미지를 적극적으로 표현한 "대한민국 CEO '체어맨'"등이 이에 해당된다고 할 수 있다.

(4) 이미지도 메시지다

광고는 비주얼이나 카피만 콘셉트를 표현하는 것이 아니다. 만일 '고급감'이 콘셉트라면 광고자체, 즉 레이아웃이나 카피의 서체 등에서도 그 '고급감'이 풍겨나야 한다는 얘기다. 따라서 브랜드의 콘셉트가 '개성'이라면 브랜드 네임은 물론 슬로건에서도 '개성'이 물씬 묻어나야 하는데, 이때 슬로건에 '개성'이라는 단어가 들어간다면 그 슬로건은 바로 '개성'을 잃고 만다. '개성'을 표현하기 위해 '개성'이라는 말만큼 개성 없는 표현을 쓴다면 슬로건 자체가 개성 없게 된다는 뜻이다. 더구나 슬로건은 일반 헤드라인보다 짧고 간단해야 하므로 단어의 의미뿐 아니라 구성방법이나 뉘앙스 등을 잘 고려해서 전체적 이미지를 표현하도록 해야 한다.

여성 캐주얼 패션 브랜드인 '톰보이'의 "나는 나"라는 슬로건은 앞서 말한 '개성'을 가장 개성 있게 표현한 슬로건이라 할 수 있는데, 비슷한 콘셉트의 화장품 브랜드 '레쎄'의 슬로건은 "내 나이 20과 1/2"라는 그야말로 개성 넘치는 표현을 통해 남과 다르고 싶어 하는 여성소비자들에게 인기를 끌었다.

이렇듯 같은 의미라 하더라도 이미지를 차별화하기 위해서는 단어를 선별함에 있어 기존의 고정관념을 탈피하려는 노력이 절실히 필요하다. 한 예로, 최근 부각되고 있는 '감성'코드를 기업슬로건에 접목시킨 '삼성'의 "두근두근 Tomorrow"를 들 수 있는데, 이것은 이제까지 기업 슬로건들을 딱딱한 한자어로만 표현해왔던 관행을 깨고 '두근두근'이라는 의태어를 선택한 데서 오는 신선함의 결과라 할 수 있다.

(5) 운율을 맞추어라

대체로 관여도가 낮고 구매시점에서 회상률을 높여야 하는 제품이라면 브랜드 네임과 슬로건을 외우기 쉽고 발음에 익숙하도록 운율을 맞추어 주는 것도 효과적이다.

운율을 맞추는 방법으로는 음절수를 맞추는 것 외에도 특정 음운을 반복하여 두운, 각운 등을 사용하는 방법이 있다.

음절수를 맞춘 예로는 "가가 호호 '리홈'"을 들 수 있으며, 두운을 사용한 예로는 "캐내세요, '캐토톱'"이나 "세계를 휩쓴 '휘센'", 각운을 사용한 예로는 "이가 탄탄 '이가탄'" 등이 있다.

(6) 브랜드 네임을 섞어 넣어라

운율을 맞추는 것에서 더 나아가 아예 브랜드 네임을 슬로건에 포함시키는 것은 브랜드 네임을 입에 착 달라붙게 만드는 가장 좋은 방법이다.

"내가 '짜파게티' 요리사", "Sing a 'Soul'", "'쿠쿠' 하세요~", "'쇼'를 하라" 등은 대부분 멜로디까지 넣어서 로고송으로 만들어져 성공한 사례이다.

(7) 기업슬로건이라면 반드시 알맹이가 필요하다

상당한 경력을 갖춘 카피라이터들도 기업슬로건을 만드는 일은 쉽게 해내기가 어렵다. 대부분의 기업들이 도달하고자 하는 목표나 소비자에게 주고자 하는 약속은 대개 꿈과 희망, 발전과 도약, 신뢰와 고객감동 등 의외로 비슷하거나 모호한데 반해, 그들이 기대하는 슬로건은 '남들과 다른 괜찮은 것'이기 때문이다.

따라서 기업슬로건을 만들기에 앞서 카피라이터는 그 기업만이 하고 있거나 할 수 있는 이른바 '알맹이'를 찾아내는 일을 급선무로 삼아야 한다. 그 좋은 사례가 바로 '유한킴벌리'의 "우리강산 푸르게 푸르게"이다. 나무에서 나오는 천연펄프를 소재로 모든 제품을 생산하는 기업이 '숲을 가꾸는 기업'으로서의 자연보호 활동을 한다는 것은 그 자체가 차별화되는 것이기 때문이다.

그러므로 만일 슬로건을 의뢰하는 기업 측에서 "우리의 목표는 '고객감동'이에요"라고 말하거든 더 이상 묻지 말고 홈페이지와 보도자료를 샅샅이 뒤져서라도 그들만의 '알맹이'를 찾아내기 바란다. 우리의 기억 속에 오랫동안 자리 잡고 있는 "세계일류 '삼성'", "탱크주의 '대우전자'", "바다가 좋다 '동원산업'", "소리 없이 세상을 움직입니다 '포스코'", "상상예찬 'KT&G'" 등의 슬로건들은 바로 그 '알맹이'의 소산이므로 말이다.

〈표 13-2〉 슬로건 모음

분류	브랜드	슬로건
의약 위생	이가탄	이가 탄탄
	인사돌	대한민국 잇몸약
	동아제약	건강을 지키는 동아제약
	오스칼	꼿꼿하게 사셔야죠
	부루펜	착한 어린이 해열엔
	둘코락스 에스	나라는 달라도 변비약은 둘코락스
	삼일제약	건강의 횃불
	게보린	맞다! 게보린
	컨디션	아차! 컨디션
	케토톱	캐내세요!
기업 공공 그룹	동원산업	바다가 좋다
	LG	사랑해요 LG
	LG화학	Make Tomorrow
	대우	밝은 미래를 추구하는 대우가족
	대우	세계경영, 우리기술
	대우	대우가 있습니다
	대우전자	제품은 튼튼하게, 생활은 편리하게
	대우전자	탱크주의
	대우자동차	세계로 달린다
	경인에너지	품질에서 앞서가는 경인에너지
	금강제화	토탈패션의 名家
	금호타이어	달리는 첨단기술
	한국타이어	세계와 경쟁하는 우리의 타이어
	기아서비스	더 빨리, 늘 가까이
	김정문알로에	알로에를 사랑하고 연구하는 사람들의 기업
	남양알로에	자연이 있습니다
	대한항공	우리의 날개
	대한항공	21세기 큰 하늘을 여는 우리의 날개
	대한항공	하늘 가득히 사랑을
	대한항공	Excellence in flight
	롯데	사랑과 자유와 풍요로운 삶을 추구하는 롯데
	두산	전통 100년, 도전 100년
	두산중공업	지구의 가치를 높이는 기술
	데이콤	21세기와 커뮤니케이션 한다
	데이콤	국제전화는 002로 시작하세요

〈표 13-2〉 계속

분류	브랜드	슬로건
기업 공공 그룹	데이콤	세계를 가깝게, 미래를 가깝게
	매일유업	아기과학을 실현하는 매일유업
	매일유업	2세 건강에 보람을 거는 매일유업
	모나리자	푸른 산 맑은 물 건강한 우리 생활
	방림	생활을 아름답게, 미래를 풍요롭게
	벽산	앞선 기술, 앞선 품질
	삼보컴퓨터	컴퓨터는 삼보, 서비스도 삼보
	삼보컴퓨터	삼보컴퓨터의 역사가 한국 컴퓨터의 역사입니다
	삼성	세계가 인정하는 기술, 세계가 인정하는 품질
	삼성	두근두근 Tomorrow
	삼성	세계일류
	삼성	함께 사는 사회를 추구하는 삼성
	삼성전자	또 하나의 가족
	삼성전자	Digital Exiting
	삼성전관	자연의 빛, 꿈의 영상
	삼성전관	게임기는 삼성이 좋습니다
	삼성전관	세계 속에 한국을 펼쳐가는 삼성전관
	삼성전관	新휴먼테크 - 고객사랑, 제품사랑, 환경사랑
	삼성전관	휴먼테크의 목표는 인간행복입니다
	아시아나항공	꿈, 사랑, 감동의 색동날개
	아시아나항공	한 분 한 분에게 정성을
	아시아나항공	그녀의 이름은 아시아나
	유한킴벌리	깨끗한 마음 깨끗한 생활
	유한킴벌리	우리강산 푸르게 푸르게
	유한양행	신용의 상징, 버들표
	웅진코웨이개발	한국정상에서, 세계정상으로
	유공	한국의 힘
	MBC프로덕션	좋은 영상, 오랜 감동
	코오롱	보람의 일터
	전자랜드21	힘있는 소비자 대표
	한화종합화학	정성과 혼을 담은 기업
	현대엔지니어링	우리의 환경 우리의 기술로 지킨다
	현대자동차	우리의 차, 세계의 차
	현대자동차	Drive your way
	현대자동차	좋은 환경, 좋은 차

〈표 13-2〉 계속

분류	브랜드	슬로건
기업 공공 그룹	한국도로공사	행복을 이어주는 사람들
	한국타이어	Enjoy Driving
	휘닉스파크	24시간 하얀세상, 세상 밖의 하얀세상
	포스코	소리없이 세상을 움직입니다.
	스포츠서울	그 순간이 기사가 됩니다
	SK	당신이 행복입니다
	SK	고객이 OK할 때까지
	KT&G	상상예찬
	INTEL	The computer Inside
화장 세제	화이트(유한킴벌리)	깨끗함이 달라요
	에바스	깨끗한 화장품
	트윈엑스	우리는 X세대
	옥시크린	빨래 끝~
	마몽드	산소 같은 여자
	더페이스샵	가슴엔 그녀를 피부엔 자연을
	니베아밀크	피부를 위한 모든 것
	CJ엔프라니	당신의 피부를 차별화합니다
	아이오페	피부의 꿈
	아이오페	눈에 보이는 약속
	나드리 화장품	새천년을 이어갈 아름다움
	데일리(태평양)	매일 화장하는 여자를 위한 데일리 클렌징
	비트	때가 쏘옥~
식품 음료	농심	믿을 수 있는 식품
	농심 짜파게티	오늘은 내가 짜파게티 요리사
	샤니	맛있는 빵
	쿠퍼스	헛개나무 프로젝트
	비타 500(광동제약)	마시는 비타민 C
	비타 500(광동제약)	Enjoy Vitamin C
	데미소다	미소가 필요할 땐
	바이오거트D(매일유업)	마시는 비피더스
	테이스터스 초이스	나의 선택, 나의 초이스
	마시는 홍초(청정원)	부드럽게 마시는 붉은 과실초
	햇살담은 간장(청정원)	당신의 마음이 햇살입니다
	풀무원	바른 먹거리
	풀무원 비단두부	生으로 맛있게 먹는 순식물성 에너지

〈표 13-2〉 계속

분류	브랜드	슬로건
식품 음료	콜라겐 5000	튼튼이 예뻐지자
	코카콜라	ALWAYS
	맥심	가슴이 따뜻한 사람과 만나고 싶다
	맥심	당신의 향기를 사랑합니다
	프렌치카페	젊은 날의 커피
	다시다	잊을 수 없는 고향, 고향의 맛 다시다
	게토레이	갈증해소를 위한 음료
	안성탕면	내 입에 안성맞춤
	신라면(농심)	사나이 울리는
	오뚜기 카레	일요일엔 오뚜기 카레
	국시장국	소문난 집 국물맛
	자유시간(해태제과)	한국 아이들의 힘!
이동통신	SK 텔레콤	우리나라 정보통신의 미래
	SK 텔레콤	생각대로 T
	SK 텔레콤	생활의 중심
	SK 텔레콤	당신을 만나서 행복합니다
	파워디지털 017	전파의 힘이 강하다
	파워디지털 017	우리를 이어주는 아름다운 힘
	싸이언(LG)	100% 무선 인터넷 생활
	SKY	It s different
	SHOW(KT)	쇼 때문이다
	SHOW(KT)	쇼를 하라
	큐리텔	360도로 들려오는 3D Sound
	TTL	스무살의 011
	KTF	좋은 시간 되세요!
	KTF	대한민국 이동통신
	KTF	세상에 주인공 아닌 사람은 없다
	KTF도시락	함께할 땐 음악이 필요하다
	KTF도시락	사랑할 땐 음악이 필요하다
	KTF도시락	음악 에너지
	TU	테이크아웃 TV
	멜론	음악이 필요한 순간
	PSP	무엇을 원하든
	1677콜렉트콜	마음을 주고받는 번호
	00700	대한민국 응원가

〈표 13-2〉 계속

분류	브랜드	슬로건
이동통신	KT집전화 안	집안의 핸드폰
	대우IC냉장고	저 요즘 대우받고 살아요.
	두루넷	반값만사성
	네이버	지식까지 찾아주는 검색
	다나와닷컴	비교하면 남는다!
금융 보험	하나은행	손님의 기쁨 그 하나를 위하여
	한국투자증권	true 友riend
	LG카드	Sign your dream
	W 현대카드	Player's License
	신한금융투자	투자를 디자인하다
	신한카드	카드의 길을 생각하다
	국민은행	작은 꿈도 소중히 하는
	동서증권	증권생활화시대의 동반자
	농협중앙회	얼굴에 웃음이, 마음에 정성이
	NH농협	같이의 가치
	대우증권	세계를 보는 눈, 미래를 보는 눈
	대한생명보험	Change the Life!
	삼성카드	Think Benefit
	제일화재	당신이 제일 행복하기를
	현대해상	내일도 좋은 하루
	롯데카드	어딜가시든
	AIG 생명	희망파트너
	미래에셋	우리는 차갑습니다
	현대카드M	생활의 기술
	국민은행	가장 친절하게, 가장 편리하게, 가장 지혜롭게
	SC제일은행	제일 먼저 힘이 되겠습니다
건강 가구	그랜드침대	꿈의 나래를 편다
	대진썰타침대	좋은 침대, 바른 침구
	동서가구	앞선 생각, 앞선 가구
	레이디가구	신가치 창조, 신생활 가구
	리바트	생활 속의 가구예술
	썬우드가구	썬퍼니처의 명성 그대로
	아넥스월드	자연이 만드는 꿈의 생활공간 창조
	에이스 침대	세계 속의 한국의 자랑
	에이스 침대	침대는 과학입니다

〈표 13-2〉 계속

분류	브랜드	슬로건
건강 가구	파란들	패션이 숨쉬는 가구
	키친아트	주방속의 예술감각
	웅진코웨이정수기	정수방식이 깐깐한
	웅진코웨이정수기	깐깐한 서비스, 언제나 처음처럼
	삼성바이오냉장고 칸칸	칸칸마다 신선하게 김치는 더 맛있게
	린나이 가스난방기구	따뜻하게 사람들을 모아주는
	노비타(삼성전자)	NOVITA는 주부의 '삶의 質'을 생각합니다
자동차	갤로퍼(현대자동차)	안전과 야성의 자부심
	소나타	Art of Technology
	체어맨	대한민국 CEO
	SOUL(기아자동차)	See The Truth
	베르나	내 가족의 첫차
	메르세데스 벤츠	잊을 수 없는 감동
	볼보	세계에서 가장 안전한 차
	포드	Quality is Job 1. It's working
	BMW	우리시대 최고의 승용차
	닛산	LIFE TOGETHER
	혼다	A Car Ahead
	재규어	귀한 분을 위한 귀한 차
	라노스	질주본능
	롤스로이스	神話의 승용차
	스포티지(기아자동차)	無限生活 승용차
	렉스턴	대한민국 1%
	아반테XD	강자의 자부심
	오피러스	뜻밖의 당신
	카이런	부드러운 독주
	카이런	Silky Driving
	레조	뉴 레저, 뉴 레조
	NEW SM 5	한번 타면 내리고 싶지 않은 車
가전	딤채 (위니아만도)	The Original 딤채
	LG Electronics	The future is making sense
	IBM	NOT JUST DATA, REALITY
	파나소닉	just slightly ahead of our time
	파나소닉	The way ahead
	쿠쿠	쿠쿠 하세요
	리홈	가가 호호

〈표 13-2〉 계속

분류	브랜드	슬로건
가전	휘센	세계를 휩쓴
	도시바	In Touch With Tomorrow
	소니	The One And Only
	삼성 센스	디지털 유목민
	NIKON	Nikon Reality
	NIKON	We take the world greatest pictures
	올림푸스	How the big shots take snapshots
	캐논	The color connection
	웅진룰루비데	닦지 말고 씻으세요
	웅진룰루비데	한번만 씻어봐도 아는 깨끗함
	디오스(LG)	내일을 사는 여자
	휘센	바라만 봐도
	트롬	깨끗하게 오래오래 입고 싶어서
쇼핑 유통	G마켓	행복을 주는 쇼핑세상
	현대백화점상품권	마음은 마음을 알아봅니다
	옥션	비교해 보면 압니다!
	신세계	좋은 상품, 좋은 생활
	홈플러스(삼성테스코)	생활에 플러스가 됩니다
	이마트	쇼핑을 높이다
	까르푸	후레쉬 대한민국
건설	포스코건설	You Dream, We Build
	대한주택공사	집에 대한 새로운 생각
	대우건설	It s possible
	SK VIEW(SK건설)	I Love VIEW
	SK VIEW(SK건설)	집을 짓는 새로운 시각
	자이(LG건설)	Refresh your Life
	현진에버빌	파티가 어울리는 아파트
	우림건설	문화로 먼저 만납니다
주류	OB맥주	더 좋은 내일을 위해
	OB ICE	이제, 목으로 느낀다
	김삿갓	소주 위에 소주
	보해골드	적게 마시고 부드럽게 즐기고
	카프리	눈으로 마시는 맥주
	조니워커	Ultimately, there's Black
	칼스버그	유럽이 지켜온 맛
	칼스버그	Probably the best beer in the world

〈표 13-2〉 계속

분류	브랜드	슬로건
주류	하이트맥주	물이 좋아 더 맛있는 맥주
	처음처럼	흔들어라
	참이슬	좋은 소주에 감탄하라
기타	싹스탑	양말도 옷이다
	한우자조금관리위원회	이 땅 위의 자존심
	LOUIS VUITTON	The art of travel
	마이크로소프트	WHERE DO YOU WANT TO GO TODAY
	맥도날드	WE DO I ALL FOR YOU
	nina ricci	The new perfume from
	3M	Innovation working for you
	나이키	Just do it
	레고	Just imagine …
	Wonderbra	THE ONE AND ONLY
	미스터피자	100% 손으로 만든
	르까프(화승)	젊음, 그 이름으로 도전한다
	DHL	급할수록 귀할수록
	훼미리마트	따듯한 마음이 만나는 곳
	롯데월드어드벤쳐	모험과 신비의 나라
	HAZZYS(LG패션)	Follow your h
	BYC	보이는 것은 중요치 않다
	마에스트로(LG패션)	선이 살아있다
	인디안	당신과 나란히
	TNGT(LG패션)	내일 뭐 입지?
	테팔	마음을 사로잡는 아이디어

• 생각해 볼 문제 •

1 브랜드 네이밍과 슬로건의 개념 및 종류에 대해 알아보자.

2 브랜드 네임과 슬로건 제작과정을 단계별로 익히고 제작 시 유의사항을 점검하자.

3 제품의 카테고리 특성과 시장상황 등에 따라 보다 적절하고 효율적인 브랜드 네이밍과 슬로건 제작방법을 연구해 보자.

• 나의 현역시절 대표카피 •

"산소 같은 여자", 아모레 마몽드

1992년 커리어우먼을 타깃으로 론칭한 '마몽드'의 광고 캠페인 슬로건. 무명의 대학생 이영애를 최고의 광고모델로 탄생시켰고, 수동적 아름다움을 묘사했던 이전의 화장품 광고를 탈피해 "나의 삶은 나의 것", "세상은 지금 나를 필요로 한다", "두꺼운 화장은 싫다", "생활 속에도 자외선이 있어요" 등의 카피를 통해 적극적이고 능동적인 여성상을 구축하는 데 성공했다. 또한 이미지 위주의 표현에서 벗어나 현실감 있는 메시지를 전달하는 화장품 광고의 효시가 되었다.

"깨끗함이 달라요", 유한킴벌리 화이트

1996년 유한킴벌리의 '코텍스' 브랜드를 대체하기 위해 탄생시킨 '화이트'의 광고 캠페인 슬로건. 당시 코텍스는 P&G의 '위스퍼'에게 시장 1위 자리를 뺏긴 뒤 대대적인 제품혁신과 신규 브랜드 론칭으로 정면도전을 선언했다. 스마트한 커리어우먼의 이미지에 맞서기 위해 깨끗하고 참신한 여고생·여대생을 겨냥하여 론칭 1년 만에 1위 자리를 탈환하는 데 성공했다. "깨끗함이 달라요"라는 브랜드 네임은 '화이트'와 함께 깨끗한 이미지를 극대화하는 콘셉트로 개발되었으며, 10여 년간 화이트의 슬로건으로 사용되었다.

효과적인 BTL 광고 카피 14

천현숙

1. BTL이란?

BTL이란 원래 재무관리적 차원의 용어이다. 존 윌름스허스트(John Wilmshurst)에 의하면 광고 대행사들이 광고주사에 청구서를 발행할 때 광고 매체사로부터 받는 커미션(*commission*)[1]이 포함되는 부분을 청구서 윗부분에 기재하고 커미션 없이 광고 제작 서비스에 대한 수수료(*fee*)만 받는 부분을 청구서 아랫부분에 기재했기 때문에, 윗부분에 있는 것들을 ATL(*above the line*), 아랫부분에 있는 것들을 BTL(*below the line*)이라고 부르게 되었다고 한다.

라디슬라프 파틱(Ladislav Patik)은 BTL을 다음과 같이 정의한다. "ATL은 마케팅 커뮤니케이션 활동중 비대면적 커뮤니케이션 활동으로 TV, 인쇄, 라디오, 옥외 등 전통적 매체를 활용한다. 따라서 광고 대행사와 매체 대행사는 ATL에 집중한다. BTL은 대면 커뮤니케이션 활동으로 판매지원, 유통지원, 샘플링 등과 같이 매체를 통하지 않는 프로모션이다."

1 한 기관이 누군가를 위하여 공적인 일을 하였을 때, 그 보상으로 받는 요금.

그러나 우리나라의 경우, 옥외가 전통적 매체로서 제대로 자리매김하지 못했기 때문에 ATL의 영역에 포함되지 않고 BTL의 영역에 포함되고 있다. 결론적으로 말하자면 기업의 마케팅 커뮤니케이션 활동 중에서 TV, 신문, 잡지, 라디오 등의 이른바 4대 매체를 통하지 않는 모든 프로모션을 BTL이라고 일컫는다.

2. BTL 카피 쓰기

BTL은 ATL에 비해 툴(*tool*)이 다양하다. 따라서 BTL 카피라이팅에는 그러한 툴들을 '어떻게 활용할 것인가?'에 대한 고민과 아이디어까지 포함된다. 여러 가지 BTL 툴들을 활용하는 방법과 카피를 쓰는 방법에 대해 알아보자.

1) DM 카피

DM(*direct mail*)이란 기업에서 고객에게 직접 보내는 우편물 형태의 광고를 말한다.

DM은 개봉도 되지 못하고 바로 쓰레기통으로 갈 확률이 매우 높은 매체이다. 따라서 많은 우편물들 중에서 뽑힐 수 있게 하는 것, 그리고 봉투를 뜯어보게 만드는 것이 가장 중요하다. 그러려면 뜯어보고 싶은 마음이 들도록 봉투에서부터 주의를 끌어야 한다.

중국 가정폭력방지협회(Organization Against Domestic Violence)의 가정폭력 신고 캠페인을 위한 DM을 예로 들어 보자(〈그림 14-1〉). 봉투에 피가 조금 새어 나와 있다. 웬 피일까? 궁금해진 소비자는 봉투를 열어보게 된다. 봉투 안에는 남편에게 잔혹한 폭력을 당해서 피를 흘리고 있는 부인의 모습이 담겨져 있다. 카피는 "Cover it or Uncover it(그냥 덮을 것인가 아니면 덮지 않을 것인가)?"로 '가정폭력을 보고서도 그냥 덮어둘 것인가, 아니면 알릴 것인가'라는 뜻이다. 봉투에 살짝 새어나온 피가 봉투를 뜯게 만들고, 마침내 메시지를 보게 만들었다.

〈그림 14-1〉 중국가정폭력방지협회 가정폭력신고 캠페인 DM('피' 편)

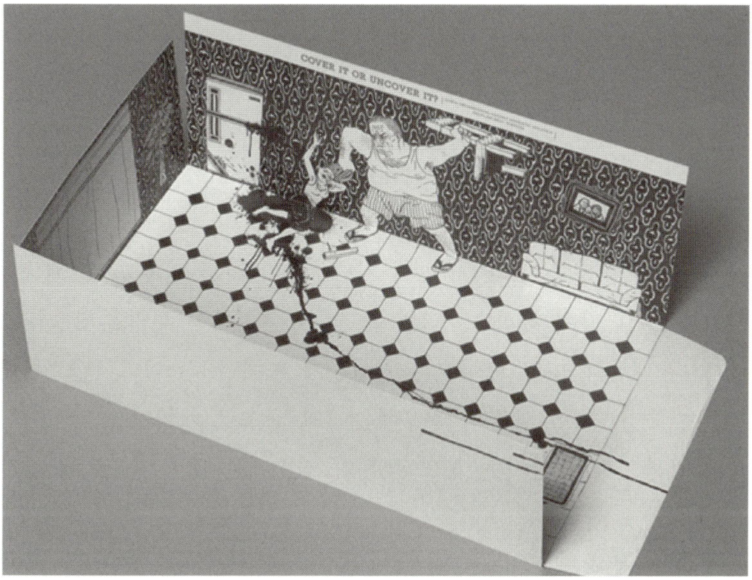

DM을 펴본 독자는 3초 내에 그 내용을 파악하여 만일 불필요하다고 판단되면 즉시 쓰레기통으로 집어던진다. 따라서 처음 한두 줄, 즉 헤드라인에서 중요한 이점을 약속해야 한다. 그래야 끝까지 읽어볼 필요를 느끼게 된다.

DM의 카피를 쓸 때는 개인적 분위기를 유지하는 것이 매우 중요하다. DM은 받는 사람을 특별히 지명하여 보내는 것이기 때문에, 받는 사람도 그것을 개인적인 것으로 받아들인다. 따라서 그 한 사람에게만 속삭이듯이 카피를 써내려 가야하며, 호칭도 1, 2인칭을 사용하는 것이 좋다.

마지막으로 DM은 행동하는 매체이다. 이미지를 축적하는 매체가 아니라 반응을 이끌어내는 매체라는 말이다. 따라서 생각에만 그치지 않고 행동을 하게 만들어야 한다. 그러기 위해서는 지금 당장 움직이라고 말하라! 그리고 만일 그렇게 하지 않으면 뭔가 잃을지도 모른다고 말하라!

2) 브로슈어 카피

브로슈어(*brochure*)란 팸플릿(*pamphlet*)의 일종으로 지질(紙質), 인쇄, 제본, 사진 등이 보통의 팸플릿보다 좋고 호화로운 것을 말한다.

브로슈어는 책자의 형태를 띤다. 따라서 전달하고자 하는 내용을 몇 페이지 분량에 담을 것인지를 먼저 정해야 한다. 일반적으로 브로슈어의 분량은 8~48페이지 정도이다. 그러나 내용에 따라 페이지는 얼마든지 늘어날 수 있다. 단 양 페이지 가운데를 철하는 중철(中綴) 제본의 경우에는 4의 배수로 페이지를 잡아야 하며, 본드로 페이지와 페이지를 붙이는 본드 제본의 경우에는 2의 배수로 페이지를 잡아야 한다.

분량을 정한 다음에는 각 페이지에 어떤 내용을 할당할 것인지, 페이지 구성(*pagination*)을 해야 한다. 그러기 위해서는 이야기를 어떤 구조로 전개시킬 것인지 먼저 결정해야 한다. 가장 기본적인 구조는 '기승전결'(起承轉結)이다. '기승전결'은 원래 한시(漢詩)의 구성법으로, '기'는 소재와 관련된 이야기를 꺼내고, '승'은 그것을 전개하며, '전'은 전환과 반전으로 분위기를 바꾸고, '결'은 '기', '승', '전'을 아울러 마무리를 짓는 것이다.

그러나 첫 장부터 주목을 끌기 위해서는 '전'을 앞에 내세울 수도 있다. 말하자면 하이라이트를 먼저 보여주는 기법이다. 내용을 구성할 때는 강조할 핵심 내용을 최소한 두 개 이상 제시하는 것이 좋다. 브로슈어는 페이지를 계속 넘겨가면서 보는 매체이므로, 페이지를 넘겼을 때 앞의 내용을 중언부언(重言復言)하는 것보다 새로운 내용이 나오면 끌고가는 힘이 더 강하기 때문이다.

카피를 쓸 때는 내용에 맞는 문체(*style*)를 선택하고, 음색에 브랜드 개성을 부여하여야 한다. 예를 들어 아름다움에 대한 환상을 심어주어야 하는 화장품의 브로슈어라면 화려체의 문체와 밝고 경쾌한 음색을 선택하는 것이 좋다.

3) 리플릿 카피

리플릿(*leaflet*)이란 브로슈어나 팸플릿보다 부피가 작은 한 페이지 정도의 광고물을 말한다. 전단(傳單)이라고도 한다.

리플릿은 다른 광고물보다 크기도 작고 두께도 얇아서 부담 없이 가져갈 수 있다. 가져갈 수 있다는 점을 잘 활용하면, 더 많이 가져가게 할 수 있을 뿐 아니라 그만큼 광고효과도 높일 수 있다. 예를 들어 고려대학교 어학원은 벽면에 혀를 내민 외국 여성의 얼굴 사진을 붙여놓고 혀를 한 장씩 빼 갈 수 있게 했다. 혀에는 이런 카피가 쓰여 있다. "Get the native tongue(원어민의 혀를 가지세요)." '원어민과 같은 혀를 갖는다'는 뜻과 '원어민의 혀를 가져간다'는 뜻을 모두 포함한 중의적 표현이다. 혀에는 어학원 이름과 연락할 수 있는 전화번호가 적혀 있다. 리플릿을 강제로 떠안기는 것이 아니라 재미있게 가져갈 수 있게 한 좋은 아이디어이다.

리플릿을 전달하는 상황 자체도 하나의 아이디어가 될 수 있다. 예를 들어 완구 전문업체 하스브로(Hasbro)의 미스터리 보드게임 클루도(Cluedo)는 리플릿을 호텔 출입문 밑으로 반쯤 밀어 넣었다(〈그림 14-2〉). 안으로 들어간 반쪽은 피가 고여 있는 모양이다. 호텔 방안에서 이를 본 사람은 호텔 문 밑으로 흥건하게 흘러나온 피를 보고 깜짝 놀라서 가까이 와 보게 된다. 나머지 반쪽에는 이런 카피가 쓰여 있다. "COSA SI PROVA AD ESSERE COINVOLTI IN UN CRIMINE(당신이 만일 살인사건에 연루된다면 어떤 기분이 들까요)?" 피를 보고 놀라면서 이미 그런 기분을 경험한 소비자는 미스터리 게임에 한발 더 가까이 다가간 셈이다.

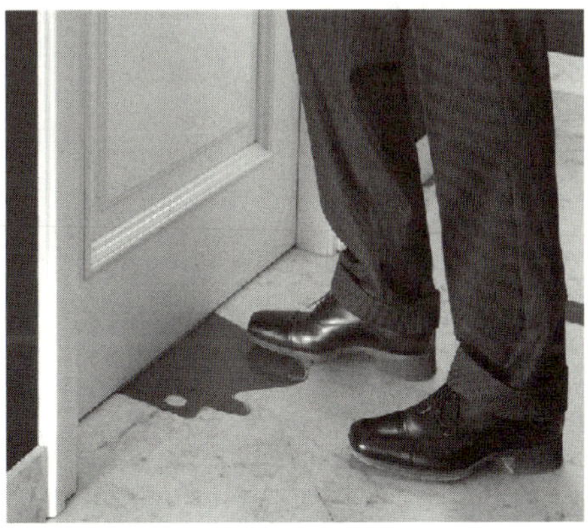
〈그림 14-2〉 클루도 리플릿('피' 편)

4) POP 카피

POP(*Point of Purchase*)란 구매(*purchase*) 시점(*point*) 광고를 말한다. 소비자가 구매를 하는 시점, 즉 매장의 선반이나 천정, 벽, 판매대 등에 노출되는 광고를 가리킨다.

매장에는 소비자의 눈길을 끄는 것들이 수도 없이 많다. 그 많은 것들 중에서 주목받기 위해서는 일단 눈부터 잡아 놓고 그 다음 의미를 생각하게 해야 한다. 그러나 눈을 잡는다는 것이 눈을 현란하게 한다는 말은 아니다. 카피를 너무 많이 넣는다거나 색을 너무 여러 가지 사용하는 것은 오히려 가독성을 떨어뜨리므로 피해야 한다. 카피는 필요한 말만 간단하게 쓰고, 컬러는 되도록 3가지 이하로 제한하는 것이 좋다.

POP 카피를 쓸 때는 광고가 노출될 현장에 직접 가서 주변상황을 보면서 아이디어를 구상하는 것이 좋다. 생각과 실제는 많은 차이가 있기 때문이다.

〈그림 14-3〉 포스트의 허니 번치스 POP('딸기' 편)

예를 들어 포스트의 허니 번치스(Honey Bunches)는 딸기 판매대 바로 위에 시리얼 박스를 거꾸로 매단 형태의 천정 걸이형 POP를 설치하였다(〈그림 14-3〉). 카피는 "With real strawberries(진짜 딸기가 들어있어요)." 마치 시리얼 박스에서 딸기가 우르르 쏟아진 것과 같이 느껴진다. 현장을 잘 이용한 뛰어난 아이디어이다.

또한 매장에 있는 사람들이 감각적으로 느끼게 할 수 있는 방법을 찾아야 한다. 머리로 이해한 것보다 몸으로 느낀 것이 훨씬 오래, 그리고 깊이 간직되기 때문이다. 예를 들어 코막힘 치료 스프레이 오트리빈(Otrivin)은 꽃집, 향수 판매점, 커피숍, 피트니스 센터 등 특정한 냄새를 맡을 수 있는 장소에 POP를 설치했다. 카피는 "Smell the world again(세상의 향기를 다시 느껴보세요)." 코막힘 증상을 가진 사람들은 자신의 무뎌진 후각에 대해서 다시 한 번 느끼게 된다. 오트리빈의 필요성을 굳이 말하지 않아도 저절로 느껴지게 하고 있다.

구매시점의 고객은 계속 움직인다. 쉬지 않고 무언가를 한다. 따라서 그들의 행동 프로세스를 파악해야 좋은 아이디어를 얻을 수 있다. 예를 들어 'Feed SA'라는 단체는 자선기금모금 캠페인을 위해 쇼핑카트 바닥에 굶주린 아이가 손을 벌리고 있는 모습의 사진이 붙였다. 쇼핑하는 고객이 카트에 물건을 집어넣으면, 그 물건은 바로 아이의 손으로 들어간다. 쇼핑카트 손잡이에는 이런 카피가 쓰여 있다. "See how easy feeding the hungry can be(배고픈 아이를 먹이는 것이 얼마나 쉬운지 보셨죠)?" 쇼핑카트에 물건을 담는 고객의 행동에서 얻은 아이디어이다.

마지막으로 POP 카피를 쓸 때는 소비자가 구매시점에 있다는 것을 명심할 필요가 있다. 구매시점에 있다는 것은 바로 행동으로 옮길 수 있다는 말이다. 광고에 어떤 식으로든 충동의 코드를 넣어서 즉각적으로 행동하게 만들어야 한다.

5) 포스터 카피

포스터(*poster*)란 건축물이나 벽면, 게시판 등에 일정 기간 붙여서 불특정 다수가 보도록 하는 광고다.

어디엔가 붙인다고 한다면 붙일 곳의 특성을 잘 생각해 볼 필요가 있다. 붙일 곳의 특성도 크리에이티브의 좋은 소재가 된다. 예를 들어 체스터(Chester) 동물원은 포스터를 높은 기둥에 붙이면서, 기둥을 코끼리의 코, 그리고 기린의 목과 연결시켰다. 기둥과 연결된 코끼리의 코와 기린의 목은 더 길게 부각되었다. 헤드라인은 각각 "An elephant's trunk has over 40,000 muscles(코끼리의 코에는 4만 개 이상의 근육이 있습니다)"와 "A giraffe can grow up to 6 meters tall(기린은 6 m 까지 자랄 수 있습니다)"이다. 동물원에 가서 직접 확인하고 싶게 만드는 카피다.

또한 중국 여성인권단체 '중화 전국부녀연합회'(All-China Women's Federation)에서는 빌딩의 출입문 손잡이 안쪽에 포스터를 붙였다(〈그림 14-4〉). 만약 출입문을 열기 위해 손을 뻗으면 마치 포스터 속 여성의 얼굴을 가격하는 것처럼 느껴질 것이다. 포스터에는 다음과 같은 카피가 써있다.

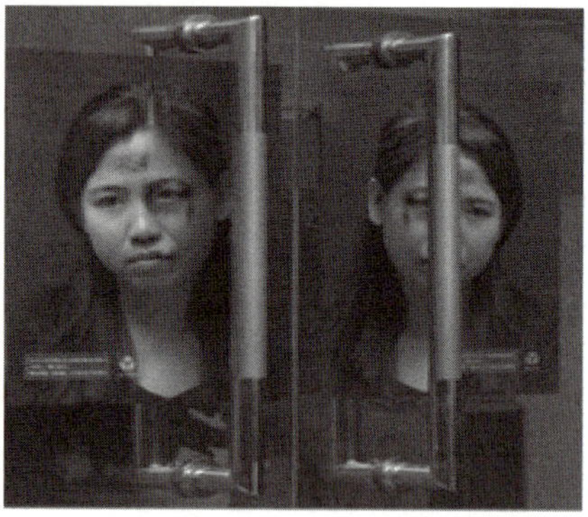

〈그림 14-4〉 중화전국부녀연합회
가정폭력방지 캠페인 포스터('손잡이' 편)

> Nearly 30% of women in China experience domestic violence. If you don't help to stop it, you're just adding to her problems. Call 12338 if you know a woman is being abused.

> 30%에 가까운 중국 여성이 가정폭력을 당합니다. 만일 당신이 그것을 멈추게 돕지 않으면, 그녀의 문제를 키우게 되는 것과 같습니다. 폭력을 당하는 여성을 알면 12338로 전화하세요.

자신이 누군가를 때린 것처럼 느끼게 해서, 발길을 멈추게 하고 메시지에 주목하게 하는 훌륭한 아이디어이다.

포스터가 꼭 인쇄된 종이여야 한다는 생각은 버리는 것이 좋다. 포스터가 꼭 완성된 형태여야 한다는 생각도 버리는 것이 좋다. 포스터는 종이가 아닌 다른 소재일 수도 있으며, 완성되지 않은 채 붙여져서 소비자들이 완성하도록 할 수도 있다. 예를 들어 브라질 WWF(세계야생동물기금)는 동물보호기금 모금 포스터를 마그네틱판으로 만들었다. 더구나 완성된 형태가 아니라 사람들이 동전을 붙이면 동물의 모양이 나타나도록 만들었다. 카피는 "Make your donation to the WWF Brazil here and see who you'll be helping(여기 브라질 WWF에 기부를 하세요. 그리고 당신이 누구를 돕고 있는지 확인하세요)." 영화관, 체육관, 리셉션장 등 사람이 많이 모이는 곳에 설치해서 사람들이 직접 동전을 붙이게 함으로써, 작은 정성이 모여서 동물을 살릴 수 있다는 것을 눈으로 직접 확인하도록 했다. 동물들을 살려야 한다고 말로만 외치는 것보다 훨씬 더 설득력이 있다.

6) 빌보드 카피

빌보드(*billboard*)란 거리나 도로 변에 세운 대형 광고판을 말한다. 야립(野立) 간판이라고도 한다.

빌보드는 건물의 옥상이나 도로 변에 크게 세워져서 하나의 환경을 조성한다. 따라서 주변환경과 조화를 이룰 수 있도록 만들어야 한다. 또한 주변의 환경을 적극적으로 광고로 끌어들여 활용하는 것도 좋은 방법이다. 예를 들어 미국 천연자원보호협회(NRDC)는 환경오염 방지캠페인을 위한 빌보드를 건물 외벽에 붙이면서 건물 옥상의 굴뚝을 활용했다(〈그림 14-5〉). 빌보드에 그려진 총 그림과 건물 옥상의 굴뚝이 연결되어, 굴뚝이 마치 화약 연기를 내뿜는 총부리처럼 보이게 하였다. 카피는 "Air pollution kills 60,000 people a year(대기 오염은 해마다 6만 명을 죽입니다)." 오염물질을 배출하는 굴뚝을 사람을 죽이는 무기로 묘사하여, 환경오염에 대한 경각심을 불러일으킨다.

빌보드는 이미 우리에게 익숙한 풍경이다. 너무 익숙하다보니 빌보드가 있는데도 불구하고 모르고 지나치는 경우가 많다. 따라서 사람들의 눈길을 끌기 위해 역발상을 하는 용기도 필요하다. 예를 들어 〈파이낸셜 타임즈〉(*Financial Times*)는 빌보드에 아무런 광고도 하지 않고 텅 비워 놓았다. 전의 광고를 떼어낸 흔적만 지저분하게 남아있도록 했다. 한쪽 구석에 다음과 같은 카피만 조그맣게 붙여 놓았다. "Global downturn. What's the 1st mistake businesses make (세계적 경기침체. 사업을 할 때 가장 저지르기 쉬운 실수가 무엇일까요)?" 경기 침체 때 광고비를 줄이는 것이 가장 큰 실수라는 것을 전달하기 위해 빌보드를 텅 비워놓은 것이다. 아시다시피 〈파이낸셜 타임즈〉는 신문광고의 주요 매체사이다.

〈그림 14-5〉
미국천연자원보호협회 대기오염 방지캠페인 빌보드('총' 편)

또한 〈짐바브웨 신문〉은 지폐로 빌보드를 도배하는 파격을 단행했다. 2008년 8월 짐바브웨 정부가 100억 짐바브웨달러를 1짐바브웨달러로 변경하는 살인적 화폐 개혁을 단행하자, 〈짐바브웨 신문〉은 종이보다 지폐가 더 싼 현실을 풍자하기 위해 1 짐바브웨달러로 빌보드를 도배한 것이다. 카피는 "Thanks to Mugabe. This money is wallpaper(무가베 대통령 고마워요. 지폐가 벽보가 되었네요)"로 '돈으로 도배를 한다'는 말을 직접 실현해 보인 것이다.

일반적으로 빌보드하면 평면으로 생각하기 쉽다. 그러나 빌보드는 가로, 세로만 있는 것이 아니라 높이도 있다. 3차원으로 생각해 볼 필요가 있다는 말이다. 예를 들어 DHL은 빌보드를 미로 모양으로 만들었다. DHL을 상징하는 빨간색 공이 미로를 따라 빠르게 움직여서 A지점에서부터 B지점까지 정확하게 도착한다. 도착 지점의 카피는 "Always the right way. DHL(언제나 정확한 길. DHL)." 복잡한 길도 빠르고 정확하게 찾아간다는 것을 강조하는 입체적인 아이디어이다.

7) 지하철 광고 카피

지하철 광고는 지하철 내부 광고, 지하철 외부 광고, 지하철 역사 광고로 나뉜다. 지하철 내부에는 액자 광고, 천정걸이 광고, 모서리 광고, 스티커 등이 있다. 지하철 외부에는 지하철 래핑 광고, 외부 부착형 광고가 있다. 지하철 역사에는 와이드 칼라, 포스터, 스크린 도어 광고, 승강장 전체를 광고로 장식하는 역사 래핑 광고 등이 있다.

지하공간에는 별달리 볼거리가 없기 때문에 지하철 승객들은 자연스럽게 지하철 안의 시설물들에 시선을 주게 된다. 따라서 기존 시설물들을 잘 활용하면 효과적인 광고를 만들 수 있다. 예를 들어 원더브라는 지하철 플랫폼의 노란색 안전선 한 걸음 뒤에 또 하나의 안전선을 그어놓고, 거기에 '원더브라'라는 브랜드명을 써놓았다. 원더브라를 착용하면 가슴이 봉긋해지기 때문에 일반적인 안전선에서 한 걸음 더 물러나야 안전하다는 뜻이다. 안전선이라는 기존 시설을 절묘하게 이용한 재치 있는 광고이다.

또한 미국 장애인협회(American Disability Association) 단체는 장애자시설기금 모금캠페인을 위해 지하철 출구계단에 에베레스트 산 사진을 래핑했다. 카피는 "For some, It's Mt. Everest. Help build more handicap facilities(어떤 사람에게는 이것이 에베레스트 산일 수도 있습니다. 장애자 시설을 더 많이 설치할 수 있게 도와주세요)." 보통 사람도 오르기 힘든 계단을 장애자들이 오르려면 시설이 꼭 필요하겠다는 생각을 하게 만드는 좋은 아이디어이다.

흔히 지하철 광고에는 유동(流動) 인구라는 말을 사용한다. 물이 흐르는 것처럼 흘러 지나간다는 말이다. 따라서 지나가는 사람을 불러 세우기 위한 특별한 아이디어가 필요하다. 얼마 전 하우젠 아삭 김치냉장고는 소리가 나는 지하철 와이드컬러를 선보였다. 겉으로는 평범해 보이는 이 와이드컬러는 사람들이 그 앞을 지나가면 센서가 이를 감지하여 '아삭~ 아삭~'이라는 소리를 낸다. 동시에 홈바 부분에 설치된 조명도 깜빡거린다. 무심코 지나가다가도 멈추어 서서 한번쯤 쳐다보게 만드는 훌륭한 아이디어이다.

마지막으로 지하철은 대표적인 출퇴근 수단이다. 그러한 상황적 조건을 광고에 잘 활용한다면 보는 사람의 공감을 이끌어낼 수 있을 것이다. 예를 들어 식품 브랜드 '손수'는 지하철 와이드컬러에서 맞벌이 주부의 퇴근길 상황을 잘 묘사했다. 카피는 다음과 같다.

> 집으로 출근하세요?
> 직장에서 하루종일 일하고 퇴근길에 장까지 봐서 집에 가고 계신가요?
> 이제 가서 언제 저녁 하시려구요.
> 오늘 저녁엔 간편하게 '손수' 육개장 해보세요.

직장에서 하루종일 일하고, 퇴근길에 장을 봐서 다시 가정에서 일을 해야 하는 맞벌이 주부의 입장을 잘 표현하고 있다. 맞벌이 주부가 퇴근길에 이 광고를 본다면 깊은 공감을 느끼게 될 것이다.

8) 버스 광고 카피

버스 광고는 버스 내부 광고, 버스 외부 광고, 버스 정류장 광고로 나뉜다. 버스 외부에는 버스 바디 광고가 있고, 버스 내부에는 버스 좌석 광고, 모서리 광고, 출입문 광고 등이 있다. 버스 정류장에는 셸터 광고가 있다.

최근 신기술이 접목된 다양한 매체로 인해 BTL 광고는 양적으로뿐만 아니라 질적으로도 성장을 거듭하고 있다. 최신 기술을 잘 활용한다면 크리에이티브의 폭을 한층 넓힐 수 있다. 예를 들어 대한항공은 '하늘을 보자' 캠페인을 전개하면서 버스 정류장 셸터 광고에 렌티큘러(*lenticular*)라는 기술을 활용하였다. 광고 속에서 정면을 보고 있는 소녀는 빛의 각도에 따라 이따금씩 고개를 들어서 하늘을 쳐다본다. '하늘을 보자'라는 캠페인 슬로건을 이미지로 잘 승화한 것이다.

버스에는 언제나 승객이 타고 있다. 따라서 승객의 존재와 움직임도 버스 광고의 크리에이티브에 반영될 수 있을 것이다. 예를 들어 'EXPRESS'라는 항공사는 버스의 창을 비행기의 창처럼 래핑했다. 밖에서 보면 버스에 앉아있는 승객이 마치 비행기를 타고 있는 것처럼 보인다. 창 아래에는 이런 카피가 쓰여 있다. "Air travel at land travel fares(지상 교통요금으로 할 수 있는 비행기 여행)." 같은 값이면 비행기를 한 번 타보고 싶게 만드는 광고이다.

〈그림 14-6〉 3M 코팅필름유리 버스 정류장 셸터 광고('지폐' 편)

때로는 승객을 이용해 인터랙티브를 연출하기도 한다. 예를 들어 피트니스 센터 '피트니스 퍼스트'(Fitness First)는 버스 정류장 광고를 하면서, 버스 정류장의 의자를 체중계로 만들었다. 셸터에는 의자에 앉은 사람의 몸무게가 표시되도록 하였다. 버스를 기다리는 승객이 의자에 앉으면 자신의 몸무게가 셸터에 표시되고, 그것을 보면 운동의 필요성을 저절로 느끼게 된다. 일방적인 메시지 전달이 아니라 소비자와 광고가 서로 상호작용을 하도록 하여 광고의 주목도를 높이고 있다.

버스 광고는 다른 BTL에 비해 비교적 정형화되어 있다. 그러나 정형화된 형태는 활용하기에 따라서 오히려 개성 있는 크리에이티브를 창조할 수 있게 하는 요인이 되기도 한다. 예를 들어 3M 코팅필름유리는 버스 정류장 셸터 광고를 하면서 셸터의 유리 안에 3백만 달러를 넣어놓았다(〈그림 14-6〉). 물론 아래쪽은 가짜 지폐이지만 맨 위는 진짜 지폐이다. 사람들의 왕래가 많은 정류장에 훤하게 드러나 있는 지폐는 코팅필름유리의 견고함과 자심감을 한껏 부각시키고 있다.

9) 온라인 배너 카피

온라인 배너란 인터넷 홈페이지에 띠 모양으로 만들어 부착하는 광고를 말한다. 처음에는 띠 모양의 정지된 것으로 시작했지만, 요즘은 다양한 형태와 함께 동영상으로 된 것도 많다.

온라인에서 소비자가 참여할 수 있는 방법 중의 하나가 바로 드래그이다. 온라인 광고에서 드래그를 유도하는 것은 소비자를 광고로 끌어들여 효과를 높일 수 있는 좋은 방법이다. 예를 들어 아랍에미리트 환경그룹(Emirates Environmental Group)은 쓰레기 재활용 캠페인을 위한 온라인 배너 광고에서 드래그를 함과 동시에 동영상이 보이도록 했다(〈그림 14-7〉). 재활용 마크가 새겨진 휴지통에 구겨진 종이를 드래그해서 넣으면 그 종이가 사슴, 호랑이, 새 등으로 변해 쓰레기통 밖으로 뛰어나온다. 카피는 "When you toss it in, everybody wins. Recycle for a living planet(재활용 휴지통에 집어넣으면, 모두 살 수 있습니다. 살 수 있는 지구를 위해 재활용하세요)." 작은 실천이 동물들에게 살 수 있는 환경을 마련해 준다는 것을 눈으로 확인할 수 있게 한다.

온라인에서 소비자가 참여할 수 있는 방법의 다른 하나가 바로 클릭이다. 클릭은 다음 단계로 넘어가는 방법이기도 하기 때문에 클릭 후의 변화에 대한 주목도도 함께 높일 수 있다. 예를 들어 전력 회사 'BC hydro'는 에너지 절약 캠페인을 위한 온

〈그림 14-7〉 아랍에미리트환경그룹
쓰레기재활용 캠페인 온라인 배너 광고('동물' 편)

라인 배너 광고에서, 덩그러니 매달린 전등 하나만 보여줌으로써 클릭을 유도했다. 뭔가 싶어 클릭하는 순간 컴퓨터 화면이 암전되고, 전구 안에 있는 카피만 선명하게 보인다. 카피는 "See, Conserving electricity is easy(거봐요. 전기절약은 쉽잖아요)." 전기절약이 클릭처럼 손쉽다는 것을 직접 느낄 수 있도록 한다.

10) 인터넷 바이럴 카피

인터넷 바이럴(*viral*)이란 네티즌들이 이메일, 메신저, 블로그 등을 통해 자발적으로 퍼트릴 수 있도록 인터넷상에 올리는 광고를 말한다.

요즘 소비자들을 호모나란스(*homo-narrans*)라고 부른다. 호모나란스란 '생각하는 사람'이라는 뜻의 호모사피엔스(*homo-sapiens*)와 반대되는 개념으로 '이야기하기 좋아하는 사람'이라는 뜻이다. 인터넷 공간에서 적극적으로 이야기를 찾아다니며 이

〈그림 14-8〉 애니콜 Fx 인터넷 바이럴('이준기의 1인 4색' 편)

를 전파하기를 좋아하는 사람을 일컫는다.

따라서 호모나란스들이 전파하고 싶어할 만한 광고를 만드는 것이 바이럴을 일으킬 수 있는 가장 확실한 방법이다. 예를 들어 현대자동차 제네시스 북미법인은 제네시스의 부품을 하나하나 빼내어 차를 완전히 해체하는 모습을 담은 동영상을 인터넷에 유포했다. 장정 3명이 달라붙어 사흘동안 12,000여 개의 부품을 해체하는 42초짜리 이 동영상은 입에서 입으로, 그리고 손끝에서 손끝으로 전해져 큰 화제가 되었다. 돈 몇 푼 들이지 않고 엄청난 광고효과를 올린 것이다.

바이럴은 소비자들이 스스로 컨텐츠를 퍼 날라야 효과가 있다. 따라서 소비자들의 관심과 입맛에 맞는 내용을 담아야 한다. 예를 들어 애니콜 Fx는 '이준기의 1인 4색 미니드라마'를 방영해서 젊은 층의 관심을 모았다(〈그림 14-8〉). 한 남자 대학생이 원하는 여학생의 마음을 얻기 위해 도서관, 피트니스 센터, 미술관, 카페 등에서 애니콜 Fx폰을 통해 작업을 한다는 내용의 이 동영상이 인터넷 홈페이지를 통해 노출되자 열흘 만에 조회 수가 150만 건이 넘는 폭발적 반응이 일어났다. 영화도 보통 100만이 넘으면 빅 히트로 기록되는데 그 기록을 훌쩍 뛰어넘은 것이다. 젊은층이 좋아할 만한 재미있고 감각적인 내용의 미니드라마였기에 가능한 일이었다.

최근 제품을 짐짓 논란에 휩싸이도록 해서 소비자들의 이목을 집중시키고 판매를 늘리는 마케팅 기법이 많이 사용되고 있다. 이른바 노이즈 마케팅(*noise marketing*)이다. 노이즈를 일으키는데 인터넷만큼 좋은 수단은 없다. 파급력이 크고 빠르기 때문이다.

웅진코웨이의 음식물처리기 클리베는 최근 알쏭달쏭한 동영상으로 논란의 초점이 되었다. 한 여자가 150만 원짜리 명품 핸드백을 가위로 삭둑삭둑 자르더니 믹서에 넣고 갈아버린다. 이어 가루를 유리컵에 넣어서 부엌에 진열한다. 네티즌들은 이 여자를 명가녀(명품을 가는 여자)라고 부르며, 이 동영상이 믹서 광고다, 명품 핸드백 광고다, 명품을 좋아하는 세태를 비판하는 공익광고다, 여자가 연예계에 데뷔하기 위해 만든 티저 광고다 하며 논란을 벌였다. 논란과 함께 이 동영상에 대한 조회수가 폭증했다. 그러나 이것은 모두 의도된 노이즈 마케팅이었다. 음식물 처리기의 성능도 보여주고 관심도 집중시키는 훌륭한 바이럴 마케팅이었다.

11) 판촉물 카피

판촉물이란 판매를 촉진하는 물건이라는 뜻이다. 선물 형식으로 물건을 증정해서 그것을 사용하는 동안 계속적으로 브랜드를 노출시키고 상기시키는 것이 바로 판촉물이다.

판촉물은 주로 일상생활에서 사용할 수 있는 작은 물건들이다. 그것을 사용할 때의 상황을 생각해 보면 좋은 아이디어를 얻을 수 있다. 예를 들어 모발치료제 판토가(Pantogar)는 풍성한 모발을 가진 남자의 머리 모습을 한 메모패드를 판촉물로 만들었다(〈그림 14-9〉). 한 장씩 떼어서 사용하다 보면 머리카락 부분의 패드가 먼저 없어져서 결국 대머리 모양이 된다. 처음에는 풍성하던 머리카락이 조금씩 조금씩 빠진다는 것을 상징한다. 카피는 "Is your hair getting thinner(당신의 모발이 점점 없어집니까)?" 메모지를 한 장 한 장 떼어낸다는 것에서 아이디어를 얻은 재치 있는 판촉물이다.

판촉물이 그저 판촉물에 지나지 않는다고 생각되면 쓰레기통으로 갈 확률이 매우 높아진다. 그렇지 않고 생활 속에서 특별한 용도가 있다면 버려지지 않고 소비자의 생활 속에 더 깊이 침투할 수 있을 것이다. 예를 들어 브라질의 드럼 선생님 크리스찬 델라노(Christian Delano)는 연필의 뒤 끝을 깎아 드럼 스틱을 만들어 배포했다. 필통에 넣고 들고 다니다가 드럼을 치고 싶을 때 언제든 꺼내서 두드릴 수 있게 한 것이다. 자꾸 두드리다 보면 본격적으로 교습을 받고 싶어질 것이고 이때 연필에 적힌 전화번호로 전화를 하면 된다. 작지만 쓸모가 있는 기발한 판촉물이다.

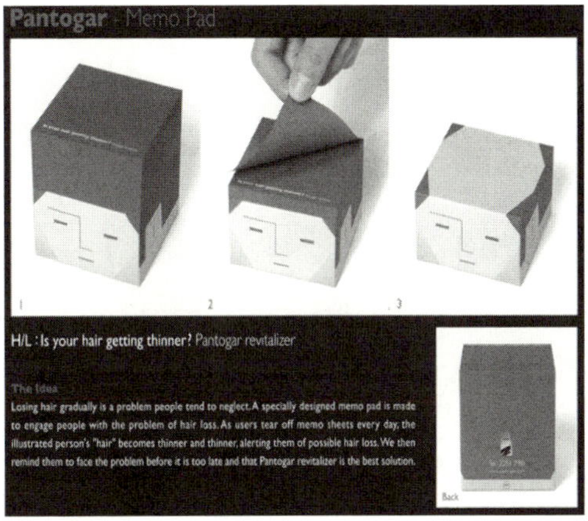

〈그림 14-9〉 판토가 판촉물 메모지 ('머리' 편)

요즘 시대에 흔하디흔한 것이 판촉물이다. 습관적으로 받고 아무 생각 없이 사용하는 평범한 판촉물은 이미 판촉물로서의 역할을 하지 못한다. 평범을 깨고 존재를 일깨울 수 있는 아이디어를 내야 한다. 예를 들어 DHL은 판촉물로 캘린더를 만들면서 일반적인 캘린더와 달리 날짜와 날짜 사이 빈 공간에 포커스를 맞추었다(〈그림 14-10〉). 날짜를 표시하는 숫자는 아래 위로 절반씩 잘려나갔다. 발송 당일부터 밤낮없이 일을 해서 다음날 물건이 원하는 장소에 도착할 수 있도록 한다는 것을 알리기 위한 일명 '오버나이트 캘린더'(*Overnight Calendar*)이다. 판촉물이지만 온라인 쇼핑몰에서 판매가 될 정도로 큰 인기를 얻었다.

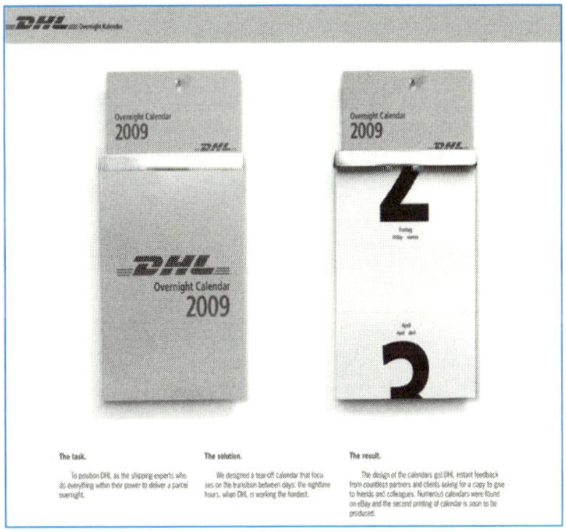

〈그림 14-10〉 DHL 판촉물 캘린더 ('오버나이트 캘린더' 편)

12) 기타 BTL 카피

움직일 수 있는 매체는 그리 많지 않다. TV가 움직인다고는 하지만, 사실 TV는 움직임을 보여주는 것이지 실제로 매체가 움직이는 것은 아니다. 움직일 수 있는 것은 BTL의 특권이다. 따라서 움직임을 마음껏 활용할 필요가 있다. 예를 들어 알리안츠 생명은 엘리베이터의 문을 마치 금고의 문처럼 래핑했다. 엘리베이터 문이 열리면 마치 금고가 열리는 것과 같이 보인다. 안에는 이런 카피가 있다. "Keep your money in a safe place. Allianzlife(안전한 곳에 돈을 맡기세요. 알리안츠생명)." 엘리베이터가 열리는 것을 마치 육중한 금고의 문이 열리는 것처럼 보이게 해서 전하고자 하는 메시지를 극적으로 전달하고 있다.

요즘 소비자들은 어떤 일에든 능동적으로 참여하고 경험하기를 좋아한다. BTL이 각광을 받는 것도 소비자들의 생활 속으로 침투하여 그들과 함께 느끼고 상호작용을 할 수 있기 때문일 것이다. 따라서 BTL 광고를 만들 때는 소비자가 참여할 수 있는 여지를 만들어 주는 것이 필요하다.

〈그림 14-11〉 아동노동착취 개선캠페인 옥외 광고('상자' 편)

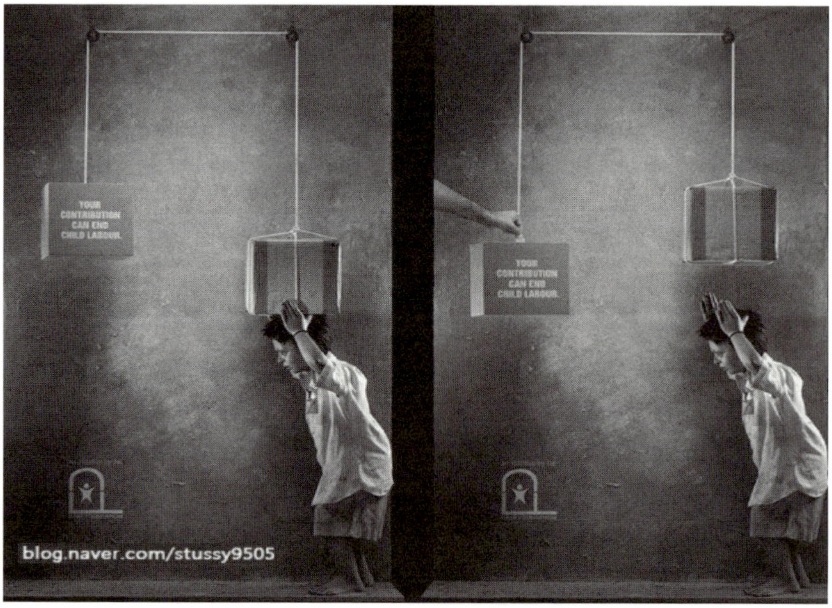

인도 아동단체의 아동노동착취 개선캠페인을 위한 옥외 광고를 예로 들어 보자(〈그림 14-11〉). 어린이 인형이 무거운 짐을 이고 있다. 이 짐은 클러치(*clutch*)를 통해 다른 상자와 연결되어 있다. 그 상자에는 이런 카피가 쓰여 있다. "Your contribution can end child labour(당신의 기부가 어린이 노동을 끝낼 수 있습니다)." 사람들이 상자에 동전을 집어넣으면 상자가 점점 아래로 처져서, 상자와 연결된 소년의 짐이 점점 머리로부터 멀어진다. 사람들이 기부에 자연스럽게 참여할 수 있도록 만드는 좋은 아이디어이다.

또한 사람들로 하여금 직접 체험하게 만드는 것도 중요하다. 백문이 불여일견이라는 말이 있다. 백번 듣는 것보다 한 번 보는 것이 더 효과적이라는 말이다. 따라서 말이나 글로만 강조할 것이 아니라 소비자가 직접 체험해 볼 수 있는 방법을 생각해 보는 것이 필요하다. 예를 들어 맥킨지 대학에서는 마약금지 캠페인을 위해 캠퍼스에 커다란 낭떠러지를 만들어 놓았다. 물론 실제 낭떠러지가 아니라 대형 사진을 래핑한 것이다. 낭떠러지 앞에는 다음과 같은 표지판이 세워져 있다. "That's how drugs are the end of the line(마약은 낭떠러지로 떨어지는 것과 같다)." 낭떠러지의 아찔함을 직접 체험하게 만들어서 마약의 위험성을 깨닫게 하고자 하는 것이다.

사람들은 하루에도 수많은 정보에 노출된다. 그들의 눈을 잡으려면 평범한 것으로는 안 된다. 눈을 의심할 정도로 놀라운 것을 제시해야 한다. 예를 들어 스위스 보험회사 '취리히 파이낸셜 서비스'(Zurich Financial Services)는 길거리에 깨진 화분들을 늘어놓았다. 마치 옥상에서 떨어진 것처럼 보인다. 그날은 바로 13일의 금요일. 사람들은 불길한 느낌이 들어 그냥 지나치지 못한다. 화분에는 작은 팻말이 꽂혀있다. 팻말의 카피는 "Today is Friday the 13th. Are you well insured(오늘은 13일의 금요일입니다. 보험은 들어놓으셨나요)?" 만일 화분들이 깨지지 않고 그냥 놓여있었더라면 예쁘게 보이기는 했겠지만 이 만큼 눈길을 끌 수는 없었을 것이다.

위에서 본 광고들과 같이 광고는 ATL이든 BTL이든 주로 시각에 의지한다. 사람들이 받아들이는 정보의 80%는 시각을 통한 것이기 때문이다. 그러나 사람의 감각은 시각만 있는 것이 아니다. 청각, 촉각, 후각, 미각 등 다른 감각을 이용한다면 소비자의 마음속에 더 깊이 파고들 수 있을 것이다.

예를 들어 '렉소나 우먼'(Rexona women) 향수는 향수를 뿌린 접착식 메모지로 광고판을 만들었다. 멀리서도 사람들은 그 광고의 존재를 알 수 있다. 향기가 미치는 범위 안에서는 누구나 한번쯤 광고를 돌아보게 된다. 떼어서 가지고 갈 수도 있다. 후각이 시각보다 주의를 끄는 힘이 더 강하다는 것을 증명한 사례이다.

우리 속담에 "발 없는 말이 천리 간다"는 말이 있다. 입에서 입으로 전해지는 말의 파급효과를 말해 주는 것이다. 이처럼 사람들의 입을 매체로 사용할 수 있다면, 광고 효과를 몇 배로 높일 수 있을 것이다. 뉴질랜드 오클랜드 로드니 주(Rodney District Council)가 실시한 과속방지 캠페인을 예로 들어 보자. 어느 날 쇼핑몰, 공원, 학교, 도심 등 사람들이 많이 모이는 장소에 어린 소녀의 입간판이 세워졌다. 누가, 왜 어린 소녀의 입간판을 그와 같은 곳에 세워 놓았는지, 사람들은 궁금해 했다. 2주 동안 사람들의 화제는 온통 소녀의 입간판이었다. 3주가 되던 날, 입간판 속 어린 소녀의 손에는 이런 표지판이 들려 있었다. "The kids you kill never leave you(당신이 죽인 아이의 혼령은 당신을 절대 떠나지 않습니다)." 과속으로 인한 사고를 방지하기 위해서 학교 주변에서는 감속하라는 뜻이다. 뜬금없는 소녀의 출현으로 사람들의 관심이 증폭되어 있는 상태였기 때문에 이 메시지는 더욱 극적으로 전달되었다.

마지막으로 광고는 홀로 존재하는 것이 아니다. 광고가 노출되는 시간, 장소, 상황이 있게 마련이다. 이러한 맥락을 잘 이용하면 광고의 효과를 한층 높일 수 있다. 예를 들어 살인범을 잡는 플롯의 미스터리 게임 '클루'(clue)는 화장실의 손세정제를 붉은색으로 만들어 놓았다. 손을 씻는 사람은 마치 자신이 손에 묻은 피를 없애고 있는 살인범처럼 느껴진다. 화장실 거울에는 이런 카피가 쓰여 있다. "Everyone's a suspect(누구나 용의자가 될 수 있다)." 화장실이라는 장소적인 맥락이 이 메시지를 더욱 현실감 있게 하고 있다.

• 생각해 볼 문제 •

1 ATL과 BTL이 어떤 점에서 다른지 서로 비교해 보자.

2 최근 기업과 소비자들이 BTL에 눈을 돌리고 있는 이유에 대해 생각해 보자.

3 ATL과 BTL이 통합하여 시너지를 발휘할 수 있는 방법에 대해 고민해 보자.

• 핵심정리 •

브랜드는 고객을 둘러싼 다양한 접점들로부터 얻게 되는 다양한 정보와 경험에 의해 형성된다. 그런 의미에서 고객과의 다양한 접점을 TPO(*time*, *place*, *occasion*)로 나누어, 각각에 맞는 메시지를 전달하는 BTL은 브랜드 빌딩의 좋은 수단이 된다.

이 장에서 우리는 BTL의 다양한 툴들을 살펴보고, 그것을 활용하는 방법과 카피를 쓰는 방법에 대해 알아보았다. BTL은 ATL과 달리 미디어가 제한되어 있지 않고, 형식도 자유롭다. 크기, 모양, 소재, 시간의 제한에서 벗어나 새롭고 차별화된 크리에이티브 접근을 할 수 있다. 또한 소비자들에게 직접 다가가 일대일로 대화하고 그들이 광고에 직접 참여하는 경험을 즐길 수 있도록 할 수 있다.

날로 심해지는 광고 혼잡 속에서 이러한 BTL적 접근방법은 점차 큰 힘을 발휘할 것이다. 소비자와 브랜드가 직접적으로 교감하고 상호관계를 구축할 수 있기 때문이다. BTL을 통한 이러한 감성적 유대감은 브랜드의 최종 기착점인 러브마크의 중요한 밑바탕이 될 것이다.

• 나의 현역시절 대표카피 •

대우전자 '공기방울 세탁기'(1996)

유인촌 · 김남주 Song: 펑펑 쳐서 빨아주는 공기방울

구석구석 돌려주는 돌개물살 빨래들도 신이 나서 트위스트♪

유인촌 Song: 한 번에~

김남주 Song: 두 번 빠는 세탁기

NA: 공기방울이 한 번! 돌개물살이 또 한 번!

두 번 빨아 깨끗하다. 공기방울 세탁기 돌개물살.

유인촌 Ment: 한 번에~

김남주 Ment: 두 번!

해태제과 '갈아만든 사과'(1997)

NA: 아삭아삭 사과 속살이 씹히는 새로운 맛!
해태 갈아 만든 홍 사과
진재영: 사과, 얼려 먹을 거~다!

해태음료 '천하일미'(2000)

박상면 창: 이리 오너라 마셔보자
유태평양: 어허! 맛을 살려서~
박상면 창: 온갖 곡식이 우두두두 … .
유태평양: 얼씨구~
박상면: 고소하니 천하일미로세! 1
유태평양: 좋다!
내레이션: 6가지 곡식의 고소한 맛 해태 천하일미
유태평양: 바로 이 맛이야!

KT&G '에쎄'(2002)

그의 사고는 수평으로 흐른다
그의 목표는 수직으로 상승한다.

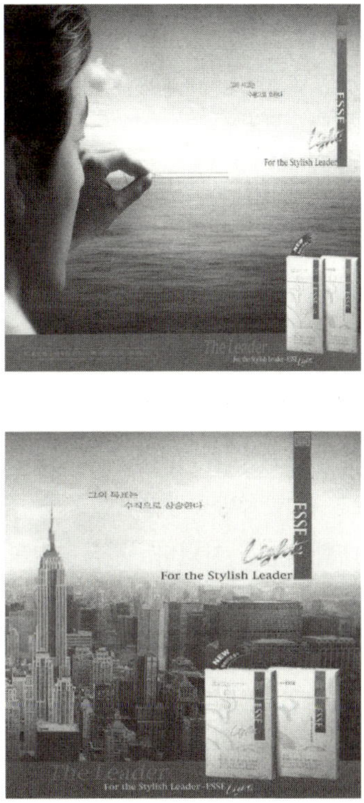

〈그림 14-12〉 KT&G '에쎄'

• 참고문헌 •

조지혜, 2003, 《고객의 마음을 사로잡는 DM & 편지: 상황에 따라 자유자재로 활용할 수 있는 DM, 편지 사례》, 서울: 시대의 창.

Cristine Arter, 1999, *Children with Visual Impairment in Mainstream Settings*, Fulton.

John D. Niles, 2010, *Homo Narrans: The Poetics and Anthropology of Oral Literature*, University of Pennsylvania Press.

John Wilmshurst, 1993, *Below-The-Line Promotion*, Butterworth-Heinemann.

Ladishlav Patik, *Below_the_line Communication Tutorial*, www.ogilvy.com.

저자약력

(게재순)

조 병 량

한양대 신문학과를 졸업하고 동 대학원에서 광고학 석·박사학위를 받았다(현역 카피라이터 출신 박사 1호). 〈서울신문〉 기자, 합동통신사 광고기획실(현 오리콤) 카피라이터, 제작부장(CD), 기획부장, 삼희기획(현 한컴) 제작본부장, 기획본부장, 한국방송광고공사(현 한국방송광고진흥공사) 연구위원을 역임했다. 한양대 언론정보대학장과 언론정보대학원장을 지냈다. 한국광고학회장, 방송광고심의위원장, 한국간행물윤리위원회 위원, 공정거래위원회 표시광고심사자문위원회 위원장, 한국광고자율심의기구 회장, 대통령자문 방송개혁위원회 실행위원, 대통령직속 국가브랜드위원회 위원 등을 역임했고, 현재 한양대 광고홍보학부 명예교수로서 서울AP클럽 회장과 광고정책포럼 상임대표 등으로 활동하고 있다. 저서로는 《현대광고의 이해》, 《광고의 윤리와 법과 규제》 등이 있다. 문화방송·경향신문 광고대상 문안상, 〈조선일보〉 광고대상 최우수광고주 제작자상, 〈매일경제〉 광고대상 공로상, 녹조근정훈장 등을 수여받았다.

오 창 일

서울대 국어교육과를 졸업하고, 연세대 언론홍보대학원에서 광고학 석사학위를 받았으며, 한양대 대학원 광고홍보학과 박사과정을 수료했다. 제일기획에서 카피라이터로 광고계에 입문한 뒤 동서식품, 제일제당, 부광약품, 삼성그룹, 피자헛, 제일모직 광고 크리에이티브를 담당하는 제작팀장(CD)으로 근무했다. 금강기획(현 금강오길비)에서는 제작본부장(ECD)으로 기아자동차, 현대자동차, 현대모비스, BC 카드, 삼양식품 등의 광고 크리에이티브를 주관했다. 칸 국제광고제와 클리오(CLIO) 국제광고제 심사위원을 역임했다. 현재 서울예대 광고창작과 교수로 있다. 주요 논문으로는 "패션광고는 의미구조와 기호가 명쾌해야 성공한다", "광고회사 크리에이티브 디렉터의 리더십 영향력에 관한 탐색적 연구" 등이 있고, 저서로는 《아트와 카피의 행복한 결혼》(공저), 《광고 크리에이터 필독서》, 《킹카교실》 등이 있다.

이희복

한국외대 신문방송학과를 졸업하고 대학원에서 광고홍보학으로 석사를, 경희대 신문방송학과에서 언론학 박사학위를 받았다. 광고회사 진애드에서 광고인으로 첫걸음을 뗀 후 한인기획, MBC애드컴, 오리콤, 다시 FCB코리아에서 카피라이터로 광고 만드는 일을 했다. 이후 경주대 방송언론광고학부 교수로 광고를 가르쳤고, 지금은 상지대 언론광고학부 광고홍보 전공교수와 취업지원센터장으로 있다. 재직 중 캘리포니아 주립대 풀러턴 방문교수로 다녀왔다. 광고는 결국 '창의와 설득'이라는 믿음이 있으며 광고교육과 연구에 힘쓰고 있다. 현재 광고PR실학회 기획이사, 광고학회 〈광고학연구〉 편집위원, 광고홍보학회 재무이사, 커뮤니케이션학회 이사로 있다. 《미디어 스마트》, 《소셜미디어 마케팅》, 《이 교수의 카피교실》 등의 저(역)서가 있으며 슬로건, 광고활용교육, 광고정책 관련 저서와 논문이 있다.

김병희

서울대 국어국문학과를 졸업하고 연세대학교 석사를 거쳐 한양대학교 광고홍보학과에서 광고학 박사를 받았다. 대학으로 옮기기 전, 광고회사 선연에서 카피라이터 겸 크리에이티브 디렉터로서 한 시절을 보냈다. 미국 일리노이대학교 광고학과 교환교수, 한국광고학회 및 한국PR학회 총무이사, 〈광고PR실학연구〉 편집위원장, 한국PR학회 제15대 회장, 한국언론학회, 미국광고학회 회원으로 활동했다. 현재 서원대 광고홍보학부 교수로 있다. 《광고카피창작론》, 《창의성을 키우는 통섭 광고학》(시리즈 5권), 《소비자행동과 문화》 외 20여 권의 저서를 비롯해, "Advertising Creativity in Korea: Scale Development and Validation", "광고 헤드라인의 유형 분류에 관한 연구" 외 50여 편의 논문을 발표했다. 광고 창의성 평가척도 및 이론개발에 기여한 공로를 인정받아 한국갤럽학술상 대상(2011)과 제1회 제일기획학술상 저술부분 대상(2012)을 수상했으며, 〈세계 3대 인명사전〉(*Marquis Who's Who*, IBC, ABI, 2011~2014)에 모두 등재되었다.

이화자

연세대 국어국문학과를 졸업하고 동 대학교 언론홍보대학원에서 광고학 석사학위를 받았으며, 경희대에서 언론학(광고 PR 전공) 박사학위를 받았다. 10년간 대홍기획과 제일기획에서 카피라이터로 활동하였는데, "40년을 지켜온 맑고 깨끗한 맛"(칠성사이다), "그래서 오백 원입니다"(구구콘) 등 주로 먹고 마시는 광고를 많이 했다. 현재 호남대 광고홍보학과 교수로 있다. 저서로는 《크리에이티브 내비게이터》, 《광고 WHAT & HOW》, 《광고 그리고 창의성》, 《라이프스타일을 바꾼 광고그라피》 등이 있으며, 주로 광고제작 및 광고문화와 관련하여 연구하고 있다. 세계적 광고제인 뉴욕페스티발에서 은상 · 동상, 조선일보 광고대상 대상 · 장려상 등을 수상했다.

이현우

경북대 행정학과를 졸업하고 서울대에서 정책학 석사, 연세대에서 광고홍보학 석사, 한양대에서 광고학 박사학위를 받았다. BBDO 코리아, 한컴, 대홍기획, 제일기획 등에서 카피라이터와 크리에이티브 디렉터로 일했으며, 각종 매체에 광고칼럼을 연재하며 광고의 문화적 위상을 높여 왔다. 현재 동의대 광고홍보학과 교수로 있다. 주요 논문으로는 "방송광고 텍스트의 스토리텔링 전략과 전개과정" 등이 있다. 저서로는 《광고, 묘약인가 마약인가?》, 《광고발상과 전략의 텍스트》(공저), 《광고홍보 실무특강》(공저), 《방송광고 장르론》(공저), 《트렌드가 된 브랜드》 등이 있으며, 역서로는 《광고글쓰기의 아트》가 있다.

김정우

고려대 국어국문학과를 졸업하고, 동 대학교 언론대학원 광고홍보학과에서 문학석사학위를, 동 대학교 대학원 응용어문정보학과에서 문학박사학위를 받았다. 박사학위 논문제목은 "광고언어의 전달구조 연구"로, 국어학과 광고학을 접목시킨 광고언어학 분야의 첫 번째 박사학위 논문이다. (주)LG애드(현 HS애드) 카피라이터로 광고계에 입문했으며, (주)NOCA의 크리에이티브 디렉터를 역임하였다. 현재 한성대 한국어문학부 교수로 재직 중이며, 광고를 바탕으로 한 문화콘텐츠의 제작 및 마케팅 분야를 담당하고 있다. 저서로는 광고와 관련하여 《광고, 소비자와 통하였는가?》(공저), 《광고언어론》(공저), 《카피연습장》 1 · 2, 《광고의 경험》 등이, 문화콘텐츠와 관련하여 《문화콘텐츠 제작, Thinking & Writing》, 《미디어와 글쓰기》 등이 있다.

최윤식

경희대 국어국문학과를 졸업하고, 고려대 정책과학대학원에서 광고 PR 전공으로 석사학위를 받았으며, 경희대 대학원에서 언론학(광고 PR 전공) 박사학위를 받았다. 대홍기획(롯데그룹) 카피라이터, 금강기획(현대그룹) 제작국장(크리에이티브 디렉터)으로 활동하였으며, 대한민국광고대상 심사위원, 칸국제광고페스티벌 심사위원을 역임하였다. 현재 광주대 언론광고학부 교수로 있다. 주요 저서로는 《최윤식의 현장광고론》, 《광고, 설득의 과학, 설득의 예술》과 《현대광고의 이해》(공저) 등이 있다. 아시아광고대회 아시아광고대상(Ojong de Memorial Award), 대한민국 광고대상 등을 수상하였다.

권혁렬

한양대 국어국문학과를 졸업하고, 동 대학교 언론정보대학원에서 광고홍보전공 석사학위를 받았으며 동 대학교 대학원 광고홍보학과에서 광고학 박사학위를 받았다. 합동통신사 광고기획실(현 오리콤) 카피라이터를 시작으로 오리콤에서 카피국장, 제작국장, 제작위원으로 활동했으며 대한항공, 서울우유, 대림산업, 두산건설, 나이키, 비비안, 유한킴벌리, 유한양행, OB맥주, 청하, 에이스침대, 데이콤, FILA, 웅진씽크빅 등의 광고를 담당했다. 대한민국 광고대상 심사위원, 광주세계광엑스포 자문위원 등을 역임했으며 현재 남서울대 광고홍보학과 교수로 있다. 주요 논문으로는 "해외광고에 나타난 포스트모더니즘의 표현유형 분석", "광고에 나타난 문화적 가치유형에 관한 연구" 등이 있고 저서로는 《광고비평》(공저) 등이 있다.

차유철

한양대 신문방송학과를 졸업하고, 연세대에서 언론홍보학 석사학위를 받았으며, 경희대에서 언론학(광고 PR 전공) 박사학위를 받았다. 오리콤에서 카피라이터 생활을 시작했고, MBC애드컴, 금강기획(현 금강오길비)에서 일했다. 대우전자, 대우자동차, 농협, 코카콜라, 기아자동차, 서울우유, 한국통신, 동아제약, 재능교육, 현대자동차, 현대건설, 현대증권, 온세통신, 크라운제과 등의 광고를 만들었다. 현재 우석대 광고이벤트학과 교수로서 광고계에서 즉시 전력으로 쓸 수 있는 예비 광고인들을 기르고 있다. 저서로는 《광고활용교육의 이해》, 《광고와 스토리텔링》, 《광고를 활용한 창의력 교육》 등이 있고, 역서로는 《브랜드 광고론》, 《수사학 이론》 등이 있다. 주로 브랜드, 광고활용 교육, 광고 뉴미디어(뉴미디어 광고가 아님), 스토리텔링, 창의성 등에 관심을 가지고 있다.

구승회

성균관대 산업심리학과를 졸업하고, 동아대에서 광고홍보학 석사학위를, 성균관대 신문방송학과에서 언론학(광고 PR 전공) 박사학위를 받았다. 국내 첫 국제광고제 메달리스트(36th NEWYORK Festivals)로 사랑받은 대표 카피로는 "사랑해요 LG" 등이 있다. LG애드(현 HS애드)에서 10년 넘게 카피라이터로 활약하였고, (주)오렌지박스 대표, SERI 브랜드이미지 전략연구 포럼 연구회장, 브랜드이미지 전략연구소 通 연구소장, 부산비엔날레 홍보마케팅 위원을 역임하였으며, 현재 신라대(구 부산여대) 광고홍보학과(브랜드컴 전공) 교수로 있다. 주 연구 분야는 '브랜드의 의인화이미지와 문화콘텐츠 브랜딩'이며, 저서로는 《아시아의 글로벌 브랜드》, 《방송광고 장르론》, 《실전 크리에이티브 전략》 등이 있다.

김운한

연세대 심리학과를 졸업하고, 동 대학교 언론홍보대학원에서 석사학위를 받았으며, 한양대 대학원 광고홍보학과에서 박사학위를 받았다. LG애드와 상암기획(현 상암커뮤니케이션즈)에서 카피라이터로, 대홍기획과 웰콤에서 크리에이티브 디렉터로 일했으며, 현재 선문대 언론광고학부 교수로서 관련학회와 단체에서 활동 중이다. 주요 논문으로는 "제품유형과 캐릭터 허구성이 브랜드캐릭터의 효과에 미치는 영향" 등이 있으며, 브랜드캐릭터의 효과과정에 관한 박사학위 논문으로 우수논문상을 수상하였다. "e-편한세상" 브랜드네이밍 등 주요 캠페인으로 대한민국광고대상(5회), 소비자가 뽑은 좋은 광고상(2회)을 비롯한 다수의 광고상을 수상하였다.

최은섭

고려대 국어국문학과를 졸업하고, 중앙대에서 PR 광고학 석사학위와 광고학 박사학위를 받았다. (주) 나라기획, (주) 동방기획(현 BBDO 코리아), (주) 코래드에서 카피라이터로 활동했으며, IT벤처기업인 (주) 하이콤정보통신의 홍보마케팅 팀장을 역임하였으며 한국문화경제학회 총무이사를 지낸 바 있다. 홍익대 광고홍보학부 겸임교수를 거쳐, 현재 한라대 광고홍보학과 교수로 있다. 저서로는 광고수필집 《산소 같은 여자》, 역서로는 《공익광고의 이해》(공역) 등이 있다.

천현숙

고려대 국어국문학과를 졸업하고, 중앙대 신문방송대학원에서 PR광고학 석사학위를, 중앙대 대학원 광고홍보학과에서 "광고에서 언어 힘(*Language Power*)의 설득적 역할"로 박사학위를 받았다. 애드플러스, 한국광고, 코래드, 매캔에릭슨 등 광고대행사에서 카피라이터, BTL 에이전시인 칼슨마케팅코리아에서 제작이사로 일했다. 현재 세명대 광고홍보학과 교수로서 한국소비자광고심리학회 이사, 한국광고홍보학회 편집위원, 한국광고PR실학회 이사, 한국옥외광고학회 이사로 활동 중이다. 저서로는 《광고 크리에이티브의 원리와 공식》, 《카피라이팅의 원리와 공식》, 《광고글쓰기 idea 73》, 《BTL 광고에 크리에이티브라고?》, 《검색 광고 마케터》 등이 있다.